FRITZ H. LANDSHOFF

Amsterdam, Keizersgracht 333
Querido Verlag

F. H. Landshoff

FRITZ H. LANDSHOFF

Amsterdam, Keizersgracht 333
QUERIDO VERLAG

Erinnerungen eines Verlegers

Mit Briefen und Dokumenten

AUFBAU-VERLAG
BERLIN UND WEIMAR

Auswahl der Briefe und Fotos: Isolde Schlösser
Anmerkungen, Bibliographie, Auswahl der Abbildungen im Text und Register: Christa Streller

Mit 17 Fotos und 51 Abbildungen im Text

ISBN 3-351-00585-7

1. Auflage 1991

Gesamtgestaltung Heinz Hellmis
Gesamtherstellung Franz Spiegel Buch GmbH, Ulm
Printed in Germany

FRITZ H. LANDSHOFF

Amsterdam, Keizersgracht 333

QUERIDO VERLAG

Dem Gedächtnis meines
in Bergen-Belsen verhungerten Freundes
Walter Landauer

In der Bildmitte die Keizersgracht 333, Amsterdam, Querido Verlag

Vorwort

Im Spätherbst 1981 erhielt ich einen Brief von Dr. Gotthard Erler vom Aufbau-Verlag mit einer herzlichen Einladung nach Berlin. Kurz davor hatte ich in der Antwort auf eine Anfrage des Lektors und Schriftstellers Wulf Kirsten, der mich um eine Auskunft über einen Exilautor gebeten hatte, im letzten Satz erwähnt, wie sehr ich bedauerte, daß so wenig Kontakte zwischen Ost und West bestünden. Kirsten hatte diesen Brief seinem Kollegen gezeigt, der ihn sofort zum Anlaß einer Einladung nahm. Erler erwähnte, daß ich in den zwanziger und dreißiger Jahren im Gustav Kiepenheuer Verlag und dann im Exilverlag Querido in Amsterdam so viele Schriftsteller verlegt hätte, die seit 1945 zu den Stammautoren des Aufbau-Verlages zählten, daß ich stets willkommen sein würde. Sogleich nach Eintreffen dieses Briefes rief ich Erler an und bestätigte, daß ich gern und bald nach Berlin kommen möchte.

Da ich damals als einer der Direktoren des Harry N. Abrams Kunstverlages den Februar und März in New York zubringen mußte, wurde April 1982 als Termin für meine erste Reise in die DDR festgelegt. Ich freute mich außerordentlich auf den bevorstehenden Besuch, und es war ein großes Ereignis für mich, als ich dann auf dem Flughafen Schönefeld eintraf. Obgleich ich geborener Berliner bin, führte ein ansehnlicher Teil unserer Autofahrt – Erler hatte mich in Schönefeld abgeholt – durch mir unbekanntes Gebiet. Erst kurz vor dem Alexanderplatz kamen wir in Stadtteile, die mir seit meiner frühesten Jugend vertraut waren und die ich auch bei meinen wenigen Besuchen in Westberlin nach dem Kriege aufgesucht hatte. Vom Hotel Metropol aus liefen wir in den nahen Aufbau-Verlag, wo ich von einer Anzahl Mitarbeitern und Freunden des Hauses empfangen wurde. Man hatte mich bereits einige Tage vorher gefragt, ob ich bereit sei, Fragen eines kleinen, an Exilliteratur interessierten Kreises zu beantworten. Das Niveau dieser Fragen zeigte eine intime Kenntnis – eine Tatsache, die ich in den folgenden Jahren bis zum heutigen

Tage bei jedem meiner zahlreichen Besuche in der DDR aufs neue bestätigt sehe. Vor allem der Aufbau-Verlag hat nach 1945 Werke der exulierten Autoren in unvergleichlich größerer Intensität gedruckt als die Verlage in der Bundesrepublik, und auch der Erfolg dieser Bücher beim Publikum war ungleich größer.

Als man mich bei meinem ersten Besuch fragte, ob ich eine Autobiographie schreiben würde, lehnte ich mit der Begründung ab, daß meiner Meinung nach bereits eine Unzahl überflüssiger Selbstdarstellungen vorhanden sei und ich keine weitere hinzufügen wolle. Als dann bei einer späteren Begegnung mein Gastgeber Gotthard Erler den Gedanken einer Geschichte des Querido Verlages aufbrachte, glaubte ich eine Möglichkeit zu sehen. Das Interesse, das ich für diesen Vorschlag zeigte, wurde sogleich aufgegriffen und führte unmittelbar zu einem Vertrag, dessen Erfüllung mich freilich allzubald in die größte Verlegenheit brachte. Das gesamte Archiv des Querido Verlages war im Mai 1940, am Tage des Einmarsches der Nazis in Holland, vernichtet worden. Zu keinem Zeitpunkt meines Lebens hatte ich Notizen gemacht. Ich war damals schon über achtzig Jahre alt und – fast aller Altersgenossen durch den Tod beraubt – auf mein Gedächtnis angewiesen, eine Quelle, deren Trübung durch das Alter mir noch nicht deutlich genug geworden war. Die letzten Jahre haben mir erneut bewiesen, daß Augenzeugen nicht immer die besten Zeugen sind. Zudem stellte ich mit einiger Verwunderung fest, daß mein Versuch, die Geschichte des Verlages zu rekonstruieren, mehr und mehr autobiographischen Charakter annahm. Dieses Bekenntnis setze ich als Warnung an den Beginn des Buches.

Amsterdam, September 1986

Fritz H. Landshoff

Gustav Kiepenheuer Verlag

Im Frühjahr 1933 wurde in Amsterdam der deutsche Exilverlag Querido gegründet. Etwa zur gleichen Zeit gliederte auch Allert de Lange seinem Amsterdamer Unternehmen eine deutsche Abteilung für Werke von Exulanten an. Es war kein Zufall, daß ein großer Teil der bei beiden Verlagen zwischen 1933 und 1940 erscheinenden Bücher von Autoren stammten, die bis 1933 beim Gustav Kiepenheuer Verlag in Potsdam und später in Berlin verlegt worden waren. Die Leitung der den holländischen Verlagen angeschlossenen deutschsprachigen Abteilungen lag in den Händen von ehemaligen Mitarbeitern Kiepenheuers. So verdient die Geschichte des Querido Verlages als Einleitung eine kurze Darstellung des Gustav Kiepenheuer Verlages und der Situation, in die deutsche antinazistische Autoren durch Hitlers Machtübernahme geraten waren.

Kiepenheuer gründete seinen Verlag 1909 in Weimar. Er verlegte zunächst klassische Werke, aber schon 1915 ein Buch des Dramatikers Georg Kaiser. In den darauffolgenden Jahren, insbesondere von 1917/18 an, bestimmte die junge fortschrittliche, politisch engagierte Generation mehr und mehr das Gesicht des Verlages. Ludwig Rubiner wurde als Lektor verpflichtet. Sein Werk »Der Mensch in der Mitte« befindet sich bereits im Katalog von 1917, Leonhard Frank mit seinem Roman »Der Mensch ist gut« in dem von 1918. Kaiser erschien nun mit all seinen bis zu dieser Zeit bei S. Fischer veröffentlichten und von diesem übernommenen Werken bei Kiepenheuer und übertrug ihm auch seine künftigen Werke. Er lenkte Kiepenheuers Aufmerksamkeit auf Ernst Toller, dessen erstes Drama, »Die Wandlung«, 1919 im ersten Jahr seiner fünfjährigen Haft, zu der er auf Grund seiner Teilnahme an der Münchner Räterepublik verurteilt worden war, in diesem Verlag herauskam; im selben Jahr wurde das Stück an der Berliner »Tribüne« mit sensationellem Erfolg uraufgeführt. Bis 1927 erschienen bei Kiepenheuer unter anderem Werke von Bertolt Brecht, Paul Busoni, Ivan Goll, Martin Gumpert, Joris-Karl Huysmans, Hans Henny Jahnn, Hans Jäger, Hermann Kasack, Gustav Landauer, Emil Ludwig, Walter Mehring, Joachim Ringelnatz, George Bernard Shaw, Upton Sinclair, Carl Sternheim, Robert Louis Stevenson und Arnold Zweig.

Der Verlag übersiedelte 1919 von Weimar nach Potsdam. Dort hatte er gegenüber dem Eingang des im Park von Sanssouci gelegenen Schlosses Charlottenhof ein Haus erworben. In der zweiten Etage lagen die Privatwohnung Gustav Kiepenheuers und der größte Teil der Verlagsräume. Im Garten stand ein kleines Gebäude, in dem die Buchhaltung untergebracht war.

In der ersten Hälfte der zwanziger Jahre geriet der Verlag in erhebliche finanzielle Bedrängnis. Von Monat zu Monat wurde es schwieriger, den Verpflichtungen nachzukommen, und es begann eine bedrohliche Abwanderung von Autoren. Gustav Kiepenheuer placierte daher im September 1926 eine Annonce im »Börsenblatt für den Deutschen Buchhandel«. Er suchte einen jungen Partner, der dem Verlag auch neue Mittel zuführen könnte.

Ich hatte mein Germanistikstudium an der Universität Frankfurt am Main mit einer Dissertation über Theodor Fontanes »Effi Briest« und dem mündlichen Doktorexamen abgeschlossen, in der Beerschen Buchhandlung im Sortiment wie auch in zwei Verlagen, darunter von 1925 bis 1926 als Hersteller im Kunstverlag E. A. Seemann in Leipzig gearbeitet. Dr. Gustav Kirstein, dem äußerst fähigen Mitinhaber dieses Verlages, habe ich viel zu verdanken. Kirstein bemühte sich schon damals um die Entwicklung der farbigen Gemäldereproduktion und gründete eine auf die Herstellung von dreifarbigen Klischees spezialisierte Anstalt. Ich konnte nicht ahnen, wie sehr mir die in der Zusammenarbeit mit Kirstein erworbenen Erfahrungen Jahrzehnte später zugute kommen sollten. Es war jedoch zunächst mein Wunsch, so bald wie möglich zu einem literarischen Verlag zu wechseln. Deshalb verfolgte ich die im »Börsenblatt« erscheinenden Anzeigen und war sogleich von einer unter Chiffre erschienenen angezogen, schrieb und erhielt schnelle Antwort – von Gustav Kiepenheuer. Mir erschien es ein besonderer Glücksfall, daß Kie-

Teilhabergesuche.

TEIL-HABER

ist Gelegenheit geboten, sich an erstem bekannten

VERLAG

zu beteiligen.

Erforderliches Kapital 60—100000 Mark.

Zuschriften (beiderseitige Vertraulichkeit Bedingung) erbeten an die Geschäftsstelle d. B.-V. unter Nr. 2381.

penheuer einem jungen Menschen Gelegenheit geben wollte (und mußte), sich in einer schwierigen Situation zu bewähren und Verantwortung zu übernehmen, die ein finanziell gesicherter Verlag ihm kaum übertragen hätte. Nun besaß ich selbst zwar kein Geld, aber ich hatte aus meinen Schul- und Studientagen und zur Familie meiner Frau freundschaftliche Beziehungen, durch die ich – und wie sich herausstellte, zu Recht – die nötigen Mittel beschaffen zu können glaubte. Obgleich mir jede geschäftliche Erfahrung fehlte, war mir nach den ersten Gesprächen mit Kiepenheuer die beinah hoffnungslose Lage des Verlages nur allzu deutlich. Der Jahresumsatz war 1926 niedriger als die an sich bescheidenen Unkosten. Ich konnte daher von keinem meiner Freunde und Berater Ermutigung erwarten. Kiepenheuer und ich erwogen ernsthaft, den überschuldeten und kaum noch lebensfähigen Verlag zu liquidieren und neu zu beginnen. Schließlich entschlossen wir uns aber, den Versuch zu machen, das schon renommierte Unternehmen durch gemeinsame Arbeit zu retten – eine Entscheidung, die aus Kiepenheuers Optimismus und meiner Unerfahrenheit resultierte und die sich bald – viel schneller, als zu erwarten war – als verständig erwies.

Gustav Kiepenheuer war ein lebensfroher, optimistischer Mann, der die Menschen und die Kunst liebte, leicht Freundschaft schloß, hilfsbereit und begeisterungsfähig war. Er besaß einen ungewöhnlichen Instinkt für Qualität und las Bücher an und selten zu Ende. Häufig stützte sich sein Urteil nicht auf gründliches Studium eines Manuskripts oder Beschäftigung mit der behandelten Materie, sondern er reagierte subjektiv und spontan auf einen Menschen oder eine Idee. Noa, seine Frau, teilte seine Lebensfreude und Gastlichkeit. Sie hatte einen ausgeprägten künstlerischen Geschmack. Ohne es ihn oder andere fühlen zu lassen, war sie sich ihrer Überlegenheit wohl bewußt.

Ich kündigte meine Stellung bei E. A. Seemann zum Ende des Jahres 1926 und übersiedelte nach Potsdam. Im Januar 1927 wurde ich Kiepenheuers Partner und Mitdirektor der Aktiengesellschaft. Vom ersten Tage an ließ er mich vom Eingang der Post am frühen Morgen bis zum Ausgang der Post am späten Nachmittag an allen Einzelheiten des Geschäftsablaufes teilnehmen und führte mich mit großer Geduld in alle schwebenden Verhandlungen und Probleme ein. Er zog mich zu allen internen Besprechungen, zu allen Autorenbesuchen hinzu und schien keinerlei Schwierigkeit darin zu sehen, einen jungen Sozius anzulernen, ihn zu akzeptieren.

Anfangs begleitete ich ihn auf seinen regelmäßigen Reisen nach Leipzig, wo die laufende und die künftige Produktion mit den fast ausnahmslos dort ansässigen Druckereien und Bindereien besprochen und unsere Verlagsauslieferung Koehler & Volckmar aufgesucht werden mußte – meistens, um einen Vorschuß auf die zu erwartenden Ein-

---

E · A · SEEMANN

VERLAGSBUCHHANDLUNG IN LEIPZIG

BANKKONTO: COMMERZ- UND PRIVAT-BANK, DEPOSITEN-KASSE M, LEIPZIG, JOHANNISPLATZ
POSTSCHECK: LEIPZIG 51951 / TELEGRAMM-ADRESSE: KUNSTSEMAN LEIPZIG
A.B.C.-CODE: 5. EDITION / FERNSPRECHER 64426

*

Diktat: Dr.K/O
Bitte bei Antwort anzugeben

LEIPZIG C 1, den 31.12.1926
HOSPITALSTR. 11a

Z e u g n i s

Herr Dr. Fritz L a n d s h o f f hat von Anfang 1925 bis Ende 1926, also zwei Jahre, in meinem Hause gearbeitet. Er hat den Posten eines Verlagsherstellers bekleidet und sich dabei auch mit der Durchführung propagandistischer Massnahmen, die mit der Verlagsherstellung zusammenhängen, beschäftigt. Er scheidet nun heute aus meinem Hause, weil er in einen selbständigen aussichtsreichen Wirkungskreis eintritt.

Herr Dr. Landshoff besitzt alle Gaben, um als Verleger vorwärts zu kommen: er ist gebildet und geschmackvoll, hat wertvolle Personalbekanntschaften, fasst rasch auf und beherrscht die Technik des Verlagsgeschäfts.

Das Zusammenarbeiten mit Herrn Dr. Landshoff war mir in den zwei Jahren stets ein besonderes Vergnügen, und so begleiten meine besten Wünsche in seine Zukunft.

E. A. Seemann

nahmen zu erbitten. Unsere Firma wurde bei Koehler & Volckmar durch einen ehemaligen Korvettenkapitän und frühzeitigen Nazi namens Gartmann betreut, der uns im allgemeinen und mir im besonderen keinerlei Sympathie entgegenbrachte. Den großen »Boß«, Hans Volckmar, bekam ich nur selten zu sehen. Er war ein Mann von einer gewissen Bonhomie, der unserem Verlage einiges Wohlwollen angedeihen ließ. Er war auch, glaube ich, politisch ein liberaler Mann und hat nicht viel Freude am »Tausendjährigen Reich« gehabt.

Sehr bald überließ Kiepenheuer diese Reisen mir allein. Als ich bei einem dieser Leipzig-Aufenthalte im Sachsenhof – meistens ging ich dorthin essen – die im Gastzimmer ausliegende »Frankfurter Zeitung« las, fand ich zu meiner Überraschung im Feuilleton eine Fortsetzung von Hermann Kestens Novelle »Die vergebliche Flucht«.

Mit Kesten hatte ich von 1920 bis 1922 in Frankfurt studiert, und wir waren sehr enge Freunde geworden. Er hatte zu jener Zeit bereits begonnen zu schreiben und las mir gelegentlich aus dem Drama vor, an dem er gerade arbeitete. Eines Tages kam er in großer Aufregung zu mir. Das kleine Handköfferchen, in dem er sein Manuskript herumzutragen pflegte, war verschwunden. Es war schon damals und blieb sein ganzes Leben lang seine Gewohnheit, nicht zu Hause, sondern im Caféhaus zu schreiben. Zweifellos hatte er sein Köfferchen irgendwo stehenlassen. Er hatte überall nachgefragt, wo er an jenem Tage gewesen war, jedoch vergeblich. In seiner Verzweiflung kam er zu mir. Wir suchten noch einmal in allen seinen kleinen Stammcafés in der Hoffnung, daß der enttäuschte Dieb – schließlich hatte er mit etwas Brauchbarerem als mit einem Manuskript gerechnet – seine Beute irgendwo deponiert haben würde. Das Köfferchen aber blieb für alle Zeiten verschwunden.

Nach dem Studium war Kesten nach Nürnberg, ich nach Berlin zurückgekehrt. Wir hatten für einige Zeit den Kontakt verloren, den nun die »Frankfurter Zeitung« wieder herstellte. Am folgenden Tag rief ich Kesten aus Potsdam an und lud ihn ein, uns im Verlag zu besuchen. In den wenigen Tagen seines Berliner Besuches verbrachten Kiepenheuer, Kesten und ich viele Stunden gemeinsam – in Gesprächen, die sich täglich intensiver mit den Möglichkeiten der zukünftigen Entwicklung unseres Verlages und Kestens Karriere als Schriftsteller beschäftigten und die letztendlich in einem doppelten Angebot endeten, das wir Kesten machten: einen Verlagsvertrag für seine Produktion und den Posten als Lektor. Er hatte gerade zwei Dramen beendet: »Maud liebt beide«, das in Kassel uraufgeführt wurde, und »Admet«, und er arbeitete nun an einem Roman, der in der »Frankfurter Zeitung« vorabgedruckt wurde und bei uns mit einem für ein Erstlingswerk ungewöhnlichen Erfolg erschien, ehrenvolle Erwähnung bei der Verleihung des Kleistpreises 1928 erhielt und Kestens Namen in der literarischen Welt festigte: »Josef sucht die Freiheit«.

Kurze Zeit nach Kestens Eintritt stellte ich Kiepenheuer einen alten Schulkameraden vom Berliner Mommsen-Gymnasium, Walter Landauer, vor, der nach seinen Jura-Studien in dem 1923 gegründeten Verlag »Die Schmiede« seine verlegerische Ausbildung begonnen und sich bewährt hatte. »Die Schmiede« war ein kleiner, literarisch interessanter und entdeckungsfreudiger Verlag, der als erster in Deutschland Proust und Radiguet und die ersten Ausgaben von Kafkas »Prozeß« und »Ein Hungerkünstler« verlegte. Die »Schmiede« litt jedoch unter einer bedenklichen Geschäftsführung, die sie schließlich auch zugrunde richtete. Wir schlugen Landauer vor, zu uns zu kommen. Er wurde als Prokurist der Vierte im Bunde, der bis 1933 an der Leitung unseres Verlages teilhatte.

Damit war die von Gustav Kiepenheuer und mir geplante und durchgeführte Reorganisation des Verlages abgeschlossen, die seinen Charakter nicht veränderte, aber eine Erweiterung des Autorenkreises ermöglichte und sein literarisches Programm stärker profilierte: Der Kiepenheuer Verlag wurde ab 1927 zu einem Sammelbecken linksbürgerlicher Autoren. Es ist meine feste Überzeugung, daß die Sanierung und die erfolgreiche Weiterentwicklung des Unternehmens ohne das, was Kiepenheuer zwischen 1909 und 1926 aufgebaut hatte, kaum möglich gewesen wäre.

Es war ein besonders glücklicher Umstand, daß die freundschaftliche Zusammenarbeit zwischen dem mehr als zwanzig Jahre älteren Kiepenheuer und dem um die Jahrhundertwende geborenen »Triumvirat«, wie Kiepenheuer uns nannte, bis zu Hitlers Machtübernahme 1933 problemlos verlief. Ich erinnere mich an keine einzige ernstliche Mißstimmung in jenen Jahren, wohl aber an unzählige angenehme, angeregte und oft äußerst vergnügliche Gespräche mit Autoren, über Manuskripte, Projekte, aber auch über unsere noch stets prekäre Finanzsituation, die wir mit unerschütterlichem Vertrauen und viel Humor nicht ohne Geschick behandelten. Der reibungslose Ablauf der geschäftlichen Verpflichtungen war besonders den Autoren gegenüber unerläßlich, da wir dringend das vor 1927 entstandene Mißtrauen gegenüber der finanziellen Leistungsfähigkeit des Verlages überwinden mußten.

Wir hatten, wie übrigens einige andere Verlage, schon damals die Gewohnheit, durch monatliche Zahlungen a conto der zu erwartenden Honorare den Autoren bereits bei Vertragsabschluß eine möglichst ungestörte Arbeit bis zur Vollendung des betreffenden Werkes zu sichern. Das erlaubte keine Unpünktlichkeit in diesen »Rentenzahlungen«. Wir entwickelten eine Technik, den Geldeingang der nächsten Tage zu schätzen und entsprechend unserer Schätzung, die deren Richtigkeit voraussetzten, Schecks auszuschreiben. In den bemerkenswert seltenen Fällen, in denen wir uns irrten, hatten wir eine nie versagende Lösung: Mein Schulfreund Wilfried Israel, mit dem ich seit meinem achten Lebensjahr täglich den Schulweg zum und vom Mommsen-Gymnasium gemacht hatte, war inzwischen Besitzer des nahe am Alexanderplatz gelegenen, von seiner Familie gegründeten Warenhauses N. Israel geworden, das vorzügliche Ware für mäßige Preise anbot. Er wurde dann angerufen und ließ durch einen Laufburschen sogleich die Differenz zwischen unserer Schätzung und der trüben Wirklichkeit bringen, in der nie getäuschten Zuversicht, daß wir innerhalb weniger Tage den vorgeschossenen Betrag zurückerstatten würden.

Alle Autoren, die 1925/26 zu anderen Verlagen übergegangen waren oder vor dem Abschluß ihrer Verhandlungen mit anderen Verlagen standen, kehrten zu uns zurück. Zu den »Heimkehrern« gehörten unter anderen Bertolt Brecht, Lion Feuchtwanger, Arnold Zweig; zu den »Neuerwerbungen« Gottfried Benn, Joseph Breitbach, Jean Cocteau, Marieluise Fleißer, Alexander Moritz Frey, Jean Giraudoux, Ernst Glaeser, Julien Green, Werner Hegemann, Franz Kafka, Kurt Kersten, Martin Kessel, Hermann Kesten, Alexander Lernet-Holenia, Heinrich Mann, Valeriu Marcu, Joseph Roth, Anna Seghers, Susanne Trautwein, F. C. Weiskopf und einige russische Schriftsteller wie Katajew, Tarassow-Rodionow und Tynjanow. Manche dieser Autoren wurden durch die zwei von Hermann Kesten herausgegebenen Anthologien »24 neue deutsche Erzähler« und »Neue französische Erzähler« (Mitherausgeber: Félix Bertaux) eingeführt. Wie verdienstvoll die 1929 erschienene deutsche Anthologie war, zeigt die Tatsache, daß der Gustav Kiepenheuer Verlag in Leipzig und Weimar – nach mehr als fünfzig Jahren – dieses Buch 1983 unverändert nachgedruckt hat.

Eine ansehnliche Vergrößerung des Verlagsprogramms war die Folge dieser Ausweitung des Autorenkreises, aber sie führte auch zu einer unsere Erwartungen weit überschreitenden Reihe von hohen Auflagen und Erfolgen. Innerhalb weniger Jahre stieg unser Verlagsumsatz auf das Zehnfache des Jahres 1926. Die Kehrseite dieses schönen Ergebnisses war eine erneute Kapitalknappheit, die zu lösen freilich schon viel leichter war als die von 1926. Wir fanden in Richard Einstein, dem Vetter von Albert Einstein, einen Finanzier, der bereit war, in die geschäftliche Leitung des Verlages einzutreten und sich selbst mit einem Betrag von 100 000.– Reichsmark an dem Unternehmen zu beteiligen. Bald gab mir diese Erweiterung unserer Firma die Gelegenheit, durch Richard Einstein seinen Vetter kennenzulernen. Da beide leidenschaftliche Kammermusiker waren und ich seit meinem 9. Lebensjahr eifrig Cello spielte, ergab sich schon nach kurzer Zeit die Möglichkeit für mich, mit ihnen zu musizieren. Albert Einstein, der die erste Geige mit großer Verve spielte, erwies sich als rhythmisch nicht ganz fest, was zu einer etwas verärgerten Bemerkung des Bratschisten Anlaß gab: »Herr

Professor, können Sie denn nicht einmal bis drei zählen?« – Übrigens führte unsere Bekanntschaft dazu, daß ich ein paar Jahre später der Verleger eines Buches von Albert Einstein wurde, das sein Schwiegersohn Rudolf Kayser unter dem Titel »Mein Weltbild« herausgab – eine schöne Sammlung von Essays und Äußerungen zu aktuellen politischen und kulturpolitischen Fragen.

Natürlich übte Hermann Kesten großen Einfluß auf das Verlagsprogramm aus. Zweifellos hatte aber auch Gustav Kiepenheuer mit seinen alten und neuen Beziehungen und Freundschaften bedeutende Autoren neu- oder wiedergewonnen, ebenso wie Walter Landauer und ich einen wesentlichen Beitrag zur Erweiterung des Autorenkreises leisteten.

Einer der bedenklichsten und folgenreichsten Verluste für den Verlag war, daß Feuchtwanger den Vertrag für seinen nächsten großen Roman gekündigt hatte. Es galt daher, mit größter Eile die Verhandlungen neu aufzunehmen, in der Hoffnung, daß noch kein Vertrag mit einem anderen Verlag abgeschlossen war. Kiepenheuer hatte Feuchtwanger telefonisch über die neue, wie er ihm versicherte, vielversprechende Situation informiert und einen Termin mit ihm festgesetzt, zu dem ich meine Antrittsvisite machen sollte. Ich fuhr also mit dem Zug von Wildpark zum Potsdamer Bahnhof in Berlin, von wo aus ich mir ein Taxi zu Feuchtwangers Wohnung am Fehrbelliner Platz nahm. Unterwegs stellte ich mit Schrecken fest, daß ich mein Portemonnaie vergessen und keinen Pfennig bei mir hatte. Da ich für den Zug ein Abonnement hatte, war mir das Malheur nicht eher aufgefallen. Am Ziel eingetroffen, mußte ich den Chauffeur bitten, einen Moment zu warten, und die Treppen zu Feuchtwangers Wohnung hinaufeilen, die im obersten Stockwerk gelegen war. Ich klingelte, Feuchtwanger öffnete die Tür, und bevor wir uns begrüßen konnten, fragte ich: »Können Sie so freundlich sein, mein Taxi zu bezahlen?« – Feuchtwanger hatte viel Sinn für Humor, lachte herzlich und zahlte.

In wenigen Wochen hatten wir nicht nur Feuchtwanger als Autor wiedergewonnen, sondern einen neuen und für uns weitaus günstigeren Vertrag mit ihm geschlossen. Anstatt der vereinbarten Vorauszahlung von 90000.– Reichsmark war es mir gelungen, den Vorschuß auf 60000.– zu vermindern, auf einen Betrag, der sich freilich auch noch als viel zu hoch erwies. Als der Roman 1930 endlich erschien – es war das zweibändige Werk »Erfolg« –, war die politische Atmosphäre bereits so vergiftet, daß ein erheblicher Teil des Buchhandels das Buch nur zögernd oder gar nicht bestellte – unser Vertreter wurde sogar öfter hinausgeschmissen – und ein beachtlicher Teil der Presse dessen Bedeutung in keiner Weise gerecht wurde. Das »Berliner Tageblatt«, in dem Arnold Zweig sich die Besprechung gesichert hatte, war eine der wenigen Zeitungen, die eine angemessene Würdigung des Werkes druckte. Für das Gros der Zeitungen war die Rezension in den »Leipziger Neuesten Nachrichten« bezeichnend, die »Erfolg« unter der Überschrift »Literarisches Dörrgemüse« besprach. Dafür hat dieser Roman jedoch eine lange Lebensdauer bewiesen und ist heute erfolgreicher denn je.

Ich hatte das Glück, dem Verlag eine damals unbekannte junge Autorin zuzuführen, die schnell Weltruhm erwarb und noch heute mit ihrem Werk eine hervorragende Stellung in der Weltliteratur einnimmt: Anna Seghers. Eines Tages fand ich auf meinem Schreibtisch das an mich adressierte Manuskript einer Erzählung von weniger als hundert Schreibmaschinenseiten: »Der Aufstand der Fischer von St. Barbara« von Seghers. Da kein Vorname hinzugefügt war, konnte ich nicht erkennen, ob der Absender männlichen oder weiblichen Geschlechts war. Ein paar Wochen später erhielt ich einen Anruf von einer Frau Dr. Radvanyi. Sie gab sich als Autorin dieses Manuskriptes zu erkennen und fragte mich, ob ich es bereits gelesen hätte und eine Entscheidung gefällt wäre. Ich mußte verneinen. Sie bat mich um baldige Lektüre, da sie kurz vor der Geburt eines Kindes stünde und gern wissen wolle, ob ihr Buch angenommen sei. Am nächsten Morgen rief ich sie an und berichtete ihr, ich hätte das Manuskript gelesen und sei so stark beeindruckt, daß ich ihr sogleich die Zusage machen könne, die Erzählung noch im Herbst des Jahres herauszubringen. Wenige Tage später ließ sie mich wissen, daß sie eine Tochter geboren habe. Ich schickte ihr Blumen in die Klinik und besuchte sie, sobald sie nach Hause zurückgekehrt war, und wir schlossen unseren ersten Vertrag. Während des Exils, das sie 1933 nach Paris und im Krieg nach Mexiko führte, habe ich sie nur einmal in Paris gesehen. Erst nach dem Kriege und nach ihrer Rückkehr suchte ich sie in Berlin wieder auf, später trafen wir uns noch einmal in Paris, und wenige Monate vor ihrem Tode durfte ich sie an einem Tage, an dem sie sich relativ gut befand, noch einmal besuchen. Ich war gerührt, daß sie in dieser Unterhaltung der Blumen gedachte, die ich ihr mehr als fünfzig Jahre früher zur Geburt ihrer Tochter geschickt hatte.

In seinen nicht allzu häufigen trüben Stunden sagte Gustav Kiepenheuer einmal: »Wenn wir Glück haben, werden zwei Autoren unseres Verlages überleben: Benn und Brecht.« Rückblickend war das zweifellos eines der intuitiven Urteile, die er, ohne eigentlich recht über sie nachzudenken, mit großer Bestimmtheit äußerte. Weder entsprach solche Äußerung seinem persönlichen Geschmack, der wohl leichtere Kost bevorzugte, noch seinem literarischen Urteil, das so endgültig festzulegen er sich gescheut hätte. Daß es nach mehr als fünfzig Jahren seine Gültigkeit hat, zeigt mit frappanter Deutlichkeit das Wesen seiner Begabung. Es waren nicht die Namen der von ihm verlegten berühmten Autoren, deren Werke in Hunderttausenden von Exemplaren in vielen Sprachen in der Welt verbreitet waren, aber auch nicht die Einsamen, denen zu Lebzeiten die Gefolgschaft versagt wurde. Es sind zwei Autoren, von denen noch heute gesagt werden könnte, daß sie unter den Schriftstellern des 20. Jahrhunderts eine einzigartige Stellung einnehmen. Brecht hat wie kein zweiter in der ganzen Welt »Schule« gemacht, seine Versuche, Lehrstücke und Gedichte sind in ihrer Zeit neue Kunstformen gewesen.

Ohne Zweifel hat Brecht selbst auf jedes Detail den größten Wert gelegt. So wie die Art der Inszenierung eines jeden Stückes für ihn von entscheidender Bedeutung war, so war es ihm jedes Detail der Herstellung. Als wir 1930 mit der Produktion seiner »Versuche« begannen, pflegte ich ihn in seiner Wohnung abzuholen und mit ihm in die Druckerei zu fahren. Die Wahl des Satzes, des Satzspiegels, des Papiers, des Kartons für den Einband bzw. Umschlag – alles waren Fragen von größter Wichtigkeit, die er mitzuentscheiden wünschte. Die technische Einrichtung und Ausführung hatte einen keineswegs nur symbolischen Charakter für ihn, äußerste Einfachheit war ein geforderter essentieller Bestandteil der Produktion. – Die »Versuche«, von denen jährlich mehrere erscheinen sollten, wurden in einer Auflage von je 2000 Exemplaren gedruckt und in der freilich kurzen Zeit ihres Erscheinens vor Hitlers Machtantritt bei weitem nicht ausverkauft.

Um den Charakter und die Entwicklung eines literarischen Verlages im ersten Drittel des 20. Jahrhunderts zu verstehen, muß man sich vergegenwärtigen, daß die Beziehungen zwischen Autor und Verleger eine unvergleichbar größere Rolle spielten als heute. Zwar begannen schon damals Zeitungskonzerne wie Ullstein, Scherl, Mosse usw. ihren Unternehmungen Verlage anzugliedern, die zwangsläufig auf Grund ihrer Größe in die Anonymität führten, das Gros der Verlage pflegte jedoch enge und sehr persönliche Kontakte zu den Autoren. Ob es S. Fischers aus Hunderten von Briefen zu belegende Freundschaft mit Gerhart Hauptmann, Hermann Hesse, Thomas Mann, Arthur Schnitzler, Jakob Wassermann und vielen anderen oder Kurt Wolffs mit Hermann Broch, Walter Hasenclever, Robert Musil und Franz Werfel war oder ob man sich an die regelmäßigen, in oft täglichen, aber stets in kürzesten Abständen sich wiederholenden Treffen im Hause des Verlegers oder im Café erinnert – das Leben des Verlegers war auch außerhalb des Büros mit dem seiner Autoren eng verbunden. Die Entwicklung des Kiepenheuer Verlages in den letzten Jahren des ersten Weltkrieges wäre ohne die freundschaftlichen Beziehungen Gustav Kiepenheuers zu seinen Autoren nicht möglich gewesen, und die schnelle Entwicklung in den Jahren, da die Geschäftsleitung durch Kesten, Landauer und mich erweitert wurde, gründete sich darauf, daß diese Tradition fortgesetzt wurde. Es verging kaum ein Abend, an dem nicht Autoren ihren Weg zu Gustavs Wohnung fanden, und es war bekannt unter unseren Autoren, daß mindestens einer, meist aber zwei oder drei von uns an dem für Joseph Roth und uns bei Mampe, Kurfürstendamm / Ecke Uhlandstraße, reservierten Tisch zwischen 21 und 24 Uhr und oft genug länger anzutreffen waren. Berufs- und Privatleben waren kaum voneinander getrennt.

In den späten zwanziger Jahren war durch den damals gegründeten Verlag Droemer eine neue Reihe von vortrefflichen, gebundenen, großenteils nachgedruckten Erfolgsbüchern hergestellt und zum Preise von 2,85 Reichsmark auf den Markt gebracht worden. Sie erwiesen sich als gut verkäuflich. Droemer schlug Thomas Mann eine solche Volksausgabe für die »Buddenbrooks« vor und bot eine Honorargarantie von 100000.– Reichsmark – für eine Million Exemplare als sofortige Vorauszahlung – an. Thomas Mann war sehr geneigt, den Vorschlag anzunehmen, und versuchte Fischer davon zu überzeugen, daß eine solche Massenverbreitung eines seiner Bücher seinem Gesamtwerk sehr nützen könnte und eine solche Ausgabe das Verhältnis zu seinem Originalverleger keineswegs ungünstig beeinflussen würde. Fischer blieb jedoch bei seiner negativen Entscheidung.

Sein Schwiegersohn, Gottfried Bermann-Fischer, versuchte den Konflikt zu lösen, indem er Thomas Mann durch den eigenen Verlag den gleichen Vorschlag machen lassen wollte. Fischer war jedoch zunächst auch für eine solche Idee nicht zu gewinnen, und es bedurfte langer Verhandlungen, bis diese Lösung schließlich doch von ihm akzeptiert wurde. Die »Buddenbrooks« erschienen im Jahre 1929 in einer Volksausgabe bei Fischer zu 2,85 Reichsmark und wurden binnen der ersten Monate in weit mehr als einer Million Exemplaren verkauft. Dieser Durchbruch veranlaßte nicht nur Fischer zur Produktion weiterer Volksausgaben, sondern auch andere Verleger, so Gustav Kiepenheuer, dem Beispiel Droemers zu folgen. Kiepenheuer erzielte ansehnliche Erfolge mit Feuchtwangers »Häßlicher Herzogin«, Arnold Zweigs »Die Novellen um Claudia«, Frank Thieß' »Die Verdammten« und plante solche Volksausgaben auch von Sachbüchern. Ich fuhr nach Wien, um mit Hilfe des mir befreundeten Sohnes von Sigmund Freud, des Architekten Ernst Freud, die »Vorlesungen zur Einführung in die Psychoanalyse« für eine Volksausgabe zu erwerben. Der erste Versuch scheiterte, und erst Ende 1932 gelang es mir, den Vertrag abzuschließen. Auf der ersten Wiener Reise erwarb ich jedoch die Rechte für ein mir aus meiner Studienzeit bekanntes und noch stets gelesenes Werk: Otto Weiningers »Geschlecht und Charakter«, das wir zwar mit Erfolg, aber auch mit unerwünschten Folgen in dieser Form veröffentlichten: Das Kapitel über die Juden wurde ohne unsere Erlaubnis im »Völkischen Beobachter« abgedruckt.

Für die Wintermonate 1932/33 hatten wir Marx' »Das Kapital« und Freuds »Vorlesungen zur Einführung in die Psychoanalyse« vorbereitet. »Das Kapital« konnte gerade noch im Dezember 1932 erscheinen und wurde einen Monat später durch die Gestapo beschlagnahmt, und auch Freuds »Vorlesungen«, die Anfang des Jahres 1933 zur Auslieferung bereitstanden, wurden beschlagnahmt. Diese beiden Bücher waren die letzten Publikationen des alten Kiepenheuer Verlages. Die enormen Kosten der Herstellung dieser zwei Volksausgaben und die gleichzeitige Beschlagnahme von etwa 80 Prozent unseres Buchlagers besiegelten das Schicksal unseres Verlages.

Seit den Reichstagswahlen im September 1930, bei denen die NSDAP von 12 Sitzen auf 107 Sitze anwuchs, wurde uns die akute politische Gefahr endlich deutlich, daß diese zielbewußte, straff organisierte nationalsozialistische Bewegung die schwachen, untereinander und in sich mehr oder weniger gespaltenen demokratischen Parteien der Mitte, die die Regierung bildeten, überrennen könnte. Zurückblickend scheint es schwer verständlich, daß – soweit ich weiß – kein einziger Verlag durch Gründung einer Zweigstelle im Ausland oder zumindest durch systematische Ausweitung des Vertriebes in den außerdeutschen, an deutscher Literatur interessierten Ländern sich auf mögliche Veränderungen vorbereitet hatte. Wie so oft bei tödlichen Krankheiten kurz vor dem Ende eine Besserung des Patienten einzutreten scheint, so brachte die Reichstagswahl im Herbst 1932 zum ersten Mal einen Rückgang der nationalsozialistischen Stimmen um 15 Prozent, und allzu viele von uns, darunter so große Skeptiker wie Leopold Schwarzschild in einem »Tage-Buch«-Aufsatz im November 1932, waren nur zu geneigt, an die Chance zu glauben, daß der Kelch an uns vorübergehen würde.

War es bereits töricht gewesen, die Entwicklung der Weimarer Republik von Noske über die Entstehung der von ihm geduldeten, wenn nicht geförderten paramilitärischen Organisationen, die Gründung der Nationalsozialistischen Partei, die »Fememorde« etc. in ihrer Bedeutung zu verkennen, so waren wenigstens wir im Kiepenheuer Verlag uns endlich am 30. Januar 1933 – nach der Ernennung Hitlers zum Reichskanzler – darüber im klaren, was dieser Tag für uns einleiten mußte.

Unser Verlag, der ein Zentrum der fortschrittlichen Literatur und unter den nichtparteigebundenen Unternehmen am meisten exponiert war, daran bestand nun kein Zweifel mehr, verlor seine Existenzbasis, ideell wie finanziell, und würde binnen weniger Monate liquidiert sein. Hermann Kesten und Walter Landauer schieden bereits im März 1933 offiziell aus dem Verlag aus. Hermann Kesten ging noch im gleichen Monat nach Frankreich ins Exil, und Walter Landauer folgte wenige Wochen später.

Ich blieb, denn ich hatte Gustav Kiepenheuer zugesagt, ihm bei der Vorbereitung der Gläubigerversammlung und der Liquidierung des Verlages beizustehen – eine Zusage, die ich ihm als sein Partner, der von dessen unveränderter Gesinnung überzeugt war, schuldig zu sein glaubte.

Es stand von Anfang an fest, daß Gustav Kiepenheuer und seine Frau trotz ihrer eindeutigen politischen Überzeugung nicht emigrieren würden. Ich glaube, daß er, bereits Mitte der Fünfzig, ohne jede Fremdsprachenkenntnis, eine Emigration scheute und wohl auch die bevorstehenden Schrecken unterschätzte. Beide sind die ganze Nazizeit in Deutschland geblieben. Die Gustav Kiepenheuer GmbH, die Kiepenheuer nach der Liquidierung der

Aktiengesellschaft gründete, hat sich zu keinem Zeitpunkt gleichgeschaltet und ist im Jahre 1944 auf Anordnung der Reichsschrifttumskammer geschlossen worden.

Mitte Februar 1933 fuhr ich zu meiner geschiedenen Frau in die Schweiz, um ihre und der Kinder Auswanderung zu besprechen. Sie war mit unseren beiden Töchtern zum Wintersport in Zuoz. Ich traf Ernst Toller, der sich, nach mehreren Vorlesungen in der Schweiz, dort einige Tage aufhielt. Mit ihm verband mich eine enge Freundschaft. Nach meiner Scheidung 1931 hatte mir Toller vorgeschlagen, seine Wohnung in der Sächsischen Straße mit ihm zu teilen. Bei unserem Treffen in Zuoz war er noch fest entschlossen, in diese Wohnung zurückzukehren, und es war äußerst schwierig, ihn zu überzeugen, vorläufig in der Schweiz zu bleiben und auf weitere Nachrichten von mir aus Berlin zu warten. Am Morgen des 28. Februar 1933 verließ ich Zuoz. Im Zuge begegnete mir Arthur Holitscher, einer unserer Autoren. Er berichtete mir – ich hatte noch keine Morgenzeitung gelesen – als erster vom Reichstagsbrand. Bereits vor meiner Abreise aus Deutschland hatte ich mit meinen Freunden Heinrich Simon und seiner Frau Therese – er war der Eigentümer und Chefredakteur der »Frankfurter Zeitung« – vereinbart, daß ich meine Rückreise in Frankfurt unterbrechen würde, um mit ihnen den Nachmittag und Abend zu verbringen. Natürlich war Simon ganz erfüllt von den ständig eintreffenden Nachrichten aus Berlin. Ich war jedoch überrascht, daß auch er, einer der führenden politischen Journalisten und einer der politisch am besten orientierten und international angesehensten, davon überzeugt war, die »Mainlinie« würde halten – d. h., die Nazidiktatur hätte keine Aussicht, südlich des Mains (in Württemberg, Baden und Bayern) zur Herrschaft zu gelangen. Dieses Verkennen der Situation selbst von politisch gebildeten Intellektuellen gibt vielleicht einen Eindruck davon, daß selbst in diesen Kreisen die Lage verhängnisvoll falsch eingeschätzt wurde.

Ich verließ Frankfurt wie geplant mit dem Berliner Nachtzug und traf am frühen Morgen am Anhalter Bahnhof ein. Ich fuhr in Tollers und meine Wohnung, um mich umzuziehen. Im Bad hörte ich ein Klopfen an unserer Tür. Ich warf einen Bademantel über und sah durch das Schlüsselloch eine mir unbekannte ältere Dame. Ich öffnete, und bevor ich noch eine Frage stellen konnte, sagte sie leise zu mir: »Ich wohne unter Ihnen und möchte Sie warnen. Gestern abend waren mehrere SA-Leute hier, die, nachdem sie bei Ihnen niemanden vorfanden, mich nach Herrn Toller und Ihnen gefragt haben. Ich rate Ihnen dringend, die Wohnung sofort zu verlassen und nicht mehr zurückzukommen.« Innerhalb von zehn Minuten verschwand ich mit meinen von der Reise noch gepackten Koffern und ging in den Verlag. Es ist bezeichnend für die völlig chaotische Situation zu diesem Zeitpunkt, daß die SA, wie ich später hörte, erst nach geraumer Zeit wieder zurückkehrte und auch den Verlag nicht unmittelbar aufsuchte. Als sie dann nach Wochen kamen, waren Kiepenheuer und ich zufällig beim Anwalt, und die Besucher verließen den Verlag, ohne Spuren zu hinterlassen. Heute ist mir unverständlich, daß ich – auch wenn ich ein festes Quartier mied und zumindest für die Nächte mit ständig wechselnder Adresse »untertauchte« – tagsüber im Verlag war, um, wie gesagt, Kiepenheuer bei der Vorbereitung der Gläubigerversammlung zu helfen. Indem ich diese Seiten niederschreibe, ist mir deutlich, daß ich ebenso töricht war wie die Unzähligen, denen ich mangelnde Erkenntnis der Situation vorwerfe. Jeder neue Tag bedeutete eine sinnlose Gefahr, die nur durch Mangel an »organisierter Verfolgung« den Opfern gewisse Chancen gab, soweit sie nicht als eingetragene Mitglieder der Kommunistischen Partei unablässig und so lange gesucht wurden, bis sie gefunden wurden.

Die Gläubigerversammlung war von unserem Wirtschaftsberater Ronneberger vorbereitet worden, mit dem ich wochenlang täglich zusammengearbeitet hatte. Einige der mir freundschaftlich gesinnten Autoren, insbesondere Georg Kaiser, hatten mich aufs dringendste – aber vergeblich – davor gewarnt, mich als »Nichtarier« den Gläubigern zu stellen. Georg Kaiser, der seit Jahren und bis zu seiner Auswanderung in Grünheide wohnte, stets nachts lange arbeitete und erst gegen Mittag aufstand, hatte mir ein paar Tage vor der Zusammenkunft gesagt, daß er, wenn ich wirklich daran teilnehmen würde, ab 10 Uhr morgens in der dem Verlag gegenüberliegenden Kneipe des »Theaters des Westens« sitzen und warten würde, bis ich heil aus der Versammlung hervorgegangen sei. Ich war gerührt über diese Fürsorge, die ich für völlig überflüssig hielt.

Es war keine kleine Überraschung für Gustav Kiepenheuer und mich, als Ronneberger am Morgen der Versammlung erstmalig in SA-Uniform im Verlag erschien. Wir beide hatten keine Ahnung davon, daß er seit langem Parteimitglied war. Als die große Anzahl der Gläubiger (meist Drucker, Papierlieferanten, Buchbinder etc. aus Leipzig) sich versammelt hatte, erhob sich zur Eröffnung der Sitzung Herr Ronneberger und bemerkte in seiner Begrüßungsrede mit einiger Schärfe: »Ich möchte die Gläubiger in Kenntnis davon setzen, daß ein Betrag in Höhe von weit über 100000.– Reichsmark im Laufe des letzten Jahres über das Privatkonto von Herrn Landshoff gegangen ist.«

In den Wochen meiner Zusammenarbeit mit Ronneberger hatte er kein einziges Mal eine Frage in diesem Zusammenhang an mich gestellt. Auch wußte er so gut wie ich, daß diese Beträge mit den in letzter Zeit sich häufenden kurzfristigen Anleihen bei Wilfried Israel, die für die dringendsten Zahlungsverpflichtungen notwendig waren, erklärt werden konnten – ein Umstand, den er mit keinem Wort erwähnte. In der damals herrschenden Atmosphäre war Ronnebergers Mitteilung auf eine spontane empörte Reaktion der Gläubiger berechnet, die ohnehin zum größten Teil nicht in der besten Stimmung gegen den Kiepenheuer Verlag waren. Ronneberger hatte sich noch nicht gesetzt, als der größte Gläubiger, der Inhaber einer der bekanntesten Buchbindereien Leipzigs, Herr Preuß von der Firma L. Sieke & Co., aufsprang und sagte: »Ich glaube im Namen aller Gläubiger des Kiepenheuer Verlages unserer Überzeugung Ausdruck verleihen zu dürfen, daß wir am Privatkonto von Herrn Landshoff nicht interessiert sind. Ich bin überzeugt, daß er keine unrechtmäßigen Handlungen begangen hat.« Ich bin sicher, daß diese Erklärung nicht im Sinne der Mehrheit der Gläubiger war, aber ich möchte heute noch einmal sagen, wie dankbar ich diese außergewöhnliche Haltung einer keineswegs freundschaftlich mit mir verbundenen Person würdige. Es ist mir eine Genugtuung, ein Beispiel aus eigener Erfahrung geben zu können, daß es auch in jenen Tagen rechtschaffene Menschen in Deutschland gegeben hat. Zweifellos hat er mich vor einer großen Gefahr gerettet, und Georg Kaisers Befürchtungen erwiesen sich als nur allzu berechtigt. Nach der Versammlung holte ich Kaiser in der Kneipe ab, und wir aßen zum letzten Mal in Berlin gemeinsam zu Mittag. Ich sah ihn dann erst viele Jahre später wieder, als ich ihn als Exulanten auf dem Bahnhof von Den Haag begrüßte.

Es ist immer leichter, rückblickend eine Situation und die Haltung der Betroffenen in dieser Situation zu beurteilen als zur Zeit des Geschehens, 1986 zu sagen, was im Jahre 1933 zu tun richtig gewesen wäre. Trotzdem glaube ich, es ist nicht ungerecht, festzustellen, daß die Reaktion der meisten Intellektuellen auf die Entstehung der nationalsozialistischen Bewegung in den frühen zwanziger Jahren und auf deren Entwicklung bis zur Machtübernahme sowie auf die Ereignisse, die ihr auf dem Fuße folgten, einen erstaunlichen Mangel an Verständnis und Einsicht bewiesen. Hitler und seine engsten Mitarbeiter haben es gewiß nicht an Deutlichkeit, mit der sie ihre Ziele dem gesamten Volk vom Beginn an in ihren Büchern und Reden auseinandergesetzt haben, fehlen lassen. Länger als ein Jahrzehnt mußten wir alle wissen, was bevorstand, wenn die Nazis an die Macht kommen würden. Es ist schwer, heute zu erklären, daß, selbst als Hitler am 30. Januar 1933 mit der Regierungsbildung betraut wurde, sich relativ wenige bewußt waren, was unwiderruflich geschehen war und weiterhin geschehen würde. Im Rahmen dieses Buches kann ich nur versuchen, die Reaktion in den uns nahestehenden Kreisen der Literatur zu erfassen.

Natürlich gab es, wie bei jeder Umwälzung, eine Anzahl Überläufer, die längst beschlossen hatte, mitzutun, was immer sich ereignen würde. So kam in den ersten Wochen nach der Machtübernahme der eine oder andere Autor unseres Verlages, für uns völlig unerwartet, in SA-Uniform in den Verlag und erzählte uns gelassen, er sei schon jahrelang Mitglied der NSDAP. Weit deprimierender war die Haltung derer, die, wie deutlich aus ihren Tagebucheintragungen und Briefen hervorgeht, ihre Haltung in keiner Weise veränderten und doch ihr offizielles Betragen der neuen Situation anpaßten. Ein typisches Beispiel boten die Vorgänge in der Sektion Dichtkunst der Preußischen Akademie der Künste.

Käthe Kollwitz und unser Autor Heinrich Mann hatten einen vom Internationalen Sozialistischen Kampfbund verfaßten »Dringenden Appell« mitunterzeichnet, in dem zum Zusammenschluß und gemeinsamen Vorgehen von SPD und KPD aufgefordert wurde. Dieser Aufruf klebte am 14. Februar an allen Litfaßsäulen in Berlin. Auf Grund der Unterschriften von zwei Akademiemitgliedern hatte der Reichskommissar und kommissarische Leiter des preußischen Kultusministeriums Bernhard Rust den Präsidenten der Akademie der Künste Max von Schillings am 15. Februar 1933 veranlaßt, eine außerordentliche Vollversammlung noch für den gleichen Tag einzuberufen, um den Rücktritt von Heinrich Mann, dem Präsidenten der Sektion Dichtkunst, und Käthe Kollwitz beschließen zu lassen. Dazu wurde Heinrich Mann nicht einmal eingeladen. Die darauffolgenden Ereignisse sind in dem Buch von Inge Jens, »Dichter zwischen rechts und links«, ausführlich dargestellt.

Nach den Reichstagswahlen fand eine gründlich vorbereitete Sitzung der Sektion für Dichtkunst der Akademie der Künste am 13. März statt. In ihr wurde beschlossen, einen Brief an alle Mitglieder zu schicken, dem folgendes Formular beigegeben war:

»Vertraulich!

Sind Sie bereit, unter Anerkennung der veränderten geschichtlichen Lage weiter Ihre Person der Preußischen Akademie der Künste zur Verfügung zu stellen? Eine Bejahung dieser Frage schließt die öffentliche politische Betätigung gegen die Regierung aus und verpflichtet Sie zu einer loyalen Mitarbeit an den satzungsgemäß der Akademie zufallenden nationalen kulturellen Aufgaben im Sinne der veränderten geschichtlichen Lage.«

Auf diese Frage antworteten 27 Mitglieder der Sektion, davon 18 mit Ja, unter anderem Gottfried Benn, Alfred Döblin, Gerhart Hauptmann, Georg Kaiser, Bernhard Kellermann und Fritz von Unruh. Nur 3 lehnten die Loyalitätserklärung ab: Ricarda Huch, Thomas Mann und Rudolf Pannwitz. Thomas Mann allerdings schränkte ein: »Ich habe nicht im Geringsten die Absicht, gegen die Regierung zu wirken...« Als Gründe für seine Ablehnung nannte er den Entschluß, von seinem »Leben alles Amtliche abzustreifen«, und seine Absicht, »in vollkommener Zurückgezogenheit« seinen »persönlichen Aufgaben zu leben«. Rudolf Pannwitz antwortete mit wenigen Zeilen, die mit den Worten enden: »... bleibt mir nur übrig, die Frage abzulehnen.« Ricarda Huch bestritt die Kompetenz des Herrn von Schillings, »eine Frage von so unübersehbaren Konsequenzen vorzulegen«, sie »lehne infolgedessen ab, sie zu beantworten«. Da von Schillings diese Antwort als eine Zustimmung auslegte, erwiderte sie umgehend mit einem schärferen Brief, in dem unter anderem steht: »... dies Ja kann ich aber um so weniger aussprechen, als ich verschiedene der inzwischen von der neuen Regierung vorgenommenen Handlungen auf das schärfste mißbillige. [–] ... aber auf das Recht der freien Meinungsäußerung will ich nicht verzichten, und das täte ich durch eine Erklärung wie die ist, die zu unterzeichnen ich aufgefordert wurde.«

Unverständlich dagegen war Alfred Döblins Haltung. Er schrieb an von Schillings: »Mit Recht kann von den einer staatlichen Instanz angegliederten Akademiemitgliedern eine politische Loyalitätserklärung verlangt werden, und ich kann sie ohne weiteres abgeben...« Er fuhr jedoch fort: »Die geschichtliche Umwälzung, von der der Revers spricht, schließt, wie Ihnen bekannt ist, ein starkes völkisches Element in sich ein. Ich bin von jüdischer Abstammung, und bisher bewirkte dieser Punkt für die Akademie keinen Unterschied im modus procedendi... Sollte nun das erwähnte völkische Element jetzt nach der Umwälzung eine wesentliche Rolle spielen, so müßte ein Abweichen der alten Praxis eintreten, und das müßte sich notgedrungen auf Zuwahlen wie auf das Verbleiben in der Akademie auswirken.« Obgleich diese Formulierungen eine ironische Auslegung zulassen, bleibt die Tatsache der sinnlosen und unerklärlichen Selbstverleugnung – nachlesbar auch in Döblins »Abschied und Wiederkehr«: »Ein paar Stunden in Stuttgart; friedliches Leben, die Nazis rufen zu Versammlungen auf – burlesk, warum laufe ich weg? Eine alberne Sache; ich werde mich später schämen. Überlingen, Übernachten, Fahrt über den See nach Kreuzlingen. Jetzt die Grenzüberschreitung, in einem Auto, es ging alles glatt. [–] Ich besuchte in Kreuzlingen einen Sanatoriumsarzt, bei dem ich ein Jahr zuvor mit meiner Frau zu Gast war... Nun kam ich in der komisch und sinnlos erscheinenden Rolle eines Flüchtlings. Aber wer flüchtete denn? Es sah doch überall so friedlich, normal, völlig normal aus. Ich machte mich wirklich lächerlich. Wie ich mich schämte...«

Obwohl Ludwig Fulda, Georg Kaiser, Bernhard Kellermann, Alfred Mombert, Fritz von Unruh und Franz Werfel ihre Loyalität bekundet hatten, erhielten sie und auch Leonhard Frank, Rudolf Pannwitz und René Schickele noch vor der Sitzung vom 5. Mai 1933 folgendes Schreiben von der Akademie: »Nach an maßgebender amtlicher Stelle eingeholten Informationen muß ich Ihnen leider mitteilen, daß Sie nach den für die Neuordnung der kulturellen staatlichen Institute Preußens geltenden Grundsätzen künftig nicht mehr zu den Mitgliedern der Abteilung für Dichtung gezählt werden können.«

Wie sah es in den Kreisen unserer Verlagsautoren aus? Heinrich Mann, der den Anlaß zu der Diskussion in der Akademie gegeben hatte, verließ Deutschland am 21. Februar 1933. Sein einziges »Gepäck« war ein Regenschirm, um die Abreise so unauffällig wie möglich aussehen zu lassen. Zwei andere Akademiemitglieder, Gottfried Benn und Georg Kaiser, hatten ihre Loyalität erklärt. Benn aus

Überzeugung, Kaiser gegen seine Überzeugung, ausschließlich in der Hoffnung, unverändert seinen Platz als einer der meistgespielten modernen Dramatiker Deutschlands halten zu können. Wenige Autoren, wie Gerhard Menzel, Eberhard Wolfgang Möller, Hans Reimann, besuchten uns und teilten uns mit, daß sie bereits jahrelang Parteimitglieder seien. Sie bildeten die Ausnahmen. 80 Prozent unserer Autoren waren ausgesprochene Antinazis. Das bedeutete keineswegs, daß sie auf die Machtübernahme vorbereitet gewesen wären und die Notwendigkeit einsahen, unmittelbare Konsequenzen aus ihrer unverhohlenen Gesinnung zu ziehen. Sie waren so kurzsichtig wie der überwiegende Teil der Bevölkerung, der den totalen Umbruch und seine endgültigen, irreparablen und unausweichlichen Folgen zu begreifen nicht in der Lage war. Lion Feuchtwanger, durch seinen Roman »Erfolg«, der als erstes großes literarisches Werk Hitler und den Nationalsozialismus zum Thema hatte, ein besonders verhaßter Gegner und bereits 1933 auf der ersten Ausbürgerungsliste, machte sich dennoch nach dem Erscheinen seines Buches so unbegreifliche Illusionen über die Lage in Deutschland, daß er sich Anfang der dreißiger Jahre eine sehr schöne Villa im Berliner Grunewald bauen ließ. Zudem war er, der sich Ende Januar 1933, von seinem amerikanischen Verleger eingeladen, in New York aufhielt, schwer zu überzeugen, daß eine Rückkehr nach Berlin völlig unmöglich und in höchstem Maße lebensgefährlich sein würde. Georg Kaiser, mit dem ich am 30. Januar, am Tage der Machtübernahme, bei Kranzler am Kurfürstendamm zum Mittagessen verabredet war, nahm mir die durch einen Zeitungsjungen aufgeregt ausgerufene Sonderausgabe der »B. Z. am Mittag«, die ich dem Jungen erschreckt abgekauft hatte, mit der Überschrift »Hitler Reichskanzler« aus der Hand, legte sie auf den zwischen uns stehenden leeren Stuhl, sagte: »Ein Kegelverein verändert seinen Vorstand« und wollte das Ereignis nicht weiter diskutieren. Daß diese Stunde das Ende seiner ruhmreichen Karriere bedeuten würde, erkannte er nicht.

Ein besonders groteskes Beispiel von der vollkommenen Verkennung der Lage bewies noch 1934 auch Rudolf

Kayser, langjähriger Redakteur der »Neuen Rundschau« und berühmter Kant-Biograph. Der Verlag Sijthoff richtete eine Abteilung zur Herausgabe von wissenschaftlicher deutschsprachiger Literatur ein, um Bücher von Autoren, die in Deutschland rassisch verfolgt wurden oder unerwünscht waren, verbreiten zu können. Rudolf Kayser wurde zu deren Leiter ernannt. Aus diesem Anlaß gab er Menno ter Braak, dem Feuilleton-Chef der Den Haager Zeitung »Het Vaderland«, ein Interview, in dem er unter anderem sagte: »Das Reich der Wissenschaft ist auch in dieser Zeit übernational. Darum ist ein wissenschaftlicher Verlag an kein bestimmtes Land gebunden. Holland halte ich für die Veröffentlichung wissenschaftlicher Werke für geeigneter als irgendein anderes Land auf Grund seiner geographischen Lage, seiner vorzüglichen Buchdrucktechnik und vor allem wegen der humanistischen Tradition seiner Universitäten und seines kulturellen Lebens im allgemeinen. Auch ist Holland in der europäischen Politik neutral... Natürlich haben wir uns im voraus vergewissert, daß man auch in Deutschland keine Einwände gegen unsere Arbeit hat und daß unsere Bücher auch dort verkauft werden können...« Mehr als ein Jahr nach der Bücherverbrennung ist solche Naivität eines jüdischen Intellektuellen, der zudem der Schwiegersohn Albert Einsteins war, ebenso erschreckend wie bezeichnend.

Die einzige Erklärung für diese Fehleinschätzung war, daß sehr große Kreise und unzählige Anhänger der verschiedensten Parteien und Konfessionen fest daran glaubten, ein Kabinett Hitler, einmal zur Macht gekommen, würde ebenso schnell abwirtschaften wie die seit Jahren in Abständen von einigen Monaten wechselnden Kabinette der Vergangenheit. Diese Meinung wurde auch durch die Tatsache unterstützt, daß die Nazipartei nicht einmal 50 Prozent der Stimmen bei der Wahl am 5. März 1933 erhielt und auf die Mitwirkung der Hugenberg-Partei bei der Regierungsbildung angewiesen war. Da die Armee wie die Industrie Hugenberg stützten, sahen nicht nur weite, sondern auch höchst einflußreiche Gruppierungen unheilbare und endlose Konfliktstoffe voraus, die binnen kürzester Zeit dem Hitlerkabinett ein Ende bereiten würden. In der Tat hatte diese Koalition ein schnelles Ende, jedoch ein anderes, als so viele (einschließlich vieler Exulanten, die die feste Überzeugung hatten, sich nur auf eine kurze Reise begeben zu haben) vorauszusehen meinten. Schon am 27. Juni trat Hugenberg mit der Mehrzahl seiner Parteimitglieder aus der Regierung aus, und das Kabinett wurde völlig von Nazis beherrscht.

Nur wenige erkannten sofort die Konsequenzen vom 30. Januar 1933 und verließen Deutschland in den ersten Tagen oder Wochen. Zu ihnen gehörte Joseph Roth, der im Februar 1933 an Stefan Zweig schrieb: »Inzwischen wird es Ihnen klar sein, daß wir großen Katastrophen zutreiben. Abgesehen von den privaten – unsere literarische und materielle Existenz ist ja vernichtet – führt das Ganze zum neuen Krieg. Ich gebe keinen Heller mehr für unser Leben. Es ist gelungen, die Barbarei regieren zu lassen. Machen Sie sich keine Illusionen. Die Hölle regiert.«

Max Krell berichtet in seinen Memoiren von einer Begegnung Kästners mit Kesten im Februar 1933. Kästner habe, als Kesten ihm mit einem Koffer auf dem Kurfürstendamm entgegengekommen sei, ihn gefragt: »Wohin reisen Sie?« Kesten habe geantwortet: »Nach Paris«, und auf Kästners nächste Frage, wie lange er wegbleiben würde, habe er erwidert: »Ungefähr zehn Jahre« – eine Schätzung, die sich als einigermaßen realistisch, wenngleich noch zu optimistisch erweisen sollte. Freilich kehrte Kesten auch nach zwölf Jahren nur gelegentlich und als Gast nach Deutschland zurück.

Querido Verlag

Die Gründung des Querido Verlages im Frühjahr 1933 ging auf die Initiative des holländischen Verlegers Emanuel Querido zurück. Er erkannte frühzeitig, daß ein wesentlicher Teil der deutschen Literatur nach der Berufung Hitlers zum Reichskanzler innerhalb des deutschen Reiches nicht mehr verlegt werden konnte. Emanuel Querido entstammte einer der zahlreichen jüdischen Familien, die aus Portugal und Spanien in den Jahren der Inquisition nach Holland geflohen waren und zu denen auch Baruch de Spinoza gehört hatte. Querido war nach kurzer, in diesen Kreisen traditioneller Arbeit als Diamantenschleifer bald als kleiner selbständiger Buchhändler und gelegentlich als Verleger, später als Einkäufer in der Buchabteilung von »De Bijenkorf« tätig gewesen. 1914 hatte dieses 1870 gegründete Warenhaus einen Neubau am Dam in Amsterdam eröffnet. Dort ist heute noch der Hauptsitz der Firma. Nach dem Ausbruch des ersten Weltkrieges befürchtete die Leitung einen starken Rückgang des Geschäfts und wollte einen Teil der Angestellten entlassen. Da ergriff Querido die Initiative. Er berief eine Versammlung des gesamten Personals ein und schlug vor, auf 50 Prozent der Gehälter zu verzichten, um die Geschäftsführung zu veranlassen, keine Entlassungen vorzunehmen. Angestellte und Firmenleitung stimmten zu. Achtzehn Monate danach wurden die Gehälter auf 66⅔ und einen weiteren Monat später wieder auf 100 Prozent erhöht.

Im selben Jahre, 1915, Querido war vierunddreißig, ließ er sich mit finanzieller Hilfe der ihm befreundeten Firma Holkema en Warendorf als selbständiger Verleger nieder. Seine Geschäftsräume waren in der zweiten Etage des schönen, aus dem 18. Jahrhundert stammenden Gebäudes an der baumreichen Keizersgracht. Holkema en Warendorf war ein im Jahre 1891 gegründeter angesehener und wohlhabender Verlag, dem das Gebäude Keizersgracht 333 gehörte und der 50 Prozent der Anteile der Em. Querido's Uitgevers-Maatschappij besaß.

Emanuel Querido war ein überzeugter Sozialist, am politischen, kulturpolitischen, ökonomischen und literarischen Leben seiner Zeit brennend interessiert, stets dem Fortschritt zugeneigt, ein persönlicher Freund seiner Autoren, ein harter Arbeiter mit strengen Lebensregeln und einer frugalen Lebensweise. Klaus Mann schreibt über ihn in seiner Autobiographie »Der Wendepunkt«: »Der Chef der Firma, Emanuel Querido – Niederländer von portugiesisch-jüdischer Abstammung –, war ein weißhaariger Mann von kleiner Statur und großem Temperament, humorig-patriarchalisch, mit blitzblauen Kapitänsaugen in einem verwitterten, lustig-klugen Gesicht. Der alte Sozialdemokrat haßte den Faschismus in jeder Form, besonders aber in der deutschen; gerade deshalb war ihm die Betreuung der antifaschistischen deutschen Literatur eine Herzenssache.«

Der Gustav Kiepenheuer Verlag und Emanuel Queridos »Uitgevers-Maatschappij« hatten bereits mehrere Jahre vor 1933 geschäftliche Verbindungen, allerdings ohne einen persönlichen Kontakt der Verlagsleiter. Querido war nicht nur einer der angesehensten und erfolgreichsten Verleger holländischer Literatur, er veröffentlichte auch zahlreiche ausländische Autoren in Übersetzung. Die holländische Ausgabe von Henri Barbusses »Le feu« war einer seiner ersten und größten Erfolge gewesen. Von Kiepenheuer-Autoren hatte Querido Bücher von Lion Feuchtwanger, Leonhard Frank und Arnold Zweig herausgebracht.

Wir, Kesten, Landauer und ich, hatten uns seit Hitlers Machtübernahme intensiv mit der Frage beschäftigt, wo und wie wir unsere Verlagstätigkeit fortsetzen könnten. Wir dachten naturgemäß in erster Linie an Länder, in denen Deutsch die erste oder zweite Sprache war: Österreich, die Schweiz und die Tschechoslowakei. In der Tat hatten Verleger in diesen Ländern sogar bereits Verhandlungen mit einigen unserer Autoren aufgenommen und schienen daran interessiert, einen Teil der plötzlich »frei werdenden« berühmten und erfolgreichen Schriftsteller zu übernehmen. Sehr bald stellten sich jedoch bei Verlagen außerhalb Deutschlands Bedenken ein; sie befürchteten, ihre Geschäfte mit dem reichsdeutschen Buchhandel könnten gefährdet werden, wenn sie die Rechte von in Deutschland unerwünschten Autoren erwerben würden. Keiner von uns hatte auch nur an die Möglichkeit gedacht, sich an einen holländischen Verlag zu wenden. Ich war daher überrascht und höchst erfreut, als im April 1933 Nico Rost zu mir kam und im Namen von Emanuel Querido fragte, ob ich daran interessiert wäre, mit ihm eine deutschsprachige Abteilung für in Deutschland verbotene oder unerwünschte Autoren zu gründen, die dem Amsterdamer Verlag angegliedert werden sollte. Nico Rost, ein progressiver holländischer Schriftsteller, Übersetzer und Journalist, der zu dieser Zeit noch in Berlin lebte, war seit geraumer Zeit ein gern gesehener Gast in unserem Verlag, ein guter Freund von uns und manchem Autor sowie der Übersetzer von Lion Feuchtwanger, Anna Seghers, Arnold Zweig und einigen anderen. Sein Verhalten nach der Machtergreifung war genauso leichtfertig gegenüber dem hoffnungslosen Ernst der Situation wie das seiner deutschen Freunde und Kollegen. Er hatte nach dem Reichstagsbrand Kesten angerufen und ihm unter lautem Gelächter erzählt, man habe schon seinen Landsmann van der Lubbe verhaftet und werde vielleicht auch ihn festnehmen, da er ja auch Holländer und Kommunist sei. Da Kesten befürchtete, sein Telefon werde überwacht, schlug er Rost vor, die Unterhaltung nicht telefonisch fortzusetzen, sondern sich lieber zu treffen. Rost empfahl ein Café am Kurfürstendamm, Kesten bat ihn aber in seine Wohnung. Er kam und sprach viel und war äußerst aufgeräumt. Am nächsten Tag wurde er verhaftet und ins Konzentrationslager nach Oranienburg überführt. Rost wurde nach einigen Wochen als Ausländer freigelassen und ausgewiesen. Er lebte dann als Journalist und Verleger in Holland und Belgien und bewährte sich als sehr aktiver Antifaschist, auch während der Besetzung, bis er erneut verhaftet und nach Dachau gebracht wurde. Seine Erlebnisse in den beiden Konzentrationslagern hat er in zwei Büchern – »Oranienburg« und »Goethe in Dachau« – festgehalten.

DE SALAMANDER
REEKS VAN DE BESTE OORSPRONKELIJKE EN VERTAALDE ROMANS

BEKENTENISSEN VAN DEN OPLICHTER FELIX KRULL

DOOR

THOMAS MANN

VERTAALD DOOR ALICE VAN NAHUYS

MCMXXXVIII
N.V. EM. QUERIDO'S UITGEVERS-MAATSCHAPPIJ
AMSTERDAM

Noch am Abend des Tages, an dem Nico Rost mich mit Queridos Anfrage aufgesucht hatte, verließ ich Berlin im Nachtzug nach Amsterdam. Anfang Februar 1933 hatte ich mir einen neuen, für fünf Jahre gültigen Paß besorgt, was zu diesem Zeitpunkt insbesondere in Berlin noch möglich war, wo ein erheblicher Teil der Polizei mit den Sozialisten sympathisierte und keinerlei Fragen bei der

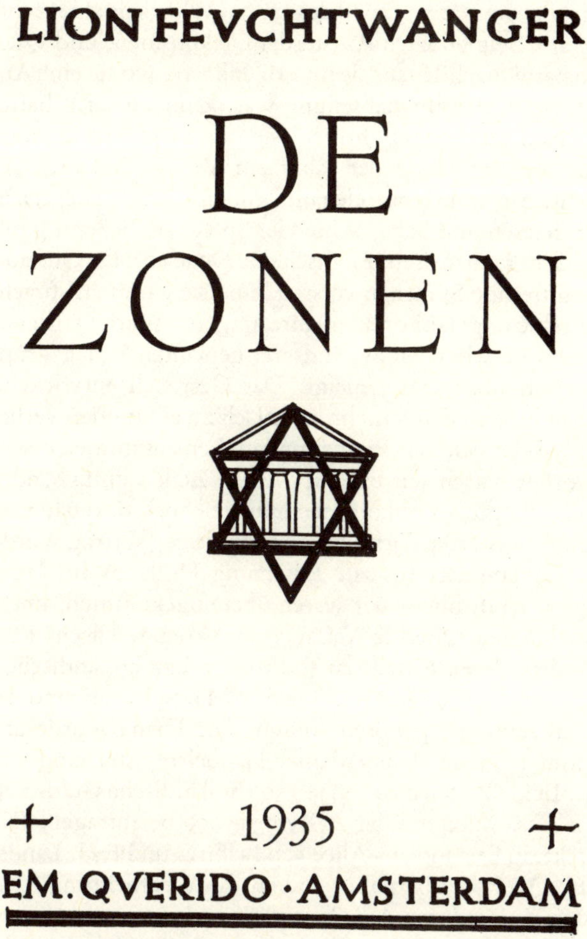
LION FEUCHTWANGER

DE ZONEN

1935

EM. QUERIDO · AMSTERDAM

routinemäßigen Paßverlängerung stellte, soweit es sich nicht um Mitglieder der Kommunistischen Partei handelte, die schon damals – wenn nicht durch die Polizei, so doch durch die SA – gesucht wurden.

Am nächsten Morgen begab ich mich in das Verlagsbüro an der Keizersgracht 333 und wurde von Emanuel Querido und seiner engen Mitarbeiterin Alice van Nahuys begrüßt. Sie war während des ersten Weltkriegs als Flüchtling aus Belgien nach Amsterdam gekommen, und Querido hatte, nachdem er sie im »Bijenkorf«, wo sie eine Angestellte in der Buchabteilung war, kennengelernt hatte, sich bald ihrer angenommen, sie in seinem Verlag angelernt und im Laufe der Jahre zur Verlagsdirektrice gemacht. Sie war groß, elegant, gutaussehend, energisch, sehr belesen und beherrschte vier Sprachen fließend (Holländisch, Französisch, Englisch und Deutsch). Da Querido kaum fremde Sprachen verstand und sie gar nicht sprach, war seine ungefähr dreißig Jahre jüngere Mitarbeiterin unser Dolmetscher. Sie war unserer geplanten Verlagsgründung offenbar sehr geneigt. Das Gespräch entwickelte sich in bestem Einvernehmen. Nach zwei Stunden verließen wir das Büro als Partner und gingen zusammen essen.

Vorher hatten wir ein nur wenige Zeilen umfassendes handschriftliches Abkommen unterzeichnet, das später, in kaum erweiterter Form, unser endgültiger Vertrag wurde und unverändert bis zur Besetzung Hollands im Jahre 1940 in Kraft blieb. Wir waren übereingekommen, unter dem Namen Querido Verlag eine Aktiengesellschaft zu gründen, deren Anteile zu 50 Prozent dem holländischen Verlag Em. Querido's Uitgevers-Maatschappij und zu 50 Prozent mir gehören sollten. Die Firma wurde am 1. Juni 1933 im Amsterdamer Handelsregister eingetragen. Beide Parteien hatten je 7500 holländische Gulden zu dem Gesamtkapital der AG von 15000 beizutragen. Die Direktion bestand aus Alice van Nahuys und F. H. Landshoff. Querido übernahm zudem die Verpflichtung, den neuen Verlag durch Anleihen zu finanzieren sowie dessen Buchhaltung und Vertrieb zu übernehmen. Die Expedition war im Erdgeschoß und stand unter der Leitung des Verlages Holkema en Warendorf. Querido, Alice van Nahuys und ich sollten gemeinsam die Herstellung und Ausstattung betreuen. Meine Hauptaufgabe war jedoch die literarische Leitung. Zudem vereinbarten wir, daß ich eine Sekretärin für den deutschen Verlag anstellen sollte. Der holländische Verlag hatte außer Alice van Nahuys nur drei Büroangestellte und drei Expeditionskräfte, die er sich mit Holkema en Warendorf teilte. Die beiden Verlage zu-

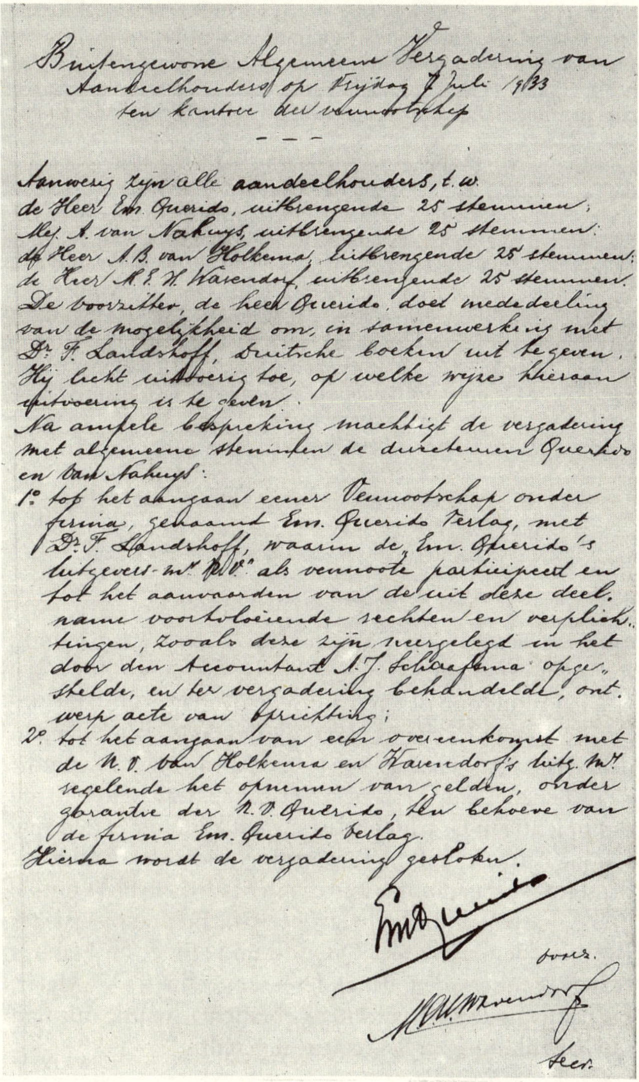

Buitengewone Algemeene Vergadering van Aandeelhouders op Vrijdag 7 Juli 1933 ten kantore der Vennootschap

- - -

Aanwezig zijn alle aandeelhouders, t.w.
de Heer Em. Querido, uitbrengende 25 stemmen;
Mej. A. van Nahuys, uitbrengende 25 stemmen;
de Heer A.B. van Holkema, uitbrengende 25 stemmen;
de Heer M.E.H. Warendorf, uitbrengende 25 stemmen.
De voorzitter, de heer Querido, doet mededeeling van de mogelijkheid om, in samenwerking met Dr. F. Landshoff, Duitsche boeken uit te geven. Hij licht uitvoerig toe, op welke wijze hieraan uitvoering is te geven.
Na ampele bespreking machtigt de vergadering met algemeene stemmen de directeuren Querido en van Nahuys:
1°. tot het aangaan eener Vennootschap onder firma, genaamd Em. Querido Verlag, met Dr. F. Landshoff, waarin de „Em. Querido's Uitgevers-Mij. N.V." als vennoote participeert en tot het aanvaarden van de uit deze deelname voortvloeiende rechten en verplichtingen, zooals deze zijn neergelegd in het door den Accountant A.J. Schaafsma opgestelde, en ter vergadering behandelde, ontwerp acte van oprichting;
2°. tot het aangaan van een overeenkomst met de N.V. van Holkema en Warendorf's Uitg. Mij. regelende het opnemen van gelden, onder garantie der N.V. Querido, ten behoeve van de firma Em. Querido Verlag.
Hierna wordt de vergadering gesloten.

Em. Querido
voorz.

M.E.H. Warendorf
secr.

Außerordentliche allgemeine Teilhabersitzung am Freitag, 7. Juli 1933, in der Geschäftsstelle der Gesellschaft.
Anwesend sind alle Teilhaber, Herr Em. Querido, mit 25 stimmberechtigten Anteilen, Fräulein A. van Nahuys, mit 25 stimmberechtigten An-

teilen, Herr A. B. van Holkema, mit 25 stimmberechtigten Anteilen, Herr M. E. H. Warendorf, mit 25 stimmberechtigten Anteilen. In seiner Eigenschaft als Vorsitzender teilt Herr Querido mit, daß sich die Möglichkeit ergibt, in Zusammenarbeit mit Dr. F. Landshoff deutsche Bücher zu verlegen. Er erklärt ausführlich, auf welche Weise dies ausgeführt werden kann.

Nach längeren Beratungen ermächtigen die Anwesenden einstimmig die Direktoren Querido und van Nahuys:

1. eine Firma unter dem Namen Em. Querido Verlag zusammen mit Dr. F. Landshoff zu gründen, an der Em. Querido's Uitgevers-Mij N. V. beteiligt ist, und alle sich aus dieser Übereinkunft ergebenden Rechte und Verpflichtungen zu akzeptieren, wie diese in dem vom Wirtschaftsprüfer A. J. Schaafsma abgefaßten und auf der Sitzung besprochenen Entwurf der Gründungsurkunde ausgeführt sind;
2. eine Übereinkunft zu schließen mit der N. V. Van Holkema en Warendorf Uitg.-Mij., um unter Garantie der Querido N. V. Geldmittel für die Firma Em. Querido Verlag zu erheben.

Danach wurde die Sitzung geschlossen.

Em. Querido
Vorsitzender
M. E. H. Warendorf
Sekretär

---

sammen beschäftigten also inklusive der Verlagsleitung nur zehn Personen.

Die Produktion des holländischen Verlages umfaßte ungefähr dreißig Bücher im Jahr, die des deutschen betrug in der Zeit vom Herbst 1933 bis April 1940 insgesamt 124 Bücher. Beide Verlage arbeiteten in der zweiten Etage des prächtigen Grachtenhauses; zwei Zimmer hatten eine schöne Aussicht auf die Keizersgracht, das dritte ging auf den Hof, war geräumig und diente als Arbeitsplatz für die drei Mitarbeiter. Ein sehr großer Grachtenraum war das Büro, in dem Emanuel Querido und Alice van Nahuys sich gegenübersaßen, der andere – ungefähr 3,5 × 5 Meter, bis dahin als Besuchszimmer gebraucht – wurde mir und meiner zukünftigen Sekretärin zugeteilt.

Zunächst aber mußte ich eine Vorbedingung des Vertrages erfüllen, die nur mündlich vereinbart war. Ich sollte auf einer Reise durch Frankreich und die Schweiz, wo sich viele Exulanten aufhielten, Autoren für den neuen Verlag gewinnen und bereits genügend Manuskripte oder wenigstens feste Zusagen für die nächsten Monate mitbringen, um die Veröffentlichung von mindestens sechs Büchern im Herbst 1933 sicherzustellen. Ich war davon überzeugt, daß ich diese Bedingung leicht würde erfüllen können. Mehrere Kiepenheuer-Autoren, die ich in Paris, an der französischen Riviera und in der Schweiz aufsuchte, erklärten sich auch bereit, sofort Verträge abzuschließen. Ihre Zahl war groß genug, um Querido zufriedenzustellen. Unter diesen Autoren waren: Lion Feuchtwanger, Heinrich Mann, Valeriu Marcu, Gustav Regler, Joseph Roth, Anna Seghers, Ernst Toller und Arnold Zweig. Außerdem besuchte ich Autoren, die bislang in anderen Verlagen publiziert hatten und sich gerne bereit zeigten, in Zukunft bei Querido zu erscheinen – unter anderem Alfred Döblin, Emil Ludwig und Ludwig Marcuse.

Auf meiner Reise von Ascona nach Zürich besuchte ich Leonhard Frank, der mir in vielen Nachtstunden einen großen Teil seines Romans »Traumgefährten« vorlas, der 1936 bei Querido herauskam. Im gleichen Jahr erschienen seine »Gesammelten Werke«.

In Paris hatte ich auch Gespräche mit Klaus Mann geführt, der die Gründung einer literarischen und kulturpolitischen Zeitschrift in der Schweiz plante, ohne daß seine Bemühungen bisher Erfolg versprachen – außer der Zusage einer engen Freundin der Familie Thomas Mann, Annemarie Schwarzenbach. Sie war eine junge, begabte Schweizer Schriftstellerin aus einer reichen Familie, die freilich die fortschrittliche Gesinnung der Tochter nicht teilte. Sie hatte sich bereit erklärt, aus eigenen Mitteln die Autorenhonorare für die geplante Zeitschrift zur Verfügung zu stellen. Die Zeitschrift sollte ein Sprachrohr für antinazistische und antifaschistische Autoren aller politischen Richtungen werden. Als Mitarbeiter waren nicht nur deutsche und deutschsprachige Schriftsteller vorgesehen, sondern auch gleichgesinnte Autoren anderer Länder. War schon unter normalen Umständen die Gründung einer solchen Zeitschrift ein Wagnis – mit dem Ausfall des reichsdeutschen Marktes waren die Absatzmöglichkeiten so begrenzt, daß ich ohne Queridos Zustimmung Klaus Mann keine verbindliche Zusage machen konnte.

Von Ascona fuhr ich nach Lugano, um den von mir so sehr verehrten Verleger Samuel Fischer und seine Frau, die sich dort zur Erholung aufhielten, aufzusuchen. Ich war mit ihm und seiner Familie seit vielen Jahren bekannt. Es bestanden verwandtschaftliche Beziehungen zwischen Frau Fischer und meinem Vater, die Cousine und Cousin waren. Mich interessierte zu hören, ob er erwog, ins Exil zu gehen, und ich wollte ihn über meinen eigenen Verlag informieren. Fischer war damals noch in leidlicher körperlicher und geistiger Verfassung. Er nahm mit sichtbarem Interesse von der Gründung unseres Unternehmens Notiz, dagegen gewann ich den Eindruck, daß ihm nichts ferner lag, als sich mit Exilplänen zu beschäftigen. Er schien – wie unzählige andere – die ihm, seiner Familie und seinem Verlag drohende Gefahr in keiner Weise zu erkennen. Es ist mir erst in späteren Jahren klargeworden, mit welchen Schwierigkeiten sein Schwiegersohn und Nachfolger Gottfried Bermann-Fischer zu kämpfen hatte, um dem Schwiegervater, dem bedeutendsten deutschen Verleger der Jahrhundertwende, nach einem langen, einzigartigen erfolgreichen Leben die so drastisch veränderte Zeit und ihre unausbleiblichen Konsequenzen auch für sein Unternehmen deutlich zu machen.

Das Resultat meiner Reise befriedigte meine neuen Freunde in Amsterdam vollauf und erfüllte sie mit so großem Vertrauen, daß ich sie auch für das Wagnis, eine Zeitschrift unserem Verlagsprogramm zuzufügen und einen Verlagsvertrag für die zukünftigen Bücher von Klaus Mann zu schließen, gewinnen konnte. Ich teilte daher Klaus Mann mit, daß wir bereit seien, »Die Sammlung« in unserem Verlag erscheinen zu lassen, und alles versuchen wollten, um am 1. September 1933 nicht nur mit den ersten Büchern, sondern auch mit der ersten Nummer der Zeitschrift herauszukommen. Klaus war in den Wochen seit unserer ersten Unterhaltung nicht untätig geblieben. Es war ihm gelungen, André Gide, Aldous Huxley und Heinrich Mann als Protektoren der Zeitschrift zu gewinnen. Annemarie Schwarzenbach hielt ihre Zusage, die Zeitschrift durch Stiftung der Autorenhonorare zu unterstützen. Sie gehörte auch zu den Mitarbeitern. Ein schnelles Erscheinen der »Sammlung« erforderte die sofortige Übersiedlung Klaus Manns nach Holland und ein Quartier für uns beide.

Klaus und ich hatten uns in Berlin 1930 durch Kiepenheuer kennengelernt. Damals hatten wir sein auf eine Erzählung seines Freundes Jean Cocteau, »Enfants terribles«, gegründetes Stück »Geschwister« verlegt und durch unseren Bühnenvertrieb herausgegeben. Aber erst in Amsterdam entwickelte sich unsere Freundschaft, die für mich der größte menschliche Gewinn des Exils war. Klaus verbrachte ab Juni 1933 den größten Teil dieses Jahres und der folgenden Jahre in Amsterdam. Fürs erste hatte mich Querido in seinem schönen Haus in Laren, etwa 25 Kilometer von Amsterdam entfernt, äußerst gastlich aufgenommen. Er lebte dort mit seiner Frau und seiner Mitarbeiterin Alice van Nahuys. Nun suchten Klaus und ich uns ein Quartier in der Nähe des Verlages. Nachdem wir eine Anzahl Zimmer in Pensionen angesehen hatten, entschieden wir uns für zwei Räume in der Van Eeghenstraat, einer ruhigen Straße am Vondelpark, der schönen Grünfläche im Herzen von Amsterdam. Wir bezahlten für diese zwei Zimmer und drei redliche und reichliche Mahlzeiten je 2 Gulden pro Tag, einen Betrag, der auch zu dieser Zeit durchaus mäßig war. Der Weg zum Verlag war ein schöner Spaziergang von ungefähr fünfzehn Minuten, es sei denn, daß zu garstiges Wetter, das in Holland keine Seltenheit ist, uns zwang, mit der Straßenbahn, die beinah von Haus zu Haus ging, zu fahren.

Klaus Manns Korrespondenz, die er selbst tippte, war ungeheuerlich groß. Zudem schrieb er nicht nur sehr viel für die »Sammlung«, sondern er war auch ein regelmäßiger Mitarbeiter anderer Exilorgane, zum Beispiel der »Neuen Weltbühne«, des »Neuen Tage-Buches«, des »Pariser Tageblattes«; vor allem gab es kaum einen Monat, in dem er nicht fast täglich an einem seiner eigenen Werke mehrere Stunden schrieb. Von ungefähr neun Uhr morgens bis nach vier Uhr nachmittags war er ohne jede Unterbrechung an der Arbeit. Sein erster im Exil verfaßter und auch diese Zeit behandelnder Roman war die »Flucht in den Norden«, der bereits 1934 erschien.

Ab 1. September 1933 erscheint monatlich

DIE SAMMLUNG

LITERARISCHE MONATSSCHRIFT

unter dem Patronat von André Gide, Aldous Huxley, Heinrich Mann. Herausgegeben von Klaus Mann mit Beiträgen von

Max Brod
Jean Cocteau
Alfred Döblin
Anthonie Donker
A. den Doolaard
Lion Feuchtwanger
Bruno Frank
Ortega y Gasset
André Gide
Jean Giraudoux
Claire u. Ivan Goll
Werner Hegemann
Wolfgang Hellmert
Wilhelm Herzog
Artur Holitscher
Ödön Horvath
Aldous Huxley
Heinrich Eduard Jacob
Edmond Jaloux
Alfred Kerr
Hermann Kesten
Egon Erwin Kisch
Rudolf Leonhard
Sinclair Lewis
Ferdinand Lion
Emil Ludwig
Heinrich Mann
Thomas Mann
André Maurois
Walter Mehring
H. L. Mencken
Peter Mendelsohn
Robert Musil
Gustav Regler
Romain Rolland
Jules Romains
Joseph Roth
René Schickele
Herbert Schlüter
Annemarie Schwarzenbach
Anna Seghers
Ernst Toller
Karl Tschuppik
Wilhelm Uhde
Jakob Wassermann
Ernst Weiss
Franz Weiskopf
Arnold Zweig
Stefan Zweig u. a.

Preis jedes Heftes Fl. 0.75 oder Schw. Fr. 1.50

JAHRESABONNEMENT
fl. 7.50 oder Schw. Fr. 15.00

In jeder Buchhandlung erhältlich

QUERIDO VERLAG AMSTERDAM
Keizersgracht 333

DIE SAMMLUNG

erscheint an jedem Monatsersten; jedes Heft hat einen Umfang von ca. 60 Seiten.

Der Abonnementspreis beträgt:

pro Jahr	**Hfl. 7.50, resp. Schw. Fr.**	**15.—**
pro Halbjahr	**Hfl. 4.—, resp. Schw. Fr.**	**8.—**
pro Vierteljahr ..	**Hfl. 2.—, resp. Schw. Fr.**	**4.—**
Einzelheft	**Hfl. 0.75, resp. Schw. Fr.**	**1.50**
	Ö. Sch. 3.—, Kč 11.—	

Die Preise verstehen sich ohne Porto

INHALT DES ERSTEN HEFTES:

Alfred Döblin: Jüdische Massensiedlungen und Volksminoritäten. — Wolfgang Hellmert: Drei Gedichte. — Alfred Kerr: Der Zustand im deutschen Theater. — Hermann Kesten: Die Tote von Ostende. — Heinrich Mann: Sittliche Erziehung durch deutsche Erhebung. — Joseph Roth: Tarabas. — Jakob Wassermann: Meine Landschaft, innere und äussere. — Glossen.

INHALT DES ZWEITEN HEFTES:

Aldous Huxley: Aus einem mittelamerikanischen Merkbuch.— Heinrich Eduard Jacob: Musik und Verwirklichung. — Franz Kafka: Fahrt zur Mutter. — Else Lasker-Schüler: Abendzeit.— Klaus Mann: Das Schweigen Stefan Georges.— Thomas Michel: Das Konkordat. — Gustav Regler: Die Heilige im Sarg.— Ernst Toller: Kindheit. — Glossen.

*

Unverlangte Manuscripte können nur zurückgeschickt werden, wenn internationale Postscheine beiliegen

*

Bei jeder Buchhandlung zu bestellen

QUERIDO VERLAG - AMSTERDAM

Keizersgracht 333 - Telefon 45921

Postscheck Konto 222664

Druck: G. J. van Amerongen & Co., Amersfoort
Printed in Holland.

Es war eine beachtliche Leistung, innerhalb weniger Monate die Gründung der Zeitschrift zu betreiben und genügend Material für die folgenden Hefte zusammenzubekommen, um tatsächlich den geplanten Termin für das Erscheinen der ersten Nummer, den 1. September 1933, und den monatlich wiederkehrenden Termin für die Abgabe der weiteren Nummern einhalten zu können. Fast jeden Nachmittag holte mich Klaus gegen fünf Uhr aus dem Verlag ab, wir gingen zusammen durch die Stadt, die für uns neu war, die wir beide insbesondere wegen der Schönheit der Grachten und der alten Gebäude bewunderten und in der wir uns schnell zu Hause fühlten. Klaus schreibt über diese Spaziergänge im »Wendepunkt«: »Eine schöne Stadt, Amsterdam, ob nun ein Emigrant sich dieser Schönheit erfreut oder ein Vergnügungsreisender. Auch der Verbannte bewundert den etwas verwunschenen Reiz der Grachten mit ihren venezianischen Gerüchen und Perspektiven. Das stehende Gewässer dieser pittoresken Kanäle hat mich stets auf unheimliche Art fasziniert.«

Die Abende verbrachten wir vielfach zu Hause, nur Konzerte besuchten wir häufig – insbesondere die des Concertgebouw Orchesters, das unter der Leitung von Willem Mengelberg stand, mit Bruno Walter als ständigem zweitem Dirigenten. Die Konzerte fanden in der Saison fast jeden zweiten Donnerstag statt, und ihnen verdankten wir großen Genuß. Da die Familien Mann und Walter – Eltern und Kinder – bereits in den Münchner Tagen Nachbarn und Freunde waren, erwies sich die regelmäßige Anwesenheit des Ehepaares Walter für Klaus auch gesellschaftlich als eine erwünschte Bereicherung.

Natürlich waren wir beide von der neuen Arbeit erfüllt und diskutierten die Probleme, die sich im Laufe des Tages ergeben hatten. So kam es, daß Klaus ein unschätzbarer Berater für mich wurde. Klaus verbrachte meist den größten Teil des Jahres in Amsterdam, war aber auch mehrere Monate auf Reisen. Er hielt sich dann am häufigsten in Paris oder im elterlichen Haus bei Zürich, in Küsnacht, auf. Er besuchte in Wien, Prag und Budapest Freunde, meist Autoren, und begleitete manchmal das Kabarett seiner Schwester Erika auf seinen äußerst erfolgreichen Tourneen. Übrigens war Erika mit ihrem Kabarett »Die Pfeffermühle« jedes Jahr für einen Monat zu Gast in Holland, wo sie bereits bei ihrem ersten Besuch 1934 einen ganz ungewöhnlichen Erfolg hatte. Insbesondere waren es zwei

Kritiker, deren begeisterte Besprechungen ihr volle Säle in den vielen Städten, in denen sie auftrat, brachten: Henrik Scholte in dem »Nieuwe Rotterdamsche Courant« und Menno ter Braak im »Het Vaderland« in Den Haag. Mit Menno ter Braak, der wie kein zweiter ein ungewöhnliches – wenngleich keineswegs stets positives, sondern oft genug äußerst kritisches – Interesse an dem Exil und seiner Literatur nahm, verband Erika eine herzliche Freundschaft, die auch ihre Eltern einschloß.

Offiziell hatte Klaus Mann zu keinem Zeitpunkt eine Funktion innerhalb des Buchverlages, für dessen literarische Leitung ich verantwortlich war. Die Tatsache, daß wir im gleichen Hause wohnten und fast jeden Tag vom Nachmittag bis zum späten Abend gemeinsam verbrachten, verwischte die Trennung unserer Aufgabengebiete. Meist las Klaus mir, was er geschrieben hatte, entweder am gleichen Tag oder im Laufe der Woche abends vor, so daß ich über seine Produktion in allen Einzelheiten orientiert war. Es ergab sich natürlich, daß wir häufig und eingehend die redaktionellen Probleme der Zeitschrift und des Verlages ausführlich diskutierten. Klaus war mir von Beginn an eine unentbehrliche Stütze im Verlag, und in den zahlreichen Wochen, die Klaus auf Reisen zubrachte, war er andererseits auf meine Hilfe bei der redaktionellen Arbeit an der »Sammlung« angewiesen. Ich wurde mir dieser Art von wechselseitiger beruflicher Beziehung erst sehr spät bewußt: im Münchner Klaus-Mann-Archiv, als ich ganz unerwartet eine recht umfangreiche Korrespondenz zwischen uns vorfand.

Mit der endgültigen Entscheidung, die ersten Bücher und die erste Nummer der »Sammlung« im September 1933 erscheinen zu lassen, wurde die Frage der Wahl einer deutschen Sekretärin dringlich. Ein befreundeter Buchhändler stellte uns ein junges, aus Hannover stammendes, geflüchtetes Mädchen – Jetty Weintraub – vor. Der Eindruck, den sie auf uns machte, war so günstig, daß wir sie sogleich probeweise engagierten. Sie bewährte sich vortrefflich und blieb bis zum Tage der Besetzung durch die Nazis eine unschätzbare Hilfe für mich, da sie sich meiner keineswegs bequemen oder gar gut organisierten Arbeitsweise anpaßte und durch ihren unermüdlichen Fleiß und ihren ungewöhnlichen Ordnungssinn mir außergewöhnliche Dienste leistete. Die Annahme der Stellung bei uns erwies sich auch für sie als ein Glücksfall. Im Jahre 1934 erweiterte der Verlag die Zahl der Mitarbeiter um eine Kraft: Werner Cahn, durch Lion Feuchtwanger empfohlen, für dessen historische Romane er in Berlin und dann im Exil in Sanary Quellenforschung betrieben hatte.

Dort lernte ich ihn im Mai 1934 kennen, und da Feuchtwanger damals nicht allzu viel für seinen Assistenten zu tun hatte, fragte er mich, ob eventuell ein Platz für Dr. Cahn im Querido Verlag wäre. Angesichts der sich vergrößernden Arbeitslast in Amsterdam war mir dieser Vorschlag sehr willkommen, und ich versprach – nachdem ich eine längere Unterhaltung mit Dr. Cahn geführt hatte –, nach meiner Rückkehr mit Querido über seine baldige Anstellung zu sprechen. Wenige Wochen danach holte ich Werner Cahn am Bahnhof Amsterdam ab, und am nächsten Tag begann er seine Tätigkeit im Verlag. Vorwiegend sollte er die Korrektur unserer Bücher besorgen.

Obgleich die holländischen Druckereien einen vorzüglichen Satz lieferten, war es notwendig, eine sorgfältige Hauskorrektur zu lesen, weil die Autorenkorrektur in vielen Fällen durch Textveränderungen mehr Probleme schaffte als löste. Meist korrigierte der Autor keineswegs nur Satzfehler – die ihm häufig genug sogar entgingen –, sondern nahm mehr oder minder umfangreiche Korrekturen am Text vor, deren Ausführung leicht die Quelle neuer Fehler wurde und jedenfalls eine zweite Korrektur erforderte, die im Hause erledigt werden mußte, um eine endlose Wiederholung dieses Ablaufs zu vermeiden. Die Bedeutung einer sorgsamen Korrektur kann nicht genug hervorgehoben werden. Korrekturlesen ist eine Begabung, die überraschend wenig Menschen besitzen. Der Leser ist geneigt, ein Wort automatisch richtig im Zusammenhang eines Satzes zu lesen, und nur das sehr konzentrierte Buchstabe-für-Buchstabe-Lesen eines professionellen Korrektors verhindert, daß zu viele Satzfehler stehenbleiben.

Bei einer Jahresproduktion von ungefähr zwanzig Büchern, zu denen bis August 1935 monatlich ein Heft der »Sammlung« kam, wäre diese Arbeit bereits ein volles Tagespensum gewesen. Werner Cahns Aufgabe aber beschränkte sich keineswegs auf die Korrektur. Vom ersten Tage an erwies er sich bereit und fähig, eine Art Assistent und Vertreter für mich zu sein. Ich konnte nicht ahnen, daß eine Situation bevorstand, die gerade diese Fähigkeit dringend erforderte: Durch eine tuberkulöse Rippenfellentzündung war ich 1934 ein halbes Jahr ausgeschaltet, und Cahn übernahm meine Vertretung. Übrigens führte die Zusammenarbeit von Werner Cahn und Jetty Weintraub bald zu einer glücklichen Ehe, die erst 1984 durch Werner Cahns Tod ein Ende gefunden hat. Mit beiden hat mich eine bleibende Freundschaft verbunden.

Eines der größten Probleme im Exil war die Arbeitserlaubnis, die jeder Exulant in jedem Zufluchtsland nötig hatte, soweit er nicht über ansehnliche Mittel zur Bestreitung seines Unterhaltes verfügte. Viele waren durch die von einem zum anderen Tage, andere von der einen zur anderen Woche oder dem einen zum anderen Monat erzwungene Flucht ihrer oft bescheidenen Existenzmöglichkeiten beraubt, mußten ihre Heimat ohne irgendwelche Mittel verlassen und hatten keine Aussicht, auf ihrem Gebiet Arbeit oder einen Wirkungskreis zu finden. Die Arbeitslosigkeit, die sich nach dem 1929 in den USA begonnenen Finanz- und Wirtschaftszusammenbruch verbreitete, hielt zur Zeit von Hitlers Machtübernahme auch in Europa unvermindert an, so daß jedes Land sich weigerte, mittellose arbeitsuchende Kräfte aufzunehmen. Wenn die Einreise gelang, so war jeder Flüchtling gezwungen, sich innerhalb weniger Tage bei der Fremdenpolizei zu melden. Er erhielt dann im besten Fall eine begrenzte Aufenthaltsgenehmigung, nach deren Ablauf eine Verlängerung beantragt werden mußte, die entweder sogleich oder bei der nächsten Anfrage verweigert wurde. Eine Arbeitserlaubnis wurde in den seltensten Fällen erteilt. Der Nachweis von Existenzmitteln oder Spezialkenntnissen, an denen es in dem betreffenden Lande fehlte, konnte zu einer länger befristeten Aufenthaltsgenehmigung verhelfen. In diese Kategorie fielen unter nicht sehr zahlreichen anderen auch Cahn, Kesten, Landauer, Klaus Mann, Jetty Weintraub und ich.

Im allgemeinen waren Hilfen für den Haushalt und die Kinderversorgung gesucht und erwünscht. Viele Verbannte waren in diesen Berufen zu finden, so daß in solchen Familien die Frau zum verdienenden Teil wurde. In Amsterdam hatte ein einigermaßen wohlhabender Exulant tagsüber in einem nahe der Fremdenpolizei befindlichen Café sein Quartier. Es war allgemein bekannt, daß er denen, die ihren ersten Besuch bei der Fremdenpolizei machten, einen Betrag von 1 000 Gulden gab. Das war das Minimum, um ihnen eine kurzfristige Aufenthaltsgenehmigung zu sichern. Nach Erhalt dieses wertvollen Papiers ging der glückliche Empfänger zu seinem Wohltäter zurück und gab ihm seine 1 000 Gulden wieder, die sofort an den nächsten »Kunden« gingen. Es zirkulierten auch Listen von »arrivierten« Exulanten, bei denen erfahrungsgemäß kleine Beträge erhältlich waren. Eine dauerhafte Hilfe waren die sich in allen Nachbarländern Deutschlands gleich nach Hitlers Machtübernahme bildenden Hilfskomitees, unter denen das Jüdische Komitee eine große Rolle spielte, neben dem jedoch auch andere kirchliche oder politische Organisationen bedeutende Mittel zur Verfügung stellten. Trotzdem wurde die Einreise schnell in allen Ländern erschwert, und bald begann das rücksichtslose »Abschieben ins Reich«, besonders von der Schweiz im großen Umfang praktiziert.

Während es mir leichtfiel, die mündlich getroffene Vereinbarung zu erfüllen, dem neuen Verlag Autoren und Manuskripte zu bringen, erwies sich die schriftlich eingegangene Verpflichtung, 7 500 Gulden als Hälfte des Gründungskapitals einzuzahlen, als außerordentlich schwierig. Ich hatte Deutschland nach dem Ruin des Gustav Kiepenheuer Verlages völlig mittellos verlassen. Zufällig hatte ich von der Existenz einer Niederlassung der Hamburger Warburg Bank in Amsterdam gehört, deren Geschäftsführer ein Herr Meyer war. Der sehr wohlhabende Bruder meines bereits im Jahre 1918 gestorbenen Vaters war Gründer einer chemischen Fabrik in Grünau bei Berlin, die er gemeinsam mit einem Herrn Meyer führte. Landshoff & Meyer war der Name der Firma, deren Anteile auch an der Berliner Börse gehandelt wurden. Ich rief den in Amsterdam wohnenden Direktor der Warburg Bank, Herrn Meyer, einen Sohn vom Partner meines Onkels, an und verabredete, ihn in der Bank aufzusuchen. Ich erzählte ihm von der Gründung des Verlages und von meiner Schwierigkeit, die 7500 Gulden aufzubringen, und fragte, ob die Bank mir gegen die Sicherheit meines Gehalts den Querido vertraglich zugesagten Betrag leihen würde. Er lehnte sehr entschieden ab, ohne auch nur einen

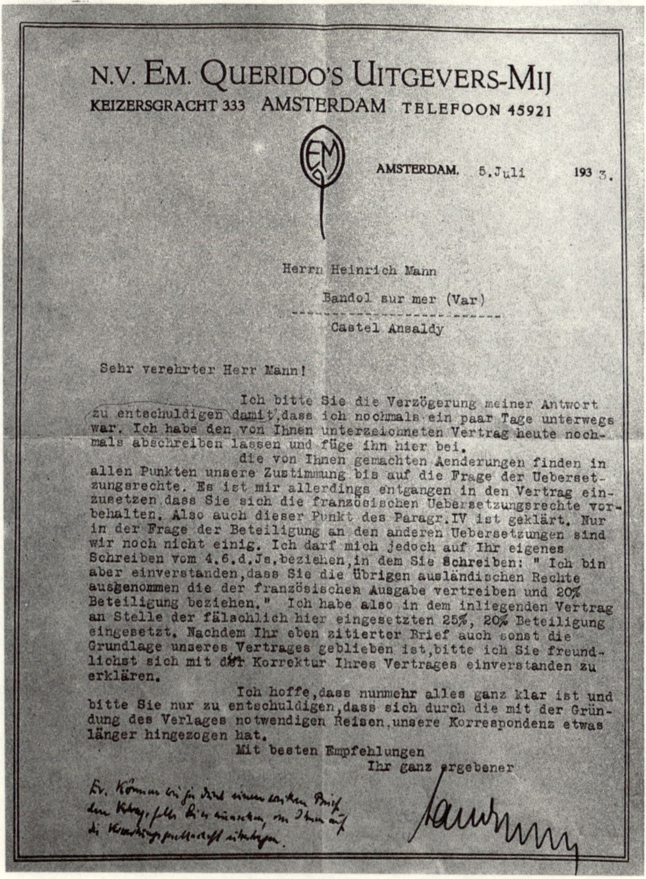

N.V. EM. QUERIDO'S UITGEVERS-MIJ
KEIZERSGRACHT 333 AMSTERDAM TELEFOON 45921

AMSTERDAM, 5. Juli 1933.

Herrn Heinrich Mann
Bandol sur mer (Var)
Castel Ansaldy

Sehr verehrter Herr Mann!

Ich bitte Sie die Verzögerung meiner Antwort zu entschuldigen damit, dass ich nochmals ein paar Tage unterwegs war. Ich habe den von Ihnen unterzeichneten Vertrag heute nochmals abschreiben lassen und füge ihn hier bei.

die von Ihnen gemachten Aenderungen finden in allen Punkten unsere Zustimmung bis auf die Frage der Uebersetzungsrechte. Es ist mir allerdings entgangen in den Vertrag einzusetzen dass Sie sich die französischen Uebersetzungsrechte vorbehalten. Also auch dieser Punkt des Paragr. IV ist geklärt. Nur in der Frage der Beteiligung an den anderen Uebersetzungen sind wir noch nicht einig. Ich darf mich jedoch auf Ihr eigenes Schreiben vom 4.6.d.Js. beziehen, in dem Sie Schreiben: " Ich bin aber einverstanden, dass Sie die übrigen ausländischen Rechte ausgenommen die der französischen Ausgabe vertreiben und 20% Beteiligung beziehen." Ich habe also in dem inliegenden Vertrag an Stelle der fälschlich hier eingesetzten 25%, 20% Beteiligung eingesetzt. Nachdem Ihr eben zitierter Brief auch sonst die Grundlage unseres Vertrages geblieben ist, bitte ich Sie freundlichst sich mit der Korrektur Ihres Vertrages einverstanden zu erklären.

Ich hoffe, dass nunmehr alles ganz klar ist und bitte Sie nur zu entschuldigen, dass sich durch die mit der Gründung des Verlages notwendigen Reisen, unsere Korrespondenz etwas länger hingezogen hat.

Mit besten Empfehlungen
Ihr ganz ergebener

Augenblick darüber nachzudenken – eine Entscheidung, die ich angesichts der Sicherheit, die ich bieten konnte, als sehr enttäuschend und beinahe unerklärlich empfand. Ich erhielt schließlich die Hälfte der Summe von meinem alten Schulfreund Wilfried Israel, der dem Kiepenheuer Verlag oft genug ausgeholfen hatte. Den Rest zahlte ich von meinem Einkommen ab.

Jahre später fragte ich Emanuel Querido, was er getan hätte, wenn ich ihm am ersten Tage offen gesagt hätte, daß

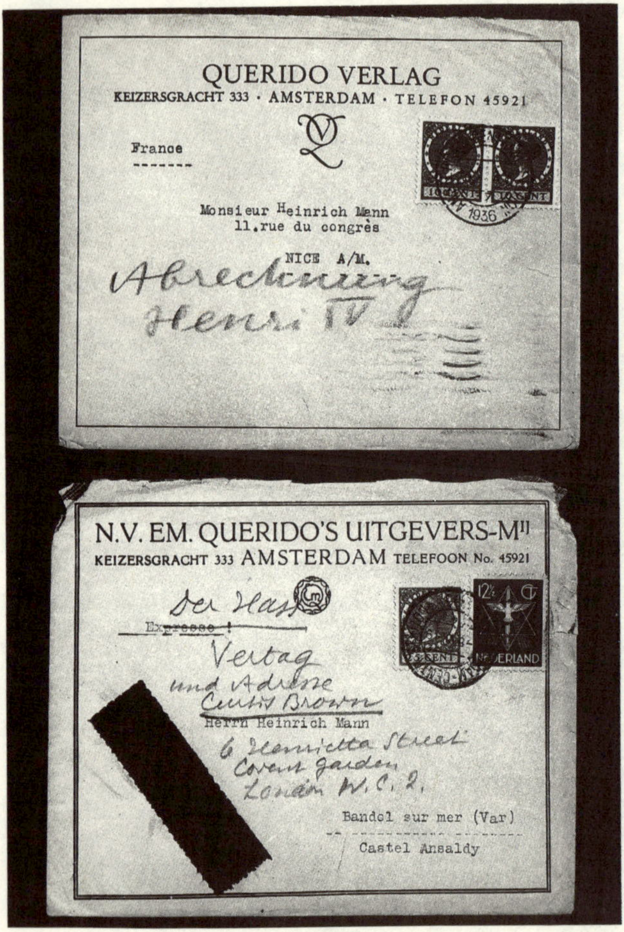

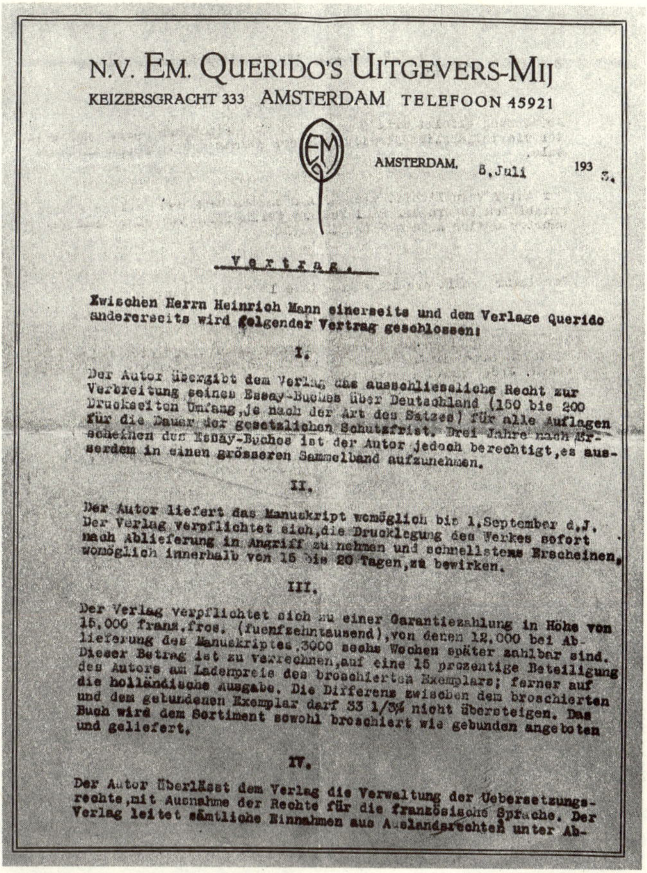
N.V. EM. QUERIDO'S UITGEVERS-MIJ
KEIZERSGRACHT 333 AMSTERDAM TELEFOON 45921

AMSTERDAM, 8. Juli 193 3.

Vertrag.

Zwischen Herrn Heinrich Mann einerseits und dem Verlage Querido andererseits wird folgender Vertrag geschlossen:

I.

Der Autor übergibt dem Verlag das ausschliessliche Recht zur Verbreitung seines Essay-Buches über Deutschland (150 bis 200 Druckseiten Umfang, je nach der Art des Satzes) für alle Auflagen für die Dauer der gesetzlichen Schutzfrist. Drei Jahre nach Erscheinen des Essay-Buches ist der Autor jedoch berechtigt, es ausserdem in einen grösseren Sammelband aufzunehmen.

II.

Der Autor liefert das Manuskript womöglich bis 1. September d.J. Der Verlag verpflichtet sich, die Drucklegung des Werkes sofort nach Ablieferung in Angriff zu nehmen und schnellstens Erscheinen, womöglich innerhalb von 15 bis 20 Tagen, zu bewirken.

III.

Der Verlag verpflichtet sich zu einer Garantiezahlung in Höhe von 15.000 franz. frcs. (fuenfzehntausend), von denen 12.000 bei Ablieferung des Manuskriptes, 3000 sechs Wochen später zahlbar sind. Dieser Betrag ist zu verrechnen, auf eine 15 prozentige Beteiligung des Autors am Ladenpreis des broschierten Exemplars; ferner auf die holländische Ausgabe. Die Differenz zwischen dem broschierten und dem gebundenen Exemplar darf 33 1/3% nicht übersteigen. Das Buch wird dem Sortiment sowohl broschiert wie gebunden angeboten und geliefert.

IV.

Der Autor überlässt dem Verlag die Verwaltung der Uebersetzungsrechte, mit Ausnahme der Rechte für die französische Sprache. Der Verlag leitet sämtliche Einnahmen aus Auslandsrechten unter Ab-

ich über gar kein Geld verfüge und mich an der Gründung mit den von ihm geforderten 7 500 Gulden nicht beteiligen könne. Ich war nicht überrascht, als er mir sagte, daß er dann den Verlag mit mir nicht begonnen hätte. So gering der Gründungsbeitrag im Vergleich zu den sehr erheblichen Mitteln war, die für die Finanzierung der Autoren, der Produktion, für den Vertrieb der Bücher und die allgemeinen Unkosten erforderlich waren und ohnehin durch Querido bezahlt wurden, der Gedanke, mit einem völlig mittellosen Partner assoziiert zu sein, hätte ihn abgeschreckt.

Im Buchverlag war ich auf bereits vorliegende, noch in Deutschland begonnene oder vollendete Manuskripte angewiesen. Nur Lion Feuchtwanger und Heinrich Mann konnten die pünktliche Ablieferung im Exil begonnener Werke zusagen. In dem Vertrag mit Heinrich Mann über den »Haß« mußten wir uns sogar zur Veröffentlichung des gebundenen Buches innerhalb von 15 bis 20 Tagen nach Ablieferung des Manuskriptes durch den Autor verpflichten. Eine Verpflichtung, die wir damals auf den Tag pünktlich hielten.

Das erste Herbstprogramm bestand aus 9 Büchern: den Essaybänden »Der Haß« von Heinrich Mann und »Jüdische Erneuerung« von Alfred Döblin, den Romanen »Die Geschwister Oppenheim« und »Der jüdische Krieg« (dies ein Nachdruck der im Winter 1922/23 bereits in Deutschland erschienenen Ausgabe) von Lion Feuchtwanger, »Der verlorene Sohn« von Gustav Regler, »Tarabas, ein Gast auf dieser Erde« von Joseph Roth, »Der Kopflohn« von Anna Seghers, der Autobiographie »Eine Jugend in Deutschland« von Ernst Toller sowie der Novellensammlung »Spielzeug der Zeit« von Arnold Zweig.

Sieben Kiepenheuer-Autoren waren mit wichtigen Titeln vertreten – zwei davon mit im Exil geschriebenen oder vollendeten Werken: Heinrich Mann mit seiner Essaysammlung »Der Haß«, die den Verlag politisch so eindeutig festlegte, wie es der Wunsch der Verlagsleitung bei der Gründung gewesen war, und Lion Feuchtwangers »Geschwister Oppenheim« – ein Roman, der das Schicksal einer jüdischen Familie vor und nach der Machtübernahme beschreibt. Alfred Döblin, der kein Kiepenheuer-Autor gewesen war, mit dem aber Gustav Kiepenheuer und ich lange vor seinem sensationellen Erfolg mit »Berlin Alexanderplatz« wieder und wieder verhandelt hatten, hätte ich gerne mit einem für seine einzigartige Bedeutung in der Literatur der ersten Hälfte des 20. Jahrhunderts repräsentativeren Werk vertreten gesehen. Aber ich war auf das angewiesen, was im Augenblick von ihm vorlag, und wurde dann reichlich belohnt mit den fünf bedeutenden Romanen, die in den späteren Jahren des Exils folgten.

»Die Sammlung«

Obgleich die Entscheidung über das Erscheinen der Zeitschrift »Die Sammlung« im Querido Verlag erst im Juni 1933 erfolgt war, gelang es Klaus Mann, mit ungeheurem Fleiß und in unermüdlicher Arbeit, innerhalb von zwei Monaten Hunderte von Briefen zu schreiben und genug Material von den über zahlreiche Länder verstreuten deutschen Autoren und ihren ausländischen Gesinnungsgenossen zusammenzubringen.

Es war nicht leicht gewesen, Emanuel Querido von der Notwendigkeit zu überzeugen, eine literarisch-kulturpolitische Zeitschrift in anormalen Zeiten – mit dem Fehlen des gesamten deutschen Reichs als potentiellem Absatzgebiet – zu gründen. Mich jedoch reizte die Kombination von Verlag und Zeitschrift, mir schien sie damals von besonderer Bedeutung.

Von Beginn an wußten wir, daß ein Verlag nur einem begrenzten Kreis von Autoren Obdach geben konnte; in einer Zeitschrift dagegen war es möglich, wesentlich mehr Autoren zu Wort kommen zu lassen. Gerade das war dringend erforderlich – nicht nur, weil die Zahl der ins Exil gegangenen Schriftsteller schnell anwuchs, sondern auch, weil das Exil vom ersten Tage an, weit entfernt davon, eine Einheit darzustellen, sehr verschiedene Elemente umfaßte, die oft in ihren Beweggründen und Zielen stark auseinandergingen. Klaus hatte mit dem Namen, den er seiner Zeitschrift gegeben hatte, klar zum Ausdruck gebracht, daß er die Sammlung aller Richtungen des Exils zum Ziele hatte. Er hatte ein Protektorat von drei Schriftstellern gefunden, die weit über die Grenzen der Parteien hinaus eine Gesinnung verbürgten, die es sehr verschiedenartigen Kreisen ermöglichte, sich in diesem Exilorgan zu äußern. Klaus Mann als Herausgeber hatte in den Briefen an die Autoren, die der ersten gedruckten Ankündigung der Zeitschrift vorausgingen, wie in dem Prospekt, der das Erscheinen der Zeitschrift ankündigte, sehr deutlich den literarischen Charakter der »Sammlung« betont.

Bereits am 15. Mai 1933 schrieb er an Kesten über die zu jenem Zeitpunkt noch für Zürich geplante Zeitschrift: »Wir wollen sie recht schön und fein machen, ganz literarisch, und oppositionell nur auf eine würdige Weise.« An Stefan Zweig am 19. Mai: »Nein, die Zeitschrift soll literarisch werden, nicht aggressiv im tagespolitischen Sinn.« An Hesse am 24. Juni: »... das Erscheinen der literarischen Monatsschrift, über die ich Ihnen vor einiger Zeit aus Südfrankreich schrieb, ist nun also sichergestellt: sie kommt bei einem sehr soliden holländischen Verlag, Querido in Amsterdam, heraus. Das erste Heft wollen wir Mitte August bringen. Ich bin schon mitten in den Vorarbeiten, und mit Freude; denn es scheint mir ein Bedürfnis nach einer solchen Zeitschrift zu bestehen. Unter den vielen Gründungen, die jetzt geplant oder ausgeführt werden, sehe ich nicht eine, die wirklich literarischen Charakter haben will; sie sind alle politisch.« In der Einleitung zum 1. Heft steht: »Eine literarische Zeitschrift ist keine politische; die Chronik der Tagesereignisse, ihre Analyse oder die Voraussage der kommenden macht ihren Inhalt nicht aus. Trotzdem wird sie heute eine politische Sendung haben. Ihre Stellung muß eine eindeutige sein. Wer sich die Mühe machen wird, die Hefte unserer Zeitschrift zu verfolgen, soll nicht zweifeln dürfen, wo wir, die Herausgeber, und wo unsere Mitarbeiter stehen. Von Anfang an wird es klar sein, wo wir hassen und wo wir hoffen lieben zu dürfen.«

Obwohl kein einziges Exemplar der »Sammlung« von uns nach Deutschland geliefert worden war, erschien zum Beispiel in einer führenden nazideutschen Zeitschrift, in der »Neuen Literatur«, Jg. 34, November 1933, ein Aufsatz des Herausgebers Will Vesper, in dem es heißt: »Die aus Deutschland entflohenen kommunistischen und jüdischen Literaten versuchen von ihren Schlupfwinkeln aus, das neue Deutschland mit einem Wall von literarischem Stinkgas zu umgeben... Größer aufgezogen und zweifellos das gefährlichste Reptil ist die in Amsterdam unter dem ›Patronat von André Gide, Aldous Huxley und Heinrich Mann‹ von dem Halbjuden Klaus Mann herausgegebene ›Sammlung‹. Als Mitarbeiter werden neben den schon oben bei den ›Neuen Deutschen Blättern‹ genannten angegeben: Max Brod, Alfred Döblin, Lion Feuchtwanger, Bruno Frank, Wilhelm Herzog, Ödön von Horváth, Heinrich Eduard Jacob, Emil Ludwig, Heinrich Mann, Thomas Mann, Robert Musil, Joseph Roth, René Schickele, Ernst Toller, Karl Tschuppik, Arnold und Stefan Zweig, ferner die Ausländer Romain Rolland, Sinclair Lewis und Aldous Huxley. Man darf wohl annehmen, daß alle diese Herren schon selber keinen Wert mehr darauf legen, daß das deutsche Volk ihre Bücher liest.«

Am 10. Oktober, einen Monat nach dem Erscheinen der ersten Nummer der »Sammlung«, schrieb Hanns Johst, damals Intendant des Berliner Staatstheaters, unter anderem in einem Brief an Heinrich Himmler: »In Amsterdam erscheint das derzeitig unflätigste Emigrantenblatt ›Die Sammlung‹. Sie werden sich ja jederzeit Belegexemplare verschaffen können, sonst übersende ich Ihnen auch gern ein Exemplar dieses Schmutzes. Als Herausgeber zeichnet der hoffnungsvolle Sproß des Herrn Thomas Mann, Klaus Mann. Da dieser Halbjude schwerlich zu uns herüber wechselt, wir ihn also leider nicht aufs Stühlchen setzen können, würde ich in dieser wichtigen Angelegenheit doch das Geiselverfahren vorschlagen. Könnte man nicht vielleicht Herrn Thomas Mann, München, für seinen Sohn ein wenig inhaftieren? Seine geistige Produktion würde ja durch eine Herbstfrische in Dachau nicht leiden, denn wir wissen aus unseren eigenen Reihen, welches famose Schrifttum gerade von nationalsozialistischen Häftlingen zur glücklichen Niederschrift kam... [–] Mit Handkuß für Ihre Gattin und Handschlag für Sie immer

Ihr [–] getreuer Hanns Johst«

Es ist erstaunlich, daß Hanns Johst, ein Mann in dieser Stellung und mit diesen Verbindungen, zu diesem Zeitpunkt augenscheinlich nicht wußte, daß Thomas Mann Deutschland bereits in der ersten Hälfte des Februar 1933 verlassen hatte und sich im vorläufigen Exil in der Schweiz befand.

Der S. Fischer Verlag, selbst Besitz einer jüdischen Familie und schon als solcher gefährdet, fand die Namen von drei seiner wichtigsten Autoren (Alfred Döblin, Thomas Mann, René Schickele) auf der Liste der zukünftigen Mitarbeiter der »Sammlung«. Unter dem Druck der Behörden und speziell der »Reichsstelle zur Förderung des deutschen Schrifttums« versuchten Bermann-Fischer und Samuel Saenger im Namen des Fischer Verlages, den drei Autoren deutlich zu machen, daß wahrscheinlich bereits die Ankündigung und unzweifelhaft die geplante Mitarbeit an der »Sammlung« das Ende ihrer literarischen Existenz in Deutschland bedeuten würden und als unvermeidliche Folge an ein Erscheinen ihrer neuen Bücher in einem reichsdeutschen Verlag nicht mehr zu denken wäre. Die Autoren wurden vorsorglich ersucht, ihre Zustimmung zu Telegrammen an die Reichsstelle zu geben, die die Redaktion der »Sammlung« desavouierten, jede Zusage bestritten und die Tendenz der Zeitschrift beklagten. Zugleich wurde versichert, daß man von diesen Dokumenten nur im Notfall Gebrauch machen würde. Dieser »Notfall« trat ein, und die Telegramme, deren Wortlaut hier folgt, wurden auch veröffentlicht.

»Desavouiere jede schriftstellerische und politische Gemeinschaft mit Herausgeber der Zeitschrift Sammlung. Bitte das in geeigneter Form beschleunigt bekanntzugeben. Tendenz der Zeitschrift war mir unbekannt.«

Döblin

»Kann nur bestätigen, daß Charakter erster Nummer Sammlung ihrem ursprünglichen Programm nicht entspricht.«

(Thomas) Mann

Als Nachtrag zu diesem Telegramm schrieb Thomas Mann: »Ergänzen Sie meine Erklärung logischerweise dahingehend, daß mein Name von der Liste getilgt wird – denn darauf läuft sie hinaus.«

»Bin von politischem Charakter ›Sammlung‹ peinlich überrascht, da gelegentliche Mitarbeit nur für rein literarische Zeitschrift in Aussicht gestellt war. Stehe mit Querido in keinerlei Verbindung, halte mich auch weiterhin von allem Derartigen ausdrücklich fern.«

Schickele

In der deutschsprachigen Auslandspresse, soweit sie exilfreundlich war, wie zum Beispiel in der Baseler »National-Zeitung« und in der Wiener »Arbeiter-Zeitung«, sowie in der Exilpresse erhielten die Telegramme große Beachtung und erregten als Desavouierung der »Sammlung« und als Dolchstoß in den Rücken der Exulanten starke Empörung. Unser Verlag überließ die Entscheidung über die Reaktion auf diesen Vorfall – obgleich er nicht nur die »Sammlung«, sondern darüber hinaus den gerade gegründeten Querido Verlag schwer schädigte und in seiner Existenz bedrohte – dem Herausgeber Klaus Mann. Auf der ersten Seite des November-Heftes – als die Telegramme in der Presse veröffentlicht wurden, war die zweite Nummer der »Sammlung« bereits erschienen – ließ Klaus Mann ein Telegramm von Romain Rolland, der zufällig durch den Presseskandal von diesem Vorfall gehört hatte, drucken und fügte dieser eindeutigen Sympathie-Erklärung nur wenige Sätze hinzu.

Ich war tief beeindruckt von dieser noblen Haltung, die meine Bewunderung für Klaus und meine Freundschaft zu ihm noch vertiefte. Was meine Reaktion auf das Verhalten der Autoren betrifft, so kann ich heute noch weniger als 1933 umhin, es mit gemischten Gefühlen zu betrachten. Zweifellos war die Zustimmung dazu, die Telegramme abzusenden, äußerst bedenklich, und es erwies sich für die Autoren ohnehin nur auf sehr kurze Zeit als nützlich. Kaum einer, der auf der Liste der zukünftigen Mitarbeiter der »Sammlung« stand, hatte die Aussicht, in einer innerhalb Deutschlands erscheinenden Zeitung oder Zeitschrift gedruckt zu werden, ganz zu schweigen von möglichen Buchveröffentlichungen. Und auch Thomas Manns Werk wurde schließlich 1936 in Deutschland verboten.

Trotzdem muß daran erinnert werden, daß die damalige Lage unzählige Gründe erzeugte, die dieses »äußerst bedenkliche« Verhalten nicht nur entschuldigen und erklären

Villeneuve (Vand) Villa Olga

Cher Klaus Mann

j'ai entendu dire que votre premier No. de „Die Sammlung" vous avait valu quelques désaveux de vos collaborateurs allemands, parceque votre revue ne s'était pas tenue sur le plan strictement littéraire et qu'elle avait touché à la politique.

Cette étrange nouvelle m'a bien surpris: car je n'imagine pas comment Victor Hugo, à Guernsey, aurait pu se tenir en dehors de la politique; et s'il s'y était tenu, je n'aurais eu guère d'estime pour lui....

Bien cordialement à vous

ROMAIN ROLLAND

Diese spontane Äusserung des grossen französischen Schriftstellers geben wir an unser Publikum weiter. Man weiss, worum es sich handelt: Um die Erklärungen einiger deutscher Autoren, betreffend ihre Mitarbeiterschaft an der „Sammlung", die in die deutsche Presse lanciert wurden. Wir selber wollen uns, aus Rücksicht auf eben diese Autoren, jeder Äusserung in der Angelegenheit enthalten.

Lieber Klaus Mann,

ich habe gehört, daß Ihre erste Nummer der »Sammlung« Ihnen einige Desavouierungen von deutschen Mitarbeitern bereitet hat, weil Ihre Zeitschrift sich nicht auf rein literarischem Gebiet gehalten und das Gebiet der Politik berührt hat.

Diese befremdende Neuigkeit hat mich sehr überrascht: Ich kann mir nicht vorstellen, wie sich Victor Hugo in Guernsey aus der Politik hätte halten können, und wenn er es getan hätte, hätte ich ihn kaum achten können...

Sehr herzlich
Ihr Romain Rolland

ließen, sondern dies zur Notwendigkeit machten. Konnte ein Döblin, der noch zwei Söhne in Deutschland hatte, deren Leben gefährden, um zu einer Zusage zu stehen, die er – ohne im entferntesten die Konsequenzen übersehen zu können – eingegangen war? Schickele hatte schon lange vor Hitlers Machtübernahme mit der »Vossischen Zeitung« einen Vertrag über den Vorabdruck seines nächsten Romans – gegen ein Honorar von 4000.– Reichsmark – abgeschlossen. Er war ein kranker Mann, verfügte über keine Mittel und hatte eine von ihm abhängige Familie. Konnte man von so einem Mann erwarten oder auch nur hoffen, daß er auf einen Betrag, der ihn und seine Familie für mindestens ein Jahr sicherstellte, verzichtet? – Ja, konnte man dem Fischer Verlag einen Vorwurf machen, wenn er verhindern wollte, seine Autoren und den gesamten Verlag in Gefahr zu bringen, und Schritte unternahm, die die »Sammlung« in Schwierigkeiten brachten? Es scheint mir nur *eine* Erklärung für die sonst oft unbegreiflichen, unverantwortlichen, kurzsichtigen und unverzeihlichen Entscheidungen – nicht nur der Intellektuellen, sondern der überwiegenden Mehrzahl der Deutschen – jener Zeit zu geben: Nach wie vor war ein sehr großer Teil der Naziopfer aller Richtungen davon überzeugt, daß diese Regierung so kurzlebig sein würde wie die vielen der vorausgegangenen Jahre.

Zweifellos fügte der Skandal um die »Sammlung« nicht nur der Zeitschrift und dem Verlag außerordentlichen Schaden zu, sondern er lieferte auch den Beweis, daß das Ziel der »Sammlung«, ein Forum für alle im Exil vertretenen politischen Richtungen zu werden, zu hoch angesetzt war. Die Zeitschrift war nicht nur ein Opfer der Nazis, sondern auch der hoffnungslosen Zersplitterung des Exils, die dem Dritten Reich höchst erwünscht war.

Übrigens ist Alfred Döblin mit seiner gesamten erzählenden Produktion, die in den Jahren im Exil vor dem Kriege fünf große Romane umfaßte, bei Querido geblieben. Auch Thomas Mann übergab 1937 – nach seiner Ausbürgerung – dem Querido Verlag eines seiner Werke: die 1923 als Fragment publizierten »Bekenntnisse des Hochstaplers Felix Krull«, nun um ein neues Kapitel erweitert und leicht verändert. Erst im Jahre 1954 erschien es bei Fischer als erster Teil eines auf zwei Bände angelegten Romans unter dem gleichen Titel. Der angekündigte zweite Band ist jedoch niemals von ihm geschrieben worden.

Die Tatsache, daß die Zeitschrift und der Verlag diesen ersten, unerwarteten Schlag ohne ein Wort der Klage oder Warnung von seiten Queridos durchstanden, war ein ermutigender Beweis für die Gesinnung Emanuel Queridos: Er hatte sich in das Abenteuer der Verlagsgründung aus aufrichtiger Überzeugung – ohne materielle Berechnung – begeben.

Das »gefährliche Reptil« war leider nicht so gefährlich, wie man nach Will Vespers Worten hätte annehmen können. Die Tatsache, daß der Verlag in den Exiljahren niemals eine Nummer der Zeitschrift oder ein einziges Buch des Verlages nach Deutschland zu schicken versuchte, schloß jegliche Möglichkeit einer direkten Wirkung innerhalb Deutschlands aus. Jeden Monat wurden zwar 3000 Exemplare der Zeitschrift gedruckt, aber zu keinem Zeitpunkt alle verkauft. In Holland besuchte ein junger Exulant Privatpersonen, die an deutscher Literatur und an den Ereignissen in Deutschland interessiert waren – ihre Namen hatte er von sympathisierenden Buchhändlern erhalten. Innerhalb von zwei bis drei Monaten verkaufte er ungefähr 700 Abonnements für die »Sammlung« – eine stattliche Zahl für das kleine Land. Trotz aller Anstrengungen unsererseits gelang es nicht, eine gleiche oder ähnliche Anzahl Abonnenten in irgendeinem anderen Lande zu erreichen. Zweifellos hatte der Verlag die Schwierigkeit des Aufbaus einer internationalen Vertriebsorganisation – zusätzlich zu der des Buchvertriebs – unterschätzt. Sorgte die Neugier, die die Zeitschrift bei ihrem ersten Erscheinen in gewissen Kreisen erweckte, am Anfang für einen Gesamtabsatz von etwa 2000 Exemplaren monatlich, so wurde die Zahl bald von Monat zu Monat geringer. Hinzu kam, daß der von offizieller deutscher Seite ausgeübte Druck besonders den Buchhandel, aber auch Privatpersonen davor abschreckte, zu abonnieren, ja, zeitweise wurde die »Sammlung« in einzelnen Ländern verboten, zum Beispiel in Österreich wegen eines Artikels über Dollfuß.

Vor dem Abschluß des zweiten Jahrgangs war es dem Verlag und der Redaktion deutlich geworden, daß die durch den verminderten Verkauf bedingten Verluste die Existenz des Buchverlages gefährden würden – ein Risiko, das einzugehen niemand wagen wollte oder konnte. Nach zwei Jahrgängen, also vierundzwanzig Einzelnummern, in denen mehr als dreihundert Autoren zu Wort gekom-

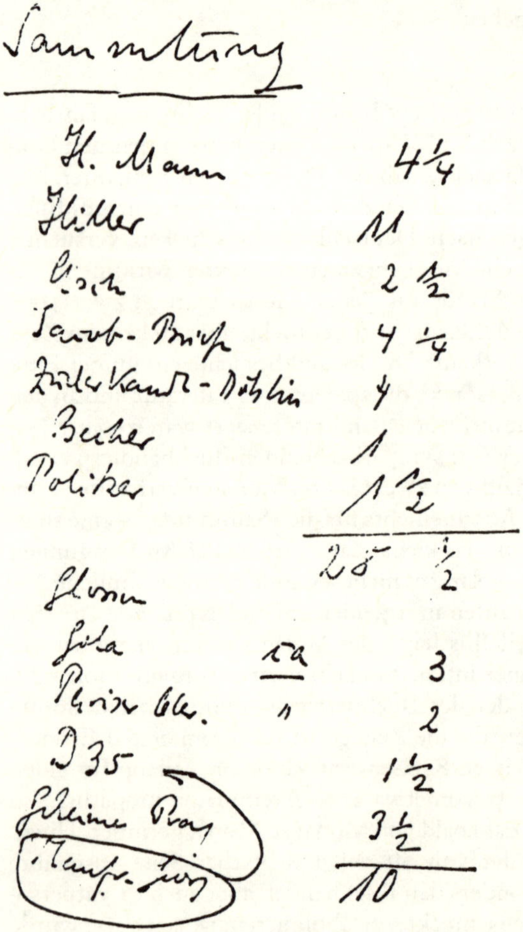

Sammlung

H. Mann 4 1/4
Hiller 11
[illegible] 2 1/2
[illegible] 4 1/4
[illegible] 4
Becher 1
Politiker 1 1/2
28 1/2
[illegible]
[illegible] 3
[illegible] 2
D 35 1 1/2
[illegible] 3 1/2
[illegible]
10

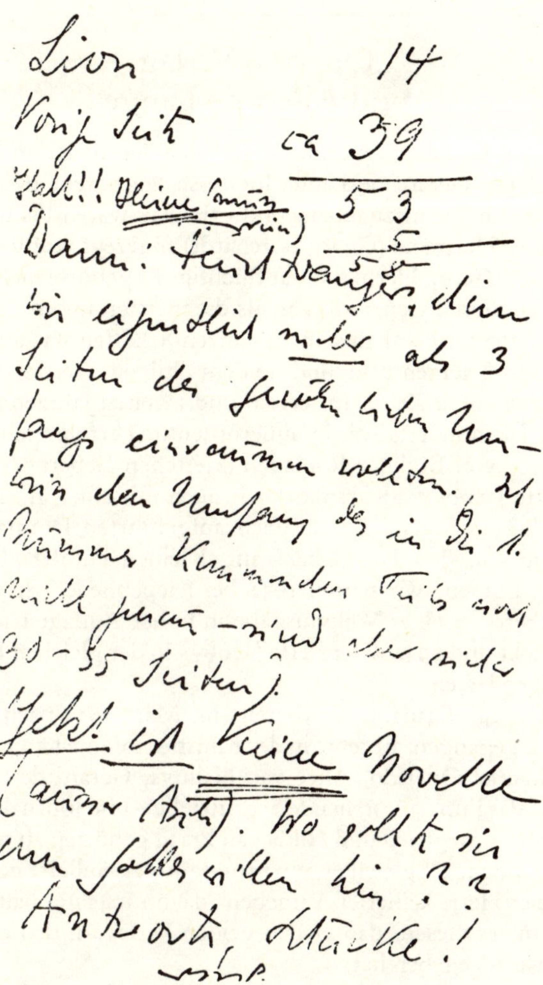

men waren, stellte die »Sammlung« ihr Erscheinen ein. Die Tatsache, daß die gesamte Zeitschrift in den letzten zwanzig Jahren zweimal in Nachdrucken – das erste Mal 1970 (Kraus-Reprint), das zweite Mal 1986 (Rogner und Bernhard bei Zweitausendeins) – sowie in einer Auswahl 1983 bei Querido erschienen ist, beweist, daß ein gewisser Teil der Beiträge auch für den heutigen Leser noch immer von Interesse ist.

Querido Verlag und Allert de Lange

Neben Emanuel Querido zeigte auch der niederländische Verleger Gérard de Lange Interesse, verbotene deutsche Literatur herauszugeben, und offenbar waren beide von Georg Hermann (Georg Borchardt) angeregt worden. Ich kannte Georg Hermann nur flüchtig. Er gehörte nicht nur einer älteren Generation an als die meisten unserer Autoren, sondern war in seinem ganzen Schaffen wie auch in seiner Themenwahl und seinem Stil ein Vertreter der »guten alten Zeit«. Im ersten und zweiten Jahrzehnt des 20. Jahrhunderts war er außerordentlich erfolgreich – als Autor von Berliner Romanen (»Jettchen Gebert«, »Henriette Jacoby«, »Kubinke«) wie auch mit einer in meiner frühesten Jugend hundertfach aufgeführten Dramatisierung von »Jettchen Gebert« im »Kleinen Theater« Unter den Linden. Wir hatten 1931 bei Kiepenheuer »Jettchen Gebert« in einer Volksausgabe in hoher Auflage nachgedruckt und 1932 »Henriette Jacoby« in der gleichen Reihe folgen lassen.

Georg Hermann war bereits im März 1933 nach Holland gegangen. Er lebte in der Künstlerkolonie Laren, und Emanuel Querido, Alice van Nahuys, Gérard de Lange und das ihm nahestehende Schriftsteller- und Journalistenehepaar Siegfried und Hilda van Praag gehörten zu seinen Freunden. Obgleich er, ein grundgütiger, äußerst gemütlicher Herr, keinerlei Aufhebens davon machte, halte ich es für erwiesen, daß er den beiden Verlegern den ersten Anstoß gegeben hat.

Er hätte kaum zwei unterschiedlichere Typen als Emanuel Querido und Gérard de Lange wählen können. Querido war durch seine politische Haltung wie seinen verlegerischen Mut und Ehrgeiz zu dieser neuen Aufgabe gewissermaßen prädestiniert. Gérard de Lange dagegen hatte eher unwillig das Erbe seines Vaters übernommen, der die angesehene Buchhandlung und den nicht allzu unternehmenden und einigermaßen konservativen Verlag Allert de Lange gegründet hatte. Er wäre wohl kaum für diese Idee zu gewinnen gewesen, wenn nicht ein erfolgreicher Autor wie Siegfried van Praag und dessen außerordentlich ehrgeizige Frau ihn zu diesem Unternehmen überredet hätten. Freilich war Gérard de Lange, früher Offizier in der holländischen Armee, ein überzeugter Gegner der Nazis und, einer guten alten Tradition Hollands folgend, ein Freiheitsfanatiker. Diese Eigenschaft schloß auch seine Antipathie gegen feste Bürozeiten ein. Er besuchte den Verlag nur sporadisch, traf seinen Prokuristen meist außerhalb des Unternehmens und seine Autoren in Restaurants, in denen er gerne viele Stunden mit reichlichem Genuß alkoholischer Getränke verbrachte. Die Tatsache, daß Joseph Roth diese Neigung teilte, hat unzweifelhaft zu ihrem freundschaftlichen Verhältnis beigetragen und bei der Großzügigkeit eine Rolle gespielt, die de Lange gegenüber Roth bewies.

Hilda van Praag bekam von de Lange den Auftrag, Kontakte zu deutschen Exilautoren zu suchen. Begreiflicherweise verlief ihre erste Reise zu den ihr persönlich nicht bekannten Schriftstellern nicht allzu erfolgreich. Sie wandte sich daher mit de Langes Zustimmung an Hermann Kesten mit der Frage, ob er mit seinen Autorenfreunden sprechen und sie für den Verlag gewinnen wolle. Kesten erwiderte sogleich, daß er zwar zu solchen Unterhandlungen bereit sei, jedoch unter keinen Umständen die Leitung des Verlages übernehmen könnte, da er für die ihm unerläßliche Freiheit fürchte, die er zu seiner eigenen schriftstellerischen Arbeit brauche. Er schlug daher vor, selbst das Lektorat zu übernehmen und Walter Landauer, den Dritten aus dem Kiepenheuer-Bunde, als Verlagsleiter einzusetzen. Sein Rat wurde befolgt. Walter Landauer, der nach Paris geflohen und bei seinen Gesprächen mit deutschsprachigen Verlegern in der Schweiz, in Österreich und in der Tschechoslowakei so erfolglos wie ich gewesen war, nahm das Angebot de Langes gern an und übersiedelte nach Amsterdam.

Emanuel Querido und Gerard de Lange hatten auf Grund ihrer sehr unterschiedlichen Herkunft, ihrer in jeder Beziehung sehr verschiedenen Lebensweise und Lebensauffassung und ihrer politischen und gesellschaftlichen Stellung keinerlei Kontakt miteinander. Wie viele ihrer Landsleute waren beide sehr eifersüchtige Hüter ihres geschäftlichen Interessengebietes und fühlten sich durchaus als Konkurrenten. Bei allem Verständnis für diesen Umstand hatten wir – Kesten, Landauer und ich, enge Freunde, jahrelang Kollegen, Exulanten mit einem Verantwortungsgefühl gegenüber den uns gleichermaßen befreundeten Autoren – die Überzeugung, daß es mehr als einen Exilverlag in Holland und auch in anderen Ländern geben sollte und daß diese Verlage, wenn sie einigermaßen lebensfähig bleiben wollten, sich unter den ohnehin schwierigen Umständen nicht gegenseitig Konkurrenz machen dürften, sondern harmonisch zusammenarbeiten müßten.

In der Tat war die übliche Situation zwischen Verlag und Autor im Exil in vielfacher Weise verändert. Bis 1933 gab es in Deutschland Hunderte von Verlagen, denen relativ wenige eingeführte und erfolgreiche Autoren gegenüberstanden. Plötzlich war eine unübersehbare Schar bekannter und unbekannter Autoren ohne Verleger: teils alt, teils jung, weltberühmt oder nur einer kleinen treuen Gemeinde bekannt, bedeutende oder weniger bedeutende Romanciers, Schriftsteller, Dichter, Essayisten, Dramatiker im freiwilligen oder unfreiwilligen Exil. Viele von ihnen lebten in qualvoller Unsicherheit, ob sie die Bande mit der Heimat ganz brechen sollten oder mußten, ob ihnen ein einjähriges, ein zehnjähriges oder ein tausendjähriges Exil bevorstand.

Wie viele Schriftsteller im Exil lebten, ist unmöglich mit Sicherheit zu sagen. Jedenfalls stand die Zahl der Verlage, die außerhalb Deutschlands deutsche Bücher der Exilautoren herausbrachten, in keinem Verhältnis zu der Anzahl derer, die einen Anspruch oder ein Recht darauf hatten, gedruckt zu werden. Die zahlreichen, aber größtenteils kurzlebigen Verlage, die nach 1933 ein halbes Dutzend oder noch weniger Bücher herausgebracht haben, nicht gerechnet, gab es neben Allert de Lange und Querido nur wenige Unternehmen, die in nennenswertem Umfang Exilliteratur verlegten. Wieland Herzfelde war bereits in den ersten Monaten des Jahres 1933 mit seinem

Malik-Verlag nach Prag ausgewandert und hatte dort seine verlegerische Tätigkeit fortgesetzt. Der Schweizer Verleger Emil Oprecht fügte seinem Europa-Verlag und dem Verlag Oprecht & Helbling, beide in Zürich, eine stattliche Reihe außerordentlich wichtiger Bücher hinzu. Unter den neugegründeten Exilverlagen ist Editions du Carrefour zu erwähnen. Dieser, von Willi Münzenberg und Babette Groß gegründet, hat das Verdienst, bereits im Spätsommer 1933 das »Braunbuch« veröffentlicht zu haben; zweifellos die wirksamste Dokumentensammlung der ersten Monate des Hitlerregimes. Der von Roubiczek gegründete Europäische Merkur (Paris) litt von Anfang an an Geldmangel. Das kleine Unternehmen setzte allzusehr auf den von Ernst Glaeser versprochenen Roman »Der letzte Zivilist«. Glaesers »Jahrgang 1902« war seit 1928 bei Kiepenheuer ein sensationeller Verkaufserfolg mit einer Auflage von 85000 Exemplaren gewesen und wurde von Hermann Hesse, Thomas Mann, Carl von Ossietzky, Arnold Zweig u. a. gelobt. Es war Roubiczek und Ernst Glaesers Lektor Peter de Mendelssohn entgangen, daß Glaeser ein typisches einmaliges Erfolgsbuch geschrieben hatte und ein unzuverlässiger Charakter war, der sich bereits auf dem Wege zum Nationalsozialismus befand. »Der letzte Zivilist« wurde zwar endlich abgeliefert, konnte aber den Verlag nicht retten.

Eine besondere Position zwischen »reichsdeutschen« und Exilverlagen nahm der S. Fischer Verlag ein. Wie bereits berichtet, war Samuel Fischer auf Grund seiner physischen und psychischen Verfassung einer Auswanderung völlig abgeneigt. Zwar hatte Gottfried Bermann-Fischer 1932 offiziell die Leitung des Verlages übernommen, doch jedem, der die ungewöhnlich starke und eigenwillige Persönlichkeit des Firmengründers Samuel Fischer kannte, war deutlich, daß sein Nachfolger eine so eingreifende Entscheidung wie die Emigration nicht ohne dessen volle Zustimmung hätte treffen können. Wenn es auf dem Umschlag der Selbstbiographie von Gottfried Bermann-Fischer, »Bedroht bewahrt«, heißt: »Nach der Machtergreifung emigriert er mit dem in Deutschland verfemten Teil des Verlages nach Wien«, so scheint mir diese Formulierung etwas irreführend: In dieser ereignisreichen und schnellebigen Zeit waren drei volle Jahre kaum mit dem Wörtchen »nach« zu charakterisieren. Der 1936 in Wien gegründete Bermann-Fischer Verlag ist insofern nicht vorbehaltlos als Exilverlag zu bezeichnen, als er, wie andere Wiener Verlage, seine Bücher in Deutschland vertrieb und also vermeiden mußte, Werke von Autoren, die im scharfen Gegensatz zur Naziideologie standen, zu verlegen. Erst nach dem »Anschluß« Österreichs und der zweiten Emigration Gottfried Bermann-Fischers wurde sein mit Beteiligung des Bonnier-Verlages gegründetes Stockholmer Unternehmen ein Exilverlag im vollen Sinne des Wortes und hat dann freilich, da es ihm möglich war, auch durch die Kriegsjahre hin zu publizieren – lückenlos bis zum Kriegsende und zur Wiedervereinigung mit dem alten Fischer Verlag –, eine große Anzahl Bücher veröffentlicht.

Eine wenn auch anders geartete Sonderstellung nehmen die in der Sowjetunion gedruckten deutschsprachigen Bücher und Zeitschriften ein. Ihr Druck wurde vom Staat unterstützt und war von täglichen materiellen Erwägungen unabhängig. Zudem war die UdSSR zu dieser Zeit noch nicht Mitglied der Berner Konvention und konnte zum Beispiel bei westlichen Exilverlagen erschienene Bücher nachdrucken, ohne sich die Rechte durch Verträge sichern zu müssen. Trotzdem sind bei Querido – ohne daß wir je einen Vertrag geschlossen hatten – Zahlungen von einigen tausend Dollars aus der Sowjetunion als Tantieme für russische Ausgaben von Büchern Heinrich Manns, die bei uns herausgekommen waren, eingegangen.

Auch gaben einige Verlage in verschiedenen Ländern inzidentiell wichtige, teilweise außerordentlich umfangreiche wissenschaftliche Werke auf den verschiedensten Gebieten in deutscher Sprache heraus. Trotzdem waren Hunderte von Autoren ganz oder teilweise der Publikationsmöglichkeit beraubt. Das Los dieser Schriftsteller und Journalisten war besonders unglücklich, da die Fremdengesetzgebung in fast allen Exilländern jegliche bezahlte schriftstellerische Betätigung in Zeitungen und Zeitschriften oder beim Film untersagte und bei Nichtbefolgen dieser Bestimmung mit dem Entzug der Aufenthaltsgenehmigung drohte. Zum Mißverhältnis zwischen der Anzahl von Exilautoren und dem Kreis ihrer potentiellen Leser schreibt Döblin: »Wir können auch nicht umhin festzustellen, daß, wie auch der Stand dieser Literatur sein mag, sie im ganzen einen geradezu gespenstischen Anblick bietet. Diese Dutzende kräftiger, vielgelesener, ja gefeierter, hochbegabter Autoren im Ausland, diese Verschwendung, dieser ganze losgerissene Apparat, groß genug, um ein gebildetes Millionenvolk zu bedienen, an einen kleinen Ort verschlagen! Ein ganzes Kriegsschiff in einen Tümpel gesetzt. Wer kann diese Maschine auf die Dauer feuern? Wem soll ihre Leistung dienen? Wir können den materiellen Teil dieser schrecklichen Frage nicht beantworten.«

Für den Augenblick mußte – im Frühjahr 1933 – eine Lösung gefunden werden. Die wenigen Exilverleger hatten eine beschämend große Wahl und die moralische Verpflichtung, vielen Autoren so schnell wie möglich eine einigermaßen gesicherte Publikationsmöglichkeit zu bieten. Es war ein glücklicher Zufall, daß in Holland zwei Verlage zur Verfügung standen, die beide finanziell stark und zuverlässig waren und deren deutsche Leiter freundschaftlich so eng verbunden waren, daß die sich täglich ergebenden Probleme gemeinsam auch im Interesse der Autoren gelöst werden konnten. Es ergab sich nicht nur ein rückhaltloser Austausch von Informationen, es wurde auch jede Konkurrenz beim Abschluß von Verlagsverträgen vermieden.

Klaus Mann und ich sahen uns im Herbst 1934 durch eine äußerst ärgerliche Erfahrung veranlaßt, ein anderes Quartier zu suchen. Einer der Gäste in unserer Pension gab sich als begeisterter Nazi zu erkennen und spielte auf unserer Etage sehr laut eine Platte mit dem Horst-Wessel-Lied. Auch Kesten und Landauer waren nicht allzu glücklich mit ihrer Unterkunft, und so beschlossen wir, eine Unterkunft für uns vier zu suchen. Wir fanden ideale Räume und vortreffliche Verpflegung in einer Pension, die umsichtig durch eine Arztwitwe, Frau Hirsch, die Mutter des späteren Direktors des S. Fischer Verlages, Dr. Rudolf Hirsch, geleitet wurde. Zufällig hatte die Pension Hirsch zwei Hausnummern, und so konnten wir den Schein getrennten Wohnens durch den Gebrauch verschiedener Hausnummern aufrechterhalten. Auch dieser Umstand erleichterte unsere Zusammenarbeit.

Wodurch unterschieden sich die Programme der beiden Exilverlage? Schon die sehr verschiedenen Charaktere unserer holländischen Partner bestimmten die Unterschiede. Es lag nahe, daß der Querido Verlag mit Emanuel Querido, dem leidenschaftlichen Sozialisten, und mir, der ich schon als Gymnasiast, gleich nach ihrer Gründung, der Unabhängigen Sozialdemokratischen Partei Deutschlands beigetreten war, politisch eine aktivere Rolle spielte und in seinem Programm radikaler war. Es ist wohl auch wahr, daß wir durch die bewußte Wahl von Heinrich Manns Buch »Der Haß« dem Verlag einen unmißverständlichen Stempel aufdrückten, der sich durch das gleichzeitig erscheinende erste Heft der »Sammlung« noch deutlicher ausprägte. Auch wenn bezeichnend ist, was Schickele im November 1933 schrieb: »Möglich, daß es [sein im Herbst 1933 im Berliner S. Fischer Verlag erschienenes Buch »Die Witwe Boska«] am gleichen Tage verboten wird. Dann werde ich nach Amsterdam ›gehn‹, aber nicht zu Querido, sondern zu de Lange, dessen Verlag politisch nicht polemisieren wird. Bei Querido weiß man nicht, in welche Gesellschaft man gerät«, so muß ich sagen, daß es Queridos wie meine Absicht von der Gründung des Verlages an war, sehr deutlich zu machen, in welche Gesellschaft sich ein Autor in unserem Verlag begab, daß unsere Editionstätigkeit dem Kampf gegen den Faschismus dienen sollte und wir in der Tat die Polemik nicht scheuten.

Die erste Publikation von de Lange sollte eine von Hermann Kesten herausgegebene Novellensammlung von in Deutschland verbotenen Autoren sein. Die Frage des Titels hatte Kesten nicht nur selbst beschäftigt, er hatte auch Freunde, insbesondere Ernst Toller, um Rat gefragt. Man war zu dem Resultat gekommen, die geplante Anthologie »Der Scheiterhaufen« zu nennen. Dieser Titel stieß jedoch – und das ist außerordentlich bezeichnend für die damalige Haltung vieler Exilschriftsteller – auf großen Widerstand; die meisten Autoren wollten durchaus vermeiden, durch irgendeine Äußerung oder Handlung Anstoß bei den Naziautoritäten zu erregen, und sie wollten nicht in einem unter dem Titel »Der Scheiterhaufen« erscheinenden Band vertreten sein. Insbesondere österreichische Autoren, aber keineswegs nur diese, wollten sich zu diesem Zeitpunkt nicht durch solche Publikationen »kompromittieren«. Schließlich sah der Verlag sich unter dem Druck dieser Autoren genötigt, dem Buch den unschuldigen Titel »Novellen deutscher Dichter der Gegenwart« zu geben.

Obwohl Kisch mit seinen »Geschichten aus sieben Ghettos« und Brecht mit seinem »Dreigroschenroman« bei de Lange erschienen, war Schickeles (und nicht nur sein) Urteil, daß de Lange politisch eine weniger bedenkliche Wahl für einen Autor war als Querido, richtig. Allerdings muß ich heute – post festum – mit aufrichtigem Bedauern sagen, daß ich meine eigene Haltung in den Jahren nach 1934 als zu vorsichtig verurteile. Als Verleger von Heinrich Mann hatten wir uns zur Veröffentlichung seines zweiten Essaybandes (»Es kommt der Tag«), einer Auswahl seiner politischen Aufsätze, verpflichtet. Die Erfüllung dieses Vertrages erwies sich als problematisch. Heinz Liepmann war wegen seines in Holland erschienenen Romans »Das Vaterland« zu einer Gefängnisstrafe verurteilt worden mit der »Begründung«: Beleidigung des Staatsoberhauptes einer befreundeten Nation. Zur selben Zeit wurden verschiedenen Journalisten Prozesse wegen ähnlicher »Vergehen« angedroht, und in einigen Fällen wurden unzweifelhaft Flüchtlinge, deren Leben in Gefahr war, von den niederländischen Behörden nach Deutschland zurückgeschickt. Deswegen bat ich – natürlich mit Wissen und Zustimmung des Autors – unseren Schweizer Freund und Kollegen Emil Oprecht, den Vertrag zu übernehmen und das Buch in seinem Verlag erscheinen zu lassen. Heute halte ich diese Entscheidung für falsch und bin davon überzeugt, daß ich das Risiko der Publikation hätte auf mich nehmen müssen. Übrigens ist dieser Fall der einzige, bei dem unser Verlag sich durch eine solche Erwägung hat bestimmen lassen.

In zwei anderen Fällen habe ich, jedoch aus mir noch heute verständlichen und berechtigt erscheinenden Gründen, den Autor gebeten, die Frage der Veröffentlichung eines eingereichten Manuskriptes erneut gründlich zu bedenken. Klaus Mann hatte im Herbst 1933 einen »Horst-Wessel«-Roman geschrieben und dem Verlag angeboten. Das ihm zur Verfügung stehende Material war sehr unzureichend gewesen, und das Erscheinen einer so dürftig belegten Pamphlet-Biographie schien mir der Sache des Exils einen schlechten Dienst zu erweisen. Klaus Mann zog in der Tat das Manuskript nach nochmaliger Lektüre und eingehender Überlegung zurück. Es wurde auch nach dem Kriege nicht publiziert und befindet sich jetzt im Klaus-Mann-Archiv in München. Der zweite Fall lag wesentlich schwieriger, und meine Intervention hatte keinen Erfolg. Lion Feuchtwanger hatte nach seiner Reise in die Sowjetunion, im Winter 1936/37, einen Reisebericht »Moskau 1937« geschrieben, der sich auch eingehend mit den Moskauer Prozessen beschäftigte, denen er mit Dolmetscher beigewohnt hatte. Ich hatte das Manuskript sogleich gelesen und war in großem Zweifel, ob die Veröffentlichung dieses Buches, das die bis in die Reihen der Kommunisten stark umstrittenen Prozesse durch einen der Sprache nicht mächtigen und mit den Hintergründen nicht vertrauten Exulanten rückhaltlos deckte, für ihn und das deutsche Exil zu diesem Zeitpunkt zu verantworten wäre. Ich rief Feuchtwanger in Südfrankreich an. Er war aber fest entschlossen, das Buch so schnell wie möglich erscheinen zu lassen, und ich bestätigte ihm, daß ich als sein Verleger natürlich seinem Wunsch nachkommen würde. Das kleine Buch erschien 1938 in 3 000 Exemplaren als Paperback und ist, von einer Ausgabe in russischer Sprache abgesehen, nicht wieder nachgedruckt worden. Ich möchte bei dieser Gelegenheit betonen, daß meine holländischen Freunde auf diese programmatischen Fragen zu keiner Zeit Einfluß auszuüben versuchten.

Verlagsalltag im Exil

Wie arbeitete ein deutscher Verlag außerhalb des deutschen Sprachgebietes ohne die Möglichkeit und ohne die Absicht, ein einziges Buch innerhalb Deutschlands abzusetzen?

Es lag in der Natur der Sache, daß ich, besonders am Anfang, vorwiegend Autoren, die ich aus den Kiepenheuer-Tagen gut kannte oder mit denen ich befreundet war, dem neuen Verlag verbunden hatte und ihre Manuskripte, soweit sie vorlagen, veröffentlichte. Darunter war ein Buch, das bereits im Winter 1932/33 gesetzt und gedruckt worden war und dessen Bogen wir auf Grund einer freundschaftlichen Vereinbarung mit meinem alten Partner Gustav Kiepenheuer in Holland fertigstellen ließen: Gustav Reglers »Der verlorene Sohn«. Im Falle Arnold Zweigs dagegen scheiterte, nach endlosem Briefwechsel mit Kiepenheuer, die Übernahme von Verlagsbeständen – ein Vorgang, der mir auch nach erneuter Lektüre der Korrespondenz nicht begreiflich ist.

Feuchtwangers »Jüdischer Krieg« wurde im Winter 1932/33 erstmalig in Deutschland bei Ullstein mit ansehnlichem Erfolg veröffentlicht. Das Buch – wie viele andere – war wenige Wochen nach der Machtübernahme auf die »Schwarze Liste« gesetzt, das heißt der Vertrieb verboten worden, und Buchhandlungen, die das Werk noch führten und verkauften, machten sich strafbar. Das Verkaufsverbot wurde meist befolgt, denn es geschah nicht selten, daß ein Agent des Kultusministeriums oder einer anderen offiziellen Stelle in einer als unzuverlässig verdächtigten Buchhandlung erschien und nach einem der verbotenen Bücher fragte. Wurde ihm das Buch ausgehändigt, so wurde der Buchhändler bestraft. Es gab also keinerlei Absatzmöglichkeiten für diese Bücher. Trotzdem nahmen die Verleger dieser Literatur dem Autor gegenüber die Stellung ein, die Rechte an dem betreffenden Buch stünden ihnen vertraglich »auf die Dauer der gesetzlichen Schutzfrist« zu. Natürlich bedingten Vertriebsrecht und Verlagsvertrag einander. Da die Ausübung des Vertriebsrechtes aber durch Regierungsinstanzen in Deutschland unmöglich gemacht worden war, war die Rechtslage der Autoren viel günstiger, als sie voraussetzten. Die Situation war jedoch neu und die allgemeine Rechtsunsicherheit sehr groß. Einerseits wollten die Autoren verständlicherweise die Möglichkeit nutzen, ihre in Deutschland nicht mehr straffrei zu verbreitenden Bücher woanders erscheinen zu lassen, andererseits glaubten sie – selbst ins Exil gegangene linksbürgerliche oder sozialistische Autoren –, sich die Publikationsmöglichkeit bei ihrem Verleger in Deutschland offenhalten zu können, wenn sie ihm die Rechte für schon erschienene und gar künftige Werke beließen.

Selbst ein Autor wie Feuchtwanger war unsicher. Er ersuchte uns im Sommer 1933, auf jeden Fall Ullstein von unserer – und seiner – Absicht zu informieren, den »Jüdischen Krieg« in unserem Verlag neu drucken und in Holland erscheinen zu lassen. In diesem Falle gab es keinerlei Schwierigkeiten. Wir baten einen engen Mitarbeiter und Freund, den Verkaufsleiter des holländischen Querido Verlages, Fred von Eugen, nach Berlin zu fahren und die Verhandlungen mit Ullstein für Feuchtwanger und uns zu führen. Die Mission war kurz und erfolgreich. Ullstein widersetzte sich unserem Vorhaben nicht. Einige Monate später wiederholten wir diese Verhandlungstaktik beim Insel-Verlag. Wir wollten nicht nur Leonhard Franks bei der Insel unter Option stehenden neuen Roman, sondern eine Gesamtausgabe seiner bei der Insel bisher erschienenen Werke neu bei uns herausbringen. Der Brief, den ich auf Wunsch des Autors an den Insel-Verlag schrieb, blieb unbeantwortet. Bei Erscheinen der Bücher in Holland wurden jedoch vom Insel-Verlag keinerlei Schritte unternommen. Eine unerfreuliche Ausnahme machte der Zsolnay-Verlag. Als wir ihn vom Abschluß des Vertrages mit Heinrich Mann über den großen zweibändigen Roman über Heinrich IV. benachrichtigten, schrieb er uns, daß er auf seine Rechte nur verzichten würde, falls wir den Vorschuß, der für den Nachdruck eines früheren Buches an Heinrich Mann überwiesen worden war, zurückzahlen

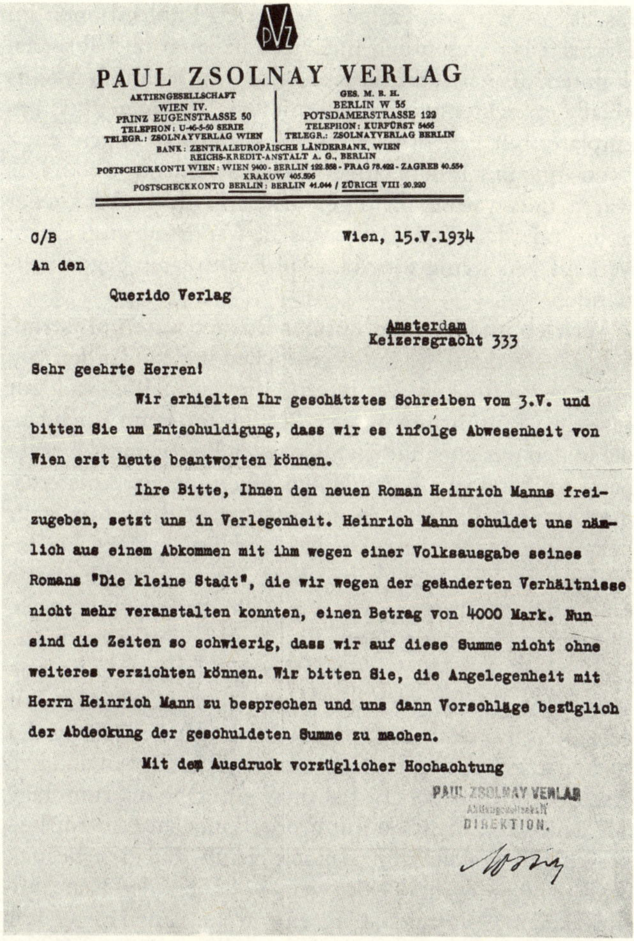

PAUL ZSOLNAY VERLAG

AKTIENGESELLSCHAFT
WIEN IV.
PRINZ EUGENSTRASSE 50
TELEPHON: U-46-5-50 SERIE
TELEGR.: ZSOLNAYVERLAG WIEN

GES. M. B. H.
BERLIN W 35
POTSDAMERSTRASSE 122
TELEPHON: KURFÜRST 5466
TELEGR.: ZSOLNAYVERLAG BERLIN

BANK: ZENTRALEUROPÄISCHE LÄNDERBANK, WIEN
REICHS-KREDIT-ANSTALT A. G., BERLIN
POSTSCHECKKONTI WIEN: WIEN 9400 - BERLIN 122.858 - PRAG 78.422 - ZAGREB 40.554
KRAKOW 405.596
POSTSCHECKKONTO BERLIN: BERLIN 41.044 / ZÜRICH VIII 20.220

O/B

Wien, 15.V.1934

An den

Querido Verlag

Amsterdam
Keizersgracht 333

Sehr geehrte Herren!

Wir erhielten Ihr geschätztes Schreiben vom 3.V. und bitten Sie um Entschuldigung, dass wir es infolge Abwesenheit von Wien erst heute beantworten können.

Ihre Bitte, Ihnen den neuen Roman Heinrich Manns freizugeben, setzt uns in Verlegenheit. Heinrich Mann schuldet uns nämlich aus einem Abkommen mit ihm wegen einer Volksausgabe seines Romans "Die kleine Stadt", die wir wegen der geänderten Verhältnisse nicht mehr veranstalten konnten, einen Betrag von 4000 Mark. Nun sind die Zeiten so schwierig, dass wir auf diese Summe nicht ohne weiteres verzichten können. Wir bitten Sie, die Angelegenheit mit Herrn Heinrich Mann zu besprechen und uns dann Vorschläge bezüglich der Abdeckung der geschuldeten Summe zu machen.

Mit dem Ausdruck vorzüglicher Hochachtung

PAUL ZSOLNAY VERLAG
DIREKTION.

würden – eine Bedingung, die wir natürlich ablehnten; wir schlossen den Vertrag mit Heinrich Mann ohne Zsolnays Zustimmung.

Gleich bei unserem ersten Treffen hatte mir Querido die Frage gestellt: »Wie hoch, schätzen Sie, könnten deutschsprachige Auflagen von Titeln der in Deutschland verbotenen Autoren sein?« Ich antwortete, daß der Verkauf von 3 000 Exemplaren unter den gegebenen Umständen ein beachtlicher Erfolg sein würde. Wir waren deshalb überrascht, als wir von einigen der ersten Publikationen im Herbst 1933 wesentlich mehr produzieren und absetzen konnten, als ich vorausgesagt hatte. Mit Heinrich Manns »Haß« erreichten wir schnell mit zwei Auflagen 7000 Exemplare, mit Feuchtwangers »Geschwister Oppenheim« 25000 und mit Tollers »Jugend in Deutschland« 6000. Das waren unerwartete Erfolge, denen Reglers »Verlorener Sohn« oder Döblins »Babylonische Wandrung« mit einem Verkauf von wenig über tausend Exemplaren gegenüberstanden.

Vertrieb und Versand unserer Bücher waren umständlich. Der Verkauf lag im wesentlichen in den Händen von zwei vortrefflichen Vertretern, die zweifellos viel zur schnellen Einführung unserer Produktion beim Buchhandel in den uns zugänglichen Gebieten beitrugen. Querido hatte mich bereits in den ersten Tagen meines Amsterdamer Aufenthalts mit einem angesehenen Buchimporteur bekannt gemacht, der Deutschland vor Hitlers Machtübernahme verlassen hatte. Sein Name war Hermann Igersheimer. Übrigens war er es auch, der uns die deutschsprachige Sekretärin Jetty Weintraub empfohlen hatte. Igersheimer hatte sich nach seiner Niederlassung im holländischen Buchhandel rasch einen Namen gemacht. Wir betrauten ihn denn auch sogleich mit der Vertretung des soeben gegründeten Verlages beim holländischen und belgischen Buchhandel. Er hat diese Aufgabe bis zum Tage der deutschen Invasion mit großer Umsicht und zur beiderseitigen vollen Zufriedenheit erfüllt. Für den Besuch des Buchhandels in der Schweiz, in Italien, der Tschechoslowakei, in Österreich, Ungarn und Rumänien hatten wir den langjährigen bewährten Kiepenheuer-Vertreter Friedrich Sussmann engagiert, der in Prag als Exulant lebte. Er war ebenfalls vom Sommer 1933 bis zum Einmarsch der Deutschen in Holland für uns höchst erfolgreich tätig, wenngleich sich sein Aktionsradius durch die Annexionen Hitlers ständig verkleinerte. Er war den größten Teil des Jahres für uns unterwegs. In jedem der von ihm bereisten Länder richtete er eine Zentralstelle ein, an die die jeweiligen Sendungen geschickt und von denen sie schnellstens an die einzelnen Buchhandlungen weitergeleitet wurden.

Holland, damals wie heute ein vorzüglicher Buchmarkt, auch für Literatur in englischer, deutscher und französischer Sprache, zeigte besonderes Interesse für das deutsche Exilbuch, das in Holland hergestellt und verlegt wurde. Es verdrängte das reichsdeutsche Buch fast völlig – ein Umstand, der den deutschen diplomatischen Vertretungen bald unangenehm auffiel und zu Gegenmaßnahmen führte. Offizielle Schritte, die Produktion deutscher Exilliteratur in Holland zu untersagen, hatten keinerlei Konsequenzen. Ein zweiter, ebenfalls erfolgloser Versuch, das reichsdeutsche Buch im Ausland zu propagieren, war, für die gesamte reichsdeutsche Buchproduktion Auslandspreise festzusetzen, die 25 Prozent unter den reichsdeutschen Preisen lagen. Um dem Buchhandel einen ansehnlichen materiellen Anreiz zu geben, wurde der Rabatt jedoch auf den reichsdeutschen Preis gewährt, das heißt: Kostete ein Buch in Deutschland 6.00 Reichsmark, so erhielt die ausländische Buchhandlung ihren Rabatt auf diesen Preis und nicht auf den niedrigeren Auslandspreis (4.50 Reichsmark), so daß der Verdienst erheblich größer war als der beim Verkauf eines Exilbuches. Der Verlust, den der reichsdeutsche Verleger dabei erlitt, wurde durch das Propagandaministerium ersetzt. Zudem erlaubten die offiziellen Instanzen den reichsdeutschen Verlagen, die in Deutschland verbotenen und beschlagnahmten Bücher im Ausland zu verramschen, was eine Überflutung des Marktes in den uns offenstehenden Ländern mit eben den Büchern der Exilautoren zu außerordentlich niedrigen Preisen hervorrief.

Wir waren nicht nur unlauterem Wettbewerb ausgesetzt; auch der Versand unserer Bücher bereitete große Schwierigkeiten. Gleich zu Beginn des Exils hatten wir die Erfahrung gemacht, daß unsere Pakete in Deutschland beschlagnahmt wurden. Wir konnten so die Sendungen von Amsterdam nach Wien, Prag, Budapest, Bukarest, Warschau etc. nicht auf direktem Wege über Deutschland leiten, sondern mußten sie über Belgien, Frankreich und die Schweiz schicken. Der Umweg, zu dem wir also gezwungen waren, kostete Geld und Zeit. Trotzdem war der Eingang der Bestellungen ganz befriedigend.

Besonders schwierig war jedoch die finanzielle Seite des Verkaufs. Fast alle Länder unterlagen Devisenbeschränkungen und konnten nur auf Grund spezieller Genehmigungen in fremden Währungen bezahlen – ein weiterer zwingender Grund, eine Buchhandlung als Zentralstelle in jedem Lande einzurichten. Diese Firmen mußten finanziell stark und zuverlässig sein und den nötigen Einfluß genießen, um bei den offiziellen Stellen die Devisengenehmigungen zu erhalten. Sie durften auch keine Bedenken haben, Antinaziliteratur zu fördern, auch nicht auf die Gefahr hin, einen Teil der Kundschaft zu verängstigen oder zu verärgern. Es ist tragisch, daß in den späteren Jahren einzelne unserer mutigen Vertreter nach der Besetzung ihrer Länder durch die Nazis Opfer ihrer Gesinnung geworden sind. Unser Wiener Vertreter, Joseph Kende, der nicht nur uns, sondern einen großen Teil der antifaschistischen Verleger wie den Europa-Verlag, Oprecht & Helbling, Carrefour und Allert de Lange vertrat, hatte eine große Buchhandlung in Wien am Opernring, schräg gegenüber der Oper. Er war ein vortrefflicher Mann, der ausgezeichnete Arbeit für »seine« Verleger leistete. Am Tage des Einmarsches der Nazis in Österreich wurde seine Buchhandlung geschlossen, seine Vorräte wurden beschlagnahmt. Er selbst wurde nach Dachau ins Konzentrationslager transportiert, wo er umgekommen ist.

Welche Länder waren die wichtigsten für den Absatz des Exilbuches? Holland (natürlich auch als Verlagssitz), die Schweiz, Österreich, die Tschechoslowakei, Ungarn, Rumänien und Palästina waren unsere Hauptabsatzgebiete. Daneben wurden unsere Bücher regelmäßig in bescheidener Anzahl in Frankreich, England, Belgien, Polen, Skandinavien, Südamerika usw. bestellt. War der Absatz der Bücher in den ersten Jahren des Exils einigermaßen befriedigend, so verringerte er sich begreiflicherweise von Jahr zu Jahr, als Hitler Österreich, dann Teile der Tschechoslowakei besetzte und zudem sein sich ständig vergrößernder Einfluß in den noch »freien« Ländern einen erheblichen Teil des Buchhandels verängstigte, so daß dieser die Verbreitung der nicht gleichgeschalteten Literatur nun mit größerer Vorsicht betrieb.

Die größte Enttäuschung war das mangelnde Interesse in den USA mit ihrer Millionen zählenden deutschstämmigen Bevölkerung. Ein in den USA lebender Holländer – Buchimporteur von Beruf und also ein Mann mit vielversprechenden Voraussetzungen für unser Buchgeschäft – hatte sich um unsere Alleinvertretung in den USA beworben und vorläufig »symbolisch« 100 Exemplare jeder Veröffentlichung bestellt; bald sollten größere Aufträge folgen. Trotz seiner ernsten Bemühungen blieb es bei diesen 100 Exemplaren, und er konnte seinen kümmerlichen Vorrat nicht einmal absetzen.

Ein Problem war auch die Festsetzung der Preise für unsere Bücher. Wir wollten sie ungefähr zum gleichen Preis wie die reichsdeutschen Bücher verkaufen. Das wurde bereits aus den obengenannten Gründen, in der von den Autoritäten Deutschlands gegebenen Subvention des reichsdeutschen Buchexportes und der Verramschung der Bücher unserer Autoren durch die reichsdeutschen Originalverleger erschwert. Dazu kamen weitere Schwierigkeiten. Unsere wesentlich kleineren Auflagen erhöhten automatisch die Kosten des einzelnen Buches. Die Autoren aber drängten auf niedrigere Verkaufspreise. Sie machten die ihrer Ansicht nach zu hohen Preise für den sie enttäuschenden Verkaufserfolg verantwortlich, andererseits zeigten sie keinerlei Neigung, die Höchsthonorare, die erfolgreiche Autoren in den Vorhitlerjahren in Deutschland erreicht hatten, zu unterschreiten. Mir war diese Haltung sehr verständlich, da das Einkommen selbst erfolgreicher Schriftsteller außerordentlich oder relativ gering war. Emanuel Querido beklagte sich nicht nur bei mir, sondern auch bei seinen holländischen Freunden über die ihm ungewohnt hohen Tantiemenansprüche der deutschen Autoren. Es war für ihn ein großer Schock, daß sie eigentlich die Haltung von sehr erfolgreichen Autoren, die stets konkurrierende, um ihre Werke werbende Verlage um sich hatten, einnahmen. Nach seiner Auffassung bewegten sie sich immer noch in einer Situation, die ja gar nicht mehr existierte.

Um den bei uns erscheinenden Autoren eine gewisse, wenn auch beschränkte Sicherheit zu geben, hatte ich bei

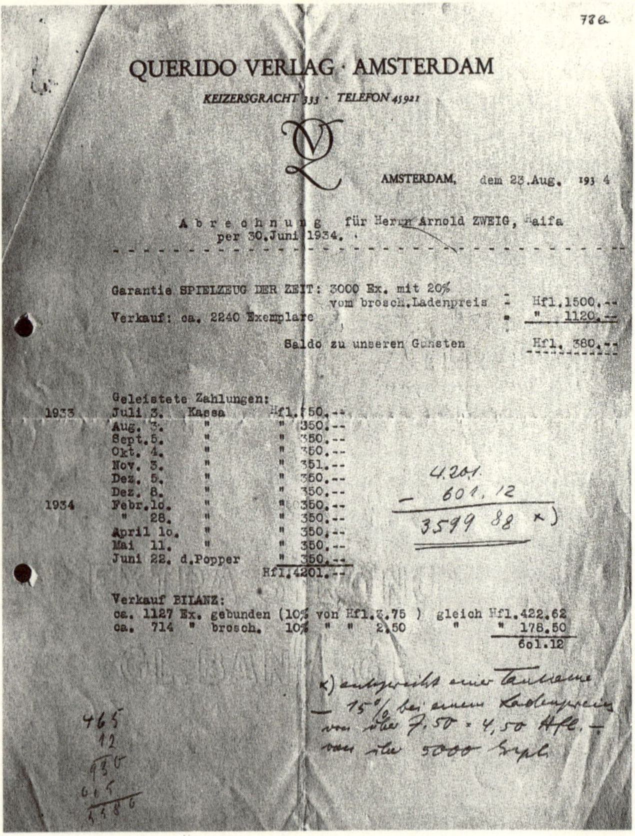

QUERIDO VERLAG · AMSTERDAM

KEIZERSGRACHT 333 · TELEFON 45921

AMSTERDAM, den 23.Aug. 1934

Abrechnung für Herrn Arnold ZWEIG, Haifa
per 30.Juni 1934.

Garantie SPIELZEUG DER ZEIT: 3000 Ex. mit 20% vom brosch.Ladenpreis = Hfl.1500.--
Verkauf: ca. 2240 Exemplare = " 1120.--
Saldo zu unseren Gunsten Hfl. 380.--

Geleistete Zahlungen:

1933	Juli 3.	Kassa	Hfl.	350.--
	Aug. 3.	"	"	350.--
	Sept. 5.	"	"	350.--
	Okt. 4.	"	"	350.--
	Nov. 3.	"	"	351.--
	Dez. 5.	"	"	350.--
	Dez. 8.	"	"	350.--
1934	Febr. 10.	"	"	350.--
	" 28.	"	"	350.--
	April 10.	"	"	350.--
	Mai 11.	"	"	350.--
	Juni 22.	d.Popper	"	350.--
			Hfl.	4201.--

Verkauf BILANZ:
ca. 1127 Ex. gebunden (10% von Hfl. 3.75) gleich Hfl. 422.62
ca. 714 " brosch. 10% " " 2.50 " " 178.50
601.12

4.201.
− 601.12
3599.88 x)

x) entspricht einer Tantieme 15% bei einem Ladenpreis von über 7.50 = 4,50 Hfl. – von über 5000 Expl.

der Gründung des Verlages Queridos Zustimmung erbeten und erhalten, ihnen – wie wir es in den Kiepenheuer-Tagen getan hatten – ein Lebensminimum zu garantieren und a conto ihrer zukünftigen Tantiemen monatliche Zahlungen zu leisten, die mit Abschluß des Vertrages begannen und bis zur Ablieferung des Manuskriptes liefen. Diese monatlichen Zahlungen schwankten zwischen 250 und 400 Gulden. (Mein eigenes Einkommen als Direktor des Verlages belief sich auf 400 Gulden, von denen ich nicht nur meinen Lebensunterhalt, sondern auch einen monatlichen Betrag für meine geschiedene Frau und meine Kinder bestreiten mußte.)

Die Manuskripte, die wir ins Haus bekamen, wurden zuerst – und oft genug nur – von mir gelesen, wenn Klaus Mann in Holland war, auch von ihm und gelegentlich auch von Alice van Nahuys. Die meisten Manuskripte wurden ohne wesentliche redaktionelle Veränderungen in Druck gegeben. Übrigens habe ich erst Jahre später in den USA das dort übliche Maß der redaktionellen Mitarbeit der Lektoren an den Manuskripten kennengelernt. Ich bin noch heute der Ansicht, daß in den Vereinigten Staaten die Eingriffe in die Manuskripte oft weit über das Maß des

QUERIDO VERLAG N.V. · AMSTERDAM

KEIZERSGRACHT 333 · TELEFON 45921

AMSTERDAM, 193

HEINRICH MANN "DIE JUGEND DES KONIGS HENRI IV"
Abrechnung per 31.Dezember 1935

Auflage 4000 Exemplare
Erschienen 26.August 1935

	SOLL hfl.	HABEN hfl.
1934		
16.Juni Zahlung	800,--	
2.August "	400,--	
4.September "	400,--	
1.Oktober "	400,--	
8.November "	400,--	
5.Dezember "	400,--	
1935		
3.Januar "	400,--	
6.Februar "	300,--	
Verkauf vom 26.August bis 31.Dezember 1935		
653 broschierte Exemplare Tantième 17% von hfl. 4,25 hfl. 0,7225 mal 653		471,79
1708 gebundene Exemplare Tantième 13% von hfl. 5,90 hfl. 0,767 mal 1708		1310,04
	3500,--	1781,83
	1781,83	
Saldo per 31.XII.1935	1718,17	

Irrtum vorbehalten !

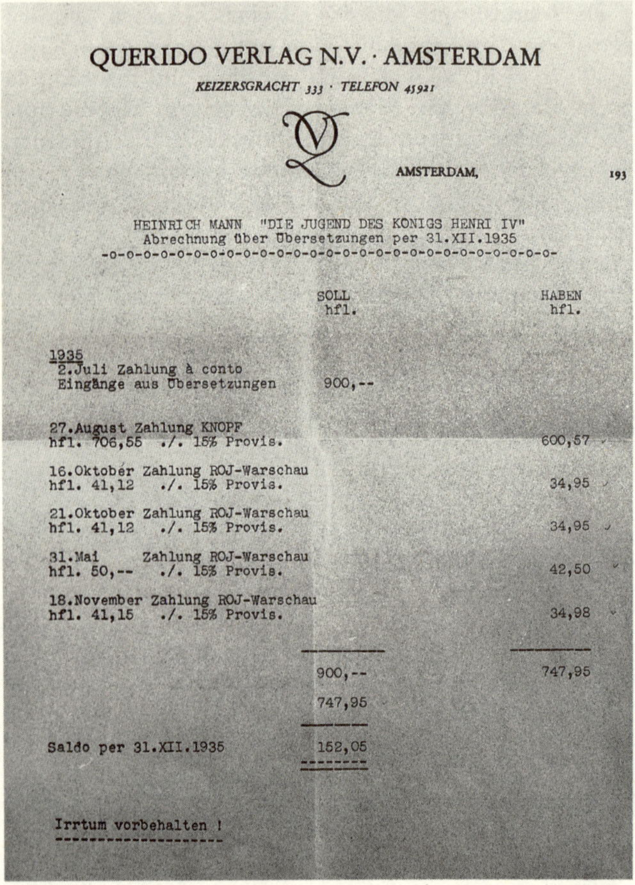

QUERIDO VERLAG N.V. · AMSTERDAM

KEIZERSGRACHT 333 · TELEFON 45921

AMSTERDAM, 193

HEINRICH MANN "DIE JUGEND DES KONIGS HENRI IV"
Abrechnung über Übersetzungen per 31.XII.1935
-o-o-o-o-o-o-o-o-o-o-o-o-o-o-o-o-o-o-o-o-o-o-o-o-o-o-o-o-o-o-o-o-o-

	SOLL hfl.	HABEN hfl.
1935 2.Juli Zahlung à conto Eingänge aus Übersetzungen	900,--	
27.August Zahlung KNOPF hfl. 706,55 ./. 15% Provis.		600,57
16.Oktober Zahlung ROJ-Warschau hfl. 41,12 ./. 15% Provis.		34,95
21.Oktober Zahlung ROJ-Warschau hfl. 41,12 ./. 15% Provis.		34,95
31.Mai Zahlung ROJ-Warschau hfl. 50,-- ./. 15% Provis.		42,50
18.November Zahlung ROJ-Warschau hfl. 41,15 ./. 15% Provis.		34,98
	900,--	747,95
	747,95	
Saldo per 31.XII.1935	152,05	

Irrtum vorbehalten !

Zulässigen gehen. Allzu oft sind die Lektoren (editors) selbst frustrierte Schriftsteller, die über ihre Unfähigkeit zu eigner Produktion nie hinweggekommen sind und sich durch unzählige, oft genug keineswegs wünschenswerte Veränderungen in Manuskripten für ihren Mangel an Produktivität entschädigen wollen. Andererseits habe ich auch nach jahrzehntelanger Erfahrung gelernt, daß es zweifellos produktive »editors« gibt, deren Kritik und Mitarbeit für den Autor nicht nur von Wichtigkeit sein kann, sondern auch von ihm gewünscht und verlangt wird.

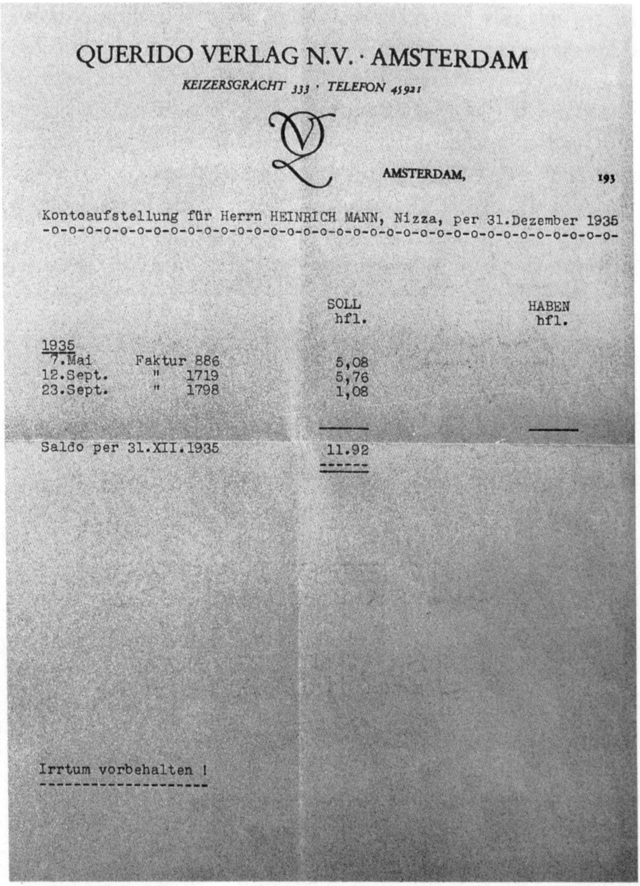

QUERIDO VERLAG N.V. · AMSTERDAM

KEIZERSGRACHT 333 · TELEFON 45921

AMSTERDAM, 193

Kontoaufstellung für Herrn HEINRICH MANN, Nizza, per 31.Dezember 1935
-o-o-o-o-o-o-o-o-o-o-o-o-o-o-o-o-o-o-o-o-o-o-o-o-o-o-o-o-o-o-o-o-o-o-o-

		SOLL hfl.	HABEN hfl.
1935			
7.Mai	Faktur 886	5,08	
12.Sept.	" 1719	5,76	
23.Sept.	" 1798	1,08	
Saldo per 31.XII.1935		11.92	

Irrtum vorbehalten !

Die Anzahl der ohne vorherige Korrespondenz zwischen dem Autor und dem Verlag unaufgefordert eingesandten Manuskripte war – wie in allen Verlagen, in denen ich in den letzten sechzig Jahren mitgearbeitet habe – nicht gering. Bei weitem die Mehrzahl dieser Manuskripte war und ist jedoch auf einem Niveau, das bereits nach Lektüre der ersten Seiten oder des ersten Kapitels sie als indiskutabel erkennen läßt. Ich glaube, daß nicht nur ich, sondern auch andere Verleger glücklich waren, unter dem mehr oder weniger zufälligen »Eingang« von Manuskripten gelegentlich ein interessantes oder auch nur brauchbares oder vielversprechendes Werk zu finden. Im Exil war diese Situation besonders auffallend. Natürlich war die Voraussetzung für das Heranwachsen eines literarischen Nachwuchses nicht ideal. Trotzdem erschienen in den Jahren zwischen 1933 und 1940 einige bemerkenswerte Bücher von bis dahin unbekannten Autoren – auf literarischem wie auf essayistischem Gebiet. Ein »großer« Autor, der sich heute auf ein ansehnliches Werk berufen könnte, scheint aus jenen Jahren nicht hervorgegangen zu sein.

Der Ausstattung der Bücher wurde große Aufmerksamkeit gewidmet. Der holländische Verlag war seit eh und je für sorgfältigste und geschmackvollste Ausstattung berühmt. Der deutsche Verlag – auch in dieser Hinsicht der Tradition des Kiepenheuer Verlages folgend – wollte ihm nicht nachstehen. Meine ursprüngliche Absicht war es, unseren langjährigen künstlerischen Berater bei Kiepenheuer, Georg Salter, wiederzugewinnen. In der Tat hat er auch den Umschlag für »Die Sammlung« entworfen. Er wanderte dann aber auf Einladung von H. Wolf, dem Inhaber einer der bedeutendsten Druckerei- und Bindereibetriebe, die in New York für das amerikanische Verlagswesen arbeiteten, nach den USA aus und machte sich dort sehr schnell einen großen Namen. Er hat innerhalb weniger Jahre entscheidenden Einfluß auf die amerikanische Buchausstattung bekommen und wurde Lehrer am Pratt Institut in New York, wo er Gelegenheit hatte, eine Generation junger amerikanischer Graphiker auszubilden.

Wenige Wochen nach meiner Ankunft in Amsterdam besuchte mich ein anderer deutscher Graphiker, der in Berlin speziell für Münzenberg gearbeitet und gelegentlich auch Bücher für den Kiepenheuer Verlag ausgestattet hatte: Paul Urban. Während der kurzen Zeit, die er in Holland verbrachte, gab ich ihm verschiedene Aufträge. Leider verließ er Holland bald und übersiedelte in die Schweiz, wo er auch für Oprecht tätig war. Wahrscheinlich war es seine langjährige Freundschaft mit den Münzenbergs und ihrem Kreis, die ihm den Ruf eines Kommunisten verschafft und seine Aufenthaltserlaubnis erschwert hat. Er ging schließlich in die Sowjetunion, und ich habe seitdem vergeblich versucht, sein weiteres Schicksal zu verfolgen.

Im Herbst 1933 fand ich einen alten Schulfreund aus Berlin wieder, der bereits vor Hitlers Machtübernahme nach Holland ausgewandert war und als Graphiker in einem renommierten, mit einer Druckerei verbundenen Verlag – Mouton in Den Haag – eine angesehene Position einnahm. Er stattete in den Jahren 1933–1940 bei weitem den größten Teil unserer Verlagsproduktion vortrefflich aus: Henri Friedlaender. Er hat den Krieg in Palästina überlebt und ist noch heute in Israel tätig.

Die Bücher des Querido Verlages wurden fast ausnahmslos in Holland hergestellt. Das deutschsprachige Unternehmen arbeitete mit den gleichen Firmen wie das holländische – mit der Druckerei Thieme in Nijmegen und der Binderei van Bommel in Amsterdam. Die Setzerei von Thieme war – vielleicht wegen der nur wenige Kilometer entfernten deutschen Grenze – im fast fehlerfreien Satz der deutschen Sprache den besten Leipziger Druckereien ebenbürtig. Die Schnelligkeit der Arbeit war erstaunlich und für heutige Begriffe unvorstellbar. Natürlich war für mich die Hilfe von Emanuel Querido und Alice van Nahuys in allen Fragen der Herstellung unentbehrlich. Ohne sie wäre es mir nie gelungen, die Produktion so schnell und effizient in Gang zu bringen.

Es war eine große Überraschung, als uns nach dem Kriege die Druckerei Thieme mitteilte, daß noch zahlreiche ungebundene Exemplare unserer Produktion in ihrem Magazin lägen. Selbstverständlich waren alle Bestände – sowohl aus dem Querido-Lager wie aus dem der Herstellungsfirmen – beim Einmarsch der Nazis auf Befehl der deutschen Behörden beschlagnahmt worden und sollten vernichtet werden. Sei es aus Nachlässigkeit, sei es aus guter Absicht: Thieme hatte diesem Befehl nicht Folge geleistet. Daß Thieme im Auftrag der Besatzungsmacht Hitlers »Mein Kampf« in einer hohen Auflage drucken mußte, mag – bewußt oder unbewußt – dieses »Versehen« erleichtert haben. Der Verkauf unserer Bücher nach dem

Krieg erwies sich als weitaus schwieriger als in den Jahren 1933 bis 1940, ein Phänomen, worauf ich später zurückkomme.

Die Deutsche Bücherei, gegründet 1912, sammelt das seit 1913 erscheinende deutschsprachige Schrifttum. Kurze Zeit nach der Gründung des Querido Verlages wies uns die Deutsche Bücherei darauf hin, daß wir – wie alle Verlage – verpflichtet seien, je ein Belegexemplar unserer deutschsprachigen Druckerzeugnisse an sie zu senden. Ich antwortete, daß mir diese Bestimmung seit vielen Jahren bekannt sei und ich sie stets erfüllt hätte, daß aber unsere Situation grundsätzlich anders sei als die der Verlage, die ungehindert ihre Produktion im »Reich« vertreiben könnten. Ich sei unter keinen Umständen gewillt, Freiexemplare von unserer Produktion, deren Vertrieb in Deutschland verboten sei, zu schicken. Gleichzeitig machte ich darauf aufmerksam, daß in jeder ausländischen Buchhandlung unsere Bücher käuflich zu erwerben seien.

Als ich 1983 meinen ersten Nachkriegsbesuch in der Deutschen Bücherei machte, erzählte mir der stellvertretende Generaldirektor, Helmut Lohse, daß die Bücherei die gesamte Querido-Produktion zwischen 1933 und 1940 vom Verlage gratis erhalten habe und daher eine komplette Sammlung dieser Bücher besitze. Ich widersprach, und wir hatten einen freundschaftlichen Wortwechsel. Horst Halfmann, der leider so früh verstorbene Leiter der Exilabteilung, zeigte mir am gleichen Tage – zu meiner großen Freude – die Katalogkarten der Querido-Produktion – teilweise mit Informationen, die ich nicht besaß – und sagte lachend zu mir: »Sie hatten recht. Ich habe die Unterlagen eingesehen, die Deutsche Bücherei hat in der Tat die gesamte Produktion des Querido Verlages in Stockholm gekauft. Die deutschsprachige Produktion der Exilverlage wurde im Auftrag reichsdeutscher Behörden von der Deutschen Bücherei gesammelt. Sie war öffentlich nicht zugänglich und diente nur geheimen Informationen.«

Anläßlich einer Fernsehsendung in der DDR, im Jahre 1984, die meiner Tätigkeit als Exilverleger gewidmet war, wurden auch Aufnahmen in den Räumen der Deutschen Bücherei gedreht. Bei dieser Gelegenheit überraschte man mich mit einer Zusammenstellung aller Bücher aus dem Querido Verlag. Ich war gerührt und erfreut, meine Produktion zum ersten Male nach dem Kriege in Deutschland vollständig wiederzusehen.

Autoren und Verleger

Als Verlagsleiter fiel mir die Aufgabe der Zusammenstellung des Verlagsprogramms zu. Angesichts der großen Anzahl Schriftsteller, die Deutschland nach Hitlers Amtsantritt früher oder später verließen, war die Wahl erdrükkend groß. Es ist begreiflich, daß uns vielfach der Vorwurf gemacht wurde, wir hätten zu viele »große Namen« unter den in unserem Verlage erschienenen Autoren. Ich versuchte jedoch von dem ersten Jahr an, bei Querido auch nichtdurchgesetzte Autoren zu Wort kommen zu lassen. Unter den ersten 1933 bei uns erschienenen Büchern war zum Beispiel Gustav Reglers Roman »Der verlorene Sohn«, dem später »Die Saat« folgte. Natürlich war es mein dringender Wunsch, die Kiepenheuer-Autoren, von denen die überwiegende Mehrheit ins Exil gegangen war, auch bei Querido zu verlegen.

Heinrich Mann hatte den Zsolnay-Verlag erst 1930 endgültig verlassen und war mit dem Roman »Die große Sache« zum Kiepenheuer Verlag gekommen. Wir hatten uns jahrelang darum bemüht, die Rechte für seine Werke zu erwerben. Der Abschluß des Vertrages mit Heinrich Mann wurde von uns allen bei Kiepenheuer als das wichtigste Ereignis in der Geschichte des Verlages angesehen. Wir boten ihm für das erste Buch ein Garantiehonorar von 25000 Reichsmark an, obwohl wir von vornherein wußten, daß keine Aussicht bestand, diese Summe aus dem Verkauf zurückzuerhalten. »Die große Sache« erschien 1930 gleichzeitig mit Lion Feuchtwangers »Erfolg«, einem Buch, das ebenfalls durch ein hohes Garantiehonorar belastet war und zudem aus politischen Gründen auf großen Widerstand stieß. Wir faßten die Situation, die sich beim Erscheinen der beiden Werke ergab, mit dem Satz zusammen: »Erfolg« ist keine große Sache, und »Die große Sache« ist kein Erfolg.

Das änderte jedoch nichts an der Tatsache, daß wir auf die Herausgabe beider Bücher bei Kiepenheuer sehr stolz waren.

Eine noch größere Bedeutung als für den Gustav Kiepenheuer Verlag im Jahre 1930 hatte Heinrich Mann für Querido und mich bei der Gründung des Querido Verlages 1933 in Amsterdam. Schon bei Ausbruch des Weltkrieges 1914 war Heinrich Mann einer der bedeutendsten deutschen Schriftsteller gewesen, der sich, unter anderem durch die Mitarbeit an Schickeles »Weißen Blättern«, unmißverständlich gegen den Krieg gewandt hatte. Seine Einstellung gegenüber dem Nationalsozialismus war vom ersten Tage an eindeutig, und nach der Machtergreifung war er nach unserer Meinung die wichtigste und repräsentativste antifaschistische Schriftstellerpersönlichkeit. Ohne irgendwelche Rücksichten zu nehmen, brachte er durch Reden und Taten deutlich seine Empörung und seinen Abscheu gegenüber diesem System zum Ausdruck. Er wurde, ohne es anzustreben, die zentrale Gestalt des Exils. Ihn als Autor unserem Verlag zuzuführen schien mir die wichtigste, ja die entscheidende Aufgabe für das Unternehmen. Die große Verehrung, die ich für ihn hatte, hemmte mich freilich in meinem persönlichen Verhältnis zu ihm. Unser in den Jahren 1933–1949 sehr häufiger, auch nach seiner und meiner Übersiedlung in die USA und nach dem Kriege bis zu seinem Tode fortgesetzter Briefwechsel beschränkte sich fast ausschließlich auf verlegerische Fragen – ebenso wie meine Gespräche während meiner jährlichen Besuche bei ihm. Ich besuchte ihn jedes Frühjahr auf der Rundreise zu den Autoren und verbrachte stets einen Nachmittag und Abend in seiner Wohnung in Nizza. Seine Freundin Nelly Kröger war ihm schon wenige Monate nach seiner Abreise von Berlin nach Südfrankreich gefolgt, obwohl sie in Berlin keine Gefahren zu erwarten hatte, und er hat sie geheiratet. Ich habe stets für Heinrich Mann tief bedauert, daß der nicht allzu große Kreis von Menschen – Verwandte und Freunde –, mit denen er im Exil umging, dieser Verbindung mit ausgesprochener Zurückhaltung gegenüberstand. Ich glaube, daß beide Teile in ihr das gefunden haben, was sie gesucht haben – liebevolle Fürsorge und gegenseitiges Verständnis. Die Beziehung zu diesem noblen, gütigen und bedeutenden Menschen ist für mich ein großes Erlebnis gewesen.

Heinrich Manns Bereitschaft, eine Sammlung seiner bedeutendsten Essays aus den letzten Jahren, darunter den in der »Neuen Rundschau« erschienenen Aufsatz »Über das Übernationale«, und einige seiner aktuell-politischen Ar-

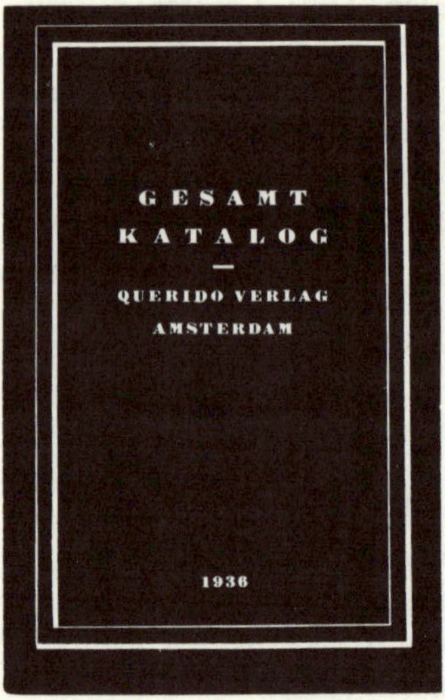

BAUER, LUDWIG: ***Leopold der Ungeliebte, König der Belgier und des Geldes.*** **Broschiert: Gulden 2,90; Leinen: Gulden 4,25.**

BAUM, VICKI: ***Das grosse Einmaleins.*** **Roman. Broschiert: Gulden 1,90; Leinen: Gulden 2,90.**

—— *Die Karriere der Doris Hart.* Roman. Broschiert: Gulden 1.90; Leinen: Gulden 2,90.

—— *Der Eingang zur Bühne. Roman.* Leinen: Gld. 1,75 (siehe *Das gute billige Buch).*

DÖBLIN, ALFRED: *Babylonische Wandrung,* oder Hochmut kommt vor dem Fall. Roman. Broschiert: Gulden 4,25; Leinen: Gulden 5,90.

—— *Jüdische Erneuerung.* Broschiert: Gld. 1,—; Leinen: Gld. 1,50.

—— *Pardon wird nicht gegeben.* Roman. Broschiert: Gulden 3,—; Leinen: Gulden 4,25.

—— *Flucht und Sammlung des Judenvolkes.* Aufsätze und Erzählungen. Broschiert: Gulden 2,25; Leinen: Gulden 3,25.

DOOLAARD, A. DEN: *Orient-Express.* Roman. Broschiert: Gulden 3,—; Leinen: Gulden 4,25.

EINSTEIN, PROF. ALBERT: ***Mein Weltbild.*** **Broschiert: Gulden 2,50; Leinen: Gulden 3,75.**

FEUCHTWANGER, LION: *Gesammelte Werke in Einzelbänden.*

Erster Band: *Die Hässliche Herzogin Margarete Maultasch.* Roman. Broschiert: Gulden 2,90; Leinen: Gulden 3,90.

Zweiter Band: *Jud Süss* (erscheint 1937). Roman. Broschiert: Gld. 2,90; Leinen: Gld. 3,90.

Dritter Band: *Der jüdische Krieg.* Roman. Broschiert: Gulden 2,75; Leinen: Gulden 3,25.

Vierter Band: *Die Söhne.* Roman. Broschiert: Gulden 3,25; Leinen: Gulden 3,90.

Sechster Band: *Erfolg.* Roman. Broschiert: Gulden 2,90; Leinen: Gulden 3,90.

Siebenter Band: *Die Geschwister Oppenheim.* Roman. Broschiert: Gld. 2,90; Leinen: Gld. 3,90.

Neunter Band: *Der falsche Nero.* Roman. Broschiert: Gulden 2,90; Leinen: Gulden 3,90.

Elfter Band: *Stücke in Prosa.* Broschiert: Gulden 2,90; Leinen: Gulden 3,90.

—— *Die Geschwister Oppenheim.* Sonderausgabe in begrenzter Auflage. Leinen: Gld. 1,75 (siehe *Das gute billige Buch).*

FRANK, BRUNO: *Cervantes.* Ein Roman. Leinen: Gld. 1,75 (siehe *Das gute billige Buch).*

FRANK, LEONHARD: *Gesammelte Werke in Einzelbänden.* Die fünf Bände sind einzeln erhältlich und nicht numeriert. Je ein Band **enthält: Die Räuberbande / Das Ochsenfurter Männerquartett. Von drei Millionen drei / Der Bürger. Die Ursache / Karl und Anna. Bruder und Schwester / Der Mensch ist gut. Die Novellen. Jeder Band broschiert: Gulden 2,90; in Leinen gebunden: Gulden 3,90. Fünf Ganzleinenbände in Kassette: Gulden 17,50.**

FRANK, LEONHARD: ***Traumgefährten.*** **Roman. Broschiert: Gld. 2,25; Leinen: Gld. 3,25.**

—— ***Das Ochsenfurter Männerquartett.*** **Roman. Leinen: Gld. 1,75 (siehe *Das gute billige Buch).***

GLAESER, ERNST: ***Das Unvergängliche.*** **Erzählungen. Leinen: Gulden 1,60.**

GRAF, OSKAR MARIA: ***Der harte Handel.*** **Roman. Brosch.: Gld. 2,90; Leinen: Gld. 3,90.**

HEINE, TH. TH.: ***Die Märchen.*** **Mit 50 Illustrationen. Pappband: Gulden 2,50. 50 numerierte Exemplare auf Büttenpapier gedruckt, in Halbleder gebunden: Gulden 12,50.**

JACOB, HEINRICH ED.: ***Der Grinzinger Taugenichts.*** **Roman. Broschiert: Gulden 1,90; Leinen: Gulden 2,90.**

KARLWEIS, MARTA: ***Jakob Wassermann. Gestalt, Kampf und Werk.*** **Mit einem Vorw. v. Thomas Mann. Br.: Gld. 2,90; Ln.: Gld. 3,90.**

KERSTEN, KURT: ***Peter der Grosse. Vom Wesen und von den Ursachen historischer Grösse.*** **Illustriert. Broschiert: Gulden 2,90; Leinen: Gulden 3,90.**

tikel über Nazi-Deutschland aus der »Dépêche de Toulouse« unter dem Titel »Der Haß« noch im Jahre 1933 uns zur Publikation zu übergeben, war für mich die Bestätigung, daß der von Querido und mir geplante Verlag Zu-

---

KERR, ALFRED: ***Walther Rathenau. Erinnerungen eines Freundes.*** **Broschiert: Gulden 1,90; Leinen: Gulden 2,90.**

LEWIS, SINCLAIR: *Das ist bei uns nicht möglich.* Roman. Br.: Gld. 2,90; Ln.: Gld. 3,90.

LUDWIG, EMIL: *Führer Europas.* Broschiert: Gulden 3,25; Leinen: Gulden 4,25.

—— *Hindenburg und die Sage von der deutschen Republik.* Brosch.: Gld. 3,50; Leinen: Gld. 4,75.

—— *Gespräche mit Masaryk. Mit einem Lebensbild Masaryks.* Broschiert: Gulden 3,25; Leinen: Gulden 4,25.

—— *Der Nil, Lebenslauf eines Stromes.* Mit 29 Abbildungen und 5 Karten. 1. Band: *Von der Quelle bis nach Ägypten.* Broschiert: Gulden 3,75; Leinen: Gulden 4,90.

—— *Der Nil, Lebenslauf eines Stromes.* Mit 23 Abb. und 2 Karten. 2. Band: *Der Nil in Ägypten.* Brosch.: Gld. 3,75; Leinen: Gld. 4,90.

—— *Der Mord in Davos.* Kartoniert: Gld. 1,25.

MANN, HEINRICH: *Der Hass, Deutsche Zeitgeschichte.* Brosch.: Gld. 2,50; Leinen: Gld. 3,50.

—— *Die Jugend des Königs Henri Quatre.* Roman. Broschiert: Gld. 4,25; Leinen: Gld. 5,90.

MANN, KLAUS: *Flucht in den Norden.* Roman. Broschiert: Gulden 2,50; Leinen: Gulden 3,50.

—— *Symphonie Pathétique.* Ein Tschaikowskyroman. Brosch.: Gld. 2,90; Leinen: Gld. 3,90.

—— *Mephisto. Roman einer Karriere.* Brosch.: Gulden 2,90; Leinen: Gulden 3,90.

MARCU, VALERIU: *Die Vertreibung der Juden aus Spanien.* Broschiert: Gulden 2,—; Leinen: Gulden 3,25.

MARCUSE, LUDWIG: *Ignatius von Loyola.* Illustriert. Brosch.: Gld. 3,25; Leinen: Gld. 4,50.

MERZ, KONRAD: *Ein Mensch fällt aus Deutschland.* Br.: Gld. 1,90; Ln.: Gld. 2,90.

NEUMANN, ROBERT: *Struensee. Doctor, Dictator, Favorit und armer Sünder.* Roman. Broschiert: Gulden 3,—; Leinen: Gulden 4,25.

OLDEN, RUDOLF: *Hitler.* Eine Biographie, illustriert. Brosch.: Gld. 2,90; Leinen: Gld. 3,90.

HANS E. PRIESTER: *Das deutsche Wirtschaftswunder.* Brosch.: Gld. 2,90; Leinen: Gld. 3,90.

REGLER, GUSTAV: *Der verlorene Sohn.* Roman. Broschiert: Gld. 2,75; Leinen: Gld. 3,75.

—— *Die Saat.* Roman aus den Deutschen Bauernkriegen. Br.: Gld. 2,90; Leinen: Gld. 3,90.

ROTH, JOSEPH: *Tarabas. Ein Gast auf dieser Erde.* Roman. Leinen: Gld. 1,75 (siehe *Das gute billige Buch).*

SCHWARZSCHILD, LEOPOLD: *Das Ende der Illusionen.* Brosch.: Gld. 2,50; Leinen: Gld. 3,50.

SEGHERS, ANNA: *Der Kopflohn.* Roman aus einem deutschen Dorf im Spätsommer 1932. Broschiert: Gulden 1,90; Leinen: Gulden 2,90.

SFORZA, CARLO GRAF, *Seele und Schicksal Italiens.* Brosch.: Gld. 1,90; Leinen: Gld. 2,90.

SPEYER, WILHELM: *Der Hof der schönen Mädchen.* Roman aus dem Jahre 1805. Broschiert: Gulden 3,—; Leinen: Gulden 4,25.

—— *Zweite Liebe.* Roman. Broschiert: Gulden 1,90; Leinen: Gulden 2,90.

STERNHEIM, CARL: *Vorkriegseuropa im Gleichnis meines Lebens.* Broschiert: Gulden 2,50; Leinen: Gulden 3,50.

TOLLER, ERNST: *Eine Jugend in Deutschland.* Leinen: Gld. 1,75 (siehe *Das gute billige Buch).*

—— *Briefe aus dem Gefängnis.* Broschiert: Gulden 1,90; Leinen: Gulden 2,90.

WASSERMANN, JAKOB: *Joseph Kerkhovens dritte Existenz.* Roman. Broschiert: Gulden 4,25; Leinen: Gulden 5,90.

—— *Tagebuch aus dem Winkel.* Erzählungen und Aufsätze aus dem Nachlass. Broschiert: Gulden 1,90; Leinen: Gulden 2,90.

—— *Melusine.* Roman. Broschiert: Gulden 1,65; Leinen: Gulden 2,50.

WEISS, ERNST: *Der arme Verschwender.* Roman. Brosch.: Gld. 2,90; Leinen: Gld. 3.90.

WOLF, VICTORIA: *Gast in der Heimat.* Roman. Brosch.: Gld. 2,90; Leinen: Gulden 3,90.

ZAREK, OTTO: *Moses Mendelssohn. Ein Jüdisches Schicksal in Deutschland.* Broschiert: Gulden 2,90; Leinen: Gulden 3,90.

ZWEIG, ARNOLD: *Spielzeug der Zeit.* Novellen. Broschiert: Gld. 2,50; Leinen: Gld. 3,75.

ZWEIG, ARNOLD: *Bilanz der Deutschen Judenheit.* Broschiert: Gulden 2,50; Leinen: Gulden 3,75.

—— *Erziehung vor Verdun.* Roman. Broschiert: Gulden 3,75; Leinen: Gulden 4,90.

DAS GUTE BILLIGE BUCH

In Leinen: Gulden 1.75

BAUM, VICKI: *Der Eingang zur Bühne.* Roman.

FEUCHTWANGER, LION: *Die Geschwister Oppenheim.* Roman.

FRANK, BRUNO: *Cervantes.* Roman.

FRANK, LEONHARD: *Das Ochsenfurter Männerquartett.* Roman.

ROTH, JOSEPH: *Tarabas. Ein Gast auf dieser Erde.* Roman.

TOLLER, ERNST: *Eine Jugend in Deutschland.*

Unsere Bücher sind in jeder Buchhandlung erhältlich

43 L 85/1977 2.

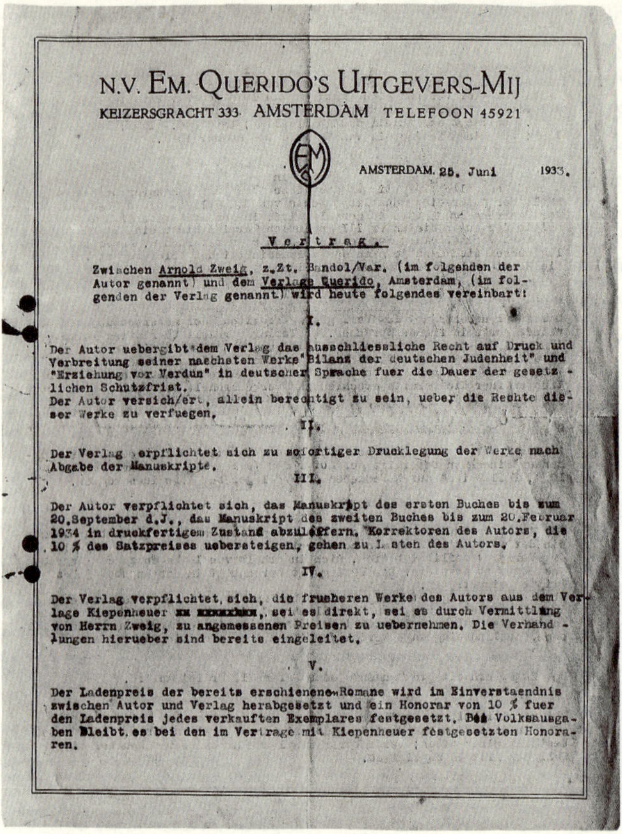
N.V. EM. QUERIDO'S UITGEVERS-MIJ
KEIZERSGRACHT 333 AMSTERDAM TELEFOON 45921

AMSTERDAM, 25. Juni 1933.

Vertrag.

Zwischen Arnold Zweig, z.Zt. Bandol/Var. (im folgenden der Autor genannt) und dem Verlage Querido, Amsterdam, (im folgenden der Verlag genannt) wird heute folgendes vereinbart:

I.

Der Autor uebergibt dem Verlag das ausschliessliche Recht auf Druck und Verbreitung seiner naechsten Werke "Bilanz der deutschen Judenheit" und "Erziehung vor Verdun" in deutscher Sprache fuer die Dauer der gesetzlichen Schutzfrist.
Der Autor versichert, allein berechtigt zu sein, ueber die Rechte dieser Werke zu verfuegen.

II.

Der Verlag verpflichtet sich zu sofortiger Drucklegung der Werke nach Abgabe der Manuskripte.

III.

Der Autor verpflichtet sich, das Manuskript des ersten Buches bis zum 20.September d.J., das Manuskript des zweiten Buches bis zum 20.Februar 1934 in druckfertigem Zustand abzuliefern. Korrektoren des Autors, die 10 % des Satzpreises uebersteigen, gehen zu Lasten des Autors.

IV.

Der Verlag verpflichtet sich, die frueheren Werke des Autors aus dem Verlage Kiepenheuer, sei es direkt, sei es durch Vermittlung von Herrn Zweig, zu angemessenen Preisen zu uebernehmen. Die Verhandlungen hierueber sind bereits eingeleitet.

V.

Der Ladenpreis der bereits erschienenen Romane wird im Einverstaendnis zwischen Autor und Verlag herabgesetzt und ein Honorar von 10 % fuer den Ladenpreis jedes verkauften Exemplares festgesetzt. Bei Volksausgaben bleibt es bei den im Vertrage mit Kiepenheuer festgesetzten Honoraren.

kunft hatte, unsere Überlegungen realisierbar waren. Schon bei diesem ersten Besuch im Mai 1933 vereinbarten wir, daß der große Roman, den Heinrich Mann, einer Anregung seines Freundes Félix Bertaux folgend, in den nächsten Jahren über Heinrich IV. schreiben wollte, auch bei Querido erscheinen sollte.

Es wäre undenkbar für mich gewesen und zudem äußerst töricht, Arnold Zweig, den Freund und Autor, der im Gustav Kiepenheuer Verlag schon 1927 mit seinem ersten großen Roman, dem »Streit um den Sergeanten Grischa«, einen ungewöhnlichen internationalen Erfolg hatte, im

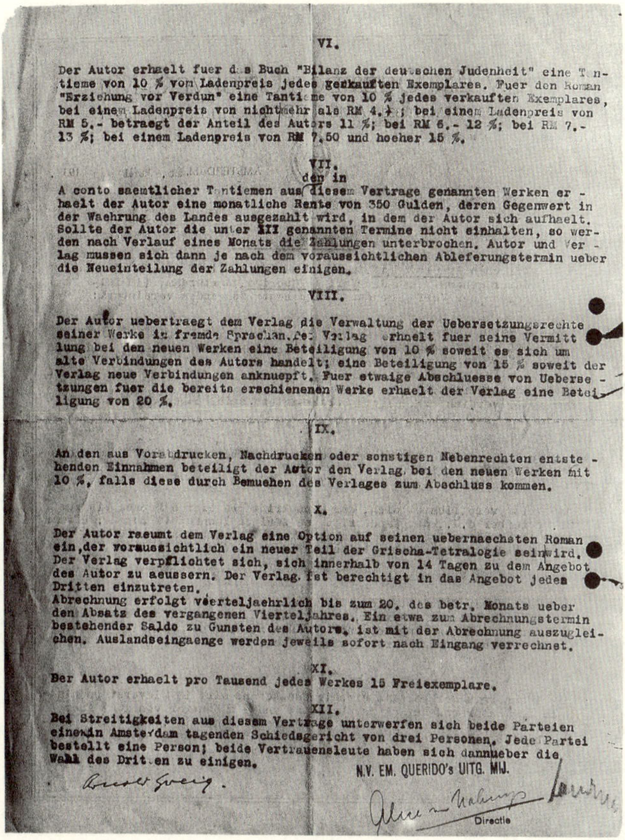

VI.

Der Autor erhaelt fuer das Buch "Bilanz der deutschen Judenheit" eine Tantieme von 10 % vom Ladenpreis jedes gerkauften Exemplares. Fuer den Roman "Erziehung vor Verdun" eine Tantieme von 10 % jedes verkauften Exemplares, bei einem Ladenpreis von nichtmehr als RM 4.-; bei einem Ladenpreis von RM 5.- betraegt der Anteil des Autors 11 %; bei RM 6.- 12 %; bei RM 7.- 13 %; bei einem Ladenpreis von RM 7.50 und hoeher 15 %.

VII.

A conto saemtlicher Tantiemen aus den in diesem Vertrage genannten Werken erhaelt der Autor eine monatliche Rente von 350 Gulden, deren Gegenwert in der Waehrung des Landes ausgezahlt wird, in dem der Autor sich aufhaelt. Sollte der Autor die unter III genannten Termine nicht einhalten, so werden nach Verlauf eines Monats die Zahlungen unterbrochen. Autor und Verlag mussen sich dann je nach dem voraussichtlichen Ablieferungstermin ueber die Neueinteilung der Zahlungen einigen.

VIII.

Der Autor uebertraegt dem Verlag die Verwaltung der Uebersetzungsrechte seiner Werke in fremde Sprachen. Der Verlag erhaelt fuer seine Vermittlung bei den neuen Werken eine Beteiligung von 10 % soweit es sich um alte Verbindungen des Autors handelt; eine Beteiligung von 15 % soweit der Verlag neue Verbindungen anknuepft. Fuer etwaige Abschluesse von Uebersetzungen fuer die bereits erschienenen Werke erhaelt der Verlag eine Beteiligung von 20 %.

IX.

An den aus Vorabdrucken, Nachdrucken oder sonstigen Nebenrechten entstehenden Einnahmen beteiligt der Autor den Verlag bei den neuen Werken mit 10 %, falls diese durch Bemuehen des Verlages zum Abschluss kommen.

X.

Der Autor raeumt dem Verlag eine Option auf seinen uebernaechsten Roman ein, der voraussichtlich ein neuer Teil der Grischa-Tetralogie sein wird. Der Verlag verpflichtet sich, sich innerhalb von 14 Tagen zu dem Angebot des Autor zu aeussern. Der Verlag ist berechtigt in das Angebot jedes Dritten einzutreten.
Abrechnung erfolgt vierteljaehrlich bis zum 20. des betr. Monats ueber den Absatz des vergangenen Vierteljahres. Ein etwa zum Abrechnungstermin bestehender Saldo zu Gunsten des Autors, ist mit der Abrechnung auszugleichen. Auslandseingaenge werden jeweils sofort nach Eingang verrechnet.

XI.

Der Autor erhaelt pro Tausend jedes Werkes 15 Freiexemplare.

XII.

Bei Streitigkeiten aus diesem Vertrage unterwerfen sich beide Parteien einem in Amsterdam tagenden Schiedsgericht von drei Personen. Jede Partei bestellt eine Person; beide Vertrauensleute haben sich dann ueber die Wahl des Dritten zu einigen.

Arnold Zweig.

N.V. EM. QUERIDO's UITG. MIJ.

Directie

Stich zu lassen. Der Querido Verlag hat die ersten sieben Jahre des Exils auch mit ihm eine recht regelmäßige Korrespondenz geführt, die ich zu meiner großen Freude bei meinem ersten mehrtägigen Besuch in Berlin, 1982, in seinem Hause fand, das er nach seiner Rückkehr bewohnt hatte. Seine im Exil vollendeten Werke, unter ihnen »Bilanz der deutschen Judenheit«, »Einsetzung eines Königs«, habe ich mit größter Bewunderung nicht nur für seine erstaunliche Schaffenskraft, sondern auch für die Haltung verlegt, mit der er sein tragisches Unglück, den schnell fortschreitenden Verlust des Augenlichts, trug. Zweig hat mir immer sehr ausführlich über seine Pläne und Projekte geschrieben, auch über solche, die er nicht ausgeführt hat. Er war natürlich sehr isoliert, und Palästina war für ihn eine Enttäuschung. Er hatte sich sehr große Vorstellungen gemacht von Palästina und seinem Aufenthalt dort.

Ein unerwartetes Ereignis war meine Begegnung mit Jakob Wassermann, der sich, nur wenige Monate vor seinem Tode, im Herbst 1933 mit mir in Verbindung setzte. Er schrieb an den letzten Seiten des dritten Bandes seiner Etzel-Andergast-Trilogie, deren erste zwei Bände (»Der Fall Mauritius«, 1928, und »Etzel Andergast«, 1931) in den vorausgegangenen Jahren mit einem selbst für Wassermann ungewöhnlichen Erfolg bei S. Fischer erschienen waren. In diesen Tagen, in denen er die Verbindung mit mir aufnahm, vertraute er noch darauf, daß auch dieses Buch – wie sein gesamtes Werk in den letzten Jahrzehnten – bei S. Fischer erscheinen würde, der ja auch den ersten (und ein Jahr später den zweiten) Band der »Joseph«-Trilogie von Thomas Mann im Berliner Verlag herausbrachte. Wassermann beabsichtigte, sogleich nach Abschluß seines Romans mit einer großen Arbeit über Alexander den Großen zu beginnen. Er befand sich seit Jahren in ernsten finanziellen Schwierigkeiten. Der qualvolle Verlauf der Scheidung von seiner ersten Frau Julie, die ihn vergötterte und zur gleichen Zeit im wahren Sinne des Wortes »zu Tode quälte«, hatte seine finanzielle Lage zu einem Tiefpunkt gebracht, der ihn zwang, für dieses neue Werk sofort einen Vorschuß von 10000 Mark zu verlangen. Da er bereits beträchtliche Schulden bei seinem Verleger S. Fischer hatte, sah er keine Möglichkeit, einen solchen Vorschuß für ein Manuskript, von dem noch kein Wort geschrieben war, von dieser Seite zu bekommen. Er wandte sich an uns mit der Frage, ob wir bereit wären, einen solchen Vertrag mit sofortiger Zahlung des Betrages mit ihm zu schließen. Obwohl 10000 Mark ein für die finanziellen Möglichkeiten unseres Verlages kaum erschwinglicher Betrag waren, erklärten wir uns bereit, auf Wassermanns Forderung einzugehen, und er erhielt noch am gleichen Tag den Vertrag von uns. Wenige Wochen später kam Wassermann mit seiner zweiten Frau, Marta Karlweis, nach Holland, wo er zu einem Vortrag eingeladen war. Nur sehr zögernd hatten seine Ärzte ihre Zustimmung zu dieser Reise gegeben; sein physischer und psychischer Zustand war in diesen Wochen so schlecht. Ich besuchte ihn sogleich nach seiner Ankunft. Erst an diesem Tag überraschte er mich mit der Mitteilung, daß S. Fischer seine ursprüngliche Absicht, »Kerkhovens dritte Existenz« im bevorstehenden Winter ungeachtet der politischen Situation herauszubringen, aufgegeben hatte und er somit in der Lage war, uns diesen Roman zur sofortigen Veröffentlichung zu geben. Wassermann, der sich mehr als irgendein anderer Autor als Deutscher und Jude fühlte – 1921 erschien sein Buch »Mein Weg als Deutscher und Jude« –, traf die Ablehnung Fischers aufs schwerste. Für uns wäre es vom literarischen wie vom menschlichen wie auch vom verlegerischen Standpunkt aus unverantwortlich gewesen, ein so wichtiges Werk dieses Autors abzulehnen. Jakob Wassermann hat mir einen sehr persönlichen, rührenden, handschriftlichen Brief nach seiner Rückkehr nach Alt-Ausee geschrieben, der leider verlorengegangen ist.

Wenige Tage danach starb er in seinem Haus während der Neujahrsnacht 1933/34. Schon unter dem 20. Dezember 1933 steht in Thomas Manns Tagebuch: »Ging mittags mit Reisiger bei schwachem Frost nach Zöllikon und fuhr dann mit K., die nachkam, zum Hotel Baur au lac, wo wir mit Wassermanns frühstückten. W., von seiner holländischen Reise zurück, sieht sehr schlecht aus und injiziert dreimal täglich Insulin. Seine Angelegenheiten stehen desolat. Er macht den Eindruck eines ruinierten Mannes.« Unter dem 2. Januar 1934 trug er ein: »Ich traf Erika und Reisiger in der Halle. Letzterer teilte mir den – gestern erfolgten – *Tod Jakob Wassermanns* mit. Unser Eindruck, daß sein Ende bevorstehe, hat sich bestätigt. Der Choc ist schwer. Die Witwe telegraphierte nachmittags aus Alt-Aussee. Wir antworteten... Warum hinschreiben, daß der Tod des Generationsgenossen und guten Freundes die Frage, wie lange ich selbst noch leben werde, recht lebhaft wachruft?«

Leonhard Frank, seit meinen Schultagen von mir als wahrhaft deutscher Dichter verehrt, im Exil herausbringen zu dürfen schien mir eine schöne und dringliche Pflicht. Nun bin ich natürlich gerade groß geworden in der Zeit, als Leonhard Frank seine meisten Leser hatte. Bücher wie »Die Ursache«, »Die Räuberbande« und dann die Novelle »Karl und Anna«, die sehr bald dramatisiert wurde, gehörten wirklich zum literarischen Bestand dieser Zeit. Im Exil sah ich Leonhard Frank viel und stand mit ihm sehr freundschaftlich. Ich war immer der Ansicht, daß er einer der Autoren sein würde, die am schnellsten ihren Markt in Deutschland wiedergewinnen würden.

Daß ich endlich, nach Jahren vergeblicher Versuche im Kiepenheuer Verlag, Alfred Döblin, den wohl interessantesten und modernsten Schriftsteller der älteren Generation, zu unseren Autoren zählen konnte, war eine große Genugtuung für mich. Ja, wenn ich heute die Querido-Kataloge der Jahre 1933–1940 durchsehe, finde ich nur wenige Autoren, auf die ich ohne tiefes Bedauern hätte verzichten können.

Als sich mir die Gelegenheit bot, Erich Maria Remarque in seinem Haus in Ronco zu besuchen, und er sich bereit fand, mir sein eben vollendetes Manuskript »Drei Kameraden« zur Veröffentlichung zu übergeben, hätte ich es ablehnen sollen, weil ich einen Erfolg für möglich, ja wahrscheinlich hielt? Die jährlichen Besuche bei Remarque hatten stets den gleichen Verlauf. Jedesmal, wenn ich ihn anrief, um Tag und Stunde meines Kommens zu verabreden, zögerte er lange, ehe er überhaupt einen Termin festlegte. Schließlich gab er einige Minuten am Spätnachmittag zu einem Drink in seinem Haus. Jedesmal wurde aus diesen wenigen Minuten ein Besuch, der über ein improvisiertes Abendessen bis in die frühen Morgenstunden dauerte und in dessen Verlauf er über sein Leben und mit besonderer Wärme über seine Sammelleidenschaft sprach. Er hatte eine intensive Liebe zur Kunst. Er sammelte Gemälde – ich erinnere mich unter anderem, den heute im Metropolitan-Museum hängenden, von ihm geschenkten van Gogh, »Bahnunterführung«, bei ihm gesehen zu haben – und Teppiche. Die sehr schönen alten Perser lagen in

Schichten übereinander, und er hob einen nach dem anderen mit Liebe auf, um die nächste Schicht zu enthüllen.

Hätten wir das Werk Vicki Baums ablehnen sollen, nur weil sie eine erfolgreiche Autorin war? Sie hatte es uns freundschaftlichst, ohne anspruchsvolle materielle Bedingungen – sie verlangte nur eine mäßige Tantieme, forderte keinerlei Vorschuß – angeboten, im vollen Bewußtsein, daß die nicht unerheblichen Gewinne aus ihren Werken es uns ermöglichen würden, einige schwer und nur in geringer Anzahl zu verkaufende Bücher zu veröffentlichen. Übrigens hat Vicki Baum meiner Meinung nach, die von einigen Schriftstellern wie Ernst Toller geteilt wurde, besonders in ihren späteren Werken, zum Beispiel in »Liebe und Tod auf Bali«, »Shanghai Hotel« und »Kautschuk«, sich als eine Autorin von Rang erwiesen, deren Produktion allzu häufig und zu Unrecht als »Unterhaltungsliteratur« abgetan wurde. Alfred Döblin schreibt über sie in seinem Buch »Die deutsche Literatur« [im Ausland seit 1933]: »Und sogar unsere gute Vicki Baum ist nicht zu ihrem Schaden ins Ausland gegangen. Nach dem deutschen Erfolg hat sie sich einen immensen ausländischen erworben. Sie hat sich höhere Aufgaben gestellt. Ihr letztes Buch, ›Liebe und Tod auf Bali‹, nähert sich einem beachtlichen literarischen Niveau.«

Es besteht zu oft die Neigung, die literarische Qualität eines erfolgreichen Autors zu unterschätzen und die Erfolglosigkeit eines Werkes bereits als Zeichen des literarischen Wertes zu beurteilen. Ebenso ist es gerade unter deutschen Kritikern oft die Gewohnheit, einen schwer verständlichen Autor, der selbst einfache Gedanken kompliziert auszudrücken versteht, höher zu werten, als den Autor, der komplizierte Gedanken in verständlicher Form zu formulieren weiß.

Nun, Vicki Baum war nicht nur eine leicht zu lesende und in der Tat »unterhaltende« Schriftstellerin, sondern auch persönlich höchst unterhaltend und amüsant, stets hilfsbereit und an Menschen interessiert – eine vortreffliche Freundin, die weder ihr Werk noch ihre Person überschätzte. Ich erinnere mich an einen ihrer Besuche in Amsterdam. Die Presse hatte von ihrer bevorstehenden

Ankunft gehört, und viele Journalisten waren auf dem Flugplatz erschienen. Sie gab bereitwillig ein Interview, in dessen Verlauf ein Journalist zu ihr sagte: »Frau Baum, ich hatte immer gedacht, daß Sie viel älter sind.« Worauf sie blitzschnell erwiderte: »Bin ich auch.«

Die Zahl der deutschen und österreichischen Autoren, die nach Holland flüchteten und dort blieben, war verhältnismäßig gering. Dagegen gab es eine nicht unerhebliche Anzahl, die vorübergehend in Holland lebte oder zu Besuch kam. Klaus Mann und Hermann Kesten verbrachten lange Perioden der Exiljahre – ungefähr die Hälfte der Zeit – in Amsterdam. Hans Priester, Wirtschaftsredakteur des »Berliner Tageblattes«, wählte Amsterdam als Exil und schrieb dort sein Buch »Das deutsche Wirtschaftswunder«. Joseph Roth war ein häufiger Gast in Amsterdam. Er wohnte im Eden, dessen Besitzer sein Freund wurde. Roth genoß eine ganz spezielle Behandlung und unbegrenzten Kredit. Der Besitzer war sein finanzieller Berater – eine Funktion, die bei der stets sehr verwirrten und verwirrenden finanziellen Situation seines Gastes ebenso schwierig wie wichtig war. Joseph Roth verbrachte einen großen Teil des Tages im Hotel, vom frühen Morgen an schreibend und rauchend und trinkend. Er hatte schon geraume Zeit vor dem Exil in Berlin das Essen nahezu aufgegeben. Während wir in den ersten Jahren, in denen er Autor des Kiepenheuer Verlages wurde, gelegentlich zusammen aßen, erinnere ich mich aus den Amsterdamer Jahren, in denen ich ihn oft täglich sah, an keine einzige gemeinsame Mahlzeit. Ich suchte ihn im Hotel auf, abends oft im Café Reynders, manchmal im Hotel Americain oder bei Keizer. Von allen Autoren, die Deutschland verlassen hatten, war er einer der sehr wenigen, der (obgleich er niemals auch nur versucht hatte, ein Wort Holländisch zu lernen) Kontakt mit einigen holländischen Autoren hatte, mit denen er, besonders häufig bei Reynders, oft am gleichen Tisch saß. Ein holländischer Freund fragte ihn einmal in Zandvoort im Strandcafé, ob er manchmal ans Meer schwimmen ginge. Er antwortete: »Kommen denn die Fische ins Café?«

Auch Irmgard Keun lebte, nachdem sie erst einige Monate in Belgien verbracht hatte, wohin sie 1936 ins Exil gegangen war, in Amsterdam. Sie wohnte, wie Roth, meistens im Eden. Auch sie verbrachte den größten Teil des Tages schreibend in Cafés. Ich bin noch heute davon überzeugt, daß ihr im Exil geschriebenes Buch »Nach Mitternacht« eines der besten Bücher ist, die den Beginn des Hitlerregimes behandeln. Da sie die ersten Jahre des Dritten Reiches noch in Deutschland mitgemacht hatte, ist es wie kaum ein anderes ein legitimes Produkt der Zeit und sollte noch heute als Dokument besonders auch von der Jugend gelesen werden. Irmgard Keun war eine der Autoren, deren Bücher bei Querido wie bei de Lange verlegt wurden. Sie hatte Deutschland ohne Mittel verlassen und wurde durch bescheidene Rentenzahlungen bald von dem einen, bald von dem anderen Verlag unterhalten. Oft rief sie mich vom Café Americain oder Trianon oder Keizer an und wollte am frühen Nachmittag abgeholt und »ausgelöst« werden. Da ich nicht immer abkömmlich war, mußte sie manchmal Stunden warten. Wir hatten ein sehr freundschaftliches Verhältnis, das durch solche Zwischenfälle in keiner Weise gestört wurde.

Unter den zahlreichen Schriftstellern, die in den Jahren mehr oder minder ausführliche Besuche bei den Verlegern oder bei einem von uns persönlich in Amsterdam machten, möchte ich Bruno Frank, Leonhard Frank, Ödön von Horváth, Georg Kaiser, Egon Erwin Kisch, Emil Ludwig, Carl Sternheim, Ernst Toller und Arnold Zweig nennen. Übrigens hat kaum ein holländischer Journalist oder Autor Interesse für solche Besucher gezeigt. Abgesehen von den Trinkkontakten Joseph Roths und einer losen, freundschaftlichen Beziehung zwischen Klaus Mann und Jef Last oder Erika Mann mit Menno ter Braak ist kaum einer derjenigen, die in den Exiljahren Holland besucht haben, von seinen holländischen Kollegen beachtet worden. Es ist mir das bereits damals aufgefallen und hat mich verwundert, und es beschäftigt mich heute nachträglich um so mehr, als die Bedeutung der kulturellen Beziehungen zwischen Deutschland und Holland in jener Zeit immer wieder von beiden Seiten hervorgehoben wurde.

FRÜHER ERSCHIENEN VON EMIL LUDWIG:

FÜHRER EUROPAS

NANSEN, MASARYK, BRIAND, RATHENAU, MOTTA, LLOYD GEORGE, VENIZELOS, STALIN

Broschiert: Gld. 3.25 Leinen: Gld. 4.25

Historiker und Journalist haben sich in einer befruchtenden Weise verbunden, für die ich kein Beispiel weiß.

Rudolf Olden „Das Neue Tagebuch"

HINDENBURG

UND DIE SAGE VON DER DEUTSCHEN REPUBLIK

Broschiert: Gld. 3.50 Leinen: Gld. 4.75

Eine glänzend geschriebene Geschichte der Nachkriegszeit, ein Buch, das die psychologischen Hintergründe der Geschehnisse vom Kriege bis zur Revolution, bis zum Zusammenbruch der Weimarer Republik erst richtig verstehen lehrt. *Die Stunde, Wien*

GESPRÄCHE MIT MASARYK

MIT EINEM LEBENSBILD

Broschiert: Gld. 3.25 Leinen: Gld. 4.25

Ludwigs wundersame Eigenschaft, sich als Gesprächspartner völlig auszulöschen, den andern reden zu lassen — und so darzustellen, wie er wirklich redet, seine Objektivität, die Fähigkeit eines großen Künstlers, kommen in seinem Masaryk noch weit plastischer zum Ausdruck als in den Gesprächen mit Mussolini.

Max Brod „Das Neue Tagebuch"

DER NIL

LEBENSLAUF EINES STROMES

1. Band: Von der Quelle bis nach Ägypten
Mit 29 Abbildungen und 5 Karten

Broschiert: Gld. 3.75 Leinen: Gld. 4.90

Ludwigs Buch über den Nil wird vielleicht einst als sein bestes oder doch sein schönstes Werk gelten. Seine Darstellungsmethode, die auf eine zum Greifen wahre, plastische Anschaulichkeit abgestellt ist, kommt hier zur glänzenden Geltung.

Neue Zürcher Zeitung, Zürich

IN VORBEREITUNG:

2. Band: Der Nil in Ägypten
Mit 23 Abbildungen und 2 Karten

QUERIDO VERLAG N.V.
AMSTERDAM

FRÜHER ERSCHIEN:

RUDOLF OLDEN

HITLER

Eine Biographie — Mit 14 Abbildungen

Broschiert: Gld. 2.90 *Leinen: Gld. 3.90*

Auflage der deutschen und englischen Ausgabe
bisher 30.000 Exemplare

Diese Biographie hat bleibenden Wert und sollte von allen, die den Dingen der Gegenwart auf den Grund gehen wollen, gelesen werden. *Wiener Zeitung*

Olden ist äußerst gründlich, er schafft seinem Werk eine solide Basis, er dokumentiert, er beweist die Wahrheit seiner Behauptungen. *Les Nouvelles Littéraires*

Das erste Beispiel einer objektiven, zeitgenössischen Geschichtsschreibung. *Nationaler Rundfunk, Brüssel*

Unübertrefflich wird das Interessenspiel zwischen Hitler und seinen Leuten aufgezeigt. Der Autor erweist einen unschätzbaren Dienst, indem er die spezifischen Fakten von Hitlers persönlichem und politischem Leben in einer Weise darstellt, daß man das Buch nicht ohne immer steigendes Interesse lesen kann. Die Kenntnis dieser Fakten ist sehr wesentlich. Ich kenne kein Buch, das sie so interessant und so gut vorträgt. *John Strachey*

Der große Reiz der Oldenschen Biographie liegt in der lebendigen Detailschilderung. Sehr plastisch werden die nationalsozialistischen Gestalten sichtbar ... Olden weiß durch die Darstellung des Menschlich-Unmittelbaren die gesellschaftlich-geistigen Strömungen sehr anschaulich zu machen, die schließlich Hitler zum Siege getragen haben ... Eine ebenso dringende wie heikle Aufgabe, die biographische Untersuchung jener politischen Gestalt, deren Auftreten in Deutschland die Demokratie beendete, ist durch Rudolf Olden nunmehr ausgezeichnet gelöst. *National Zeitung, Basel*

QUERIDO VERLAG N.V. AMSTERDAM

Nur die Besuche Thomas Manns waren vielbeachtete Ereignisse. Selbst der königliche Hof nahm Notiz davon. Die damalige Königin, Wilhelmina, wie ihre Nachfolgerin Königin Juliana luden ihn und seine Frau auf ihr Schloß ein. Holland war das Land gewesen, in dem 1933, wenn auch unwissentlich, Thomas Manns Exil begonnen hatte. Die Wagner-Vorlesung, die so erfolgreich im Auditorium maximum der Universität München gehalten worden war, wurde in Den Haag wiederholt, dann in Prag und Wien. Mit jeweils offiziellen Empfängen in den deutschen Botschaften wurde der Gast geehrt. Von dieser als kurze Tournee geplanten Reise, zu der Thomas Mann im Februar 1933 von München aufbrach, kehrte er 1949 zum erstenmal nach Deutschland zurück, und das auch nur unter der ausdrücklichen Bedingung, daß sein Besuch dem ganzen Lande gelte, zu einem Goethe-Vortrag in die Paulskirche nach Frankfurt am Main und nach Weimar. Holland blieb in den Jahren des Exils ein Lieblingsaufenthalt von Thomas Mann.

Auch in den fünfziger Jahren kam er noch oft nach Holland. Er wohnte meist in Noordwijk in einem komfortablen Zimmer im Huis ter Duin mit Aussicht auf das Meer. Der Aufenthalt dort erinnerte ihn wohl an die Fahrten nach Travemünde, die er in seiner Jugend von Lübeck aus gemacht hatte. Er liebte es, am Strand spazierenzugehen und viele Stunden täglich, im Strandkorb sitzend, schreibend zuzubringen. Es kamen auch regelmäßig Besucher – Erika, Klaus, Paul Citroen (der feinsinnige Maler und Zeichner, der noch einen Monat vor Thomas Manns Tod ihn zeichnete), Menno ter Braak, meine Frau und ich. Am ersten Tag seiner Krankheit war er bei uns in unserem etwa zwanzig Kilometer von Noordwijk entfernten Haus zum Tee und klagte gegenüber meiner Frau über Schmerzen im Bein, die er für rheumatisch hielt. Am nächsten Tage wurde ein Arzt hinzugezogen, eine Thrombose festgestellt und beschlossen, daß er zu deren Behandlung nach Zürich zurückgeflogen werden sollte. Ich begleitete ihn im Ambulanzwagen von Noordwijk bis ins KLM-Flugzeug. Er schien ganz aufgeräumt, und seine Abschiedsworte waren: »Nun, nächstes Jahr komme ich bestimmt wieder.« Nach Zürich zurückgekehrt, wurde er in das Krankenhaus überführt, wo sich sein Zustand, wie Frau Katia berichtete, zu verbessern schien, bis eine Embolie am 12. August 1955 seinem Leben ein Ende setzte.

Es ist selbstverständlich, daß im Exil jeder Autorenbesuch für die Kollegen und Verleger – speziell für Klaus Mann und mich und Hermann Kesten und Walter Landauer – ein besonderes Ereignis war. Emil Ludwig war zu einem Vortrag im Kleinen Saal des Concertgebouws eingeladen und sprach über den abessinischen Krieg. Wir alle, die wir mit den Verlagen verbunden waren, hatten – wie übrigens die überwiegende Mehrheit der holländischen Bevölkerung – mit starker Überzeugung die Partei des von Italien überfallenen Abessinien eingenommen. Ludwigs Ausführungen, mit denen er eindeutig Mussolinis Standpunkt vertrat, wurden vom Publikum abgelehnt, und bald begann ein nicht ganz geräuschloser »Ausmarsch der Gäste«, der dem vortragenden Autor am Ende nur noch eine Handvoll Besucher ließ. Das Zusammensein nach dem Vortrag war peinlich.

Ödön von Horváth war dem Kiepenheuer Verlag bereits vor seinem ersten durchschlagenden Bühnenerfolg, »Geschichten aus dem Wiener Wald« (1931), durch Kesten zugeführt worden, und er besuchte uns in Amsterdam. Ich war noch im Januar 1933 mit ihm in München zusammengetroffen, und wir hatten einen ungewöhnlichen Tag verbracht. Horváth war ein leidenschaftlicher Fußballfan und hatte seit langem Karten für ein an diesem Tage stattfindendes Spiel. Es war eiskalt, und ich war physisch und psychisch schlecht vorbereitet auf ein solches Ereignis, dem ich übrigens noch nie beigewohnt hatte. Es fiel mir schwer, die Begeisterung meines Freundes und Gastgebers zu teilen, ich hielt jedoch durch – ohne sichtbare Zeichen meines Mangels an Interesse, der noch erhöht wurde durch meinen dem Erfrieren nahen Zustand und meine völlige Unkenntnis der Regeln des Spiels. Es war für mich eine Entschädigung, daß ich am Abend Horváths Einladung mit Eintrittskarten für Erika Manns »Pfeffermühle« erwidern konnte. Für mich war diese Reise ein Vorgeschmack des Exils. Ich kam aus Berlin – dort wäre eine Aufführung wie die der »Pfeffermühle« unter den in Preußen ungehemmt regierenden Nazis eine Unmöglichkeit gewesen. So unwahrscheinlich und unglaublich es mir heute erscheint: Nach Hitlers Ernennung zum Reichskanzler und der gleichzeitigen Bildung einer preußischen Regierung unter Göring hatte eine Art erste »Auswanderung« von Preußen ins Exil nach Bayern begonnen, in der wahnwitzigen Hoffnung, daß die Sonderstellung Bayerns eine selbständige, freie Politik in Süddeutschland möglich machen könnte. So war zum Beispiel auch das von Leopold Schwarzschild herausgegebene »Tagebuch« von Berlin nach München »ausgewandert«, und das Leben schien so unverändert seinen Fortgang zu nehmen – eine Illusion, die erst nach den Reichstagswahlen vom 5. März endgültig endete.

Bei seinem Amsterdamer Besuch wollte ich Horváth, nach meinem denkwürdigen Erlebnis in München, auch etwas Besonderes bieten. Ich wußte, er hatte ein starkes Interesse an allem Übernatürlichen. Nun hatte ich – und mit mir meine Freunde, unter anderem Walter Landauer – unbegreifliche und überraschende Erfahrungen mit einem holländischen Hellseher gemacht. Er hatte an Hand von Gegenständen, die seine Kunden bei sich trugen und die ihnen von Freunden geschenkt worden waren, sehr komplizierte und wichtige Ereignisse aus unserer Vergangenheit mit großer Genauigkeit berichtet und zukünftige Entwicklungen richtig vorausgesagt. Da ich ein tiefes Mißtrauen gegen Hellseher habe, versuchte ich ihn zu täuschen. Ich gab ihm zwar einen mich seit langem begleitenden Gegenstand, den ich aber von einer mir gleichgültigen Person erhalten hatte. Er wies ihn sofort als unbrauchbar zurück und forderte die Gabe eines Freundes. Ich gab ihm ein Geschenk von Erika Mann, und er begann, mir eine bis ins Detail zutreffende Analyse der komplizierten Beziehungen zu geben, deren Richtigkeit ich erst mehrere Jahre später voll würdigen konnte. Horváth bestand darauf, sofort zu diesem Mann begleitet zu werden. Er gab ihm einen Gegenstand, den er vor vielen Jahren von einer Freundin geschenkt bekommen hatte, und unser Hellseher sagte sogleich: »Sie stehen am Vorabend einer Reise, auf der Sie das größte Erlebnis Ihres Lebens haben werden.« Am nächsten Tage verließ Horváth Amsterdam, wie vorher beabsichtigt, für einen Besuch in Paris. Wenige Tage später wurde in den Zeitungen berichtet, daß bei einem heftigen

Gewitter in Paris ein Schriftsteller von einem herabstürzenden Ast auf den Champs-Élysées getroffen und sogleich getötet worden sei. Der Getötete war Horváth. Diese makabre Geschichte hätte er selbst erfunden haben können.

An dem Abend in München, an dem ich mit Ödön von Horváth die »Pfeffermühle« besucht hatte, teilten wir den Tisch mit engsten Freunden der Familie Thomas Mann, die von diesem Tage an eine große Rolle in meinem verlegerischen wie in meinem persönlichen Leben gespielt haben: Liesl und Bruno Frank. Die Herzlichkeit und menschliche Wärme, die von beiden gleichermaßen ausstrahlte, war außergewöhnlich, und es war unmöglich, sich ihr zu entziehen. Natürlich war mir Bruno Frank als Schriftsteller von ungewöhnlicher Qualität und vortrefflichem Stil bekannt, doch erst an diesem Abend wurde ich vom Zauber dieser zwei Persönlichkeiten gefangen.

Unter den Autoren, an die ich mich unmittelbar nach Gründung des deutschen Querido Verlages wandte, war Bruno Frank, der der fortschrittlichen Linken angehörte und zudem als Jude einer dunklen Zukunft entgegensah. Bruno Frank, der sich zu der Zeit in der Schweiz aufhielt, beantwortete meinen Brief umgehend und mit großer Liebenswürdigkeit. Er war sich zu diesem frühen Zeitpunkt im Mai 1933 noch nicht darüber im klaren, ob er sich entschließen sollte, seine noch bestehenden Verträge mit seinen Verlagen in Deutschland zu kündigen, und erbat sich Bedenkzeit. Schon nach kurzer Frist erhielt ich einen zweiten Brief von ihm, in dem er schrieb, er schäme sich, vor einigen Wochen noch Zweifel geäußert zu haben, ob er außerhalb Deutschlands erscheinen wolle. Er drückte mit voller Klarheit aus, daß er zu der endgültigen Entscheidung gekommen sei, sich von den reichsdeutschen Partnern zu trennen. Er gedenke in Zukunft nur im antifaschistischen Lager zu veröffentlichen. Sein Roman »Cervantes«, an dem er zu arbeiten begonnen habe, würde also im Exil erscheinen, und er wäre gern bereit, es mit dem Querido Verlag zu versuchen. Das wurde der Beginn einer verlegerischen Verbindung, die bis zu seinem allzu frühen Tod in enger persönlicher Freundschaft währte.

Eines der ersten Bücher des Querido Verlages im Herbst 1933 war Ernst Tollers Autobiographie »Eine Jugend in Deutschland«. Es ist für mich und für viele seiner Leser das schönste seiner Werke, ein in seiner Einfachheit unvergeßliches menschliches Dokument.

Tollers Name war mir seit meinen späten Schul- und frühesten Studentenjahren vertraut. Ich hatte eine der ersten Aufführungen der »Wandlung« in der »Tribüne« in Berlin mit größter Begeisterung gesehen und Tollers politische Karriere 1918/19 verfolgt. Seine Verbindung mit Eisner und seine Rolle in der Münchner Räterepublik, sein Untertauchen nach deren Zusammenbruch, seine Verhaftung im Mai 1919, seinen Prozeß, die Verurteilung und die weitere Entwicklung des »Falles Toller« hatte ich mit wärmster Teilnahme miterlebt. Auch war mir die Problematik seiner Situation als Mensch und Schriftsteller nach seiner Freilassung aus der Haft sehr deutlich. Der Gefangene hielt ganz Deutschland in Atem – der Freigelassene war seiner Märtyrerkrone beraubt und einer strengen Kritik unterworfen.

Meinem ersten Besuch bei diesem Autor im Jahre 1927 sah ich mit größter Spannung entgegen. Ernst Toller öffnete mir die Tür – er war allein. Sein Blick strahlte Wärme und Menschlichkeit aus, die die unverbindliche Haltung, die er sich Fremden gegenüber zu geben suchte, Lügen strafte. Der melancholische Ausdruck seiner Augen konnte überraschend schnell wechseln, und entwaffnend war sein beinahe kindliches, unbekümmertes Lachen. Seine eher gedrungene Gestalt wirkte durch seine aufrechte Haltung größer, als sie war. Toller begann sogleich ein Gespräch über seine literarischen Pläne. Er arbeitete an der Zusammenstellung eines Bandes Erzählungen, den er bei Kiepenheuer unter dem Titel »Am Schwanz gepackt« zu veröffentlichen gedachte. Meine mutig geäußerten Zweifel an der Titelwahl erheiterten ihn sichtlich, ohne ihn zu überzeugen.

Zu Beginn des Jahres 1928 beschloß ich, mich der Frühjahrsreise meines Freundes Kesten in den warmen Süden anzuschließen. Unser Plan war, via Italien – mit kurzen Aufenthalten in Florenz und Neapel – per Schiff nach Palermo und Tripolis zu fahren, uns dort zwei Wochen aufzuhalten, Ausflüge in die Libysche Sandwüste zu unternehmen und über Sizilien nach Potsdam zurückzukehren. Wir trafen an einem Sonntagnachmittag in Florenz bei strömendem Regen und kaltem Wetter ein und hatten in der ungeheizten Pension keine andere Wahl, als zu Bett zu gehen und auf bessere Tage zu hoffen. Wir verließen Florenz bald und setzten die Reise nach Neapel fort, das uns nicht besser als Florenz empfing. Deshalb fuhren wir noch am gleichen Abend mit dem Nachtdampfer nach Palermo weiter, wobei sich zu Regen und Kälte ein bösartiger Sturm gesellte, der mich im verzweifelten Kampf gegen die Seekrankheit zum Aufenthalt an Deck zwang. Auf dieser trostlosen Wanderung stand ich plötzlich meinem Autor Ernst Toller gegenüber, der sich in ähnlichem Zustand befand. Er war allein auf Reisen und schien über dies zufällige Treffen nicht weniger freudig überrascht als ich. Die Freude des Wiedersehens ließ mich meinen elenden Zustand binnen weniger Minuten überwinden. Kesten stieß zu uns, und wir vereinbarten, gemeinsam weiterzureisen. Palermo zeigte sich uns mit wesentlich angenehmerem Wetter. Trotzdem beschlossen wir, den Zug nach dem Süden fortzusetzen, und waren am nächsten Tag in Tripolis, wo uns die lang erwartete warme Sonne und der wolkenlose Himmel für alles entschädigten. Ich war sehr beeindruckt von der fremden Umgebung und besonders von den Ausflügen in die Libysche Wüste, die uns in die aus Lehm gebauten Behausungen der Einheimischen führten, bei denen wir die freundlichste Aufnahme fanden. Es ist heute schwer vorstellbar, in welchem Frieden Moslems und Juden in diesen Gegenden damals zusammen lebten. Andererseits erschreckte mich der Gegensatz zwischen dem Reichtum und Luxus der Kolonialherren und der auf primitivstem Niveau lebenden Bevölkerung. Nach etwa zehn Tagen traten wir die Rückreise an. Im letzten Augenblick entschloß ich mich, nicht – wie anfangs geplant – mit Kesten die Reise abzuschließen, sondern Toller, der sich noch zwei Wochen in Sizilien aufhalten wollte, zu begleiten. Wir fuhren von Südsizilien mit dem Zug nach Girgenti, wo Toller und ich einige Tage blieben. Es war ein überwältigendes Erlebnis, die so prachtvoll erhaltenen griechischen Tempel zu sehen und eine Ahnung von einer zweitausend Jahre zurückliegenden Zeit zu erhalten, die für mich, dank einer soliden humanistischen Schulbildung, nicht ganz fremd war. Von Girgenti fuhren wir nach Taormina, wo wir in einem Hotel wohnten, das an die guterhaltenen Ruinen des Griechischen Theaters grenzte. Am ersten Morgen schlenderten Toller und ich auf der Dorfstraße entlang und sahen plötzlich das Löwenhaupt unseres Freundes Ludwig Marcuse. Er war der Autor einiger erfolgreicher Biographien (Heine, Börne) und ein angesehener Theaterkritiker für die »Frankfurter Rundschau«. Er wurde begleitet von einem gutaussehenden jungen Mann. Wir begrüßten uns sehr herzlich. Marcuse stellte seinen Begleiter zu unserer nicht kleinen Überraschung als Prinz Louis Ferdinand vor, den ältesten Enkel Kaiser Wilhelms II., den Sohn des Kronprinzen. Marcuse beantwortete unsere Frage, auf welche Weise diese Reisegemeinschaft entstanden war. Seine Erklärung erfordert die Kenntnis einer in jenem Jahr 1928 bekannten Affäre.

Ein gewisser junger Mann mit Namen Domela hatte sich für geraume Zeit als Prinz Louis Ferdinand herumgeschwindelt und nach seiner Entdeckung ein sensationell erfolgreiches Buch darüber im Gefängnis geschrieben, das Wieland Herzfelde 1927 in seinem Malik-Verlag herausgab: »Der falsche Prinz«. In dem Zug, in dem Marcuse von Deutschland nach Italien fuhr, kamen die Insassen des Coupés auf dieses Buch zu sprechen, das einer der Reisenden las. Jeder beteiligte sich an der Unterhaltung, mit Ausnahme eines jungen Mannes. Ludwig Marcuse, ein echter Berliner mit dem den Einwohnern dieser Stadt eigenen Humor und der Berliner Schnauze, wandte sich an den distinguierten Fremden mit den Worten: »Sie könnten auch ein solcher Domela sein«, worauf der Angesprochene aufstand und sich vorstellte: »Prinz Louis Ferdinand.« Aus dieser Begegnung ergab sich eine Reisegemeinschaft, die uns allen vieren zu einigen lustigen Momenten verhalf. Am gleichen Abend gingen Toller und ich in eine – damals noch stumme – Filmvorstellung im einzigen Kino in Taormina. Das Kino war in einer Art Baracke, die immerhin über zwei Logen verfügte. Wir hatten Karten für eine der Logen erworben. Wenige Minuten nach unserem Eintritt sahen wir Prinz Louis Ferdinand in der gegenüberliegenden Loge Platz nehmen. Ich sagte scherzend zu Ernst Toller: »Eine Frage der Etikette: Soll in der Pause der ›Sieger von Dachau‹ dem Enkel des Kaisers seine Aufwartung machen oder umgekehrt?« Die Frage löste sich – wir trafen uns in der Mitte des Weges zwischen beiden Logen.

Nach den ersten Tagen fiel es Toller und mir auf, daß – wo immer wir uns aufhielten – zwei Herren auftauchten, die ein größeres Interesse für unseren Tagesablauf zeigten, als uns normal schien. Toller, dem unzweifelhaft die Aufmerksamkeit dieser zwei recht unauffällig-auffälligen Typen galt und der seit seinen Studentenjahren im politischen Leben gestanden hatte, erkannte schneller als ich, daß man sich keineswegs unbeobachtet im Lande Mussolinis bewegen konnte. Für mich war das eine neue Erfahrung, und ich konnte nicht umhin, unsere so anhänglichen Freunde, als sie uns sogar auf einem Tagesausflug nicht allein ließen, anzusprechen und zu fragen, wie lange sie uns die Ehre ihrer Gesellschaft erweisen würden. Ohne Zögern antworteten sie bereitwillig: »Bis Sie die italienische Grenze wieder überschritten haben werden«, eine Auskunft, die sich als völlig zuverlässig erwies. Es muß eine ungewöhnlich langweilige Mission für sie gewesen sein – mit nur einem kleinen Lichtpunkt. Auf unserer Rückreise fuhren wir bis Neapel mit einem Dampfer und hatten ein paar Stunden Zeit, uns umzusehen, bevor unser Zug in den Norden ging. Plötzlich entdeckte Toller auf einer der Hauptstraßen Maxim Gorki, der sich seit einigen Jahren in Italien, vorwiegend in Sorrent, aufhielt, und eilte zu ihm, ihn zu begrüßen. In dem Bericht über unsere Überwachung dürfte diese Begegnung der einzige, wenn auch magere Höhepunkt gewesen sein.

Diese gemeinsame Reise brachte Toller und mich binnen weniger Wochen in einen Kontakt, der zu einem der engsten meines Lebens wurde. Wenn ich mich heute frage, ob der von mir gewählte Beruf mir einige Befriedigung gegeben hat, und wenn ich, wenngleich zögernd, doch zu einer halbwegs positiven Antwort komme, so sind als

Gründe hierfür zweifellos die menschlichen Beziehungen zu nennen, die er mir, wie kaum ein anderer Beruf es hätte tun können, geschenkt hat. Die Beziehungen erwuchsen so natürlich, und ich frage mich oft: Wie ist es möglich, daß ich trotz dieser engen Gemeinschaft doch so viele vitale Fragen und Probleme unberührt gelassen habe, deren Behandlung für die Exilforschung heute von großer Wichtigkeit wäre. Ohne mein Versäumnis damit irgendwie entschuldigen zu wollen oder zu können: Gerade dieses Zusammenleben, das stets ein »Morgen« zu haben schien, mag die Erklärung für den Aufschub geben.

Ich kannte Toller in seiner Güte und Empfindsamkeit, in seiner tiefen Schwermut und seinem oft kindlichen Sinn für Humor, in seiner aufrichtigen Liebe zum Mitmenschen, dem zu helfen er stets bereit war, in seiner leidenschaftlichen Hoffnung auf eine bessere Welt. Ich sah aber auch seine Eitelkeit, deren er sich so durchaus bewußt war, daß sie beinahe rührend wirkte – seine gelegentliche Freude an der nie versagenden Wirkung seines besonders, nicht nur auf Frauen wirkenden Charmes, der zeitweise die Zweifel, die er an sich selbst hatte, beschwichtigen konnte –, und seine heimliche Liebe zum Luxus, deren er sich ein wenig schämte, weil er sie nie vor seinem Gewissen rechtfertigen konnte.

Kurz nach meiner Scheidung schlug mir Toller vor, seine Wohnung mit ihm zu teilen. Das Namensschild im Eingang des Hauses wie auch an der Wohnungstür lautete bereits vor meinem Einzug »Schwarzkopf«, und dabei blieb es. Ich weiß nicht, warum Toller diesen Namen gewählt hatte. Jedenfalls paßte er zu uns beiden. Übrigens sahen wir uns damals so ähnlich, daß meine Kinder von früh an die Toller-Bilder aus dieser Zeit für Bilder von mir hielten.

Es muß im späten Frühjahr 1932 gewesen sein, als Toller mich eines Tages sichtbar verlegen fragte, ob ich am Nachmittag zu Hause sein würde. Es war unschwer zu begreifen, daß meine Anwesenheit nicht erwünscht war, und ich erwiderte sogleich, daß ich den ganzen Nachmittag im Verlag sein müßte. Als ich die Wohnung verließ, traf ich auf der Treppe ein sehr junges, sehr blondes, sehr liebliches Mädchen, das mir bekannt vorkam, das ich aber nicht sogleich einordnen konnte. Als ich abends in die Wohnung zurückkehrte, erzählte mir Toller, daß Christiane Grautoff ihn besucht habe – Max Reinhardts Theater-Wunderkind, das wir alle in Erich Kästners »Emil und die Detektive« und später in Ferdinand Bruckners »Kreatur« als Partnerin von Rudolf Forster gesehen und bewundert hatten. Im Frühjahr 1934 gab Christiane – damals achtzehn Jahre alt – ihre glänzende Karriere im deutschen Theater und Film auf, um Toller ins Exil in die Schweiz und wenig später nach London zu folgen, wo er sie am 16. Mai 1935 heiratete.

Die Rolle Christianes ist niemals voll gewürdigt worden. Sie war besonders in seinen schwersten und düstersten Zeiten – wie er mir immer wieder erzählte – eine unersetzliche Stütze für ihn. Während der Jahre, da ich Toller regelmäßig sah und die Wohnung mit ihm teilte, war ich mit dem zyklischen Ablauf seines Lebens vertraut geworden. Ungewöhnlicher Aktivität und Produktivität folgten Tage, Wochen, ja Monate von Unfähigkeit zur Arbeit, von nagendem Zweifel an sich und seinen Gaben. Während dieser Zeiten von Mutlosigkeit, Verzweiflung und Tatenlosigkeit konnte er ununterbrochen im verdunkelten Zimmer liegen, dann plötzlich, manchmal mitten in der Nacht, wie aufgejagt, aufstehen und durch die Straßen von Berlin, Zürich oder London laufen, um nach wenigen Stunden wieder in Apathie in sein Zimmer zurückzukehren.

Christiane teilte solche Zeiten mit ihm – sie blieb in seiner Nähe, ohne ihm ihre Anwesenheit im gleichen Zimmer aufzudrängen, sie war zu jeder Zeit bereit, ihn auf seinen plötzlichen nächtlichen Irrjagden zu begleiten. Sie folgte genau seinen Anweisungen, seinen Koffer zu pakken und den Strick nicht zu vergessen, den er auf Reisen, besonders in den letzten Jahren, immer bei sich haben wollte. In den Phasen seiner Depressionen war er Christiane am nächsten.

Mitte April 1939 kam ich für einige Wochen von Amsterdam nach New York. Sogleich suchte ich Toller im Mayflower-Hotel auf. Er lebte allein. Die Trennung von

Christiane war bereits im Vorjahr vollzogen worden, und Christiane war in Hollywood, wo sie versuchte, ihre schauspielerische Karriere wieder aufzubauen. Ich war bestürzt über Tollers Zustand. Er war in einer tiefen Depression. Seine Augen entbehrten jeglichen Glanzes, seine Stimme war fast tonlos. Ich schlug ihm vor, mit mir gemeinsam nach Europa zurückzukehren, in der Hoffnung, daß ein völliger Szenenwechsel vielleicht eine Veränderung seines Zustandes bewirken würde. Toller ging zu meiner Freude auf meinen Vorschlag ein, und wir nahmen sogleich eine gemeinsame Kajüte auf der »Champlain«, die Ende Mai nach Europa fahren sollte. Ungefähr zehn Tage vor der geplanten Abreise erkrankte ich an einer Fischvergiftung. Am nächsten Tag rief ich Toller von meinem Hotel aus an. Er kam sofort und verbrachte mehrere Stunden bei mir. Er war in der gleichen tiefernst-melancholischen Stimmung, in der ich ihn seit meiner Ankunft gesehen hatte. Obgleich ich bereits daran zweifelte, von der recht schweren Vergiftung schnell genug geheilt zu sein, erwähnte ich nichts von der möglichen Notwendigkeit, den Termin unserer Reise aufzuschieben. Er verließ mich mit dem Versprechen, mich in den allernächsten Tagen wieder aufzusuchen. Am anderen Abend besuchte mich Arnold Zweig, der gerade für kurze Zeit in New York war, und eröffnete die Unterhaltung mit der Frage: »Was sagen Sie zu Toller?« Ich erwiderte, daß er am Vortage bei mir gewesen sei. Darauf er: »Aber wissen Sie denn nicht, daß Toller sich heute mittag in seinem Zimmer erhängt hat?«

Ohne die Hilfe von Klaus Mann hätte ich manches Problem, das das Exil mit sich brachte, nicht lösen können. Er hatte einen einzigartig guten Charakter und war geneigt, Schwächen des Freundes zu übersehen und zu verzeihen. Nach allem, was ich von ihm empfangen habe und was ich ihm verdanke, bin ich gerührt und fast beschämt über die Zeilen, die er unserer Beziehung in seiner Autobiographie »Der Wendepunkt« widmete: »Die schönste menschliche Beziehung, die ich diesen ersten Jahren des Exils verdanke, ist die zu dem Verleger Fritz Landshoff. Seit 1933 ist er mein brüderlicher Freund. Bündnisse solcher Art werden meist nur zwischen sehr jungen Menschen geschlossen, um so größer ist der Glücksfall einer relativ späten Begegnung...« Und: »Den besten Freund hatte ich soeben eingebüßt; nach Rickis Tod durfte ich kaum noch hoffen, solche Gleichgestimmtheit und solche Treue jemals wiederzufinden. Nun gab es dies noch einmal; und wieder, wie im Falle Rickis, war es eine Freundschaft zu dritt. Erika gehörte dazu. In meinem Leben hat wohl nur das, woran sie Anteil nimmt, so recht eigentlich Bestand und Wirklichkeit...«

Im Juli 1934 ging ich mit Klaus nach Noordwijk, wo wir zwei Ferienwochen verbringen wollten. Vor meiner Abreise hatte ich einen Amsterdamer Arzt konsultiert, um seine Meinung über mich seit einigen Wochen belästigende Schmerzen zwischen den Rippen zu hören und ihn zu fragen, ob Sonne und Schwimmen zu empfehlen seien. Er diagnostizierte intercostale Nervenschmerzen und versprach sich viel von der geplanten Erholung. Nach wenigen Tagen hatte ich eine Temperatur von nahezu vierzig Grad, und Klaus ließ einen Doktor kommen, der eine fortgeschrittene Rippenfellentzündung feststellte und auf meiner sofortigen Überführung in ein Amsterdamer Hospital bestand. Während meines Aufenthaltes im Krankenhaus und danach in einem Erholungsheim in Laren besuchte Klaus mich regelmäßig, und seine Fürsorge war mir eine große Hilfe. Entgegen ärztlichem Rate, der auf weitere fünf bis sechs Monate Bettruhe lautete, beschloß ich, eine Reise nach Davos in eins der von Thomas Mann im »Zauberberg« beschriebenen Sanatorien anzutreten. Dies war keine einfache Unternehmung, da ich monatelang im Bett gelegen hatte, aber dank Klausens Hilfe, der mich nicht nur dorthin begleitete, sondern auch die erste Woche bei mir blieb, erwies sie sich als außerordentlich geglückt. Der Davoser Arzt riet mir zu einer Woche Ruhe, um mich zu akklimatisieren, danach sollte ich mit kleinen, täglich sich verlängernden Spaziergängen beginnen, mit dem Ziel, binnen drei Monaten zur Arbeit nach Amsterdam zurückkehren zu können. Dieses Programm wurde strikt eingehalten – freilich nicht ohne einen Versuch des

Doktors, im letzten Augenblick, bei der vor der Abreise gemachten Untersuchung, dem Patienten wegen eines verdächtigen Geräusches in der gesunden rechten Lunge einen Monat Verlängerung des Aufenthalts vorzuschlagen. Als aufmerksamer Leser des »Zauberbergs« war ich auf solchen Zwischenfall vorbereitet und schenkte ihm keine Beachtung. Der Name Thomas Mann war in Davos und speziell im Waldsanatorium keineswegs eine Empfehlung. Die Behandlung mit den gerade entwickelten Antibiotika hatte die Anzahl der Patienten stark reduziert. Die Bevölkerung von Davos machte jedoch den »Zauberberg« verantwortlich für den Geschäftsrückgang.

Sehr beeindruckt hat mich in Davos die Begegnung mit René Crevel, den ich durch Klaus kennengelernt hatte. Ein Lungenleiden zwang ihn in gewissen Abständen zu Kuren in der Schweiz. Wir machten unseren täglichen Vormittagsspaziergang gemeinsam. Der Reiz seiner Persönlichkeit war außerordentlich, und die Unterhaltungen mit ihm wären für mich noch lehrreicher und faszinierender gewesen, wenn meine Kenntnis der französischen Sprache nicht so begrenzt gewesen wäre. Ein Jahr später holte ich Klaus am Pariser Nordbahnhof ab, am Vorabend des Internationalen Schriftstellerkongresses zur Verteidigung der Kultur, auf dem auch Crevel eine Ansprache halten sollte, und mußte ihm die Mitteilung vom Selbstmord Crevels machen. Es war der dritte Selbstmord unter Klaus Manns engsten Freunden innerhalb von fünf Jahren: Ricky Hallgarten, sein und Erikas vertrauter Jugendfreund, Wolfgang Hellmert, der junge Lyriker, der ihm zu Beginn des Exils so nahegestanden hatte, und nun René Crevel, mit dem er seit seinem ersten Besuch in Paris aufs engste verbunden war.

Während unseres Zusammenlebens in Amsterdam und auch später kam das Thema des Selbstmordes in vielen Unterhaltungen zwischen uns auf. Ich hatte im Kreis meiner Freunde und Verwandten mehrere Selbstmorde erlebt. Meine ursprüngliche Absicht, nach Abschluß meiner Schulzeit Medizin zu studieren, um Nervenarzt zu werden, führte ich auch einige Semester durch, hatte jedoch große Schwierigkeiten, das mir völlig fremde Gebiet der

Naturwissenschaften zu bewältigen. (Ich war im Berliner Mommsen-Gymnasium streng humanistisch, mit einer grotesken, durch die Lehrer propagierten Aversion gegen Mathematik und Naturwissenschaften erzogen worden. Mein von mir sehr verehrter Griechisch-Lehrer, bei dem einige Vorzugsschüler, darunter ich, jede Woche einmal zu Hause griechische Tragödien in der Originalsprache lasen, pflegte zu mir zu sagen: »Fritz, höre in Mathematik nicht zu, Mathematik verdirbt den Charakter.«) Meine völlig unzureichende Vorbereitung in Mathematik und den naturwissenschaftlichen Fächern entmutigte mich bis zur Aufgabe des Medizin-Studiums. Zu dieser Zeit schien mir die Prognose eines Selbstmordes außerordentlich schwierig. Weder die Tatsache, daß jemand unaufhörlich darüber spricht, noch die entgegengesetzte Haltung schienen mir irgendwelche Schlüsse zuzulassen. Freunde, die ständig von Selbstmord redeten und oft sehr unzulängliche Versuche gemacht hatten, endeten dann doch nicht mit Selbstmord. Und andererseits erlebte ich, daß Menschen, die nie die Möglichkeit des Freitodes zu erwägen schienen, plötzlich einen wohlvorbereiteten Selbstmord begingen. Klaus Mann beschäftigte diese Frage wieder und wieder. Er unternahm auch 1948 in Amsterdam während eines kurzen Aufenthaltes im Victoria-Hotel einen Versuch – trotzdem habe ich bei ihm nicht die Furcht gehabt wie bei Ernst Toller. Ich bin mir meiner müßigen Betrachtungen bewußt, bin aber überzeugt, daß Tollers sich stets aufs neue entwickelnder manisch-depressiver Zustand zwangsläufig dem tragischen Ende zustrebte, während Klaus ein Produkt und Opfer der Nazizeit und ihrer Folgen geworden ist. Hätte er geahnt, daß ihm und seinem Werk, für das er keine Zukunft sah, unmittelbar eine Renaissance bevorstand oder besser: der Durchbruch, er hätte wohl die Krise überstanden.

Das Exil seit 1933 hat Klaus Manns Entwicklung entscheidend beeinflußt. Aus dem spielerischen, weder sich noch die Welt allzu ernst nehmenden Jüngling wurde eine verantwortungsbewußte, selbstkritische Persönlichkeit, die höchste Forderungen an sich stellte und die, durchaus bereit, ihre Aufgabe auch in der Nachkriegszeit zu erfüllen, tief enttäuscht war, daß diese Zeit sich ihm verschloß. In

einem Brief an einen jungen Verehrer, der ihm – wenige Wochen vor dem Selbstmord – die Frage stellte, warum er denn nicht nach Deutschland zurückkehre, wo er so nötig gebraucht würde, antwortete er: »Weil niemand mich will.«

Mit einem für die damalige Zeit ungewöhnlichen Freimut behandelte Klaus Mann seine Homosexualität und seine Drogenabhängigkeit. Zu beiden Neigungen bekannte er sich bedenkenlos und offen in seinen Diskussionen mit Freunden wie auch in seinen Briefen und Schriften. Die Homosexualität, die er nie als eine Abweichung empfand, konfrontierte ihn mit einem Problem, das mit den Jahren hinderlicher für ihn wurde: Allzu oft richtete sich seine Zuneigung auf viel Jüngere, nicht Homosexuelle, die – weit entfernt davon, seine Emotionen zu teilen – ihn bezahlen ließen oder ihn finanziell ausbeuteten, was ihn tief enttäuschte und kränkte. Die Bedeutung der Drogen in seinem Leben sollte nicht unterschätzt werden. Im »Treffpunkt im Unendlichen« findet sich eine ebenso meisterliche wie erschreckende Schilderung einer Drogenszene in Algier. Berechtigt ist vielleicht auch die Kritik, daß in seinem Roman »Der Vulkan« der Homosexualität und dem Drogengebrauch in den Kreisen der Exulanten zu großer Raum zugebilligt wird. Es ist bezeichnend, daß es immer wieder – und zwar keineswegs nur als Folge von Entziehungskuren – Perioden in Klaus Manns Leben gegeben hat, in denen der völlige Verzicht auf Drogen kein großes Opfer für ihn war – zum Beispiel während langer Zeitabschnitte seines Dienstes in der US-Army.

Klaus war ein treuer und zuverlässiger Freund. Er war nicht egozentrisch, sondern offen für die Probleme und Sorgen seiner Freunde. Es war ihm wichtig, seine Freundschaft zu bekunden, und er machte sich gern manche Mühe, sie zu beweisen. In dem Nachruf, den sein Freund Peter de Mendelssohn schrieb, heißt es: »Er nahm sich immer die Mühe, sie war Teil seiner großen Gewissenhaftigkeit, seines rastlosen Fleißes: aber sie war auch mehr. Sie war Teil seiner selbstverständlichen Treue, die seine Freunde um so lieber akzeptierten, als sie spürten, wie sehr es ihm Freude machte, treu sein und Treue beweisen zu können.«

Ins zweite Exil

Die fortschreitende Festigung des Hitlerregimes, der alle, selbst die pessimistischsten Erwartungen übertreffende Erfolg der Nazis im Saarkampf, der Zusammenbruch in Österreich, der Modus vivendi, den Europa und die Welt mit Hitler durch ständiges Nachgeben gefunden zu haben schienen, erschwerte immer stärker die Aktivität der Exilverlage. Das Absatzgebiet, das von Beginn an bedrohlich klein gewesen war, verringerte sich von Jahr zu Jahr. Der Gedanke, daß der Markt für das deutschsprachige Exilbuch in den Vereinigten Staaten mit einem hohen deutschsprachigen Bevölkerungsanteil fast brachlag, hatte mich seit 1933 beschäftigt, und ich hatte allmählich meine holländischen Partner überzeugt, daß ein energischer Versuch, dieses Gebiet zu bearbeiten und dort eine solide Grundlage für das von uns verlegte Buch zu finden, der Mühe und Kosten wert war.

Bereits in Deutschland hatte ich in Verhandlungen mit Günter Koppell, einem der Gründer des ersten deutschen Buchklubs, der »Deutschen Buchgemeinschaft« (Berlin), gestanden. Er hatte Verbindung mit mir im Kiepenheuer Verlag aufgenommen, da er sich für eine Beteiligung an unserem Verlag interessierte. 1933 waren diese Verhandlungen gegenstandslos geworden. Koppell war erst nach Palästina und dann nach New York ausgewandert, wo er einen Verlag gründen wollte. Auf der Durchreise hatte er sich einige Wochen in Holland aufgehalten, und wir hatten erneut unsere Gespräche über die Gründung einer gemeinsamen Firma aufgenommen. Sie sollte sich zwei Aufgaben widmen: Einmal sollte sie alle erdenklichen Absatzmöglichkeiten für das deutschsprachige Buch in den Vereinigten Staaten erforschen und einen energischen Vertrieb des deutschen nichtgleichgeschalteten Buches organisieren, und zwar nicht nur der Publikationen des Querido Verlages, sondern aller Exilverlage, wobei wir auch an die Gründung eines kleinen deutschen Buchklubs dachten. Andererseits wollten wir alle in Frage kommenden antinazistischen deutschsprachigen Verlage ersuchen, die bei ihnen erscheinenden Bücher für eine amerikanische Ausgabe diesem neu zu gründenden Verlag zur Übersetzung anzubieten, soweit die Autoren nicht bereits durch Verträge oder Optionen an andere Verlage gebunden waren. Das waren zwei anspruchsvolle Ziele, und es war von Beginn an deutlich, daß es schwer sein würde, sie auch nur in bescheidenem Maße zu erreichen. Verschiedene amerikanische Verleger hatten in den ersten Jahrzehnten des 20. Jahrhunderts in steigendem Maße Interesse für ausländische Literatur im allgemeinen und besonders für deutsche in englischer Sprache gezeigt und Übersetzungsrechte erworben. Insbesondere waren es drei in den frühen zwanziger Jahren in den USA gegründete Unternehmen, die erfolgreich auf diesem Gebiet arbeiteten: Simon and Schuster, Alfred Knopf und Viking Press. Die Gründer dieser Häuser besuchten regelmäßig Europa und hatten eine Reihe von Autorenrechten für ihre Verlage erworben und ansehnliche Erfolge gehabt, speziell mit Autoren von Fischer, Kiepenheuer und den seit 1933 in den Exilverlagen Querido, Allert de Lange und später Bermann-Fischer erschienenen Büchern, unter anderem von Vicki Baum, Lion Feuchtwanger, Thomas Mann, Erich Maria Remarque, Joseph Roth, Franz Werfel, Arnold Zweig und Stefan Zweig. Diese Schriftsteller konnten natürlich nicht von uns angesprochen werden. Zudem kam als große Schwierigkeit hinzu, daß nur äußerst bescheidene Mittel zur Verfügung standen. Es war natürlich die Absicht, die Kosten so niedrig wie möglich zu halten. Koppell versuchte daher, mit seiner Gründung, der er den Namen Alliance Book Corporation gegeben hatte, bei einem amerikanischen Verlag Obdach zu finden. Ein altes, sehr angesehenes Haus – Longmans, Green & Co. – erklärte sich bereit, ein paar Räume und seine Auslieferungsabteilung zu sehr günstigen Bedingungen zur Verfügung zu stellen. Eine vortreffliche Einführung für das junge Unternehmen war, daß neben dem Imprint der Alliance Book Corporation auf der Titelseite das von Longmans, Green & Co. stand. Meine ursprüngliche Absicht, neben meiner Tätigkeit als Leiter des Querido Verlages mit Koppell gemein-

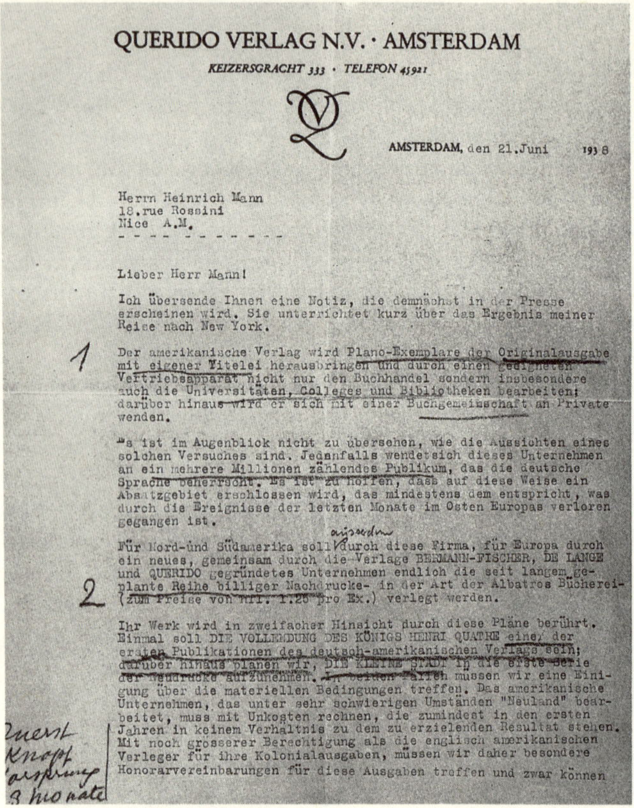

QUERIDO VERLAG N.V. · AMSTERDAM

KEIZERSGRACHT 333 · TELEFON 45921

AMSTERDAM, den 21. Juni 1938

Herrn Heinrich Mann
18. rue Rossini
Nice A.M.

Lieber Herr Mann!

Ich übersende Ihnen eine Notiz, die demnächst in der Presse erscheinen wird. Sie unterrichtet kurz über das Ergebnis meiner Reise nach New York.

Der amerikanische Verlag wird Plano-Exemplare der Originalausgabe mit eigener Titelei herausbringen und durch einen geeigneten Vertriebsapparat nicht nur den Buchhandel sondern insbesondere auch die Universitäten, Colleges und Bibliotheken bearbeiten; darüber hinaus wird er sich mit einer Buchgemeinschaft an Private wenden.

Es ist im Augenblick nicht zu übersehen, wie die Aussichten eines solchen Versuches sind. Jedenfalls wendet sich dieses Unternehmen an ein mehrere Millionen zählendes Publikum, das die deutsche Sprache beherrscht. Es ist zu hoffen, dass auf diese Weise ein Absatzgebiet erschlossen wird, das mindestens dem entspricht, was durch die Ereignisse der letzten Monate im Osten Europas verloren gegangen ist.

Für Nord- und Südamerika soll durch diese Firma, für Europa durch ein neues, gemeinsam durch die Verlage BERMANN-FISCHER, DE LANGE und QUERIDO gegründetes Unternehmen endlich die seit langem geplante Reihe billiger Nachdrucke- in der Art der Albatros Bücherei- (zum Preise von Hfl. 1.25 pro Ex.) verlegt werden.

Ihr Werk wird in zweifacher Hinsicht durch diese Pläne berührt. Einmal soll DIE VOLLENDUNG DES KÖNIGS HENRI QUATRE eine der ersten Publikationen des deutsch-amerikanischen Verlags sein; darüber hinaus planen wir, DIE KLEINE STADT in die erste Serie der Neudrucke aufzunehmen. In beiden Fällen müssen wir eine Einigung über die materiellen Bedingungen treffen. Das amerikanische Unternehmen, das unter sehr schwierigen Umständen "Neuland" bearbeitet, muss mit Unkosten rechnen, die zumindest in den ersten Jahren in keinem Verhältnis zu dem zu erzielenden Resultat stehen. Mit noch grösserer Berechtigung als die englisch amerikanischen Verleger für ihre Kolonialausgaben, müssen wir daher besondere Honorarvereinbarungen für diese Ausgaben treffen und zwar können

sam als Repräsentant der von uns vertretenen europäischen Verlage in die Leitung des neuen Unternehmens einzutreten, gab ich im letzten Augenblick auf, um nicht den Verdacht zu erwecken, ich wolle den Querido Verlag im Stich lassen.

Erika und Klaus Mann waren zur Zeit meines zweiwöchigen New-Yorker Aufenthaltes (Mai 1938) ebenfalls in New York. Sie holten mich im Hafen ab und hatten mich im Bedford-Hotel untergebracht, in dem sie und ihre Eltern wohnten. Einen großen Teil dieser zwei Wochen verbrachte ich in der Alliance Book Co. mit dem Versuch, einen längeren Aufenthalt vorzubereiten und einen ersten Eindruck von den Möglichkeiten für das deutschsprachige

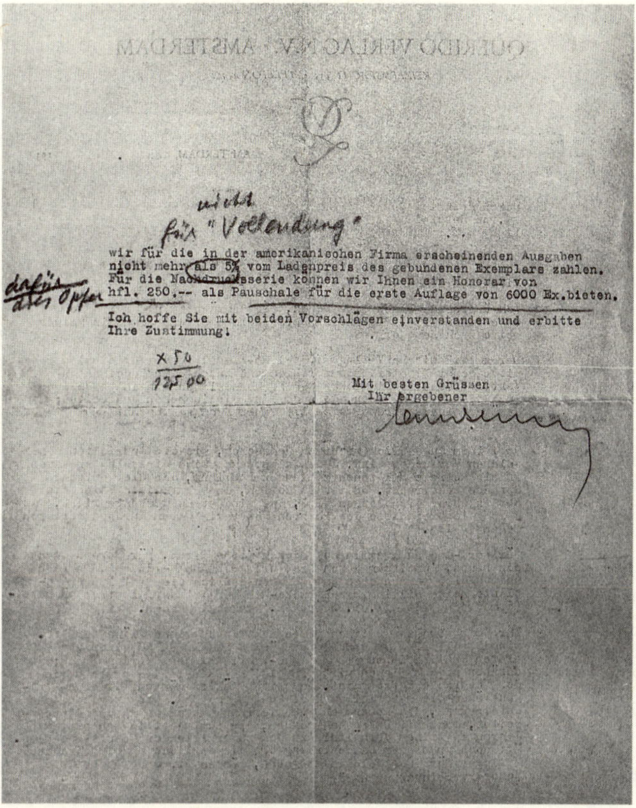

nicht
für "Vollendung"

wir für die in der amerikanischen Firma erscheinenden Ausgaben
nicht mehr als 5% vom Ladenpreis des gebundenen Exemplars zahlen.
Für die Nachdruckserie können wir Ihnen ein Honorar von
hfl. 250.-- als Pauschale für die erste Auflage von 6000 Ex.bieten.

Ich hoffe Sie mit beiden Vorschlägen einverstanden und erbitte
Ihre Zustimmung!

x 50
125.00

Mit besten Grüssen
Ihr ergebener

Buch, speziell für die Produktion der Exilverlage zu gewinnen. Der Querido Verlag hatte ja seit seiner Gründung einen Vertreter in New York, der unsere Bücher durch persönliche Kontakte mit den Buchhandlungen der Stadt und durch Prospekte, die er an den Buchhandel im Lande verschickte, zu vertreiben suchte. Ich ging in sein Büro, und er führte mich sogleich in den Lagerraum. Ich war entsetzt, einen erheblichen Teil der je hundert Exemplare, die wir ihm von jedem Titel geschickt hatten und die er übrigens auch immer bezahlt hatte, dort zu sehen.

Ich ließ mich jedoch durch den Mißerfolg unseres Vertreters nicht abschrecken und glaubte – wie übrigens auch Günter Koppell –, daß er den Vertrieb ungeschickt angepackt hatte. Freilich war ein Besuch im deutschsprachigen Viertel von New York, den Klaus und Erika schon in den ersten Tagen mit mir machten, nicht ermutigend. Im Osten der 86. Straße und in den umliegenden Straßen zwischen der 1. Avenue und Park Avenue gab es ungezählte deutsche Läden. Klaus und Erika führten mich in das Café Hindenburg, in dem – wie ich bei späteren Besuchen und auch nach meiner Einwanderung im Jahre 1941 feststellen konnte – ein überlebensgroßes Bild von Hindenburg hing. Neben dem Café war ein deutschsprachiges, stark besuchtes Kino, in dem, sogar noch zu Beginn des Krieges, keineswegs eine amerikanische, sondern eine nazideutsche Wochenschau das Programm eröffnete. In der Konditorei Geiger, die zu allen Tageszeiten gut besucht war, gab es deutsche Spezialitäten. Ein Bekannter von mir hatte dort einen Baumkuchen gekauft und wollte ihn Erika Mann ins Hotel schicken lassen. Das erwies sich jedoch als unmöglich, da der Besitzer oder Geschäftsführer sich weigerte, seine Produkte an ein Mitglied der Familie Mann zu liefern, die als Nazigegner bekannt war. In den deutschen oder österreichischen Restaurants machten Gäste und Bedienung Bemerkungen, die ich in Berlin, aber sicher nicht in New York erwartet hätte.

Trotzdem verabredeten Koppell und ich einen zweimonatigen Aufenthalt für mich im Herbst. Wir wollten dann durch den Versand von Prospekten an Universitäten und deutsche Vereinigungen Deutsche und Amerikaner, die an deutschsprachiger Literatur interessiert waren, erreichen und damit die Grundlage eines deutschen Buchklubs vorbereiten. Wir hatten die volle Zustimmung der deutschen Exilautoren, so daß wir Bücher von Thomas Mann, Franz Werfel, Arnold Zweig und anderen als erste Wahlbände anbieten konnten. Günter Koppell schien mir der geeignete Mann für die Gründung dieses kleinen »Deutschen Buchklubs« zu sein. Die von ihm vor 1933 mitgegründete »Deutsche Buchgemeinschaft« galt als eines der Vorbilder des bedeutendsten amerikanischen Buchklubs, des »Book-of-the-Month-Club«.

Ich verließ New York zwar keineswegs befriedigt, aber in der Hoffnung, die geplante Reise einigermaßen vorbereitet zu haben. Ich hatte mich jedoch getäuscht. Im Herbst traf ich wie vorgesehen mit meiner Freundin (meiner heutigen Frau) in New York ein und nahm eine kleine möblierte Wohnung in Greenwich Village. Meine Freundin begann als Assistentin bei Georg Salter zu arbeiten. Zusammen mit Günter Koppell stellte ich einen Gemeinschaftskatalog der Verlage Bermann-Fischer, Allert de Lange, Querido und Oprecht sowie einen Prospekt für den geplanten Buchklub her. Aber weder der an den Buchhandel versandte Katalog noch die persönlichen Besuche beim Buchhandel, noch die Versendung des Buchklub-Prospekts an Privatpersonen, deutsche Departments an den Colleges, Bibliotheken usw. hatten irgendeinen Erfolg. Es kamen so grotesk wenig Bestellungen, daß es nicht der Mühe wert war, einen zweiten Versuch zu machen.

Dagegen erwies sich die Gründung der Alliance Book Co. mit ihrem zweiten Ziel, Bücher von Exulanten in Übersetzungen herauszubringen, gleich mit dem ersten Buch als erfolgreich. Hermann Rauschning, Senatspräsident von Danzig, Mitglied der Nazipartei und persönlicher Freund Hitlers, hatte Deutschland verlassen. Er war zunächst nach Frankreich, dann nach England und schließlich in die USA ausgewandert und hatte ein Buch, »Revolution des Nihilismus«, geschrieben, das bei Oprecht in Zürich erschienen war und unmittelbaren Erfolg hatte. Die Alliance Book Co. erwarb die amerikanischen Rechte und ließ das Buch schnell und sehr gut übersetzen. Es fand eine vorzügliche Aufnahme bei der amerikanischen Presse und wurde rasch verkauft. Die »New York Times« brachte eine hervorragende Kritik auf der ersten Seite der Sonntags-Buchbeilage. Die Alliance Book Co. setzte innerhalb der ersten Saison mehrere Auflagen ab. Diesem Sachbuch folgte bald die Übersetzung eines Romans von Hermann Kesten, »Die Kinder von Gernika«, für den Thomas Mann eine Empfehlung schrieb. So wurde zwar die Gründung der Alliance Book Co. für Günter Koppell, dem ich diese beiden Bücher zugeführt hatte, der Mühe wert – besonders auch durch das von ihm im folgenden Jahr entdeckte und veröffentlichte Buch von Jan Valtin, »Out of the Night«, das ebenfalls die Nazizeit behandelt und einen sensationellen Erfolg im Verlag und im »Book-of-the-Month-Club« hatte. Die deutschsprachigen Exilverlage und das deutsche Buch hatten sich jedoch nicht durchsetzen können, und ich verließ New York, endgültig überzeugt, daß die erhoffte Erweiterung des Marktes durch das amerikanische Absatzgebiet nicht verwirklicht werden konnte. Das war ein schwerer Schlag.

Im März 1938 marschierte Hitler in Wien ein. Das bedeutete nicht nur, daß wir eines der wichtigsten Absatzgebiete verloren, es hatte auch zur Folge, daß wir Geldverluste erlitten. Die Buchhandlungen konnten ihre Rechnungen an uns nicht mehr begleichen. Unser österreichischer Vertreter, Joseph Kende in Wien, war stets ein langsamer Zahler gewesen, da die Außenstände bei ihm zögernd eingingen und es stets einige Zeit dauerte, bis seine Zahlung in Schillingen durch die Behörden in Gulden nach Holland weitergeleitet wurde. Der Absatz der letzten fünf oder sechs Monate war daher zur Zeit des Einmarsches noch unbezahlt und blieb es auch.

In der ersten Nacht nach der Besetzung Wiens verließ Bermann-Fischer mit seiner Familie die Stadt. Er versuchte zum zweitenmal vergeblich, eine Niederlassungserlaubnis für die Schweiz zu erhalten, und folgte schließlich einem Angebot des Bonnier-Verlages, mit ihm – ähnlich der Struktur des Querido Verlages – einen deutschsprachigen Verlag in Stockholm zu gründen, in dem jedoch nach schwedischem Gesetz 51 Prozent der Anteile in Bonniers Besitz sein mußten. Nach der Übersiedlung Bermann-Fischers entwickelten sich engere Beziehungen zwischen ihm und den beiden holländischen Verlagen Querido und de Lange. Wir versuchten, unsere Unkosten durch Zusammenlegung der Auslieferung der drei Verlage in einer »Zentralstelle«, in den Lagerräumen von de Lange in Amsterdam, für alle zu verringern. Wir arbeiteten auch gemeinsam das Programm einer gut ausgestatteten kartonierten Taschenbuch-Ausgabe aus, der »Forum«-Bücherei, die sich aus Titeln erfolgreicher Bücher von Autoren der drei Verlage zusammensetzte. Die Bände wurden in einer Auflage von je 10000 Exemplaren gedruckt und zu einem Preis von ca. 2 holländischen Gulden verkauft. Die ersten Bände erschienen im Frühherbst 1938, die zweite Serie folgte wenige Monate später im Winter 1938/39. Insgesamt kamen in dem einen Jahr, das uns bis zum Kriegsausbruch blieb, 17 Bände in der »Forum«-Bücherei heraus, unter anderem: Vicki Baum, »Stud. chem. Helene Willfüer«; Lion Feuchtwanger, »Jud Süß«; Leonhard Frank, »Die Räuberbande«, Thomas Mann, »Buddenbrooks« (2 Bände) und »Der Zauberberg« (2 Bände); B. Traven, »Das Totenschiff«, sowie Anthologien, darunter »Heinrich Heine, Meisterwerke in Vers und Prosa«,

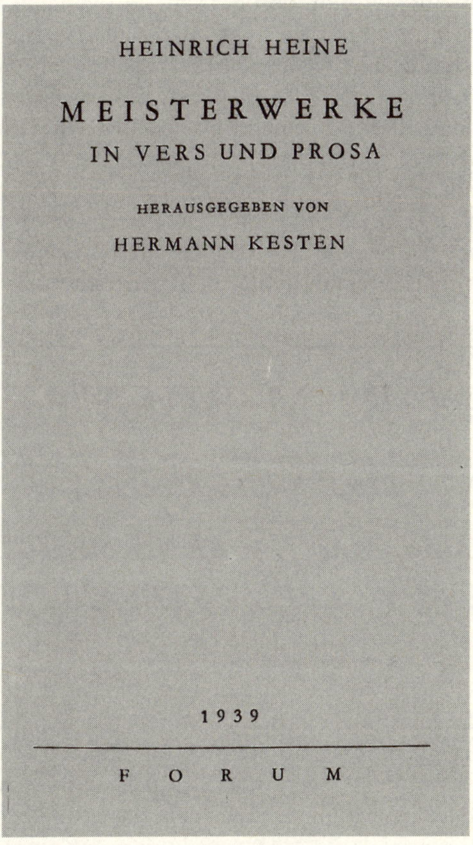
HEINRICH HEINE

MEISTERWERKE

IN VERS UND PROSA

HERAUSGEGEBEN VON

HERMANN KESTEN

1939

F O R U M

herausgegeben von Hermann Kesten. Drei Anthologien, die für diese Serie zusammengestellt wurden, waren die einzigen Erstdrucke: »Briefe deutscher Musiker«, »Die schönsten Erzählungen deutscher Romantiker« sowie die Heine-Anthologie. Die außerordentlich preiswerte Serie, deren Programm keinerlei politischen Ehrgeiz hatte, sondern nur den Wunsch der Exilverlage, klassische deutsche Literatur durch repräsentative Werke einem Publikum vorzulegen, das nicht gleichgeschaltet war, hatte einen verhältnismäßig großen Erfolg. Die Auflagen wurden zum größten Teil verkauft. Zu Nachdrucken kam es nicht mehr.

Die reguläre Produktion des Querido Verlages im letzten Winter und Frühjahr 1939/40 vor der Invasion Hollands umfaßte nur wenige Neuerscheinungen, darunter: Vicki Baum, »Hotel Shanghai«; Alfred Döblin, »Bürger und Soldaten« (mit Bermann-Fischer); Klaus Mann, »Der Vulkan«, Wilhelm Speyer, »Die Stunde des Tigers«, und ihre Verbreitung beschränkte sich auf kaum mehr als 1 000 Exemplare. Die jährlichen Verluste hatten sich in den vergangenen Jahren im Rahmen der Erwartungen meiner holländischen Freunde gehalten, in der ersten Zeit wurden

---

FORUM-BÜCHER

BERATENDES KOMITEE

THOMAS MANN - RENÉ SCHICKELE
FRANZ WERFEL - STEFAN ZWEIG

---

sogar die sehr bescheidenen Unkosten gedeckt. Nun aber überstiegen die Investitionen für die »Forum«-Serie zusammen mit dem katastrophalen Rückgang des Absatzes die finanziellen Möglichkeiten des Verlages und bedrohten seine Existenz, da außerdem, bedingt durch die sich stän-

Die FORUM-Bücher werden gemeinschaftlich herausgegeben von den Verlagen
BERMANN-FISCHER, STOCKHOLM
ALLERT DE LANGE, AMSTERDAM
QUERIDO, AMSTERDAM

Printed in the Netherlands
Druck: N.V. Drukkerij G. J. Thieme, Nijmegen (Holland)

dig schwieriger gestaltende Devisenlage in allen europäischen Ländern, die Zahlungen nur sehr langsam eingingen. Gleichzeitig wurden die Autoren von dem zurückgehenden Absatz betroffen, und ihre ohnehin kümmerlichen Einnahmen verminderten sich zusehends. Die politischen Ereignisse folgten einander jedoch so schnell, daß die Entscheidung über die weitere Entwicklung des Verlages aus unseren Händen genommen wurde.

Im September 1938 wurde auf der Konferenz in München der sudetendeutsche Teil der Tschechoslowakei an Deutschland abgetreten, dies bedeutete eine weitere Einbuße für unseren Absatz. Dazu kamen die durch Hitlers Erfolge verursachten immer größer werdenden Bedenken bei der Mehrzahl der Buchhändler, die deutschen Machthaber durch Propaganda für die Produktion der Exilverlage zu verärgern. Schließlich war die Gefahr der Besetzung weiterer Länder bedrohlich geworden.

Im Herbst 1939 wurde ich eines Nachts von Bruno Frank aus Hollywood angerufen und dringlichst gebeten, unverzüglich nach England zu reisen, da nach Meinung der amerikanischen Öffentlichkeit die Besetzung Hollands unmittelbar bevorstehe. Bruno Frank rief mich auch im Namen der Familie Mann und anderer befreundeter Autoren an und versicherte mir, daß die nötigen Mittel für meinen Aufenthalt in England durch meine Freunde bereitgestellt seien und daß sie mein weiteres Verbleiben in Holland unverantwortlich fänden. Ich dankte von Herzen für aller Hilfsbereitschaft und für die Vorsorge, wollte aber zu diesem Zeitpunkt Holland nicht überstürzt verlassen, zumal ich keineswegs von einer akuten Gefahr überzeugt war. Erst später hörte ich von Rauschning, daß in der Tat ursprünglich die Invasion Hollands für den Herbst 1939 vorgesehen war. Es ist daher begreiflich, daß die Unternehmungslust meiner holländischen Freunde durch die Entwicklung, besonders die des Jahres 1939, stark litt. Die Produktionspläne für das folgende Jahr wurden reduziert. Man hatte bis dahin, ungeachtet aller Schwierigkeiten, die Produktion, insbesondere durch die Beteiligung an der »Forum«-Bücherei, eher erweitert als beschränkt.

Im April 1940 mußte ich zu Übersetzungsverhandlungen zu verschiedenen Verlegern nach London. Wie früher erwähnt, hatte ich mir im Januar 1933 bei Hitlers Machtübernahme einen neuen Paß in Berlin ausstellen lassen. Es war abzusehen, daß das Amsterdamer deutsche Konsulat, das unseren Verlag und seine Tätigkeit nur allzu genau kannte, mir keinen neuen geben würde. Ich war inzwischen auch offiziell ausgebürgert worden – gemeinsam mit Liesl und Bruno Frank sowie Max Herrmann-Neiße. Emanuel Querido hatte mir frühzeitig vor Ablauf der Gültigkeit meines Passes mit Hilfe von befreundeten Kollegen, die gute Beziehungen im holländischen Auswärtigen Amt hatten, einen sogenannten Gunstpaß besorgen lassen. Er glich dem blauen Paß für Holländer, war aber im Gegensatz dazu grau und hatte an sichtbarer Stelle den Eindruck »Der Inhaber, der seinen Wohnsitz in den Niederlanden hat, besitzt die Niederländische Nationalität nicht«. Dies war ein sehr nützliches Papier, da es international anerkannt wurde und alle Länder Visa an die Besitzer solcher Pässe erteilten. Freilich mußte man für jede Reise ein neues Visum beantragen, und zwar für das Reiseziel wie für alle Länder, die man im Transit durchfuhr. Das hieß: tagelanges Warten in den betreffenden Konsulaten, denn es mußten immer wieder umfangreiche Formulare ausgefüllt werden. Die Konsulate waren mit Schicksalsgenossen überfüllt. Ich war glücklich, dieses Papier zu besitzen, das in gewissen Grenzen sogar einen Schutz bot und die Beratung durch die holländischen Konsulate ermöglichte.

Am Tage vor meiner Abreise bat ich Emanuel Querido in mein Zimmer. Ich pflegte sonst zu Besprechungen in sein Zimmer zu gehen, das er mit Alice van Nahuys teilte, da die meisten Gespräche, die wir führten, ohnehin uns drei betrafen. In diesem Fall wollte ich jedoch Querido allein sprechen, da ich fürchtete, daß der Gegenstand unserer Unterhaltung Alice, die ungewöhnlich ängstlich war, aufregen würde, was wiederum sich ungünstig auf Queridos Reaktion hätte auswirken können. Ich fragte Querido, ob ich – da ich nun einmal nach London ginge und mit einem so einflußreichen Mann wie Harold Macmillan ausführlich sprechen würde – nicht diese einmalige Gelegenheit nutzen sollte, ihn, für den Fall einer unmittelbar drohenden Invasion, um Visa für die Mitarbeiter des Querido Verlages zu bitten, von denen wir alle jederzeit im Notfall Gebrauch machen könnten. Der Besitz des Visums allein enthielte ja keinerlei Verpflichtung und schiene mir lediglich eine Sicherheit zu geben. Querido erwiderte: »Landshoff, das finde ich nun wirklich nicht sympathisch von dir, diesen Vorschlag zu machen.« Weder konnte er sich vorstellen, daß Holland je besetzt werden würde, noch konnte oder wollte er daran denken, das Land zu verlassen. Schon die Tatsache machte ihn ärgerlich, daß ich eine solche Möglichkeit überhaupt erwogen hatte. Seine Reaktion war äußerst bezeichnend, nicht nur für ihn, sondern für unzählige Menschen, die mit Hitler und der Nazigefahr konfrontiert waren. Niemand wollte oder konnte diese Gefahr begreifen, und niemand schien seine eigene Person bedroht zu sehen.

Am 27. April 1940 verließ ich Amsterdam, um über Brüssel (wo mich Hermann Kesten am Bahnhof abholte und wo ich die Nacht verbrachte), Ostende und Harwich nach London zu fahren. In Amsterdam brachte mich meine jetzige Frau an den Bahnhof, und als der Zug sich in Bewegung setzte, lief sie ein paar Schritte mit und sagte zu meiner großen Bestürzung: »Wir sehen uns nach dem Kriege wieder« – ein Gedanke, der mir keinen Augenblick gekommen war.

Daß ich nach der im April erfolgten Besetzung Dänemarks und Norwegens Holland verließ, ohne auch nur mit der Möglichkeit zu rechnen, in ein zweites Exil zu gehen, von dem ich erst sechs Jahre später zurückkommen sollte, scheint mir heute so töricht wie die von mir so kritisierte Haltung der deutschen Intellektuellen im Januar 1933.

In London besuchte ich verschiedene englische Verleger sowie Kollegen, die aus Österreich vor oder nach Hitlers Einmarsch geflohen waren: Bela Horowitz, Gründer und Leiter des Phaidon Verlages, dem Allen & Unwin, einer der angesehensten englischen Verlage, für den Beginn im Exil seine Fazilitäten zur Verfügung gestellt hatte; Jacob Hegner, der in der bei Dresden gelegenen Künstlerkolonie Hellerau als Verleger, besonders aber auch als hervorragender Drukker und Buchausstatter sowie als begabter Übersetzer französischer Literatur gewirkt hat und der nach Wien übergesiedelt war, wo er unter anderem Schuschnigg verlegt hatte; Walter Neurath, den späteren Gründer von Thames & Hudson, damals einer der Leiter von Atprint in London, der eng mit den britischen Regierungsinstanzen zusammenarbeitete, und anderen. Bei einem meiner Besuche bei Stanley Unwin, dem Verfasser eines grundlegenden Werkes über den Beruf des Verlegers, gab er mir das gerade bei ihm erschienene Buch »I, Spy«, das mir wenige Wochen später nicht vorauszusehende Schwierigkeiten bereiten sollte.

Mein Rückreisebillett nach Holland war auf den 10. Mai ausgestellt. Am 9. Mai besorgte ich mir das für die Ausreise erforderliche Exit-Visum bei Scotland Yard und bat im Hotel, mich anderntags um sieben Uhr morgens zu wecken. Am Morgen des 10. kam das Mädchen mit dem Frühstück um 7 Uhr, und wie es die Gardinen aufzog, die einen strahlend blauen Himmel verborgen hatten, sagte es: »Hitler invaded Holland and Belgium during this morning.« Das war ein fürchterlicher Schlag. Natürlich war mir sofort deutlich, daß für mich – wie für so viele andere – ein Leben unwiderruflich beendet war, daß ich mich von einer Minute zur anderen unerwartet im zweiten Exil befand. Der Schock war noch größer als 1933. Ich war in einem mir kaum bekannten Land überrascht worden und wurde schlagartig aus einer mir in sechs Jahren sehr lieb und vertraut gewordenen Umgebung auf unabsehbare

Zeit herausgerissen. Auch war ich in großer Angst um meine zukünftige Frau, meine Freunde und Mitarbeiter in Holland. Jegliche Verbindung dorthin war abgeschnitten

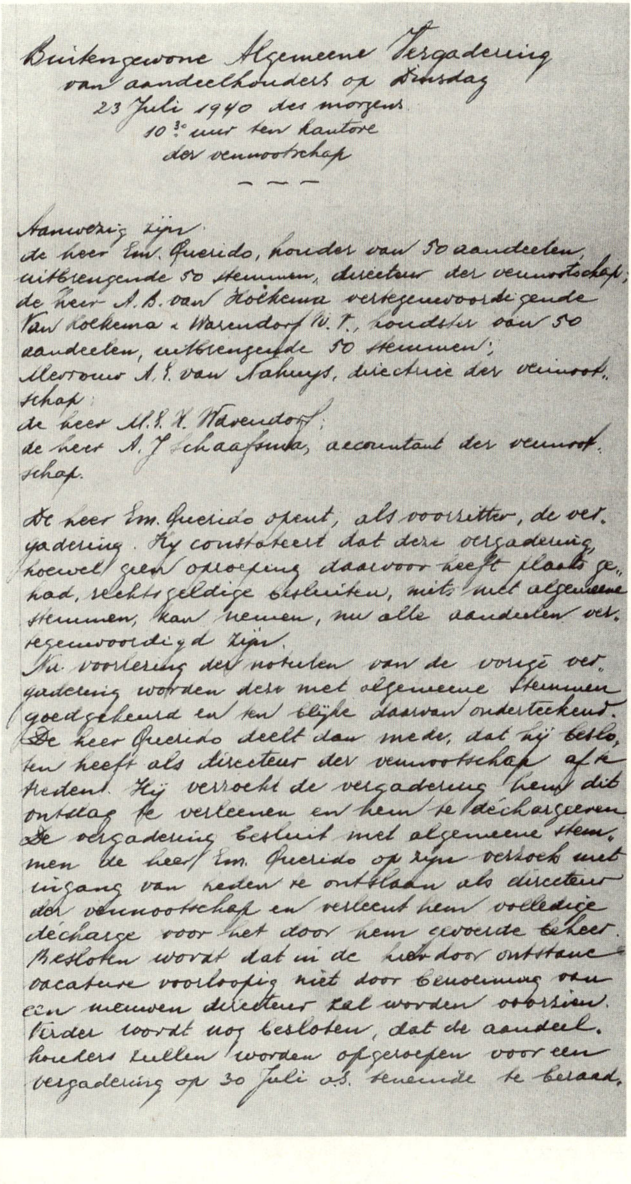

Buitengewone Algemeene Vergadering
van aandeelhouders op Dinsdag
23 Juli 1940 des morgens
10.30 uur ten kantore
der vennootschap

— — —

Aanwezig zijn
de heer Em. Querido, houder van 50 aandeelen, uitbrengende 50 stemmen, directeur der vennootschap;
de heer A.B. van Holkema vertegenwoordigende Van Holkema & Warendorf N.V., houdster van 50 aandeelen, uitbrengende 50 stemmen;
Mevrouw A.E. van Nahuys, directrice der vennootschap;
de heer M.E.H. Warendorf;
de heer A.J. Schaafsma, accountant der vennootschap.

De heer Em. Querido opent, als voorzitter, de vergadering. Hij constateert dat deze vergadering, hoewel geen oproeping daarvoor heeft plaats gehad, rechtsgeldige besluiten, mits met algemeene stemmen, kan nemen, nu alle aandeelen vertegenwoordigd zijn.
Na voorlezing der notulen van de vorige vergadering worden deze met algemeene stemmen goedgekeurd en ten blijke daarvan onderteekend.
De heer Querido deelt dan mede, dat hij besloten heeft als directeur der vennootschap af te treden. Hij verzoekt de vergadering hem dit ontslag te verleenen en hem te déchargeeren.
De vergadering besluit met algemeene stemmen den heer Em. Querido op zijn verzoek met ingang van heden te ontslaan als directeur der vennootschap en verleent hem volledige décharge voor het door hem gevoerde beheer.
Besloten wordt dat in de hierdoor ontstane vacature voorloopig niet door benoeming van een nieuwen directeur zal worden voorzien.
Verder wordt nog besloten, dat de aandeelhouders zullen worden opgeroepen voor een vergadering op 30 Juli a.s. teneinde te beraad.

Ich war erfüllt von dem Gedanken an die Notwendigkeit, etwas für die Freunde tun zu müssen, wußte jedoch gleichzeitig, daß ich nichts, gar nichts tun konnte. Ich ging den-

slagen over het al dan niet doen voortbestaan der gemeenschap en te dien einde een besluit te nemen.
Hierna wordt de vergadering gesloten.

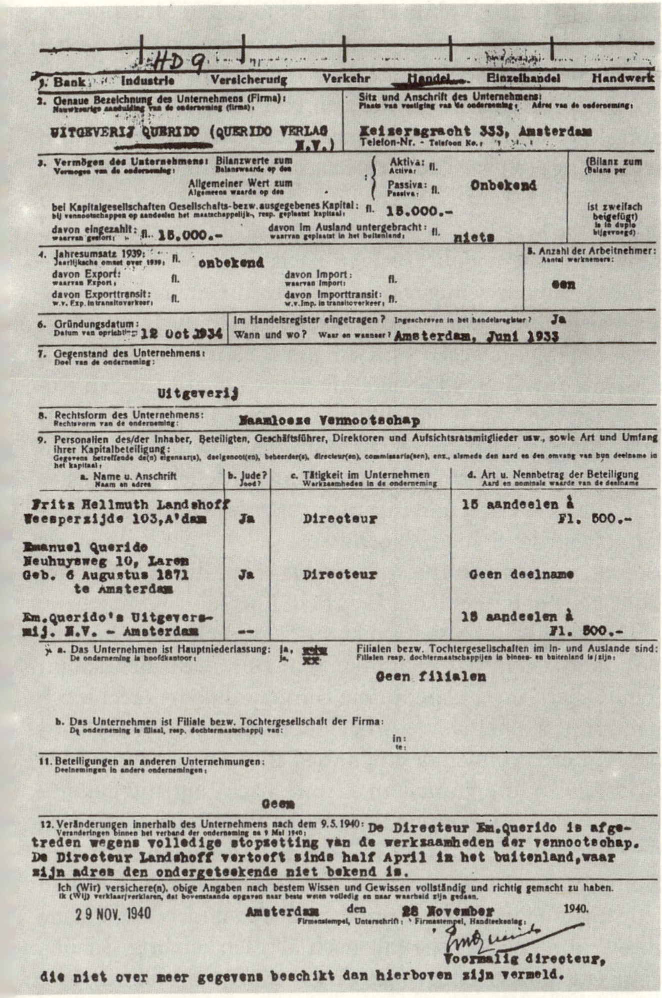

HD 9

1. Bank Industrie Versicherung Verkehr ~~Handel~~ Einzelhandel Handwerk

2. Genaue Bezeichnung des Unternehmens (Firma):
Nauwkeurige aanduiding van de onderneming (firma):
UITGEVERIJ QUERIDO (QUERIDO VERLAG N.V.)

Sitz und Anschrift des Unternehmens:
Plaats van vestiging van de onderneming: Adres van de onderneming:
Keizersgracht 333, Amsterdam
Telefon-Nr. - Telefoon No.:

3. Vermögen des Unternehmens: Bilanzwerte zum
Vermogen van de onderneming: Balanswaarde op den
Allgemeiner Wert zum
Algemeene waarde op den
Aktiva: fl.
Activa:
Passiva: fl. Onbekend
Passiva:
(Bilanz zum
(Balans per
ist zweifach beigefügt)
is in duplo bijgevoegd)
bei Kapitalgesellschaften Gesellschafts- bezw. ausgegebenes Kapital: fl. 15.000.-
bij vennootschappen op aandeelen het maatschappelijk-, resp. geplaatst kapitaal:
davon eingezahlt: fl. 15.000.-
waarvan gestort:
davon im Ausland untergebracht: fl. niets
waarvan geplaatst in het buitenland:

4. Jahresumsatz 1939: fl. onbekend
Jaarlijksche omzet over 1939:
davon Export: fl.
waarvan Export:
davon Import: fl.
waarvan Import:
davon Exporttransit: fl.
w.v. Exp. in transitoverkeer:
davon Importtransit: fl.
w.v. Imp. in transitoverkeer:

5. Anzahl der Arbeitnehmer:
Aantal werknemers:
een

6. Gründungsdatum: 12 Oct 1934
Datum van oprichting:
Im Handelsregister eingetragen? Ingeschreven in het handelsregister? Ja
Wann und wo? Waar en wanneer? Amsterdam, Juni 1933

7. Gegenstand des Unternehmens:
Doel van de onderneming:
Uitgeverij

8. Rechtsform des Unternehmens: Naamlooze Vennootschap
Rechtsvorm van de onderneming:

9. Personalien des/der Inhaber, Beteiligten, Geschäftsführer, Direktoren und Aufsichtsratsmitglieder usw., sowie Art und Umfang ihrer Kapitalbeteiligung:
Gegevens betreffende de(n) eigenaar(s), deelgenoot(en), beheerder(s), directeur(en), commissaris(sen), enz., alsmede den aard en den omvang van hun deelname in het kapitaal:

a. Name u. Anschrift Naam en adres	b. Jude? Jood?	c. Tätigkeit im Unternehmen Werkzaamheden in de onderneming	d. Art u. Nennbetrag der Beteiligung Aard en nominale waarde van de deelname
Fritz Hellmuth Landshoff Weesperzijde 103, A'dam	Ja	Directeur	15 aandeelen à Fl. 500.-
Emanuel Querido Neuhuysweg 10, Laren Geb. 6 Augustus 1871 te Amsterdam	Ja	Directeur	Geen deelname
Em. Querido's Uitgevers-mij. N.V. - Amsterdam	--		15 aandeelen à Fl. 500.-

10. a. Das Unternehmen ist Hauptniederlassung: ja, ~~nein~~
De onderneming is hoofdkantoor: ja, ~~neen~~
Filialen bezw. Tochtergesellschaften im In- und Auslande sind:
Filialen resp. dochtermaatschappijen in binnen- en buitenland is/zijn:
Geen filialen

b. Das Unternehmen ist Filiale bezw. Tochtergesellschaft der Firma:
De onderneming is filiaal, resp. dochtermaatschappij van:
in:
te:

11. Beteiligungen an anderen Unternehmungen:
Deelnemingen in andere ondernemingen:
Geen

12. Veränderungen innerhalb des Unternehmens nach dem 9.5.1940:
Veranderingen binnen het verband der onderneming na 9 Mei 1940:
De Directeur Em.Querido is afgetreden wegens volledige stopzetting van de werkzaamheden der vennootschap. De Directeur Landshoff vertoeft sinds half April in het buitenland, waar zijn adres den ondergeteekende niet bekend is.

Ich (Wir) versichere(n), obige Angaben nach bestem Wissen und Gewissen vollständig und richtig gemacht zu haben.
Ik (Wij) verklaar/verklaren, dat bovenstaande opgaven naar beste weten volledig en naar waarheid zijn gedaan.

29 NOV. 1940

Amsterdam den 28 November 1940.
Firmenstempel, Unterschrift: Firmastempel, Handteekening:
Em. Querido
Voormalig directeur,
die niet over meer gegevens beschikt dan hierboven zijn vermeld.

noch auf das Foreign Office und wurde sogar von einem höheren Beamten empfangen, der sich die Situation der mit dem Querido Verlag, der ihm bekannt war, verbundenen Personen auseinandersetzen ließ, nur, um mir am Ende – trotz seiner Sympathie – zu versichern, daß er nichts unternehmen könnte. Gedanken an meine eigene Zukunft konnte ich in diesen Tagen nicht aufbringen.

Schließlich saß ich ohne einen Cent in einem Hotel, in das ich für die zwei vergangenen Wochen mit einem sehr bescheidenen Devisenbetrag eingezogen war.

So war es eine noch nicht einmal unerwünschte Wendung, als kaum zwei Wochen später eines Morgens um sechs Uhr ein paar Detektive an meiner Tür klopften und unverzüglich Einlaß verlangten. Auf meinem Nachttisch fanden sie »I, Spy«. Ich mußte mich in Eile anziehen und wurde in einem Polizeiwagen nach Scotland Yard gefahren, wo binnen weniger Minuten die Tür einer Gefängniszelle sich hinter mir schloß. Nachdem ich die letzten Wochen unfähig gewesen war, einen vernünftigen Gedanken über mein weiteres Leben zu fassen, war mir für den Augenblick jegliche Möglichkeit zu einer selbständigen Entscheidung aus den Händen genommen, ein Umstand, den ich genoß. Nach ein paar Stunden wurde ich aus meiner Zelle herausgeholt und in einen Bus geführt, in dem ungefähr zwanzig Schicksalsgenossen saßen. Wir sollten als enemy aliens in ein Internierungslager in die unweit Londons gelegene Rennbahn Lingfield überführt werden.

Die Komik der Situation konnte mir nicht entgehen. Es wurde mir klar, daß sich in diesem Bus ausschließlich im feindlichen Ausland geborene Bürger, also, rein technisch genommen, enemy aliens befanden. Es wurde jedoch aus den Unterhaltungen deutlich, daß alle in besonderen Missionen, also mit speziellem Visum, nach England gekommen waren und meinten, ihre Verhaftung sei ein Versehen und sie könnten mit ihrer sofortigen Freilassung nach dem Eintreffen im Lager rechnen. Aus diesem Grunde vermied jede Gruppe jeglichen Kontakt mit den anderen, da keine zweite ihrer Überzeugung nach ähnlich wichtig für den englischen »war effort« sein konnte wie sie selber und sie sich nicht durch den Umgang mit weniger wichtigen und möglicherweise in der Tat verdächtigen Individuen kompromittieren wollte. Mir schien es in meiner Lage unpassend, Harold Macmillan, der Mitglied des Parlaments war und mir mit der schnellen Besorgung des Visums behilflich gewesen war, jetzt mit meinem »Fall« zu belästigen; denn er war zu diesem Zeitpunkt in verantwortlicher politischer Stellung ohnehin überbeschäftigt. Prinzipiell stimmte ich der vorsorglichen zeitweisen Internierung aller potentiell feindlichen Ausländer zu.

Bei unserer Ankunft in Lingfield mußten wir durch ein Spalier von Soldaten mit angelegten, schußbereiten Gewehren gehen, das bis zum Gebäude des Lagerkommandanten führte. Ich mußte an meinen Freund und Autor Georg Kaiser denken, der mir seine Gefängnishaft als Aufenthalt in einem Hotel mit bewaffneter Bedienung beschrieben hatte. Im Empfangsraum hatten wir unsere Namen zu nennen, und gegen Quittung wurden uns Wertsachen, Geld, Paß und alle sonstigen Papiere abgenommen. Keine einzige der Verhaftungen erwies sich als »Irrtum«,

N.V. EM. QUERIDO'S UITGEVERS-MIJ
KEIZERSGRACHT 333 AMSTERDAM TELEFOON 45921

AMSTERDAM. 7 April 1941

Den Hoogedelgestrengen Heer Commissaris Generaal
van het Departement van Financiën en Economische Zaken
's Gravenhage

Hoogedelgestrenge Heer,

Ingevolge het gevraagde in verordening 48 betreffende de verwijdering van joden uit het bedrijfsleven, kunnen wij U mededeelen, dat de heer Querido op 23 Juli 1940 is afgetreden als directeur onzer N.V. en dat in zijn plaats de heer A.B.van Holkema (ariër) als directeur is getreden.
De aan den heer Querido toebehoorende aandeelen zijn verkocht aan den heer Tom van Blaaderen (ariër) die als adjunct-directeur in de zaak is opgenomen.
Het zal ons aangenaam zijn Uw toestemming tot een en ander te mogen ontvangen.

Hoogachtend,
N.V. EM. QUERIDO's UITG. M

F K

Wirtschaftsprüfstelle
Arisierungsreferat.

Den Haag, den 13.August 1942
Rü/Ja/HD 9.

An das Planungsreferat.

Betr.: E.Querido's Uitgevers Mij.N.V., Amsterdam.

Der vorliegende Vertrag mit Herrn van Blaaderen kann nicht genehmigt werden. In obiger Firma ist die Firma van Holkema & Warendorf, ein übler Emigrantenverlag, mit 50% beteiligt. Ich bitte, sofort einen Treuhänder einzusetzen und gegebenenfalls über die Firma zu verfügen. Es war laut Planungsprotokoll vorgesehen, dass der Hamerverlag, vertreten durch Herrn van Houten, Den Haag den Betrieb übernimmt.

und von den erwarteten amtlichen Telefonanrufen, die ihn aufklären sollten, kam kein einziger. Mir schien diese augenscheinlich sinnlose Inhaftierung von Exulanten, die ihre Dienste für den alliierten »war effort« zur Verfügung gestellt hatten und weit mehr und zuverlässigere Antifaschisten waren als die Mehrzahl der uns inhaftierenden Engländer, durchaus berechtigt. Es war nicht an der Zeit, Ausnahmen zu machen und jeden Fall individuell zu behandeln. Für den Augenblick wollte man nichts riskieren und alle enemy aliens internieren. Später sollten – und wurden – die Einzelfälle behandelt, und innerhalb redlicher Zeit war der größte Teil der zu Unrecht internierten Deutschen oder ehemaligen Deutschen entlassen. Übrigens waren Unterbringung und Behandlung durchaus angemessen und gaben, soweit ich es beurteilen konnte, zu keiner begründeten Klage Anlaß.

Freilich fehlte es nicht an grotesken Situationen. Wir durften keine Zeitung lesen, und Ereignisse wie die Besetzung von Paris durch die Nazis wurden vor uns verheimlicht, um eventuelle Ausbrüche von Festfreude zu vermeiden. Unsere Post unterlag der Zensur. Das Amt des Zensors wurde einem Insassen des Lagers zugeteilt, wobei die Wahl auf mich fiel, was mich jedoch nicht vom Küchen-

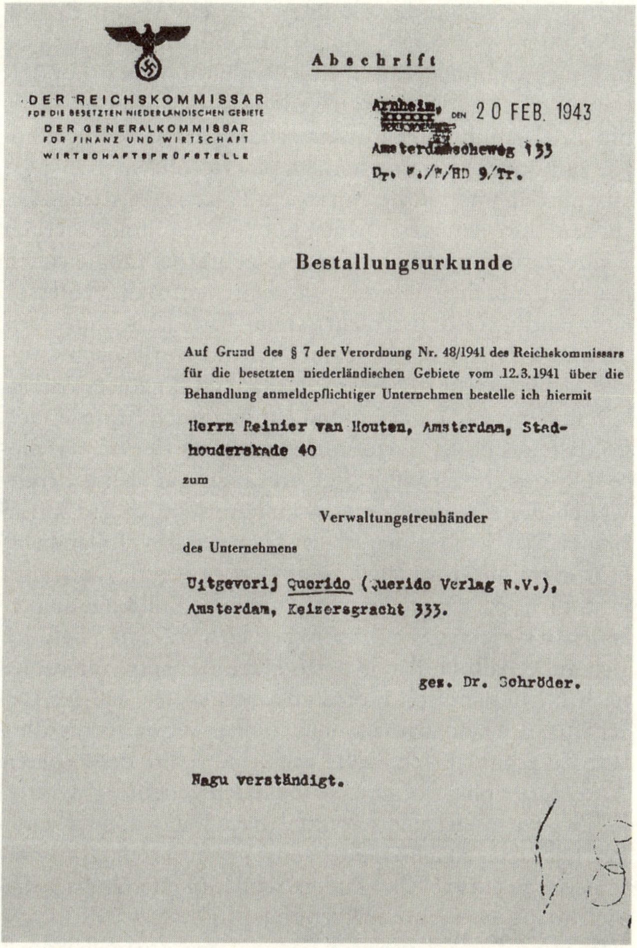

DER REICHSKOMMISSAR
FÜR DIE BESETZTEN NIEDERLÄNDISCHEN GEBIETE
DER GENERALKOMMISSAR
FÜR FINANZ UND WIRTSCHAFT
WIRTSCHAFTSPRÜFSTELLE

Abschrift

Arnheim, den 20 FEB. 1943
Amsterdamscheweg 133
Dr. W./F./HD 9/Tr.

Bestallungsurkunde

Auf Grund des § 7 der Verordnung Nr. 48/1941 des Reichskommissars für die besetzten niederländischen Gebiete vom 12.3.1941 über die Behandlung anmeldepflichtiger Unternehmen bestelle ich hiermit

Herrn Reinier van Houten, Amsterdam, Stadhouderskade 40

zum

Verwaltungstreuhänder

des Unternehmens

Uitgeverij Querido (Querido Verlag N.V.), Amsterdam, Keizersgracht 333.

gez. Dr. Schröder.

Nagu verständigt.

dienst befreite. In meiner Eigenschaft als Zensor fand ich weder in der ankommenden noch in der ausgehenden Post jemals einen verdächtigen Brief. In der Küche erwies sich, daß mein Abfall beim Reinigen des Gemüses erheblich größer war als die Menge des Gesäuberten, so daß ich mich entschließen mußte, den Abfall als erste Wahl abzugeben.

Die Internierten wurden bald in die Lage versetzt, ihre Zukunft vorzubereiten. Soweit sie nachweisbar in aussichtsreichen Unterhandlungen über ein Visum für die USA oder ein anderes Land gestanden hatten, wurden sie in Gruppen unter polizeilicher Begleitung nach London transportiert und zu den jeweiligen Konsulaten geführt, um ihre Bemühungen fortsetzen oder gar das Visum abholen zu können. Ich durfte mich einem solchen Transport anschließen und wurde von einem Polizisten auf mein Ersuchen hin zu den Amtsräumen der holländischen Exilregierung im Stratton House gebracht. Obgleich ich den holländischen Ministerpräsidenten im Exil, Professor Gerbrandy, persönlich nicht kannte, hatte ich in ihm einen Verbündeten. Ich ließ mich melden und wurde nach wenigen Minuten sehr freundlich empfangen. Er zog es vor, allein mit mir zu sprechen, und bat den mich begleitenden Polizisten, sich ins Wartezimmer zurückzuziehen, was dieser übrigens bereitwillig tat. Gerbrandy war über die Aktivitäten des Querido Verlages außerordentlich gut unterrichtet. Vor dem Einmarsch der Deutschen in Holland war er Justizminister im letzten Kabinett gewesen. Durch ihn erfuhr ich später auch von dem durch die Exilregierung erlassenen Gesetz, das holländischen Firmen, deren Leitung sich außerhalb Hollands befand, ermöglichte, ihren Sitz nach Niederländisch-Indien zu verlegen, so daß die Geschäfte in einem damals noch freien Gebiet fortgeführt werden konnten. Ich stellte mit seiner Hilfe den nötigen Antrag, der ohne weitere Formalitäten genehmigt wurde. Freilich hatte ich keinerlei Mittel, nach Batavia, dem heutigen Djakarta, zu fahren oder sonst irgendwelche Aktivitäten dort zu entwickeln. Zudem wurde Niederländisch-Indien knapp zwei Jahre später von Japan besetzt. Die fiktive Verlegung des Verlages nach Batavia versetzte mich jedoch immerhin in die Lage, als einziger Direktor zu handeln. Ich konnte daher auch dem Stockholmer Bermann-Fischer Verlag einige Manuskripte übergeben, die er in seinem Verlagsbüro unter dem Imprint »Querido Verlag Batavia« herstellen und vertreiben ließ. Zu diesen Büchern gehörten unter anderem Vicki Baums »Marion lebt«, Bruno Franks »Die Tochter«, Erich Maria Remarques »Liebe deinen Nächsten«, Anna Seghers' »Transit« und F. C. Weiskopfs »Slawenlied«.

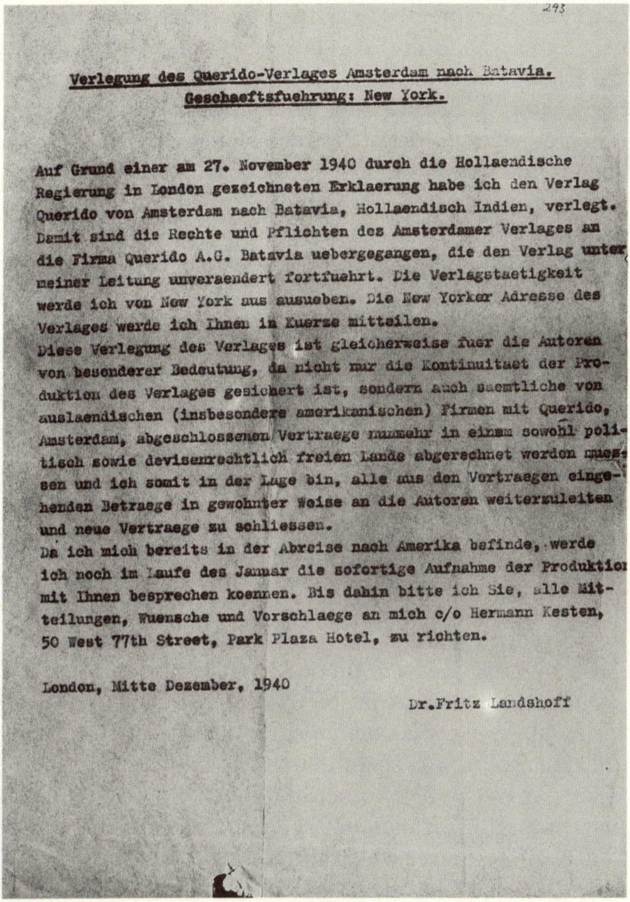

293

Verlegung des Querido-Verlages Amsterdam nach Batavia.
Geschaeftsfuehrung: New York.

Auf Grund einer am 27. November 1940 durch die Hollaendische Regierung in London gezeichneten Erklaerung habe ich den Verlag Querido von Amsterdam nach Batavia, Hollaendisch Indien, verlegt. Damit sind die Rechte und Pflichten des Amsterdamer Verlages an die Firma Querido A.G. Batavia uebergegangen, die den Verlag unter meiner Leitung unveraendert fortfuehrt. Die Verlagstaetigkeit werde ich von New York aus ausueben. Die New Yorker Adresse des Verlages werde ich Ihnen in Kuerze mitteilen.
Diese Verlegung des Verlages ist gleicherweise fuer die Autoren von besonderer Bedeutung, da nicht nur die Kontinuitaet der Produktion des Verlages gesichert ist, sondern auch saemtliche von auslaendischen (insbesondere amerikanischen) Firmen mit Querido, Amsterdam, abgeschlossenen Vertraege nunmehr in einem sowohl politisch sowie devisenrechtlich freien Lande abgerechnet werden muessen und ich somit in der Lage bin, alle aus den Vertraegen eingehenden Betraege in gewohnter Weise an die Autoren weiterzuleiten und neue Vertraege zu schliessen.
Da ich mich bereits in der Abreise nach Amerika befinde, werde ich noch im Laufe des Januar die sofortige Aufnahme der Produktion mit Ihnen besprechen koennen. Bis dahin bitte ich Sie, alle Mitteilungen, Wuensche und Vorschlaege an mich c/o Hermann Kesten, 50 West 77th Street, Park Plaza Hotel, zu richten.

London, Mitte Dezember, 1940

Dr. Fritz Landshoff

Im Juli 1940 wurde ich auf Grund des amerikanischen Besuchervisums, das ich noch in meinem Paß hatte und das bis Jahresende gültig war, vom Lagerkommandanten informiert, daß ich mit dem nächsten Boot von Liverpool – ich war zu der Zeit auf der Isle of Man interniert – nach New York fahren könnte. Ich machte sofort darauf aufmerksam, daß ich meinen Paß, den ich bei der Einlieferung in das erste Lager abgegeben hatte, benötigen würde, aber mir wurde erwidert: »Don't worry.« Am Tage vor der Abfahrt des Dampfers wurde ich von einem Detektiv aus dem Lager geholt und von ihm nach Liverpool begleitet, wo ich mit zwei anderen Internierten nicht, wie ich gehofft hatte, in einem Hotel, sondern im Polizeigefängnis untergebracht wurde, in das auch Frauen und Männer, die abends und nachts trunken oder obdachlos auf der Straße gefunden worden waren, eingeliefert wurden. Am frühen Morgen holte mich der freundliche Detektiv ab und brachte mich in die Abfahrtshalle des Hafens. Ich konnte mich nicht zurückhalten und fragte erneut nach meinem Paß und erhielt die gleiche Antwort: »Don't worry!« Ich sah die zahlreichen Passagiere an mir vorbeigehen, hörte den ersten Pfiff des Dampfers die bevorstehende Ausfahrt ankündigen und begann trotz der freundlichen Mahnung, mich nicht zu beunruhigen, recht besorgt zu werden. Warum wurde mir der Paß nicht ausgehändigt, damit auch ich an Bord gehen konnte? Der dritte und letzte Pfiff ertönte, die Seile wurden gelöst, und ich sah das Schiff sich langsam in Bewegung setzen. – Der Paß war vom Home Office durch einen Boten mit dem Morgenzug aus London geschickt worden – etwa eine halbe Stunde nach dem Auslaufen traf der Bote ein und händigte ihn mir aus.

Meine Situation war insofern kompliziert, als ich »technisch« abgereist war und niemand wußte, was er mit mir anfangen sollte. Schiffe fuhren selten, und Passagierplätze waren schwer zu bekommen. Mein treuer Detektiv eröffnete mir, daß mit diesem Tage sein vierzehntägiger Urlaub beginne, und er schien aufrichtig betrübt, meinen Fall erst nach seiner Rückkehr wieder aufnehmen zu können. Er sah voraus, daß in der Zwischenzeit nichts geschehen würde, und sein Pessimismus erwies sich als berechtigt. Am 15. Tage hörte ich seine Stimme durch die Gänge des Gefängnisses laut meinen Namen rufen. Man hatte mir die Wahl gelassen, im Polizeigefängnis zu bleiben oder in ein reguläres Gefängnis verlegt zu werden. Ich entschied mich für das Polizeigefängnis, das mir als Aufenthalt mehr transitorischen Charakter zu haben schien.

Freilich war es für »Dauergäste« in keiner Weise eingerichtet. Es gab fast kein und nahezu nur ungenießbares Essen – morgens ein entfernt an Kakao erinnerndes Getränk

7

Geldig voor: een jaar

Valable pour: un an

Valid for: one year

Gültig für: ein Jahr

CANCELLED

Handteekening van den houder:
(Signature du porteur)
(Signature of the bearer)
(Unterschrift des Paszinhabers)

F. H. Landshoff

mit einem Stück trockenen Brot, mittags einen Teller säuerlicher Kartoffeln und gegen Abend das gleiche Getränk wie am Morgen. Einmal erhielt ich vom Rabbi von Liverpool ein herrliches Paket mit koscheren, sehr fetten und nahrhaften Fleischwaren, die mir in meinem reduzierten Zustand unbeschreibliche Magen- und Darmbeschwerden verursachten.

Am Tage seiner Rückkehr begleitete mich der Detektiv zum amerikanischen Konsulat, um meine baldige Abreise zu besprechen. In meinem holländischen Gunstpaß hatte ich ja noch ein für meine bevorstehende Amerikareise gültiges Besuchervisum. Der amerikanische Konsul teilte mir jedoch mit, daß die US-Regierung soeben diese durch Konsulate in besetzten Gebieten erteilten Visa für ungültig erklärt hatte, da nach der Besetzung der betreffenden Gebiete der Besitzer eines solchen Visums durch die Besatzungsmacht daran gehindert werden könnte, in das Land, in dem ihm das Visum erteilt worden war, zurückzukehren, und er somit die Vereinigten Staaten nicht mehr verlassen würde. Augenscheinlich traf das auf mein amerikanisches Visum zu, und der Konsul versah es mit einem großen Stempel: »Cancelled«. Ich beriet mich mit meinem Detektiv-Freund, und da ich den Paß eines Landes hatte,

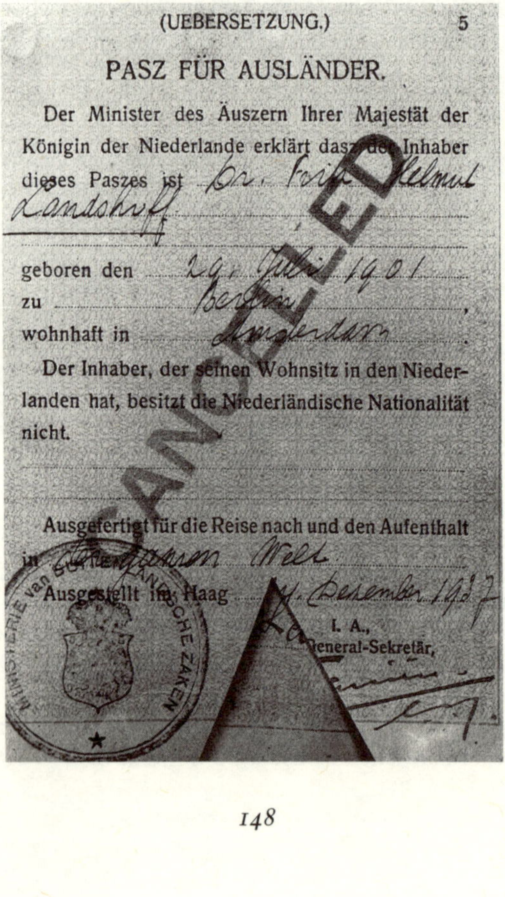
(UEBERSETZUNG.) 5

PASZ FÜR AUSLÄNDER.

Der Minister des Äuszern Ihrer Majestät der Königin der Niederlande erklärt dasz der Inhaber dieses Paszes ist Dr. Fritz Helmut Landshoff

geboren den 29. Juli 1901
zu Berlin,
wohnhaft in Amsterdam.

Der Inhaber, der seinen Wohnsitz in den Niederlanden hat, besitzt die Niederländische Nationalität nicht.

Ausgefertigt für die Reise nach und den Aufenthalt in der ganzen Welt

Ausgestellt im Haag 4. Dezember 1937

I. A.,
General-Sekretär,

CANCELLED

MINISTERIE van BUITENLANDSCHE ZAKEN

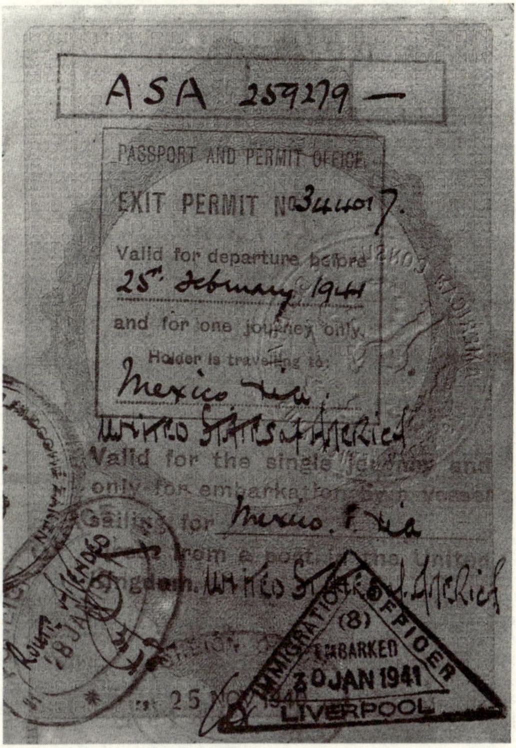
ASA 259279 —

PASSPORT AND PERMIT OFFICE

EXIT PERMIT No 344017.

Valid for departure before 25th February 1941 and for one journey only.

Holder is travelling to: Mexico via United States of America

Valid for the single journey and only for embarkation ... sailing for Mexico via ... from a port in the United Kingdom. United States of America

IMMIGRATION OFFICER (8) EMBARKED 20 JAN 1941 LIVERPOOL

in das ich nicht zurückkehren, und da ich in kein anderes Land einreisen konnte, war die einzige Lösung, in das Internierungslager zurückzugehen und zu versuchen, durch Freunde die Einreiseerlaubnis irgendwohin zu erhalten.

Im September 1940, ungefähr vier Monate nach meiner Internierung, wurde ich zum zweitenmal und nunmehr endgültig entlassen und konnte nach London zurückkehren, wo mein ältester Jugend- und Schulfreund Wilfried Israel mich bei sich aufnahm. Genaugenommen war meine Entlassung ein größerer Irrtum als meine Verhaftung. Die Lagerleitung machte bekannt, daß jeder, der ein amerikanisches Visum in seinem Paß hätte, unverzüglich das Lager verlassen könnte. Da mein Visum ungültig gestempelt worden war, fühlte ich mich nicht berechtigt. Da kam ein freundlicher, schlauer Lagergenosse und fragte mich, warum ich noch nicht fort wäre. Meine Erklärung, daß mein Visum nicht gültig ist, fand er dumm und sagte empört: »Wer hat dich nach Gültigkeit gefragt? Du hast ein Visum.« – Er schleppte mich zum Lagerkommandanten: »Landshoff hat ein Visum und begreift nicht, daß er das Lager verlassen kann.« Der Kommandant sah sich meinen Paß sehr flüchtig an und stimmte zu. Zehn Minuten später war ich auf dem Weg nach London. Dort war ich auf die Hilfe meiner kommunistischen Freunde in Mexiko angewiesen, denn mit dem ungültigen Visum konnte ich von London nicht abreisen. Sie besorgten mir durch ihre Beziehungen zum damaligen Präsidenten Lázaro Cárdenas ein mexikanisches Visum, das mich zum Erhalt eines ame-

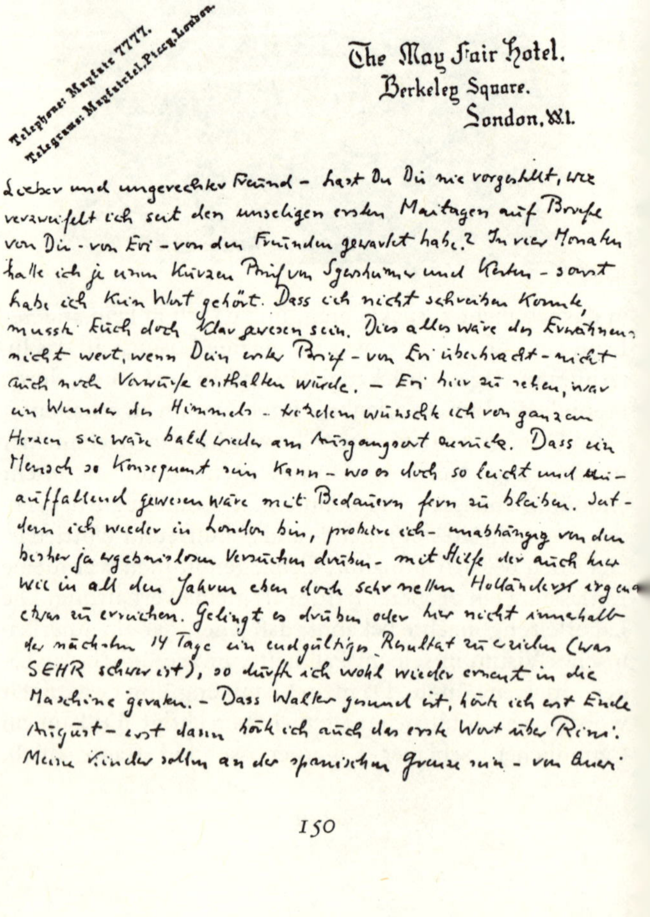
Telephone: Mayfair 7777.
Telegrams: Mayfairtel, Piccy, London.

The May Fair Hotel.
Berkeley Square.
London, W.1.

Lieber und ungerechter Freund – hast Du Dir nie vorgestellt, wie
verzweifelt ich seit den unseligen ersten Maitagen auf Briefe
von Dir – von Evi – von den Freunden gewartet habe? In vier Monaten
hatte ich je einen kurzen Brief von [illegible] und Kesten – sonst
habe ich kein Wort gehört. Dass ich nicht schreiben konnte,
musste Euch doch klar gewesen sein. Dies alles wäre der Erwähnung
nicht wert, wenn Dein erster Brief – von Evi überbracht – nicht
auch noch Vorwürfe enthalten würde. – Evi hier zu sehen, war
ein Wunder des Himmels – trotzdem wünschte ich von ganzem
Herzen sie wäre bald wieder am Ausgangsort zurück. Dass ein
Mensch so konsequent sein kann – wo es doch so leicht und un-
auffallend gewesen wäre mit Bedauern fern zu bleiben. Seit-
dem ich wieder in London bin, probiere ich – unabhängig von den
bisher ja ergebnislosen Versuchen drüben – mit Hilfe der auch hier
wie in all den Jahren eben doch sehr netten Holländer irgend
etwas zu erreichen. Gelingt es drüben oder hier nicht innerhalb
der nächsten 14 Tage ein endgültiges Resultat zu erzielen (was
SEHR schwer ist), so dürfte ich wohl wieder erneut in die
Maschine geraten. – Dass Walter gesund ist, hörte ich erst Ende
August – erst dann hörte ich auch das erste Wort über Rini.
Meine Kinder sollen an der spanischen Grenze sein – von Anni

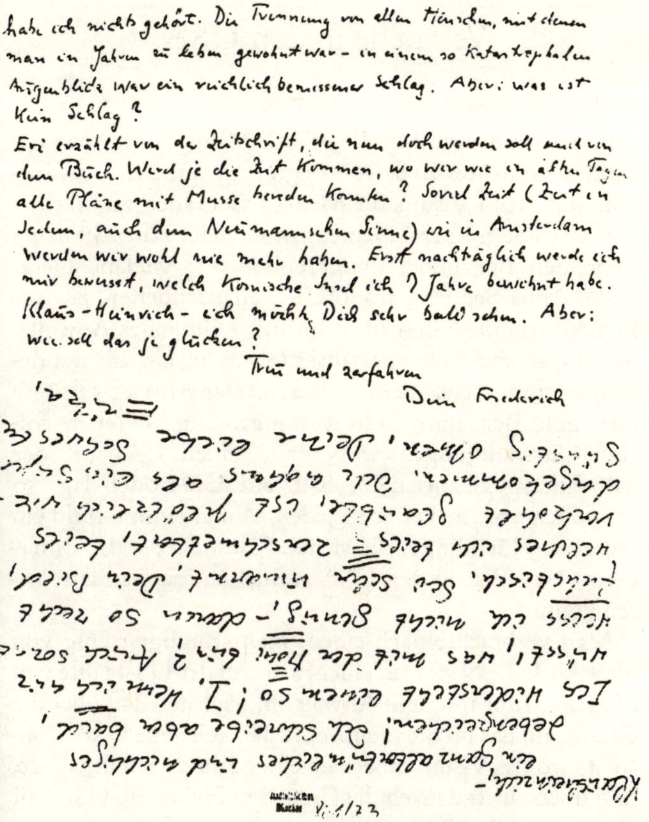
habe ich nichts gehört. Die Trennung von allen Menschen, mit denen man ein Jahr zu leben gewohnt war – in einem so katastrophalen Augenblick war ein reichlich bemessener Schlag. Aber: was ist kein Schlag?
Eri erzählt von der Zeitschrift, die nun doch werden soll und von dem Buch. Wird je die Zeit kommen, wo wir wie in alten Tagen alle Pläne mit Musse bereden konnten? Soviel Zeit (Zeit in jedem, auch dem Neumannschen Sinne) wie in Amsterdam werden wir wohl nie mehr haben. Erst nachträglich werde ich mir bewusst, welch komische Insel ich 7 Jahre bewohnt habe. Klaus-Heinrich – ich möchte Dich sehr bald sehn. Aber: wie soll das je glücken?

Treu und zerfahren

Dein Friedrich

Klaus Heinrich, –
ein ganz altertümliches und richtiges Lebenszeichen! Ich schreibe aber bald, [es widersteht einem so!]. Wenn ich nur wüsst', was mit der Moni ist? Auch sonst weiss ich nicht genug, – darum so recht flüchtig. Sei sehr umarmt. Dein Bild, welches ich teils zerschmettert, teils verkohlt glaubte, ist plötzlich wiedergekommen. Ich [illegible] als ein sehr günstig Omen. Deine liebe Schwester

Erika,

rikanischen Transitvisums berechtigte. Insbesondere waren es meine Freunde und Autoren F. C. Weiskopf und Kesten in New York, Katia Mann in Kalifornien sowie Stefan Zweig in Brasilien, denen ich meine Abreise von England nach Amerika im Januar 1941 zu danken habe.

Versuche in den USA

Mit meiner Ankunft in New York Mitte Januar 1941 begann mein drittes Exil. Von Beginn an war ich entschlossen, statt vom Visum für Mexiko Gebrauch zu machen und mich dem Kreise meiner mir in vieler Hinsicht nahestehenden Bekannten und Freunde wie Wieland Herzfelde, Anna Seghers, Bodo Uhse anzuschließen, zu versuchen, das USA-Transitvisum mit Hilfe eines Anwalts, der für solche Fälle spezialisiert war, in ein Einwanderungsvisum verwandeln zu lassen. Der Anwalt verfügte über gute Beziehungen in Washington und bereitete solche »Umwandlungen« in Nogales, einem Grenzort, der halb auf mexikanischem, halb auf US-Boden lag, so gründlich vor, daß er etwa jeden Monat einmal rund ein Dutzend Flüchtlinge, die sich auf Besucher- oder Emergency-Not-Visa in den USA aufhielten, einwandern lassen konnte.

Man verbrachte nach einem mehrstündigen Flug von New York die Nacht auf einer Farm auf der US-Hälfte von Nogales, fuhr mit dem Anwalt am nächsten Tag über die Grenze auf das im mexikanischen Teil gelegene USA-Konsulat, wo das Visum innerhalb einer Stunde erteilt wurde, und überschritt danach die Grenze zu Fuß in die USA mit dem wertvollen Papier als Immigrant.

Meine Rückreise von Nogales nach New York verband ich mit einem Umweg, der mich zunächst für einige Tage nach Los Angeles führte. In Los Angeles sah ich meine erste Frau und unsere zwei Töchter, die dort die Schule besuchten, wie auch einige meiner Querido-Autoren, unter anderem Vicki Baum, Alfred Döblin, Lion Feuchtwanger, Bruno Frank, Leonhard Frank, Alfred Neumann, Heinrich und Thomas Mann, Alfred Polgar, Wilhelm Speyer. Die meisten von ihnen waren erst kürzlich in den Vereinigten Staaten eingetroffen. Mehrere bereits länger in Hollywood lebende Landsleute – in erster Linie Liesl Frank, die Gattin von Bruno Frank und Tochter des vor den Hitlerjahren sehr berühmten Operettenstars Fritzi Massary,

Ernst Lubitsch, Wilhelm Dieterle und der amerikanische Agent Kuhnert – hatten einen Filmfonds in Hollywood gegründet. Ziel dieser Gründung war, Exilschriftstellern, die nun aus dem erst durch die Nazis nicht okkupierten südlichen Teil Frankreichs nach dessen Besetzung fliehen mußten, bei ihrer Ankunft in Amerika eine erste Hilfe und eine Existenzmöglichkeit zu organisieren. Ein paar der größten Filmgesellschaften wurden veranlaßt, mit einigen von ihnen, so mit Bertolt Brecht, Leonhard Frank, Heinrich Mann, Wilhelm Speyer, Jahresverträge über ein Gehalt von wöchentlich 100 Dollar abzuschließen, ein Almosen, gemessen am üblichen Einkommen dieser Branche, von dem man leben konnte, aber: Als »Almosenempfänger« wurde man nicht wahrgenommen. – Keines ihrer Manuskripte ist auch nur gelesen worden, keiner der Verträge wurde verlängert. Einige prominente Amerikaner, unter ihnen Eleanore Roosevelt, die Gattin des Präsidenten, hatten die Aufgabe übernommen, Emergency-Visa für diese Autoren und politisch gefährdete Persönlichkeiten, die noch in Frankreich waren, zu verschaffen, um sie vor dem Zugriff der Nazis zu retten. Das zu diesem Zweck gegründete Emergency Rescue Committee stand unter der Leitung von Frank Kingdon. Die zeitraubende Arbeit, zu der auch die Beschaffung von Affidavits (Bürgschaften) für jeden einzelnen Visumempfänger gehörte, wurde ohne jedes Entgelt größtenteils von Exulanten geleistet, von denen Hermann Kesten den Löwenanteil bestritt.

Es ist schwer zu sagen, ob es richtig war, nicht nach Mexiko zu gehen. In Mexiko wäre ich wahrscheinlich in der Gesellschaft meiner Kollegen meinem Beruf als Verleger deutschsprachiger Bücher näher geblieben, was wiederum auf meine Nachkriegstätigkeit großen Einfluß gehabt hätte. Mein Entschluß, in den USA zu bleiben, hat jedenfalls mein weiteres Leben bestimmt, was ich zu diesem Zeitpunkt nicht übersah.

Sehr bald beschlossen der ungefähr zur gleichen Zeit aus Schweden über die Sowjetunion und Japan in die USA gekommene und auf die gleiche Weise wie ich eingewanderte

Gottfried Bermann-Fischer und ich, den Versuch zu machen, einen englischsprachigen Verlag zu gründen. Da uns keine Mittel zur Verfügung standen, galt es zunächst, einen Geldgeber zu finden. Das war für zwei in den USA unbekannte und unerfahrene Exulanten keine leichte Aufgabe. Wir suchten und fanden einen Agenten, der bereit war, gegen ein mäßiges Erfolgshonorar unsere Interessen zu vertreten. Die folgenden Wochen erwiesen sich mit ihren Einladungen zum Tee oder Abendessen bei wohlhabenden Interessenten, die uns kennenlernen wollten, als ziemlich qualvoll. Nach etwa einem Monat führte unser Agent uns bei einem erst kürzlich aus Polen eingewanderten Bruderpaar ein. Beide waren befreundet mit einem recht bekannten jüdischen Philosophen, Joseph Klatzkin, dessen Rat sie in allen Fragen, besonders bei Entscheidungen, die auch intellektuelle Gebiete berührten, suchten und befolgten. Klatzkin war natürlich vertraut mit der ins 19. Jahrhundert zurückgehenden Geschichte des S. Fischer Verlages und auch mit der Tätigkeit der Exilverlage. Ihm schien eine Verbindung mit uns für seine Freunde empfehlenswert. So kam es, daß diese Verhandlungen binnen weniger Wochen zu einem positiven Resultat führten. Herr Marcel Roth trat als geschäftlicher Direktor in den neu zu gründenden L (andshoff) B (ermann) F (ischer) Verlag ein, und sein Bruder stellte das Gründungskapital der bescheidenen Firma zur Verfügung. Bermann-Fischer hat die Leitung seines Stockholmer Verlages zu keinem Zeitpunkt aufgegeben.

Unglücklicherweise konnten wir nur sehr begrenzt von unseren Autorenbeziehungen Gebrauch machen. Es erging uns ähnlich wie der von Koppell inzwischen an einen angesehenen amerikanischen Verlag verkauften Alliance Book Co., da die überwiegende Mehrzahl unserer ehemaligen Autoren inzwischen ihre festen Verleger in den Vereinigten Staaten hatte. Trotzdem gelang es uns, mit einem eindrucksvollen ersten Katalog den Verlag 1942 zu eröffnen, und wir wurden von der Presse mit positiver, freundlicher Kritik empfangen. Dennoch hat sich der Verlag nur mit erheblichen Schwierigkeiten über Wasser halten können. Unsere allzu bescheidene Finanzierung und unsere völlige Unerfahrenheit im amerikanischen Verlagsbuchhandel ließen uns Fehler über Fehler machen, so daß wir die sich mehrfach bietenden Möglichkeiten wieder und wieder verspielten. Bereits aus unserem ersten Verlagskatalog wählte einer der großen Buchklubs, die »Literary Guild«, einen Titel als Prämie für ihre Mitglieder: »Ameri-

BERNAM G. HINES, MANAGING DIRECTOR

Hotel
ROOSEVELT
MADISON AVENUE AT 45TH STREET
NEW YORK. N.Y.

Lieber Herr Doktor Feuchtwanger

Beide Manuscripte sind eingetroffen! Ich lese das Frankreich-Buch sogleich und schreibe Ihnen dann meine Vorschläge für die Reihenfolge der Publikation. Ab 1. Juli habe ich eine Office-Adresse – von diesem Tage an wird alles wieder postwendend erledigt werden. Die letzten Wochen waren mit langwierigen und mühseligen Verhandlungen aller Art ungewöhnlich besetzt. Zudem fehlt es ja nicht an allgemeinen Sensations- und persönlichen Schwierigkeiten. (Die Schliessung

IN THE UNITED HOTELS SYSTEM

NEW YORK CITY, N.Y. THE ROOSEVELT · PHILADELPHIA, PA. THE BENJAMIN FRANKLIN · NEWARK, N.J. THE ROBERT TREAT · PATERSON, N.J. THE ALEXANDER HAMILTON · HARRISBURG, PA. THE PENN-HARRIS · ROCHESTER, N.Y. THE SENECA · ALBANY, N.Y. THE TEN EYCK · SYRACUSE, N.Y. THE ONONDAGA · ERIE, PA. THE LAWRENCE · BOSTON, MASS. THE BRADFORD · TUCSON, ARIZ. EL CONQUISTADOR · PUERTO RICO THE CONDADO · IN CANADA TORONTO THE KING EDWARD · ASSOCIATED NEW LONDON, CONN. THE LIGHTHOUSE INN

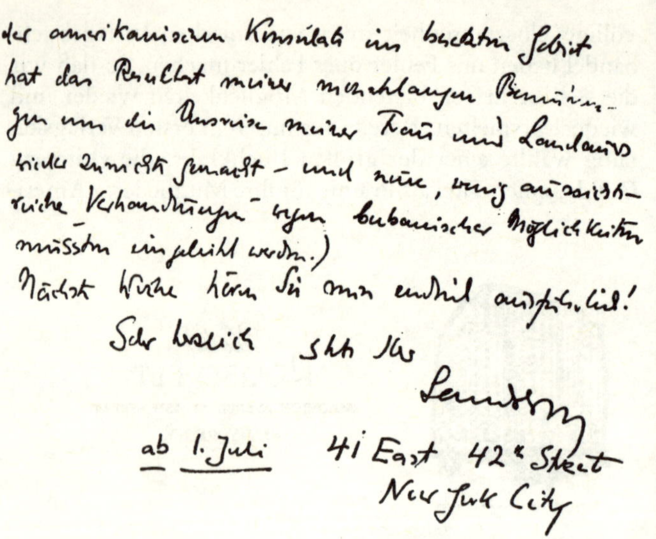

der amerikanischen Konsulate im besetzten Gebiet hat das Resultat meiner monatelangen Bemühungen um die Ausreise meiner Frau und Landauers wieder zunichte gemacht – und neue, wenig aussichtsreiche Verhandlungen wegen kubanischer Möglichkeiten müssten eingeleitet werden.)
Nächste Woche hören Sie nun endlich ausführlich!
Sehr herzlich stets Ihr
Landshoff
ab 1. Juli 41 East 42nd Street
New York City

can Harvest«, eine Anthologie junger amerikanischer Schriftsteller, herausgegeben von zwei der besten amerikanischen Literaten und Kritiker: Alan Tate und John Peale Bishop. Beeinflußt und bestimmt durch unsere europäische, speziell deutsche Verlegererfahrung, glaubten wir – in völliger Verkennung der grundsätzlich anderen Situation in den USA –, die Vergabe eines wichtigen Werkes an einen Buchklub als Prämie mit dem gleichzeitigen Erscheinen der Buchhandelsausgabe nicht verantworten zu können. Die einzigartige Erfolgsmöglichkeit, die unseren Verlag mit einem Schlag gefestigt hätte, ließen wir uns entgehen und verstimmten zudem für lange Zeit einen der größten potentiellen Kunden. Überdies wurde das Jahr vor dem Eintritt Amerikas in den Krieg als Maßstab für die Papierquote genommen, die jedem Verlag jährlich für die Dauer des Krieges zugeteilt wurde. Da die »Literary Guild« uns die Herstellung der Bücher (etwa 50000 Exemplare) überlassen wollte, wäre unsere Papierquote in den Kriegsjahren ein Mehrfaches dessen, war wir dann erhielten, geworden, was unsere Chancen um so mehr vergrößert hätte, als man den nicht gebrauchten Teil zu ausgezeichneten Preisen an papierhungrige Kollegen hätte verkaufen können.

Ein zweiter im ersten Jahr begangener kostspieliger Fehler war die Rückgabe der bereits vertraglich erworbenen Rechte für ein Buch, das unter dem Titel »Under Cover« von einem als aktives Mitglied vieler amerikanischer Naziverbände arbeitenden armenischen Antinazi geschrieben worden war. Das Manuskript hatte mehr als 2000 Seiten, und der Autor wollte es zu normaler Buchlänge gekürzt haben und dem Redakteur 50 Prozent der Tantieme abtreten. Sowohl Bermann-Fischer wie ich glaubten fest an den

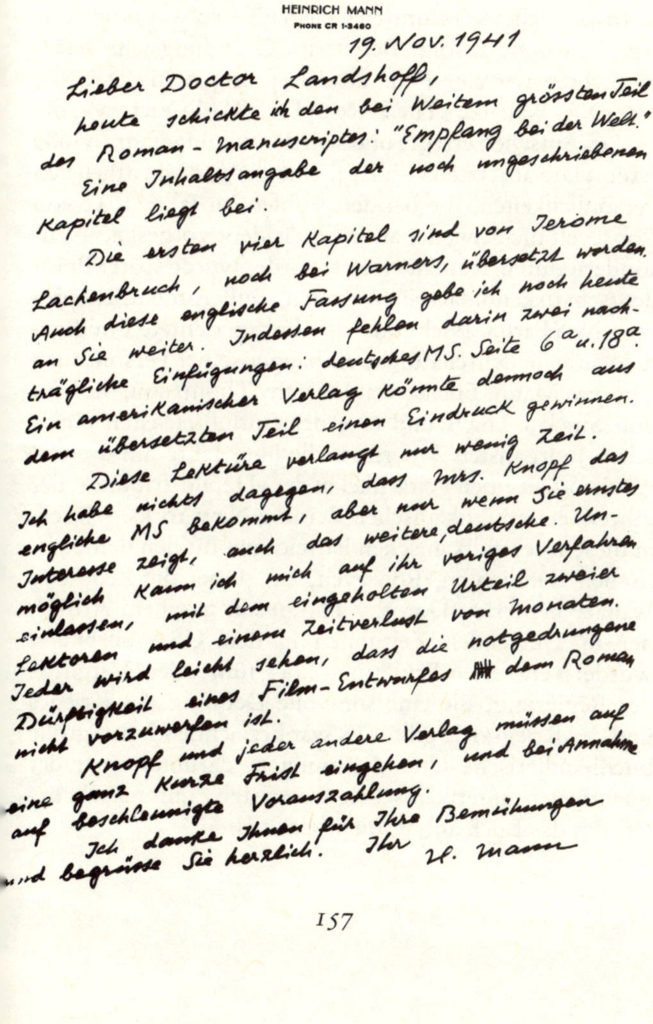
HEINRICH MANN
PHONE CR 1-3460

19. Nov. 1941

Lieber Doctor Landshoff,

heute schickte ich den bei Weitem grössten Teil des Roman-Manuscriptes: "Empfang bei der Welt." Eine Inhaltsangabe der noch ungeschriebenen Kapitel liegt bei.

Die ersten vier Kapitel sind von Jerome Lachenbruch, noch bei Warners, übersetzt worden. Auch diese englische Fassung gebe ich noch heute an Sie weiter. Indessen fehlen darin zwei nachträgliche Einfügungen: deutsches MS. Seite 6^a u. 18^a. Ein amerikanischer Verlag könnte dennoch aus dem übersetzten Teil einen Eindruck gewinnen. Diese Lektüre verlangt nur wenig Zeit.

Ich habe nichts dagegen, dass Mrs. Knopf das englische MS bekommt, aber nur wenn Sie ernstes Interesse zeigt, auch das weitere, deutsche. Unmöglich kann ich mich auf ihr voriges Verfahren einlassen, mit dem eingeholten Urteil zweier Lektoren und einem Zeitverlust von Monaten. Jeder wird leicht sehen, dass die notgedrungene Dürftigkeit eines Film-Entwurfes dem Roman nicht vorzuwerfen ist.

Knopf und jeder andere Verlag müssen auf eine ganz kurze Frist eingehen, und bei Annahme auf beschleunigte Vorauszahlung.

Ich danke Ihnen für Ihre Bemühungen und begrüsse Sie herzlich. Ihr H. Mann

Erfolg dieses sensationelles Material enthaltenden Buches. Obgleich wir ungezählte Spezialisten, Journalisten und besonders erfolgreiche Ghostwriter auf diesem Gebiet ansprachen, fanden wir niemanden, der unsere Begeisterung teilte, und folgten schließlich dem Vorschlag des Autors, den Vorschuß zurückzuzahlen und das Manuskript zurückzugeben. Mehr als ein Dutzend Verlage, darunter die größten und bekanntesten des Landes, lehnten nach uns das Buch ab. Endlich erschien es doch ein Jahr später im Verlag Dutton, und innerhalb weniger Monate wurden mehr als eine Million Exemplare in einer gebundenen Ausgabe verkauft.

Trotz solcher versäumten Gelegenheiten war unser Verlag nicht ohne Erfolg. Bereits im Gründungsjahr veröffentlichten wir eine Rede des Vizepräsidenten der USA, Henry A. Wallace: »The Price of Free World Victory«, die großes Aufsehen erregte und von der wir ungefähr 100000 Exemplare absetzten. Wallace, eine der fortschrittlichsten Persönlichkeiten, die bei den Wahlen im Jahre 1944 von Roosevelt nicht wieder als Vizepräsident vorgesehen war, sondern durch Truman ersetzt wurde, wurde später Präsidentschaftskandidat einer dritten, außerordentlich progressiven Partei. Nicht nur viele linksgerichtete Emigranten waren leidenschaftliche Anhänger seiner Person, auch Thomas Mann. Ebenso trat Dorothy Thompson, die Frau von Sinclair Lewis und eine der einflußreichsten politischen Journalisten Amerikas, die über Jahre hin dreimal wöchentlich einen Leitartikel in der »Herald Tribune«, der führenden republikanischen Zeitung New Yorks, schrieb, in diesem republikanischen Parteiorgan für den demokratischen Kandidaten, Roosevelt, ein. Über die Rede von Wallace bemerkte Dorothy Thompson in einem Artikel, der in Dutzenden Zeitungen in den USA verbreitet wurde: »Die erste Erklärung eines führenden Mitglieds der Regierung, die eine sinnvolle Deutung des Krieges und der Kriegsziele gibt.« Es war bezeichnend, daß große buchhändlerische Unternehmungen, darunter einer der wichtigsten amerikanischen Grossisten, unseren Vertreter, der das Buch anbot, hinausschmissen.

Wir verlegten auch mehrere Erstlingswerke von amerikanischen Autoren, so zum Beispiel einen Roman von William Bradford Huie, »Mud on the Stars«, der die Rassenfrage im Süden der USA behandelte. Es wurde das einzige L.-B.-Fischer-Buch, das mehrmals einen, wenngleich den letzten, Platz auf der wöchentlich in der am Sonntag erscheinenden Bestsellerliste der Buchbeilage der »New York Times« errang. Auch unsere Anthologien waren große literarische, aber begrenzte materielle Erfolge: die schon erwähnte Sammlung »American Harvest«, »Heart of Europe«, eine einzigartige Anthologie europäischer Li-

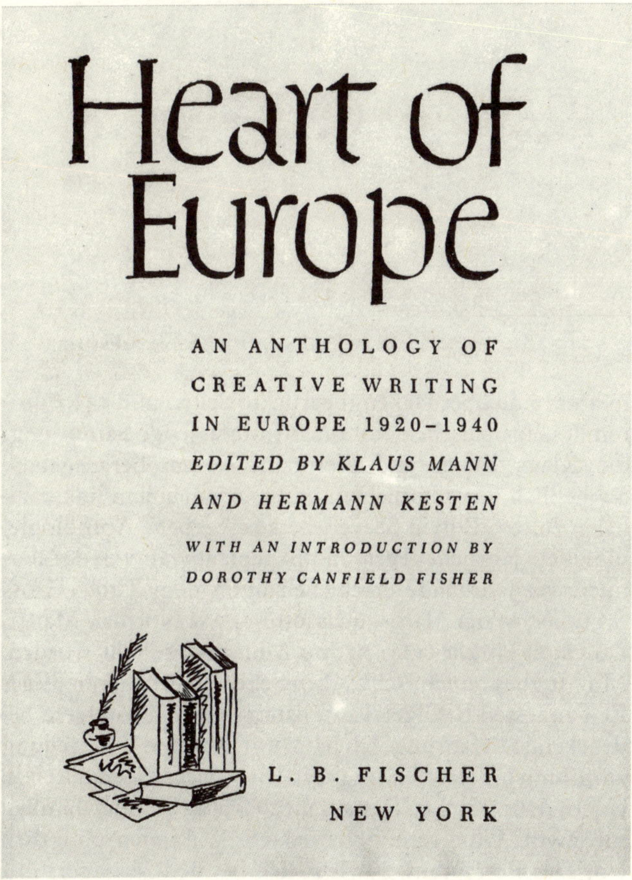

Heart of Europe

AN ANTHOLOGY OF CREATIVE WRITING IN EUROPE 1920–1940

EDITED BY KLAUS MANN AND HERMANN KESTEN

WITH AN INTRODUCTION BY DOROTHY CANFIELD FISHER

L. B. FISCHER
NEW YORK

The Turning Point

THIRTY-FIVE YEARS IN THIS CENTURY

By KLAUS MANN

L. B. FISCHER · NEW YORK

teratur, eine über 700 engbedruckte Seiten und 141 Autoren des europäischen Kontinents umfassende Sammlung, die Klaus Mann und Hermann Kesten herausgaben. Schließlich veröffentlichten wir eine von einem linksradikalen Autor, Edwin Seaver, herausgegebene Anthologie, die als ein jährliches Periodikum geplant war, von der aber nur zwei Jahrgänge erschienen unter dem Titel »Cross Section«, in der Nachwuchsautoren wie Norman Mailer, Langston Hughes und Arthur Miller vorgestellt wurden. Mit Hughes, einem schwarzen Schriftsteller, der in dieser Zeit zu ersten Erfolgen kam, hatte ich damals eine sehr bedrückende Erfahrung. Ich hatte mit ihm eine Verabredung zum Lunch getroffen und mit Vorbedacht einen Tisch in einem französischen Restaurant zu früher Stunde, nämlich um zwölf Uhr, reservieren lassen. Wir trafen pünktlich ein. Das Restaurant war leer. Ich bat den Manager, mir den vorbestellten Tisch zu zeigen. Er erwiderte: »Wir sind völlig besetzt, und ich kann Ihnen keinen Tisch geben.« Heute würde solches Verhalten bestraft. Damals war es noch üblich.

Im Jahr 1942 war ein holländischer Verleger, Marinus Warendorf, bis zur Invasion Hollands Mitinhaber des Verlages Holkema en Warendorf, mit seiner Familie in den Vereinigten Staaten als Flüchtling eingetroffen. Ich kannte ihn aus Amsterdam, wo sein Verlag, von seinem Vater mitbegründet, der Geldgeber des Emanuel Querido Uitgevers-Mij. und damit auch indirekt des deutschen Querido Verlages war. Holkema en Warendorf hatte jedoch zu keinem Zeitpunkt irgendwelchen Einfluß auf die Geschäftsführung oder auf literarische Entscheidungen, die die beiden Querido-Verlage betrafen. Warendorf zeigte Interesse an verlegerischer Betätigung in den Vereinigten Staaten und beteiligte sich am L. B. Fischer Verlag, wo er sich hauptsächlich mit der geschäftlichen Leitung befaßte. Da es kein Unternehmen gab, das sich der Veröffentlichung von Büchern emigrierter niederländischer Autoren widmete, beschlossen Warendorf und ich, einen kleinen, nur von uns beiden betriebenen Verlag, Querido Incorporated, New York, zu gründen, der niederländische Literatur in holländischer und vereinzelt auch in englischer Sprache verlegen sollte. Wir arbeiteten bei einigen Büchern mit dem recht aktiven holländischen »Informatie Kantoor« zusammen, das sein großzügig besetztes Büro in zahlreichen Räumen des Rockefeller Plaza untergebracht hatte. Auch mit dem belgischen Informationsbüro, das mit einer kleinen Anzahl hervorragender Mitarbeiter unter der Leitung des angesehenen belgisch-flämischen Schriftstellers Marnix Gijsen im gleichen Rockefeller-Plaza-Komplex in bescheidenerem Quartier untergebracht war, arbeiteten wir gelegentlich zusammen. So gaben Jan Greshoff und Marnix Gijsen bei Querido Inc. in englischer Sprache eine vortreffliche umfangreiche Anthologie moderner holländischer und flämischer Literatur unter dem Titel »Harvest of the Lowlands« heraus, die mit Hilfe beider »Information Offices« einen schönen Erfolg hatte. Außerdem verlegte

Querido Inc. eine Anzahl im besetzten Holland und Belgien unerwünschter oder verbotener Bücher, deren Absatzmöglichkeit freilich durch ihr Erscheinen in niederländischer Sprache auf ein sehr kleines Publikum begrenzt war. Gegen Ende des Krieges erwarb Querido Inc. einige holländische Übersetzungsrechte an erfolgreichen amerikanischen Publikationen, die 1945 vom holländischen Querido Verlag übernommen wurden. Warendorf kehrte mit seiner Familie nicht wieder nach Holland zurück; er lebt noch heute in einem Vorort New Yorks, wo er sich bald nach seiner Ankunft ein Haus gekauft hatte.

Neben seiner Tätigkeit in unserer amerikanischen Firma widmete Gottfried Bermann-Fischer stets viel Zeit und Gedanken seinem deutschen Verlag in Stockholm, mit dem die schriftliche Verbindung aufrechtzuerhalten schwierig war. Als im Winter 1942/43 die Kriegslage sich zugunsten der Alliierten zu entwickeln begann, beschäftigte er sich in steigendem Maße mit der Vorbereitung mehrerer Projekte für die Nachkriegszeit in Deutschland. Er schlug der Armee-Verwaltung eine Serie im Taschenbuchformat unter dem Namen »Neue Welt« vor. Aus mehr als 40 vorgeschlagenen Titeln sollte eine Kommission von Kriegsgefangenen mit literarischen Kenntnissen 24 auswählen. Außer Werken deutscher Exilschriftsteller wie Leonhard Franks »Räuberbande«, Franz Werfels »Die vierzig Tage des Musa Dagh«, Thomas Manns »Zauberberg«, Arnold Zweigs »Streit um den Sergeanten Grischa«, Carl Zuckmayers Novellensammlung »Ein Bauer aus dem Taunus« und sein »Hauptmann von Köpenick« sowie Erich Maria Remarques »Im Westen nichts Neues« gehörten dazu übersetzte Werke, zum Beispiel von Joseph Conrad und Ernest Hemingway. In der Wahl der Herstellungsfirmen für diese Taschenbücher ließ Bermann-Fischer sich beraten von Kurt Enoch, einem anderen deutschen Exulanten und früheren Verleger Klaus Manns, der in der Entwicklung des amerikanischen und englischen Taschenbuches eine entscheidende Rolle spielte. Innerhalb seiner Vorbereitungen für die Nachkriegszeit in Deutschland hatte Bermann-Fischer auch Schulbücher für Deutsch und Geschichte entwickeln lassen, die die »Re-education« unterstützen sollten.

Bei einem Routine-Interview, das ein amerikanischer Offizier deutsch-jüdischer Abstammung mit einem Kriegsgefangenen machte, fiel ihm dessen Name auf, der der gleiche war wie der des Ehepaares, das seinen Eltern in höchster Not in der Hitlerzeit in Leipzig Unterkunft und Fluchtmöglichkeiten verschafft hatte. Es stellte sich heraus, daß es die Eltern des späteren langjährigen Direktors des E. A. Seemann Verlages in Leipzig, Gerhard Keil, waren, und der amerikanische Offizier revanchierte sich, indem er dem jungen Deutschen eine ideale Stellung verschaffte: Er wurde mit der Belieferung der Leihbibliotheken für deutsche Kriegsgefangene betraut.

Jahrelang hatte man von allen Seiten Vorkehrungen für den kulturpolitischen Wiederaufbau Deutschlands getroffen. Schon im Jahre 1943 wurden in Hollywood gewisse Filme synchronisiert. Eine meiner Töchter hatte in verschiedenen Studios an solchen Synchronisationen mitgearbeitet. Die Studios hatten sich auf diese Arbeit so weitgehend eingestellt, daß die für die Aufgaben ausgewählten Kinder in den Pausen zwischen den Aufnahmen Schulunterricht erhielten, um nicht gegenüber ihren Mitschülern ins Hintertreffen zu geraten.

Bermann-Fischer und ich glaubten, nach dem Verkauf des L. B. Fischer Verlages mit dem Stockholmer wie mit dem Amsterdamer Unternehmen eine großzügigere Produktion der im Dritten Reich unerwünscht und verboten gewesenen Bücher organisieren zu können. Weder bei den Autoren, die dem Augenblick des Zusammenbruchs der Naziherrschaft mit Ungeduld entgegengelebt hatten und den großen Moment endlich gekommen sahen, noch bei den Verlagen bestand der geringste Zweifel, daß – nachdem die notwendigsten Lebensbedürfnisse gedeckt sein würden – ein enormer Hunger nach Kulturgütern sich zeigen werde. Diese Illusion war seit je bei den Exilautoren und -verlegern eingewurzelt. Schließlich hatte man all die Jahre darauf hingearbeitet.

Nach dem Krieg

Ich hatte, sobald nach Kriegsende die Postverbindung zwischen Holland und Amerika wiederhergestellt war, meinen Freunden in Amsterdam angekündigt, daß ich kommen wolle. Zunächst konnte es sich nur um einen Besuch handeln, da eine endgültige Rückkehr mir als Nicht-Holländer noch nicht zugestanden wurde. In unregelmäßigen Abständen fuhren Schiffe von New York nach europäischen Häfen, jedoch erhielten Zivilisten nur in Ausnahmefällen Fahrkarten. Meine Abreise wurde für den Dezember 1945 festgesetzt, sie mißglückte aber, da das Schiff im Hafen von New York einen Zusammenstoß hatte und abgeschleppt werden mußte. Auf eine neue Gelegenheit wartete ich mehr als einen Monat und erhielt endlich einen Platz im Januar 1946 auf einem Schiff, das nach La Rochelle ging, von wo ich über Paris in einer zweitägigen Reise nach Amsterdam fuhr. Die Heimkehr nach sechs Jahren war ein überwältigendes Ereignis. So arg Rotterdam verwüstet war – Amsterdam war relativ wenig beschädigt. Die Bevölkerung hatte fünf Jahre Besetzung durch die Nazis mit schrecklichen Entbehrungen und, besonders in den letzten Jahren, mit furchtbarem Hunger durchlebt. Ungezählte Holländer – und zwar keineswegs nur Juden – waren in Konzentrationslagern interniert und viele von ihnen umgekommen, Zehntausende zum Arbeitsdienst verschleppt worden. Emanuel Querido war mit seiner Frau in Auschwitz umgebracht worden, Walter Landauer in Bergen-Belsen kurz vor Ende des Krieges verhungert. Alice van Nahuys, ihr Mann Fred von Eugen und die übrigen Mitarbeiter des holländischen Querido Verlages sowie meine Mitarbeiter Werner und Jetty Cahn hatten den Krieg als »Untertaucher« überlebt und ihre Tätigkeit im Verlag wieder aufgenommen. Fred von Eugen hatte während des Krieges eine wichtige Rolle in der Widerstandsbewegung gespielt.

Die Wiederaufnahme der Arbeit litt darunter, daß es an allem Notwendigen mangelte: an Papier und Produktionsmöglichkeiten, an Arbeitskräften in Druckereien und Bindereien.

Während meines Aufenthaltes in Holland verkaufte Bermann-Fischer, der von seiner ersten Reise nach Schweden in die USA zurückgekehrt war, unseren gemeinsamen Verlag L. B. Fischer an den New-Yorker Verlag Wyn, der Prestige wie Verlust zum Ausgleich seiner großen, steuerfressenden Gewinne benötigte – zwei Dinge, die wir liefern konnten. Von dem Erlös konnten wir die Schulden an Autoren und Lieferanten voll zurückzahlen, das Investment war jedoch zum erheblichen Teil verloren. Im Mai 1946 war auch ich wieder in New York und bereitete meine Übersiedlung nach Holland vor.

Im Herbst 1946 kehrte Bermann-Fischer nach Stockholm zurück und ich nach Amsterdam. Freilich mußten wir – Bermann-Fischer in Schweden und ich in Holland – schnell erkennen, daß die von Verlegern und Autoren seit 1933 mit größten Hoffnungen erwartete Öffnung des deutschen Marktes für die Exilliteratur vorläufig ausblieb und wir erneut einer qualvollen, zeitlich unabsehbaren Periode des Wartens ausgesetzt waren. Das Haus Bonnier zeigte sich nicht allzu geneigt, nach einer Investitionsspanne von acht Jahren, die wahrhaft magere Jahre waren, da sie die Kriegszeit mit äußerst geringem Umsatz und einer immerhin noch ansehnlichen jährlichen Investition einschlossen, weiterhin von Hoffnungen zu leben, deren Erfüllung unsicher erschien.

Der holländische Querido Verlag, von Fred von Eugen unterstützt, der durch seine Aktivität während der Besetzung viele Bewunderer erworben hatte, wollte auch diese Zeit »durchhalten«. Wir zeigten uns interessiert, von Bonnier die 51 Prozent Beteiligung am Stockholmer Bermann-Fischer Verlag und seinem potentiellen Mitbesitz der Fischer-Verlage in Deutschland und Österreich zu übernehmen. Die Verhandlungen wurden schnell begonnen und führten zum Abschluß des Vertrages und zur Änderung unseres Firmennamens in Bermann-Fischer/Querido Verlag. Die Direktion bestand aus Gottfried Bermann-Fischer und mir, der Sitz war Amsterdam, und wie vor der Invasion hatten wir eine Bürogemeinschaft mit

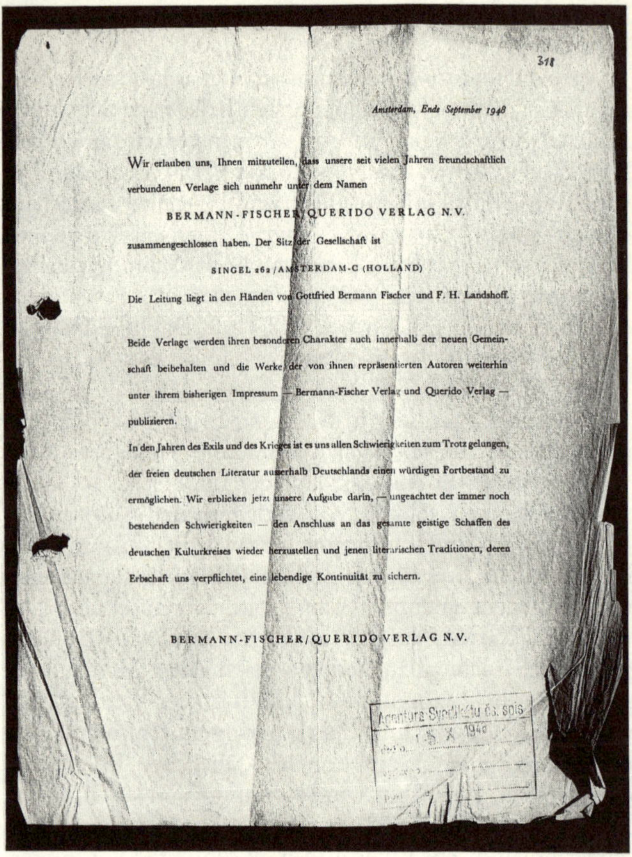

318

Amsterdam, Ende September 1948

Wir erlauben uns, Ihnen mitzuteilen, dass unsere seit vielen Jahren freundschaftlich verbundenen Verlage sich nunmehr unter dem Namen

BERMANN-FISCHER/QUERIDO VERLAG N.V.

zusammengeschlossen haben. Der Sitz der Gesellschaft ist

SINGEL 262/AMSTERDAM-C (HOLLAND)

Die Leitung liegt in den Händen von Gottfried Bermann Fischer und F. H. Landshoff.

Beide Verlage werden ihren besonderen Charakter auch innerhalb der neuen Gemeinschaft beibehalten und die Werke der von ihnen repräsentierten Autoren weiterhin unter ihrem bisherigen Impressum — Bermann-Fischer Verlag und Querido Verlag — publizieren.

In den Jahren des Exils und des Krieges ist es uns allen Schwierigkeiten zum Trotz gelungen, der freien deutschen Literatur ausserhalb Deutschlands einen würdigen Fortbestand zu ermöglichen. Wir erblicken jetzt unsere Aufgabe darin, — ungeachtet der immer noch bestehenden Schwierigkeiten — den Anschluss an das gesamte geistige Schaffen des deutschen Kulturkreises wieder herzustellen und jenen literarischen Traditionen, deren Erbschaft uns verpflichtet, eine lebendige Kontinuität zu sichern.

BERMANN-FISCHER/QUERIDO VERLAG N.V.

dem holländischen Querido Verlag, der von der Keizersgracht 333 nach dem Single 262, einer parallel zur Keizersgracht laufenden Gracht, umgezogen war. Nach dem Ende des Krieges hatte Bermann-Fischer auch seinen durch die Nazis seit 1938 treuhänderisch fortgeführten und dann liquidierten Verlag in Wien zurückerhalten. Der S. Fischer Verlag Berlin, zwar noch in Berlin ansässig, verlegte bald sein Hauptquartier nach Frankfurt am Main. Eine Darstellung der komplizierten Entwicklung der deutschen Firmen zu geben, die unter anderem die Trennung Fischers von Suhrkamp mit sich brachte, der 1936, als Bermann-Fischer nach Wien übersiedelte, die Basis der

Firma mit den vielen nicht zur Auswanderung geneigten oder gezwungenen Autoren treuhänderisch übernommen hatte, würde zuviel Raum innerhalb dieses Buches in Anspruch nehmen. Sie erübrigt sich ohnehin, da sie in Bermann-Fischers Buch »Bedroht – bewahrt« sowie in dem mehr als 1 000 Seiten umfassenden Katalog zu der Ausstellung, die anläßlich des 100. Verlagsjubiläums im Deutschen Literaturarchiv Marbach stattfand, ausführlich behandelt wird. Die Aktivitäten des Bermann-Fischer/Querido Verlages gehören ebenfalls kaum in diesen Rahmen.

Die Beendigung des europäischen Krieges mit der bedingungslosen Kapitulation Deutschlands am 8. Mai 1945 und die wenige Monate später folgende des Krieges im Fernen Osten hatte das Ende des Traumes vom »Tausendjährigen Reich« bedeutet. Die von den Alliierten in den verschiedenen Konferenzen – speziell in Jalta – erklärten Gemeinsamkeiten waren schnell vergessen worden und wurden durch die Konfliktstoffe zwischen den westlichen Alliierten und der Sowjetunion, die in den »kalten Krieg« mündeten, verdrängt. Die Nürnberger Urteile, soweit sie Gefängnisstrafen, besonders für Großindustrielle, betrafen, die Hitler 1933 in den Sattel geholfen und ihm bis zum letzten Augenblick die Treue gehalten hatten, waren frühzeitig durch die westlichen Besatzungsbehörden aufgehoben oder verkürzt worden, in der Absicht, die Westzonen bzw. später die Bundesrepublik Deutschland so schnell wie möglich zu einem kräftigen und zuverlässigen Verbündeten gegen die Sowjetunion zu machen. In dem 1984 erschienenen Buch von Peter Merz, »Und das wurde nicht ihr Staat«, kann man lesen: »Der Antikommunismus Westdeutschlands liefert für vieles die Erklärung, was sonst unverständlich scheint: Aufrüstung und Frontstaatmentalität, Stationierung von Atomwaffen und Eingliederung der deutschen Armee in die NATO, Geheimdienste und Gegenspionage, Sondergesetze gegen Kommunismus und über 35 000 damit verbundene Ermittlungsverfahren. Außerdem bietet sich der Antikommunismus als treffliches Alibi an, die eigene Vergangenheit nun in anderem Licht zu sehen, sich selbst zu entschuldigen und alle Kräfte auf den neuen, alten Feind zu konzentrieren.« Alexander Mitscherlich spricht von einem »emotionellen Antikommunismus«: »Er ist die offizielle staatsbürgerliche Haltung und in ihm haben sich ideologische Elemente des Nazismus mit denen des kapitalistischen Westens amalgamiert. Mindestens, was den Bolschewismus betrifft, ist das Bild, das von ihm im Dritten Reich entworfen wurde, in den folgenden beiden Jahrzehnten kaum korrigiert worden.«

Es hat viele Jahre gedauert, bis ich erkannt habe, daß die Mission des Querido Verlages beendet war und der Versuch, die Produktion nach dem Kriege fortzusetzen, keinem mehr diente und scheitern mußte. Der deutsche Markt bzw. – nach der Gründung der Bundesrepublik Deutschland und der DDR – die deutschen Märkte waren nach dem Exil für jeden Autor offen, da es nicht nur eine sehr große Anzahl von Verlagen aus der Vorhitlerzeit gab, sondern in der Nachkriegszeit viele Neugründungen wie Pilze aus der Erde schossen. Zwar mußten alle Verlage von den Besatzungsbehörden eine Lizenz erhalten, aber zweifellos hatte ein Autor wieder die Möglichkeit, zwischen mehreren Verlagen zu wählen. Demgegenüber hatten die Exilverlage einen entscheidenden Nachteil. Sie hatten praktisch keine Aussicht, für ihre im Ausland produzierten Waren, für die bei ihnen erscheinenden Bücher also, eine Einfuhrerlaubnis für Deutschland zu bekommen. Diese Situation klar zu erkennen war insofern schwierig, als sehr lange Zeit durch deutsche Importeure ernsthaft über in viele Millionen gehende Aufträge unterhandelt wurde, und die Gespräche, die wir mit den westlichen alliierten Behörden führten, ließen uns nicht erkennen, daß auf Jahre hinaus solche Lizenzen nicht erteilt werden würden. Das war, wie mir heute deutlich ist, eine durchaus logische Entscheidung. Deutsche Bücher konnten und mußten, so knapp auch in Deutschland alles für die Produktion erforderliche Material war, in Deutschland hergestellt werden, und aus dem Ausland konnten nur lebensnotwendige und in keiner Weise in Deutschland herstellbare Produkte importiert werden. Wir produzierten törichterweise in der Nachkriegszeit in Holland einige Bücher unserer Autoren. Absetzen konnten wir nur einen Bruchteil von dem, was wir in der Hitlerzeit außerhalb Deutschlands verkauft hatten: Der Anreiz des Exilbuches fehlte. Wieder blieb uns ausschließlich der außerdeutsche Markt, für den nun aber der wesentliche Anreiz zum Kauf fehlte, da Deutschland selbst in schnell steigendem Maße die Quelle auch für das »freie« Buch wurde. Die deutschen Verlage wollten und konnten Lizenz- oder Originalrechte von Autoren, die bis 1945 in Hitlerdeutschland verboten waren, erwerben.

Freilich litten die im Exil gewesenen Schriftsteller unter den Folgen der Tatsache, daß ihr Name in zwölf Jahren völlig ausgelöscht worden war. Mit Ausnahme weniger Autoren – wie Thomas Mann, Franz Werfel, Carl Zuckmayer, Stefan Zweig, die, obgleich durchaus auch umstritten, in den Westzonen gedruckt wurden und in der Tat Erfolg hatten – wurden die seit 1933 genährten Hoffnungen der meisten schwer enttäuscht. Es gab nur eine Handvoll, deren Bücher überhaupt verlegt wurden. Ihre Aufnahme beim deutschen Leser war fast ausnahmslos sehr kühl. Zum Beispiel fand ein großer Schriftsteller wie Leonhard Frank bald, nachdem ihm die Möglichkeit gegeben wurde, nach Deutschland zurückzukehren, in München einen vortrefflichen Verleger, Berthold Spangenberg, den Leiter der Nymphenburger Verlagsanstalt, der nicht nur sein neues Buch veröffentlichte, sondern auch sein früheres Gesamtwerk, einschließlich der im Exil entstandenen Bücher. Aber weder beim Publikum noch bei der Presse stellte sich der erwartete Erfolg für ihn in den Westzonen, wo er nun lebte, ein. Auch einige andere Verlage der Bundesrepublik brachten einzelne Bücher von Exilautoren – so der Verlag Kiepenheuer & Witsch, der mich in den frühen fünfziger Jahren in die Verlagsleitung aufnehmen wollte und eine Gesamtausgabe der Werke von Joseph Roth wie von René Schickele zu veröffentlichen begann. Es ist jedoch eine bemerkenswerte Tatsache, daß – mit sehr wenigen Ausnahmen – den Büchern der ehemaligen Exulanten lange Zeit der Erfolg in der Bundesrepublik versagt blieb, während der größte Teil der in der DDR verlegten Exilautoren bis zum heutigen Tage eine sehr freundliche Aufnahme gefunden hat. Dabei ist die wissenschaftliche Beschäftigung mit dieser Literatur bereits in den fünfziger Jahren sehr verdienstlich in der Bundesrepublik in erster Linie durch das auf sieben Bände angelegte Werk von Hans Albert Walter begonnen worden.

Wie umstritten selbst Thomas Mann war und blieb, zeigt der von Walter von Molo begonnene und von Frank Thieß fortgeführte Briefwechsel mit Thomas Mann, den ich von Amsterdam aus damals kopfschüttelnd verfolgte. In seinem ersten Brief schrieb von Molo: »Ihr Volk, das nunmehr seit einem Dritteljahrhundert hungert und leidet, hat im Innersten nichts gemein mit den Missetaten und Verbrechen, den schmachvollen Greueln und Lügen, den furchtbaren Verirrungen Kranker, die daher wohl soviel von ihrer Gesundheit und Vollkommenheit posaunten.« In dem Aufsatz »Abschied von Thomas Mann« von Frank Thieß heißt es: »Ein Dichter kann nicht ungestraft die Luft eines fremden Kontinents atmen, und so wird auch Thomas Mann sich klarmachen müssen, daß die Entscheidung darüber, ob er noch zu Deutschland und Europa gehöre, nicht drüben, sondern hier gefällt werden wird. Und sie wird nicht von Literaten und Kritikern gefällt werden, sondern vom Volke, das als Großorganisation eine untrügliche Witterung dafür hat, ob etwas fremd oder etwas zugehörig ist.« Dieser letzte Satz ist außerordentlich interessant, weil er, auf die Entstehung des Hitlerregimes angewandt, genau das Gegenteil dessen beweist, was gegenüber der Welt nach Beendigung des Krieges die überwältigende Mehrheit der Deutschen zu bestreiten versuchte. Thieß bemerkt auch in seinem Aufsatz »Innere Emigration«: »Auch ich bin oft gefragt worden, warum ich nicht emigriert sei, und konnte immer nur dasselbe antworten: Wenn es mir gelänge, diese schauerliche Episode (über deren Dauer wir uns alle getäuscht hatten) lebendig zu überstehen, würde ich dadurch derart viel für meine geistige und menschliche Entwicklung gewonnen haben, daß ich reicher an Wissen und Erleben daraus hervorginge, als wenn ich aus den Logen und Parkettplätzen des Auslands der deutschen Tragödie zuschaute.« Die Antwort von Thomas Mann an Walter von Molo, die auch für Thieß zutrifft, lautet: »Aber das haben Sie nicht gekannt: das Herzasthma des Exils, die Entwurzelung, die nervösen Schrecken der Heimatlosigkeit.«

In der sowjetisch besetzten Zone und späteren DDR war die Haltung gegenüber den Exilautoren sehr anders. Im Gegensatz zum Westen, wo ein Manfred Hausmann noch im Jahre 1955 aus der Akademie der Künste austrat, weil sie Thomas Mann anläßlich seines 80. Geburtstages zum Ehrenmitglied ernannt hatte, waren viele Exilautoren in der DDR willkommen. Im August 1945 wurde der Aufbau-Verlag gegründet. Initiator der Verlagsgründung war Johannes R. Becher. Der Aufbau-Verlag sah von Beginn an eine seiner wichtigsten Verpflichtungen darin, Werke von Exilautoren aus Ost und West sowie von anderen seit 1933 unterdrückten und »unerwünschten« Schriftstellern zu verlegen und sie dadurch wieder ins öffentliche Bewußtsein zu rücken. In den ersten Jahren nach dem Kriege erschienen unter anderem Bücher von Fritz Erpenbeck, Heinrich Heine, Max Herrmann-Neiße, Heinrich Mann, Nelly Sachs, Anna Seghers, Günther Weisenborn, Friedrich Wolf, Arnold Zweig in hohen Auflagen und mit großem Erfolg. Auch Feuchtwanger gehörte zu den Autoren, die in den Westzonen und in der Bundesrepublik Deutschland keine oder nur sehr geringe Beachtung fanden. Wieder war es die sowjetisch besetzte Zone und später die DDR, die bereits in der zweiten Hälfte der vierziger Jahre mehrere seiner Bücher erscheinen ließ und in den fünfziger Jahren begann, eine Gesamtausgabe herauszugeben.

In den letzten zwei Jahrzehnten und besonders in Vorbereitung des 50. Gedenktages der Bücherverbrennung wurde dann in der Bundesrepublik Deutschland stärker als zuvor die Exilliteratur in die Programme von Verlagen aufgenommen, sie rückte in der Diskussion in den Vordergrund. Für einige der Autoren und ihre Werke kam dies sehr spät – zu spät: »ihre« Zeit und »ihre« Aktualität lag Jahrzehnte zurück, ihre Integration in die deutsche Literatur des 20. Jahrhunderts wurde erneut erschwert.

In früher Erkenntnis der Lage sagte Schickele bereits 1933: »Wenn das Hitlerregime noch einige Jahre andauert, ist unsere Generation frühzeitig zu ewiger Vergessenheit verurteilt.« – Und an anderer Stelle: »Wenn es Goebbels gelingt, unsere Namen von den Tafeln zu löschen, sind wir tot. Gespenster in der Diaspora, in der wasserarmen Provinz. Schon die nächste Generation wird nichts mehr von uns wissen.«

Es ist und bleibt meine Hoffnung, daß Kesten in seinem 1938 im »Neuen Tage-Buch« veröffentlichten Aufsatz »Fünf Jahre nach unserer Abreise« die Situation der deutschen Literatur im zweiten Vierteljahrhundert und besonders auch die Zukunft mit erstaunlicher Einsicht vorausgesehen und den Weg für eine Literatur auch dieser Jahrzehnte gewiesen hat: »Nirgends ist es gefährlicher zu schematisieren als im geistigen Leben. ... Weder das Exil noch die Mitgliedschaft bei der Reichsschrifttumskammer trennt die beiden deutschsprachigen Literaturen. ... Die Grenze zwischen der lebendigen ungefesselten deutschen Literatur und der nationalsozialistischen Gräberliteratur geht mitten durch das Reich und mitten durch das Exil... Gegenüber der Sklavenliteratur Hitlers steht die gesamte freie deutsche Literatur. Diese ist die lebendige, diese die würdige, diese die gute Literatur deutschen Landes, die bestehen bleiben wird in ihren besten Zeugnissen.« – Einer der größten deutschen Schriftsteller des 20. Jahrhunderts, Alfred Döblin, schrieb an den Bundespräsidenten Theodor Heuß am 28. April 1953: »Ich kann nach den sieben Jahren, jetzt, wo ich mein Domizil in Deutschland wieder aufgebe, nur resümieren: Es war ein lehrreicher Besuch, aber ich bin in diesem Lande, in dem ich und meine Eltern geboren sind, überflüssig.«

Nachbemerkung

Nach relativ kurzen Aufenthalten in New York in der zweiten Hälfte der dreißiger Jahre habe ich von Ende 1940 bis Ende 1946, nur durch eine kurze Europareise Anfang 1946 unterbrochen, in den USA gelebt, bin 1946 amerikanischer Staatsbürger geworden und habe bis Ende 1985 fast ausnahmslos vier bis sechs Monate jährlich in den USA verbracht. 1952 wurde ich Mitarbeiter einer kleinen, katastrophal unterfinanzierten, durch den Gründer, Harry N. Abrams, sehr persönlich geleiteten Firma, deren Überlebenschancen von Finanzexperten als äußerst zweifelhaft angesehen wurden. Sie entwickelte sich zum größten Kunstbuchverlag der Welt. 1953 gründete ich im Auftrag von Harry N. Abrams eine europäische Filiale in Amsterdam und wurde in die Geschäftsleitung der amerikanischen Firma und in den Aufsichtsrat aufgenommen, eine Stellung, die ich bis Ende 1985 als Senior Vice President innehatte.

Einige amerikanische Verlage unterhielten auch in jener Zeit noch persönliche Kontakte mit europäischen Verlegern und pflegten enge Beziehungen zu ihren Autoren. Alfred Knopf, Viking Press (Ben Huebsch und Harold Ginsburg), Harcourt Brace blieben jedoch nicht mehr lange individuell geleitete Firmen. Finanzielle Probleme oder der Tod des Gründers führten in den Vereinigten Staaten immer häufiger zu Übernahmen, Zusammenlegungen und Angliederungen an fachfremde Konzerne. In Europa wurden ähnliche Vorgänge nachvollzogen. Sie beeinflußten das intime Verhältnis von Autor und Verleger mehr und mehr. Der Reiz, den der Beruf des Verlegers noch im ersten Viertel dieses Jahrhunderts und selbst zu Beginn der zweiten Hälfte hatte, ist durch diese Entwicklungen zu einem erheblichen Teil verlorengegangen.

Erst kürzlich wurde mir bewußt, daß meine Arbeit im Verlag Abrams, als Episode gedacht, als Notlösung in einer für mich schwierigen Situation gewählt, den zeitlich längsten Teil meines Berufslebens – mehr als dreißig Jahre

– ausmacht. Diese überraschende Bilanz machte mir deutlich, daß es höchste Zeit war, zu der Beschäftigung mit dem Lebensabschnitt zurückzukommen, der mir viel mehr als irgendein anderer am Herzen liegt und der mich wie kein anderer erfüllte: die Jahre bei Kiepenheuer und die Zeit des Exils.

Hermann Kesten und Walter Landauer

Walter Landauer

Hermann Kestens Freund Hans Hahn,
Fritz H. Landshoff, Ernst Toller, Hermann Kesten

Fritz H. Landshoff
während der Tripolis-Reise

Klaus Mann und Fritz H. Landshoff
in Zandvoort

Klaus Mann, Wolfgang Hellmert (?) (erste Reihe),
Thomas Curtiss (?) und Erika Mann

Klaus Mann (im Vordergrund), Walter Mehring (?),
Hermann Kesten, Toni Kesten

Ernst Toller

Hermann Kesten,
Valeriu Marcu mit Tochter

Wilfried Israel

Emanuel Querido

Werner Cahn

Jetty Cahn

Alice von Eugen (van Nahuys)

Bruno Frank

Klaus Mann, Rini Landshoff-Otte,
Fritz H. Landshoff

Briefe von
und an Fritz H. Landshoff

Landshoff an Hermann Kesten 1

[Berlin, Sommer 1922?]

Lieber Kesten,
ich habe gerade nichts anderes zur Hand – verzeihen Sie also dieses Papier!

Zunächst Ihr Auftrag: Die Heinrich-Mann-Bände kann ich Ihnen nicht schicken, da sog. moderne »schöne Litteratur« (man kommt in Versuchung, diese Worte mit der Betonung unserer Glaubensgenossen zu sprechen) nur zu »nachweislich wissenschaftlichen Zwecken« ausgeliehen wird. Also: das beste wird sein, Sie bestellen sich die Sachen über die Rothschild-Bibliothek.

Ich habe Ihnen versprochen, Ihnen gelegentlich meinen »Arbeitsplan« mitzuteilen. Nun – er klingt besser, als er ist, und das soll Ihnen ein Trost sein.

Übrigens habe ich mich wieder mal furchtbar in die Tinte gesetzt. Ich ging gleich in den ersten Tagen in die Akademie der Wissenschaften, wo – wie ich wußte – das Manuskript der »Effi« liegt. Meine harmlose Absicht ging dahin, sie mal einzusehen, um evtl. irgendwelche Notizen von Belang zu finden. Ich wurde jedoch – wie mir das öfter geht – ernster genommen, als ich es ursprünglich wollte, und habe von dem sehr entgegenkommenden Professor (auf den ein Gruß von Schultz besten Eindruck machte) in der Akademie ein Zimmer für mich angewiesen bekommen, in dem ich täglich von 10–2 die Handschrift einsehen kann – unter der Voraussetzung, daß ich regelmäßig und hintereinander arbeite. So sitze ich nun seit 3 Tagen vormittags hier und mache mit wechselndem Erfolg Bemühungen, die äußeren Umstände, die mir entgegengekommen sind, auszunutzen und diese Zeit, die ich, von Gott und der Welt abgeschlossen, in meinem Zimmer verbringe, zur »Herstellung« der Doktorarbeit zu benutzen – was freilich nicht immer gelingt, was Sie schon daraus sehen können, daß ich jetzt so ausführlich an Sie schreibe.

Übrigens scheint draußen die Sonne, und Effi Briest nicht weniger als der arme Heinrich können mir gestohlen bleiben.

Apropos: Nachmittags arbeite ich zwei Stunden mit Frl. Hirschfeld Mittelhochdeutsch (»arme Heinrich«) und Gotisch (Bibel – nach *Braune*). Meine Ignoranz ist groß.

Wenn ich so meine »Tageseinteilung« aufzeichne, könnte ich selbst vor so viel Eifer Respekt bekommen. Doch – »Hälfte gelogen«! Meine vormittägliche Arbeit entbehrt vorläufig jeder Intensität – ich habe auch noch nicht angefangen zu schreiben.

Das Lesen des Manuscripts ist anstrengend und größtenteils nicht gerade sehr sinnvoll, da die Änderungen nicht so erheblich sind und ich meist finde, daß es nachher weder besser noch schlechter war. – Das mir zur Verfügung gestellte Zimmer aber ist zur Arbeit wie geschaffen, und vielleicht kommt »Gottes Segen« doch noch einmal über mich.

Durch meine Arbeit in der Akademie ist der Termin meiner Rückreise durchaus in Frage gestellt – ja –, ich werde wahrscheinlich erst mit Semesterbeginn wieder in Fr. sein.

Ich wäre Ihnen sehr dankbar, wenn Sie mir mal eine Zeile schreiben würden – auch hätte ich gel. das Colleg-Heft, das ich Ihnen mitgab, gerne zurück.
Grüßen Sie Ihre Mutter und Schwester

Ihr Fritz Landshoff

Übrigens habe ich ein Buch, das für unsere nat. ök. »Studien« wichtig ist, ausfindig gemacht. *Spann* oder *Spanner*: Geschichte der Nationalökonomie (ersch. bei *Teubner* – in der »Natur- u. Geisteswelt«-Sammlung). Ein Bekannter von mir hat *nur* dies Buch gelesen und (im Nebenfach) mit *1* bestanden! Mehr wollen Sie doch auch nicht! Grüß' Gott!

P. S. Der »Brief« blieb etwas liegen – gestern abend traf Ihre Karte ein. Sie scheinen erheblich weiter zu sein als ich – vorausgesetzt, daß Sie »wirklich« an Ihrer D. D.

schreiben. Mich bringt die Sonne um den letzten Rest von Arbeitslust – und ich wüßte z. Z. wenige Dinge, die mich weniger interessieren als meine Fontane-Arbeit.

Landshoff an Hermann Kesten 2

Potsdam, den 14. 2. 1927

Lieber Kesten –
so schnell werden wir uns gegenseitig nicht los. Ihre beiden Manuskripte sind in meinen Händen, und ich werde sie umgehend lesen, um Ihnen bald Bescheid zukommen zu lassen.

Kommen Sie in absehbarer Zeit nach Berlin, ich würde Sie sehr gerne dann sprechen – wie ich es übrigens die beiden Male, die ich einen Tag in Nürnberg war, vergeblich versuchte.

Mit besten Grüßen
Ihr
Landshoff

Landshoff an Hermann Kesten 3

Potsdam, den 19. 3. 1927

Lieber Kesten –
daß alle Verleger Schweinehunde sind, ist Ihnen bekannt. Es wird Sie also nicht wundern, daß ich mit einer Antwort so lange gewartet habe. Im allgemeinen bleiben jedoch die eingereichten Offerten so lange liegen, um schließlich abgelehnt zu werden; wenn das diesmal nicht der Fall ist, so ist das eine merkwürdige Ausnahme.

Nach dieser Vorrede: Wir möchten Ihre beiden Stücke in den Bühnenvertrieb nehmen und glauben, in absehbarer Zeit zumindest für das eine Stück eine Annahme zu erzielen (bitte uns aber nicht haftbar zu machen dafür). Wenn Sie also Neigung haben, so schließen wir über beide Stücke den üblichen Gesellschaftsvertrag, den ich meinem heutigen Schreiben im Entwurf beilege. Bitte sehen Sie sich den Entwurf genau an und schreiben Sie, ob Sie Änderungen wünschen. Soweit das »Geschäftliche«. Persönlich möchte ich Ihnen sagen, daß mir beide Stücke außerordentlich gefallen haben. Zunächst »Maud«.

Das Stück ist im Einfall so köstlich und in der Dialogführung so geschickt, daß ein Erfolg durchaus möglich ist. Wenn ich als armseliger Verleger mir eine Kritik erlauben darf: Mit den Situationen im einzelnen nehmen Sie es nicht sehr genau und muten dem Leser und Hörer größte Unwahrscheinlichkeiten zu. Es kommt Ihnen nur auf den Einfall an. Auch ist das Beste durch den Einfall im Anfang verausgabt, und die zweite Hälfte hält nicht durch. Auch scheint es mir mit Aperçus allzu sehr überladen, was die Lektüre ermüdend macht. Eine sehr gute Aufführung wird das übertuschen, eine mäßige unterstreichen.

Was »Admet« betrifft, so wundert es mich gar nicht, das Thema von Ihnen behandelt zu sehen. Es erinnert mich an manche Gespräche, die wir geführt haben. Mir selbst liegt gerade das Stück *sehr* am Herzen.

Der ganze Quatsch wird Sie nicht allzu sehr interessieren – höchstens wenn wir mal ausführlich darüber sprechen könnten, und dazu wäre scheinbar notwendig, daß Sie hier aufgeführt werden, sonst kommen Sie doch nicht her. Also was bleibt übrig, Ihre Stücke anzunehmen und durchzubringen.

Mit besten Grüßen

Ihr

Landshoff

Anlage

4 Landshoff an Hermann Kesten

Potsdam, den 18. 2. 1928

Lieber Kesten –
Joseph läuft ab 1. März in die Freiheit.

Beste Grüße

Landshoff

Landshoff an Hermann Kesten 5

Potsdam, den 12. 3. 1928

Lieber Kesten –
gestern ist Herr Kiepenheuer auf 14 Tage geschäftlich verreist. Wenn er wiederkommt, reise ich am selben Tage in Urlaub. Als der Weisheit?! letzter Schluß haben wir gestern folgendes festgelegt: Prinzipiell sind wir mit Ihrer Einstellung als Lektor bei uns einverstanden. (Das Wort prinzipiell ist hier allerdings nicht nur eine schöne Floskel, sondern birgt für uns und für Sie ein Rücktrittsrecht für unvorhergesehene Fälle in sich. Daß hiervon unsererseits Gebrauch gemacht wird, glauben wir nicht.) Der Termin des Eintritts wird zwischen dem 1. Mai und 1. Juli liegen und ist im beiderseitigen Einverständnis zwischen diesem frühesten und spätesten Tage endgültig festzusetzen.

Von einer Einbeziehung der Propaganda in Ihre Tätigkeit haben wir vorläufig abgesehen, wobei ich nach wie vor glaube, Ihre Interessen zu vertreten. Für die Lektoratstätigkeit, die, wie wir hier bereits besprachen, ein ständiges Arbeiten im Verlage nicht erfordert, ist zunächst ein Gehalt von 175.– RM in Aussicht genommen. Sollten, was gerade in diesem Augenblick eine nicht geringe Wahrscheinlichkeit hat, sich unsere Pläne, von denen wir Ihnen gelegentlich sprachen, verwirklichen, so wird ja automatisch eine Erhöhung eintreten.

Ich würde Ihnen diesen Entscheid, der schon durch das schöne Wort »prinzipiell«, durch das er eingeleitet ist, etwas Molluskenhaftes hat, nicht zugemutet haben, wenn ich glaubte, daß er Sie in Ihrem Seelen- oder sonstigen Leben irgendwie stören würde. Sollte das wider Erwarten doch der Fall sein, so werden Sie das ja zweifellos in nicht mißzuverstehender Weise kund und zu wissen tun. Im übrigen freue ich mich überhaupt schon auf Ihre Antwort auf den heutigen Brief.

Beste Grüße
Ihres
Landshoff

Schreiber dieses hat Zahnschmerzen.

6 Landshoff an Hermann Kesten

Potsdam, den 7. 6. 1928

Lieber Kesten –
wann wird Ihr Roman fertig sein? Wir möchten ihn unter allen Umständen zum Kleistpreis einreichen, wir erhalten aber heute die Nachricht, daß der letzte Termin zur Einreichung der 1. Juli ist. Meinen Sie, daß Sie bis dahin fertig werden?

Beste Grüße

Ihres

F. l.

»Die Weltbühne« vom 19. bringt Anzeige.

Lasen Sie gestern die Illustrierte?? Die 3 000.– sind Ihnen sicher.

7 Landshoff an Hermann Kesten

Potsdam, den 22. Dezember 1928

Lieber Kesten –
leider habe ich Sie telefonisch nicht erreichen können. Inzwischen wird es Ihnen ja keine Neuigkeit mehr sein, daß Sie zu den Kleistpreiserwähnten gehören. Ich sehe Sie schon über Ihre Nachbarschaft mit Lampel toben, kann es aber leider nicht ändern. – Jahnn hat die Kleistpreisverteilung zu einer engeren Familienfeierlichkeit des Kiepenheuer Verlages gemacht. Wir sind ja ziemlich stark vertreten. Daß unser neuer Freund Weyrauch sich auch bereits unter den Erwähnten befindet, ist ebenso merkwürdig wie das Auftauchen des meiner Meinung nach ziemlich hoffnungslosen Boris Silber, über dessen traurig epigonale Produktion wir bis vor kurzem Vertrag hatten (wir traten ihn dann an Spaeth ab).

Daß ich Sie telefonisch nicht erreicht habe, war mir auch aus anderen Gründen sehr leid. Ich hätte Sie gern einmal gesprochen und werde den Versuch heute abend und morgen früh fortsetzen. Eben telefonierte ich mit Herrn Berstl, der – bereits bevor ich anrief – unter Berufung auf die Kleistpreiserwähnung den Versand von »Babel« vorgenommen hat.

Ich hoffe, Sie also telefonisch zu sprechen.

Beste Grüße
Ihres
Landshoff

Landshoff an Arnold Zweig 8

Amsterdam, 3. Juni 1933

Lieber Herr Zweig,
ich danke Ihnen herzlich für Ihren Brief und das Exposé, das meinen Wunsch, schon dieses Buch im Querido Verlag zu sehen, noch verstärkte. Da ich voraussichtlich in diesen Tagen, bevor ich, ab nächsten Samstag, ständig hier zu erreichen bin, noch einmal nach der Schweiz komme, möchte ich Sie heute nur bitten, auf alle Fälle in Gunten Ihre Adresse zu hinterlassen, damit ich Sie bestimmt erreiche.

Der deutsche Querido Verlag ist also endgültig gesichert und wird sofort mit der Arbeit beginnen. Ich hoffe bestimmt, daß Sie die *feste* Verpflichtung, die wir jetzt einzugehen in der Lage sind, den vageren andern Kombinationen vorziehen werden – um so mehr, als Sie auch alte gute Freunde bei uns finden werden. (Mit Feuchtwanger besteht ein prinzipielles Einverständnis, um eine materielle Frage wird noch diskutiert – mit Roth ist schon abgeschlossen.) Daß ich mir die größte Mühe geben werde, Ihre Wünsche zu befolgen, und daß ich bestimmt glaube, Ihr Werk in diesem sehr angesehenen Verlag gut repräsentiert zu sehen, möchte ich Ihnen nochmals versichern.

Ich freue mich also, alles Nähere in diesen Tagen mündlich mit Ihnen besprechen zu können, und bin mit besten Grüßen an Sie und an Ihre Gattin

Ihr
Landshoff

9 Landshoff an Arnold Zweig

Amsterdam, 6. Juli 1933

Lieber Herr Zweig,
heute ist mir nun das passiert, was ich gestern weit von mir wies: ich öffnete inliegenden Brief, da ich nicht auf den Gedanken kam, daß heute schon wieder ein Brief des G. K. Verlages an Sie gerichtet sein könnte, und die Adresse prompt übersah. Ich bitte Sie für dieses Versehen um Entschuldigung. Zur Sache selbst: Es schiene mir gut, wenn Sie noch einmal an G. K. schrieben, daß Sie unbedingten Wert darauf legen, daß Ihre alten Bestände in Ihren neuen Verlag übergehen, und Sie an Teilverkäufen uninteressiert sind. Ich habe nochmals unser anständiges Angebot wiederholt; es wäre eine wirksame Unterstützung, wenn Sie auch noch einmal schreiben würden.

Unabhängig hiervon hätte ich mich heute an Sie gewandt, um Ihnen mitzuteilen, daß wir uns entschlossen haben, die unter dem Patronat von Heinrich Mann, Gide, Lewis und Huxley stehende Zeitschrift »Die Sammlung«, deren erstes Heft im September, von Klaus Mann herausgegeben, erscheint, in unserem Verlag herauszubringen. Es ist mein dringender Wunsch, Sie trotz aller Bedenken, die Sie haben werden, davon zu überzeugen, daß es richtig war, dieses in jeder Beziehung vorgearbeitete Unternehmen, das sonst an anderer Stelle herausgekommen wäre, mit den Plänen unseres Verlages, seinen Autoren in einer Zeitschrift Gelegenheit zu geben, literarische Arbeiten zu veröffentlichen und zu den kulturpolitischen Fragen Stellung zu nehmen, zu vereinigen. Ich möchte Sie sehr herzlich bitten, Ihre Mitarbeit zur Verfügung zu stellen und Klaus Mann keinen Korb zu geben, wenn Sie dieser Tage einen Brief von ihm bekommen.

Ich hoffe, recht bald von Ihnen zu hören, und bin mit besten Grüßen an Ihre Frau und Fräulein Offenstadt

Ihr
Landshoff

[Amsterdam,] 6. Juli 1933

Lieber Kiepenheuer!
An Kesten habe ich also geschrieben und hoffe, daß die Sache in Ordnung kommt.

Nun zur Sache Zweig. Herr Zweig hat mit dem Querido Verlag, wie ich Ihnen wohl schon sagte, für seine neuen Werke abgeschlossen. Gleichzeitig hat Herr Zweig ein Interesse daran, daß seine alten Werke in demselben Verlag sind wie seine neuen. Da er nun außer für den »De Vriendt« nicht im Vorschuß ist, ist man ja auf seine Zustimmung für den Verkauf mit Rücksicht auf die leidige Honorar-Frage angewiesen. Der Verlag also erkundigt sich nach dem äußersten Preis für die Bestände. Bitte bedenken Sie, daß, wenn Sie von 20 % des Lagerpreises als angemessenem Preis gelegentlich sprachen, stets aushonorierte Exemplare in Frage kommen. Es gibt niemanden, der 20 % zahlt und dann noch die ganze Honorar-Abwicklung mit dem Autor übernimmt. Für mich ist die ganze Angelegenheit äußerst kompliziert. Selbstverständlich möchte ich dem Kiepenheuer Verlag möglichst viel aus diesem Kauf zukommen lassen. Andererseits ist der hiesige Verlag durchaus nicht geneigt, sinnlos in alte Bestände zu investieren, zumal es sich zweifellos (wie bei dem »De Vriendt«) auch um solche handelt, die nicht ohne weiteres absetzbar sind. Oder wie die Novellen stark ausgeschöpft sind. Im übrigen möchte ich Ihnen ganz persönlich sagen, daß die Situation für den Kauf der Bestände immer ungünstiger wird. Der Verlag war anfangs viel mehr auf einen Fundus angewiesen. Jetzt ist er durch eine große Anzahl von Verträgen mit sehr angesehenen Autoren nicht mehr so sehr darauf angewiesen und wird es in den nächsten Wochen noch weniger sein. Also: verzögern Sie die Sache bitte nicht, da sie sich dadurch nur kompliziert.

Herzlichst Ihr
[Landshoff]

11 Arnold Zweig an Landshoff

Sanary / Var, »La Ménandière«, 11. Juli 33

Lieber Dr. Landshoff,
Sie haben inzwischen meinen Brief, in dem ich Ihnen das Recht gebe, Briefe Kiepenheuers an mich zu öffnen – darüber also kein Wort mehr. Meine Antwort an ihn lege ich Ihnen bei. Auch an Klaus Mann schreibe ich über Sie, damit Sie meine Zustimmung gleich kennenlernen. Die Neufassung des Vertrages habe ich noch nicht; aber Sie wissen, daß es mir damit nicht eilt. Viel wichtiger ist mir, daß Ihre Verhandlungen mit Kiepenheuer nicht auf einen toten Punkt geraten. Was für ein anderer Verlag kann es denn sein, der ihm ein Angebot en-bloc für meine Bücher macht? Ich wünschte sehr, daß sich diese Angelegenheit nicht unnötig kompliziert. Ist der Erwerb der Exemplare überhaupt möglich ohne den Erwerb der Verlagsrechte? Theoretisch scheint es mir zu gehen; praktisch wäre ich sehr geschädigt, denn – aber das gehört in den Brief an Kiepenheuer, den ich mal gleich diktieren will.

Ich arbeite inzwischen unentwegt an unserem Buch und bereite die neue Durchgestaltung von »Erziehung vor Verdun« vor. Der Roman sitzt jetzt so gut und mir so nahe, daß ich meine theoretische Unternehmung bereits bedaure. Von Herrn Huebsch höre ich nichts, was nicht Feuchtwanger mir berichtet. Haben Sie ihn gesprochen? Und was macht der holländische »De Vriendt«?

Mit besten Grüßen Ihr
[Arnold Zweig]

12 Landshoff / Alice van Nahuys an Arnold Zweig

Amsterdam, 24. Juli 1933

Lieber Herr Zweig!
Ich danke Ihnen sehr herzlich für Ihren ausführlichen Brief, aus dem ich mit Freuden ersehe, daß die »Bilanz« gut vorwärtskommt. Zu dem Hausverkauf beglückwün-

sche ich Sie. Das ist wirklich ein großes Glück, das hoffentlich durch das weitere ergänzt wird: das Geld herauszubekommen.

Selbstverständlich muß genau überlegt werden, was, ohne Ihre Familie zu schädigen, heute schon in der Propaganda geschehen kann. Anzeigen irgendwelcher Art über das Buch könnte man bequem bis zu dem von Ihnen gewünschten Termin zurückstellen. Darüber hinaus könnte man sogar schlimmstenfalls die Bearbeitung – auch des ausländischen Sortiments – bis zu diesem Zeitpunkt hinausschieben.

Den Termin der Herausgabe des Buches zu vertagen scheint mir aber weder notwendig noch zweckmäßig.

Der Verlag will mit Rücksicht auf die dauernd von anderen Verlagen umgehenden irreführenden Mitteilungen über den Erwerb deutscher Verlagsrechte eine kurze, absolut sachliche Notiz ausgeben, in der er mitteilt, daß er im Herbst die neuen Werke von ...... herausbringt. Herr Querido hat diese Absicht schon seit fast zwei Monaten. Ich habe ihm bisher stets davon abgeraten in der Meinung, es könnte dem einen oder andern Autor, soweit er noch Interessen in Deutschland hat, nicht angenehm sein. Nachdem nun aber das Erscheinen der Bücher ziemlich nahe bevorsteht und immer neue Gründungen mit Hinweis auf die »verbrannten Autoren« in die Wege geleitet werden, scheint es auch mir richtig, durch eine solche Notiz zu belegen, daß ein erheblicher Teil der wichtigen deutschen Autoren, die in Deutschland nicht mehr erscheinen wollen, sich im Querido Verlag zusammengefunden haben. Ich möchte Sie trotzdem vorsichtshalber vor der Veröffentlichung einer solchen Notiz fragen, ob Sie die Nennung Ihres Namens in einem solchen Zusammenhang für bedenklich halten. Die Notiz soll nicht einmal eine Bemerkung darüber enthalten, daß es sich um die »verbrannten« Schriftsteller handelt. Sie wird nichts als die nackte Tatsache des Erscheinens der betreffenden Autoren erwähnen. Ich bitte Sie um umgehende Antwort.

Herr Huebsch ist gestern, soweit ich weiß, nach Paris gefahren. Ich nehme an, daß er von dort nach Südfrankreich kommen wird. Allerdings hat er mir nichts Bestimmtes darüber geschrieben.

Anliegend erhalten Sie ein von der Zeitschrift »Der Monat« an Sie gerichtetes Schreiben.

Mit bestem Gruß auch an Ihre Frau und Fräulein Offenstadt

Ihr
Querido Verlag
A. v. Nahuys Landshoff
Direktion

Anlage

13 Landshoff/Alice van Nahuys an Joseph Roth

Amsterdam, 24. Juli 1933

Lieber Herr Roth!
Sie werden inzwischen die fl 200.– durch Landauer erhalten haben. Ich wünschte, Sie wären endlich so weit, zu wissen, daß Sie nicht im Stich gelassen werden und daß Telephongespräche und Telegramme wirklich unzweckmäßige Spesen sind.

Landauer wird Ihnen auch gesagt haben, wie sehr ich es bedauere, daß die Lizenz des »Hiob« an de Lange weggegeben ist. Sie wissen, daß Herr Querido die Lizenz des »Hiob« bei Vertragsabschluß mit übernehmen wollte und daß nur Ihr Wunsch, die »Hiob«-Lizenzausgabe nicht im selben Jahr wie den neuen Roman erscheinen zu lassen, zur Zurückstellung der Frage geführt hat. Wir hätten die Lizenz jederzeit gekauft. Herr Querido läßt Ihnen übrigens auch heute noch sagen, daß er sofort RM 1 500.– für die Lizenz zu zahlen bereit ist. Er ist schwer verstimmt über den Verkauf.

Das Kapitel für die Zeitschrift habe ich gelesen; es ist wunderschön. Ich wünschte, der Roman läge erst vor.

Unbedingt muß die Titelfrage geklärt werden – einmal für das Kapitel, dann aber hauptsächlich für den Roman selbst –, da angefangen werden muß, zu arbeiten. Der Titel »Der Bart des Juden Manasse« ist schlecht. Seien Sie überzeugt, in diesem Fall hat Sie Zweig schlecht beraten.

Bitte lassen Sie sich die Frage sehr durch den Kopf gehen und schreiben Sie schnell! Es ist wirklich wichtig!!

Besten Gruß
Ihr
Querido Verlag
A. v. Nahuys Landshoff
Direktion

Arnold Zweig an Landshoff 14

Sanary / Var, La Ménandière, 31. Juli 33

Lieber Dr. Landshoff,
ich freue mich sehr über Ihr verständnisvolles Eingehen auf die augenblicklichen Schwierigkeiten der Propaganda. Ich würde nichts dabei finden, wenn Sie bei Ihrer Veröffentlichung darauf hinwiesen, daß *Romane* von mir bei Ihnen erscheinen werden; auch den Titel »Erziehung vor Verdun« halte ich für unbedenklich. Bei dem heutigen Geiselsystem in Deutschland ist mir der Gedanke durch den Kopf gegangen, ob die erste Auflage von »Bilanz« nicht anonym erscheinen könnte, da sich mein Bruder und seine Familie wohl Ende Oktober noch in Deutschland befinden werden und meine eigenen Angelegenheiten sich auch nur langsam abwickeln. Erwägen Sie bitte alles Für und Wider, und schreiben Sie mir offenherzig, was Sie dazu meinen. Die Kinder werden hoffentlich in der zweiten Augustwoche hier eintreffen; wie ich den Erlös für mein Haus für mich sichere, ist augenblicklich das aktuelle Problem. Ginge es vielleicht so zu machen, daß ich von Kiepenheuer meine Büchervorräte erwerbe und in Deutschland bezahle und Sie mir den Gegenwert in Amsterdam zur Verfügung stellen? und wie würde sich für diesen Fall der Heraustransport der Vorräte gestalten, muß ich dazu persönlich Vollmachten erteilen und an wen? Und wie weit ist die Verhandlung mit Kiepenheuer überhaupt gediehen?

Sehr lästig erweist sich anscheinend für meine deutschen Abwickelungen die Notiz der Amsterdamer »Freien Presse«, in der sie meine Mitarbeit ankündigt. Man bittet mich um ein Dementi. Ich weiß ziemlich deutlich, was dem moralisch im Wege steht. Halten Sie es für möglich, durch persönliche Intervention bei dieser Zeitung zu erreichen, daß sie eine Notiz folgenden Inhalts publiziert: Wir haben Herrn Arnold Zweigs Mitarbeit in unserem Blatte angekündigt; leider ohne seine Antwort an uns richtig zu interpretieren. Der Gesundheitszustand seiner Augen wird es ihm leider weiterhin unmöglich machen, wie es schon in den letzten Jahren erzwungenermaßen der Fall war, an irgendeiner Wochenschrift oder Zeitung mitzuarbeiten.

[Arnold Zweig]

15 Landshoff an Gustav Kiepenheuer

[Amsterdam,] 17. August 1933

Lieber Kiepenheuer!
Leider habe ich infolge einer kurzen Abwesenheit Ihren Brief zu spät bekommen, um Ihnen rechtzeitig Bescheid zu geben. Da das Berner Gutachten nicht von uns eingeholt ist, sondern von einem uns befreundeten Autor, der es uns übersandte, fühlen wir uns nicht berechtigt, den Wortlaut mitzuteilen. An sich ist ja die Situation klar, besonders wenn es sich um Autoren handelt, die keinen Vorschuß erhalten haben.

Der Verlagsvertrag kann im Augenblick bei gewissen Autoren von Ihnen oder welchem Verlag auch immer in einem wesentlichen Teile (nämlich dem des Vertriebes) nicht ordnungsgemäß innegehalten werden. Dieses berechtigt zur Vertragslösung von seiten des Autors und zur Neuvergabe der Rechte. – Dieses ist ungefähr der Tenor des Gutachtens. Ich betone aber nochmals, daß mir alles daran gelegen ist, mich nicht juristisch in dieser Sache auseinanderzusetzen. Ich denke vielmehr, daß wir uns doch auf der doch wirklich sehr anständigen Basis einer Zahlung in der mehrfach genannten Höhe einigen werden. Die weiteren Honorarzahlungen an Zweig übernehmen selbstverständlich wir. Sollten jedoch irgendwelche Rückstände an ihn aus größeren Verkäufen, die Sie in der letzten Zeit vorgenommen haben, sein resp. aus irgendwelchen Auslandseingängen, so können wir dafür natürlich nicht aufkommen, das werden Sie ja auch nicht gemeint haben. Wir kommen für das gesamte Honorar sämtlicher Bestände, die in unseren Besitz übergehen, auf.

Ich freue mich ganz außerordentlich, aus Ihrem Brief zu entnehmen, daß Sie Ihre Produktion aufgenommen haben und mit dem schönen Werke von Schilling beginnen. Ich wünsche Ihnen von ganzem Herzen Glück und hoffe, daß nach allem Ärger und Aufregungen, die Sie in den letzten Monaten gehabt haben, Ihnen die neue Tätigkeit Freude und Befriedigung geben wird.

Mit wem von unseren alten gemeinsamen Freunden kommen Sie zusammen? Hier findet sich gelegentlich jemand auf der Durchreise ein.

Herzliche Grüße auch an Noa

Ihr [Landshoff]

Landshoff an Gustav Kiepenheuer 16

[Amsterdam,] 23. August 1933

Lieber Herr Kiepenheuer!
Ich schulde Ihnen noch die Bestätigung Ihrer letzten Briefe.

Tatsache ist, daß der Vertrieb der Zweigschen Werke viele Wochen lang geruht hat. Selbst wenn er nach Übergang der Auslieferung zur Vag wieder aufgenommen ist, was aus Ihren Briefen hervorzugehen scheint, so kann es sich ja bei der bekannten Weisung, die für die 12 Autoren ausgegeben worden ist, unmöglich um einen regulären mit Propaganda usw. verbundenen Verkauf resp. also um eine normale Vertragserfüllung handeln.

Das Gutachten des Büros de l'Union Internationale pour la Protection des œuvres littéraires et artistiques, Bern, besagt mit besonderem Bezug auf diese Fälle: »Si l'accomplissement du contrat d'édition est devenu impossible l'auteur peut se départir du contrat et faire éditer son œuvre par un autre éditeur sans acois à payer des dommages-intérêts au premier éditeur, dont le contrat est résilié.

Avec la résiliation du contrat tombera aussi le droit d'option du premier éditeur sur les œuvres futures.«

Sie wissen, daß ich mich in dem dringenden Bestreben, die Interessen des Kiepenheuer Verlages zu wahren, stets auf den Standpunkt gestellt habe, daß eine reguläre Übernahme erfolge, ohne daß ich die Frage erörtern wollte, ob dazu eine Notwendigkeit vorliegt oder nicht. Aus diesem Bestreben heraus war unser Angebot erfolgt. Wenn aber nun eine Summe von RM 9000.– verlangt wird, [die] bei der Beschränktheit des Marktes und den recht erheblichen Vorräten, die unter diesen Umständen nur langsam und zu reduzierten Preisen unterzubringen sein werden, und bei der Notwendigkeit, weiterhin die Honorare an den Autor zu bezahlen, so sehe ich meine wirklich aufrichtigen Bestrebungen nicht zum Ziele kommen.

Der von Ihnen gemachte Vorschlag, in Deutschland buchbindern zu lassen, ist einmal schwierig, weil für alle Parteien die Möglichkeit des Nichtherausbekommens der Ware sich dann noch vergrößert, dann aber bereitet dies weitere Schwierigkeiten, weil wir größere Teile nach der Tschechoslowakei gehen lassen würden. Sie wissen ja, daß es sehr schwierig ist, aus diesen Ländern Geld zu bekommen, und wenn man keine Schulden, die man mit Außenständen bezahlen kann, hat, bleibt einem das Geld aus.

Mit besten Grüßen

Ihr

[Landshoff]

17 Landshoff an Klaus Mann

Amsterdam, den 7. September 1933

Lieber Klaus!

Meine Reise nach Deutschland war sehr schön. Auf der Fahrt von Zürich nach Basel verhandelte ich mit dem Schlafwagenschaffner – zunächst noch in der Absicht, durchaus nicht diese Route zu wählen –, ich fragte ihn also scherzhaft, ob er (der übrigens, wie sich später herausstellte, Reichsdeutscher und Nazi war) es für gefährlich hielte, wenn man einen Koffer voller verbotener Drucksachen mit sich führe. Nach dieser »Erklärung« hatte ich mir eigentlich vorgenommen, bestimmt nicht über Deutschland zu fahren. Im letzten Moment konnte ich es aber nicht lassen und stieg, als einziger Gast, in den Schlafwagen ein. Es passierte das Erstaunliche, daß ich sowohl bei der Einfahrt wie bei der am hellichten Tage, vormittags 10½ Uhr, erfolgten Ausfahrt weder nach meinem Paß gefragt wurde, noch wurde ein Blick auf meinen Koffer geworfen. Da es aussichtslos war, irgend etwas zu verstecken, hatte ich das Manuskript Toller mit Bild gleich obenauf gelegt. Es war eine hübsche Reise.

Mit der »Sammlung« sieht es [nicht] übel aus. Es ist sogar noch einmal nachgedruckt worden. Wir haben fast keine Exemplare mehr. Es werden wie verrückt Probehefte und ähnliches bestellt, und es ist so unübersichtlich wie nur möglich. Ich bin übrigens fest entschlossen und habe bereits alle Vorbereitungen getroffen, nächsten Mittwoch den tausendsten Abonnenten zu feiern und dieses auch allen meinen Leuten mitzuteilen. Wahrscheinlich werde ich dann unmittelbar nach Erscheinen des 2. Heftes den zweitausendsten Abonnenten feiern. Tatsächlich liegen die Dinge so, daß wir etwa 270 Abonnenten fest haben, die fast ausschließlich aus Holland sind, während aus den übrigen Ländern noch keine Unterlagen über den Eingang der festen Bestellungen hier sind. Oprecht & Helbling schrieb ich heute nochmals sehr dringend und sagte ihm, daß die 700 Abonnenten, die Holland bis jetzt aufgebracht hätte, doch zweifellos auch von ihm schnell erreicht würden.

Die Korrektur des 2. Heftes geht heute an Dich ab. Deine eigenen Sachen bekommst Du mit je 2 Abzügen, von den anderen je 1 Belegabzug, mit Ausnahme des Uhde, den ich Dir ebenfalls ganz schicken muß, da ich dessen Adresse nicht habe. Ich bitte Dich, ihm diesen sofort zu schicken, mit der Bitte um sofortige Korrekturrücksendung. Bitte erledige auch Deine Korrektur sehr schnell und gründlich.

Feist holte mich heute mittag zum Essen ab. Er war untröstlich. Ich habe mich für Dich, nur für Dich, sehr angestrengt und war wider bessere Überzeugung nett zu ihm.

Ich habe ihm auch versprochen, in den nächsten Tagen noch einmal über Abend herauszukommen. Er verließ mich leicht gekräftigt.

Bitte schreib mir bald!

F. l.

Ich sandte Dir auch das Manuskript Herzog, das ich Dich bitte, an Wilhelm Herzog weiterzuleiten, da ich seine jetzige Adresse in Zür[ich] nicht habe (ich glaube, Hotel Glöckner Hof).

Bitte erledige den Wunsch Queridos und korrespondiere mit Laslo [?]. Wir haben viel Schlimmes.

Meine Privatadresse ab heute: Amsterdam
Huize van Eeghen
Van Eeghenstraat 181

18 Landshoff an Klaus Mann

Amsterdam, den 12. September 1933

Lieber Klaus!
Ich schicke Dir einen Auszug aus einem Brief von Döblin, den ich soeben erhielt.

Schon Kaysers Andeutungen zeigten mir die Wirkung der »Sammlung«. Nun ist also der Eclat da, und die jeden Abend in Zandvoort aufgeworfenen Fragen haben sich als nicht unberechtigt erwiesen. Döblins Brief ist im ganzen übrigens nicht unfreundlich gehalten, immerhin müssen wir damit rechnen, daß nicht nur in der deutschen Presse (die uns gleichgültig sein kann), sondern auch in der außerdeutschen Presse Erklärungen erscheinen werden, die uns zur Stellungnahme nötigen. Ich hörte, daß Fischer, der vorgestern nach Dresden gefahren ist, die Absicht äußerte, von dort nach Prag zu fahren. Ich zweifle nicht daran, daß er im »Prager Tageblatt« eine Erklärung abgeben wird und auch in der »Zürcher Zeitung« und ähnlichen Zeitungen Notizen erscheinen werden, die uns nicht gleichgültig sein können.

Die Erklärung Deines Vaters scheint mir, soweit Döblin schreibt, keineswegs ungünstig für uns, andererseits verstehe ich nicht ganz, daß Saenger sie scheinbar als Siegestrophäe nach Hause trägt. Ähnlich ist es mit der Erklärung Schickeles, der doch, wie Du mir schreibst, von sich aus sehr freundlich auf das Heft reagierte.

Die Entstellungen sind natürlich ungeheuerlich. Über die Tatsache, daß der gesamte Besitz Eurer Eltern beschlagnahmt worden ist, regt sich keiner auf. Daß Dein Vater als Mitarbeiter bei uns genannt wird, soll plötzlich der Grund für alles Unglück sein.* Es ist horrend und erbost mich um so mehr, als ich diese Frechheit vorausgesehen habe. Der Tantieme-Diebstahl, der durch die Publikation des »Joseph« in Deutschland an Euch begangen wird, kann nicht durch diesen blöden Rummel cachiert werden. – Wenn man nur in Sanary die Dinge mit der Deutlichkeit sieht, wie sie sich uns darstellen.

* Und der *idiotische* Zusammenhang, der zwischen Visumverweigerung und der Zeitschrift konstruiert wird!

Es ist keine Frage: Diese Sache ist erst der Anfang! Daß Du nicht hier bist und daß man die Dinge nicht besprechen kann, ist ärgerlich. Es muß verhütet werden, daß Zeitschrift und Verlag in der außerdeutschen Presse gleich zu Beginn attackiert werden. Glaube mir: Es ist keine Reklame, es ist ein nackter Schaden *für die Sache* (ich rede im Augenblick nicht vom Kleingeld, das ja auch nicht vergessen sein soll). Die Emigrationsliteratur nebst Organen – schon beklagenswert und jämmerlich genug – wird durch solche Diskussionen noch lächerlicher.

Ich bitte Dich sehr, mir gleich nach Empfang meines Briefes einen Expreßbrief zu schreiben mit Deiner Meinung. Wenn Du es für richtig hältst, kannst Du mir auch telegrafieren, dann würde ich Dich morgen nacht anrufen. Ein Telegramm erreicht mich am besten nachmittags in meiner Pension, Van Eeghenstraat 181. Vielleicht findest Du die ganze Sache *gleichgültig – das wüßte ich auch gern.*

Dein
F.

Bitte mach von diesem Brief, der *privat* an mich kam, keinen Gebrauch. Zeig ihn, außer Erika, die ihn bitte sehen soll, niemandem und erwähne auch Döblin gegenüber, der dieser Tage nach Zürich zurückkehrt, nicht, daß Du den Brief kennst. Queridos kennen ihn natürlich. Der Alte ist ganz munter – war immer gegen die ganzen Fischer-Sachen und fühlt sich so wohl und *berechtigt* in seiner Haut, wie ich mich *einmal* fühlen möchte.

Eben war ich nochmals mit Kayser zusammen, der mir (nachdem ich über die ganze Sache dort orientiert war) heute nun *erzählte.* Uns sind – natürlich auch den besuchten Autoren gegenüber – die unflätigsten Motive unterschoben, das Ganze wäre, »um den S. Fischer Verlag zu torpedieren«, von uns unternommen – persönlicher Ehrgeiz usw. usw. *Was ist* das *blöde* und *ekelhaft.* Laß mich nicht sitzen. Laß ein Ausführliches los! Und vielleicht jedenfalls ein Telegramm. (Soll ich übrigens an Bermann schreiben?)
Anlage

19 Landshoff an Alfred Döblin

[Amsterdam,] den 15. September 1933

Lieber Herr Doktor Döblin!
Meine Antwort auf Ihren Brief hat sich verzögert. Solange Sie über das Schicksal Ihres Sohnes im Ungewissen waren, ist mir natürlich jedes Bedenken verständlich. Nachdem diese Sorge für Sie behoben ist, möchte ich aber zu Ihren Einwendungen Stellung nehmen, zumal sie weit über das Persönliche hinausgehen.

Sie werfen der Zeitschrift vor, daß sie »deutlich anti-Nazi-Richtung« hätte und meinen, wir hätten es nicht mit Nazi-Deutschland verderben dürfen. Wenn das Regime drüben einen Vorzug hat, so ist es der einer klaren Eindeutigkeit. Wenn also ein Verlag in Amsterdam heute deutsche Literatur bringt, so bedeutet diese Tatsache, auch wenn das Unternehmen Gebetbücher verbreiten würde, dem Regime gegenüber eine feindliche Handlung. Auch ich sträubte mich dagegen, einen »Emigrantenverlag« zu machen. Es ist aber nicht aus der Welt zu schaffen, daß die meisten der bei uns erscheinenden Autoren seit langem aus Deutschland »verreist« und auch schwer zu bewegen sind, diese Reise abzubrechen. Ja, – Sie sind schuld daran (schuld in Ihrem Sinne, ich sehe keine Schuld darin). Heinrich Mann, Wassermann (von dem wir jetzt eine kleine Broschüre bringen werden), Hegemann, Roth, Sie, sie alle sind schuld daran, wenn unser Verlag ein »Emigrantenverlag« ist. Sie sind verreist, und die Gründe dieses Reisens sind nicht mißzuverstehen. Der deutschen Regierung genügt diese Reise – sie weiß, was diese Reise zu bedeuten hat, sie weiß es tausendmal besser, als ein Vorwort einer Zeitschrift es erklären kann. Glauben Sie wirklich, daß für die Nuancen, die Sie empfehlen, drüben irgendein Gefühl ist? Für die deutsche Regierung sind Sie ein jüdischer Emigrant, der Hals über Kopf Deutschland verlassen hat, als das Dritte Reich ausgebrochen ist, und jeder Versuch eines Kompromisses kostet Zeit und Geld und scheitert doch. Ich habe mehr als einmal gesehen, wie Autoren den Versuch gemacht haben, um, sei es in der Akademie, sei es in einem Schutzverbande oder einer ähnlichen Organisation, zu bleiben, Erklärungen unterschrieben haben, die sich in keiner Weise mit ihrer Gesinnung und ihrer Würde vertrugen. Es hat ihnen nicht einmal etwas genutzt. Sie sind trotzdem herausgeworfen aus den Organisationen und haben noch das klägliche Schauspiel der Abweisung geboten. Seien Sie versichert, daß mit Ihrer Abreise aus Deutschland die Entscheidung von Ihnen aus gefallen ist und daß alles andere sich daraus zwangsläufig entwickelt. Nicht die Tatsache, daß ein Aufsatz von Ihnen in der »Sammlung« erschien (eine Tatsache, die zu diesem Zeitpunkt den Polizeiorganen noch gar nicht bekannt sein konnte), hat Schwierigkeiten bei der Visumserteilung Ihres Sohnes verursacht.

Der Vorwurf, daß Sie über unser Unternehmen nicht orientiert waren, ist doch schwer aufrechtzuerhalten. Ich habe Sie über unsere Produktion genau informiert. Sie wußten, daß Heinrich Mann ein Essaybuch bei uns herausgibt; daß das nicht nazifreundlich ausfallen würde, mußte klar sein. Sie wußten auch, daß Heinrich Mann das Patronat über die Zeitschrift mit übernommen hat. Von vornherein ist Ihnen geschrieben worden, daß es eine literarische Zeitschrift sein würde, daß aber die Tatsache, daß sie in Amsterdam herauskommt, ihre Richtung festlegt.

Wenn Sie das Heft in die Hände nehmen, so werden Sie zugeben müssen, daß fast ausschließlich literarische Beiträge aufgenommen sind.

Es tut mir außerordentlich leid, daß ich Sie nicht persönlich spreche und daß durch Ihre Abreise von Paris ein Zusammentreffen in weitere Ferne rückt. Ich hoffte, daß Sie von Paris einmal nach Amsterdam kommen oder ich Sie in Paris sehen würde.

[Landshoff]

20 Landshoff an Hermann Kesten

Amsterdam, den 26. September 1933

Lieber Kesten!
Ihren Brief beantworte ich mit Bieneneifer. Das tue ich nur, weil ich auf diese Weise mir das Recht auf weitere Briefe von Ihnen zu erkaufen hoffe und Ihre Briefe zu den seltenen Vergnügungen gehören.

Wenn Sie Angebote unserer Autoren zur Weitergabe an den Verlag de Lange erhalten, so schreiben Sie dem Verlag ruhig, daß, soviel Sie wissen, die Leute mehr oder weniger an uns gebunden sind. Ich bin überzeugt, daß de Lange nicht die Absicht hat, irgendwelche kleinen Bücher zu überzahlen. Das ist ja auch unsinnig. Überhaupt habe ich nicht den Eindruck, als ob de Lange sich überanstrengen will. Nachdem Frau van Praag weg ist, müßte doch eigentlich einer von Ihnen in Amsterdam sitzen; das wäre doch sehr reizend.

Die Zeitschrift ist Ihnen zugegangen, und zwar nach Sanary. Warum Sie sie nicht bekommen haben, weiß ich nicht. Ich habe im Augenblick keine Exemplare mehr hier und kann Ihnen leider nicht nochmal eins schicken. Im übrigen halte ich die ganze Geschichte für reine Schikane, da Sie das Heft doch bestimmt entweder bei Eva oder bei einem der zahlreichen Autoren nicht nur gesehen, sondern auch gelesen haben werden. Wir werden von allen Seiten beschimpft; von Fischer, Bermann usw. ganz zu schweigen. Nur meine guten alten reaktionären Freunde sind mir treu: Lernet-Holenia und Onkel Schäfer. Lernet-Holenia schreibt mir die nettesten Briefe. Er kann darin mit Ihnen durchaus in Konkurrenz treten.

Gegen Ihre polnische Übersetzung würde ich auf alle Fälle protestieren beim Verlag und beim Übersetzer. Es wird zwar gar keinen Zweck haben, aber warum soll man es nicht versuchen?

Ihrem Roman scheint die südliche Sonne zu bekommen. Es bleibt ein großer Ärger, daß er nicht bei uns herauskommt. Wenn es so weit ist, will vielleicht de Lange nicht mehr. In diesem Herbst bringt er das Buch doch wohl keinesfalls.

Roth steht, glaube ich, wirklich im Begriff, die Reste eines einst königlichen Verstandes zu verlieren. Er sauft wie ein Loch. Das muß schief ausgehen. Der »Fall Hauser« ist mir seit einiger Zeit bekannt und zeigt mir wenigstens, daß *alles* falsch ist, nicht nur das, was hier gedacht wird. Nach Deutschland beabsichtige ich in nächster Zeit nicht zu reisen.

Herzlichst
Ihr Landshoff

Landshoff an Klaus Mann 21

Amsterdam, den 29. September 1933

Lieber Klaus!
Dank für Deinen Brief, der ja ausschließlich von einem Aufsatz handelt, den Du Dir ja denn doch nicht abringen konntest. Also es bleibt, wie es ist.

Damit auch mein letzter Brief noch eine Schreckensnachricht enthält, übersende ich Dir inliegend die letzten Naziscenen Deines Onkels. Lies sie sofort und sage, ob ich, wenn überhaupt noch mit einem letzten Funken von Verstand und Überlegung begabt, in der Lage bin, das Gespräch Göring – Goebbels – Sinsheimer (»Man muß sich zu helfen wissen«) drucken *kann*. Nachdem ich Heinrich Mann, gerade nach seinem letzten Brief, so unerhört dankbar bin, bin ich völlig ratlos. Kann ihn denn kein Mensch davon abbringen? Kannst Du nicht mit ihm sprechen? Natürlich kannst Du *nicht* mit ihm sprechen, wirst

Du ziemlich erbittert denken und hast auch ganz recht. Vielleicht aber führst Du ein so »prinzipielles« Gespräch mit ihm, daß es möglich ist, auf die Problematik der Naziscenen überhaupt hinzuweisen, die aus dem sonst doch sehr schönen Buch in dieser äußerst precairen Situation herausbleiben müßten. Die Erlebnisse der letzten Wochen werden ein Kinderspiel sein gegen das, was sich gegen die Publikation dieses Buches abspielen wird, wenn die Scenen darin bleiben. Zum ersten Male scheint es mir sogar möglich, daß eine solche Publikation wirklich Folgen haben könnte, die in keinem Verhältnis zu ihrem Wert stehen. Ich fand es unsinnig und empörend, wenn gesagt wurde, die »Sammlung« könne schuld daran sein, daß ihre Mitarbeiter in Deutschland unmöglich werden. Der Abdruck dieser Scenen könnte aber wirklich nicht nur innerhalb Deutschlands, sondern auch außerhalb fürchterlich wirken. Er könnte auch Deinen Vater ernstlich schädigen und das Buch gefährden. Wenn Du die paar Seiten liest, wirst Du derselben Ansicht sein wie ich. Gib mir nur einen Rat. Wenn Du mich anrufen willst, erreichst Du mich unter Laren 513, wo ich Sonnabend und Sonntag sein werde.

Schlimmstenfalls würde ich in etwa einer Woche nach Paris fahren und versuchen, mit Heinrich Mann zu sprechen. Ich muß auch mit Döblin reden; schließlich geht es nicht, daß er nur Geld nimmt und gleichzeitig sinnlos schimpft. Am Telefon war er übrigens äußerst gemäßigt und sagte von sich aus, daß Fischer die Sammlungsangelegenheit doch ungeheuer aufgebauscht hätte.

Besten Gruß

F. L.

Eben traf ein Brief von Brod ein, den ich – in sinnloser Gier auf Ms. für die 2. Nummer – unberechtigterweise aufmachte. Den Kafka ließ ich sofort abschreiben und schickte ihn nach der Druckerei. Solltest Du ihn zu mager finden, habe ich ihn halt umsonst absetzen lassen. Wenn Du Montag früh *nicht* kommst, muß ich es wissen. Sonst hole ich Dich ab.

Landshoff an Gustav Kiepenheuer 22

Amsterdam, den 13. Oktober 1933

Lieber Kiepenheuer!
Während nach Ihrer Liste von den »Novellen um Claudia« in den letzten Monaten nur 171 Exemplare verkauft sind und wie Sie schreiben nichts verramscht, höre ich immer wieder von größeren Ramschposten, so z.B., daß die Vienna enorme Stapel von »Claudia« zu 3 Schillingen ausliegen hat. Wo kommt denn so etwas her? Auch schrieben Sie mir unter dem 5. 10., daß Sie einen Posten broschierter und kartonierter Exemplare verramscht hätten, während in der Verkaufsliste vom »Grischa« und der »Jungen Frau« nur zusammen 21 Exemplare angegeben sind. Das steht doch in einem Widerspruch. An sich wäre mir das bei diesen broschierten Exemplaren gleichgültig, nur entsteht dadurch der Eindruck, als ob die Liste nicht ganz sorgfältig gemacht sei, wozu die ständigen Nachrichten aus Österreich über auffallend vielen Ramsch kommen. Hat Präger etwa jemals etwas bekommen? oder doch die Vienna?

Seien Sie mir über diese Rückfragen nicht böse. Ich muß die Dinge doch aber genau wissen.

Mit besten Grüßen Ihr
[Landshoff]

Arnold Zweig an Landshoff 23

Paris, 25. 10. 33

Lieber Dr. Landshoff,
ich empfing heute die Nachricht, daß Sie nach Zürich gekommen sind, schreibe aber doch schon einige Dinge, die mir durch den Kopf gingen, damit ich sie nicht vergesse. Vorerst bestätige ich den Empfang von Bogen 5–11 des Novellenbandes, der mir immer mehr Freude macht. Hoffentlich erleben wir auch welche damit. Die Fahnen von den »Schlesischen Novellen« werden nun wohl auch bald eintreffen. – Ferner muß ich vor Eintritt in die Tagesord-

nung meiner Empörung über das Verhalten der Herren Kollegen in Sachen der »Sammlung« Luft machen. Ich verstehe diese klugen Männer nicht, die sich von dem Verlag S. Fischer so geschickt haben in eine schiefe Beleuchtung manövrieren lassen. Ich kenne natürlich die Interna dieser Erklärung von Schickele, Thomas Mann und Döblin und finde, daß sie wenig erreichen werden, daß sie aber Klaus Mann und der Sache eines emigrierten Schrifttums einen überaus schlechten Dienst erwiesen haben. Noch dazu verlassen sie sich ganz und gar auf Klaus Manns Diskretion und Anstand, indem sie ihn gleichzeitig den Uneingeweihten preisgeben. Und der neuste im Bunde, mein Namensvetter Stefan, schießt wie immer den Vogel ab. Das repräsentiert die Würde des Geistes so lange, bis es anfängt, unbequem zu werden. In diesem Augenblick ist aber auch alles aus, und der linksradikale Pazifistengeist knickt in die Knie. Ich erlebe die bedauerliche Freude, daß alle meine Meinungen über den Geistesführer von Salzburg und Umgebung bestätigt werden, ohne daß ich das Mindeste dazu zu tun brauchte. Das können Sie Klaus Mann ruhig mitteilen.

Jetzt zur Sache. Also erstens Kiepenheuer: Über die gedruckten Exemplare von »Umkehr« und »Sendung Semaels« habe ich Ihnen schon geschrieben. Bei Übernahme des Materials bitte ich Sie auch die Herausgabe der Original-Verträge mit Secker, Huebsch u. a. zu erreichen, da sie in Ihr Archiv gehören und nicht bei Kiepenheuer bleiben sollen. Das gleiche bitte ich für das gesamte deutsche und fremdsprachige Besprechungsmaterial zu erreichen, da wir es für spätere Prospekte brauchen werden und weil meine Mappen mit allem anderen der Beschlagnahme durch politische Polizei verfallen sind. Zweitens: Die Drucklegung von »Bilanz« kann beginnen, sobald wir mit »Spielzeug« fertig sind. Ich bearbeite hier die Manuskripte, die ich zurückbehalten habe, und bitte Sie, sobaldum meine regelmäßigen Manuskriptsendungen an Sie anfangen, dasjenige, das Sie besitzen, eingeschrieben als Geschäftspapiere meiner Frau nach Jerusalem zu schikken (Pension Friedmann, Bezalel Street). Drittens: In der Druckkostenfrage möchte ich folgendes Kompromiß vorschlagen: Wir addieren die Korrekturkosten für beide Bücher und sehen dann zu, ob sie den vertragsmäßigen Prozentsatz von 10 % überschreiten. Dann würde ich mich an ihnen beteiligen.

[Arnold Zweig]

Landshoff an Arnold Zweig 24

Amsterdam, 26. Oktober 1933

Lieber Herr Zweig!
Ich kam gestern von einer schnellen geschäftlichen Reise nach Zürich zurück und fand hier auswärtigen Besuch für den Verlag und eine Fülle dringender Dinge vor, die es mir unmöglich machen, Ihnen sofort sehr ausführlich zu schreiben. Ich hole es morgen nach.

Zu den Unannehmlichkeiten gehörten u. a. ein Brief unseres gemeinsamen Freundes Dr. Hain, der mich wegen Auslieferung wochenlang halb verrückt gemacht hatte und dem ich sie schließlich auch gegeben habe. Ich citiere: »Es scheint, daß der Krieg nicht nur gegen Sie und Ihre Autoren, sondern auch gegen Ihre Kommissionäre und Auslieferer geführt wird ...... daß ich wegen meiner Verbindung zu Ihrem Verlage seitens des Börsenvereins, dessen Mitglied ich bin, Schwierigkeiten zu gewärtigen habe. ...... daß der überwiegende Teil der deutschen Verlage, deren Auslieferung ich besorge, sobald sie davon Kenntnis erhalten, mir kündigen. .... daß man mich und meine Existenz wegen Ihrer Auslieferung zugrunde richten will« usw. usw.

Sie machen sich kein Bild davon, wie stark der Einfluß Deutschlands und deutscher Gesinnung gerade in unseren »Belangen« die Nachbarländer ergriffen hat. Herr Dr. Hain steht nicht allein da (obgleich der Fall wegen der schwierigen Devisenlage in Österreich und der geringen Anzahl zuverlässiger Menschen besonders ärgerlich ist); dieselben Dinge erleben wir fast in allen Ländern, trotzdem ist der Widerhall, den die Ankündigung des Verlagsprogramms und auch die Zeitschrift hat, stark. Die Schwierigkeiten sind aber tatsächlich enorm groß.

Morgen hören Sie ausführlicher.

Besten Gruß
Ihr
Landshoff

25 Landshoff an Klaus Mann

Amsterdam, [Anfang November 1933?]

Lieber, lieber, lieber Klaus,
ich bin ein kleiner häßlicher Pinkel, und es ist mir sogar vertraglich attestiert, daß ich ruhig zu sein habe. Auf den rheumatisch wäßrigen Knien meines einst erweiterten Herzens flehe ich Dich aber an, meine langweiligen »heutigen« Briefe zu lesen, mir zu antworten und mir eine prima Gesinnung zu bewahren, da diese für mich WICHTIG, die Zeitschrift aber vergleichsweise UNWICHTIG ist. Die Zeitschrift *kann* unter den augenblicklichen Verhältnissen nur existieren, wenn sie hervorragend ist – hat sie »vertretbare« Beiträge, ist es aus. ICH kenne die Entschuldigung, die wir für jeden Beitrag haben, das Publikum kennt sie nicht und will sie nicht kennen. Wir wollen die (*teilweise* traurige) Vergangenheit beiseite lassen. Für die nähere Zukunft liegen an Mittelmäßigkeiten vor: Rodman, Wittenberg, Simon (gut: *meine* Schuld – aber es ist ja nicht von Schuld die Rede), Hirschfeld, seitenlange Herzöge, auch Sorels genannt, Berendsohn (wenn der TAKT nicht wäre, wie gern würde ich noch Wolfg – nein, ich bin nicht taktlos), Gedichte (außer Graf) – das ist bei dem bißchen Platz, den wir haben, *enorm*. Jede Zeile, die noch hinzukommt, muß HINREISSEND sein, dann wird es gehen. Kommen noch ein paar solche Sachen hinzu, sind wir in Kürze unter uns beiden HÜBSCHEN. Ich tue viel dafür – und hoffe es zu erreichen –, daß ab Heft 7 (zweites Halbjahr) die Zeitschrift in erheblich erweitertem Umfang erscheinen kann. Dann könnte man ständig je einen guten wissenschaftlichen (soziologisch oder kulturpolitisch o. a.) Aufsatz und einen Romanabschnitt hinzufügen. Das

müßte auch sehr rechtzeitig vorbereitet werden – die Herren von der Wissenschaft sind langsamen Stuhls. – Das schließt aber alles nicht aus, daß auch die übrigen Beiträge vortrefflich sein müßten. Gibt es denn keinen Engländer, keinen Franzosen, keinen Deutschen, der eine brauchbare Novelle hat? Ach, noch stundenlang könnte ich so weiter in die Wüste predigen. Nun strengt mich ALTEN das Führen der Feder – Dir zum Nutzen – an.

Ich stehe nicht wenig unter Wirkung seit einigen Tagen wieder erstandener Schlafpillen. Hätte ich sie mir wohl gekauft – frage ich Dich –, wenn nicht *aller* Grund dafür vorhanden gewesen wäre?

Dein getreuer
Helmuth

Landshoff an Klaus Mann 26

[Amsterdam, November 1933?]

Lieber Freund – nun greife ich zur Feder, und dann ist es immer schon ganz faul. Es ist alles ein großer Jammer, und des Klagens ist kein Ende, und es ist sehr gut, daß Du bald kommst, und dann sieht sich vielleicht manches wieder etwas FREUNDLICHER an.

Du fragst – mit Recht – nach Horst. Die Antwort ist schwer. Das Buch finde ich *nicht* mißraten. ABER... Ich werde den Gedanken nicht los, ob es richtig ist – heute – in der Emigration –, ein so »saloppes« und »burschikoses« Buch über Horsti zu schreiben. Eine »Enthüllung der Legende« durch eine »wahre Lebensgeschichte« – ja –, das ist auch etwas fürs Ausland (daran dachten wir auch!) – nun aber ist es etwas anderes geworden.

Es ist oft witzig – oft ernst –, immer unterhaltend – – aber – –, lieber, lieber Klaus – ist es GANZ das Richtige?

Ich würde diese Zeilen ewig verfluchen, wenn sie Dich verärgern. Auch würde ich im Augenblick viel lieber das Blaue vom Himmel herablügen, als Dich verstimmen.

Wir werden bei deiner Rückkehr des Ausführlichen über die ganze Frage sprechen.

Bitte bleibe mir freundlich gesinnt – ich bin sowieso so furchtbar klein und häßlich geworden.

FREUNDSCHAFTLICHST
F. L.

27 Landshoff an Klaus Mann
Wegweiser: 1. das Getippte – dann 2. der ganze Handgeschriebene, dann 3. das wiederum handgeschriebene P. S. des Getippten. Nur meine DESOLATE Verfassung erklärt den ganzen Irrsinn.

Amsterdam, den 7. Dezember 1933

Lieber Klaus!
Augenblicklich ist Stefan Zweig in Zürich. Falls er sich nicht bei Deinem Vater gemeldet haben sollte, was ja eigentlich kaum anzunehmen ist, so kannst Du seine Adresse durch Joseph Roth, Rapperswil am Zürichsee, Hotel Schwanen, telefonisch erfahren.

Vielleicht wäre es doch ganz gut, wenn Du Dich mit ihm einmal unterhieltest. *Wir* wollen uns vom Verlag aus im Augenblick nicht an ihn wenden. Eine allgemeine Unterhaltung, die ja schließlich durch Eure Korrespondenz genügend gerechtfertigt wäre, könnte vielleicht aber auch uns von größtem Nutzen sein, da er ja endgültig nicht mehr bei der Insel verlegt. Es wäre vielleicht auch gut, ihn bei dieser Gelegenheit wissen zu lassen, daß wir keineswegs nur linke Stänker verlegen, sondern daß auch in diesen Tagen Abschlüsse mit Bruno Frank und Graf Sforza perfekt werden, die ihn ja weniger stören als Arnold Zweig usw. (Den Namen Wassermann könntest Du auf diskrete Weise einmal durch*schimmern* lassen.)

Es hat aber auch noch einen weiteren Grund, weshalb ich möchte, daß Du mit Zweig zusammenkommst. Nachdem er sich doch in Deutschland unmöglich gemacht hat, könnte man ihn vielleicht für eine sehr wichtige, für die Zeitschrift geradezu lebensnotwendige Sache gewinnen: *Wir müssen* an die Spitze des Februarheftes (aller-, allerspätestens im März) einen etwa 12 Seiten langen Aufsatz bekommen, der Holland als Land der Freiheit und besonders der Gastfreiheit historisch behandelt. Du hast, glaube ich, noch nicht kapiert, daß unsere Zeitschrift sehr ernsthaft gefährdet ist. Es werden hier Gesetze vorbereitet, die dem ganzen Spuk ein Ende machen können. Das gilt besonders für den Fall, daß Du die Wechselbäder fortsetzt. Ein solcher Aufsatz kann glatt Wunder wirken und uns auf einen Schlag festigen. In der gleichen Nummer müßten dann noch ein paar Gedichte oder eine kurze holländische Erzählung enthalten sein und am besten noch eine Amsterdamer Glosse.

Für einen solchen Aufsatz eignet sich Stefan Zweig natürlich prächtig. Er hat auch die genügende Materialkenntnis. Tut er es nicht, muß man sehr geschickt einen anderen repräsentativen Mann finden; vielleicht tut es Romain Rolland, Duhamel oder sonst jemand.

Apropos Wechselbäder: Es bleibt ein – übrigens von allen Seiten empfundenes Prachtstück von uns, hintereinander die Aufsätze von Lion – Regler – Ehrenburg zu bringen. – – Regler schrieb mir wegen des von mir bestellten Protestantismus-Aufsatzes. Ich bin natürlich sehr eingenommen von Deiner Idee, schrieb ihm trotzdem, er müsse in der Abfassung vorsichtig sein, da zu den vorbereiteten Gesetzen auch insbesondere ein jegliche Kirchengemeinschaft schützendes Gesetz gehört. Wie Du weißt, sieht Regler die protestantischen Dinge anders als Du. Der Lichtblick scheint ihm weniger köstlich, und der Aufsatz könnte wieder zu einigem Anstoß führen. Mit Vorsicht gemacht, wird die Sache aber sicherlich angehen und ein ganz appetitlicher Beitrag werden.

Die Hirschfeld-Sache ist mir noch sehr durch den Kopf gegangen. Ich habe den Aufsatz nochmal gelesen. Er ist viel zu lang. 6 bis 7 konzentrierte Seiten über diesen Gegenstand tun es auch. Der uns zur Verfügung stehende Platz ist so klein, daß wir gar nicht vorsichtig genug mit seiner Verwertung sein können.

Die Zahl der Leser der »Sammlung« geht erschreckend zurück. Man muß sich also jeden einzelnen Beitrag sehr genau überlegen, um einigermaßen attraktive Hefte zusammenzustellen.

Den Aufsatz von Rodman finde ich für meinen Teil geradezu unmöglich. Wenn man in jedem Heft über englische Literatur schreiben würde, könnte man sich so etwas einmal leisten. Schreibt man jedoch einmal im Jahr darüber, so kann man es – meiner Meinung nach – einfach nicht bringen. In die Januar-Nummer muß noch etwas größeres und gutes Erzählendes hineinkommen.

Wie kann ich Dir nur klarmachen, daß es einfach nicht möglich ist, in ein Heft Hellmert und Wittenberg sowie die 3 Asch-Seiten zu nehmen. Jeder dieser Beiträge ist eine Zugabe, sie setzt aber einen »konsistanten« erzählerischen Beitrag voraus.

Mein sehr guter Freund, eben kommt Dein sehr Ausführlicher mit vielen Beilagen. Ich schreibe also nochmals, obgleich es eigentlich VIEL zu weit geht. Das Heft *fliegt* in Satz. Es enthält Heinrich [Mann], Frank, Golo Mann, Kesten, Frisch, Asch. Fehlt ein größerer erzählerischer Beitrag. Der Hellmert *ist* zu klein. Du kannst ihn statt des Asch nehmen, aber auch dann fehlt der größere Beitrag. Wo ihn hernehmen? Das *muß* entschieden werden. Magnus Hirschfeld, flehe ich Dich an, gekürzt im Februar zu verstauen.

Da Du mir *heute* die Sachen schickst, kann ich doch das Heft noch nicht weiter haben. Du mußt [bist!] schrecklich UNGERECHT. Die Weintraubsche schreibt z. Z. bis in die 10. oder 11. Nachtstunde hinein. Nur daran liegt es, daß Stephansky und auch die vielleicht auf anderem Gebiet begabt gewesene Antonina ihre Briefchen noch nicht sahen. Dem St. schreib bitte ein Vorläufiges, daß Du in Z. und die Frage mit dem Verlag ausführlich besprochen wurde – »weiteres folge in Kürze«. Ich bin nicht herrschsüchtig – vielmehr krankhaft hörig. Trotzdem muß ich es mir abpressen, daß es für die Zeitschrift ein Unglück ist, wenn Du *zuviel* in allen Blättern schreibst. Bleib *fein*, wo Du doch aus gutem, wenngleich leider halbjüdischem Haus stammst. Daß Du mir 20 frs schicktest, war ein grausiger Scherz. Ich will aber lieber weiterhin DARBEN, als daß Du Dir's zusammenschreibst.

Den Wessel wollen wir also endgültig am ersten Tage unseres Wiedersehens verarzten.

Jakob der 60jährige telegraphiert mir eben auch aus Zürich. Daß Du ihn ein wenig freundlich sprichst, hoffe ich. Er eilt dann hierher.

Hau mir gleich eine Antwort auf die beiläufig 8 Seiten hin. Und geh mir nicht unter die STRENGEN, vor denen ich mich doch so sehr fürchte.

Landshoff an Klaus Mann 28

Amsterdam, [Mitte Dezember 1933]

Mein sehr Lieber,
Dein Brief hat mich aufrichtig bestürzt. Der Eintritt Deines Vaters in die »Kammer« ist gewiß nur eine »Äußerlichkeit«, aber wo ist die Grenze? Gott – wie trübe das alles ist!

Wassermann, mit dem ich eben speiste, hat sich auch »rechtzeitig vor dem 15.« angemeldet – und wartet nun, ob er aufgenommen wird. Sein Roman ist fertig. Noch unsicher, wo er erscheint. Wenn seine Aufnahme »klappt« – bei Fischer.

Heute kriegst Du noch einmal das 5. Heft komplett. Nur die Beiträge *mit* Ms. muß ich zurück haben (sofort), das übrige ist schon imprimiert hier oder direkt an den Autor in Korrektur gegangen.

Der Hohenlohe?? Mäßig. Soll nun er oder der doch auch angenommene Wittenberg in das Heft? Und dann bitte postwendend: *Reihenfolge!* Kesten kann *notfalls* in den Februar, er sagte mir zu, *nicht* beleidigt zu sein. Bitte auch den Engländer (nun nenne ich den gar nicht mehr) in den Februar – weil er heute erst in Satz ging (ich wartete auf Deinen Brief damit).

Die Woche fängt wieder häßlich an

a toi
F.

Lieber Herr Mann!
Inliegend übersenden wir Ihnen eine Zahlungsanweisung über fl 1.43, die auf Ihren Namen ausgestellt ist (Gegenwert für ein Quartalsabonnement, Schrangenheim, Zwenkau). Wollen Sie sie bitte an der mit einem X gekennzeichneten Stelle unterschreiben.

Das 4. Heft ging nach New York an Prof. Walter, das nächste also nach St. Moritz.

Alle anderen Aufgaben sind jeweils prompt erledigt.

Gruß Ich,
J. Weintraub

29 Landshoff an Hermann Kesten

Amsterdam, den 26. Februar 1934

Lieber Freund!
Vielen Dank für Ihren Brief. Ich würde mich sehr freuen, wenn Sie in der allernächsten Zeit kommen würden. Ich bin allein. Klaus fährt morgen nach Paris. Ich bleibe bestimmt die ganze nächste Zeit hier. Schreiben Sie mir recht bald, wann ich Sie erwarten kann.

Was Sie über den Döblin schreiben, freut mich sehr. Ich wäre Ihnen zu großem Dank verpflichtet, wenn Sie das Buch weiter lesen würden. Ich schicke es Ihnen heute bis Bogen 36*. Wenn Ihnen etwas Kürzungsbedürftiges auffällt, streichen Sie es bitte an. Döblin fragte mich mehrfach danach. Übrigens soll er nicht erfahren, daß ich Ihnen das Manuskript schon in Teilen gegeben habe.

In der letzten Nummer der »Literarischen Welt« auf der ersten Seite ist mit einem entsprechenden Einleitungsaufsatz von Rauch das Gespräch »Hindenburg und Hitler« aus dem »Haß« abgedruckt. Das kann uns in diesem Augenblick teuer zu stehen kommen.

Natürlich werden wir etwas »vorsichtiger« werden, ebenso natürlich ist es, daß es gar keinen Sinn hat. Was erschienen ist, ist erschienen, und sogar die neuen Gesetze finden ja Anwendung auf alles, was noch im Vertrieb ist. Übrigens ist das Gesetz, nach dem Liepmann verurteilt ist, alt, nur daß man es anwendet, ist neu und viel versprechend. Es entbehrt nicht des Komischen, daß man heute bei der Veröffentlichung von Büchern gleiche oder ähnliche Erwägungen anstellen muß wie vor etwa einem Jahr in Berlin. Über diese und ähnliche Fragen würde ich mich gern mit Ihnen unterhalten, also kommen Sie!

Haben Sie große Triumphe in Skandinavien gefeiert? Ich bin etwas ängstlich, daß Sie zu dick geworden sind. Sind Sie selig mit Ihrem Buch?

Besten Gruß auch an Ihre Familie

Ihr

L.

* Vielleicht stimmt der Anschluß nicht. Lesen Sie trotzdem! Die Bogen davor fehlen mir.

Landshoff an Klaus Mann 30

Amsterdam, den 28. Februar 1934

Lieber Klaus!
Inliegend Brief und Aufsatz von Scholte. Du mußt ihm sofort ein paar Zeilen des Dankes schreiben. Die paar Holländer, die sich nicht an unserem Herausschmiß beteiligen, müssen verwöhnt werden.

Die Freilassung von Dimitroff wirkt wie ein Wunder. Die Säue haben es schon so weit gebracht, daß man die Aufhebung eines beispiellosen Unrechts wieder als eine Tat der Gerechtigkeit preisen wird.

Fr.

Scholte ruft eben an; wenn es Dir nicht zu lang wird, könnte er auch noch ein Kurzes über den Film ankritzeln. Schreib ihm!

Landshoff an Klaus Mann 31

Amsterdam, den 6. März 1934

Lieber Klaus!
Der Versand der Märznummer stieß im Hause auf unüberwindliche Schwierigkeiten, ist aber teils Sonnabend teils Montag endgültig durchgeführt, so daß jegliche Reklamation von Dir zu spät käme. Aus Ärger über den Aufschub habe ich schikanöser Weise den ganzen Prospekt noch einmal drucken lassen, da durch Schuld der Druckerei auf der ersten Seite »un« statt »und« stand.

Ich finde das Deutsch der Sforza-Übersetzung so erbärmlich, daß man eigentlich hätte etwas korrigieren müssen.

Es ist mein unbeugsamer – vielleicht gar letzter? Wille–, daß die Nummer 9 unserer Zeitschrift einen Leitartikel über die Stellung der deutschen Emigration enthält. Der Fall Liepmann war ein schüchterner Beginn, inzwischen waren Verurteilungen in Dänemark und in Polen; in der »Frankfurter Zeitung« vom Sonntag war zu lesen, daß in Orviedo (Spanien) die deutsche Regierung, da sie sich durch irgendwelche Aussagen beleidigt fühlte, Anzeigen erstattet hätte, auf die hin die Schuldigen vor ein Sondergericht kommen.

Heinrich Mann schreibt mir: »Bei mir war jemand von der Unitad Press wegen einer Anklage, die der argentinische Staatsanwalt erhoben hat – auf Antrag der deutschen Regierung, gegen ein argentinisches Blatt. Ich fragte, warum man dort auf so etwas eingehe, ›weil Argentinien mit Deutschland befreundet ist‹.«

Es handelt sich längst nicht mehr um Einzelfälle; es handelt sich einfach darum, daß seit Wochen ein systematischer Kampf gegen die Emigration eingesetzt hat, der von der deutschen Regierung mit dem allerbesten Erfolg in fast allen Ländern durchgeführt wird. – Soweit meine bescheidenen historischen Kenntnisse reichen, handelt es sich hierbei um einen unüblichen Vorgang, auf den in einem großen Aufsatz, der natürlich keinen Einzelfall behandelt, ganz groß und äußerst würdig hingewiesen werden müßte. –

An sich könnte das am besten Heinrich Mann, dem sogar mit diesem Thema ein Glanzstück gelingen müßte; das Dumme ist, daß, wenn Dein Onkel sich gerade nicht in voller Form befindet, der Aufsatz heikel ausfallen könnte. Dann kostet es uns wieder Nächte, bis ein peinlicher Brief an ihn herausgeht. Der zweite, der in Frage käme, wär Joseph Roth; bei dem wäre es nun wieder nicht notwendig, sich sehr zu genieren. Seine Aufsatzform ist allerdings in der Emigration nicht übermäßig glanzvoll gewesen, und ein geglückter Heinrich Mann ist selbstverständlich in jeder Beziehung vorzuziehen. Oder sollte man vielleicht an Bruno Frank denken?

Bitte laß diesen Gedanken durch Dein kahles Haupt gehen und schreib mir noch einmal, bevor Du Dich an jemanden wendest.

An Oprecht habe ich bereits gestern wegen der Absendung des Manuskriptes an Koplowitz geschrieben.

Diesmal gibt es einfach nur den Durchschlag

KNECHT

Landshoff an Arnold Zweig 32

Amsterdam, den 11. April 1934

Lieber Herr Zweig!
Es hat sich als unmöglich erwiesen, Ihnen das Buch mit dem Flugzeug zu schicken, da sich die Portospesen auf hfl 6.30 belaufen. Inzwischen werden Sie es erhalten haben; es ist erschienen. Wenn wichtige Presse kommt, schicke ich sie Ihnen.

Leider haben Sie mir die paar Kritiken, die ich Ihnen über »Spielzeug der Zeit« vor ein paar Tagen sandte, nicht zurückgeschickt. Ich brauche sie sehr dringend. Es ist furchtbar schwer, Kritiken zusammenzubekommen. Die ausländischen Ausschnittbüros funktionieren nicht gut.

Ich erhielt den Brief eines eifrigen Lesers, der, wie er schrieb, nach flüchtiger Durchsicht bereits folgende kleine Irrtümer feststellte: Aschinger ist niemals Jude gewesen, Moissi ist niemals ein Jude gewesen, und auch Liebknecht soll keinesfalls ein Halbjude, sondern ein reiner Arier gewesen sein, nur seine Frau ist Jüdin.

Mit gleicher Post (da auch das per Flugzeug nicht möglich ist) erhalten Sie die Aprilrate. Bis zum heutigen Tage erhielten Sie hfl 3500.–. Gemäß unserem Abkommen über den Novellenband war für dieses Buch 3000 zu garantieren: 3000 Exemplare mit 20 % vom broschierten Ladenpreis gleich hfl 1500.–.

Es stehen also auf die »Bilanz der deutschen Judenheit« und a conto des Romans zurzeit hfl 2000.–.

Der ursprünglich für den Roman vorgesehene Auslieferungstermin war der 20. Februar; inzwischen haben wir vom Herbst gesprochen. Nach Ihrer letzten Nachricht haben wir allerdings den Eindruck, daß es auch mit dem Herbst noch unsicher ist und daß es bestenfalls Ende des Jahres werden wird, bis wir das Manuskript erhalten. Es wäre also gut, wenn wir uns über den Zahlungsmodus bis zu dem voraussichtlichen Ablieferungstermin des Romans einmal verständigen würden.

Vom »Spielzeug« verkauften wir ca. 2000 Exemplare. Glauben Sie bitte nicht, daß das wenig ist. Wenn man von Büchern mit ausgesprochenem aktuellem Thema (wie es z. B. Feuchtwanger oder Heinrich Mann bei ihrem Erscheinen waren) absieht (»Bilanz« findet ja leider eine sehr veränderte Lage), so ist das bei Ausschaltung des innerdeutschen Sprachgebietes und unter Berücksichtigung der allgemeinen Krise und des Mangels an Kaufkraft gar nicht schlecht. Es ist furchtbar schwer, diese Auflagen in Einklang zu bringen mit lebensnotwendigen Honorar- und Vorschußwünschen. Eine besondere Schwierigkeit ist noch, daß alle Autoren immer sagen, unsere Bücher sind teuer. Wenn wir unsere Bücher aber billiger machen, so würden ja die Honorare noch wesentlich kleiner sein, und der Absatz, selbst wenn er etwas höher wäre, würde keineswegs ein materielles Äquivalent für den Autor bieten. Es ist eine sehr schwierige Situation, die zweifellos von Monat zu Monat noch schwieriger wird. Trotzdem sind wir, wie ich glaube sagen zu dürfen, der einzige Verlag, der sich in der ganzen Welt ein nicht unerhebliches Absatzgebiet geschaffen hat, das sich ständig vergrößert. Leider sind immer mehr neue europäische Gebiete in Gefahr, für einzelne Bücher auszufallen; so ist es durchaus möglich, daß lt. der Verordnung, die ich Ihnen schon das letzte Mal geschickt habe, Ihr Buch in der Schweiz inhibiert wird. Der Wortlaut der Verfügung läßt es zu. Ich hoffe bestimmt, daß das nicht eintreffen wird, aber es ist möglich; auf alle Fälle fällt ein Teil der Buchhändler als Abnehmer aus.

Ich schreibe Ihnen diese Dinge so ausführlich nicht, um zu jammern (wozu ich übrigens auch keinen Anlaß habe), sondern nur, um Sie ins Bild zu setzen über die augenblickliche Situation.

Am 22. ds. fahre ich auf sechs Tage wegen einiger vertraglichen Verhandlungen nach Frankreich und in die Schweiz (u. a. werde ich auch Herrn Dr. Feuchtwanger sprechen). Ich bin aber bestimmt am 30. ds. zurück.

Grüßen Sie Ihre Gattin und Frau Lilli

herzlichst

Ihr

Landshoff

NB. Soeben kommt Ihre Karte vom 6. ds. Besten Dank. Sehr gern würde ich nach Palästina kommen; ich kann aber im Augenblick an eine längere Abwesenheit von Amsterdam gar nicht denken. – – »Bilanz«-Korrekturen, die nicht berücksichtigt sind, sind mir nicht bekannt. Alles, was ich von Ihnen oder Frau Dr. Stern bekommen habe, ist noch in letzter Stunde nachgetragen. Ich habe an Frau Dr. Stern ein paar Zeilen geschrieben, um mich zu erkundigen.

Landshoff an Klaus Mann 33
Brief an Olden *bitte sofort* weiterleiten
p. Adr. Mercure de l'Europe Paris
(ist *nicht* in London)

Davos, Dienstag, [6. November 1934]

Ja – mein Lieber – was hat man denn da mit Dir gemacht? Hat man sie Dir genommen – die Zugehörigkeit zu den SAUEN? Und daß Du eine Hetzzeitschrift herausgibst, las ich auch in Fricks Erlaß. Ach – nicht das Ausbürgern – jeder kleinste Anlaß ist eben doch sehr deprimierend wegen seiner Idiotie und der Aussichtslosigkeit für uns »Deutsche Staatsbürger nicht-nationalsozialistischen Glaubens« – sinnlos zersplittert in irgendwelche, selbst »autarkischen« Länder, deren »Belange« (selbst im Fall Frankreich) doch mehr oder minder problematisch für einen bleiben. Die »praktische« Seite der Ausbürgerung dürfte insofern angenehmer sein, als nunmehr die Situation klar ist.

Heute trifft auf 1 Tag mein (mir seit Jahren ganz aus den Augen gekommener) Frankfurter Arzt-Freund Lurje ein.

Sonnabend, den 10., nachmittags um 5^{17}, werde ich aber persönlich an der Bahn stehen und Dich in Empfang nehmen. Ich freue mich *s e h r* auf Dich.

F.

P. S. Den Kerr schicke ich Dir, weil ich Dich *e i n m a l* im Jahr bitten wollte, ein paar Zeilen für mich zu lesen. Mir gefällt das Buch nicht schlecht – es stimmt mich ganz melancholisch in seinen Betrachtungen aus so ganz »vergangenen« Zeiten. Was er über die Nazi-Ideologie Rathenaus sagt, ist leider *sehr* zutreffend. – *B i t t e* lies es »diagonal« – vielleicht auf der Fahrt hierher –, ich will ihn wenigstens mit einer Absage nicht warten lassen. Solltest Du schon in Z. dazu kommen, schick es gleich an *Alicen*.

Der Frankfurter Pervertierte war inzwischen hier und ist eben wieder abgereist. Es war ganz nett.

Eine Überraschung, die mir die Stimme fast verschlug. Wil ruft mich eben an – aus Zürich –, nachdem ich kürzlich erst *jammervollen* Brief von ihm hatte. Vielleicht kommt er auf 1–2 Tage – er soll in irgendein Sanatorium, aber nicht so hoch.

Das Gekritzel auf dem Balkon ist schwierig und – unleserlich!

34 Landshoff an Arnold Zweig

z. Z. Davos-Platz, 9. November 1934
Waldsanatorium

Lieber Herr Zweig,
Ich danke Ihnen sehr herzlich für Ihren Brief. Hoffentlich stellen diese weniger »belichteten« Monate an Ihre Augen keine zu großen Anforderungen, so daß Sie das noch fehlende Siebentel des Buches wirklich, wie Sie es ankündigten, bis zum Jahresende fertigstellen können.

Gewiß will ich die Frage eines Vorabdrucks sehr eifrig betreiben, indes, um mit Brecht zu sprechen: »die Verhältnisse, die sind nicht so«. Es wird jammervoll bezahlt, und es erscheint mir fraglich, ob dieses Honorar ein irgendwie nennenswertes Äquivalent für das weitere Erscheinen darstellt. Denn, lieber Herr Zweig, in dem einen Punkte sind wir nicht einig. Die Erfahrung mit zahlreichen Büchern, u. a. mit Feuchtwangers »Oppenheims«, das seinen sensationellen Erfolg in Amerika viele Monate nach dem Erscheinen bei uns hatte (die englische Ausgabe, die wenige Wochen nach unserer Ausgabe erschien, hatte ja keineswegs einen einheitlichen Widerhall), hat uns gezeigt, daß der Erfolg der deutschen Ausgabe auch heute von dem der ausländischen Ausgabe in hohem Grade unabhängig ist. Wir waren längst zu sehr beträchtlichen Auflagen gekommen, als der amerikanische Erfolg begann. Ich sehe keine Notwendigkeit, die deutsche Ausgabe Ihres Romanes bis zum Erscheinen der englisch-amerikanischen zu verzögern. Die allgemeine Situation ist auf längere Sicht so unklar, daß wir auf alle Fälle ein fertig vorliegendes Buch nicht »lagern« lassen wollen, wenn nicht sehr zwingende Gründe, wie ein hochbezahlter Vorabdruck oder ähnliches, vorliegen. Wir haben, wie wir Ihnen im Herbst ankündigten, Ihr Buch von unseren Reisenden in allen Ländern verkaufen lassen, und das Resultat ist für die heutigen Verhältnisse, die leider schon nicht mehr die Verhältnisse von vor einem Jahre sind, einigermaßen befriedigend. Lassen wir also das Buch, wenn nichts Besonderes dazwischen kommt, wie angekündigt im Frühjahr erscheinen!

Ich habe endlich hier wieder meine volle Bewegungsfreiheit erlangt und warte nur den Ablauf der schlechtesten Jahreszeit im Tiefland ab, um in der zweiten Dezemberhälfte an die Keizersgracht zurückzukehren. Vorher hoffe ich noch auf Nachricht von Ihnen.

Mit sehr herzlichen Grüßen, auch an Ihre Frau,

Ihr

Landshoff

35 Landshoff an Klaus Mann

Du mußt zum Coudenhove-Verleger gehen und Dir den Abdruck freigeben lassen.

[Davos, um den 4. Dezember 1934]

Mein sehr lieber Klaus,
dies wird nicht nur der letzte Brief nach Amsterdam sein – sondern es ist schon zweifelhaft, ob er Dich überhaupt noch erreicht. Ich habe Angst, daß Amsterdam Dich traurig gestimmt hat, und überlege nun, wie Paris – nach langer Zeit – und um Freunde, die nicht mehr leben, und um Halb-Freunde, die nicht mehr dort wohnen, ärmer – auf Dich wirken wird. Schreib mir bald aus Paris – auch über Deine Rückkehr-Pläne. Da ja eigentlich etwas dazwischenkommen müßte, habe ich bis zum letzten Augenblick an Eris Ankunft nicht geglaubt. Nachdem sie zwei Tage hier war (bis gestern – es ist aber eine Ewigkeit her!), kann ich Dir nichts anderes sagen, als daß alles, was ich je in Thunnächten zu Dir sagte, zu wenig war. – Eri fuhr nach 48 Stunden – unzweifelhaft *etwas* ausgeruht – ab; es ist erstaunlich, woher sie in diesen ganzen Wochen die Nerven und die Vitalität hergenommen hat. Vor St. Gallen graute ihr recht sehr – wie sie mir eben am Telefon sagte, ist es aber – wenngleich in einem scheußlichen Saal – ganz glimpflich abgelaufen – mit recht großer Presse und ohne »Vorfälle«.

Meine Abreise kann ich gar nicht mehr abwarten – spätestens fahre ich so, daß ich mich in taktloser Weise bei der Weihnachtsgans in Küsnacht am 25. einschalten kann. Wahrscheinlich wird Eri am 27. o. 28. auf ein paar Tage in die Berge gehen – ob Du mit mir zurückfährst und was überhaupt werden wird, beschäftigt mich eifrig.

Die neuen Ereignisse an der Saar – von der »Freiheit«, aber auch von der »N. Z. Z.« auf der ersten Seite als absolut *umstürzend* und sensationell bezeichnet (von der Basler »National-Zeitung« in einer kaum auffindbaren winzigen Notiz abgetan), sind in ihrer Bedeutung wohl noch schwer abzuschätzen. Vielleicht sind sie doch ein *ganz* großer Anstoß??

Gestern rief mich Crevel aus Zürich an – um zu fragen, ob Du oder Erika erreichbar seien. Er trifft morgen ein. Heute besuchte mich ein Freund von ihm, mit dem er auch voriges Jahr hier war – der aber so *schnell* sprach, daß ich viel litt. Ich schreibe dieser Tage – da endlich Du und Erika nicht zu Hause seid – »Dir neu« an Eueren Vater, der sich über seinen deutschen Verleger z. Z. *ärgern* soll. Hast Du übrigens gesehen, daß er als einziger Deutscher den großen Schweizer Ossietzky-Aufruf unterschrieben hat?

Sehr lieber Klaus – eigentlich war mein Telegramm DIE Freundschaftsprobe. Aber ich bin ja zu milde. Mir ist so, als ob wir vielleicht mal kurz und billig von oder nach Paris telefonieren sollten. Schreib – bitte eine brauchbare Adresse mit Telefonnummer.

Dein Friedrich

Landshoff an Klaus Mann 36

[Amsterdam, Anfang Februar 1935]

Ach, lieber Klaus, ich liege – zur nachmittäglichen Ruhe – im Bett –, vor mir das schwarz-weiß-rote Heftchen. Ich MÜßTE Dir zürnen – es ist alles so schwierig und verfahren –, und Du bist so SCHEUßLICH leichtsinnig für nichts. W-A-R-U-M dieser Aufsatz von Humm?? Wir waren uns in tausend Unterhaltungen einig, daß der »Kampf nach allen Seiten« unsinnig ist. W-A-R-U-M den so heißen Schweizer Boden mit unsern EMPFINDLICHEN »Füßchen« betreten? Es kann nicht unsere Aufgabe sein und ist es auch nicht. Gott geb's, daß es keiner liest! Es könnten Häßlichkeiten daraus erwachsen, die so wenig nötig sind – nein viel, viel weniger – als die aus dem Aufsatz des seligen Großmann. [*Ganz* unsachliche Nebenbemerkung: Erika TRITT ja noch immer in diesem Lande auf, und Du schmunzelst, wenn die Marie Dich in der »Züricherin« dort besprechen läßt.] ALLES gut, was einen Sinn hat – es hat aber keinen, und keiner hat uns gefragt, und wir müßten also auch keine Antwort geben. SEHR dumm – ich bin ganz vergrämt. – Den Heym zu bringen war ja auch so sinnlos. WAS ist das für ein Argument, daß alle ihn bringen. Wir haben nun einmal die einzige *literarische* Zeitschr. – sind also gerade dazu, das, was überall gedruckt werden kann, zu bringen, nicht gezwungen. – Für den Anders trifft Dich nicht mehr Schuld als mich. (Daß die Vallentin »eine Agentin« ist, las ich eben in Deinem Gestrigen.)

Manchmal bekomme ich es dann doch mit der Angst, wie FAHRLÄSSIG man mit den 56 Seiten umgeht, die einem im Monat für die »Literatur« zur Verfügung stehen. Ja – ich bin ganz traurig. Schluß.

Daß Du meiner in Paris – einer großen Stadt mit vielen Menschen – gedenkst, ist freundlich; daß Du in nicht allzu ferner Zeit zurückkehrst – gut. Nein – ich gehe ja gar nicht auf den Strich –, ich lebe streng nach meinen ETHISCHEN Grundsätzen, die Deine Nähe manchmal erschüttert. Ich bin sehr viel zu Haus – draußen ist es auch keineswegs wirtlich (unwirtlich möchte man sagen) –, und mit den Konzerten war es bisher auch nichts.

Geld schicken L. u. ich Donnerstag.

Frau Hirsch läßt Dich fragen, ob Du das Eckzimmer haben willst (sie hätte es Dir einmal gezeigt). Wird am 1. März frei. Kostet aber 5 hfl mehr in der Woche. – Kl. H. freundschaftlichst zugetan Fr.

37 Landshoff an Heinrich Mann

Amsterdam, den 6. März 1935

Lieber Herr Mann!
Ich habe gestern lange Zeit mit Herrn KNOPF gesprochen und über die amerikanischen Rechte Ihres Buches mit ihm abgeschlossen. Er leistet eine Vorauszahlung von 750 Dollar (gleich ca. £ 150.–), von denen er 500 Dollar bei Ablieferung des Manuskriptes und 250 Dollar bei Erscheinen des Buches zahlen wird. Er wird das Buch in einem oder zwei Bänden gleichzeitig im nächsten Winter erscheinen lassen.

Da KNOPF einer der seriösesten amerikanischen Verleger ist, glaubte ich, um so eher mit ihm zum Abschluß kommen zu müssen, als erst durch diesen Vertrag das Abkommen mit SECKER eine reale Bedeutung bekommt. Secker ist leider, wie ich Ihnen schon vor Monaten schrieb, materiell in nicht allzu glänzender Lage, und die Finanzierung der recht kostspieligen Übersetzung durch Herrn Sutton wäre durch Secker wahrscheinlich einigermaßen problematisch gewesen.

Secker wird nun das Werk, unabhängig davon, ob er es in zwei Bänden macht, zur gleichen Zeit erscheinen lassen. – Hoffentlich befriedigt Sie diese Lösung einigermaßen.

Ich bitte Sie zu entschuldigen, daß Ihnen von der Revision nur 2 Abzüge zugingen. Ein Exemplar schicken wir also direkt an den Verlag J. Otto, Prag, und eins an den Staatsverlag, Moskau.

Mit besten Grüßen

Ihr ergebener

Landshoff

NB. Soeben trifft Ihr Brief vom 4. ds. ein. Ich bedaure außerordentlich, mit meinem unklaren Brief vom 2. ds. Ihnen Schwierigkeiten gemacht zu haben. – Sie können unbesorgt sein. Natürlich wird der Druck des Buches einheitlich. Es handelt sich nur darum, daß das Material der Druckerei für den breiteren Zwischenraum in der Korrektur nicht reichte. Wenn also jetzt imprimierte Bogen von Ihnen eintreffen und wir mit dem Druck beginnen, wird das Material ja schnell frei und auch die Korrektur der Bogen 10–18 kann dann bald in neuen Abzügen an Sie abgehen.

Bitte seien Sie sicher, daß die Herstellung des Buches mit größter Sorgfalt vorgenommen wird. Es werden weder Irrtümer noch Schwierigkeiten irgendwelcher Art entstehen.

In meinem Brief vom 2. ds. faßte ich sämtliche Adressen zusammen, an die bisher überhaupt Abzüge Ihres Romans gegangen sind. Daraus erklärt sich, daß die Liste einige Namen enthielt, die keinen Anspruch auf weitere Sendungen haben und an die auch nichts mehr herausgegangen ist (z. B. Alexander).

Bogen 1 und 2 trafen heute druckfertig ein, Bogen 9 zur Revision. Inzwischen erhielten Sie von uns die Bogen 3 und 4; die Bogen 5–9 folgen in den nächsten Tagen.

Klaus berichte ich über Ihre freundliche Zusage.

38 Landshoff an Arnold Zweig

Amsterdam, den 2. Juli 1935

Lieber Herr Zweig!
Ich danke Ihnen für Ihren Brief vom 23. Juni. Vor allem hat mich die bessere Nachricht über Ihre Augen außerordentlich erfreut, und ich hoffe, daß sich der Pessimismus Ihrer letzten Briefe wirklich als unbegründet erweist.

Die einzelnen Punkte Ihres Briefes möchte ich sorgfältig beantworten und hoffe Ihnen zu beweisen, daß wir keineswegs, wie Sie, wenngleich mit Milde und Freundlichkeit, feststellen zu müssen glauben, nachlässig verfahren sind:

1. Wir hatten von vornherein sehr viel Abzüge Ihres Buches machen lassen; trotzdem kamen wir durch die Versendung der vielen Übersetzungsexemplare in Schwierigkeiten, mußten abermals Exemplare herstellen lassen und konnten daher nicht alle gleichzeitig versenden.

2. Secker hatte bereits am 11. Juni ein komplettes Exemplar auch des Schlusses bekommen. Diese Sendung war von uns *nur* vorsorglich vorgenommen, da Sie uns ausdrücklich bereits unter dem 13. März mitgeteilt hatten, daß Sie jeweils ein Duplikat an S. schicken. Wir haben uns jedoch durch diese Ankündigung von Ihnen nicht beirren lassen und trotzdem S. regelmäßig mit Fahnen versorgt. Wir haben überdies nunmehr an S. geschrieben, daß entsprechend seinem Brief vom 28. 3. 35 an Sie (diesen Brief haben Sie uns geschickt, und wir haben ihn hier behalten) er nun die Hälfte des Vorschusses schicken soll. Die zweite Frage ist allerdings, ob er es tun wird, da er ja auch nach dem Verkauf des Feuchtwanger noch immer in Schwierigkeiten ist.

3. Über die Korrekturen Feuchtwanger schrieb ich Ihnen bereits vorige Woche.

4. Der Verlag VIKING PRESS hat das vollständige Manuskript längst. Da Herr HUEBSCH seit Wochen unterwegs ist, hat er es nicht bekommen, sondern der Verlag direkt.
5. Auch über PLON schrieb ich Ihnen schon. Ich hoffe, daß neue Nachricht von Ihnen unterwegs ist. Ich habe versucht, eine zweibändige Ausgabe dort anzuregen; man muß aber mit der Möglichkeit rechnen, daß Plon auf einen Band besteht. Nochmals möchte ich Ihnen empfehlen, im Notfalle hierauf einzugehen, da Sie bei Plon wirklich bei einem ersten Verlage sind.
6. Mit MONDADORI, der ebenfalls ein komplettes Exemplar Ihres Buches erhalten hat, habe ich persönlich in Mailand gesprochen. Man sagte mir, daß bei der augenblicklichen direkten und indirekten Zensur das Erscheinen selbst des »Grischa« unter den heutigen Umständen kaum denkbar wäre. Ob man den Mut haben wird, »Erziehung« zu bringen in einem Augenblick, wo Italien zum Krieg rüstet und in der Literatur jede Veröffentlichung unterbleiben soll, die etwa kriegsabschreckend wirken könnte, ist zweifelhaft. Ich stehe aber mit M. in ständiger Verbindung und habe ihnen gerade gestern wieder wegen Ihres Buches geschrieben.
7. Ihren Bruder will ich gern zu den Verhandlungen über die spanische Ausgabe autorisieren. Allerdings kann ich im Augenblick keine neuen Exemplare herstellen lassen, da wir mit dem Druck dieser Tage beginnen, so daß ich mit der Versendung von Exemplaren noch kurze Zeit warten muß.
8. Sie schreiben von den Berichten über die Rentabilität der deutschen Abteilung, die Feuchtwanger Ihnen gegeben hat. Ich weiß nicht, was Feuchtwanger Ihnen geschrieben hat. Daß die Arbeit für einen deutschen Verlag außerhalb Deutschlands nicht leicht sein würde, wußten wir alle von Anfang an. Daß es doppelt schwer sein wird, da die Verpflichtung vorliegt, einer möglichst großen Anzahl guter und ernster Autoren zu helfen, liegt auf der Hand. Es muß stets ein Mittelweg gefunden werden, die Rentabilität des durch die Liebenswürdigkeit des holländischen Verlages mit Spesen ja kaum belasteten deutschen Unternehmens einigermaßen zu halten und trotzdem nach mög-

lichst vielen Seiten hin eine wenigstens halbwegs offene Hand zu haben.
9. Mit dem Manuskript von Dr. GÜNTHER STERN will ich mich gern beschäftigen, obgleich das in der »Sammlung« erschienene Kapitel nicht nur mir, sondern sehr vielen einen zwiespältigen Eindruck hinterließ. Ein sehr »belastetes« Buch, vieles aus zweiter Hand und sehr vieles wesentlich komplizierter, als es notwendig wäre.
10. Das Manuskript von Frau SCHICK ist mir dieser Tage gebracht worden. Ich werde es sehr bald lesen.
11. Über die Frage »billiger« Verlagsausgaben hatte ich Ihnen bereits schon geschrieben. Der Nutzen bleibt fraglich, der Schaden ist leider für Autor und Verlag ausrechenbar.
12. Daß die »Bilanz«, deren deutsche Ausgabe ja einen ganz schönen und Sie wohl auch einigermaßen befriedigenden Absatz gefunden hat, nicht übersetzt worden ist, bedrückt mich auch sehr. Wir haben es an Versuchen nicht fehlen lassen. Sobald alle Verträge »Erziehung« unter Dach und Fach sind, werden wir erneut wegen der Übersetzungen von »Bilanz« verhandeln. Mit HUEBSCH sprach ich darüber in Paris, leider ohne den gewünschten Erfolg.

Sehr herzlich grüßt Sie
Ihr
Landshoff

39 Landshoff an Heinrich Mann

Amsterdam, den 19. August 1935

Lieber Herr Mann!
Klaus hat Ihnen ja bereits geschrieben, daß »Die Sammlung« mit dem II. Jahrgang ihr vorläufiges Ende erreichen wird. Uns allen ist diese Entscheidung sehr schwergefallen. Da sich aber in der ganzen Welt nicht mehr als 400 Abonnenten fanden und zudem seit zwei Monaten trotz der Erweiterung der Zeitschrift nicht nur keine neuen Abonnenten eingingen, sondern reichlich Abbestellungen für den Beginn des III. Jahrgangs kamen, so daß wir die Sicherheit hatten, den neuen Jahrgang mit noch wesentlich weniger Abonnenten zu beginnen (der Verkauf

von Einzelnummern ist ganz unerheblich gewesen und spielte gar keine Rolle), so war die Aufrechterhaltung der Zeitschrift nicht nur mit größten Opfern verbunden, sondern man mußte sich auch fragen, für wen denn eigentlich das Weiterbestehen der Zeitschrift wünschenswert wäre, wenn nur trotz aller Bemühungen ein so kleiner, sich stets weiter vermindernder Kreis von Interessenten vorhanden ist.

Erlauben Sie mir, wenn ich Ihnen im Namen des Verlags für die Freundlichkeit und die Ehre, die Sie uns durch die Übernahme des Protektorats erwiesen haben, nochmals sehr herzlich danke.

Die Vorbereitungen für das Erscheinen des »Henri« sind getroffen. Der Band gelangt noch in diesem Monat zum Versand.

Mit den besten Grüßen

Ihr sehr ergebener

Landshoff

Landshoff an Arnold Zweig 40

Amsterdam, den 19. September 1935

Lieber Herr Zweig!
Sehr herzlichen Dank für Ihren ausführlichen Brief vom 12. ds. Daß Sie die Ausstattung des Buches befriedigt, freut uns besonders.

Überrascht sind wir natürlich über Ihre neuen Dispositionen, wenngleich schon aus Ihren letzten Briefen zu ersehen war, daß die Arbeit an »Einsetzung eines Königs« Sie stark beschäftigt. Unser Vertrag vom 9. August 1935 wird nun also auf »Einsetzung eines Königs« übertragen werden.

So gern wir Ihre Wünsche erfüllen, können wir in der von Ihnen angeschnittenen Prozentfrage eine Änderung beim besten Willen nicht eintreten lassen. Da es sich bei Ihrem neuen Roman wiederum um ein recht umfangreiches Buch handelt, dessen Preis bestimmt nicht unter hfl 3.90 liegen wird, ist ohnehin eine Tantieme von 15 % vorgesehen. Dieser Satz hat sich bei uns als so untragbar herausgestellt, daß wir z. B. auch beim neuen Vertrag, den wir über den »Falschen Nero« mit Feuchtwanger geschlossen haben, bis zum 10000. Exemplar unterhalb dieses Satzes bleiben. Auch EMIL LUDWIG, der ebenfalls ursprünglich 15 % erhielt, ist uns bei seinem neuen Vertrag erheblich in der Tantieme entgegengekommen.

Der Grund für diese Kalkulationsschwierigkeit liegt im Folgenden: Wir arbeiten fast ausschließlich mit Ländern, in denen irgendwelche schwerwiegenden Devisenschwierigkeiten bestehen. Wir sind daher genötigt, in jedem einzelnen Land eine Zentralstelle zu halten, die die Gelder an den verschiedenen Stellen einzieht und für ordnungsgemäße Devisenbeschaffung sorgt. Wir würden sonst überall »eingefrorene« Guthaben haben. Selbstverständlich ist diese umständliche Art der Geldeinziehung sehr teuer und erhöht indirekt den an sich nicht so hohen Rabatt, den wir dem Buchhandel geben. Eine zu scharfe Kürzung des Rabatts dürfen wir aber nicht vornehmen, mit Rücksicht auf die Konkurrenz des deutschen Buches. Die Kampfmaßnahmen des Propagandaministeriums werden Ihnen ja wahrscheinlich bekannt sein. Das deutsche Buch wird seit dem 1. September im Ausland mit 25 % Nachlaß verkauft, d. h., ein Buch, das in Deutschland RM 10.–kostet, kostet im Ausland nur noch RM 7.50. Das ausländische Sortiment (das einzige, mit dem wir arbeiten) erhält aber seinen Rabatt weiterhin auf den alten Preis, d. h., ein Buch, das RM 7.50 kostet, wird durchschnittlich mit RM 3.50 an den Buchhändler abgegeben, indem 40 % Rabatt auf den alten Preis von RM 10.– errechnet wird. Die Differenz vergütet angeblich das Propagandaministerium den deutschen Verlagen. Das deutsche Buch ist dadurch nicht nur viel billiger geworden, sondern insbesondere ist für den ausländischen Buchhandel die Gewinnspanne beim Verkauf deutscher Bücher reichlich verlockend.

Selbstverständlich lassen wir uns durch diese Dinge nicht irritieren und überschätzen sie auch nicht. Jemand, der »Erziehung vor Verdun« haben will, wird deshalb nicht einen Roman von BLUNCK kaufen. Immerhin erreicht das Propagandaministerium damit den einen Zweck, den Markt äußerst zu beunruhigen, und wenn dem reichsdeutschen Buch vielleicht auch daraus kein Nutzen erwächst, so schadet die Beunruhigung des Marktes auf alle Fälle wiederum unseren Büchern. Wir dürfen also dem Buchhandel gegenüber keine allzu großen Schwierigkeiten machen und müssen es uns in immer steigendem Maße Geld kosten lassen, aus den sich mehr und mehr abschließenden Ländern überhaupt etwas Geld noch herauszubekommen.

Ich möchte Sie daher bitten, es bei der vorgesehenen Vertragsregelung zu lassen, die ohnehin die günstigste ist, die wir einem Autor unter den augenblicklichen Verhältnissen eingeräumt haben und einräumen können.

Wie lange glauben Sie für die Vollendung des neuen Buches zu benötigen? Der für »Christoph Kroysings Jugendgeschichte« vorgesehene Termin dürfte ja wohl kaum innezuhalten sein. Scheint Ihnen unter diesen Umständen eine Streckung der Zahlungen zweckmäßig?

Ich glaube, daß Sie gut daran tun würden, uns die Verwaltung der Auslandsrechte weiterhin ganz zu überlassen. Seien Sie sicher, daß alle Autoren, die das in letzter Zeit getan haben, sehr gut dabei gefahren sind. Wir haben den ausländischen Verlagen gegenüber eine recht günstige Position. Die Schwierigkeiten mit Secker sind auch keineswegs durch uns entstanden. Im Gegenteil: wir bedauern außerordentlich, daß Sie uns so spät die Bearbeitung dieser Angelegenheit überlassen haben. Sie wissen, wie oft wir Sie darum gebeten hatten. Der Vertrag mit Družstevní Práce ist inzwischen unterzeichnet worden. Wie Ihnen ja bekannt ist, zahlt der Verlag je nach der von ihm gedruckten Auflage 7000 bis 8000 tschech. Kronen, von denen Kčs 3000.– sofort, Kčs 2500.– spätestens drei Monate nach Unterzeichnung des Vertrages und der Rest bis spätestens sechs Monate nach Unterzeichnung des Vertrages zu zahlen sind.

Ich würde es begrüßen, wenn Sie in der »Weltbühne« einen Aufsatz über den Roman von Heinrich Mann schrieben. Die Buchbesprechungen der »Weltbühne« stehen großenteils auf einem so trostlosen Niveau, daß wir oft zögern, die Bücher überhaupt dorthin zu senden. Der Zustand der Kritik in den paar noch zur Verfügung stehenden

Emigrantenblättern ist ja leider überhaupt trostlos. Natürlich hätten wir Ihren Aufsatz am liebsten in der »Sammlung« abgedruckt. Sie wissen ja aber, daß die Zeitschrift mit Ende des II. Jahrgangs nicht mehr erscheint.

Sowohl mit BARTSCH wie mit FREEMAN habe ich, wie ich Ihnen schon vor einiger Zeit schrieb, korrespondiert. Heute erhalte ich von Bartsch folgenden Brief:

»In regard to Arnold Zweig's play ›Die Sendung Semaels‹, we have today received a letter from Mr. Charles K. Freeman of Chicago, in which he writes us as follows: ›I personally have been quite interested in seeing some sort of a production come out of Zweig's play, but in Chicago here at the present time I find keen opposition from the important Jews who feel that the subject of Ritual Murder is too controversial to be discussed just now. If something develops I will write to you.‹ When we hear anything further from Mr. Freeman, we shall let you know. We shall of course keep in touch with him.«

Sowohl an MARCUSE wie an Herrn STUTSCHEWSKY, Wien, haben wir ein Besprechungsexemplar von »Erziehung« geschickt. GOLDSTEIN hatte bereits sein Exemplar bekommen. Herrn LUSCHNAT haben wir Ihrem Wunsch entsprechend ein Autorenexemplar gesandt.

Mit den besten Grüßen

Ihr

Landshoff

41 Landshoff an Klaus Mann

Amsterdam, den 20. September 1935

Lieber Klaus,
eben erst kommt Dein Brief vom 16. ds. an. Hätte ich geahnt, daß Du so lange in Prag bist, hätte ich Dir natürlich längst geschrieben. Es wird Dich dieser Brief wahrscheinlich auch in Moskau nicht erreichen. Ich schreibe ihn mit Durchschlag, um die geschäftlichen Anfragen, die ich mit bekannter Pünktlichkeit erledige, nicht doppelt beantworten zu müssen. Durchschlag geht nach Teheran.

1. BING habe ich geschrieben.

2. Wir hatten keine Fahnen- oder Umbruchexemplare des »Tschaikowsky« mehr. Heute konnte ich endlich ein fast vollständig ausgedrucktes Exemplar an Herrn JAROMY schicken, dem ich gleichzeitig nochmals geschrieben habe.

3. Ich sehe für Dich keinen Nutzen und keinen Zweck darin, eine Zeitschrift mit HERZFELDE zu machen, auch dann nicht, wenn Leonhard Frank oder Feuchtwanger ihre Namen (bestimmt nicht ihre Arbeit) dafür hergeben. Zunächst rate ich Dir, dringend, abzuwarten, ob es sich um ein sicher fundiertes Unternehmen handelt. Es wäre sinnlos, wenn Du noch einmal unter unsicheren Bedingungen eine Zeitschrift machst und Dich mit allen möglichen Autoren teils wegen des Inhalts der Zeitschrift, teils wegen Nichtzahlung überwirfst. Mach also bestimmt keine feste Zusagen, bevor Du wieder nach Europa zurückkommst.

4. WITTNER schrieb mir dieser Tage noch einmal. Ich habe mir die Sache nochmals überlegt und bin auch der Ansicht, daß ein solcher Plan praktisch auf allzu große Schwierigkeiten stoßen würde.

5. Der »Tschaikowsky« erscheint in der nächsten Woche.

6. Die Übersetzungsrechte wurden für hfl 125.– nach Polen verkauft.

7. Der Vorname von Herrn HIRSCH ist RUDOLF.

8. Ich werde es sehr gern versuchen, für EVA HERMANN's Zeichnungen Geld zu bekommen. Wenn aber schon in Amerika nichts dafür gezahlt wird, wer soll es eigentlich hier tun?

Wie konnte ich ahnen, daß Du statt weniger Tage nun einfach Wochen in Prag bleibst. Ich KONNTE Dir ja nicht schreiben – außer nach Moskau, was ich denn auch tat. Nun telegraphierte ich eben. Nein, NEIN, mein Lieber, nun reise bitte nicht nach Teheran. Es spricht zu viel dagegen, und wenn eine solche Verschwörung der Elemente ein- (oder auf-)tritt, soll es unter allen Umständen nicht sein. Bitte telegraphiere mir gleich nach Erhalt dieser Zeilen Deinen endgültigen Entschluß, der aber nicht anders aussehen *darf* und *soll*. – Was nun den Herzfelde angeht, so wirst Du für kleinliche Antipathie (die gar nicht besteht) ansehen, was das Resultat »ernsten Nachdenkens« ist. Mach es nicht – mach es bestimmt nicht. Von allem andern abgesehen: Du solltest (sowenig wie ich es als Verleger je wieder tun würde) NIE mehr einer Zeitschrift Dich verbinden, die nicht auf sehr lange Sicht (oder RELATIV lange Sicht) sicher gestellt ist. Das muß Anlaß zu vielem Ärger werden (finanziellem und anderem). Selbst wenn das Problem aber gelöst wäre (es IST nicht gelöst und wird auch nicht befriedigend gelöst werden) – die Zeitschrift wird Dich zu vielen in eine SCHIEFE Stellung bringen (und zu Dir selbst). Du schreibst: Du hättest nicht viel Arbeit daran. Gerade dann wird Dir auch der Überblick fehlen, und Du deckst mit Deinem Namen (wozu Du ja neigst) Dinge, die Du nicht decken kannst. Oder aber: Du mußt Dich doch sehr damit beschäftigen, dann ist es ärger und mühevoller als je bei der »Sammlung«. Daß man Leonh. Frank oder Feuchtwanger mit ihren Namen gewinnen will, ist doch – das wissen wir nachgerade – praktisch bedeutungslos. Sie tun doch nichts. Also mußt Du entweder Herzfelde die Sache überlassen (mit dem Du als Redakteur *n i e* einverstanden warst) oder Dich selbst unter sehr schwierigen Umständen um die Sache kümmern. Übrigens: ich habe *weder* mit Kesten noch mit Queri oder der Jungfrau Nahuys über den Plan gesprochen – die Warnungsrufe kommen also durchaus aus MEINEM Busen. Ich wüßte noch viele, auch ausgezeichnete Argumente – aber –, ich bin ZU FAUL, alle zu schreiben – beschwöre, flehe, WINSELE nur, daß Du NEIN sagst. Es ist eine kleine Lästigkeit – das JA bringt ungezählte große mit sich.

Heute ziehe ich auf etwa eine Woche nach Laren (was nicht ausschließt, daß Post mich auch bei Hirsch erreicht). Ich FREUE mich bereits darauf. Die Woche hier war unerträglich. Amsterdam muß, muß RUHIG sein. Klein-Betrieb hier ist abscheulich. Noch ist Toni (von Brian hiergelassen) in der Pension – vielfach (fast ständig) sinnlos besoffen, was Anstände und Peinlichkeiten gibt. (Erwähne es nicht – es lohnt nicht.) Jeden Tag schwört er »Besserung«, die er dann in der Kneipe mit zweifelhaften Kumpanen (auch Jung-Faschisten) begießt. Mops ist rührend und SEHR wacker. Nachweislich seit Tagen *ohne die kleinste* Broschüre – vorher kleinste »Handzettel« – nicht der Rede wert. Sie hat Dich nicht sitzenlassen – Vermögen vertelefoniert, es ist eine vollständige »Stockung«. Durch die Kombination mit Mops und Toni ist die Rote auch plötzlich immer da – von Kesten und Gattin ganz abgesehen. WER – so frage ich Dich – mit schwachen Nerven hält das aus? Also: ich ziehe mich beinahe beglückt nach Laren zurück, wo ich 1 Woche verweile. Dann wird sich das alles irgendwie und -wohin verlaufen haben. Daß Du aus Deinen Impfungen viel zu leiden hattest – und das nun auch umsonst –, ist schwer ärgerlich. Ist es denn sonst leidlich gemütlich? – Was macht der im kalten Zug nach Basel konzipierte Roman? Warum hast Du mir von den 100 Photos nicht eines geschenkt, obgleich ich Dein FREUND bin?

Kesten hält den Zeitpunkt für den allgemeinen Aufbruch nach Oslo gekommen. Ich nicht. Vielleicht bin ich töricht – bestimmt bin ich leichtfertig.

Klauso – schreib mir bitte – irgendwohin –, z. B. in den Verlag.

Sofort aber TELEGRAPHIERE Deine Adresse und ob Du reist. Bitte wirklich sogleich und sofort. Eri schrieb ich nach Mährisch-Ostrau. Wohin sie nun geht, weiß ich nicht.

In alter GROẞER Freundschaft zugetan

FRiedrich l

Mon Dieu – jetzt erst sehe ich, daß ich das alles ja schon diktierte!! Ich glaubte den Moskauer Brief handschriftlich gefertigt zu haben. Wie ärgerlich und peinlich.

Landshoff an Heinrich Mann 42

Amsterdam, den 19. November 1935

Lieber Herr Mann!

Besten Dank für Ihren ausführlichen Brief vom 10. ds. Ich bedaure es aufrichtig, daß Sie noch immer annehmen, wir hätten Ihr Buch, dessen Vertreibung uns besonders am

Herzen liegt, durch die Festsetzung eines zu hohen Preises geschädigt. Darf ich Sie nochmals daran erinnern, daß der unzweifelhaft nicht umfangreichere Roman von WASSERMANN, »Joseph Kerkhoven«, den gleichen Preis gehabt hat. Nehmen Sie ein Buch durchschnittlichen Umfangs, wie den »Cervantes« von BRUNO FRANK, so werden Sie sehen, daß der Preis von fl 3.90, den wir für das Buch verlangen, im Verhältnis erheblich höher ist als der Preis für Ihr Buch. Übrigens zeigen die Nachbestellungen, daß der Preis durchaus tragbar ist.

Wir hatten das Buch s. Zt., da wir von einem wesentlich geringeren Umfang ausgingen, zu einem erheblich niedrigeren Preis angeboten und trotzdem nur wenig über 1 000 Exemplare Vorbestellungen erhalten. Die Nachbestellungen sind durchaus befriedigend, und wir gewinnen den Eindruck, daß trotz der hohen Preise [!] das Buch noch weiterhin gut verkauft werden wird. Jetzt den Preis herabzusetzen, würde nicht nur Ihr Buch vernichtend schädigen, sondern den ganzen Verlag. Einmal würde der Eindruck erweckt, daß wir zur Preisherabsetzung genötigt sind, weil das Buch nicht geht, dann aber würde es überhaupt nicht mehr möglich sein, ein Buch zu einem festen Preis zu verkaufen. Die Chance der holländischen Verlage liegt gerade darin, daß sie bis zum heutigen Tage kein Buch unter dem ursprünglich festgesetzten Preis abgegeben haben und somit ihre Abnehmer vor indirekten Verlusten schützten.

Es freut mich aufrichtig, daß Sie einen neuen Vertrag mit uns schließen wollen. Meinem Bestreben, die von Ihnen genannte Summe von hfl 2 500.– zu erreichen, entspringt der Vorschlag, diese Summe als Garantie im Vertrag aufzunehmen mit dem Vorbehalt, daß wir bis zu hfl 500.– auf Einnahmen aus Auslandsverträgen verrechnen dürfen. Eine Garantie von mehr als hfl 2 000.– für die deutsche Ausgabe durchzusetzen, ist mir leider nicht möglich gewesen. Ich hoffe, daß dieser Kompromißvorschlag Ihren Wünschen gerecht wird. Ich möchte empfehlen, daß wir es bei den prozentualen Vertragsbedingungen des vorigen Vertrags lassen, die übrigens den Feuchtwanger zugestandenen Bedingungen durchaus entsprechen.

Der ESSAYBAND steht also vor dem Abschluß. Erlauben Sie mir bitte einen Einwand gegen Ihre Absicht, die ernsten Stücke auf der linken Seite, die komischen auf der rechten Seite fortzusetzen. Ich glaube, daß die Ausführung dieser reizvollen Idee doch auf große Schwierigkeiten stoßen und den Leser abschrecken würde.

Die TITELFRAGE ist schwierig. »Der Fall Deutschland« ist gewiß wirkungsvoll. Vielleicht läßt sich aber ein dem »Haß« ebenbürtiger, knapper Titel finden.

Mit besten Grüßen

Ihr ergebener

Landshoff

Landshoff an Klaus Mann 43

Amsterdam, den 28. November 1935

Lieber Klaus,

1. ich habe vor drei Tagen einen langen Brief an Dich geschrieben, den ich sinnloser Weise an das NATIONALHOTEL, *Bern,* adressierte. Gleich danach fiel mir ein, daß Ihr in Luzern seid. Ich habe erneut ans Nationalhotel Bern geschrieben (und schickte ihm einen Postschein ein) mit der Bitte, den Brief nach Küsnacht weiterzuleiten. Ob es ein Nationalhotel in Bern überhaupt gibt und ob, wenn es existiert, es irgendwelche Neigung zeigt, den Brief weiterzubefördern, wirst Du inzwischen festgestellt haben. Sollte der Brief verlorengegangen sein, so ist das insofern ein großer Ärger, weil ein paar Sachen darin standen, auf die ich schnell Antwort erwartete. Laß es mich also bitte gleich wissen.

Heute folgendes:

2. KNOPF erweist sich als Crétin, indem er die größeren Erfolgschancen des »Tschaikowsky« nicht einsieht und ihn töricht ablehnt und sogar noch die Hoffnung ausspricht, daß eine amerikanische Ausgabe überhaupt nicht erscheinen werde. Diese Hoffnung werde ich ihm nicht erfüllen. Ich habe bereits heute nach Amerika geschrieben und rechne bestimmt damit, einen Abschluß zu erzielen.

3. Die »Rotterdamsche« hat einen ausführlichen und *sehr* freundlichen, ausgezeichneten Aufsatz über den »Tschaikowsky« geschrieben, den ich Dir nicht vorenthalten will.* Wie immer macht sich eine solche Besprechung auch in ein paar Bestellungen bemerkbar.
* Ich kann sie nicht mitschicken – ich brauche das Expl. für Amerika – ein zweites bekomme ich morgen.

4. Die Angelegenheit KESSER (»Neue Zürcher Zeitung«) hat mich in sinnlose Wut versetzt, und zwar in erster Linie deshalb, weil K. Dein Freund ist. Sonntagnacht hast Du mir den Verriß erzählt, Montag früh erhielt ich einen Brief von Dir, in dem Du wieder reizend von K. schreibst. Glaube mir, es ist der größte Unfug, den Du in Deinem Leben gemacht hast, daß Du mit diesem rankünösen Burschen umgehst. Du irrst auch, wenn Du glaubst, daß Du vor ihrer Verfolgung sicher bist. Diese Besprechung ist als Beantwortung der Ablehnung der Zeitromane von BRENTANO* geschrieben. Das Buch von Brentano hast Du nicht gelesen. Es ist mit bestem Recht abgelehnt worden. Wenn Du die Novellen von B. gelesen hättest, die K. in der »Sammlung« in den Himmel hob, würdest Du die ganze Unverschämtheit und Ignoranz dieses Burschen erkennen, der es wagt, Heinrich Mann zu beschimpfen. Ach Gott – Du siehst es nicht ein. Bist Du so christlich, daß Du Deine Feinde liebst, oder bist Du so masochistisch? Oder bist Du *plötzlich* dumm geworden und glaubst an die Gunst solcher »Freunde«? –

* und Glaeser

Deine Zeilen mit dem Kleist-Vorschlag bekam ich gerade. Das ist ein sehr deutsches Thema – mach es im vierten Reich. Draußen ist es – auch international – schwierig. Aber natürlich *sehr* schön! Ich finde – trotz allem – den Kestenschen Vorschlag *gut.* Laß den Mann nicht schwul sein – es muß ja kein Gründgens werden –, sondern irgendein »Karrierist« –; das gäbe einen *guten Zeit*roman, der Widerstand gegen den biographischen Roman, der mißbraucht wird, ist zu groß. Und ich glaube, Du kannst einen solchen Roman *ausgezeichnet* machen. Überleg es noch einmal. Wenn Du in A. mit der Arbeit beginnst, wird es ja bestimmt Zeit sein. Jetzt kommt doch die Reise. Reise ist natürlich *thunlos* zu machen – weil mit Abwechslung verbunden.

Hier ist *unbeschreibliches* Wetter – *es schüttet* –, wird gar nicht hell, und ich bin UMDÜSTERT.

Dein
F.

Landshoff an Heinrich Mann 44

Amsterdam, den 12. Dezember 1935

Lieber Herr Mann!
Ich bitte Sie zu entschuldigen, daß ich Ihren Brief aus Küsnacht erst heute beantworte. Die Vertragsfrage ist immer wieder erwogen worden. Um so mehr freue ich mich, Ihnen heute den Vertrag schicken zu können, der in allen wesentlichen Punkten, insbesondere in der Frage der Garantie, Ihren Wünschen entspricht.

In der Frage der Tantiemen haben wir gegenüber Ihrem Vorschlag eine äußerst geringfügige Änderung eintreten lassen, in der Vor- und Nachteil sich jedoch für Sie etwa aufheben. Keinesfalls allerdings ist uns die Zusage möglich, 1 % mehr zu zahlen für den Fall, daß der Ladenpreis hfl 4.– überschreitet. Sie können sicher sein, daß wir alles versuchen werden, um den Ladenpreis niedrig zu halten. Für uns ist ein allzu hoher Ladenpreis mindestens so fatal wie für den Autor. Nur ein enormer Umfang des Buches kann uns zu einem höheren Ladenpreis veranlassen, wobei wir in allen Fällen bei einem hohen Preis selbst ungünstiger gestellt sind als bei einem niedrigen, da wir aus Furcht vor zu hohen Preisen bei umfangreichen Büchern prozentual ungünstiger kalkulieren als bei weniger umfangreichen Büchern.

Die Frage der *englischen* Ausgabe der »Jugend« bereitet uns große Schwierigkeiten. Sie werden sich entsinnen, daß wir bereits s. Zt. gegen den Abschluß mit SECKER wegen seiner finanziellen Lage mancherlei Bedenken hatten. Wenn trotzdem damals der Abschluß gemacht wurde, so ist zu berücksichtigen, daß für KNOPF, der bei seinem Besuch in Amsterdam anfangs unsicher in der Frage des Erwerbs der amerikanischen Rechte war, die Möglichkeit einer – selbst fiktiven – Kombination mit einer englischen Ausgabe ausschlaggebend war. Selbstverständlich sind wir in zahlreichen »eingeschriebenen« und nicht eingeschriebenen Briefen vom Vertrag zurückgetreten. Die juristische Situation ist jedoch keineswegs ganz so einfach, wie der »gesunde Menschenverstand« es annehmen sollte. Trotz des eklatanten Vertragsbruches von SECKER ist der Rücktritt juristisch nicht stichhaltig, sondern es müßte eine Klage in England durchgefochten werden, die sehr lange dauert. Ich bin seit Wochen ständig damit beschäftigt, eine freundschaftliche Lösung zu erzielen, da nur durch eine solche eine schnelle Klärung denkbar ist. Mit dem Verlag JOSEPH, von dem Sie schreiben, haben wir bereits in Verbindung gestanden. Er jedoch, nicht anders als andere, mit denen wir in den letzten Wochen verhandelt haben, stellt sich eindeutig auf den Standpunkt, daß eine Rechtsunsicherheit vorliege, die es ihm verbietet, einen Vertrag zu schließen, bevor die SECKER-Angelegenheit nicht einwandfrei geklärt ist. – Ich hoffe zuversichtlich, daß unsere, wie Sie versichert sein können, mit der größten Intensität betriebenen Bemühungen bereits in der allernächsten Zeit zu einem Erfolg führen werden. Natürlich wird, sobald die Lösung erreicht ist, es unser Bestreben sein, mit dem neuen englischen Verleger nicht nur den ersten Band, sondern auch den zweiten abzuschließen.

Ihrem Wunsch entsprechend führen wir die Verlage auf, mit denen wir Verträge geschlossen haben:

MARTIN SECKER, London £ 100.– zahlbar 1. Oktober 1935;

ALFRED A. KNOPF, New York $ 500.– bei Ablieferung des Manuskripts; $ 250.– bei Erscheinen d. amerik. Ausg.;

ROY, Warschau hfl 250.– zahlbar zur Hälfte bei Vertragsabschluß, die Hälfte in Wechseln (die z. T. noch laufen). Eingegangen sind bis jetzt ca. fl. 150.–;

MONDADORI, Milano ffrs. 5 000.– (zahlbar gewesen am 1. Oktober 1935; seitdem besteht zwischen uns und Mondadori eine lebhafte Korrespondenz über die Auszahlung des Betrages. M. hat den Nachweis geführt, daß er die erforderlichen Einreichungen bei der Nationalbank gemacht hat, ohne daß bisher die Auszahlung erreicht wurde; – ein Ergebnis, das bei der augenblicklichen italienischen Situation leider nicht ungewöhnlich, wenngleich äußerst ärgerlich ist.)

Der von Ihnen für den ESSAYBAND vorgeschlagene Titel »Es kommt der Tag« scheint mir ausgezeichnet zu sein. Wir hoffen, recht bald das Manuskript zu erhalten. Bitte haben Sie die große Liebenswürdigkeit, uns schon jetzt 10 bis 12 Zeilen »Waschzettel« für das Buch zur Verfügung zu stellen, die wir für die Vorpropaganda, die jetzt schon einsetzen muß, dringend benötigen. Sehr erwünscht wäre es auch, wenn Sie gleichzeitig damit 1 oder 2 Manuskriptseiten schicken könnten, die für »Reisemuster« verwandt werden.

Ich bitte Sie, diese Zeilen resp. Seiten an den VERLAG zu senden, da ich im Begriff bin, auf kurze Zeit zu verreisen.

Mit besten Grüßen

Ihr ergebener

Landshoff

Sollten Sie Wünsche *zum Vertrag* haben, so bitte ich Sie, an mich zu schreiben. Ich bin bis Montag in Küsnacht zu erreichen – von dort aus schreibe ich Ihnen meine spätere Adresse.

Landshoff an Heinrich Mann 45

Amsterdam, den 16. Januar 1936

Lieber Herr Mann!
Besten Dank für Ihr Schreiben vom 13. ds. Ich schicke Ihnen nun also den neuen Vertrag, der, wie ich hoffe, Ihren Wünschen in allen Punkten gerecht wird.

Eine weitergehende Verpflichtung für den Fall der Guldenabwertung können wir unter keinen Umständen eingehen. Wir bezahlen in Gulden und werden selbst in Gulden bezahlt. Wenn wir für die Beständigkeit von Währungen in irgendeiner Weise garantieren würden, könnten wir, zumindest theoretisch, auf einen Schlag den Ruin des Verlags herbeiführen. Praktisch wird, wenn überhaupt, der Verlauf ja wahrscheinlich so sein, daß der Schweizer Franken, der französische Franken und der holländische Gulden gleichzeitig oder in so schneller Folge prozentual gleichmäßig abgewertet werden, daß sich sowohl innerhalb dieser Länder als auch in der Beziehung der drei Länder eine Abwertung zunächst nicht bemerkbar machen wird. Aus den Vorgängen der anderen Länder – zuletzt Belgien – ist ja ersichtlich, daß dieser Abwertung keineswegs sofort, sondern frühestens nach vielen Monaten und auch dann nur eine sehr mäßige, der Abwertung keineswegs entsprechende Preissteigerung folgte. Da unser Vertrag ja aber nur über ein Jahr läuft, birgt er kein oder zumindest kein nennenswertes Risiko in sich. Würden wir uns aber zur Goldauszahlung der Garantiesumme verpflichten, so würden Sie, was die Kaufkraft des Geldes anlangt, wesentlich mehr erhalten, wir jedoch darüber hinaus unverhältnismäßig viel mehr zahlen, da wir auch nach der Abwertung die Preise unter keinen Umständen heraufsetzen, sondern, umgekehrt, die Abwertung gerade aus dem Grunde begrüßen würden, weil sie endlich die Möglichkeit gäbe, unsere Bücher in der Welt (mit Ausnahme der drei Goldblockländer) relativ sehr viel billiger zu verkaufen. –

Sie wissen, daß Herr Dr. Feuchtwanger gewiß ein sehr gewiegter Vertragspartner ist. Seien Sie überzeugt, daß der von uns eingenommene und auch von ihm anerkannte Standpunkt nicht nur korrekt ist, sondern der tatsächlich einzig mögliche und billige.

Ich freue mich außerordentlich, aus Ihrem Brief zu ersehen, daß das Manuskript des Essaybuches abgeschlossen ist. Bitte lassen Sie uns das Ms. auch zugehen, wenn einzelne Stellen noch nicht getippt sind. Ihre Handschrift kann in der Druckerei mühelos gelesen werden. Sollte der ein oder andere Satz nicht so leicht leserlich sein, so lasse ich ihn hier noch abschreiben.

Ihre Bemerkungen für die Herstellung des Buches werden sorgfältig beachtet. Der Preis des Buches wird auf hfl 2.50 broschiert und hfl 3.50 gebunden festgesetzt – auch dann, wenn der Umfang des Buches etwa 250 Seiten sein sollte. Ich werde den Umfang sofort nach Eingang des Manuskriptes genau schätzen lassen. Die Fahnen des Buches werden wir, ähnlich wie wir es bei dem »Hitler«-Buch von Olden getan haben, einem politisch gut orientierten holländischen Anwalt zur Einsicht geben und Ihnen berichten, ob er irgendwelche Bedenken gegen die ein oder andere Stelle hat.

Mit den besten Grüßen

Ihr ergebener

Landshoff

Klaus Mann/Landshoff an Thomas Mann 46

[Amsterdam, 26. Januar 1936]

bitten inständigst auf korrodis verhängnisvollen Artikel wie und wo auch immer zu erwidern stop diesmal geht es wirklich um eine Lebensfrage für uns alle

Klaus und Landshoff

Landshoff an Heinrich Mann 47

Amsterdam, den 22. April 1936

Lieber Herr Mann!
Ich schicke Ihnen die Abrechnung über das letzte Quartal. Das Resultat wird Sie nicht weniger enttäuschen als uns. In der Tat wird der Verkauf ja von Tag zu Tag schwieriger. Übrigens erklärt sich die sehr niedrige Absatzziffer z. T. auch daraus, daß wir genötigt sind, hier und da Sendungen zurückzunehmen.

Es ist mir ein aufrichtiges Bedürfnis, Ihnen zu versichern, wie sehr ich es bedaure, daß nun ein Buch von Ihnen, dessen Publikation bei uns geplant war, in einem anderen Verlage erscheint. Leider mußten wir uns in den letzten Wochen wieder davon überzeugen, daß die hier bestehenden Bedenken nicht unbegründet waren. Vor kurzer Zeit ist gegen einen verantwortlichen Redakteur von »Het

Volk« (der übrigens sehr gemäßigten sozialdemokratischen Zeitung hier), augenscheinlich auf Intervention der deutschen Botschaft, Anklage wegen »Beleidigung des Staatsoberhauptes einer befreundeten Macht« erhoben worden. Der Prozeß hat noch nicht stattgefunden. Es ist aber immerhin bezeichnend für die Stimmung, daß eine solche Anklage bei sehr geringfügigem Anlaß erhoben werden konnte.

Die Angelegenheit mit Oprecht scheint in Ordnung zu sein. Jedenfalls haben wir ihm auf Grund eines dieser Tage eingetroffenen Schreibens den Vertrag schicken können.

Bestens grüßt Sie

Ihr ergebener

Landshoff

48 Landshoff an Klaus Mann

Amsterdam, den 18. Juni 1936

Lieber Klaus,
ich nehme an, Du bist in Küsnacht. Mit der Absendung des Manuskriptes habe ich noch einen Tag gewartet, da ursprünglich die »Pariser Tageszeitung« telegrafisch um Übersendung des Anfangs gebeten hat. Inzwischen scheint man aber das Ms. gefunden zu haben, denn ich habe nichts wieder gehört. Übrigens habe ich heute nochmals geschrieben, daß unter keinen Umständen mit dem Abdruck begonnen werden darf, bevor nicht die fl 250.– in unserem Besitz sind. Ich zweifle noch, ob das Geld kommt. Die Leute scheinen doch völlig pleite zu sein. Mir scheint es grundsätzlich nicht richtig, vom Honorar immer weiter herunterzugehen oder sich mit Teilzahlungen einverstanden zu erklären. Wir haben es bei der »Sammlung« auch nicht anders gemacht. Im Moment, wo die Zahlungsunfähigkeit erwiesen ist, kann kein Blatt weiterbestehen.

Wenn man sich also an Dich wendet, so verweise nur ruhig wieder an uns. Der geforderte Betrag ist wirklich nicht zu hoch.

Das Telegramm habe ich, gegen die guten Sitten verstoßend, geöffnet, da ich, für den Fall, daß es sehr eilig gewesen wäre, versucht hätte, Dich früher zu erreichen.

Daß ich auf eine merkwürdige, nicht einmal besonders amüsante Art, ohne nennenswertes eigenes Verschulden meiner gesamten Bagage verlustig ging, sei nur nebenbei bemerkt. Mein graues Haar schützt mich vor Emotionen. Das erweist sich auch sonst als gut. Der Amsterdamer Besuch von Frau KNOPF würde sich sonst für mich als eine Katastrophe auswirken. Die Intimität ist groß. Ich bin immerzu mit ihr zusammen. Gott gebe, daß es sich zu irgendeinem Zeitpunkt rentiert. Vollende mein Werk und gehe ihr nach allen Dir zu Gebote stehenden Kräften um den Bart, wenn sie am Montag oder Dienstag bei Euch eintrifft. Damit mir nichts erspart bleibt, wird morgen STERNHEIM ankommen. Wie schön wäre es, wenn Du das alles miterleben dürftest. Bitte, tröste mich mit Briefen.

Dein F.

Soeben trifft der unten zitierte Brief von der »Pariser Tageszeitung« ein. Ich habe geantwortet, daß wir unter keinen Umständen dem Abdruck zustimmen, wenn sie nicht die Hälfte des Honorars sofort, die andere Hälfte in einem Akzept per 1. August bezahlen würden. Auf andere Bedingungen würde ich mich unter keinen Umständen einlassen.

Pariser Tageszeitung

17. Juni 1936

Sehr geehrte Herren,
hierdurch bestätigen wir Ihnen den Erwerb des Romans von Klaus Mann, »Mephisto«, zur Erstveröffentlichung in der »Pariser Tageszeitung« zum Preis von hfl 250.–.

Wir bitten Sie, uns den Hauptteil des Manuskriptes, der noch nicht in unserem Besitz ist, sofort zu übersenden.

In vorzüglicher Hochachtung
Pariser Tageszeitung
gez. Fritz Wolff

P. S.
Wir hoffen, daß Sie mit folgenden Zahlungsbedingungen einverstanden sind, die wir uns freundlichst zu bestätigen bitten: 1 000 Francs, zahlbar am 1. Juni, Rest nach Abdruck des Romans.

49 Landshoff an Klaus Mann

Amsterdam, den 20. Juni 1936

Lieber Klaus,
für den Fall, daß Dir die Nummer der »Pariser Tageszeitung« vom 19. 6. entgangen ist (die französische Tagesangabe lautet Vendredi – die deutsche Samstag), teile ich Dir die große Ankündigung auf der ersten Seite mit:

Ein Schlüsselroman
Das neue Werk von Klaus Mann, mit dessen Veröffentlichung die »Pariser Tageszeitung« am Sonntag beginnt, ist ein Theaterroman aus dem Dritten Reich. Im Mittelpunkt steht die Figur eines Intendanten und braunen Staatsrates, der die Züge Gustaf Gründgens' trägt. Um ihn herum erkennt man den ganzen Troß der nationalsozialistischen Würdenträger. Klaus Mann ist es gelungen, in »Mephisto« ein packendes Zeitgemälde zu entwerfen.
AB SONNTAG IN DER »PARISER TAGESZEITUNG«.

Ich bin der Ansicht, daß wir auf diese Weise unfehlbar in einen schnellen und unangenehmen Prozeß hineinsegeln. Die »P. T.« muß unbedingt eine Berichtigung an gleicher Stelle und in gleicher Größe herausbringen, die aber besser von Dir als von uns kommt. Schicke sie also, falls Du nicht gar telefonieren willst, *expreß*. – Übrigens bin ich und nicht nur ich zu der Überzeugung gekommen, daß bei der Umwandlung der Zeitung erheblicher Schwindel getrieben worden ist. Natürlich ist Poljakoff ein Schwein. Immerhin ist jedoch auch die Stellung von Bernhard und den übrigen mehr als zweifelhaft. Aus absolut sicherer Quelle weiß ich, daß Poljakoff, der Bernhard genauso über hatte wie B. ihn, bereits vor Jahresfrist die Absicht hatte, B. zu entfernen und durch den in vieler Hinsicht übrigens viel geeigneteren MORUS zu ersetzen. Die Verhandlungen waren damals bereits so gut wie abgeschlossen. – Ob die jetzige Änderung tatsächlich das Geringste mit der deutschen Botschaft zu tun hat oder ob nur einfach das, was vor Jahresfrist besprochen war, durchgeführt werden sollte, ist zumindest noch nicht bewiesen. Immerhin war es von B. und seinen Leuten sehr klug, diesen coup zu machen, denn sie wären auf alle Fälle herausgeflogen. Übrigens kann ich Dir über Einzelheiten auch nichts sagen. Da Poljakoff ein Tier ist, ist natürlich auch jede andere Möglichkeit, auch die mit der deutschen Gesandtschaft, gegeben. Nur scheint mir auf alle Fälle eine zu große Rücksichtnahme auf die »Pariser Tageszeitung« unangebracht.

Wir bestehen daher auch auf unser Geld, und Du sollst, bitte, auf die Berichtigung bestehen.

Ich habe versäumt, Dir den Steuerzettel mitzubringen. Er ist nach Deinen Einkünften abzüglich »Berufsspesen« ausgefüllt. Bei einem Einkommen unter dieser Grenze würdest Du wiederum Schwierigkeiten hier haben. Ein solches Einkommen entspricht einer Steuer von etwa fl 60.– jährlich. Mit soviel mußt Du als Kosten für Deinen Fremdenpaß rechnen. Es bezieht sich das übrigens auf die Steuer, die Du erst nächstes Jahr zu zahlen hast. Über die in diesem Jahr zu zahlende ist der Streit noch in vollem Gange. Bitte schicke mir den Zettel unterschrieben zurück. Er wird dringend benötigt.

Dieser Tage hattest Du eine Polizeivorladung, die scheinbar mit der Arbeitsbewilligung o. ä. zusammenhängt. Wir teilten mit, daß Du auf Reisen wärest.

Der Besuch von Frau K. war der anstrengendste und nicht ohne Peinlichkeit. Berichte mir, was sie sagt über ihren Aufenthalt. Ich habe gelitten wie kaum je.

Mir geht es schlecht – schreib mir

F.

(übrigens: an Lektüre uninteressiert –
vielleicht auch infolge größter Hitze)

50 Landshoff an Klaus Mann

Amsterdam, den 24. Juni 1936

Lieber Klaus!
Die Erklärung in der »Pariser Tageszeitung« ist deshalb unzureichend, weil die Redaktion mit keinem Wort auf die verhängnisvolle Notiz vom Freitag zurückkommt und auch nicht ausdrücklich den Irrtum bekennt. Das wäre bei einer so schwerwiegenden Sache nicht nur wichtig, sondern für meine Begriffe sogar unerläßlich gewesen. Dazu kommt, daß die »P. T.« uns insofern einen erstaunlichen Brief zugehen ließ, als sie uns zwar frs 1 000.– in einem Scheck geschickt hat – also genau nach ihrem eigenen Ermessen vorgegangen ist –, keineswegs aber unsere vor dem Abdruck gestellte Forderung auf Zahlung von frs 1 250.– sofort in bar und den Rest in einem Wechsel per 1. 8. erfüllt hat. Vielmehr handelt sie augenscheinlich nach dem sinnlosen Zahlungsvorschlag, den sie uns nach Beginn des Abdrucks, nachdem wir unsere festen Bedingungen, die anzunehmen ober abzulehnen ihr ja freistand, gestellt haben, machte.

Wir haben in unserem Brief vom 22. Juni, dessen Durchschlag Du in Händen hast, die »P. T.« darauf aufmerksam gemacht, daß der Abdruck, falls sie unsere Bedingungen nicht anerkennt, einem unautorisierten Abdruck gleichkommt. Ich stehe also nach wie vor auf dem Standpunkt, daß es das Vernünftigste ist, den Abdruck zurückzustellen, da der Roman niemals rechtsgültig verkauft worden ist. In dieser Meinung bestärken mich sowohl die tatsächlich durchaus nicht ordnungsgemäß erfolgte Zahlung wie auch die unzureichende Veröffentlichung der Berichtigung. Aus meinem Brief vom 22. ds. ersiehst Du auch, daß wir die absolut notwendige Überschrift BERICHTIGUNG verlangt hatten. Auch das ist unterblieben, und dadurch ist eigentlich die Wirkung hinfällig. Es bleibt bei der ungeheuren Schädigung, von deren Auswirkung Du Dir augenscheinlich noch nicht die richtige Vorstellung machst.

Ich bin also nach wie vor dafür, da die Bedingungen unseres Schreibens vom 22. ds., insbesondere auch in der

Zahlungsfrage, nicht erfüllt sind, kein weiteres Ms. zu schicken und den Abdruck abzubrechen. Einen entsprechenden Brief an die »P. T.« hatte ich bereits geschrieben, möchte ihn aber nun doch zurückhalten, da ich erst Deine Meinung hören will. Bitte drahte mir oder ruf mich an. Ich bin tagsüber unter Voranmeldung im Verlage, abends ab 7 Uhr zu Haus unter 29108 unter Voranmeldung zu erreichen. Allerdings gehe ich bei der großen Hitze öfter später noch einmal fort, so daß es gut wäre, wenn Du wirklich gleich nach 7 Uhr oder aber erst spät am Abend anriefst.

In scheußlicher Eile

sinnlos hin [?] gehetzt
Dein F.

Landshoff an Klaus Mann 51

Amsterdam, den 26. Juni 1936

Lieber Klaus,
Deine unermeßliche Güte und Weichheit bestimmt Dich schlecht zum Umgang mit Straßenräubern. Unabhängig von der Tatsache, daß es »Schicksalsgenossen« sind, muß man sich darüber klar sein, daß die Leute von der »Pariser Tageszeitung« zu dieser Kategorie gehören. Ich füge mich, weil Dir hörig, Deinem Standpunkt. Immerhin bitte ich Dich, mit der Absendung weiteren Materials so lange zu warten, bis wenigstens die Geldsache geregelt ist. – Daß die Lauheit, mit der wir auf die ungeheuerliche und in ihren Konsequenzen unabsehbare Ankündigung der »P. T.« reagiert haben, für uns (d. h. für Dich und für den Verlag) verhängnisvoll werden wird, scheint mir fast sicher. Ich schicke Dir den Durchschlag meines heute an die »P. T.« geschriebenen Briefes und meines Briefes an Caro.

Dank für Deinen Brief. Ich habe nicht nur bei Gollancz um Beschleunigung der Übertragung gebeten, sondern auch Ould bereits vor einiger Zeit geschrieben. Von beiden habe ich auf diese Frage noch keine Antwort erhalten. Heute habe ich gemahnt.

Dieser Tage traf ein Brief von Michel ein, aus dem ich Dir zitiere: »›Symphonie‹ c'est une œuvre de réelle valeur mais qui ne sur intéresser que les musiciens et les lettrés, c'est à dire un public trop restreint pour que je puisse me charger de son édition. Je vous fais donc réexpédier ces volumes par même courrier.« Ich werde mich weiter sehr energisch bemühen.

Der Schlüterin habe ich den »Henri« geschickt.

Den Steuerzettel brauche ich dringend. Ebenso bist Du mit der Steuer für dieses Jahr in der gleichen Lage wie ich, d. h., sowohl Deine wie meine Reklamation sind ordnungsgemäß eingereicht und »laufen«. Es ist auch kein Zweifel, daß sie berücksichtigt werden, da die Angaben hundertprozentig richtig waren und es ausgeschlossen ist, Dich für das laufende Jahr mit mehr als fl 70.– bis fl 90.– zu veranschlagen. Wie Du weißt, lautete jedoch der Voranschlag auf fl 250.– Auf Grund dieses Voranschlags muß unabhängig von der Reklamation jetzt unbedingt sofort ein Betrag von hfl 90.– bezahlt werden. Da es trotz ungezählter Reklamationen noch nicht möglich war, die Entscheidung herbeizuführen, muß wenigstens dieser ohnehin fällige Betrag jetzt gezahlt werden. Ich flehe Dich an, ihn mir s o f o r t zu schicken.* Es ist bereits mit der Zwangsvollstreckung gedroht. Mit dieser Zahlung ist dann die Steuer *für das ganze Jahr* erledigt. Du mußt eben damit rechnen, daß das Vergnügen, einen holländischen Fremdenpaß zu haben, fl 5.– bis fl 6.– monatlich kostet. – Bitte sei überzeugt, daß hier auch nicht das Geringste versäumt worden ist; die »Aktion« für Dich läuft parallel mit der für mich. Ich bin in derselben scheußlichen Lage; nur muß ich natürlich jetzt einen viel größeren Betrag aufbringen. Dadurch, daß sich die Entscheidung über die Reklamation so endlos hingezogen hat, muß jetzt auf einmal gezahlt werden. Ich ärgere mich grenzenlos bei dem Gedanken, daß Du auf mich schimpfst, während alles mit der größten Pünktlichkeit und Genauigkeit erledigt worden ist. Warum, so frage ich mich, muß der Gerechte soviel leiden!

Schicke, schicke – es ist schließlich für ein *ganzes* Jahr –, es ist nicht zu ändern. Gott – ich rege mich ja so furchtbar auf –, weil Du meine Bemühungen nicht anerkennst und mich beleidigst. Ich bin ganz schrecklich alt – wenn ich mich nicht rasiere, habe ich einen grauen, beinahe weißen Bart. Was Du über die Damen schreibst, ist bewußter Hohn. Ich lebe einsam und verlassen – ohne Hemd – arm und mißachtet.

Anlagen: Durchschlag an die »P. T.«
" " Dr. Caro
" " »Nowy Dziennik«.

* Evtl. gibt es dann 10 o. 15 hfl *zurück.*

[Landshoff]

Landshoff an Klaus Mann 52

[Amsterdam,] Sonnabend [4. Juli 1936]

Klauso,
ich habe ja Monate nicht geschrieben! Und dabei habe ich vor ein paar Tagen etwa 4 Stunden für einen Brief an Alice aufgewandt, dessen Durchschlag ich Dir mit einem (bereits zierlich geschriebenen) Brief schicken wollte. Mein Gott – es war ein ganz PRINZIPIELLER –. Und als ich fertig war, sah ich ein, daß ich für solche Auseinandersetzungen wohl einfach viel zu alt bin. Sie schaden ALLEN. Nutzen KEINEM. Nun gehe ich heute nachmittag zu den eben Zurückgekehrten – völlig verbittert aus TAUSEND Gründen – auf eine Stunde nach Laren, um ein paar Widrigkeiten zu besprechen (Du merkst die *kränkende* Absicht, daß ich der Einladung zum Essen nicht folgte). Ich sehe ziemlich GRÜN vor den Augen vor allgemeinem, großem Ärger. Dazu eine sehr besuchsreiche, anstrengende Woche – in deren Mittelpunkt C a r l S t e r n h e i m stand. Ihn mußte ich schon an der Bahn abholen und bis zur Stunde seiner Abreise unentwegt um ihn sein. Es ist ein Jammer (ein wirklicher – er ging mir an die Nieren), diese – hier und da noch immer glanzvolle – RUINE zu sehen. Und sehr unheimlich. *Sofort* – auf dem Bahnsteig – sagte er mir, daß er bei diesem Wetter sehr leicht seine Anfälle (völlige Absencen – er weiß dann nicht, wer und wo er ist, der Boden vor

ihm öffnet sich usw. –) bekommt. Ich war von Sinnen vor Angst – tatsächlich kam es soweit, wie er mir am nächsten Morgen erzählte, unmittelbar, nachdem ich ihn abends nach Haus gebracht hatte, in seinem Zimmer. – Daß sein ganzes früheres dramatisches Werk nicht nur vergessen, sondern überhaupt nicht mehr – weder bei einem Verlag noch bei einem Bühnenvertrieb – zu haben ist – und also auch gar nicht gespielt werden KANN, ist unverdient und abscheulich.

Nach Schwarzschilds Aufsatz bin ich noch mehr als schon vorher von der Bedenklichkeit des neuen Pariser Blättchens überzeugt. Um so *wichtiger* ist, durch den Abdruck dort keine Unannehmlichkeiten zu haben. Bedenke außerdem: Jetzt läuft die 12. Fortsetzung. Immer noch Kap. *1*. Also: *Kürze* rücksichts- und bedenkenlos für den Abdruck *alles* (sowohl in der »Turnstunde« – wie auch »Politisches« oder »Persönliches«) – es soll *nicht* im Anschluß an die Publikation in diesem Schwindel(?)Unternehmen Skandal geben –, es ist unnötig peinlich. Für Dich wichtig ist *nur* die Buchausgabe. Also: sieh *nochmals* (auch wenn es Dich sehr langweilt) alles genau auf mögliche Streichungen durch. Ich finde es wichtig.

Bitte laß mich so bald wie irgend möglich ein *Ms.* sehen – ich möchte den Schluß sehr gern lesen.

Die »Tschai«-Übersetzung ist leider noch nicht begonnen – ich habe Gollancz lebhaft gedrängt.

Morgen kommt angeblich die Osten. Vielleicht entwikkelt sich da etwas. Peter Mendelssohn war hier mit der etwas *zu* schönen Akademie-Sache. Weißt Du etwas davon? Was hält Dein Vater, der doch Mitglied in spe ist, davon?

Geht es Dir weiterhin leidlich?

Wann besuchst Du denn mal wieder

den

Friedrich?

Amsterdam, Dienstag [Oktober 1936]

Liebwerter Klaus Heinrich,

nun traf also der »Mephisto« ein, und wenn ich den Beginn noch nicht wieder durchgesehen habe, so habe ich doch wenigstens die mir neuen Schluß-Kapitel sofort und mit großem Eifer gelesen. Sie enthalten SEHR viel Schönes – Melancholisches – Versöhnliches. Das Ende von Niklas ist rührend – das Verschwinden von Otto eindrucksvoll und grausig – die »fremden Städte« stimmen wehmütig – der »gedämpfte« Ausklang ist zweifellos gut und richtig. Wenn man sich nun – nach Vorliegen des ganzen Buches – die Frage stellt (ich stelle sie NUR Dir gegenüber, und auch das ist wahrscheinlich bereits sehr falsch), ob Deine ursprüngliche Intention GANZ erreicht ist, so bin ich der Antwort nicht 100%ig sicher. Trifft das Buch »ins Zentrum«?? Dazu müßte es zwei Voraussetzungen erfüllen. Einmal müßte die »herrschende Klasse« dargestellt sein. Das mußte – und war von vornherein klar – an »Sachkenntnis« bis zu einem gewissen Grade scheitern. Die Göring und Sonnemann (und ihr Verhältnis zueinander) – die Hitler und Goebbels usw. leiden nicht nur an äußerer, sondern auch an innerer Un-Wirklichkeit und ermangeln also der absoluten Schlagkraft. Dann aber sollte dieser »Karrierist« ja mehr als eine Person sein – es sollte mit seiner Karriere eine ganze Kategorie von Menschen in ihrer Haltung im und zum »System« getroffen werden. Dazu ist nun das Schicksal des Höfgen zu persönlich und er und seine Umgebung zu sehr vom persönlichen Erleben (des Autors) bestimmt. Das a m ü s i e r t (mich z. B. UNGEWÖHNLICH) – »trifft« aber nicht *allgemein*. Es ist also doch ein sehr privates Buch – auf einem etwas anspruchsvoll-gefährlichen Hintergrund. Das ist mein erster Eindruck nach Kenntnis des *ganzen* Buches. Deshalb gefallen mir – auch in der Erinnerung – die Einzelheiten um NICHTS weniger. Das HK scheint mir nicht weniger ausgezeichnet als im Anfang – überhaupt: der Einwand (wenn es einer ist) richtet sich in nichts gegen das Detail – nur die Frage der ABSICHT des Buches stellt sich mir neu und etwas problematisch. Das zu schreiben ist SICHER falsch – bringt womöglich Verstimmung und Verwirrung. Andrerseits: *sagen* würde ich es Dir und – da ich Dich nicht sehe, besteht doch keine andre Möglichkeit als Schreiben. Also: ich hoffe, daß Du nicht *mehr* in diesem Einwand siehst, als er sein soll.

Was hörst Du sonst über das Buch?

Dein Freund Mendelssohn schimpfte ganz irrsinnig auf das Buch – auch Dir gegenüber?? Er tat es in Sanary, wo er WILLIGE Ohren fand. Das aber ist ja in solchem »Zentrum« stets leicht.

Klaus – wann kommst Du? Ich habe SEHNSUCHT nach Dir. Graule mich auch ziemlich hier. Z. Z. sind die Jüngsten hier – fahren aber morgen fort, wohl nach der Bretagne.

Dein
F.

54 Landshoff an Klaus Mann

endlos liegengeblieben

Amsterdam, den 6. November 1936

Mein Lieber,
heute schicke ich Dir ein Gemischtes: da ist z. B. der Brief an Blanche Knopf. Er war eine schwere Geburt und ist natürlich auch nicht recht gelungen. Ich hatte ein Telegramm vorausgeschickt, das sie meiner – übrigens wirklich aufrichtigen – Dankbarkeit versichert. Die Sache selbst ist einigermaßen prekär. Alles, was nicht mit größtem Geschick und absolut klarer Marschroute begonnen wird, kann nur – und zwar sehr erheblich – schaden. Glaube mir: es ist nicht meine Sucht, zu negieren, die mich zu solcher Vorsicht veranlaßt. Im Gegenteil: ich lasse mich dabei *nur durch vernünftige* Erwägungen leiten. All die *vagen* Pläne sind mir verdächtig und kommen am Ende teuer zu stehen.

Ich schicke Dir außerdem eine Abrechnung per 30. 9. Die Finanzen sehen folgendermaßen aus: Du hast den Oktober noch in Amsterdam bekommen; von den Dir in den

Monaten November – Dezember – Januar zustehenden hfl 375.– hast du hfl 300.– schon erhalten. Es stehen also noch bis zum Jahresende hfl 75.– offen, zu denen noch diese hfl 23.– aus der Abrechnung kommen. Diese etwa hfl 100.– zahle ich an Staub. (Hfl 50.– gingen bereits heute an ihn.) Dann bleibt dort wohl noch ein recht großer Betrag stehen, dessen Begleichung Du bis zum Jahresende wohl in Aussicht stelltest. Da Du drüben geldknapp genug sein wirst, bleiben also wohl nur noch die Möglichkeiten: entweder Edwards sitzenzulassen oder Küsnacht um eine frühweihnachtliche Überweisung zu bitten.

Honorare irgendwelcher Art gingen bisher keineswegs ein. Also ging auch der Zahnarzt mit leeren Händen aus. Wahrscheinlich wird Dich das alles ärgern, aber mal muß es doch gesagt werden.

Gestern erhielt ich einen langen Brief Eures Onkels Heinrich. Er scheint zu beabsichtigen, einen Vertrag zu unterzeichnen, der ihn verpflichtet, ab Ende März innerhalb von 60 Tagen 30 Vorträge in englischer Sprache in Amerika zu halten. Ich habe ihm stürmisch abgeredet. Schließlich ist er keineswegs mehr jung, und nach seinem eigenen Urteil sind seine englischen Sprachkenntnisse durchaus nicht sehr glänzend. Meiner Meinung ahnt er nicht, was er sich mit einer solchen Verpflichtung aufbürdet. – Zwar hat er mir diese Mitteilung keineswegs »privat« gemacht, trotzdem möchte ich nicht, daß Du Dich direkt auf mich berufst. Immerhin wäre es aber vielleicht in seinem Interesse, wenn Du ihm einmal ein paar Zeilen schreibst und ihn – aus Deiner Erfahrung – wissen ließest, wie tödlich anstrengend solche Unternehmungen sind und welche ungeheuren Anforderungen an die Beherrschung der englischen Sprache gestellt werden. Auch wird sein Auftreten insofern eine Enttäuschung sein, als er drüben wohl keineswegs bekannt ist. Sprich mit niemandem über seinen Plan.

Die Besuchssträhne will nicht abreißen. Morgen trifft gar Vicki ein. Ich werde nicht versäumen, ihr Eure Adresse zu geben, da zumindest Eri doch darauf brennen wird, sie zu sehen. Ich glaube, sie bleibt nur kurz in Europa.

Der Tagespresse entnahm ich, daß Jannings hier eingetroffen ist. Ich fühle mich in größter Versuchung, ihm den »Mephisto« zu schicken. Er bleibt drei Tage hier. Noch weiß ich nicht, wie mein Gewissenskampf ausgehen wird.

Morgen folgt ein Handgeschriebener, zumal Dein Wiegenfest naht. (Der ist ja nun längst heraus – und wird *sehr* bald von einem *längeren* gefolgt.)

Herzlichst
Dein
phantastisch gealterter,
häßlicher,
trauriger
F.

Lege einen langweiligen Zettel bei, aus dem Du einige der ärgerlichen Dinge entnehmen mögest, mit denen ich mich z. Z. herumschlage. Zerreiße ihn gleich – es hat keinen Sinn, daß irgend jemand davon erfährt, da es nichts *nützt*. Schreibt mir doch BITTE weiterhin – dieweil es TRÖSTLICH!

In den letzten Wochen und Monaten hat sich die Situation im Verlag so weit geklärt, daß sie absolut eindeutig ist. Queridos sind entschlossen – wobei es gleichgültig ist, ob sie nicht mehr können oder ob sie nicht mehr wollen –, nach den sehr erheblichen Investitionen, die sie in den ersten Jahren gehabt haben, keinen Cent neues Geld in den Verlag hineinzustecken und in Zukunft die Produktion so einzustellen, daß nur in dem gleichen Umfang Geld ausgegeben wird, wie Geld einkommt. Bis zur Abschlußbilanz des laufenden Jahres, die in der ersten Hälfte des Februar vorliegen wird, werden überhaupt keine neuen Verträge gemacht, auch dann nicht, wenn augenscheinlich günstige Möglichkeiten sich ergeben. (Hieraus ergab sich z. B. dieser Tage bei einem neuen, rein geschäftlich sehr erfolgversprechenden Buch der Keun, das im Manuskript fertig vorliegt und sofort erscheinen könnte, die Unmöglichkeit eines Verlagsvorschlags.) Q.s wollen erst einen Überblick über den Stand gewinnen und dann in vorsichtigster Weise weiter disponieren. Damit, daß 1937 in erheblichem Umfang neue Verträge, insbesondere Vorschußverträge geschlossen werden, wie sie naturgemäß gemacht werden müßten, um den Autoren die Möglichkeit zur Arbeit zu geben, ist, wenn überhaupt, nur im bescheidensten Umfang zu rechnen. *Darüber hinaus hat sich erwiesen, daß Q.s durchaus bereit sind, den deutschen Verlag abzustoßen.* Mir scheint das noch das relativ Günstigste an der Situation. Es müßte auf Grund des immerhin sehr großen Verlagsnamens und auf Grund seiner für die drei Jahre seines Bestehens doch recht beachtlichen Produktion möglich sein, einen Finanzier zu finden, der das Unternehmen mit seinem Namen, der mir selbstverständlich bliebe, zu übernehmen und an anderer Stelle – wahrscheinlich am besten in London mit Zweigstelle in New York – fortzuführen. Dem Unternehmen wäre dann in größerem Umfange als bisher ein Vertrieb von Übersetzungen und insbesondere auch von Bühnenstücken und Filmstoffen anzugliedern. Nach den Erfahrungen der letzten Jahre bin ich fest davon überzeugt, daß man ein solches Unternehmen durchaus rentabel aufbauen könnte. Zur Übernahme des Betriebes und zu dem notwendigen Ausbau dürfte ein Betrag von ca. $ 50000.– bis $ 60000.– erforderlich – hiervon würden ca. $ 20000.– neues Betriebskapital sein, das nur im Bedarfsfalle herangezogen werden müßte.

Übrigens versichern Q. s sowohl ihre Bereitschaft, mit einem Teil des Geldes in der Gesellschaft zu bleiben (was mir nicht angenehm wäre, da dadurch nur eine größere Schwerfälligkeit des Apparates zu befürchten ist), als auch ebenso für den Fall, daß ein Verkauf nicht zustande kommt, ihren festen Willen, das Unternehmen zunächst unbegrenzt mit eigenen Mitteln in der anfangs auseinandergesetzten Form fortzusetzen. Zudem sind sie ja auch juristisch dazu verpflichtet. Von der Gefahr der Auflösung des Verlags kann also überhaupt keine Rede sein. Allerdings würde ich wohl bei einer solchen »lahmen« Gesellschaft kaum weiterhin arbeiten.

Ich muß also innerhalb sehr kurzer Zeit einen Sozius mit Geld finden (gleichgültig, ob einen mitarbeitenden oder einen stillen), und zwar ohne daß auch nur irgendein

Mensch von der Neuetablierung auch nur das Geringste merkt.

Übrigens hat sich diese Situation keineswegs als Folge irgendwelcher Auseinandersetzungen ergeben, sondern im Laufe mehrerer freundschaftlicher Gespräche.

Ich habe mir lange überlegt, wieweit ich Blanche orientieren soll. Wie mein Brief an sie zeigt, war ich letzterdings doch sehr vorsichtig. Ich habe bisher von ihr leider, auch bei den Kleinigkeiten, die sie in Europa für uns erledigt hat – ebenso wie bei dem peinlichen Interview –, gesehen, daß sie doch reichlich wirr ist. – Nur wenn ganz greifbare Möglichkeiten bestehen, hätte es einen Sinn, mit ihr ausführlich zu sprechen.

Eine große Schwierigkeit liegt darin, daß ich keinen Cent habe und auch in nächster Zeit nichts haben werde. Mein Schwiegervater liegt todkrank (mit einer Angina Pectoris) in Florenz. Ich muß meine Familie dort erhalten und meine alten Verpflichtungen abzahlen, da ab 1. 1. 37 auf Grund meines Vertrages mit Q. eine erhebliche Verschlechterung meiner Bezüge zu erwarten ist. Ich kann also die zur Finanzierung des Unternehmens notwendigen Reisen (nach London und Paris, von New York ganz zu schweigen) überhaupt nicht machen. Diese Schwierigkeit ist im Augenblick bei weitem die größte. Ich müßte über einen Betrag verfügen, der es mir ermöglicht, mich überhaupt in Bewegung zu setzen. Aber woher soll ich ihn nehmen? Von hier aus kann ich nichts machen, da ich mich weder über diese Fragen schriftlich äußern will noch auch mit irgendwelcher Aussicht auf Erfolg äußern kann.

Ich schicke Euch diesen Wisch zu Eurer Orientierung mit der Bitte, zu bedenken, daß jedes Wort, was über die Situation unnütz an den Tag kommt, den Autoren, dem Verlag und mir unfehlbar unbegrenzt schaden kann.

Landshoff an Klaus Mann 55

Gute Kritik in der »Rotterdamer«

Amsterdam, den 25. November 1936

Lieber Klaus,
soeben trifft Dein Brief vom 17. ds. ein. Bereits am 21. 8. schrieb ich an FLES: »Bezugnehmend auf das Telefongespräch, das Sie letzthin mit KLAUS MANN hatten, bitte ich Sie, in der Angelegenheit der Übersetzung des ›Tschaikowsky‹ nichts zu unternehmen.« Herr Fles bestätigte mir am 24. 8.: »Ich habe meinem New Yorker Bureau sofort geschrieben, daß man sich in der Sache ›Tschaikowsky‹ abseits zu halten habe.«

Da Fles nur allerkürzeste Zeit das Buch in Händen hatte, kann es von ihm aus nur an sehr wenige Stellen angeboten sein. Wo es gelegen hat, kann ich im Augenblick langsamer erfahren als Du. Fles ist meines Wissens dieser Tage von London nach New York zurückgereist. Du hättest es gleich durch sein New Yorker Bureau erfahren können und kannst es auch jetzt sofort nach Erhalt dieses Briefes, wo das Buch vorgelegen hat. Du kannst also über den »Tschaikowsky« jederzeit – in Übereinstimmung mit uns – verfügen, da von uns keinerlei Bindung nach irgendeiner Seite vorliegt.

Über SOMMERFELD erzählte ich Dir viel. Du hörtest gerade nicht hin. Den »Mephisto« schicke ich ihm.

Stez hat den »Mephisto« längst bekommen. Der Versand der Frei- und Presse-Exemplare erfolgt immer ein wenig später als der Versand an die Auslieferungen, um zu verhüten, daß Besprechungen erscheinen, bevor das Buch im Buchhandel vorliegt.

26. XI.

Soeben erhalte ich von GOLLANCZ folgenden Brief: »Dear Dr. Landshoff, I have had a brilliant report on ›Mephisto‹, and I think there is not much doubt that I shall want to take up option on it. You will recollect that the agreement for ›Symphonie Pathétique‹ gives me an option on two more novels of Klaus Mann. Of course, I don't have to give my decision until a reasonable time after the publication of ›Symphonie Pathétique‹ – but, as I say, I haven't much doubt, that I shall want to do the book, yours sincerely...«

Sein Brief ist sachlich richtig. Trotzdem will ich versuchen, eine endgültige Zusage schon jetzt zu erhalten. Tatsächlich muß er ja in relativ kurzer Zeitspanne recht viele Bücher von Dir herausgeben. Andrerseits ist es gut, wenn er Dein Verleger bleibt, um so mehr, als er ja wirklich außerordentlich positiv grade diesem Buch gegenüberzustehen scheint.

Übrigens sind die Bedingungen für den »Mephisto« durch die Option in keiner Weise festgelegt. Die Bedingungen sind ausdrücklich nicht die gleichen wie beim »Tschaikowsky«. Es ist vielmehr vorgesehen, daß neue Bedingungen ausgemacht werden. Ich will zusehen, die Verhandlungen darüber jetzt schon zu einem Abschluß zu bringen. Für die amerikanischen Verhandlungen wird der Brief von GOLLANCZ eine große Erleichterung sein.

Seit undenklichen Zeiten die erste erfreuliche Nachricht: der Nobelpreis. Hat man in Amerika viel darüber geschrieben? Man hat schon gar nicht mehr geglaubt, daß so etwas möglich ist.

Ich werde wahrscheinlich doch am 25. Dez. auf 3 Tage nach Küsnacht gehen – jedenfalls schreib ich Deiner Mutter.

Hier alles ziemlich UNERQUICKLICH.

Aber auch so

immer

Dein F.

56 Landshoff an Klaus Mann

Amsterdam, den 9. Dezember 1936

Lieber Klaus,

Du kannst Dir von den Umständen, unter denen ich lebe und arbeite, wohl doch nicht die richtige Vorstellung machen. Wie kann ich an eine Reise nach New York denken, wenn es für mich schon ein Problem darstellt, eine kurze Fahrt nach Zürich zu finanzieren? Wie kann ich es bei diesen Verhältnissen im Verlag riskieren, zwei Monate – und nach Deiner eigenen Meinung müßte man ja so lange dort sein, fortzubleiben? Cahn ist von Queridos per 1. 1. entlassen. Ich bin also von diesem Zeitpunkt an mit der Weintraub allein. (Vorher ist Cahn auch nicht mehr im Verlage, da er sich dieser Tage einer Operation unterziehen muß.)

Wie soll ich also an eine Reise denken können?

Nichtsdestoweniger oder gerade deshalb bin ich Dir für Deine Aktivität außerordentlich dankbar. Ich habe Koppells Brief sehr ausführlich beantwortet und heute auch an Blanche geschrieben, nachdem ich aus Deinem letzten Brief ersehen mußte, daß sie nicht nach Europa kommt. Ich habe auf ihre Europareise ziemlich fest gerechnet und mich um Briefe gedrückt, die ich längst hätte schreiben müssen. Es liegt an Dir, ihr immer wieder zu versichern, wie dankbar ich ihr bin und wie freundschaftlich ich zu ihr stehe.

Inzwischen erweist sich hier Queridos von mir übrigens nie bezweifelte Loyalität und Zuverlässigkeit. Daran, daß er den Verlag weiterführt, ist nicht zu zweifeln. Alles, was ich Dir letzthin geschrieben habe, hat aber doch noch seine Gültigkeit.

Die Presse über den »Mephisto« bleibt fast ganz aus. Zum Teil liegt das natürlich daran, daß wir ein paar große Zeitungen, bei denen mit Sicherheit Verrisse zu erwarten waren (wie »Neue Zürcher Zeitung«, »Telegraaf«, »Handelsblad«), fortgelassen haben. Trotzdem spricht sich das Buch herum und geht auch etwas. Im Augenblick dürften es etwa 1 200 Exemplare sein, die verkauft sind. Übrigens: wo das Buch erwähnt wird, wird es ein Schlüsselroman über Gründgens genannt. Gelegentlich sogar ist ausdrücklich darauf hingewiesen, daß die Schlußbemerkung, die den Schlüsselcharakter abstreitet, kühn erlogen sei.

Auch der »Tschaikowsky« hört noch immer nicht auf, zu gehen. Knopf sollte sich entschließen, das Buch zu nehmen. Er wird es bestimmt auch nicht schlecht verkaufen. Gollancz schrieb mir auf meinen letzten Brief hin heute ein paar Zeilen, daß er seine endgültige Entscheidung doch so lange aufschieben will, wie sein Vertrag es zuläßt. Man muß sich vorerst also mit dem sehr positiven Urteil von Gollancz begnügen, mit der sicheren Aussicht, daß in der ersten Hälfte des nächsten Jahres der Vertrag zustande kommt. Übrigens kann man einem amerikanischen Verleger gegenüber mit Fug und Recht behaupten, daß das Buch in England bei GOLLANCZ erscheinen würde.

Die Geselligkeit hier ist wieder etwas zurückgegangen. Es war auch in gar keiner Weise mehr zu leisten. Jede Abreise wurde vielfach gesegnet. Eine gewisse Herzlichkeit besteht mit dem Knaben FLECK (Du kennst ihn wohl nicht – ein BRAVER Bankier) und der Jungfrau FROHNKNECHT, mit der nach mehrmonatiger Unterbrechung die Beziehungen wieder aufgenommen wurden. Dagegen kam es mit der ZOCKE einfach zu Ohrfeigen auf dem Kring, vor schlechthin sämtlichen Bekannten.

Ich habe nach wie vor die Absicht, am 25. auf zwei oder drei Tage nach Küsnacht zu fahren. Kurz danach werde ich wohl, ebenfalls auf zwei Tage, nach Prag fliegen. Meine Adresse bleibt aber ständig Amsterdam. Ich werde keinesfalls längere Zeit hintereinander unterwegs bleiben.

Du schreibst nichts darüber, ob es Dir gelungen ist, für den nächsten Herbst eine größere Tournée festzulegen. Das scheint mir für Dich im Augenblick das wichtigste Resultat. Von Deiner finanziellen Situation habe ich irgendwie keinen sehr glänzenden Eindruck. Das Eintreiben Deiner hiesigen Honorare erweist sich als schwierig.

In alter Herzlichkeit wird mit Bruno korrespondiert, der ja wieder einen tollen Erfolg mit dem »Weib auf den Tieren« hat, scheinbar noch größeren als mit »Sturm im Wasserglas«, das immer noch gespielt wird. Er erkundigt sich sehr lebhaft nach Euch. Sein Roman scheint in den nächsten Monaten fertig zu werden. Ich denke daran, im Laufe des Januars ein paar Tage in London zu sein. Weißt Du, ob Toller vorläufig in Amerika bleibt oder wann er zurückkommt? Daß ich weder über den Termin der Pfeffermühlenpremiere noch über ihren Verlauf orientiert bin, sei nur nebenbei bemerkt. Dieses wird mit anderem Gegenstand eines gleichzeitig an Erika abgehenden Briefes sein.

Der Brief blieb liegen, weil einfach gar keine Schiffe mehr gehen. Inzwischen traf der Deine vom 3. ein. Eris Premiere also erst am 28.

Stimmung FURCHTBAR GEDRÜCKT. Gesinnung von der sehr freundschaftlichen Art eines Fr.

Landshoff an Joseph Roth 57

Amsterdam, den 15. Juli 1937

Lieber Herr Roth,
Dank für Ihre Karte. Ich werde mich bemühen, die Auskunft in der FILMFRAGE zu bekommen.

Mit gleicher Post schreibe ich an Frau BLANCHE GIDON und ermächtige sie zu Verhandlungen über die FRANZÖSISCHE ÜBERSETZUNG IHRES BUCHES.

Ich schicke Ihnen die ABRECHNUNG über »Das falsche Gewicht«. Wenn der Verkauf ebenso gut wäre wie die Urteile, die ich von vielen Seiten – nicht nur vom Schickele – bekomme, wäre Ihnen und uns gedient.

FLES war in Amsterdam. Er fuhr von hier über Paris nach Valencia oder Madrid zum Schriftstellerkongreß.

Bleiben Sie in Brüssel? Ich fahre voraussichtlich Ende der Woche auf etwa 14 Tage fort. Wenn Sie also noch irgend etwas vorher von mir erledigt haben wollen, so lassen Sie es mich gleich wissen. In der Zeit meiner Abwesenheit richten Sie bitte die Post an den Verlag, der alles pünktlich erledigen wird.

Bestens grüßt Sie Ihr
Landshoff

Landshoff an Klaus Mann 58

[Amsterdam, August 1937]

Klaus-Heinrich,
die Novelle ist sehr schön. Sie ist »artistisch« geglückt – ganz in sich abgeschlossen, gut und wirkungsvoll aufgebaut –, sie hat einen ungeheuer persönlich-angreifenden Ton. – Sie ist in ihrer Haltung zu Welt, Leben, Tod tief melancholisch – es ist Dir kein »Positivismus« vorgeschrieben, und es braucht keine rote oder anders gefärbte Fahne aufgezogen zu werden. Nach dem »Tschaikowsky« hätte ich vermutet, daß Du der großen, durch den Stoff gegebenen Verlockung, »pathetisch-melancholische Arien« »einzulegen«, nicht hättest widerstehen können. Eine sehr angenehme Überraschung: gerade das ist vermieden – und

eben diese Disziplin finde ich sehr glücklich. (Ein wohl unvermeidlicher kleiner Schönheitsfehler: in die Monologe ist manches – »zur Belehrung des Lesers« – aufgenommen, das sonst schwerlich in den Monologen stehen würde.)

Das Büchlein soll – *unabhängig* von der Serie, die doch wohl wieder aufgeschoben wird – *schnell* erscheinen. *Keinesfalls* mit anderen Novellen. Das halte ich für ganz falsch. Sie wird ähnlich ausgestattet (innen) wie Glaesers »Unvergängliche« – der Umfang ist eben der gleiche. Der Umschlag macht mir einiges Kopfzerbrechen. Leider finde ich den Titel nicht sehr geglückt (wohl den Untertitel). Wie findest Du ihn? Hast Du an irgendeinen andern gedacht?

Kann ich *sofort* mit dem Satz beginnen?

Bedingungen: Du erhältst bei Ablieferung des *Romans* (der ja jetzt schon abgeliefert sein sollte) ausbezahlt, was die Novelle bis dahin gebracht hat. D. h., vorläufig geht der »Ludwig« auf den alten Vertrag. Sowie der alte erfüllt ist, wird die Summe wieder »aufgefüllt«. Im übrigen: (genau wie Glaeser) 12 ct Honorar per Expl. Das sind keine herrlichen Bedingungen – auf der andern Seite mußt Du sagen: schneller kann kein Mensch Deine Wünsche erfüllen, und der Druck eines solchen Bändchens unter den heutigen Umständen ist doch eben *nicht* so leicht. Dies alles teile ich Dir natürlich auch namens Queri mit. (Im Gegensatz zu der Eri-Sache, die er noch nicht so ganz weiß.)

Ansonsten: viel Durcheinander. Am 1. Sept. kehrt Alice als Angestellte (*nicht* Direktrice) des holländischen (*nicht* des deutschen) Verlages wieder – bleibt aber mit v. Eugen, der seinerseits restlos in Acht und Bann bleibt. Keine erfreuliche Lösung – obgleich des deutschen Verlages Position in den 6 Monaten ihrer Abwesenheit sich ja entscheidend gefestigt hat.

Eva und die Kinder wohnen bisher in der Pension Hirsch – werden aber morgen nach Zandvoort ziehen, wo sie bis Anfang Oktober bleiben. »Wirtschaften« dort – ich werde nicht ständig, aber doch oft draußen wohnen. Hast Du Lust, in Amsterdam oder draußen zu wohnen?? Kommst Du mit oder ohne Curtiss? Wirst Du direkt von hier (und wann??) nach Amerika fahren? Vom 23. Aug. bis 5. Spt. wird wohl auch das Rini-Kind zum Besuch ihrer Eltern hier sein. Ich bin neugierig, was Du zu ihr sagst.

A. Z. war noch nicht hier – dürfte dieser Tage kommen. Auch Blanche vermute ich bald auf dem Anmarsch. Landauer fragt dauernd nach Deiner Adresse, woraus hervorgeht, daß er Dir für einen Brief, der ihn *sehr* gerührt hat, danken will. Auch er freut sich sehr auf Dich.

Sage bitte klar und deutlich: LIEST Du?

Ja oder ja?

Schreibe bitte

1. wegen des »Ludwig«, den ich dann gleich in Satz gebe,

2. wegen Deiner Pläne, die die meinen evtl. beeinflussen.

Bist du mir – trotz allem »unendlich Häßlichen« – WOHLGESINNT?

Verwaist und nicht sehr glücklich.
Aber ziemlich fleißig und brav,
wie auch immer: Dir stets freundschaftlichst ergeben

F. Riederich

Landshoff an Klaus Mann 59

Amsterdam, den 8. Oktober 1937

Lieber Klaus,
dieser Brief ist fällig und überfällig. Heute früh kamen nun Deine beiden Briefe vom 28. September. Also: zunächst einmal alles, was es an geschäftlichen Dingen gibt:
1. Der »Ludwig« hat heute ausgedruckt; ich schickte Dir 3 ungebundene Exemplare; (1 Bogen-Ex. ging – Deinem Wunsch entsprechend – an Mme. Gidon). Die gebundene Ausgabe wird am 20. Oktober vorliegen.
2. In London bin ich gewesen und habe mit GOLLANCZ gesprochen. Er ist von seinen »Left-Book-Club«-Angelegenheiten so erfüllt, daß es schwer ist, ihn zu irgend etwas anderem zu bewegen. Der »Tschaikowsky« ist noch keineswegs erschienen. Ich habe G. energisch gebeten, nun nicht weiter zu zögern und das Buch unter allen Umstän-

den im Herbst herauskommen zu lassen, was er mir auch zusagte.

Ein positiver Entscheid über den »Mephisto« war auch keinesfalls zu erzielen. Ich bin also sehr im Zweifel, ob es nicht gut wäre, den »Mephisto« an anderer Stelle anzubieten, obgleich es nicht leicht sein wird, ihn unterzubringen.
3. Frau KNOPF sprach ich sowohl in London wie hier. Die »Tschaikowsky«-Übersetzung hat sie gelesen; daß KNOPF das Buch bringt, scheint mir ausgeschlossen. Du hast Dich ja nun mit diesem für Amerika in die Hände von FLES gegeben, der, soweit ich weiß, in nächster Zeit nach Amerika zurückkehrt. Dieser Tage wird er hier erwartet. Ich spreche noch einmal mit ihm, und zwar dringend. Schließlich ist es ja, nachdem er einen Vorschuß gezahlt hat, sein Interesse, die Bücher endlich abzuschließen.
4. Die TSCHECHISCHE AUSGABE des »Mephisto« ist erschienen. Daraufhin sind auch wieder ein paar Exemplare der deutschen Ausgabe in der ČSR gegangen. Ebenso liegt die »Symphonie« niemals ganz tot.
5. Von ERI, der ich dieser Tage bestimmt ausführlich schreibe und von der ich außer einem Telegramm nach meinem letzten Brief nichts hörte, *muß* ich etwas über das Buch wissen. Ich muß es wirklich.
6. Ich werde also aufpassen, ob SCHWARZSCHILD Deine BROD-KRITIK bringt. Tut er es nicht, werde ich sie also in Deinem Auftrag an die »Tageszeitung«, mit der wir allerdings überhaupt nicht in Verbindung stehen, schicken.

Mein sehr Lieber –
ich KANN nicht schreiben. Seit Tagen liegt der Brief. Er muß fort.

Sei mir NICHT – sei mir NIE – böse. Ich bin sehr unglücklich, daß ich Dich hier unter so unglücklichen Umständen sah. Seitdem habe ich irrsinnig zu tun. Ständige Besuche – zudem die Kinder, die übermorgen erst abfahren. Nie war ähnlicher Betrieb – nie war ich ihm weniger gewachsen. – Montag läuft mein Paß ab. Das deutsche Konsulat erklärte mir innerhalb von Minuten: dieser Paß kann weder verlängert noch erneuert werden. Die Schwierigkeit liegt nun darin, daß ich nicht ausgebürgert bin. Aber:

diese Geschichten willst Du nicht hören. Sind auch langweilig.

Schreib mir *bitte*. Schön, daß Du endlich »in Gedanken« mit dem Roman weiterkommst. Hoffentlich nun auch mit dem Ms. Ein Erscheinen *vor* Feuchtwanger wäre gut.

Lieber Klaus – ich grüße Dich sehr freundschaftlich

Dein F.

Landshoff an Klaus Mann 60

Amsterdam, den 30. November 1937

Mein Lieber!
Soeben trifft Dein Brief vom 20. ds. ein. Ich will ihn sogleich beantworten. Keineswegs habe ich Deinen »75.« vergessen, sehr im Gegensatz zu meinem »125.«, den Du im Sommer vollständig vergessen hattest. Ich habe Dir einen langen Brief geschrieben, der – eine Folge der miserablen Schiffsverbindungen im Winter – wohl etwas zu spät angekommen ist.

Daß Dir das Büchlein gefällt, freut mich von Herzen. Wer es bisher gelesen hat, wußte es *SEHR* zu würdigen. Leider ist von einem »Gehen« des Buches bisher überhaupt nichts zu bemerken. Aber das kann noch kommen.

Daß Schwarzschild den Amerika-Aufsatz gebracht hat, wirst Du gesehen haben. Wegen der Brod-Besprechung werde ich ihm schreiben. Ebenso werde ich mich mit Mme. Gidon in Verbindung setzen. Für den »Mephisto« wird in England gearbeitet. Der »Tschaikowsky« kommt nach einer etwas unfreundlichen und energischen Korrespondenz mit Gollancz nun endgültig im März heraus.

Nun höre gut zu: Die »Tschaikowsky«-F i l m-Geschichte, über die ich Dir im letzten Brief ausführlich berichtete, liegt in der Tat schwierig. Die Produktion Samuel (er heißt nun einmal so), die auch den Paderewsky-Film machte, scheint in der Tat alle Vorbereitungen für den »Tschaikowsky«-Film getroffen zu haben. Sie bestehen auf der Version, Dein Buch erst nach Anfertigung des Manuskripts kennengelernt zu haben und das Buch »beikaufen« zu wollen, um späteren Auseinandersetzungen aus dem Wege zu gehen. Theoretisch ist das insofern ja auch möglich, als Ihr wahrscheinlich beide aus der gleichen Quelle, nämlich dem MODESTE, geschöpft habt. Wie dem auch immer sei: Die Leute schämen sich nicht; sie bieten nach wie vor £ 50.–, zahlbar sofort, für die Option und wollen sich innerhalb von 2 oder 3 Monaten entscheiden, ob sie für £ 200.– das Buch kaufen. –

NIEMAND AUF DER WELT darf erfahren – das ist mein Ernst –, daß wir überhaupt einen solchen Preis diskutieren. Schließlich fühle ich mich aber nicht berechtigt, für Dich hfl 1800.– (resp. Deinen Anteil an diesem Betrage) zu verschenken. Auf der anderen Seite ist es natürlich ein Betrag, von dem man überhaupt nicht reden dürfte. Hinzu kommt die Geschichte mit der MGM. Ich habe vor etwa 10 Tagen an KNOPF folgendes Telegramm geschickt: »EDWIN KNOPF. C. METROFILM, CULVERCITY. ERBITTEN MÖGLICHST SCHON JETZT DRAHTANTWORT, OB INTERESSE AN MANN TSCHAIKOWSKY STOP ODER OB UND WANN ENTSCHEIDUNG MÖGLICH. QUERIDO.« Vor drei Tagen erhielt ich darauf folgendes Telegramm: »WE HAVE NO RECORD OF HAVING RECEIVED MANUSCRIPT TSCHAIKOWSKY THE MAN REGARDS – KNOPF.«

Vertragsgemäß liegt es so, daß die MGM bis 31.12. cr. unsere ALTEN Stoffe unter Option hat. Zur Anfertigung eines Exposés des »Tschaikowsky« sind wir vertragsgemäß keineswegs verpflichtet, während ich z. B. »Vergittertes Fenster«, das zur neuen Produktion gehört, schon in Auftrag gegeben habe. Der Vertrag sieht vielmehr vor, daß die MGM bestimmen müssen, von welchen ALTEN Stoffen sie Exposé haben will. Gleichzeitig müssen sie sagen, ob sie diese Exposés bei sich anfertigen lassen oder auf ihre Kosten durch uns. Trotzdem war ich nun wiederum gerade entschlossen, von dem »Tschaikowsky« ein Exposé machen zu lassen, obgleich eine Verpflichtung von uns nicht vorliegt und obgleich jene es eigentlich bezahlen müßten. Nun schreibst Du aber, daß RAMEAU eben das bereits tut. Es wäre verbrecherisch von mir gegen Autoren und Verlag, wenn ich durch irgendeine Unfreundlichkeit die großartige Beziehung zur MGM gefährden würde. Auch läßt mich die Tatsache, daß Du nun doch nach Hollywood fährst, es wieder ratsam erscheinen, die englische Verbindung fallenzulassen oder zumindest zu vertrösten. Sobald Du also Edwin Knopf sprechen kannst, sprich mit ihm über die Geschichte. Sie sollten das Buch zumindest für einen mäßigen Preis ebenfalls »zukaufen«, denn sie haben ja bereits, soweit ich weiß, einen Tschaikowsky-Stoff gekauft oder in Auftrag gegeben. Schwöre mir aber, daß Du nie in Deinem Leben und niemandem gegenüber jemals der lächerlichen Summen Erwähnung tust, die hier zur Diskussion stehen. Dann ist überhaupt alles aus.

In irgendeiner Weise wird es Dir ja gelingen, die Hollywood-Geschichte im Laufe des Dezember – möglichst früh – zu regeln; dann schick mir bitte sofort ein Telegramm. Ich schreibe heute an den hiesigen (Dir übrigens als Gatten von Chaja Goldstein bekannten) Vertreter und Mitarbeiter besagten Samuels einen Brief, dessen Durchschlag ich Dir schicke. Wenn in Hollywood nichts zu machen ist, werden wir ganz heimlich das kleine »Trinkgeld« nehmen; auch dann sollte es niemand erfahren, weil es zu klein und zu abscheulich ist.

Der Brief ist in Eile getippt, er muß die »Normandie« erreichen – sonst dauert es wieder ewig. Was Du über Eri schreibst – stimmt mich traurig –, ich höre auch nichts von ihr. Du scheinst munter? Leidlich? Und hältst Dich – rätselhaft genug – finanziell über Wasser? Apropos Wasser. Unter Eid: seit Wochen wurde kein Fischlein mehr verzehrt. Selbst wenn mir heute im Europe ein Thun *angeboten* würde – ich nähme ihn nicht. Das schließt nicht aus, daß ich ein alter, trauriger Jud bin – diese Monate hier unerquicklich sind –, ich nach wie vor auf Papiere warte usw.

Eri schreibe ich dieser Tage. Dir alles Gute!

In alter Liebe

Schreibe bitte

61 Landshoff an Klaus Mann

Amsterdam, 21. Januar 1938

Mein Lieber,
nun ist es aber auch allerhöchste Zeit, daß ich schreibe, wenn diese Zeilen Dich in New York erreichen sollen. Zu meiner Entschuldigung weiß ich anzuführen, daß Du bis zum 25. mit stets wechselnder, mir nicht bekannter Adresse unterwegs warst und ich also beim besten Willen keinen Bericht geben konnte.

Du hast mich wochenlang ohne Nachricht gelassen – und zwar gerade zu der Zeit, als ich mit Rücksicht auf die täglich dringender werdenden Mahnungen des Herrn Samuel Bescheid haben mußte. Dann trafen ein paar Brieflein hintereinander ein, für deren jedes ich Dir viel Dank weiß. Das Telegramm von Knopf war lang und nett und doch nicht so ganz eindeutig. Trotzdem habe ich nach London eine prinzipielle Zusage gegeben. Die Vertragsunterzeichnung mit all ihren lächerlichen Formalitäten dürfte sich aber noch kurze Zeit, vielleicht sogar bis zu Deiner Rückkehr, hinziehen, wenn nicht gar vor dem endgültigen Abschluß plötzlich irgendwelche ungeahnten Schwierigkeiten auftauchen. Ein energischer Vorstoß, mehr als dieses kleine Trinkgeld zu bekommen, ist jammervoll gescheitert. Wenn man es recht nimmt, so ist ja auch z. B. der Titel »Symphonie Pathétique« nicht so ganz Dein oder unser geistiges Eigentum. Überhaupt wäre es wahrscheinlich nicht einfach, den Leuten, falls sie den Film drehen (und ich sehe noch nicht einmal, daß sie ihn drehen werden), nachzuweisen, daß sie Dich bestohlen haben. Vielleicht bestehlen sie gerade den guten Modeste oder den alten Langweiler aus Deutschland, dessen Namen ich vergessen habe. Jedenfalls machte ich zwei Vorbehalte. Erstens: weder Du noch wir stehen für die »Originalität« jeder einzelnen Szene ein; zweitens: habe ich des Rameaus Warnung zu Herzen genommen, so daß die Rechte, falls nicht benutzt, nach einer bestimmten Zeit wieder zurückfallen. Damit Du es nicht vergißt, wiederhole ich zum zehnten Male: laß niemandem gegenüber etwas über dieses lausige Trinkgeld verlauten. Wenn jemand einen solchen Betrag nennt, bezeichne ihn als frechen Lügner.

Um die Bücher sieht es nicht einmal so schlecht aus. Der »Tschaikowsky« ist nun wirklich fast vergriffen; vom »Mephisto« gingen noch jeden Monat 50 bis 100 Exemplare fort; das »Vergitterte Fenster« brachte es zwar bisher nur auf etwa 700 bis 800 Exemplare, wird aber von allen Seiten *sehr* schön gefunden.

Ich schrieb Dir wohl schon, daß ich gerade noch zu Ende des Jahres Deinen [meinen!] guten alten Gunstpaß bekam. Trotzdem mußte ich im Januar hier bleiben, da die Weintraub ihren seit Jahr und Tag überfälligen Urlaub nahm (dieses ist auch der Grund, weshalb ich Rolf Nürnberg für einen besonders netten Brief noch nicht gedankt habe; sage ihm, daß ich ihm in der nächsten Woche ein ganz Langes und Breites hinhauen werde). Nun werde ich aber vielleicht zwischen dem 4. und 20. Februar erstmalig von meinem schicken Papier Gebrauch machen und nach den alles in allem doch sehr großen Mühen und Kümmernissen des Herbstes und Winters vierzehn Tage in den Bergen sein. Ich nehme beinah an, daß diese Dispositionen mit Deinen gut übereinstimmen; denn wahrscheinlich wirst Du doch Deine Eltern vor ihrer Abreise noch sehen wollen und erst dann in nördlichere Regionen kommen.

Deine Briefe klangen ganz munter. Ihr Inhalt schien mir sachlich äußerst erfreulich. Ich gedenke Deiner viel und in alter, unveränderter Liebe. Wir haben uns erschreckend lange nicht gesehen – zudem war es das letzte Mal reichlich unruhig. Mir geht es unleugbar besser ohne die Fischchen, wenngleich ich nun einmal ein alter, trauriger Jude bin. Rini war 1 Monat hier – bis vor ein paar Tagen –, sie ist mir ein SEHR liebes Kind.

Diese Sekunde trifft endlich ein ganz Langes, unendlich lang Erwartetes von Eri ein. Ich schreibe ihr sofort.

Von Herzen

F.

62 Landshoff an Arnold Zweig

Amsterdam, den 11. April 1938

Lieber Herr Zweig!
Den schon für letzte Woche angekündigten Brief habe ich bis heute ausgestellt und kann nun auch gleich Ihren Brief vom 6. ds. beantworten.

Es freut mich zu hören, daß trotz der Ereignisse der letzten Wochen Ihre Arbeitskraft die pünktliche Beendigung des »Esmond« zugelassen hat. Ich erwarte also das Manuskript in der allernächsten Zeit und lasse Ihnen dann die bereits übersandten ersten Kapitel wieder zugehen.

Ihre Titel-Sorge kann ich wirklich nicht teilen. »Versunkene Tage« finde ich einen besonders schönen Titel; jeder andere Vorschlag scheint mir diesem weit unterlegen. Ich möchte Sie also sehr dringend bitten, es bei der alten Entscheidung zu lassen.

Den Zwischenfall mit Pales hatte ich bereits durch meinen letzten Brief resp. durch direkte Überweisung des Betrages erledigt. Ich weiß, daß es Ihnen bei einem Betrag von fl 85.– nicht auf ein paar Tage ankommt, andrerseits sind wir, wie Sie wissen, sehr pünktliche Zahler. Die ungeheure Dummheit von Pales, den in der Tat von mir versehentlich etwas zu früh abdisponierten Betrag nicht anstandslos gezahlt zu haben, hat ihn zunächst auf eine spaßige Weise fl 400.– gekostet.

Greenburger ist kein sehr seriöser Agent. Ich habe ihn übrigens persönlich einmal in Berlin gesprochen. Die Auskünfte, die ich von Autoren über ihn erhielt, waren ungünstig. Ich will mich sofort um die Angelegenheit kümmern und mich auch mit Huebsch in Verbindung setzen.

Die Konsequenzen der österreichischen Ereignisse stellen Sie sich weniger schwerwiegend vor, als sie sind. Ich war, wie ich Ihnen wohl schon schrieb, bereits im Aufbruch nach Wien, da ich – nach Berchtesgaden in begreiflichem Mißtrauen – alles, was an Lager in Wien vorrätig war (auch soweit es fest verkauft war), zurückholen wollte. Ein glücklicher Stern hat mich vor der Ausführung dieser Reise bewahrt, die mich teuer zu stehen gekommen wäre. Andrerseits sind natürlich alle Konsequenzen eingetreten, die nur irgend zu befürchten waren. In Anwesenheit des HOLLÄNDISCHEN KONSULS, die wir sofort zur Intervention ersucht hatten, ist am ersten Tage nach dem Umsturz unser gesamtes Lager beschlagnahmt worden. Außerdem haben wir einen großen finanziellen Verlust erlitten, da die Forderung an unsere vortreffliche Auslieferung durch die Umstände völlig illusorisch geworden ist. Herrn KENDE wird niemals die Erlaubnis gegeben werden, eine Forderung von Querido zu begleichen, zudem wird man, was mich besonders berührt, diesem alten und braven Herrn ohnehin wegen seiner »hochverräterischen Tätigkeit« das Messer an die Kehle setzen. Seine Situation ist äußerst gefährdet. Seine Verhaftung stand mehrmals bevor; wir haben mit ihm jede Verbindung abbrechen müssen, um ihn nicht noch mehr in Lebensgefahr zu bringen.

Die Situation unseres Verlages und der in unserem Verlage arbeitenden Autoren ist trotz dieses Schlages unvergleichlich günstiger als die der Autoren und Verlage, die in Wien ihr Heil suchten. Auch sie sind ausnahmslos – auch wenn sie noch bis in den letzten Tagen ihre Verbindung mit dem Dritten Reich aufrechterhalten hatten – in der Nacht vom Freitag zum Sonnabend geflohen. Auch ihre, da sie in Wien ansässig sind, natürlich viel größeren Lager sind beschlagnahmt. Zudem sind die Besitzverhältnisse der Firmen sogar unklar geworden, da die Direktoren resp. Inhaber geflüchtet und Nazi-Kommissare in die Betriebe eingesetzt sind.

Unser Verlag wird, wie ich Ihnen schon mit meinem letzten Brief schrieb, seine Tätigkeit unverändert fortsetzen, auch wenn die Verluste, die er erlitten hat, empfindlich sind und die ständige Verschlechterung der Situation in Osteuropa den Markt für das freie, deutsche Buch in diesen Gebieten ständig verkleinert.

Ich will jedoch nunmehr die Pläne, die ich bereits seit Jahr und Tag vorbereitete und an deren Gelingen in der einen oder anderen Form kaum zu zweifeln ist, schnell realisieren und den – nach den verschiedenen Aufforderungen, die ich von drüben erhalten habe – wie mir scheint aussichtsreichen Versuch machen (natürlich unter allen Umständen bei Beibehaltung von Amsterdam als Centrum), eine Verbreiterung unserer Basis in Amerika zu finden. Ich werde also, sei es in der ersten Maiwoche, sei es Ende September, nach New York gehen und dort die nötigen Abkommen treffen. Durch diese Reise und die dadurch bezweckte Zweigniederlassung in New York werden wir auch in noch ganz anderer Weise in der Lage sein, die amerikanischen und englischen Rechte unserer Autoren wahrzunehmen. Ich möchte Sie also bei dieser Gelegenheit – nicht anders als im Jahre 33 – erneut um Ihr Vertrauen bitten.

Übrigens werden auch die FILMFRAGEN bei dieser Reise eine große Rolle spielen. Seien Sie versichert, daß Sie in Zukunft in Amerika durch niemanden sorgfältiger und zuverlässiger vertreten sein werden als durch uns.

Aus der Leitung der Manuskriptabteilung der METRO erhalte ich folgenden Brief:

»Word has reached me that ARNOLD ZWEIG is working on a novel entiteld ›Die Ausreise‹ (Emigration) which probably will not be completed for some time. He has done about one hundred pages of the book and it deals with the experiences of a German Jewish art dealer and his two small sons who are passing a pleasant winter together in the mountains of Czechoslovakia.

I am passing this information along to you in accordance with our new understanding whereby all foreign material will be in your hands. I will appreciate a copy of the synopsis if and when the book is read.«

Auch mir sprachen Sie von diesem Projekt. Da ich nicht annehme, daß Sie den Roman in nächster Zeit vollenden, möchte ich anregen, ob Sie vielleicht ein kurzes Exposé für diesen Roman zur Verfügung stellen können, zu dem die METRO dann schnell Stellung nehmen würde. Natürlich dürfte Ihnen durch diese Arbeit nicht allzuviel Zeit verlorengehen.

Herrn MENDEL habe ich sehr ausführlich zu sprechen Gelegenheit gehabt. Ich würde es für falsch halten, die in vieler Hinsicht doch wertvolle Verbindung mit HUEBSCH für diese Verbindung zu unterbrechen. Longmans, Green ist ein Non-fiction-Verlag und dürfte gerade für den »Esmond« nicht geeignet sein. Andrerseits ist natürlich die Verbindung mit einem so großen und seriösen Haus wie LONGMANS, GREEN außerordentlich viel wert. Sie haben sie sich ja ohnehin durch die Teilnahme an der unter Herrn MENDEL geplanten »Serie« gesichert.

Sehr herzlich grüßt Sie

Ihr
Landshoff

Arnold Zweig an Landshoff 63

Haifa, den 3. Mai 1938

Lieber Landshoff,
daß ich Ihnen nach Amerika schreibe, ist ein Witz für sich. Die Schnelligkeit Ihrer Entschlüsse und Ausführungen beweist, daß ein mächtiger Motor dahinterstehen muß; und wenn ich mich an London erinnere, möchte ich ihm eher die Gestalt einer Person als das Aussehen einer Sache geben. Mehr brauche ich heute sicher nicht anzudeuten.

Sie sehen, auch ich verstehe mich auf Andeutungen. Ehrlicherweise muß ich aber sagen, daß ich Andeutungen eigentlich nicht leiden kann. Was also, klipp und klar, haben Sie in Amerika vor? Was für einen deutschen Verlag wollen Sie drüben gründen? Welcher Art Zweigstelle wollen Sie aufmachen? Und soll das nicht vielleicht wieder in Verbindung mit der Familie Mann geschehen? Die ja drüben auch Fuß zu fassen versucht? Dann sollten die Erfahrung[en] mit der »Sammlung« Sie eigentlich eines besseren belehrt haben. Klaus Mann ist weder ein Lektor noch ein Herausgeber oder Verlagsleiter. Er ist und bleibt ein Kind seiner Zeit, das ich liebenswürdig und begabt finde, wie Sie wissen, das aber durch diese zeitliche Bedingtheit in seinem Qualitätsgefühl behindert ist, so wie übrigens sein Vater Zeit seines Lebens durch seinen persönlichen Umgang in seinen Urteilen behindert war. Thomas Mann hat, wie Sie wissen, an Rezensionen und Empfehlungen das Menschenmögliche an Quatsch geleistet, das ein so bedeutender Kopf und Mensch sich vor und nach dem Krieg nur leisten konnte (F. Huch, Ponten, Bertram, Pfitzner, Diotima, wer weiß was noch). Ich bin sicher, daß ich damit in ein oder das andere Fettnäpfchen trete. Aber ich tue es gelassen, und wenn Ihre Absichten mit Manns gar nichts zu tun haben – tant mieux. Rechne ich mir zudem an den Fingern aus, wann dieser Brief Sie erreicht, so sollte ich ihn eigentlich ungeschrieben lassen. Vielleicht haben Sie schon alles abgemacht, und mir bleiben dann nur die Konsequenzen.

Wenn ich Sie nun verstimmt habe, lieber Landshoff, sollte ich Sie eigentlich mit der Fortsetzung verschonen. Vielleicht aber erleichtert es Verhandlungen, die Sie drüben führen, wenn ich Ihnen das Folgende sage. Ich habe meine Beziehungen zu Barthold Fles gelöst, übrigens in durchaus freundschaftlicher Weise. Er besitzt von mir noch ein paar Bücher, die er ja vielleicht schon abgesandt hat. Ferner aber habe ich ihm das schöne Manuskript für »Exiles« überlassen. Er hatte mir bei den ersten Verhandlungen für die amerikanische Ausgabe allein £ 50.– zugesagt. Ich hatte ihm das Manuskript als fast einziger pünktlich geliefert; und der Rücktritt des amerikanischen Verlagshauses kam mir unerwartet. Inzwischen sandte Fles einen Scheck über £ 25.–, der aber nur die Hälfte des vereinbarten Honorars darstellt. Ausdrücklich waren bei unseren Abmachungen für die deutsche und für die englische Ausgabe Sonderzahlungen vorgesehen. Ich wäre Ihnen dankbar, wenn Sie Fles erklärten, daß ich von unseren ursprünglichen Abmachungen nicht abgehen kann und ihm nahelegen muß, seine Verpflichtungen so zu erfüllen, wie ich die meinen erfüllte. Sollte es ihm nicht gelingen, bis zum 1. Oktober d. J. – eine sehr lange Frist – die amerikanische Ausgabe unter Dach zu haben, so muß ich leider mein Manuskript anderweitig verwenden. Meine ganze Arbeit war darauf aufgebaut, daß er angab, mit dem Verlag Stackpole feste Abmachungen zu haben. Lassen Sie sich von ihm meinen Beitrag »Gestern. Heute. Morgen« zeigen; es wäre schade, wenn er ungenutzt veraltete.

Auch hatte Fles, und vorher schon Huebsch, eine englische Übersetzung von »Pont und Anna« anfertigen lassen. Diese möchte ich gerne einmal lesen. Sie sollten sie sich verschaffen und Filmverhandlungen zugrunde legen. Seit

Steinrücks Tode gibt es keine bessere Filmrolle für Laughton, England, als Laurenz Pont in »Pont und Anna«. Anna kann man jederzeit mit einer jungen, begabten, schönen Schauspielerin besetzen. Der Film mit seiner antinazistischen Handlung hätte längst gedreht werden müssen; in Amerika gibt es sicher mehr als einen Producer für ihn.

So, lieber Landshoff, das ist mein amerikanisches Bukett für Sie. Ich möchte selber nach Amerika übersiedeln, wenn auch nicht gerade nach New York; Palästina verlasse ich auf alle Fälle mit nächstem Mai. Ein Jahr brauche ich hier noch, um abzurunden und zu Ende zu sehen, was es hier, und nur hier, zu sehen gibt.

Sollten Sie irgendwie nach Chicago kommen oder eine erprobte und bewährte Sekretärin für Ihre neue Gründung brauchen, so ist [es] Claire Rooz, deren Qualitäten Sie ja kennen. Ihre Adresse ist c/o Weiss, 5541 U. Winthrop Ave., Chicago, Illinois. Ferner gebe ich Ihnen die Adresse von Dr. Curt Rosenfeld, falls Sie sie noch nicht haben sollten oder benutzen wollen: A934–45 St. Sunnyside, New York-City.

Ich bin bereits in den Vorarbeiten zum »Palästina«-Buch und kämpfe seit Wochen mit dem Stoff. Wahrscheinlich wissen Sie in Europa nicht, wie sehr sich seit unseren Abmachungen die Situation verschlimmert hat. Buchstäblich fallen täglich Menschen in den Kämpfen eines schleichenden Guerillakrieges, Juden, Engländer und Araber – und letztere nicht nur auf seiten der Angreifer. Die Bewegungsfreiheit im Lande ist für uns auf ein Minimum eingeschränkt, selbst in den frühen Nachmittagsstunden werden Straßen rund um das Carmelgebiet unter Feuer genommen. Jeder Ausflug in eine Kwuzah, selbst die Fahrt Haifa – Tel-Aviv ähnelt einer Fahrt im Hinterlande des Douaumont mehr als einer Reise in Palästina, weil man jederzeit auf Schüsse gefaßt sein muß und eine Panne die schlimmsten Folgen haben kann. Mein ursprünglicher Plan mußte längst modifiziert werden. Ich kann die Bestandsaufnahme durch persönliche Besuche an den verschiedenen Punkten, wie mir jetzt scheint, nicht durchführen und muß auf andere Bewältigung des Problems sinnen. Dabei hatten viele Leute eine entscheidende Besserung von dem neuen High Commissioner erwartet, die aber in keiner Weise wirksam wurde.

Nun, lieber Landshoff, hoffentlich haben Sie eine angenehme Zeit gehabt, obwohl Sie sich sicher heftig getummelt haben. Was ich Ihnen Unwillkommenes gesagt habe, verdauen Sie es, so gut Sie können, ohne allzu ärgerliche Rückwirkungen und Gedanken an

Ihren bestens grüßenden und das Beste wünschenden

[Arnold Zweig]

64 Landshoff an Arnold Zweig

New York, 18. Mai 1938

(pardon – eine »neue Sekretärin«)

Lieber Herr Zweig!
Dank für Ihren ausführlichen Brief vom 3. 5., den ich schon vor meiner Rückkehr wenigstens in seinen wichtigsten Punkten beantworten will.

Die Voraussetzung Ihres Briefes überrascht mich. Daß ich unter so unglückseligen Umständen, wie sie durch die Entwicklung der Verhältnisse in der letzten Zeit geschaffen sind, aus persönlichen Gründen wochenlang von Amsterdam fernbleiben würde, wäre ausgeschlossen. Es sind vielmehr rein sachliche, und zwar sehr dringende Erwägungen, die seit langem geplante Reise nach New York schon jetzt anzutreten. Schon Ihr vorletzter Brief, in dem Sie fragten, wie sich die österreichischen Ereignisse auf den Wiener Buchmarkt auswirken und ob Ihre Bücher dort verboten seien, zeigte mir, daß die Entfernung von Europa und die akuten Sorgen, in denen Sie durch die palästinensischen Verhältnisse gehalten werden, Sie die bedrohliche Entwicklung in Europa und ihre Konsequenzen für das deutsche Buch nicht klar erkennen lassen. Unabhängig von den politischen Entscheidungen geht die Entwicklung auf kulturellem Gebiete zwangsläufig dahin, daß nicht nur Österreich, sondern auch andere wichtige Teile des Ostens verlorengehen müssen. Schon jetzt ist praktisch ein großer Teil der Czechoslovakei als Arbeits-

und Absatzgebiet verlorengegangen, ebenso stößt die Arbeit in Ungarn, Rumänien, Polen und Italien (wo Ihre, ebenso wie Feuchtwangers, neuen Bücher vorläufig auch auf italienisch nicht erscheinen können) auf immer größere Schwierigkeiten. Sie werden also verstehen, wenn ich unter solchen Umständen im Interesse der Autoren sowie des Verlages unter allen Umständen den Versuch machen wollte und mußte, für den Ausfall der verlorengegangenen oder bedrohten Gebiete ein Äquivalent durch Erschließung eines neuen, bisher nicht oder sehr unzureichend bearbeiteten Marktes zu suchen.

Sie beklagen sich darüber, daß ich mich auf Andeutungen beschränkte. 1933 konnte ich nicht übersehen, wie sich die Dinge im einzelnen entwickeln werden. Ebenso war ich bei meiner Abreise keineswegs im klaren darüber, was sich hier im einzelnen wird machen lassen. Nur eines wußte ich: daß die uns seit Jahren bekannten und befreundeten Verleger der Frage der Verbreitung des deutschen Buches in Amerika wenig Interesse entgegenbringen; ich hatte oft genug in den letzten Jahren Gelegenheit, mit ihnen darüber zu sprechen. Um so dringender war es, neue Beziehungen anzuknüpfen. Nachdem ich eine Woche hier bin, glaube ich sagen zu können, daß ich für solche Bemühungen in einem der größten und angesehensten Verlage (das Haus ist nicht nur wesentlich älter, sondern erheblich größer und in seiner Vertriebsorganisation vorbildlich) eine Stütze für den Vertrieb deutscher Bücher und deutscher Sprache gefunden habe. Leider kann ich Ihnen heute nicht mehr schreiben; die Verhandlungen sind im Fluß.

Um jedem Mißverständnis vorzubeugen: in jedem Falle wird Amsterdam und der in all den Kümmernissen der letzten Zeit zwar schwer geschädigte, aber in gar keiner Weise »beschädigte« Querido Verlag nach wie vor das Zentrum sein; es handelt sich nur darum, vorsichtig und allmählich einen zweiten Markt zu erschließen. Eine solche Niederlassung hier gibt ja auch in ganz anderem Maße die Möglichkeit zu den immer wichtiger werdenden Verbindungen mit amerikanischen Verlagen für Übersetzungen und Film-Gesellschaften.

Fles habe ich für morgen früh bestellt und werde ausführlich Ihre Angelegenheit besprechen. Von ihm werde ich mir auch die englische Übersetzung von »Pont und Anna« zu weiteren Verhandlungen geben lassen. Ebenso bin ich morgen bei der Wanger Press, um endlich die Frage der Übersetzung der »Bilanz« ins reine zu bringen.

Zum Schluß möchte ich noch bemerken, daß kein Mitglied der Familie Mann in unserem Verlage auch nur in beratender Stellung ist. Daß ich bei meinen hiesigen Verhandlungen die Unterstützung von Thomas Mann habe, ist allerdings eine Tatsache, aus der ich großen Nutzen habe.

Wahrscheinlich bleibe ich noch etwa 10 bis 14 Tage hier. Nach meiner Rückkehr schreibe ich Ihnen ausführlich.

Herzlichst, stets der
Ihre
Landshoff

65 Landshoff an Hermann Kesten

Amsterdam, den 13. Juni 1938

Mein Lieber,
ja: ich bin zurück, bin es aber auch wieder noch nicht! Denn an die Verhandlungen in New York schlossen sich Besprechungen hier, die mich bis jetzt so stark in Anspruch genommen haben, daß ich nicht einmal die laufende Korrespondenz erledigen konnte. 16 Tage in New York sind eine kurze Zeit. Immerhin lang genug, um festzustellen, daß es die erste Stadt ist, in der man sich vorstellen könnte zu leben. Ich werde jedoch keinerlei Konsequenz daraus ziehen. Vielmehr bleibe ich bestimmt hier; allerdings werde ich wohl im Laufe des Herbstes noch einmal auf 6 Wochen nach Amerika fahren müssen.

Tollers sah ich häufig, sie sehr lieb und rührend – von Ehrgeiz ein wenig, aber doch auch nur ein wenig angenagt; er in alter Form – jugendlich und pathetisch.

Sobald ich ein bißchen Zeit habe – in ein paar Tagen wird es so weit sein –, schreibe ich Ihnen ausführlicher.

Herzlichst Ihr
Landshoff

Amsterdam, den 22. Juni 1938

Lieber Herr Zweig!
Ich schicke Ihnen eine Notiz, die im Laufe der nächsten Wochen an die Presse gehen wird. Sie unterrichtet Sie in kurzen Worten über das Resultat meiner amerikanischen Reise.

Lassen Sie mich noch einiges zur Erläuterung zufügen: ich habe in den letzten Wochen und Monaten oft den Eindruck gewonnen, daß Sie sich über die unabsehbaren Schwierigkeiten, in denen sich ein in deutscher Sprache publizierender Verlag befindet, nicht im klaren sind. Im Jahre 1933 war es ein Experiment, deutsche Bücher ohne Deutschland herauszubringen, die holländischen Verlage sind die einzigen gewesen, denen das – ohne, wie die Wiener Verlage, mit Deutschland zu arbeiten, und auch ohne Zuschüsse von irgendwelchen Parteien oder Privatseiten, zumindest in den ersten Jahren, und ohne allzu große wirtschaftliche Opfer – geglückt ist. Nur die sparsamste Wirtschaft innerhalb der Verlage, die als Annexe der holländischen Unternehmungen geführt wurden, ermöglichte dieses Ergebnis. Die politische Entwicklung der letzten Zeit – der Ausfall Österreichs und, was praktisch schwerwiegender ist, eines großen Teils des übrigen Ostens – hat jedoch eine Situation geschaffen, die eine aussichtsreiche Arbeit selbst auf der schmalen Basis der letzten Jahre unmöglich machen. Der Absatz der in diesem Winter erschienenen Bücher liefert den Beweis für die Richtigkeit unserer Befürchtungen.

Es gilt halt noch einmal – ohne sich im geringsten über die gesamte Situation zu täuschen, unter Zurückstellung aller privaten Wünsche, Reibereien und »Konkurrenzfragen« eine Organisation zu schaffen, die in der Lage ist, auch jetzt noch mit einiger Aussicht auf Erfolg das Werk der emigrierten Autoren zu schützen und zu verbreiten. Es unterliegt keinem Zweifel, daß die bei einem der angesehensten und größten amerikanischen Verlage gegründete neue Firma alle Aussichten hat, einen bisher noch von keinem deutschen Verlage erreichten Markt zu erschließen.

Die Voraussetzungen, unter denen dieser Versuch gemacht wird, sind die allergünstigsten. Wie Sie aus der Autorenliste ersehen, wird die amerikanische Firma – unabhängig von den europäischen Erscheinungsorten – alles zusammenfassen, was geeignet ist, das deutsche Schrifttum in Amerika zu repräsentieren. Wären verschiedene Einzelgründungen gemacht worden, es wäre nicht das gleiche Resultat erreicht.

Der Zusammenschluß der Bestrebungen in Amerika war die erste Voraussetzung eines erfolgreichen Beginns.

Ihr Einverständnis vorausgesetzt, könnte man »Versunkene Tage« als eines der ersten Bücher des amerikanischen Verlags, unter der Titelei ALLIANCE BOOK COMPANY, LONGMANS, GREEN & CO., für Amerika herausbringen. Es handelt sich, wohlgemerkt, nicht etwa um einen Neudruck, sondern um die Übernahme von rohen Bogen durch die amerikanische Gesellschaft, die unter ihrer eigenen Titelei die Bücher vertreibt. Die engen Beziehungen des Hauses Longmans, Green & Co. zu Colleges, Universitäten und Bibliotheken lassen die Aussichten günstig erscheinen.

Mit weit mehr Recht als die englischen und amerikanischen Verlage für ihre Kolonialausgaben müssen wir allerdings für diese Ausgaben besondere Honorarbedingungen vereinbaren. Wie Sie sich denken können, stehen die Kosten, zumindest in den ersten Jahren, in überhaupt keinem Verhältnis zu dem zu erzielenden Resultat. Sie wissen, daß bisher vielleicht von einem Buch in ganz Amerika 25–50 Ex. verkauft worden sind. Wenn man also jetzt diese Anzahl vervielfachen und ein Äquivalent für den Ausfall in Europa schaffen will, so kostet das zunächst einmal sehr viel Geld.

Die amerikanische Firma kann daher vorerst für die dort unter ihrer Firma verkauften Exemplare nur 5 % vom Ladenpreis des gebundenen Exemplares Honorar bezahlen. Bitte lassen Sie mich wissen, ob Sie Wert darauf legen, daß »Versunkene Tage« in das erste Programm aufgenommen wird.

Um jedoch nicht nur die neue Produktion auf einer breiteren Basis zu ermöglichen, sondern auch eine Möglichkeit zu schaffen, wenigstens langsam das eine oder andere alte Buch nachzudrucken, haben sich die drei Verlage Bermann-Fischer, de Lange und Querido entschlossen, in einer gemeinsamen Produktion eine Serie, ähnlich der »Albatross«-Bücherei, herauszubringen, die zum Preise von fl 1.25 pro Ex. Nachdrucke von vergriffenen Werken bringen soll, erscheinen zu lassen. Auch diese Bücherei wird in Nord- und Südamerika unter dem Namen der neuen amerikanischen Firma auftreten. Über diese Serie schreibe ich Ihnen später ausführlicher.

Die ganze Situation erfordert, daß man mehr als je überlegt, mit welchem Buch man, auch nur mit einer Aussicht auf Erfolg, herauskommen kann. Für so aussichtsreich ich nach wie vor das »Palästina«-Buch von Ihnen halte, so wenig glaube ich, daß in deutscher Sprache der von Ihnen für Miles geplante Band im Augenblick erfolgreich sein kann.

Wenn Sie das »Palästina«-Buch – was ich außerordentlich bedaure, aus Gründen, die mir jedoch verständlich sind, zurückstellen wollen, so wäre zu überlegen, was an die Stelle dieses Buches zu setzen ist. Das berührt auch die Frage unseres Vertrages, denn das »Palästina«-Buch ist ja ein wesentlicher Teil unseres Abkommens.

Es hat mir sehr leid getan und ich glaube es als ein Zeichen, wie wenig Sie die unendlichen Schwierigkeiten übersehen, werten zu müssen, daß Sie kürzlich diesen Vertrag als für sich ungünstig bezeichneten. Ich möchte aber auf diese Frage nicht näher eingehen, da Sie vielleicht sich inzwischen die Situation mehr vergegenwärtigt und Ihre Meinung geändert haben.

Ich würde mich freuen, bald von Ihnen eine Antwort auf diesen Brief zu bekommen.

Mit besten Grüßen

Ihr
Landshoff

PS. Inliegend finden Sie Scheck über Pal. £ 162.315; das ist der Gegenwert von hfl 1.457,68 – Ihr Anteil an der Zahlung der Viking Press (insgesamt erhielten wir einen

Scheck über $ 900.– gleich hfl 1.619,65 abzgl. unsere Provision hfl. 161.97 gleich hfl 1.457,68).
Scheck Nr. 70741 auf die Holland Bank Union, Haifa, von der Incasso Bank, Amsterdam.

67 Landshoff an Arnold Zweig

Amsterdam, den 18. Juli 1938

Lieber Herr Zweig!
Unmittelbar nach Eintreffen Ihrer Briefe vom 3. und 4. ds. (sie kamen verspätet hier an) mußte ich drei Tage unterwegs sein, so daß ich Ihnen erst heute ausführlich antworten kann.

Ich freue mich, Ihnen mitteilen zu können, daß morgen endlich »Versunkene Tage« erscheint; ein broschiertes Exemplar geht bereits heute an Sie ab, ein zweites (gebundenes Ex.) an Feuchtwanger; das Exemplar für Freud halte ich noch zurück, bis die von Ihnen angekündigten Zeilen hier eingetroffen sind.

Daß gerade zu diesem Zeitpunkt ein so beschauliches Buch herauskommt, scheint mir sehr sinnvoll.

Seit dem Erscheinen Ihres letzten Buches hat sich ja nun der Kreis von Menschen, an den sich ein Buch wendet, erneut sehr verkleinert. Es zeigt sich immer deutlicher, wie richtig meine bereits vor Monaten geäußerten Befürchtungen waren. Um so wichtiger wird der Versuch, den wir in Amerika machen. Die deutsche Originalausgabe bleibt doch nun einmal für einen deutschen Autor die wichtigste. Übrigens ist es ja interessant, daß selbst bei im Ausland erfolgreichen Autoren auch der materielle Ertrag der deutschen Ausgabe größer ist als der irgendeiner anderen europäischen Ausgabe incl. der englischen. Ich glaube, daß das Beachtung und Anerkennung verdient. Dabei ist es uns gelungen, trotz der unsinnigen Verhältnisse, in denen wir oft genug enorme Abgaben machen müssen, nur um die durch Clearing und Devisenbestimmungen festgefahrenen Gelder überhaupt freizubekommen, den Tantiemesatz auf einer durchaus anständigen Höhe zu halten. Wenn ich nun für die Erschließung eines neuen Absatzgebietes in

Amerika erstmalig – entsprechend den englischen Usancen bei den Kolonialausgaben – um ein größeres Entgegenkommen bitten muß, so hoffe ich, auch Ihr Verständnis zu gewinnen.

Wenn Sie schreiben: »5 % vom gebundenen Buch ist ein guter Ausdruck für die Situation des deutschen Schriftstellers heute«, so möchte ich diesen Satz doch dahingehend korrigieren, daß Sie für fast die gesamte Auflage 15 % vom verkauften Ex. erhalten und wir nur auf einem Markt, der bisher von niemandem erfaßt wurde und an dessen Erfaßbarkeit übrigens Leute wie Huebsch usw. keineswegs glauben, diese Ausnahmeregelung vorschlagen.

Glauben Sie mir, lieber Herr Zweig: es stehen nicht auf der einen Seite Verlage, die ihre »großen Betriebe« erhalten und zudem sich reich verdienen wollen, und auf der anderen Seite Autoren, die diese Verlage möglichst stark »ausbeuten«; es ist vielmehr ein gemeinsamer Kampf von Autoren und Verlagen für die Erhaltung des deutschen Buches unter Umständen, unter denen manch anderer längst die Waffen gestreckt hätte.

Nochmals: es handelt sich bei dieser amerikanischen Ausgabe um eine zusätzliche Ausgabe. Erscheint das Buch nicht in der ALLIANCE BOOK CORPORATION, LONGMANS, GREEN & CO., so werden, wie bisher stets, von unseren gewöhnlichen Ausgaben 25–50 Ex. nach Amerika verkauft werden. Der Tantiemegewinn, den Sie haben, ist also ein paar Gulden. Lassen wir die »Versunkenen Tage« im amerikanischen Verlag mit erscheinen, so ist immerhin die Chance gegeben, daß ein paar hundert, vielleicht gar tausend oder mehr Ex. verkauft werden. Wir können aber bei diesem ersten Versuch keinem der Autoren bessere Bedingungen zustehen; es sei denn, daß wir auf die in Amerika absolut notwendige Reklame verzichten. Ich bin weit davon entfernt, Sie zu etwas bestimmen zu wollen, was Sie selbst nicht voll billigen. Hoffentlich aber gelingt es mir, Sie zu überzeugen, daß es richtig ist, meinem Vorschlag zuzustimmen.

Nicht zum ersten Mal schreiben Sie mir, daß es Ihre Absicht ist, in Zukunft einen großen Teil Ihrer Arbeitskraft dem Film zu widmen. Ich würde über diese Frage lieber mit Ihnen sprechen als korrespondieren. Da ich aber nicht übersehe, wann wir uns treffen, glaube ich, Ihnen, nachdem ich mehr als 10 Jahre Ihr Verleger bin, meine Meinung nicht vorenthalten zu dürfen. Ich meine, daß mit GANZ wenigen Ausnahmen ein literarischer Autor vom Film bestenfalls eines haben kann: daß nämlich irgendein Buch von ihm zur Verfilmung gekauft wird (wie der »Grischa«). Darüber hinaus scheitert fast jede Zusammenarbeit zwischen Autor und Filmgesellschaft an der Verschiedenheit der Mentalität. Hunderte von Versuchen haben immer wieder bewiesen, daß es zwar gelegentlich einem Autor gelingt, bei einer der Filmgesellschaften auf einige Zeit einen guten Kontrakt zu bekommen, daß aber das praktische Ergebnis gleich Null ist. Bestenfalls geht der Autor mit einer etwas aufgefüllten Kasse, sonst aber verärgert, mit schlechteren Nerven und nach einer für seine eigene Produktion verlorenen Zeit vom Film fort. Wenn sich nun jemand in einer Notlage befindet, in der er materiell keinen anderen Ausweg sieht, so muß er vielleicht auch diesen Versuch machen. Vorläufig ist es jedoch für Sie noch immer möglich gewesen, in erster Linie aus den deutschen, amerikanischen und englischen Ausgaben ein einigermaßen befriedigendes Ergebnis zu erreichen, und zwar auch in Jahren, wo Ihre Arbeitskraft durch den miserablen Zustand Ihrer Augen zeitweise geschwächt war, Sie also naturgemäß langsamer arbeiten mußten, als es unter normalen Umständen möglich gewesen wäre.

Überlegen Sie also reiflich, bevor Sie Bindungen mit dem FILM eingehen; abgesehen davon, daß es nicht einmal ganz leicht ist, wirklich gute Verbindungen herzustellen. Sollten Sie sich doch von diesem Gedanken nicht trennen können, so will ich natürlich gern bei meinem nächsten Aufenthalt in New York und Hollywood, wenn Sie es wünschen, für Sie jede Verhandlung führen.

In der Frage des »Palästina«-BUCHES wollen wir Ihren Vorschlag acceptieren. *Sie liefern das Ms. am 15. August oder 1. September ab,* und wir lassen das Buch im JANUAR 39 erscheinen.

Ich muß täglich, wenn ich Berichte in den Zeitungen lese, Ihrer gedenken. Es muß sehr schwer sein, in dieser

Zeit dort auszuhalten – und gewiß ist es keine Kleinigkeit, unter solchen Umständen ein Buch über Palästina zu schreiben. Auf der anderen Seite ist doch das Thema so aktuell, und es gibt auf der Welt nicht viele Menschen, die so viel über Palästina wissen, und sicher niemanden, der das Gesehene und Erlebte so gestalten kann wie Sie.

Für heute muß ich schließen, um den Brief mit dem morgen früh abgehenden Flugzeug mitzugeben. Mit dem nächsten Flugzeug beantworte ich die Fragen, die mit diesem Brief noch offengeblieben sind.

Sehr herzlich grüßt Sie

Ihr
Landshoff

PS. SECKER AND WARBURG haben Ihnen inzwischen geschrieben; die Exemplare der engl. Ausgabe »Einsetzung« werden bereits in Ihren Händen sein. Hier ist nun auch der Scheck für die 2. Rate von SECKER: pal. £ 65.024 gleich fl 584.02. (Der Scheck von Secker & Warburg betrug £ 72.100 gleich hfl 648.91; hiervon geht unsere Provision mit hfl 64.89 ab, gleich hfl 584.02 zu Ihren Gunsten.)

Mit gleicher Post weise ich PALES an, Ihnen den Gegenwert von hfl. 150.– (Juli-Rate) zu übermitteln. Bitte bestätigen Sie uns den Erhalt.

Anlage: Scheck auf die Holland Bank Union, Haifa, von der Incasso Bank, Amsterdam, Nr. 72725, über pal. £ 65.024 Einschreiben!

Landshoff an Klaus Mann 68

Amsterdam, den 26. August 1938

Mein Lieber,
einiges sei kurz der Maschine anvertraut:
1. was Du über die 100 Gulden schreibst, macht mich ganz krank. Woher sollen sie denn nur kommen? Aus den Abrechnungen ist, wie Du siehst, nichts herausgekommen. Ich bin, wie nie vorher, verschuldet. Querido ist seit zwei Tagen wieder stundenweise im Verlag und muß nun allmählich über all die großen Veränderungen unterrichtet

werden, die in den 4 Monaten seiner Abwesenheit vor sich gegangen sind. Weder von den amerikanischen noch von den gemeinsamen Aktionen mit Bermann und de Lange noch von der BILLIGEN Reihe noch von sonst irgend etwas wußte er das Geringste. Du kannst Dir vorstellen, welche Schwierigkeiten das nun wieder macht. In Geldsachen ist es praktisch unmöglich, im Augenblick auch nur einen Cent »außerhalb des Etats« herauszubekommen. Es ist zum ersten Mal, daß ich eine Bitte von Dir in dieser Richtung nicht sofort erfüllen kann. Es herrscht sogar einige Unruhe über die fl 1000.–, die vor Jahr und Tag für den Roman gegeben sind, mit dem Du ja wirklich erheblich im Verzuge bist. Was soll ich nur tun?

2. Wie ein Hohn muß es Dir klingen, wenn ich Dich gleichzeitig darum bitte, einen kurzen Text für einen PROSPEKT zu machen, mit dem der FORUM-Verlag sich einführt. Der Prospekt soll aussagen, wie herrlich und zweckmäßig eine solche Serie ist, die es in anderen Sprachen längst gibt (»Tauchnitz«, »Albatross« usw.), die es aber in der deutschen bisher noch gar nicht gegeben hat.

Die erste Seite des Prospektes wird eine Wiedergabe des Umschlags sein; Dein Text ist für die zweite Seite gedacht; auf der dritten werden die Werke aufgeführt; die vierte ist ein Bestellzettel. Folgende Bände erscheinen zunächst:

Thomas Mann, »Tonio Kröger«, »Unordnung und frühes Leid«, »Tod in Venedig«, »Mario und der Zauberer«;
Franz Werfel, »Musa Dagh«, Doppelband;
Stefan Zweig, »Maria Stuart«;
Schnitzler, Novellen (»Flucht in die Finsternis«, »Spiel im Morgengrauen«, »Traumnovelle«);
Emil Ludwig, »Napoleon«;
Vicki Baum, »Helene Willfüer«;
Alfred Neumann, »Der Patriot und König Haber«;
Heinrich Mann, »Die kleine Stadt«;
Annette Kolb, »Das Exemplar«;
ein Band »Deutsche Romantiker«;
ein Band »Deutsche Musikerbriefe«;
Lion Feuchtwanger, »Jud Süß«;
René Schickele, »Witwe Boska«.

Im beratenden Comitée der Serie sind neben Deinem Vater STEFAN ZWEIG, WERFEL und SCHICKELE.

Für den Prospekt genügt eine dreiviertel bis eine Schreibmaschinenseite in Deinen schönen und WÜRDIGEN Worten, mit denen der Zweck einer solchen Serie, in der auch weiterhin, neben den modernen, Klassikerbände erscheinen sollen (im Frühjahr drei Bände: Heine, Büchner, Kleist), angezeigt wird. Ich wüßte niemanden, der so etwas schöner machen kann als Du.

Um Dich zu animieren, weise ich mit gleicher Post das SCHWEIZER Vereinssortiment an, Dir UNVERZÜGLICH sfrs 25.– zu überweisen, die ein schmaler, aber immerhin ein Entgelt für solche Mühe ist. LASS UNS DANN AUCH NICHT IM STICH UND SCHICKE UNS DAS DING MÖGLICHST NOCH MONTAG.

3. Wie steht es nun mit Deinen Reiseplänen? Die meinen sind noch ganz unsicher. Zwischen 10. und 15.9. soll und werde ich wohl bestimmt ein paar Tage in Zürich sein und vielleicht auf dem Hin- oder Rückweg nach Paris kommen. Im übrigen war die Rede davon, daß ich bereits in der letzten Septemberwoche in New York sein soll, was mir aber faktisch unmöglich erscheint. Immerhin werde ich aber im Oktober bestimmt? dort sein.

Ach, Klaus, ich kann mir nicht vorstellen, daß ich überhaupt je hier wieder fortkomme.

DEIN
F.

Hermann Kesten an Landshoff 69

Paris, 31. Oktober 1938

Lieber Landshoff,
wie geht es Ihnen? Hatten Sie und Fräulein Rini gute Überfahrt? Und New York? Und Ihre Verlage? Und Klaus Mann? Und die andern Freunde?

Ich hatte noch betrübte und groteske Tage in Amsterdam. Als ich abfahren wollte, konnte ich nicht, da mir Belgien kein Transit geben wollte. Ich hatte schon ein Billett für die »Statendam« genommen, um nach Boulogne etc., kurz, um »zu Schiff nach Frankreich« zu fahren, als ich endlich durch höchste Vermittlung ein Viertagevisum erhielt. Nun bin ich also im schönen Paris, wo die Emigranten betreten und gespenstisch wandeln, mitten in der neusten antisemitischen Bewegung Frankreichs (auch in der doulce France sind die Juden schuld, und die Ausländer!).

Ich habe Landauer gefragt, ob er nichts dagegen habe, daß ich eventuell (wenn es Ihnen möglich wäre!) mit Ihnen über die amerikanischen Rechte vom »Donauboot« abschlösse, und er riet mir ab, da er meinte, ein solcher Vertrag würde den englisch-amerikanischen Verkauf der »Kinder von Gernika« erschweren oder gar unmöglich machen und sei also illoyal gegen Allert de Lange.

Da ich das nicht sein will, kann ich also nicht einmal Ihr eventuelles Interesse für das »Donauboot« erbitten, wenigstens nicht für einen amerikanischen Vertrag.

Inzwischen hat Routledge in London, der ja schon vom »König Philipp der Zweite« die englischen und amerikanischen Rechte erworben hat und dieses Buch im späten Frühjahr 1939 herausbringen will, auch die englischen und amerikanischen Rechte von »Die Kinder von Gernika« gekauft, mit sechzig Pfund Vorschuß für die englischen Rechte, und Auszahlung von zwei Dritteln des zu erhaltenden amerikanischen Vorschusses. Er schrieb enthusiastisch (Landauer schickte mir den Brief von Routledge), hatte zuerst nur 35 £ geboten, wie für »Philipp«, weigerte sich aber, mehr als 60 £ zu zahlen. Ein billiger Enthusiasmus!

In Mährisch-Ostrau ist das Buch jetzt gedruckt, jetzt wird aber der lange Transport beginnen. Ob die »Kinder« bis zum Westen kommen werden? Und werden Sie im Januar noch hundert Stück für Ihren amerikanischen Verlag abnehmen?

Glauben Sie, daß es Sie und Routledge interessieren wird, daß Sie die amerikanische Ausgabe der »Kinder« bringen würden?

Haben Sie schon große Pläne? Und gefällt es Ihnen zum zweiten Mal in New York?

Mit herzlichsten Grüßen an Mademoiselle Rini und Sie

Ihr Kesten

Landshoff an Hermann Kesten 70

New York, Nov. 25, 1938

Lieber Herr Kesten:

Eben kommt Ihr Brief. Die Nachrichten über die Familie Ihrer Frau sind furchtbar; ich wage es nicht, dem Schicksal meiner Verwandten und Freunde nachzuforschen, da man ohnehin ganz ohnmächtig ist. Ich mache die größten Anstrengungen, um wenigstens Eva und den Kindern zu helfen; gerade heute habe ich günstigen Bericht bekommen, und *vielleicht* gelingt es mir, von Washington aus eine Intervention in Neapel zu erreichen, auf die hin das Visum sofort erteilt wird. Noch bin ich aber in großer berechtigter Sorge.

Die Alliance Book Corporation hat sich bereits vor 10 Tagen mit Routledge in Verbindung gesetzt wegen der Übersetzung der »Kinder von Gernika«. Heute schreibe ich nun auch wegen des »Philipp«. Wahrscheinlich wird selbst bei größter Hetze die Übersetzung der »Kinder« zum Frühjahr nicht fertig werden. Da wir großen Wert darauf legen, eines Ihrer Bücher bereits jetzt für das Frühjahr anzukündigen, würden wir uns vielleicht sofort für den »Philipp« entscheiden.

Sie schreiben nichts über Ihre weiteren Pläne. Werden Sie den Roman schreiben, von dem Sie mir in Amsterdam erzählten? Voraussichtlich werde ich am 5. Januar nach Europa reisen, und zwar möglicherweise über Paris. Werden Sie dort sein?

Herzlichst
Ihr
Landshoff

Landshoff an Hermann Kesten 71

New York, den 7. Dezember 1938

Lieber Kesten:

Dank für Ihren Brief und das Widmungsexemplar.

Ich habe das Buch zum zweiten Mal begonnen und bin noch mehr begeistert als bei der ersten Lektüre. Wir sind also fest entschlossen, das Buch sofort zu bringen – wahrscheinlich würden wir dann im Herbst »Philipp« folgen lassen.

Auf unseren Brief hin, den wir bereits vor Wochen an Routledge schrieben, teilt er uns mit, daß er das Buch einem anderen Verleger in Amerika angeboten hätte. Wir haben ihm nun noch einmal sehr dringend telegraphiert, daß wir das Buch unter allen Umständen annehmen wollen. Gleichzeitig haben wir an de Lange telegraphiert und ihn gebeten, Routledge auch in Ihrem Namen telegraphisch aufzufordern, die amerikanischen Rechte an uns zu geben. Zweifellos liegt es so, daß Routledge *irgend*einem amerikanischen Verlag Ihr Buch geschickt hat. Es werden Wochen vergehen, dann wird – wie so oft schon bei früheren Büchern – eine Ablehnung kommen, und dann wird es für uns zu spät sein, um im Frühjahr mit dem Buch herauszukommen. Da wir unbedingt bis Mitte Dezember die telegraphische Bestätigung in Händen haben müssen, daß die Rechte uns gehören, da wir nur dann das Erscheinen des Buches vorbereiten können, müßte also sofort eine Entscheidung fallen.

Unser Angebot für die amerikanischen Rechte ist $ 250.– Vorschuß a conto einer Tantieme von 7½ % für die ersten dreitausend Exemplare, 10 % für weitere fünftausend Exemplare; später 15 %. Diese Tantieme wird auf den Ladenpreis des gebundenen Exemplares bezahlt.

Ich fahre am 5. Januar nach Europa – schreiben Sie mir gleich.

Herzlichst

Ihr

F. L.

Ach, mein Lieber, warum muß man uns so SCHEUßLICH mitspielen? Die Septembertage waren ja erst ein Beginn – NIE NIE in unserm Leben wird es aufhören. Ich bin furchtbar niedergeschlagen.

Haben Sie Ihr Buch begonnen?

Bleiben Sie in Frankreich? Eva wird ja – hoffentlich – inzwischen in Paris eingetroffen sein. Am 12. Dez. wird sie Italien verlassen können.

Ihr

FL.

New York, den 23. Dezember 1938

Lieber Kesten:
Dank für Ihre beiden Briefe vom 13. und 16. Dezember.

Ihr Buch wird als erstes unserer amerikanischen Produktion im Februar, spätestens im März erscheinen. Routledge hat die Übersetzung für Mitte Januar zugesagt. Wir haben ihn gebeten, uns bereits vorher den Anfang zu schicken, damit wir beginnen können.

Ich werde mich bemühen, daß die Steuerangelegenheit zu Ihrem Vorteil erledigt wird. Ich spreche Routledge Mitte Januar. Ich werde mich bemühen, es so einzurichten, daß er seine Zustimmung zu einem direkten Abschluß mit Amsterdam gibt. Die Übersetzung kaufen wir ja ohnehin von ihm.

Der Plan, anti-faschistische Filme in Hollywood zu machen, ist daran gescheitert, daß die betreffenden Firmen in England nicht nur mit dem boycott dieser speziellen Filme, sondern ihrer ganzen Produktion bedroht worden sind.

Toller möchte eine Einleitung zu Ihrem Buch schreiben. Für Amerika bedeutet eine solche Einleitung keinen Gewinn. Ich möchte darauf verzichten. Stefan Zweig will ich um einen Text für eine Bauchbinde bitten. Ich werde ihn in den nächsten Tagen sehen.

Es bleibt dabei, daß ich am 4. oder 5. Januar hier fortfahre. Vor Amsterdam noch werde ich einige Tage in London sein. In Amsterdam muß ich mir mein französisches Visum besorgen. Zudem werde ich ja die ersten Tage in Amsterdam sehr besetzt sein, so daß ich sicherlich nicht vor Ende Januar in Paris sein werde.

Herzlichst *Ihr* F. L.

73 Landshoff an Hermann Kesten

New York, 15. Mai 1939

Lieber Kesten,
Wir schicken Ihnen einen Prospekt, der gleich nach Erscheinen Ihres Buches gemacht wurde und der gleichzeitig eine ganze Anzahl von Kritiken enthält. Wir haben das Buch auch in der »Times«, »Herald Tribune« etc. mit Kritiken angezeigt. Der literarische Erfolg ist sehr befriedigend – der Verkauf erschreckend klein. Es sind bis zum heutigen Tag *fest* noch nicht einmal 400 Exemplare verkauft worden.

Es kann Sie und uns wenig trösten, daß solche Absatzziffern augenblicklich in einer amerikanischen Verlagsbuchhandlung mehr als häufig sind.

Trotzdem erwägen wir, im Herbst oder Winter den »Philipp« erscheinen zu lassen; ich habe Routledge geschrieben und ihn gebeten, vor meiner Ankunft in London in der ersten Junihälfte ein Angebot für die Übernahme von 1 500 Exemplaren vorzubereiten.

Spätestens in der ersten Juni-Woche bin ich wieder in Amsterdam, und vorher erreichen Sie mich c/o Martin Secker & Warburg, 22 Essex Street, London W C 2.

Herzlichst Ihr
Fl.
Alliance Book Corporation

74 Landshoff an Klaus Mann

French line, à bord le [Île de France]
Dienstag nacht [6. Juni 1939]

Lieber,
die Trennung von Dir war schmerzhaft. Du bist mir wieder in einer trostlosen Zeit ein so guter Freund gewesen. Wieviel besser wäre es gewesen, wenn Du mit nach Europa gekommen wärst. Du hättest diesen »Einschnitt« vielleicht gebrauchen können. – Habe ich erst um jeden Preis von N. Y. fortgewollt – so graust mir jetzt vor dem Augenblick der Landung in Europa. Die Wochen seit der

Abreise scheinen mir Jahre, deren Erlebnis ich nicht verwischen kann.

Freitag [9. Juni 1939]: Klaus – was wirst Du tun? Bleib nicht zu lange in New York. Es kann keine gute Zeit für Dich sein. Geh nach dem Westen. Du wirst ein weniger beunruhigtes, gleichmäßigeres Leben dort haben und immerhin eine »reelle Chance«, daß sich doch etwas ergibt.

Die – übrigens sehr ruhige – Fahrt allein wäre für mich fürchterlich gewesen. ERI – was hätte ich überhaupt ohne sie in all den Wochen getan? Der Gedanke an die TRENNUNG – WIEDER – NACH DIESER ZEIT macht mir schwer zu schaffen. Vielleicht fügt es sich, daß man zunächst zusammenbleibt. Noch haben Deine Eltern – was SEHR begreiflicherweise allmählich recht zur Beunruhigung Deines Vaters beiträgt – keinen Bericht. Vielleicht landen sie in Plymouth (wo ich wider Willen mangels belgischem Durchreisevisum landen muß), um nach Schweden zu gehen (unwahrscheinlich), vielleicht gehen sie via Paris nach Noordwijk, von Eri begleitet. Dort würde ich dann auch zunächst sein. Vielleicht gehen sie doch in die Schweiz. Es ist alles ganz unsicher.

Inzwischen wirst Du längst den »Vulkan« haben. Jedenfalls werde ich mich sofort erkundigen, woran die Verzögerung der Absendung an Dich gelegen hat.

Ach – Klaus –, ich fürchte mich sehr vor Holland. Und wollte weg von N. Y. WOHIN?

Schreibe!

Deinem F.

Falls Du ihnen irgendwo begegnest: Lasures [?] sind in New York. Wenn Du sie siehst, sei NETT zu ihnen. Horch weiß ihre Adresse. Aber das geht wohl zu weit.
[?]
logischer. Er wohnt im selben Haus (Princeton [?])
Grüße Medi, wenn sie noch dort ist.
Kestens Brief lag bei Deinen Eltern auf dem Tisch.
Nur 1 Stunde Durchfahrt London.

75 Arnold Zweig an Landshoff

Haifa, 24. August 1939

Lieber Landshoff,
eben kam Ihr Brief vom 16., und ich beeile mich, ihn zu beantworten. Um mit dem Zukünftigen zuerst anzufangen: mein Gedächtnis ist jetzt so, daß ich vergessen hatte, Ihnen überhaupt schon vom »Beil von Wandsbek« gesprochen zu haben. Das wäre mir früher nicht passiert, denn Angelegenheiten zwischen Freunden, die sich auf die Arbeit beziehen, saßen vor dem Unfall unverrückbar in meinem Gedächtnis. Ja, ich bin fest entschlossen, nach gehöriger Anlaufzeit an dieses Buch zu gehen – nicht nur, weil es in dieser Epoche auf unterbewußte Bereitwilligkeit der Leserscharen treffen kann, sondern weil es mir ein drängendes Bedürfnis ist, in jene Welt Licht zu bringen, die von der Kruste des Nazismus zugedeckt wird. Ich habe hier auf dem Carmel bereits wieder glückliche Zufälle geerntet, Schulatlanten, voll von Hamburger Heimatkunde, Menschen, die aus jahrzehntelanger Erfahrung das Hamburger Gefängniswesen kennen, etc. Die Ausarbeitung der Fabel wird mehrere Monate brauchen, wie die Ausarbeitung des »Grischa«-Stückes, 1921, nur daß ich dieser Ausarbeitung täglich nur ein paar konzentrierte Minuten zu widmen brauche, in denen ich aufschreibe, was sich im Unterbewußten tags und nachts über sammelt und ordnet. Es stört mich daher gar nicht in den anderen Arbeiten, die ich vorhabe, und von denen das »Palästina«-Buch die vordringlichste ist.

Bleiben wir also bei »Bauplatz Palästina«. Ich hatte gewisse Einwände gegen das Wort »Bauplatz«, weil es in seiner hebräischen Übersetzung »Migrasch« eine große Rolle in den Tageserörterungen der Spekulanten in Palästina spielte. Aber darauf brauchen wir ja keine Rücksicht zu nehmen. Inzwischen bin ich zu der Überzeugung gekommen, daß ich meinen jetzigen Arbeitsfähigkeiten das Buch bis Mitte September nicht werde abringen können. Sie haben recht, lieber Landshoff, ich habe von meinem Unfall mehr verschwiegen als berichtet. Ich bin noch einige Monate nur halb zu rechnen. Zum Glück versteht sich Dr. Meyer-Brodnitz ausgezeichnet auf die Erholungstechnik, die ich brauche, und so hat sich mein Zustand dauernd verbessert, seit wir uns unter so unseligen Umständen in New York sahen. Schreiben Sie mir, bitte, wie es Ihnen mit Ihrer Leber- und Fischvergiftung weiterhin gegangen ist.

Ich beabsichtige, das Manuskript so anzulegen, daß ich nach dem Neudiktat desjenigen Teils, den ich »Die jüdische Strähne« nenne, die besten und wichtigsten Stücke der »Palästinaserie« ins Manuskript einschmelze. Ich möchte, daß von den wesentlichen Teilen des Problems und der Realität Palästinas ein würdiger Ausdruck in diesem Buche enthalten ist. Ich glaube, mich verbürgen zu können, daß Sie Mitte Oktober mit dem Satz beginnen können oder daß ich es bis dahin wenigstens zur Post gegeben habe. Es ist mir schmerzlich, lieber Landshoff, daß ich in diesem Herbst wiederum fehlen werde, wenn neue Bücher des Querido Verlags in den Fenstern liegen.

Die Schwierigkeiten, die der »Grischa«-Neudruck Ihnen macht, verstehe ich vollauf. Auch ich halte es für untunlich, zwei Bände daraus zu machen; andererseits begreife ich, daß ein Buch mit einem Sonderpreis schwerer verkäuflich ist, wenn es innerhalb einer genormten Serie erscheint. Wie groß würde die Preisdifferenz etwa werden? Und gäbe es irgendeinen Fonds, der imstande wäre, sie zu decken? Aber diese Frage ist müßig. An alle Fonds werden ununterbrochen dringlicher Anforderungen gestellt. Ja, wenn uns die Rüstungsindustrie das Geld zur Verfügung stellte!

Übrigens bin ich mit Stefan Zweig in einem sehr interessanten Briefwechsel über den Aufbau der »Forum«-Serie, der einen Teil der Vorwürfe entkräftet, mit denen ich Sie, lieber Landshoff, von Sanary aus bombardierte.

Einen Versuch des Waschzettels lege ich bei, da Sie ja für den Frühlingskatalog möglicherweise schon jetzt ein paar Grundlinien brauchen können. In unsern schwierigen Tagen nach dem russischen Gegenschachzug zu Chamberlains Politik grüße ich Sie herzlich, manchen Überraschungen entgegensehend,

Ihr [Arnold Zweig]

29. Aug. 39

P. S.
Die Entwickelung der letzten Tage, lieber Landshoff, haben Sie ja selbst viel dichter erlebt als ich, trotz des Radios. So hörten wir z. B. die Rede nicht, die Königin Wilhelmina gestern nacht gehalten hat, weil unser Apparat noch keine Antenne hat. Ich leugne nicht, daß mich die unmittelbare Nähe des Krieges sehr beeindruckt und die Fertigstellung des Manuskripts um einige Wochen verschieben wird, da ich nicht zur Konzentration, d. h. zur endgültigen Füllung der Lücken im Material, gekommen bin oder kommen werde. Auf eine weitere Quelle der Verzögerung im Abliefern des Manuskripts muß ich Sie auch gleich aufmerksam machen. Wie überall, wird auch in Palästina Zensur eingeführt, und obwohl mein Manuskript mit keiner Zeile die Interessen des Landes bedrohen wird, kann möglicherweise die Prüfung eines deutschsprachigen Manuskripts lange Zeit in Anspruch nehmen. Sie können sich ja denken, daß ich alles tun werde, um diese Schwierigkeit zu verringern, und ich glaube, daß mir die Behörde dabei entgegenkommen wird. Gleichwohl wollte ich Sie auf die Schwierigkeit aufmerksam machen, die durch den Umbruch der Verhältnisse entstehen kann oder schon entstanden ist. Dabei verhehle ich Ihnen nicht, daß ich auch heute davon überzeugt bin, daß Hitler blufft und daß er zurückweichen wird, wenn man es ihm erlaubt. Nur darf er keine, wie immer geartete Belohnung dafür bekommen, daß er gnädig darauf verzichtet, in seinen eigenen Untergang zu stürzen.

76 Arnold Zweig an Landshoff

Haifa, 10. September 1939

My dear Landshoff,
I write you in English to spare delay for the censor who, as you may realize, has now to take care of all our written materials. This is why I write you today. I think it will be utmost difficult to send you the manuscript of our intended book on Palestine. Two hundred pages written in German

dealing with all problems of the country in the last ten years may give to the censor a stuff with which he will have to do for a long time, according to the tasks which otherwise arise. There are many people in the country who cannot write in another language than German. Now, dear Landshoff, I am sure that, after all, I did not write any line which would not be approved by censorship. But if the book cannot appear in next spring I fear it will be antiquated, obsolete perhaps. Who may be interested in my impressions and ideas about Palestine when this war is changing all conditions in Europe which involves a change of all conditions in the mentality of Palestinian Jewry? You are acquainted with the manuscript as it was in spring. Please try to realize whether my care is exaggerated.

You will tell me: well, Mr. Zweig, but you already got the fee for the book. As people are greedy to read in a war it would be a loss not to have a book of mine on the market in early spring. I therefore propose you another project the preference of which may be described shortly. As people at length are disposed to make a difference between the real Germany and the Nazi one, my proposal may be carefully thought over. And as the greater part of the materials to be united in the new book has been printed already and may be found in Amsterdam without difficulty, only the smaller part of the book has to undergo censorship.

The book should be named »Descent« (»Der Abstieg«) and should contain four or five long short stories giving the essence of epochs of German civilization during the last twenty five years. On the envelope steps of a stair-case could be drawn bearing the years 1908, 1914, 1917, 1925, 1933 or 1934, and, perhaps 1938. Every year should be represented by a long short story of mine. 1908 by »Versunkene Tage«, 1914 by »Die Bestie«, 1917 by »Helbret Friedebringer«, 1925 by »Pont und Anna«, 1934 by »Abreise«, and 1938 by »Aufzeichnungen über eine Familie Klopfer«. Of these stories two would remain unchanged: »Versunkene Tage« and »Pont und Anna«. »Helbret Friedebringer« would have to be revised sligthly. The short story »Abreise« would to have been transposed into the year after the Rassenschande-craziness which would give to this story greater necessity and much better foundations than it has in its present shape. (This work has already been begun.) The 1914 story, »Die Bestie«, once printed in the »Weltbühne« of that year, and my war stories would be the only manuscript which in full had to pass censorship; if you trust Feuchtwangers judgement, »Die Bestie« is one of my best short stories. As to the last part I would adont [adapt?] »Aufzeichnungen über eine Familie Klopfer« so that it could contain the fates of Jews under the Nazi persecution including the pogrom of November. For this adaption preparations are made. I think, dear Landshoff, this proposal gives the basis for negotiations between you and myself and I could imagine that this volume would sell well regarding the time being. If it would be too thick for a Forum volume of 25 sheets we could arrange it otherwise. Instead of »Versunkene Tage« I could chose »Benarone« with its contrast between the Jewish and the Non-Jewish schoolfellow. And perhaps »Helbret Friedebringer« could be omitted.

And now, dear Landshoff, »Grischa« has got a new actuality and should not be missed on the market of today. I had never believed this pact could arise within our generation when Germany had paid so dear for its experiences with warfare against the world. All my war novels should be propagated now not only on account of their value but for actuality and prophetic character. I hope you are laughing with myself and not at myself. Do you know, by the way, when and how our friend Huebsch returned to America? I think he is too clever to have chosen for his return the unfortunate Athenia. And what about the Mann family? Mrs. Ruth Toby-Nußbaum to whom you spoke some weeks ago is now caught in Berlin and I must wait with her sister in Tel-Aviv till the peace-bells are inviting us to see Hitler beheaded before the Brandenburger Tor. Our life here is absolutely normal and the troubles or riots have fully ceased, foreign resources having disappeared.

Whith my best wishes to all your house, I am, as always,

Yours,

[Arnold Zweig]

Mein lieber Landshoff,
ich schreibe Ihnen in Englisch, um einen Verzug durch den Zensor zu ersparen, der, wie Sie sich vorstellen können, nun auf all unser Geschriebenes achtgeben muß. Dies ist es, warum ich Ihnen heute schreibe. Ich denke, es wird äußerst schwierig sein, Ihnen das Manuskript unseres beabsichtigten »Palästina«-Buches zu schicken. Zweihundert Seiten, geschrieben in Deutsch, die sich mit all den Problemen des Landes während der letzten zehn Jahre befassen, können dem Zensor Stoff liefern, mit dem er eine lange Zeit zu tun haben wird, entsprechend den Aufgaben, die sonst entstehen. Es gibt viele Leute im Lande, die in keiner anderen Sprache als Deutsch schreiben können. Nun, lieber Landshoff, ich bin sicher, daß ich letztlich keine einzige Zeile geschrieben habe, die nicht von der Zensur gebilligt würde. Aber wenn das Buch nicht im nächsten Frühjahr erscheinen kann, wird es, fürchte ich, antiquiert sein, überholt vielleicht. Wer könnte noch interessiert sein an meinen Impressionen und Gedanken zu Palästina, wenn dieser Krieg alle Bedingungen in Europa verändert, was eine Veränderung aller Bedingungen in der Denkweise des palästinensischen Judentums einschließt? Sie kennen das Manuskript, wie es im Frühjahr war. Bitte versuchen Sie sich zu vergegenwärtigen, ob meine Sorge übertrieben ist.

Sie werden mir sagen: Ja, Herr Zweig, aber Sie erhielten bereits Honorar für das Buch. Da Menschen begierig sind, im Krieg zu lesen, würde es schade sein, kein Buch von mir im zeitigen Frühjahr auf dem Markt zu haben. Deshalb schlage ich Ihnen ein anderes Projekt vor, dessen Vorzug hier kurz beschrieben werden soll. Da die Menschen endlich geneigt sind, einen Unterschied zu machen zwischen dem wirklichen Deutschland und Nazi-Deutschland, kann man über meinen Vorschlag sorgfältig nachdenken. Und da der größere Teil des Materials, das in dem neuen Buch vereinigt werden soll, bereits gedruckt gewesen ist und in Amsterdam ohne Schwierigkeiten gefunden werden kann, muß nur der kleinere Teil sich der Zensur unterziehen.

Das Buch sollte heißen »Descent« (»Der Abstieg«) und sollte vier oder fünf lange Novellen enthalten, die das Wesen der Epoche der deutschen Kultur während der letzten 25 Jahre wiedergeben. Auf dem Umschlag könnten Stufen einer Treppe abgebildet werden, die die Jahre 1908, 1914, 1917, 1925, 1933 oder 1934 und, vielleicht, 1938 darstellen. Jedes Jahr sollte repräsentiert sein durch eine lange Novelle von mir. 1908 durch »Versunkene Tage«, 1914 durch »Die Bestie«, 1917 durch »Helbret Friedebringer«, 1925 durch »Pont und Anna«, 1934 durch »Abreise« und 1938 durch »Aufzeichnungen über eine Familie Klopfer«. Zwei dieser Geschichten würden unverändert bleiben: »Versunkene Tage« und »Pont und Anna«. »Helbret Friedebringer« müßte leicht überarbeitet werden. Die Novelle »Abreise« müßte in das Jahr nach dem Rassenschande-Irrsinn transponiert werden, was dieser Geschichte größere Notwendigkeit geben würde und eine viel bessere Grundlage, als sie in ihrer gegenwärtigen Gestalt hat (diese Arbeit ist bereits begonnen worden). Die 1914-Geschichte, »Die Bestie«, damals in der Weltbühne jenes Jahres gedruckt, und meine Kriegsgeschichten würden das einzige Manuskript sein, das vollständig durch die Zensur gehen müßte; wenn Sie Feuchtwangers Urteil vertrauen, ist »Die Bestie« eine meiner besten Novellen. Was den letzten Teil betrifft, würde ich die »Aufzeichnungen über eine Familie Klopfer« bearbeiten, so daß er die Schicksale von Juden während der Naziverfolgung einschließlich des Novemberpogroms enthalten könnte. Für diese Bearbeitung sind die Vorbereitungen getroffen. Ich denke, lieber Landshoff, dieser Vorschlag ist die Basis für Verhandlungen zwischen Ihnen und mir, und ich könnte mir vorstellen, daß dieser Band sich gut verkaufen würde, wenn man die gegenwärtige Zeit bedenkt. Wenn er für ein »Forum«-Buch zu dick mit 25 Bogen sein sollte, könnten wir ihn anders zusammenstellen. Anstelle von »Versunkene Tage« könnte ich »Benarone« wählen mit seinem Gegensatz zwischen dem jüdischen und nichtjüdischen Schulfreund. Und »Helbret Friedebringer« könnte eventuell weggelassen werden.

Und nun, lieber Landshoff, »Grischa« hat eine neue Aktualität erhalten und sollte auf dem heutigen Markt nicht fehlen. Ich hätte niemals geglaubt, daß dieser Pakt innerhalb unserer Generation entstehen könnte, nachdem Deutschland so teuer für seine Erfahrungen mit der Kriegführung gegen die Welt bezahlt hat. Alle meine Kriegsromane sollten nun nicht nur in Anbetracht ihres Wertes, sondern wegen ihrer Aktualität und ihres prophetischen Charakters propagiert werden. Ich hoffe, Sie lachen mit mir und nicht über mich. Wissen Sie zufällig, wann und wie unser Freund Huebsch eigentlich nach Amerika zurückgekehrt ist? Ich denke, er ist zu schlau, für seine Rückreise die unglückliche »Athenia« gewählt zu haben. Und wie geht es der Familie Mann? Frau Ruth Toby-Nußbaum, die Sie vor ein paar Wochen sprachen, kommt jetzt nicht aus Berlin heraus, und ich muß mit ihrer Schwester in Tel-Aviv warten, bis die Friedensglocken uns einladen, Hitler enthauptet vor dem Brandenburger Tor zu sehen. Unser Leben hier ist vollkommen normal, und die Unruhen bzw. Krawalle haben völlig aufgehört, nachdem ausländische Hilfsquellen verschwunden sind.

Mit meinen besten Wünschen für Ihr ganzes Haus bin ich wie stets

Ihr
Arnold Zweig

77 Landshoff an Arnold Zweig

Amsterdam, den 24. Oktober 1939

Lieber Herr Zweig,
Ihre Briefe vom 10. und 29. September trafen gleichzeitig mit reichlicher Verspätung ein. Inzwischen haben sich ja aber die Postverhältnisse wesentlich gebessert.

Ich freue mich zu hören, daß es Ihnen einigermaßen geht. Sowohl Manns wie Huebsch sind Anfang September nach Amerika gefahren und gut angekommen.

Sie erkundigen sich nach unseren Verrechnungen mit Ungarn. Leider ist die Situation so, daß die Druckrechnungen, die wir dort nolens volens machen, noch immer weit unter den Forderungen liegen, die wir an den ungarischen Buchhandel haben, so daß wir selbst noch mit erheblichen Rückständen zu tun haben.

Sie fragen nach dem Absatz Ihrer Bücher. Leider muß ich Ihnen mitteilen, daß die Entwicklung der letzten Monate sich katastrophal ausgewirkt hat. Ganze Ländergruppen, die als Abnehmer für uns wichtig waren, sind entweder ganz ausgefallen oder aber so sehr gefährdet, daß eine Belieferung nicht mehr in Frage kommt. Darüber hinaus ist es ungewiß, wieweit es möglich sein wird, den Transport der Bücher, der sich schon jetzt erheblich verteuert hat, ungefährdet in diejenigen Länder fortzusetzen, die überhaupt noch offen sind. – So ist die Bewegung bei all Ihren Büchern in diesem Jahre »rückläufig«, d. h., die Anzahl der aus Jugoslavien, Rumänien, Tschechoslovakei, Polen usw. retournierten Exemplare hat bei weitem (oft in sehr erheblichem Maße) den Absatz der mit Ihnen bereits abgerechneten Ex. überschritten.

Ihrem Wunsch entsprechend, füge ich eine Liste bei, die eine Übersicht über den Gesamtabsatz all Ihrer Bücher, die bei uns erschienen sind, gibt. Allerdings muß ich Sie darauf aufmerksam machen, daß ständig weitere Remittenden eintreffen, während Bestellungen augenblicklich ganz ausbleiben.

Trotz dieser Situation hat der Verlag beschlossen, seine Produktion, solange die Umstände es nur irgend zulassen, bestimmt fortzusetzen. Zunächst allerdings werden nur die Bücher fertiggestellt, die bereits in Satz waren. Die Erfahrungen, die wir mit diesen Publikationen machen, werden uns dann zeigen, in welchem Umfang weiter publiziert werden kann.

In der Tat bedauern wir es außerordentlich, daß das »Palästina«-Manuskript uns nicht zur Verfügung steht. Sie wissen, daß ich von Anfang an sehr an die Aussichten dieses Buches geglaubt habe. Hinzu kommt, daß durch die Entwicklung Bücher dieser Art sehr in den Vordergrund des Interesses gekommen sind, wie denn die wenigen Bücher, die überhaupt noch gekauft werden, fast ausschließlich mehr oder minder »politische« Bücher sind. Ihr Vorschlag, das »Palästina«-Buch durch eine SAMMLUNG VON GRÖSSEREN ERZÄHLUNGEN zu ersetzen, scheint uns im Augenblick nicht realisierbar. Ein solcher »Omnibus« müßte zu einem Preis und in einer Auflage erscheinen, die die gegenwärtige Zeit nicht zuläßt.

Sie werden sich erinnern, daß unser Vertrag über »Versunkene Tage« und »Palästina«-Buch eine Ablieferung des »Palästina«-Buches für den Sommer 1938 vorsah. Der Verlag hat – obgleich der Vertrag ja noch vor Österreich und der Tschechoslovakei geschlossen war, trotz der so veränderten Zeiten und der »höheren Gewalt«, die sich mehr als einmal bemerkbar gemacht hatte – geduldig gewartet, besonders auch, nachdem Sie Ende 38 einen schweren Unfall hatten. Nachdem jedoch der Ablieferungstermin nunmehr um weit mehr als 1 Jahr überschritten und eine Ablieferung für die nächste Zeit überhaupt unmöglich ist, der Verlag andrerseits von katastrophalen Verlusten heimgesucht ist, möchten wir an Sie mit der Bitte herantreten, den Vertrag über das »Palästina«-Buch, den Sie durch die Umstände nicht innehalten konnten, auch tatsächlich – nämlich durch Rückzahlung des für dieses Buch vom Verlag vor Jahr und Tag schon geleisteten Vorschusses – zu lösen. Obgleich, als wir s. Zt. den Vertrag über »Versunkene Tage« und »Palästina«-Buch machten, das »Palästina«-Buch als aussichtsreicherer Teil des Vertrages angesehen wurde, möchten wir aus Gründen der Billigkeit den Betrag von 1800 Gulden in der Weise aufteilen, daß 900 Gulden für »Versunkene Tage« und 900 Gulden für das »Palästina«-Buch zur Verrechnung kommen. Es bleibt dann auf den »Versunkenen Tagen« noch ein Vorschuß von ca. hfl 450.– stehen (ebenso, wie ja auch auf die meisten übrigen Bücher Debetsalden stehen, z. B. »Erziehung« – »Bilanz«).

Ich bin überzeugt davon, daß Sie mit uns übereinstimmen werden, daß unter den gegenwärtigen Umständen eine solche Abwicklung billig ist.

Herzlichst

Ihr

Landshoff

Amsterdam, den 24. Oktober 1939

Mein Lieber,
es wäre eine Schande, daß ich Dir so lange nicht geschrieben habe, wenn ich mich nicht von Boot zu Boot mit der Frage beschäftigt hätte, nach New York zu reisen, und also aus diesem Grunde es für überflüssig hielt, zu schreiben. Die Erfahrung hat jedoch gelehrt, daß ich nicht fahre; also nehme ich die Korrespondenz wieder auf. Zunächst eine geschäftliche Mitteilung:

Der »Vulkan« hat in Holland sehr gute Presse gehabt, und ein hiesiger Verlag erwägt, eine holländische Ausgabe zu machen, für die er ein anständiges Honorar zahlt. Diese Ausgabe käme jedoch NUR in Frage, wenn das Buch SEHR ERHEBLICH gekürzt würde. Könntest Du mitleidslos und aus reiner Geldgier ein Exemplar so zusammenstreichen, daß etwa 150–200 Seiten ausfallen? Dasselbe Experiment wurde kürzlich mit der »Manja« von REINER gemacht, mit dem Erfolg, daß ich die holländischen Rechte für 500 Gulden verkaufen konnte. – Allerdings wäre es wichtig, daß Du Dich schnell entscheiden würdest.

Die Umstände bringen es mit sich, daß der Verkauf der deutschen Ausgaben einigermaßen schwierig ist.

Soweit benötigte ich den Durchschlag für den Verlag.

Ach – mein Lieber, sehr Lieber –, wie oft in den Jahren seit 1933 haben wir uns diesen Augenblick vorgestellt. Und wie anders – wie problematisch (weit über alle Befürchtungen hinaus) sieht er nun aus. Ich bin überzeugt, daß die Nähe, aus der man hier die Ereignisse mitmacht, gleichzeitig Vor- und Nachteile hat – jedenfalls der Aspekt ein sehr anderer von hier als von drüben ist.

Die ersten Zeilen des Briefes sind eine Woche vor den späteren geschrieben. Inzwischen habe ich mich nun doch entschlossen, im Lauf des Novembers auf ein paar Wochen herüberzukommen, um meine Angelegenheiten zu regeln. Wie Du wohl gehört und gesehen hast, haben sich meine der Alliance *aufgedrungenen* Advise (Rauschning, Souvarine) nicht übel bewährt. Es wäre zu wahnsinnig, wenn ich all das schießen lassen würde. Der Entschluß zu der Reise war aus vielen Gründen schwer – zumal ich DURCHAUS auf KEINE Weise das VIELE Geld zusammenbringen konnte, das diese elende Überfahrt jetzt kostet (50% mehr als früher – noch dazu auf Jammerbooten). *Heute scheine* ich alles so weit geregelt zu haben, daß ich – sofern bis dahin Dampfer gehen und mein Visum nicht (da Vorkriegsvisum) ungültig erklärt wird – am *17.* mit der »Rotterdam« abfahre. Die Ankunft (wenn je stattfindend) wird schwierig, weil natürlich »Visitors« mit so miesen Pässen ungern ans Land gelassen werden. Wenn es aber Deine Zeit *irgend* erlaubt, hole mich bitte ab oder setze Dich mit Igersheimer, 231 West, 96. Street, in Verbindung, der es auch tun wollte. Vor allem aber wäre es gut, wenn ich *vor* der Ankunft ein Radiotelegramm von Deinem Vater (unterzeichnet Thomas Mann) bekommen könnte zur »Begrüßung«, damit ich mich »ausweisen« kann. *Bei* der Ankunft werden die Telegramme oft verschlampt – also besser *vorher.* Ich telegraphiere Dir am Tage meiner Abreise. An Deinem GEBURTSTAG werde ich also vermutlich auf dem Kanal sitzen und Deiner bestimmt gedenken.

Mein Lieber – ich freue mich grenzenlos auf Dich – auf Euch.

Grüße! Dein F.

Eben höre ich, daß die »Rotterdam« vielleicht *nicht* fährt. Bis dahin fährt ohnehin kein Schiff. Ich müßte dann auf die »Statendam« warten, die am 24. fahren *soll.* Ich telegraphiere also bestimmt am Tage der Abreise das Boot.

79 Landshoff an Arnold Zweig

Amsterdam, den 15. November 1939

Lieber Herr Zweig,
herzlichen Dank für Ihren soeben eintreffenden Brief vom 3. ds. Ich teile Ihre Meinung durchaus: dieser Krieg wird über kurz oder lang das große deutsche Gebiet für die deutschen Publikationen wieder eröffnen. Bis dahin ist es aber ein langer und dornenvoller Weg, und es ist reichlich

unsicher, wer von uns allen ihn überstehen wird. Das gilt nicht nur für die Menschen, sondern auch für die Bücher. Ein Teil der Vorräte ist durch Beschlagnahme in den verschiedenen Ländern vernichtet. Zehntausende von Gulden hat der Verlag in Österreich, in der Tschechoslovakei, Polen usw. usw. verloren – ganz abgesehen von den wahnsinnigen Kosten, die die durch die Umstände erforderlichen dauernden Umdispositionen der Vorräte verursachen. Daß trotz alledem die Produktion kontinuierlich fortgesetzt wird, wird sicherlich auch von Ihnen anerkannt werden.

Im Sinne dieser Kontinuierlichkeit akzeptieren wir denn auch sofort Ihren Vorschlag, das »Palästina«-Buch im FRÜHJAHR herauszubringen. Trotz der katastrophalen Verschlechterung der Situation soll also unser Kontrakt aufrechterhalten bleiben – unter der Voraussetzung, daß das MANUSKRIPT IM LAUFE DES JANUAR 1940 bei uns eintrifft, so daß wir wirklich in die Lage gesetzt werden, das Buch im FRÜHJAHR 1940 ERSCHEINEN ZU LASSEN. – Wir bitten Sie, das Manuskript so abzugeben, daß die verantwortliche und sorgfältige Korrektur hier gelesen werden kann, damit die monatelangen Verzögerungen, die sich aus einem Hin- und Hersenden der Korrekturen ergeben könnten, vermieden werden.

Sofort nach Eintreffen des Manuskriptes werden etwaige Guthaben von Ihnen an Sie ausgezahlt. Bisher handelt es sich nur um einen Betrag von ca. fl 90.–. Nachdem das Manuskript 1 1/2 Jahr überfällig ist, werden gewiß auch Sie diese Lösung loyal finden. Bitte schicken Sie uns den neuen WASCHZETTEL so schnell wie möglich. Auch die TITELFRAGE sollte schnell gelöst werden. Mir schiene

»PALÄSTINA
1933–1940«

nicht schlecht.

Der holländische Verlag hat die Vorräte, die er aus der ersten Auflage »De Vriendt« noch hatte, in der »Salamander«-Serie aufgebunden. Ein Exemplar geht Ihnen mit gleicher Post als Beleg zu.

In der Tat hat GOLO MANN die Redaktion von »Maß und Wert« übernommen. Das erste Heft unter seiner Redaktion muß in diesen Tagen erscheinen.

LANDAUER hat Ihren Brief sehr verspätet – erst dieser Tage – erhalten und beantwortet ihn sogleich.

Meine letzte unglückselige New Yorker Reise, bei der ich durch meine Erkrankung gezwungen war, alles stehen- und liegenzulassen, werde ich jetzt durch einen vierwöchentlichen Aufenthalt ergänzen, während dessen Sie mich c/o THOMAS MANN, Princeton/New Yersey, 65 Stockton Street, erreichen. Am 1. Januar bin ich jedoch wieder in Amsterdam.

Alles Gute für Sie und die Ihren
Ihr
Landshoff

80 Landshoff an Hermann Kesten

Amsterdam, den 15. November 1939

Lieber Freund,
Dank für den Brief vom 8. ds., der sehr schnell ankam. Hoffentlich sind Sie bereits im Besitz des Geldes, das per Postanweisung an Sie abging. Seien Sie versichert, daß auch wir einen guten Grund hatten, es dieses Mal nicht per Brief zu schicken; ich hoffe, daß sich unsere Erwägungen als richtig erwiesen haben.

Bitte teilen Sie ANNETTE KOLB mit, daß sowohl FRANZ BLEI wie SCHICKELE je ffrs 2000.– erhalten haben.

Endlich habe ich meine Sachen so weit regeln können, daß ich mit der voraussichtlich Anfang nächster Woche fahrenden ROTTERDAM auf 4 Wochen nach New York fahren werde. Dort will ich die mit der ABC im Zusammenhang stehenden Fragen klären – selbstverständlich auch die der amerikanischen Ausgabe des »Philipp«.

Wenn Sie das Buch in absehbarer Zeit vollenden können, scheint mir noch immer der Flüchtlingsroman, den Sie doch bereits zu einem Teil geschrieben haben, der beste Plan. Bitte lassen Sie mich gleich wissen, zu welchem Zeitpunkt Sie mit der Vollendung des Buches rechnen.

Schreiben Sie mir p. A. Thomas Mann, Princeton/New Yersey, USA, 65 Stockton street.

Welche Bedenken haben Sie, der Einladung Ihres schwedischen Verlegers zu folgen?

Mit besten Grüßen

Ihr Landshoff

Manns haben sich rührend freundschaftlich gezeigt. Sie haben mir die Mittel für diese Reise, die zur Regelung der ABC-Angelegenheit unerläßlich war, ohne daß ich sie gebeten hätte, zur Verfügung gestellt. Ich bleibe nur so lange, bis ich die schwebenden Dinge erledigt habe, und bin am 1. Januar sicher wieder hier. Schreiben Sie mir also *schnell* per Luftpost nach Princeton. Wenn ich weiß, wann Ihr Buch vorliegen wird, kann ich *vielleicht* Vertrag mitbringen. Bitte schicken Sie eine kurze Inhaltsangabe mit, möglichst auch – in gesondertem Umschlag – ein oder zwei Kapitel.

Landshoff an Hermann Kesten 81

Amsterdam, den 21. November 1939

Lieber Kesten,
sehr herzlichen Dank für Ihren Brief vom 14. ds. Wie ich Ihnen schon vor kurzer Zeit schrieb, fahre ich dieser Tage für einige Wochen nach New York. Aus vielen Gründen kann ich mich nur schwer zu dieser Reise entschließen.

Es tut mir leid, daß Sie die Geldsendung noch nicht erhalten haben. Da heute die ersten Bestätigungen eintrafen, nehme ich an, daß das Geld auch Ihnen ausgezahlt worden ist. Bitte schreiben Sie Landauer darüber, mit dem ich ja gemeinsam die Angelegenheit des Fonds regle.

Herzlichst

Ihr

F Landshoff

Ach – lieber Freund –, ich kann Ihnen nicht sagen, wie jämmerlich mir zumute ist. Werden wir alle jemals aus diesen Zuständen herauskommen? Und wird der, der es überlebt, noch irgendeine Freude empfinden können, nachdem ein großer Teil der Freunde umgekommen ist oder sein wird? Eben habe ich einen *sehr* langen Brief an Sie vernichtet, den ich – in mehreren Etappen – nach dem Tode Tollers in New York – auf dem Boot – in Amsterdam – an Sie geschrieben hatte. Ihn jetzt abzusenden (lang – mit Blei geschrieben) hätte wenig Sinn gehabt. Sie sollen nur wissen, daß ein solcher Brief existierte.

Ich umarme Sie in alter Freundschaft!

Schreiben Sie mir *gleich* per Clipper, damit ich den Brief bestimmt schnell bekomme. Denn: *ich fahre bald nach Europa zurück.* Ich will NICHT dort bleiben!

82 Arnold Zweig an Landshoff

Haifa, 29th November 1939

Lieber Landshoff,
vor ein paar Tagen erfuhr ich von Feuchtwanger, Sie führen Ende des Monats nach Amerika. Daß Sie Anfang Januar schon zurück sein wollen, macht das Unternehmen nicht ungefährlicher, und ich werde sehr aufpassen, ob einem Liner etwas passiert. Geben Sie mir jedenfalls Nachricht, wenn Sie zurück sind, oder schon vorher, wenn Sie können.

Ich schreibe Ihnen heute so eilig hauptsächlich, um Sie zu bitten, irgend etwas für »Bilanz« zu tun oder zum mindesten zu versuchen. Es ist unsinnig, daß dieses Buch nicht in Amerika erschienen ist, wo gegen den Antisemitismus und für den »Lebensraum« der Juden eine Hauptschlacht geschlagen werden muß, auch und gerade nach dem Sturze der Hitlerei. Ein Exemplar von »Insulted and Exiled« haben meine Agenten Aleys, 342, Madison Aven., New York. Aleys auch haben ein Manuskript in englischer Sprache »Nazis and Jews«, das zur Komplettierung des Buches und seiner Modernisierung sehr geeignet ist. Wenn sich Herr Koppell für das Buch interessieren sollte, würde ich auch mit der Alliance Book Corporation arbeiten, obwohl sie nicht so gut eingeführt ist wie einer von den alten Verlagen. Aber Herr Koppell wird das Buch a priori verstehen. Grüßen Sie ihn schön und besonders seine Frau. Ich setze dabei voraus, daß Sie sich in allem Frieden getrennt haben.

Daß Querido seine Tätigkeit durchhält, weiß ich wohl zu schätzen. Sie bekommen daher das Manuskript zum »Palästina«-Buch Anfang Januar, wie versprochen. Mit der Zurückhaltung der Zahlung bin ich natürlich einverstanden und wäre ebenso einverstanden, wenn andere Zahlungen sich daran schlössen – wozu wenig Aussicht ist. Sollten Sie dagegen in Amerika mit »Bilanz« etwas erreichen, so wäre das Geld für Michael bestimmt, der sich prachtvoll entwickelt, sehr glücklich ist und den zu finanzieren, dank der Regulations, mir Mühe macht. Ich müßte Einnahmen natürlich anmelden, könnte aber gleichzeitig hier die nötigen Schritte tun, um sie meinem Jungen zuzuleiten.

Vor allem grüßen Sie die Familien Ihrer Gastfreunde herzlich von mir, und drücken Sie Thomas Mann meine Freude aus, daß seine Parole »Hitler muß weg« jetzt zum Grundbaß der europäischen Politik geworden ist. Aus Frankreich höre ich nur von Feuchtwanger, der auch gern nach Amerika kreuzen würde, und manchmal, des Abends, vor dem Einschlafen, empfinde ich die Bitterkeit, daß Toller mit seiner Tat nicht vier, fünf Monate gewartet hat. Dann hätten wir ihn noch. Joseph Roth ja nicht, denn gegen den Alkohol ist kein Kraut gewachsen.

Was die Dauer des Krieges anlangt, bin ich nicht Ihrer Meinung, daß er sehr lange hingezogen werden kann. Das ist kein neuer Krieg, sondern nur der Schluß des alten – der Irrtum des Waffenstillstands, 11. 11. 18, wird jetzt berichtigt. Ich gebe Herrn Hitler nicht mehr viele Monate. Hoffentlich kann ich im nächsten Sommer ohne große Schwierigkeiten ein Schweizer Sanatorium aufsuchen, um die Folgen meiner Gehirnerschütterung loszuwerden, die mich noch immer schwach arbeitsknapp macht. Zwei bis zweieinhalb Stunden am Vormittag sind alles, was ich leisten kann. Falls Sie unsern Freund Huebsch sehen, woran ich eigentlich nicht zweifle, grüßen Sie ihn herzlich von mir und empfehlen Sie mich seiner Gattin. Ich bin sehr froh, ihn nun auch zu Hause gesehen zu haben und seinen Sohn, der sich mit meinem Michael so gut zu verstehen schien.

Und nun, lieber Landshoff: gute Verrichtung drüben und gute Heimkehr. Möge der Himmel gute Miene zum bösen Spiel machen. Was aus unserm armen Deutschland geworden sein wird, wenn wir seine Grenzpfähle wieder sehen werden... Nach dem Dreißigjährigen Krieg mag es dort ähnlich ausgesehen haben – moralisch gesprochen. Und so bin ich, wie immer,

Ihr

[Arnold Zweig]

83 Landshoff an Hermann Kesten

Amsterdam, den 16. Februar 1940

Lieber Kesten,
ich bin zurück. Daß ich gemeinsam mit MANNS, die sich wirklich unermüdlich bemüht haben, versucht habe, Ihre Wünsche, soweit es geht, zu erfüllen, werden Sie gesehen haben. Nun wüßte ich gerne, wie die Dinge eigentlich stehen.

Während meiner Anwesenheit in N. Y. konnte ich die ABC zum Abschluß mit ROUTLEDGE über den »Philipp« bringen. Sie werden zunächst 1000 oder 1500 Exemplare in Rohbogen von England übernehmen. Leider war ja der Absatz der »Kinder« so gering (ein paar hundert Exemplare), daß die *Herstellung* des »Philipp« in Amerika unzweckmäßig gewesen wäre. Wie mir ROUTLEDGE bei meinem Aufenthalt in London mitteilte, sind die mit dem Verkauf des »Philipp« erzielten Resultate etwas günstiger als die des vorigen Buches. Was jedoch wichtiger für Sie ist: Sie haben in ROUTLEDGE einen Verleger, der die größte Bewunderung für Sie und Ihr Werk hat und der sich bestimmt nicht durch die Tatsache, daß er ein paar Exemplare mehr oder weniger verkauft, beeinflussen lassen wird. Es scheint mir auch gut zu sein, daß Sie in Amerika wieder im gleichen Verlage erscheinen. Die Bücher werden sehr rechtzeitig drüben sein, und man wird eine gute

Vor-Propaganda machen. Der Erscheinungstermin ist auf September festgelegt.

Routledge teilte mir mit, daß Sie die Arbeit am »Donau-Boot« aufgegeben haben. Daß Peter Mendelssohn vor einigen Wochen in Amerika mit einigem (wenn auch übrigens nicht großem) Erfolg ein Buch über dieses Thema veröffentlicht hat, wird Ihnen wahrscheinlich bekannt sein.

Lassen Sie mich wissen, woran Sie arbeiten, was Sie tun und vor allem: welche Pläne Sie haben.

Herzlichst

Ihr

Landshoff

Arnold Zweig an Landshoff 84

Haifa, 14. 5. 1940

Mein lieber Landshoff,
hat es nun eigentlich noch einen Sinn, daß ich Ihnen schreibe? Wo soll ich Sie suchen? Sind Sie mit den holländischen Mitgliedern des Hauses in Amsterdam geblieben, stehen Sie unter Fremdenrecht, oder sind Sie nach England geflogen? Ich hätte Ihnen auf Ihren Brief vom 6. April am liebsten sofort geantwortet; ich wartete nur, ob nicht vielleicht noch eine zweite Nachricht von Ihnen nachkäme, die Treasury-Department-Angelegenheit betreffend. Inzwischen hat es der Toten-Adolf anders gewollt, und wir müssen warten, was Sie schreiben werden, was und woher, bevor wir wieder an Produktion denken können und ich meinen Vertrag erfüllen kann, den ich so unglücklich lange habe verzögern müssen. Der freundschaftliche Ton Ihres Briefes beweist mir: Sie wissen, ich habe niemals fahrlässig gehandelt, sondern unter dem Druck schwerer psychischer Folgen meines Unfalls, über die ich mich zwar hinwegtäuschen, aber schließlich nicht hinwegsetzen konnte. Hierzu kommen die großen Schwierigkeiten, die für mich wirtschaftlich entstanden sind, seit »Versunkene Tage« nirgendwo erscheinen konnte. Da der Erfolg von »Einsetzung eines Königs« so viel besser ist, als mir aus den Abrechnungen hervorzugehen schien, ver-

stehe ich das Ausfallen dieses Buches noch weniger. Wir wissen ja nicht, was die nächsten Wochen bringen werden, während dieser Brief unterwegs ist. Daß ich am Endsieg unserer Sache nicht zweifle, ebensowenig wie Sie, bewies ich ja auch unter anderem durch meine Rückkehr hierher. Aber vorübergehend kann der Querido Verlag sein Amsterdamer Heim schließen und seine Vorräte verbergen. Wenn es das Schicksal aber will, daß dieser Kelch an uns vorübergehe, und wenn eine arbeitsfähige Mannschaft oder Damenschaft in der Keizersgracht bleibt, so wäre ich dankbar – diese beiden Voraussetzungen immer wieder unterstreichend –, wenn ich gelegentlich auch einmal eine Abrechnung von Secker & Warburg sehen könnte und wenn es Ihnen möglich wäre, mir das Guthaben zu schicken, das inzwischen aufgelaufen ist. So klein es ist, ich brauche es nötig, denn Sie können sich ja selbst ausrechnen, was die letzten Monate von Michis Ausbildung in den USA mich kosten und wie wenig ich seit meinem Unfall eingenommen habe. Ich habe zwar, in Anerkennung der Tatsache, daß ich Ihnen das »Palästina«-Buch noch schuldig bin, auf die Auszahlung dieses Guthabens verzichtet. Aber das »Palästina«-Buch behält seinen Wert, auch wenn es, aus Gründen des Krieges, in diesem Herbst nicht erscheinen kann, und wird im Sommer fertig sein. Ich erwäge nur, ihm einen anderen Titel zu geben: »Der palästinensische Knoten«.

Ja, lieber Landshoff, nun sitzen wir so weit voneinander entfernt, und der Krieg, der für mich eigentlich nie aufgehört hat, ist Ihnen und dem Hause Querido auf den Leib gerückt. Auch für uns ist ja die Situation keineswegs geklärt, aber Ihr in Holland seid die unmittelbar Betroffenen schon jetzt, und wer weiß überhaupt, ob sich dieser Brief noch nach Holland durchschlagen wird. Auf alle Fälle: meine besten Wünsche für Euch alle, mein herzlicher Dank für die vergangene Zusammenarbeit und meine unerschütterliche Hoffnung auf ihre Wiederaufnahme und ein Wiedersehen, wenn Menschen unserer Art wieder frei atmen können und der Werwolf vernichtet ist.

Herzlich wie nur je

Ihr
[Arnold Zweig]

London, [Oktober 1940?]

Lieber Kesten, durch einen Zufall hörte ich sehr schnell von dem Telegramm, das Sie nach Ihrer Ankunft in New York geschickt hatten – im übrigen erreichte mich Ihr erster und einziger Brief (am Tage nach Ihrer Ankunft geschrieben) im August –, während der erste und einzige Bericht, aus dem ich ersehen konnte, daß und wo Rini und Walter lebten (ein Telegramm von ein paar Worten), mich am 23. August überraschte. Da Sie, lieber Freund, im Gegensatz zu fast allen, selbst den »Nächsten«, nicht nur Verstand, sondern auch Vorstellungsgabe und Erfahrung haben, werden Sie mir nicht zürnen, daß Sie erst heute von mir hören.

Wie glücklich war ich, Sie und nun auch Ihre Frau drüben zu wissen. Von Ihren Schwestern fand ich eine uralte Karte aus Bordeaux. Wie mag es Ihrer armen Mutter gehen – wie der Schwester Gina und dem Kind?

Unbegreiflicherweise hat nie jemand ein Wort über meine Kinder geschrieben. Nur durch Zufall erfuhr ich, daß sie an der spanischen Grenze sitzen. Haben Sie sich nie mit Dr. Salomon (Queens Telefonbuch: Dr. Ernst Salomon oder auch Dr. Hermann Salomon) in Verbindung gesetzt? Ich habe s. Zt. ALLES in Bewegung gesetzt, um von ihnen zu hören – habe aber erst im August die erste vage Auskunft erhalten.

Ach – man wagt es gar nicht, an all die Freunde zu denken – an den alten Queri, den nie jemand mit einem Wort erwähnt, – an die Keun, die Anfang Mai mit Masern [?] ins Spital kam und von der Eri gehört haben will, daß sie einen Selbstmordversuch gemacht hat, – an so ungezählte andere.

Warum aber ist Rini noch nicht draußen? Ich beschwöre Sie – lieber, lieber Freund –, tun Sie alles überhaupt Denkbare. Ich fürchte fast, Sie wissen nicht, daß ich völlig verzweifelt wäre, wenn ich sie nicht drüben vorfinden würde. Daß Sie für Walter mehr tun, als irgendein anderer Mensch tun könnte, weiß ich. Wenn er nur erst unterwegs wäre.

Meine Situation ist fatal. Die Frist läuft ab – und ein positives Resultat scheint doch nicht zu verzeichnen zu sein, sonst hätten Sie mir telegraphiert. Unbegreiflich, daß das emergency visa für mich nicht durchzudrücken ist, da ich ja – im Gegensatz zu allen andern – hier *nie* resident war, sondern Flüchtling aus Holland, ohne jedes Recht, mich hier aufzuhalten – zudem im Besitz eines an sich bis April 41 gültigen Visums für die USA, das nun – gemäß der Verfügung des State Department vom 6. Juli – vom hiesigen Konsul nochmals bestätigt werden muß. Das müßte doch möglich sein, zumal ich eben endlich telefonisch gehört habe, die holländische Regierung wird meinen Paß nun doch hier verlängern. Übrigens hat mir das am. Konsulat zugesagt, daß sie, sobald der Paß verlängert ist und ich irgendein anderes *Besuchs*visum (etwa Mexico oder irgendeinen südam. Staat) habe, ⟨sie⟩ mir ohne weiteres mein Visum bestätigen. Ich würde also kein Transitvisum brauchen – für den Fall, daß Ihre Mexico- oder Brasilienbemühungen erfolgreich sind.

Wie lange noch wird es dauern – werden wir uns überhaupt noch einmal wiedersehen. Lieber – es ist recht unsicher.

Ihr
F. Landshoff

86 Landshoff an Hermann Kesten

[London,] 12. November [1940]

Lieber, treuester Freund,
nach den vor einigen Wochen eintreffenden Telegrammen glaubte ich, die Korrespondenz einstellen zu können. Ich machte mich fahrtbereit – die Platzfrage ist gar nicht so einfach –, indes: langsam muß ich mich davon überzeugen, daß, aus übrigens völlig unerklärlichen Gründen, im Gegensatz zu vielen anderen, die letzter Tage eintrafen, mein Visum unsichtbar bleibt. Der Konsul, den ich bisher 25-mal aufsuchte, ist meinen Besuch nun ganz gewöhnt. Wenn ich nicht – wie Erika Ihnen gesagt haben wird – unter einem äußerst fatalen Druck stehen würde, würde ich Euch nicht unentwegt belästigen.

Wie dankbar ich Ihnen für alles, was Sie in diesen Monaten getan haben und noch tun, bin, kann ich Ihnen nicht sagen. Ich hoffe, es Ihnen bald zeigen und beweisen zu können. Daß es Ihnen geglückt ist, die Kinder nach Lissabon zu dirigieren, ist ein Meisterstück. Ich bin sehr glücklich darüber. Schön, daß die Ihren nun auch die letzte Etappe ihrer Odyssee erreicht haben. Ich gedenke des Abends (28. April), den ich mit Ihrer lieben Mutter und Gina in Brüssel verbracht habe. Was haben die beiden seitdem durchmachen müssen.

Daß Landauer sein amerikanisches Visum hat, ist großartig. Hoffentlich dauern die Formalitäten bei ihm nicht lange. Jeder Tag birgt ungeheure Gefahr für ihn – ich wage kaum zu hoffen, daß all diese unmenschlichen Schwierigkeiten, die mit seiner Person und seiner Tätigkeit verbunden sind, ein happy-end finden. Igersheimer wird Ihnen von Rinis Brief vom 3. Oktober erzählt haben, in dem sie schreibt, daß sie Walter sehr viel sieht, daß es ihm gut geht, er Sprachen lernt und sehr dick geworden ist. Wieder kein Wort über Queri – unbegreiflich, daß niemand ihn erwähnt.

Lieber Freund: Sie kennen mich 20 Jahre – aber Sie können nicht wissen, WIE ich mit meinem ganzen Herzen an Rini hänge. Ich habe nicht gewußt, daß ich eines solchen Gefühls fähig bin. Sie lebt seit 1 Jahr unter meinem Namen (obgleich wir ja aus Visumgründen noch nicht verheiratet waren) – sie ist jeder Denunziation ausgesetzt, alle meine Sachen sind bei ihr –, sie ist in akuter Gefahr; alles, was Sie für sie tun, ist also objektiv berechtigt. Subjektiv ist es nicht nur »berechtigt«, sondern Sie geben mir mit ihrer Ankunft erst die Lebensmöglichkeit. Ist es nun die Schwierigkeit der Reise oder auch die des Visums? Sie hatte doch ihr Quotenvisa Mitte März ausgestellt bekommen. War das unter den gegenwärtigen Verhältnissen nicht zu verlängern? Doch sicher! Aber die Reise! Ich schwöre Ihnen, daß ich sofort alle hierfür verauslagten Beträge zurückgeben werde – bitte, bitte lassen Sie es also an dieser Frage nicht scheitern. So restlos ich bei Landauer, allen Freunden und mir auf die unermüdliche Hilfe von allen vertraue, im Falle von Rini wird der eine oder andere nicht 100% »dabei« sein. Darum flehe ich Sie wieder und wieder an: helfen Sie mir, indem Sie ihr helfen. Es ist der größte Freundschaftsdienst, den Sie mir beweisen können.

Ich vermisse in Ihrem Brief jeden Hinweis auf Ihr Buch. Auch Koppell hat mir über kein einziges Buch geschrieben. Nach der Kritik müßte man doch auf einigen Erfolg schließen. Ich wünschte es von ganzem Herzen. Gerade gestern sprach ich mit Ragg und Franklin über Sie. Man ist doch sehr an Ihrem nächsten Buch interessiert. Bermann schrieb mir sehr nett und freundschaftlich. Vielleicht hat er Ihnen erzählt, daß ich den Querido Verlag mit Hilfe der hiesigen holländischen Behörden nach Batavia verlegt habe, wodurch die Rechte und der Besitz der Firma – soweit er außerhalb des besetzten Gebietes ist, frei ist. Insbesondere für die Frage der Autorenrechte ist das praktisch ganz wichtig.

Ich möchte Sie auf einen lieben, alten Freund von mir aufmerksam machen: Manfred Fürst. Er kam – nachdem wir monatelang zusammen verbracht haben (wir kennen uns aber schon seit 20 Jahren!), mit seiner Frau kürzlich in New York an. Seine Adresse erfahren Sie durch Manns. Lassen Sie ihn zu sich kommen! Er wird Ihnen viel erzählen.

Grüßen Sie Ihre Frau herzlich – und hoffentlich auch schon Ihre Mutter und Ihre Schwester.

Und: *schaffen Sie mir die Rini nach New York!*

Auf bald!

Ganz Ihr Landshoff

87 Landshoff an Hermann Kesten

London, December 6th, 1940

Mein lieber Kesten,
Da der Termin meiner Abreise nicht von mir abhängt und die Aussichten für die nächste Zeit nach wie vor ungewiß sind, möchte ich Ihnen auf alle Fälle noch einmal schreiben ––– in erster Linie, um Ihnen zu danken für alles, was Sie

in diesen Monaten für die Freunde und mich getan haben. Kein Mensch auf der ganzen Welt hätte mit solcher Erfindungsgabe wie Sie das Unmögliche möglich gemacht. Noch wagt man ja nicht zu hoffen, daß es wirklich gelingt, auch Landauer und andere herauszubringen. Die Voraussetzungen sind ja aber von Ihnen geschaffen, und wenn nicht im letzten Augenblick noch Schwierigkeiten eintreten, müßte ja auch das gelingen.

Soeben traf Ihr Telegramm ein, das über die Ankunft meiner Kinder und Evas berichtete. Nie wären sie aus Frankreich herausgekommen, wenn Sie nicht jede Kleinigkeit vorbereitet hätten. Ich kann mir nach Ihrem Brief nur allzu gut vorstellen, daß Sie wenig Unterstützung bei Eva gefunden haben.

Nun wird also auch Ihre Familie vollzählig drüben eingetroffen sein --- hoffentlich in guter Gesundheit. Grüßen Sie vor allem Ihre Mutter sehr herzlich und Gina, die ja fürchterlich in den letzten Monaten ausgestanden haben muß.

Ich telegrafiere Ihnen heute und bitte Sie, unverzüglich (wobei Sie sich sicher Ginas Hilfe bedienen) mit der deutschen Übersetzung des Buches von van Kleffens zu beginnen. Dieser Tage ist die Übertragung des Querido Verlages nach Batavia erfolgt. Als erstes Buch unter diesem Imprint möchte ich das Buch von van Kleffens *sehr schnell* herausbringen. Curtis Brown wird Ihnen ein Exemplar gegeben haben --- sonst bekommen Sie es bei einem der Importeure englischer Bücher (es ist bei Hodder & Stoughton erschienen); es ist ein kurzes Buch --- ich hoffe, bei meiner Ankunft die Übersetzung mehr oder minder fertig vorzufinden. Über die materielle Frage werden wir uns bei meiner Ankunft einigen. Wenn Sie im Augenblick Geld nötig haben, nehmen Sie sich es bitte von dem Betrage, den Sie für mich in Verwahrung haben.

Liebster Freund, Ihr Brief, den ich gestern erhielt, enthält einen Passus, den ich ganz und gar nicht verstehe. Sie schreiben: »Rini wird mit Landauer kommen« (was ich natürlich *sehr* begrüßen würde), oder aber sie würde ohne Schwierigkeiten vier Wochen nach meiner Ankunft drüben in New York sein. Sie sind der einzige Mensch, der sich wirklich stets alle Schwierigkeiten genau vorstellen konnte und entsprechend vorgesorgt hat. Wie soll es aber möglich sein, Rini innerhalb von vier Wochen herüberzubringen, wenn man nicht einmal weiß, ob ihre Papiere in Ordnung sind und ob sie das notwendige Geld hat (von allen anderen Hindernissen abgesehen). Sie hatte in ihrem holländischen Paß ein immigrationvisa, das am 15. März 1940 ausgestellt war, also am 15. Juli 1940 nach den normalen Bestimmungen ablief. Aus einem Brief von ihr von Anfang Oktober weiß ich, daß sie *nichts* über mich wußte. Nun bin ich zwar überzeugt, daß Sie und auch andere (in erster Linie Fürst) dafür gesorgt haben, daß sie über meine Pläne und Aussichten unterrichtet ist und also weiß, daß ich auf dem Wege nach New York bin. Sie sitzt doch aber ohne einen Pfennig Geld. Man muß ihr die Fahrkarte kaufen oder das entsprechende Geld plus den Spesen, die sich sonst noch für sie ergeben, überweisen.* Es versteht sich von selbst, daß das *nur* von meinem Geld geschehen kann. Durch die Übertragung meiner Firma nach Batavia bin ich jedoch in der Lage, für alle diese Unkosten voll aufzukommen, sobald ich nur drüben ankomme. Diese »Zwischenfinanzierung« werden Sie zweifellos fertigbringen --- ich glaube, Sie können dabei sogar auf die Hilfe von Bermann, mit dem ich ohnehin in Verrechnungen stehe, zählen.

Man muß Rini klarmachen, daß sie *unverzüglich* fahren muß, um mich drüben zu treffen.

Es ist unbegreiflich, daß es nicht möglich ist, irgend etwas über das Schicksal von Querido zu hören. Wenn ich drüben bin, wird es meine erste Aufgabe sein, zuzusehen, ob nicht für ihn und Cahns, die sieben Jahre lang mit mir gearbeitet haben, irgend etwas zu tun ist. Wahrscheinlich hat Igersheimer diese Frage schon seit Monaten erwogen und vielleicht auch schon irgend etwas erreicht, da er ja mit Cahns in Verbindung steht.

Sie fragen mich in Ihrem Telegramm, ob ich noch irgendwelche Schwierigkeiten habe. Die Schwierigkeit liegt darin, daß es ganz unsicher ist, wann sich die Möglichkeit zur Abreise bietet. Da Sie jedoch in dieser Frage von drüben aus doch nichts machen können, habe ich Ihr

Telegramm nicht beantwortet. Wenn ich klarer sehe, werde ich Ihnen telegrafische Nachricht geben.

Herzlichst,
Ihr
Landshoff

Ach, lieber Freund – ich bin *verzweifelt* über Ihre vagen Angaben wegen Rini. Sie ist unerfahren – man muß ihr helfen. *Hat* sie ihr Visum? (Sie *hatte* es.) Sie wird sich nicht vorstellen können, daß das Reisegeld zur Verfügung steht und daß ich wirklich komme, nachdem sie 1/2 Jahr *nichts* von mir gehört hat. Sie hat mir sehr verzweifelt darüber geschrieben. Lieber – Bester – Treuester –, tun Sie noch einmal das Unmögliche, um sie »herbeizuschaffen«. Später mag es aus Gott weiß was für Gründen unmöglich sein.

* und ihr sagen, wie sie die notwendigen Transitvisa usw. besorgen kann. Ich kenne diesen ganzen Vorgang nicht, in dem Ihr doch sicher eine Erfahrung habt.

Landshoff an Vicki Baum 88

London, December 21st, 1940

Liebe Frau Baum,
Ein scheußlicher Phönix gehe ich wieder aus der Asche hervor (sofern ich mich nicht auf der Überfahrt noch endgültig in dieselbe verwandeln werde). Die Mitteilung, die ich Ihnen zukommen lasse, zeigt Ihnen, daß Sie Ihren deutschen Verlag noch nicht losgeworden sind. Solange es noch einen Menschen gibt, der deutsch liest, werde ich weiterverlegen, und wenn der gestorben ist, werde ich es erst recht tun.

Dieses Mal werde ich ziemlich unmittelbar nach meiner Ankunft in New York nach Hollywood kommen, zumal ich dem Spender meines mexikanischen Einwanderungsvisums einen Dankbesuch abstatten muß.

Ich hoffe, Sie also sehr bald zu sehen.

Stets
Ihr
Landshoff

Anlage.

89 Vicki Baum an Landshoff

[Januar/Februar 1941?]

Lieber, guter, braver, eigensinniger Dr. Landshoff,
Ihren Brief lasse ich mir einrahmen als eines der wenigen erfreulichen Dokumente dieser Zeit. Ich kann Ihnen kaum sagen, wie stolz ich auf Sie bin. Aus London hörte ich gelegentlich von Leuten, die Sie trafen, über Ihr Wohl- oder Übel-Ergehen. Schön war's ja sicher nicht, aber doch besser, als wenn Sie in Holland erwischt worden wären.

Wie Sie wissen, werden Sie hier alle Ihre Autoren und noch ein paar mehr antreffen, und wir sind bereit, Ihnen Triumphpforten zu bauen, wenn Sie zu Besuch kommen. Dr. Bermann sah ich eines Abends in Thomas Manns Haus. Und nun also wird Querido ein neues Leben in meinem geliebten, wunderschönen Batavia anfangen? Und wenn die Japaner kommen? Ich sehe uns schon alle auf einer einsamen Insel enden, ich weiß eine in der Zulusee, wo es nur Muskatnußbäume gibt und verlassene portugiesische Marmorpaläste. Wie wär's?

Ein kleines Romänchen wartet auf Sie, zufällig spielt es auch da unten, es ist ein nichtswürdiger Dreck, so im Stil der illustrierten Zeitung und, komischerweise, englisch geschrieben. Das heißt, ich oder sonst jemand muß es übersetzen. Im Grund fühle ich, daß ich es gar nicht mehr verdiene, von Ihnen verlegt zu werden, denn ich habe ja ganz aufgehört, Deutsch zu schreiben. Nicht wegen Geschäft und nicht aus freier Wahl, sondern weil mir die deutsche Sprache irgendwie unterm Hintern weggerutscht ist.

Ich freue mich schrecklich auf Sie und hoffe, Sie werden bißchen Zeit haben, mir viel zu erzählen. Apropos – ich arbeite an einem endlosen, endlosen Roman, von dem ich gar nicht weiß, wie gut oder schlecht er ausfallen wird, eine Art Rechenschaftsbericht meiner Generation, das heißt, die letzten vierzig Jahre vom Standpunkt der Frau aus gesehen; keine Autobiographie, aber mir ähnlich in Charakter und Erziehung. Bitte, freuen Sie sich bißchen auf Amerika, denn wenn wir auch Wilde sind und höchst hysterisch, so ist hier doch vorläufig noch Frieden und eine Menge anständiger Gesinnung!

Auf bald, immer Ihre
Vicki Baum

Lion Feuchtwanger an Landshoff 90

West Los Angeles, 17. Februar 1941

Lieber Dr. Landshoff,
ich brauche Ihnen nicht zu sagen, wie herzlich ich mich freue, Sie in Sicherheit zu wissen.

Bitte schreiben Sie mir doch bald ausführlich, wie es Ihnen geht und was Sie beabsichtigen.

Was für eine Art Visum haben Sie? Ich habe jetzt mit einiger Mühe und großem Geldaufwand mein Visitor-Visum in ein Immigrations-Visum umgewandelt. Wenn Sie nähere Mitteilungen darüber wünschen, schreibe ich sie Ihnen gern. Übrigens ist es relativ am einfachsten, diese Sache in Mexico zu vollziehen, und wenn Sie sich dazu entschließen sollten, hätten wir hier unten den Vorteil, Sie zu sehen.

Ich selber bleibe vorläufig bis tief in den Sommer hinein hier. Wie Sie vielleicht schon von Huebsch gehört haben, ist es mir geglückt, das Manuskript von »Der Tag wird kommen« zu retten. Meine New Yorker Sekretärin wird in der Zwischenzeit Abschriften des Werkes vollendet haben. Ihre Adresse ist: *Miss Hilde Waldo, 299 West 65th Str., New York City* (Tel.: Trafalgar 4-0376). Lassen Sie sich doch bitte von ihr ein Manuskript geben. Ein deutscher Buchklub in Buenos Aires hat in der Zwischenzeit mit mir heftig über die Veröffentlichung des Buches korrespondiert; ich habe aber jede Entscheidung bis zu Ihrer Ankunft hinausgeschoben.

Im übrigen arbeite ich an einer autobiographischen Skizze über meine Erlebnisse in Frankreich, die, glaube ich, sehr anders ist als die üblichen Berichte. Es wird ein Buch von etwa 80000 Worten werden, und ich rechne stark mit der Möglichkeit, einen Vorabdruck in einem Magazin zu veröffentlichen.

Es wäre schön, wenn wir uns bald sehen könnten. Wir haben einander viel zu erzählen. Bitte schreiben Sie auf alle Fälle bald und ausführlich.

Alles Herzliche
Ihr
[Lion Feuchtwanger]

91 Landshoff an Lion Feuchtwanger

New York, 1. März 1941

Lieber Doktor Feuchtwanger,
ich habe mich sehr herzlich mit Ihrem Telegramm und dem Brief gefreut. Wenn ich mich nicht gleich nach meiner Ankunft gemeldet habe, so nur deshalb, weil ich nach zehn Monaten, in denen ich völlig abgeschlossen war und in denen ich nichts für meine Frau und meine Freunde, die, wie Sie wohl wissen, in Holland sind, tun konnte, unbedingt alle Anstrengungen machen mußte, um ihre Ausreise vorzubereiten. Sie werden wissen, wie mühselig diese Dinge sind. Zudem befinde ich mich – wie Sie richtig voraussahen – auf einem Transit-Visum hier und mußte meine eigenen Angelegenheiten dringend regeln, um die mir gesetzten Termine nicht zu überschreiten. Daneben habe ich sofort die Wiederaufnahme der Produktion hier und in Buenos Aires – sowie in sehr begrenztem Ausmaß die Fortsetzung der Produktion für Schweden und die Schweiz – in Gemeinschaft mit Bermann-Fischer in Angriff genommen. Nun werde ich im Laufe der nächsten Woche – beraten von Galef und Jacobs – Ihren Spuren folgen und dürfte in spätestens zehn Tagen bereits auf der Rückreise von Mexico in Hollywood eintreffen.

Erinnern Sie sich des Frühjahrs 1933 und meines ersten Besuches bei Ihnen in Sanary? Auch damals hatten sich ein halbes Dutzend Leute an Sie mit Kabeln, Briefen und durch persönliche Besuche gewandt und Ihnen ebenso verlockende wie vage Angebote gemacht. Ich glaube sagen zu dürfen, daß auch dieses Mal wieder die Vorschläge, die ich Ihnen bei meinem Besuch machen werde, sich ebenso wie die des Frühjahrs 33 als für Ihr Interesse vernünftig erweisen werden. Ich kann mir nicht denken, daß Sie für eine Vorauszahlung von 100 Dollar eine Zusammenarbeit von fünfzehn Jahren fahrenlassen wollen. Übrigens habe ich mich ohnehin bereits mit Barna in Verbindung gesetzt, der seit Jahren die Vertretung des Querido Verlages in Buenos Aires gehabt hat und dessen Vertretungs-Apparat ich bestimmt bei unsern Buchgemeinschafts- und Verlagsplänen genauso berücksichtigen werde wie bisher.

Soeben erhalte ich Ihr Manuskript, an dessen Lektüre ich sogleich herangehen werde.

Ich freue mich sehr herzlich darauf, Sie und Ihre Frau in wenigen Tagen ausführlich zu sprechen.

[Landshoff]

Landshoff an Vicki Baum 92

New York, 1. März 1941

Liebe Frau Baum,
Ich habe mich riesig mit Ihrem Brief gefreut, mit dem Sie meinen Londoner Brief beantwortet haben. Nun bin ich vor ein paar Tagen hier eingetroffen und werde etwa am 10. März für ein bis zwei Wochen nach Hollywood kommen. Dann sehen wir uns und können auch alle verlegerischen Fragen besprechen; denn ich habe meine komische Absicht, die deutsche Produktion sowohl hier wie in Süd-Amerika als auch in Schweden und in der Schweiz fortzusetzen, nicht nur nicht aufgegeben, sondern in den ersten Tagen meines hiesigen Aufenthalts so weit vorbereitet, daß die Produktion – in Gemeinschaft mit Bermann-Fischer – sogleich beginnen wird.

Herzlichst Ihr
[Landshoff]

93 Vicki Baum an Landshoff

April 25th, 1941

Lieber Dr. Landshoff,
ich habe grad meinen dicken Roman fertiggekriegt und gehe nun für ein paar Wochen nach Mexico. Ich hoffe, die Übersetzung des Buches hat Zeit bis nachher.

Hier haben sich nun die Belege eingefunden – wenn's möglich wäre, dieses Geld noch aufzutreiben, so wäre das eine ganz große Sache, denn ich habe wieder einmal eine ganze Collection Menschen, die vor Lublin gerettet werden sollten, was aber nur mit Reisegeld geschehen kann.

Alles Liebe, in großer Eile, Ihre
Vicki Baum

94 Landshoff an Lion Feuchtwanger

new address: 10 East 43rd Street, New York
July 2nd, 1941
Phone: Murray Hill 2-2009

Lieber Herr Doctor Feuchtwanger:
Meine erste Reaktion auf die Lektüre Ihres Manuskriptes war die einer aufrichtigen Bewunderung für die Gesinnung des Buches – für Ihre Objektivität und den Mangel an jeglichem Ressentiment. Wenn Ihre historischen Romane oft wie moderne Romane anmuteten und wenn ein Gegenwartsroman wie »Erfolg« wie ein historischer Roman erschien, so hat auch dieser Gegenwartsbericht schon heute Anspruch auf Historie. Bei allem, was Sie im letzten Jahr durchgegangen sind, wüßte ich kein positiveres Urteil.

Daß mich das Buch persönlich stark berührt hat, bedarf wohl kaum der Erwähnung. Viele meiner eigenen Erlebnisse in ähnlicher Lage finde ich gültig formuliert.

Mir graut vor der Unzahl der Bücher, die über dieses Thema erscheinen werden. Ich bin aber sicher, daß keines den Abstand zu den Ereignissen und damit die Form und die Gestaltung haben wird wie Ihres.

Existiert der letzte Teil wirklich bereits in einer Niederschrift? Würden Sie sie mir auf ein paar Tage schicken? Selbstverständlich würde ich sie nicht aus der Hand geben.

Es scheint mir richtig, dieses Buch vor dem Roman zu veröffentlichen. Ich habe es soeben dem Drucker übergeben und versuche, eine relativ billige Ausgabe zu ermöglichen. Die zwischen Buenos Aires und New York eingeführte Zensur, die alle Sendungen – manchmal bis zu Wochen – verzögert, macht den Plan des Druckes in Buenos Aires unmöglich. Ich versuche aber hier, billige Möglichkeiten zu finden, und stehe mit Barna und Estrella in Verbindung, wobei ich voraussetze, daß eine der beiden Firmen eine gewisse Anzahl des Buches abnehmen wird.

Mit herzlichen Grüßen, auch an Ihre Frau,
stets Ihr
Landshoff

Landshoff an Lion Feuchtwanger 95

new address: 10 East 43rd Street, New York, N. Y.
July 3rd, 1941
Phone: Murray Hill 2-2009

Lieber Herr Doctor Feuchtwanger:
Durch Bekannte, die soeben aus Holland eingetroffen sind, habe ich gehört, daß Frau Dr. Cahn, die Frau von Werner Cahn (meine Sekretärin in Amsterdam) nach der Invasion von der Gestapo geholt und verhört worden ist. Wenngleich sie nach dem Verhör wieder freigelassen worden ist, besteht zweifellos für sie und Cahn eine ständige akute Gefahr. Von beiden erhalte ich völlig verzweifelte Briefe. Auch haben sie mir durch gemeinsame Bekannte bestellen lassen, daß ihre ganzen Hoffnungen darauf gerichtet sind, daß es mir gelingen wird, ihnen Visum und Passage zu beschaffen. Diese Bitten treffen mich in allerschwierigster Lage. Wie Sie ja wissen, besteht von Holland aus im Augenblick praktisch überhaupt nur die eine Möglichkeit, mit einem cubanischen Visum fortzukom-

men. Die Beschaffung dieses Visums geht zwar sehr schnell – es ist, wie die Praxis mir gezeigt hat, innerhalb von 8 Tagen, nachdem man hier die Schritte eingeleitet hat, bereits bei dem Konsul in Rotterdam –, ich gerate jedoch in allergrößte Verlegenheit und möchte Sie um Rat und Hilfe bitten. Es ist noch keine Woche her, daß ich das Visum für meine Frau besorgen mußte, nachdem das längst für sie besorgte amerikanische Visum durch die Verhältnisse unbrauchbar geworden ist. Zudem mußte ich es für Landauer beschaffen. Wie meine Bekannten aus Holland mir mitgeteilt haben, ist Landauer, als die Gestapo in seine Wohnung kam, um ihn abzuholen, aus dem Fenster gesprungen, hat sich schwere Verletzungen zugezogen und Monate im Krankenhaus zugebracht. Jetzt bestand für ihn die Möglichkeit der Ausreise, für den Fall, daß ich sofort das Cuba-Visum besorgen könnte. Seit 14 Tagen ist es in seinem Besitz, und ich hoffe, daß er jetzt in der Lage sein wird, herzukommen.

Es sind nicht nur meine eigenen Mittel völlig erschöpft (zu allem ist es mir bis heute noch nicht einmal gelungen, meine Außenstände hier zu kassieren, da die Schuldnerfirma sich auf den Standpunkt stellt, daß es sich um ein holländisches Guthaben handelt, und es auf einen Prozeß ankommen lassen will), sondern ich habe im Falle von Landauer ohnehin bereits an Freunde herantreten müssen. Nun weiß ich sehr wohl, daß Sie nicht nur sehr viel verloren haben und mit dem Rest eingefroren sind, sondern daß Sie darüber hinaus für Ihre Sekretärin und andere zu sorgen haben. Nachdem aber Cahn jahrelang Ihr Sekretär war und Sie sich in späteren Jahren auch stets so freundschaftlich zu ihm gezeigt haben, hoffe ich, daß Sie mich in meinen Bemühungen, Cahns zu helfen, unterstützen werden. Der Betrag, der für Beschaffung des Visums und der Passage erforderlich wäre, würde sich auf $ 2000.– belaufen, zu denen dann noch, jedoch erst nachdem Cahns bereits ein Boot in Bilbao bestiegen haben, eine Hinterlegung von $ 1300.– notwendig wäre, die jedoch sofort bei der Ankunft in Cuba ihnen wieder ausgehändigt wird und die also auch sogleich wieder zurückbezahlt werden könnten. Von den $ 2000.– wären cirka $ 750–800 bei Erteilung des Visums zu zahlen, während $1 200.– für die Passage zur Verfügung stehen müßten, die meist erst dann gezahlt werden muß, wenn die Betreffenden in Spanien eintreffen.

Wissen Sie irgend jemanden, an den man sich wenden könnte? Cahn und seine Frau sind die *einzigen,* die faktisch durch die Aktivität des Querido Verlages gefährdet sind. Herr Querido, der 70 Jahre alt und Holländer ist, wird, wie ich höre, völlig in Ruhe gelassen. Mich hat man vergeblich gesucht. Cahns sind also die einzigen, die wirklich betroffen sind. Wahrscheinlich werde ich vom Emergency Committee einen Teilbetrag zur Verfügung gestellt erhalten. Auch zu diesem Zweck muß ich übrigens einige Briefe haben, die die Tätigkeit der beiden Cahns bezeugen. Einen solchen, sehr persönlichen Brief, zumindest soweit es Werner betrifft, werden Sie mir ja gewiß zur Verfügung stellen. Darüber hinaus muß man Geld auftreiben. Ich flehe Sie an, mir dabei behilflich zu sein. Frau Cahn hat von 1933 an im Verlage gearbeitet, und beide verdienen es wirklich, daß man alles Erdenkliche tut. Leider bin ich schrecklich »verbraucht« als Raiser, und Ihr Name könnte Wunder wirken.

Stets Ihr
Landshoff

Landshoff an Heinrich Mann 96

New York, Juli 16, 1941

Lieber Herr Mann:
Ich möchte das Eintreffen Ihres ausführlichen Briefes vom 13. Juli unverzüglich bestätigen, auch wenn ich heute noch nicht zu allen von Ihnen angeschnittenen Fragen Stellung nehmen kann. Gleichzeitig mit Ihrem Brief bekam ich vom Post Office Department, Los Angeles, einen früheren Brief von mir an Sie zurückgeschickt. Obgleich er nichts Besonderes enthält, schicke ich ihn Ihnen. Der Gedanke, daß Sie erst durch meinen letzten Brief die Bestätigung des Manuskriptes und Ihres damaligen Briefes bekommen haben und Sie also voraussetzen mußten, daß ich

geraume Zeit habe verstreichen lassen, ohne für so wichtige Sendungen zu danken, bedrückt mich außerordentlich.

Ob es möglich sein wird, eine deutsche Ausgabe des Tagebuches zu bringen, ist in diesem Augenblick noch sehr zweifelhaft. An einen Druck des Buches in Europa (Schweiz oder Schweden) ist wohl nicht zu denken, da dort kaum anderes als das, was man als »schöne Literatur« zu bezeichnen pflegt, gedruckt werden kann (wobei sehr dahinsteht, wieweit diese Literatur »schön« ist). – Der Druck in den Vereinigten Staaten ist an sich bereits sehr teuer, wird aber in deutscher Sprache noch wesentlich kostspieliger. Dazu kommt, daß Bücher in deutscher Sprache , soweit sie irgendeinen politischen Charakter tragen, wiederum auf Schwierigkeiten bei der Einfuhr in gewisse südamerikanische Staaten stoßen. Diese Maßnahme – angeblich wohl gegen Nazi-Literatur getroffen – wirkt sich praktisch bei der Anti-Nazi-Literatur aus. Wie bei vielen ähnlichen Maßnahmen in den verschiedenen Ländern ist es schwer zu kontrollieren, ob in der Administration Leute sitzen, denen die Anwendung dieser Bestimmungen gerade auf antifaschistische Literatur besondere Freude macht.

In diesem Zusammenhang stimmt mich die Erwähnung von Archibald MacLeish auch trübe. Es ist nun etwa 2 Monate her, seit Erika in einem sehr ausführlichen und energischen Brief durch John Farrar, einen intimen Freund und Mitarbeiter MacLeishs, ihn darauf hinweisen ließ, daß ich beabsichtige, durch Publikationen in deutscher Sprache hier und speziell in Südamerika im Sinne des von mir seit 1933 in Amsterdam betriebenen Verlages zur Anti-Nazi-Propaganda in deutscher Sprache beizutragen. Wohlgemerkt: Ich wollte keinerlei finanzielle, sondern ausschließlich die moralische »Backung« der offiziellen Stellen. Die einzige Folge, die dieser Brief gezeigt hat, war, daß Herr MacLeish antwortete, die Sache sei sehr interessant und er würde nach »Einsichtnahme in meinen Akt in Washington« sogleich von sich hören lassen. Nach allen Erfahrungen, die ich in den letzten Jahren gemacht habe, zweifle ich nicht daran, daß es dabei bleiben wird.

Wenn ich also nach Washington führe, so würde ich gewiß Herrn MacLeish nicht zu sehen bekommen.

Dagegen will ich sofort zu dem englischen Presse-Attaché gehen, der möglicherweise bei der Versendung des Manuskriptes sehr behilflich sein könnte. Ich konnte ihn noch nicht erreichen. Sobald ich mit ihm gesprochen habe, berichte ich Ihnen über das Resultat.

Auch mir erscheint es sehr zweckmäßig, ein schnelles Erscheinen des Buches in England vorzubereiten. Vielleicht kann man das Buch einem der Korrespondenten, die ständig nach London fliegen, mitgeben.

Indes: Man darf sich nicht allzu fest auf ein schnelles Gelingen dieser Bemühungen verlassen und sollte die Unterhandlungen hier nicht vernachlässigen. Ich stimme vollständig mit Ihnen darin überein, daß ein Bruch mit Knopf, wenn möglich, vermieden werden sollte. Lassen Sie mich also bitte sogleich wissen, wie der Vertragsentwurf der Dame Knopf aussieht und ob Sie eine Möglichkeit sehen, auf dieser Basis weiterzukommen.

Sollten die Verhandlungen doch scheitern, so würde ich mich sogleich mit anderen Verlegern in Verbindung setzen.

Grüßen Sie Ihre Frau herzlichst.

Ihr sehr ergebener
Landshoff

Landshoff an Lion Feuchtwanger 97

New York, September 30, 1941

Lieber Doktor Feuchtwanger:
Ihr Brief vom 23. September betrübt mich aufrichtig, da er – sehr entgegen der Haltung, die Sie stets in all unseren Verhandlungen eingenommen haben – ein freundschaftliches Verständnis vermissen läßt.

Habe ich nicht wirklich vom Frühjahr 1933 an deutlich bewiesen, daß ich durchaus abgeneigt bin, irgendwelche »politischen« Rücksichten zu nehmen, und habe ich nicht durch die Tatsache, daß ich während des Krieges im Februar 1940 aus dem sicheren Hafen von New York nach

England und Holland zurückgekehrt bin, deutlich genug angezeigt, daß es mir an persönlichem Mut nicht fehlt? Meine Stellung heute ist bestimmt in keiner Weise verändert und durch keine Umstände oder Menschen beeinflußt.

Es wäre völlig unsinnig, auf den noch existierenden Markt in Europa verzichten zu wollen, zumal ja die Erfahrung lehrt, daß seine Aufnahmefähigkeit noch heute viel größer ist als die aller übrigen Länder zusammen. Es liegt also unzweifelhaft im Interesse der Autoren, daß ihre Bücher in Europa gedruckt werden. Wenn es möglich ist, ohne jede Retouche Bücher wie den Hemingway dort zu drucken und zu vertreiben, so weiß ich nicht, wo Sie einen Kompromiß sehen.

In einer anderen, sehr wichtigen Frage stimme ich vollständig mit Ihnen überein. Es ist außerordentlich bedauerlich, daß alle Bemühungen, hier oder in Süd-Amerika ein ernsthaftes Unternehmen aufzuziehen, das Bücher in deutscher Sprache – ohne jede Rücksicht auf den als Folge der Begrenztheit des deutschen Marktes in Amerika notwendigen Verlust zu drucken. [!] Hierzu bedarf es einer Stützung, die zu erhalten weder mir noch irgend jemandem bisher gelungen ist. Selbst mit dem besten Vertriebs-Apparat sind bei der Zusammensetzung der deutschen oder deutschsprachigen Bevölkerung in Nord- und Süd-Amerika nur Auflagenhöhen zu erreichen, die die reinen Herstellungskosten nicht decken. Sie wissen – und haben gelegentlich darüber gescherzt –, daß ich in Amsterdam die ganze Verlagsarbeit alleine gemacht habe. Es würde also auch hier nicht die Frage eines Apparates sein, der sich nicht rentiert, und auch meine eigene Arbeitskraft würde ich für diesen Zweck gerne ohne jeden Entgelt zur Verfügung stellen: Es handelt sich um die reinen, baren Herstellungskosten, die durch den Absatz in keiner Weise gedeckt werden könnten. Die Situation hat sich in den letzten Monaten dadurch noch ganz wesentlich verschlechtert, daß, wie ich Ihnen wohl schon früher andeutete, in den wichtigsten südamerikanischen Ländern Bestimmungen getroffen resp. vorbereitet sind, die die Verbreitung von in deutscher Sprache gedruckten Büchern, gleichgültig welcher Herkunft, in einer Weise beschränken, die einen regulären Vertrieb in absehbarer Zeit unmöglich machen. Diese Auskunft, die ich bereits vor Monaten von sehr gut informierter Seite erhielt, ist in den letzten Wochen ausdrücklich bestätigt worden.

Glauben Sie mir, daß mir dieser Verzicht sehr schwerfällt. Um so mehr begrüße ich es, daß es nach wie vor möglich ist, wenngleich auch das *nur* mit materiellen Opfern, die aber immerhin begrenzt sind, eine Produktion in Europa aufrechtzuerhalten, die bis zum heutigen Tage ohne allzu große Schwierigkeiten noch immer pünktlich sowohl nach Süd-Amerika wie nach Nord-Amerika kommt. So kann und wird auch der dritte Band des »Josephus« dort erscheinen. Den Vertrag erhalten Sie noch diese Woche.

Ich würde mich sehr freuen, wenn dieser Brief Sie ein wenig überzeugt.

Herzlichst
stets Ihr
Landshoff

PS: Ihrem Wunsche entsprechend geht das Manuskript »Unholdes Frankreich«, welches ich heute zurück erhielt, heute an Sie ab.

Landshoff an Lion Feuchtwanger 98

New York, May 19, 1942

Lieber Herr Dr. Feuchtwanger:
Ich habe wieder lange gezögert, Ihren Brief zu beantworten. Glauben Sie mir: mich selbst beunruhigt es sehr, daß all die Pläne mit deutschen Büchern, die ich hatte, sich nicht realisieren lassen. Andrerseits hat sich ja leider gezeigt, daß meine Befürchtungen nur allzu begründet waren. Der mit größtem Geschrei gegründete Freiheits-Verlag ist nach dem Erscheinen eines Buches den Weg allen Fleisches gegangen, und auch von den südamerikanischen Verlagen ist nicht mehr die Rede, ganz abgesehen davon, daß – wie Ihnen gewiß bekannt – Frachtsendungen zwi-

schen hier und Südamerika auf ein Minimum beschränkt sind, so daß praktisch überhaupt keine Möglichkeit bestände, ein Buch in Südamerika zu drucken und in Südamerika zu vertreiben oder hier zu drucken und in Südamerika zu vertreiben. Diese neue Einschränkung gilt übrigens nicht nur für Bücher in ausländischen Sprachen, sondern genauso für englische Bücher, die auch nicht mehr in irgendwelcher nennenswerter Anzahl nach Südamerika geschickt werden können.

Meiner aufrichtigen Meinung nach besteht augenblicklich keine ernsthafte Möglichkeit, ein Buch irgendwo in deutscher Sprache zu drucken. Überflüssig zu sagen, daß ich diesen Zustand nicht nur für vorübergehend halte, sondern sein Ende glaube kommen zu sehen. Das ist ja aber schon keine verlegerische, sondern eine politische Frage. Ich habe mir abgewöhnt, sie zu diskutieren.

Haben Sie irgendwelche Pläne, mal nach New York zu kommen? Ich sehe nicht recht, wann und wie ich nach Hollywood kommen kann, obgleich ich es sehr gerne täte. Von allem andern abgesehen, müßte ich ja auch eine Erlaubnis haben.

Herzlichste Grüße
Ihr
Landshoff

99 Bruno Frank an Landshoff

Beverly Hills, 10. April 1943

Liebster Friedrich,
ja, schön ist's nicht. Die Menschen fallen um wie die Kegel. Kommers Tod ist mir auch sehr nahegegangen, obgleich ich kritischer zu dem singulären Mann stand als Erika oder Liesl. Über ihn wäre viel zu sagen. Aber ein Ärmerwerden ist's eben doch.

Ich bin leider Deiner Meinung: Auf die Exilierten warten noch *herbe* Enttäuschungen. (Nicht auf mich übrigens, denn in *dem* Punkt war ich nie ein Optimist.) Aber was die Rolle angeht, die die Emigration in dieser Dekade des Grauens gespielt hat – wenn einer sich nichts vorzuwerfen hat, so bist Du's. Du hast das Deine getan, Dich auch wahrhaftig hinlänglich exponiert. Man braucht nicht in einem Tank gesessen zu haben, um ein guter Fechter zu sein.

Mein Brief, der den Deinen gekreuzt hat, wird Deine Befürchtungen zerstreut haben, ich beabsichtigte, »Dir Vertrag und Freundschaft zu kündigen«. Ich bin von solchen Phasen sehr weit entfernt, und das Morgenstern-Zitat in meinem Brief *erschöpft* die Situation.

Huebsch will »One fair Daughter« im Frühherbst herausbringen. Er schreibt mir (und er ist ja eher karg mit solchen Äußerungen), daß er sehr daran glaubt, sehr darauf setzt. Leute, die mit ihm gesprochen haben, Werfel zum Beispiel, bestätigen es mir. Hoffen wir, daß er sich nicht irrt!

Übersetzung: Huebsch hatte 5 oder 6 Übersetzer ausprobiert. Von keinem war er befriedigt. Endlich fand ich hier in Hollywood eine Dame, deren Probekapitel mir gefiel. Und auch Huebsch fand es gut. Sie hat wirkliches Sprachgefühl und ist mit Enthusiasmus bei der Sache. Jede Woche zweimal revidieren wir zusammen, was sie gemacht hat, in vielstündiger Arbeit. Wir hoffen bestimmt, im Juni fertig zu sein.

Ja, Mexico habe ich die Erlaubnis zum Druck gegeben, mit Deiner Zustimmung. Natürlich, ohne *irgend*ein Recht wegzugeben. Sie scheinen dort alle, Seghers, Renn, Kisch, e tutti quanti, das Buch gern zu haben. Ich weiß schon, daß der Umstand, so ein bourgeoises Täubchen wie mich im Schlage zu haben, da eine Rolle spielt. Wenn aber schon! Ich wollte, es lägen 77 deutsche Ausgaben vor (76 von Querido besorgt!). – Wann, glaubst Du denn, wird unser Manuskript in Stockholm angelangt sein?

Um über meine literary activities ferneren Bescheid zu geben: ich schließe eben eine Novelle ab, so 70 oder 80 Seiten, die für den Sammelband bei Simon and Schuster über »Hitler and the Ten Commandments« erscheinen soll. Du wirst von dem Unternehmen gehört haben. Thomas Mann hat seinen »Moses« dazu beigesteuert, den ich ganz außerordentlich kühn und großartig finde.

Als Jux sei ferner erwähnt, daß Houghton Mifflin zwei meiner Theaterstücke als Schulbuch publiziert hat, mit

Biographie, Kommentar und Wörterbuch. Aber welche zwei Stücke? »Zwölftausend« – und »Nina«. »Nina« besonders wird für die Dreizehnjährigen von entscheidendem Werte sein!

Es geht Liesl und mir soweit ganz gut. Abgesehen etwa von der Tatsache, daß wir auf dem untersten Grund unseres Geldsäckels angelangt sind. Wie wäre ein Erfolg willkommen gewesen. Nun, da ich schon vielmals in meinem nun schon langen Dasein at the end of my rope gewesen bin, wird sich vielleicht auch diesmal Minerva mit Mercur zu unseren Gunsten besprechen. Man kann sich inmitten der Sintflut über ein bißchen schlechtes Wetter nicht aufregen.

Ich glaube schon, daß wir gegen Ende des Jahres in New York auftauchen werden. Es hängt ein bißchen davon ab, wann wir hier zur Citizenship-Prüfung beschieden werden. Zeit wär's, daß wir uns einmal wieder nahe wären, mein Lieber. Wenn ich bloß denke, *wie viele* Briefe Dir das erspart.

Von Herzen Dein alter

Bruno

Bitte schick mir doch das eine Vertrags-Exemplar zurück!

100 Landshoff an Bruno Frank

New York, September 18, 1943

Liebster Bruno:

Dank für Deine beiden Briefe vom 9. und 11. September, die ich, zum mindesten teilweise, telegrafisch beantwortete.

Da ich sowohl aus Deinen letzten Briefen sowie von gemeinsamen Freunden erfahren hatte, daß Ihr Anfang September hier seid, hatte ich einige Fragen, die ich sonst schriftlich mit Dir erörtert hätte, bis zu unserem Wiedersehen aufgeschoben. Nun scheint ja Eure Übersiedlung auf unabsehbare Zeit verschoben zu sein. Hoffentlich sind es nur, wie Du vermutest, zwei bis drei Monate. In Hollywood mag es schneller gehen, und Eure Beziehungen mögen zu einer Beschleunigung beitragen – hier jedenfalls dauert es, außer bei Ärzten, nach der Citizenship-Prüfung noch ungefähr ein Jahr.

Die Herstellung der Anthology, für die Du Deine Erzählung zur Verfügung gestellt hast, hat sich recht lange hingezogen, und es war und ist eine enorme Arbeit, 150 Autoren aus 21 verschiedenen Ländern zusammenzubringen, zu übersetzen, die Rechte zu sichern und die notwendigen Daten festzustellen. Genaugenommen hat man nicht mit 150 Menschen, sondern mit 300–400 zu tun. (Fast jeder einzelne Beitrag mußte übersetzt werden, und in fast allen Fällen mußten Rechte mit irgendwelchen Instanzen, die häufig noch nicht einmal im Lande waren, geklärt werden.) So entstand eine weitverzweigte Korrespondenz, die Monate in Anspruch nahm. Dazu kam die Einziehung von Klaus, die Übernahme durch Kesten und die Tatsache, daß, als das Buch schließlich abgeschlossen war, es fast 2000 Seiten hatte und das notwendige Papier unter den gegenwärtigen Verhältnissen nicht zu beschaffen war, usw. usw. Kurz: dieses Buch war kein Kinderspiel, und einige Dutzend Schwergekränkte blieben auf dem Felde dieser Ehre zurück. Trotzdem hoffe ich, daß es ein leidlich repräsentatives Buch sein wird, und diese Meinung wird von einer ganzen Anzahl von Leuten, denen wir das Inhaltsverzeichnis vorgelegt haben, geteilt. Dies war auch ein Grund zu neuer Verzögerung. Der Book-of-the-Month-Club erwog es eine Zeitlang als »Dividend« – und schlug uns in diesem Zusammenhang Dorothy Canfield Fisher für eine Einleitung vor –, einen Vorschlag, den wir annahmen. Aber diese süßen Träume, die für einige Wochen die Sinne der Herausgeber sowie der Verleger beschäftigten, erwiesen sich als trügerisch.

Diese lange Vorrede diene zur Entschuldigung dafür, daß die Erzählung sich gerade jetzt beim Drucker befindet und zum mindesten bis zu dem Augenblick, in dem der deutsche Teil gesetzt ist, schwer aus seinen Klauen zu reißen ist, ohne eine heillose Unordnung anzurichten. Bitte versäume aber nicht, mir zu telegrafieren, wenn Du die Erzählung unbedingt brauchst. Dann muß ich diese Unordnung riskieren. Sonst mag es noch acht bis zehn

Tage dauern. Ich kann schwer den Tag bestimmen, da ich von den Setzern, die eine unleidliche Tyrannei ausüben, abhängig bin.

Was die deutsche Ausgabe des Romans anbelangt, so teile ich Dein Unbehagen vollständig. Ich muß damit rechnen, daß das deutsche Manuskript aus irgendeinem Grunde irgendwo festgehalten ist. Ich würde sehr gern noch einmal eine oder zwei Abschriften nach Schweden schicken – hast Du noch Exemplare? Du solltest mich jedoch nicht mit diesem Unfall belasten. Hier einmal ist die Bemerkung berechtigt: »There is a war on.« Daß ein Manuskript auf dem Wege von New York nach Europa verunglückt oder hängenbleibt, gehört zu den Dingen, die passieren können. Mit aus diesem Grunde habe ich auch von vornherein einer zweiten deutschen Ausgabe in diesem Erdteil zugestimmt. Zudem habe ich Dir bestimmt keinerlei Schaden zugefügt, da Du ein Exemplar an einen Schweizer Verleger überhaupt nicht hättest schicken können. Der Versand nach Schweden war ein Versuch, der auf den ersten Anhieb nicht geglückt ist, der aber, wenn auch mit einigem Zeitverlust, bestimmt gelingen wird. Außerdem wird der Zeitpunkt für das Erscheinen des Buches immer günstiger. Die Postverbindung ist gerade jetzt wieder normal.

Ich bitte Dich also sehr herzlich, mich wissen zu lassen, ob ich von Dir ein zweites Exemplar bekommen kann, damit ich noch einmal mit größter Sorgfalt den Versand vornehme und schnellstes Erscheinen in Europa vorbereite.

Laß bitte sehr bald von Dir hören und laß mich wissen, wie es Liesl und Dir geht.

In großer Herzlichkeit

stets Dein

[Landshoff]

Bruno Frank an Landshoff 101

Beverly Hills, 23. November 1943

Mein lieber Friedrich,
Dein Brief vom 14. gab mir wieder sehr stark das Gefühl des Bei-Dir-zu-Hause-Seins, das mich im Grund nie verlassen hat und das nur zeitweise durch Dein monatelanges Verstummen und durch gewisse Unklarheiten oberflächlich gestört wird. Ich wünsche nichts zu tun, was unser enges Zusammenbleiben in aller Zukunft im geringsten in Frage stellt.

Ich werde also diese schwedische Sache lassen, obwohl 1 000 oder 1 500 Dollars jetzt eine Rolle für mich spielen. Warum sollte ich übrigens den Namen der Firma dort nicht »preisgeben«? Es handelt sich um einen Konzern, der sich mit den Initialen S. L. T. bezeichnet, ein Druckereiunternehmen von, wie man mir sagt, außerordentlicher Finanzkraft. Die Leute gliedern sich jetzt (oder haben sich bereits angegliedert) einem Verlag an, der als Ljus Förlag firmiert und offenbar mit deutscher Literatur bereitstehen will, sowie der Markt sich öffnet. Man hat mir über ihre Verbindungen mit englischen und amerikanischen Stellen sehr befriedigende Informationen gegeben.

Aber ich denke, wie gesagt, nach Deinem Brief an keinen Abschluß mehr, der unsere Allianz für die Zukunft im mindesten belastet. Wenn ich überhaupt was tue, so würde ich den Leuten höchstens ein altes (Vor-Landshoff)-Buch überlassen, »Fürstin«, »Tage des Königs« oder »Trenck«. Aber selbst *das* nach Deinem Brief nur ungern und wenn alle finanziellen Stränge reißen. Auch weiß ich durchaus nicht, ob S. L. T. auf so einen alten Köder, ohne Zukunftsversprechen, überhaupt anbeißen würde. Ich glaube eher: nein.

Nun aber, mein Lieber, sehe ich etwas nicht ein: da der Zeitpunkt unserer Übersiedelung nach New York noch unsicher ist, warum solltest Du mir nicht Deine Pläne für Publikation meiner Bücher brieflich darstellen? Mir ist alles ganz unklar. Ich bin zum Exempel überzeugt, daß der »Cervantes« (den wir aber doch endgültig in »Ein gewisser Cervantes« umtaufen werden) ein wirklich wertvolles

Objekt darstellt, daß für Euch und für mich in diesem Buch eine Goldmine steckt. Auch werde ich allmählich ein recht ältlicher Autor, der die im letzten Brief erwähnte sechs- oder siebenbändige Ausgabe seiner ausgewählten Schriften gerne noch in Lebensnähe vor sich sähe. Hast Du Dich eigentlich einmal mit Bermann über meine literarische Person verständigt? Du wirst doch sicherlich mit ihm (und mit Bonnier) eng zusammenarbeiten. Und mein Gefühl ist, daß Du diesem ganzen Komplex in Deinen Briefen aus dem Wege gehst. Du wirst keinen Zweifel mehr hegen, daß ich für alle Zukunft eng mit Dir zusammengehören möchte; aber, bitte, laß mich so viel wissen, als Du nur kannst.

Niemand kann mehr als ich Deine Meinung teilen, daß nur das Buch im Original wirklich zählt. Es ist in meinem Fall noch besonders wahr. Erfolge, sogar halbe Erfolge, in andern Ländern sind in meinem Fall (erfreuliche) Mißverständnisse. Ich brauche mir nur das Meer der amerikanischen Produktion anzusehen! Das ist alles Journalismus zwischen zwei Buchdeckeln, ein paar Ausnahmen abgerechnet. Je wahrer das ist, desto stärker mein Wunsch, zu wissen, wohin wir zusammen segeln.

Ich bereite was Neues vor und will Dir sagen, was es ist. Ein sehr ehrgeiziger Plan. Eine große, ausgreifende Erzählung aus der Zeit der Restauration (etwa die Zeit des jungen Balzac). Das ist eine höchst merkwürdige Periode, die zu der unsern viele Parallelen aufweist. Alle Elemente, aus denen sich die Geschichte der neueren Welt zusammensetzt, stoßen da auf engem Raum zusammen: der Feudalismus, sterbend in den letzten Bourbonen; das Großbürgertum, die »Bank«, die durch ihre Exponenten Laffitte und Casimir-Périer die Revolution von 1830 zum Scheitern bringt und sich in Louis-Philippe ihr Instrument schafft; und das europäische Proletariat dieser frühindustriellen Epoche, das in den furchtbaren Aufständen in Lyon zum ersten Mal bewußt demonstriert.

Natürlich soll das alles nur Unter- und Hintergrund sein für eine wirkliche »Geschichte«, deren Figuren mir schon alle lebendig vor Augen stehen. Es wird ein vielmaschiges Gewebe sein – nicht so linear erzählt wie meine anderen

Sachen. Aber von meiner formalen Besessenheit werde ich ja schwerlich ablassen, »herunterhauen« kann ich nicht, und so wird's ein länglicher job werden. Schaffe ich's in zwei Jahren, so ist das schon Nurmi. Aber ich nehme an, Du ziehst mich Curt Riess trotzdem vor.

Was hörst Du aus Holland? Gibt es Wege der Mitteilung für Rini und für Landauer? – Meine 78jährige Mutter und einer meiner Brüder sind in Italien – wo? Todesschweigen. Überhaupt – –

Schreibe bald. Warte mit Deinen Mitteilungen nicht, bis wir ostwärts kommen. Ich glaube Dir ausgedrückt zu haben, wie wichtig mir's ist.

Sei umarmt.

Dein

Bruno

Bruno Frank an Landshoff 102

Beverly Hills, 16. XII. 1943

Liebster Friedrich,
dies soll Dir nur für den nun eingetroffenen Scheck danken und rasche Herstellung wünschen. Das ganze Office krank; so was ist lieblich gerade vor Weihnachten! Bei uns war's die ganze *Familie,* Fritzi, Liesl und ich, und wir wanken noch immer auf schwächlichen Beinchen umher. *Um* einen sieht's auch gar nicht schön aus. Was ist in diesen Jahren nicht alles weggebrochen aus unserer Welt; jetzt liegt gleich um die Ecke Werfel krank, bedrohlich krank. »Bald fehlt einem der Wein, bald fehlt einem der Becher«, sagt Hebbel. Aber wer soll eigentlich diese ganze Epoche unzerknaxt ertragen!

Von Dir fürchte ich ja immer, daß Du Dich nach der Sintflut als Holländer pur sang mit Rini nach der Insel Walcheren zurückziehst und auf alles, was deutsche Literatur hieß, mit Mißachtung zurückblickst. Aber da Du mir auf der Insel Walcheren immer noch eine Million mal lieber bist als alle smarten Geschäftemacher in allen stehengebliebenen Metropolen, gedenke ich Dein Gefolgsmann zu bleiben, wie Kent dem Lear. Trotzdem wirst Du begreifen, daß ich mit Spannung die Antwort auf meinen letzten

Brief erwarte. Verschiebe sie nicht zu lange, wenn Du einmal erholt bist! Die Fragen, die ich gestellt habe, sind ja ziemlich lebenswichtig für mich.

Wir dachten, jetzt schon Bürger zu werden. Aber die Sache zieht sich hin, nicht aus besonderen Gründen, sondern offenbar, weil die Behörden »short of hands« sind. Die Wahrscheinlichkeit spricht jetzt für Januar. Und dann werden wir diesem Pappdeckel-Eden hier, in dem für uns doch keine süßen Früchte mehr reifen, den Rücken wenden.

Laß Dir's rasch besser und *gut* gehen, mein Lieber. Und erfreue mich mit Deinen Nachrichten noch vor der Jahresschwelle.

In Liebe, Dein alter
Bruno

103 Landshoff / Gottfried Bermann-Fischer
an Alfred Döblin

New York, December 20, 1943

Lieber Herr Dr. Döblin:
Wir haben das Schreiben dieses Briefes immer wieder aufgeschoben, weil wir Ihnen einen Vorschlag machen wollten, der Sie in die Lage versetzt hätte, Angebote von anderer Seite abzulehnen. Leider aber haben wir bisher keine Möglichkeit für eine Publikation Ihres Buches in der nächsten Zeit finden können. Die Verbindung mit Stockholm hat sich in den letzten Monaten so wesentlich verschlechtert, daß wir keinen sicheren Weg mehr sehen, das Manuskript hinüberzuschicken.

Unter diesen Umständen können wir Ihnen kein Angebot machen, das materiell von Interesse für Sie sein könnte. So wie die Dinge liegen, bleibt uns nichts anderes übrig, als Ihnen freizustellen, mit einem anderen Verleger abzuschließen. Sollte eine solche Möglichkeit nicht vorhanden sein, so würden wir gern später einmal über die Veröffentlichung bei uns sprechen. Wir würden es tief bedauern, wenn nach unserer langjährigen Verbindung mit Ihnen eines Ihrer Bücher – und gerade diese wichtige Fortsetzung des bei uns erschienenen Buches »Bürger und Soldaten« – einen anderen Verlagsvermerk tragen sollte. Wir begreifen aber vollkommen, daß Sie in der augenblicklichen Situation Ihre volle Handlungsfreiheit haben müssen. Bitte, lassen Sie uns recht bald wissen, wie Sie sich entschieden haben. Inzwischen geben wir das Manuskript Peter mit dem Auftrag, es an Herrn Rosin weiterzuleiten.

Ein Exemplar von »Heart of Europe« wurde heute an Sie auf den Weg gebracht. In der Anlage finden Sie einen Scheck über $ 50.– für Ihren Beitrag.

Seien Sie vielmals gegrüßt von

Ihren

F. H. Landshoff G. B. Fischer

Landshoff an Bruno Frank 104

New York, 31. Dezember 1943

Liebster Bruno,

der letzte Brief dieses Jahres soll an Dich gehen. Ich danke Dir sehr herzlich für Deine Zeilen, die ich längst beantwortet hätte, wenn ich nicht, wie ich Dir schon letzthin schrieb, in den letzten Wochen »unpäßlich« gewesen wäre. Es betrübt mich sehr aufrichtig, daß Eure New-Yorker Reise sich stets vertagt – um so mehr, als ich mehr und mehr den Eindruck gewinne, daß Du Deine eigene Reise vielleicht überhaupt aufgeben willst. Freilich scheint mir diese Änderung Deiner Pläne zumindest den einen ebenso guten wie erfreulichen Grund zu haben: die Arbeit an Deinem neuen Buch. Die wenigen Worte, mit denen Du das Thema skizzierst, klingen sehr vielversprechend, und ich bin äußerst begierig, den Anfang des Buches zu sehen, sobald er vorliegt.

Ich bin Dir noch Antwort schuldig auf Fragen über meine Pläne nach dem Krieg. Es ist kein Zufall, daß ich diese Antwort ausgestellt habe. In einem meiner letzten Briefe habe ich Dir einigermaßen ausführlich – wenn auch nicht in Einzelheiten – auseinandergesetzt, was ich zu tun gedenke. Mit der Auskunft über die Einzelheiten aber hapert es, und ich glaube, daß kein Mensch eine wirklich vernünftige Antwort auf diese Frage geben kann. Daß mein Verlag eine solche Ausgabe Deiner Bücher, wie sie Dir vorschwebt, von Herzen gerne machen möchte und machen wird, bedarf kaum einer Bestätigung. Indessen mache ich mir wirklich Sorgen darüber, daß Du in einem Zeitpunkt, in dem es Dir materiell nicht gut geht, ein festes Angebot von $ 1 500.– ausschlagen sollst. Da keine Kombination für nach dem Krieg heute schon endgültig sein kann, bin ich jeder Anregung, und sicherlich jeder Anregung, die Dir von Nutzen sein kann, zugänglich. Wer vertritt diesen nobeln Konzern in den Vereinigten Staaten, und hast Du irgendein Bedenken dagegen, daß ich den Mann kennen werde? Jedenfalls könnte ich Dir nach einer solchen Unterhaltung über meine persönlichen Eindrücke berichten, und vielleicht ließe sich eine Kombination finden, die Dir schon jetzt Mittel zugänglich macht.

Schreibe mir darüber und schreibe mir, wie es Euch geht. Schreibe mir, ob Du in einigermaßen guter Verfassung das neue Jahr begonnen hast und wie die Arbeit vorangeht.

Mit innigsten Wünschen für Liesl und Dich, in alter Freundschaft,

Dein

[Landshoff]

105 Landshoff an Lion Feuchtwanger

New York, March 31, 1944

Lieber Dr. Feuchtwanger:

Verzeihen Sie mir, daß ich Ihren Brief erst heute beantworte. Ich darf wohl einiges Verständnis von Ihrer Seite erhoffen, wenn ich Ihnen sage, daß ich in der ganzen letzten Woche recht übel mit der Galle zu tun hatte und wirklich nicht imstande war, zu arbeiten.

Ihr Brief vom 15. März hat mich bestürzt und betrübt, wenngleich ich ihn verstehe. Lassen Sie mich ein wenig ausholen, auf die Gefahr hin, daß ich Dinge erwähne, die Ihnen nur allzu geläufig sind. Seit 1926 bin ich Ihr Verleger, und ich glaube sagen zu dürfen, daß wir in diesen vielen Jahren manches freundschaftliche und erfreuliche Gespräch geführt haben und daß auch Sie wenig Ärgernisse hatten. Unmittelbar nachdem die Nazis sich in Deutschland etabliert hatten, besuchte ich Sie in Bandol und unterbreitete Ihnen meine Vorschläge. Sie werden sich erinnern, daß Sie mir damals von einer großen Anzahl von Unternehmungen erzählten, die, mit erheblichen Mitteln, im Begriffe waren, deutsche Emigranten-Autoren aufzunehmen, und mit verlockenden Vorschlägen bereits an Sie herangetreten waren. Sie entschieden sich schnell dafür, Ihrem alten Verleger treu zu bleiben, ohne damals wissen zu können, daß die anderen Unternehmungen zum erheblichen Teil sich überhaupt nicht realisierten oder aber zu einem Resultat führten, das in jedem Falle dem des Querido Verlages nachstand. In den Jahren 1933 bis 1940 war ich – mit Hilfe meines Freundes und Partners Querido – nicht nur in der Lage, Ihre gesamte Produktion stets sehr schnell in würdigen Ausgaben herauszubringen, sondern auch eine Gesamtausgabe herzustellen, in der nicht nur ein Band wie die Dramen, sondern auch der eine oder andere Nachdruck bestimmt nicht der »Profitgier des kapitalistischen Verlegers« sein Entstehen verdankt.

Ich war auf diese verlegerische Verbindung, die ich stets für eine mehr als verlegerische Beziehung hielt, stolz und habe in all diesen Jahren den Eindruck gehabt, daß Sie zum mindesten nicht unzufrieden waren. Sie berufen sich in Ihrem letzten Brief darauf, daß ich mich in der Frage Ihrer deutschen Ausgaben Ihnen gegenüber in den letzten Jahren besonders wortkarg und unwirsch verhalten habe. Ja, ich war wortkarg, da ich es verabscheue, Versprechungen zu machen, von denen ich nicht weiß, wie ich sie halten kann, und mich in vagen Andeutungen zu ergehen, wenn die Umstände ein festes Programm nicht zulassen. Unwirsch dagegen wollte ich gewiß nicht sein, und wenn ich diesen Anschein erweckte, bedaure ich es sehr.

Die Zeit vom 28. April 1940 an – dem Tage, an dem ich Holland verließ – war nicht schön, und ich melde mich lieber, wenn es Aussichten und Pläne zu besprechen gibt, als in trüben Zeiten.

Es war und ist mir bekannt, daß seit langer Zeit – genau wie nach 1933 – eine große Anzahl teilweise sehr spekulativer Projekte bearbeitet werden und daß eine große Anzahl Autoren – mehr noch als nach 1933 – von allen möglichen und unmöglichen Seiten mit verlockenden Angeboten bestürmt werden. Ein Teil dieser Pläne ist wohl schon wieder abgebaut (so hatte ich zum mindesten den Eindruck, daß Hamilton nach Lothars Tod nicht mehr mit dem alten Eifer die deutschen Pläne betreibt), ein Teil geht weiter, und neue kommen hinzu. Ich hatte jedoch stets gehofft, daß Sie nüchtern und realistisch genug sind, um zu sehen, daß wenig Vorteile darin liegen, sich heute schon zu binden – zumal wenn es sich um Menschen und Betriebe handelt, die man nicht einmal kennt und die sich ohne Erfahrung auf ein neues Gebiet begeben. Wenn ich Ihnen Ende letzten Jahres noch keine endgültigen Vorschläge machen konnte, so deshalb, weil ich selbst noch stets nach der besten Lösung nicht nur für mich, sondern für den Kreis der Autoren, deren Interessen ich fast 20 Jahre lang vertreten habe, suchte. Eine solche Lösung habe ich jetzt gefunden. Ich war im Begriff, Ihnen zu schreiben, als Ihr Brief eintraf.

Ich werde unverzüglich die Querido-Produktion wieder aufnehmen. Ich habe mit Bonnier (einer der Bonniers ist in New York) Vereinbarungen getroffen, die mir ein Gastrecht einräumen bis zu dem Tag, an dem nach der Befreiung von Holland der Querido Verlag seine Tätigkeit wieder voll aufnehmen kann. Der vierte Band des »Joseph« kann unverzüglich in Satz und Druck gehen. Ich bin gern bereit, Ihnen einen angemessenen Vorschuß auf diesen Band zu zahlen, und ich hoffe, daß Ihre Dispositionen über Ihre neue Produktion nicht so weit gehen, daß unsere Zusammenarbeit für die Zukunft gefährdet ist. Ihre Gesamtausgabe ist, soweit ich weiß, noch vorhanden. In der Schweiz dürfte sie noch erhältlich sein, ebenso in Schweden. Es wird nicht mehr allzu lange dauern, bis ich in der Lage sein werde, Ihnen mitzuteilen, ob die Exemplare »Exil« noch vorhanden sind oder ob wir das Buch neu drucken werden.

Bevor ich Ihnen weitere Vorschläge mache, würde ich mich freuen, von Ihnen ein paar Zeilen zu erhalten, die mir bestätigen, daß die alte Verbindung von Ihrer Seite nicht abgebrochen ist. Ich jedenfalls versichere Sie und Ihre Gattin alter Anhänglichkeit

Ihres F. H. Landshoff

Landshoff an Liesl Frank 106

New York, June 11/14, 1944

Liebste Liesl:
Ich bin sehr glücklich, aus Deinem Brief zu ersehen, daß Brunos Zustand sich so sehr gebessert hat, daß er wieder stundenweise im Studio arbeiten kann. Das ist gewiß ein großer Erfolg – sicher nicht zuletzt Deiner Pflege und Sorge zuzuschreiben. Die Nachrichten dieser Woche – so aufregend sie waren und sind – werden ja auch eine günstige Wirkung auf Brunos Zustand ausüben.

Um so mehr muß es mich natürlich treffen, wenn Du mir schreibst, daß ich (oder meine Nachrichten) dazu beitrage, Bruno aufzuregen und zu irritieren. Du wirst Dir vorstellen können, daß mir kein Gedanke schrecklicher sein könnte. Wenn ich Deinen Brief nicht eher beantwortete, so nur deshalb, weil ich einigermaßen ratlos war.

Ich will es an den gewünschten Erklärungen gewiß nicht fehlen lassen – wenngleich ich die Widersprüche, die Du in meinen Telegrammen und Briefen findest, selbst nicht sehe. Wie ich Euch telegrafierte, habe ich den Vertrag mit Bonnier und Bermann besprochen. Du schriebst, im Vertrag sei der Fischer Verlag nicht erwähnt. Das entspricht aber doch nicht den Tatsachen. Er ist im Paragraph 8 ausdrücklich erwähnt. Zudem ist der »Proforma-Vertrag«, auf den ich mich in meinem Brief berufe und der ausschließlich für die Genehmigung durch das Treasury Department bestimmt ist, durch Fischer eingereicht. Die Zahlung selbst wird (wie im Augenblick alle für den Bermann-Fischer und den Querido Verlag) durch Bonnier zur Verfügung gestellt. Meine Telegramme gaben also den Tatbestand ganz korrekt wieder. Jeder einzelne

Vertrag, den wir ausschreiben, ist das Resultat von Besprechungen zwischen Bonnier, Bermann und mir. Die Verträge für die Querido-Autoren (z. B. Feuchtwanger, Vicki Baum, Kesten usw.) werden ausnahmslos alle »nur« von mir gezeichnet, die der Bermann-Fischer-Autoren von Bermann. Von Bonnier werden weder die einen noch die anderen Verträge gezeichnet. Meine Produktion genauso wie die Bermannsche wird für die Kriegsdauer durch den schwedischen Verlag wahrgenommen. Es unterliegt keinem Zweifel, daß Bermann und ich auch nach dem Kriege, genau wie in der letzten Zeit vor dem Kriege in der »Forum«-Bücherei und in zahlreichen anderen gemeinsamen Unternehmungen, zusammenarbeiten werden. Das werden wir um so eher tun, als auch der amerikanische Verlag (L. B. Fischer Publ. Corp.) eine gemeinsame Gründung von uns war, an der sich übrigens gerade in den letzten Tagen – nachdem eine solche Lösung bereits lange vorbereitet war – Bonnier auch maßgebend beteiligt hat (wenngleich, ohne Wert darauf zu legen, daß diese Beteiligung allzu bekannt wird).

Das Querido-Imprint wird auf alle Fälle erhalten – ob es nach dem Kriege wieder alleine in den Büchern stehen wird oder in Verbindung mit dem Fischer-Imprint, kann ich heute noch nicht mit voller Sicherheit sagen, glaube aber nicht, daß das von entscheidender Bedeutung für Dich oder Bruno sein kann. Es war Bermanns Absicht – und ich glaube aus Brunos Brief zu entnehmen, daß Bruno sie durchaus verstanden hat –, Bruno aufs herzlichste fühlen zu lassen, wie sehr er sich freute, daß seine Gesamtausgabe nicht nur mit dem Namen Querido verbunden ist, sondern – zumindest für die nächste Zukunft – durch die Fischer-Organisation besorgt würde.

Was den Wortlaut des Vertrages anlangt, so schließt er sich – genau wie in meinem Brief, auf den Du Dich beziehst, auseinandergesetzt – den Bermannschen Verträgen mit Werfel und Thomas Mann an; darüber hinaus versuchte ich, Brunos speziellen Wünschen in der Formulierung gerecht zu werden.

June 14, 1944

Liebste Liesl:
Bis zu diesem Punkte war ich letzten Sonntag vorgedrungen, als es mir in den Sinn kam, daß es das Netteste wäre, wenn ich Euch an Brunos Geburtstag anrufen würde. Ich bin sehr glücklich, daß ich es getan habe – in erster Linie wegen des ausgezeichneten Eindrucks, den ich von Bruno am Telefon gewann –, sicher aber auch, weil ich mich der Hoffnung hingebe, daß unser Gespräch die Mißverständnisse oder Unklarheiten, die bestanden, geklärt hat. Du willst aber trotzdem den Brief haben. Ich schicke ihn Dir also, trotzdem manches durch unser Telefongespräch überholt ist.

Laß mich nochmals die Hoffnung aussprechen, daß Ihr den Vertrag gerne und ohne irgendein Bedenken unterschreibt. Besteht aber dieses Bedenken aus irgendeinem Grund, so laß es mich wissen. Wie ich es immer und immer wieder gesagt habe, liegt mir mehr an Brunos Ruhe und an Eurer Freundschaft als an irgendwelchen Verträgen. Wie ich Dir gestern am Telefon sagte, ist inzwischen die Genehmigung der Federal Reserve Bank zu dem Proforma-Vertrag eingetroffen. Ebenso ist das Geld aus Stockholm angekommen. Solltet Ihr Euch also zur Unterschrift des Vertrages entschließen, so kann ich die Überweisung sofort veranlassen.

Sehr, sehr herzliche Grüße und innige Wünsche für Bruno und Dich

stets
Euer
[Landshoff]

Hermann Kesten an Landshoff 107

New York, 21. Juli 1944

Lieber Landshoff,
ich schicke Ihnen hiermit die Abschrift einer Skizzierung einer amerikanischen Anthologie in deutscher Sprache, die mir Klaus Mann aus Italien zuschickt, mit der Bitte, sie dem Querido Verlage vorzulegen, falls ich einverstanden wäre, diese Anthologie mit ihm zusammen zu machen.

Mir erscheint seine Idee recht gesund.

Natürlich würde sich das Bild dieser Anthologie durch meine Mitwirkung etwas verändern, in Einzelheiten, über die wir diskutieren müßten.

Klaus Mann nennt als Vorteile technischer Natur, daß wir alle Beiträger und Verleger hier im Lande haben und daß es dank Hitler und der massenhaften Emigration deutscher Dichter ein leichtes sein wird, gute Übersetzer unter ihnen zu finden. Er selber möchte Thomas Wolfe, Saroyan, Gertrude Stein, vielleicht Carson McCullers und einige wenige Gedichte übersetzen.

Er schlägt vor, daß wir die fertige Anthologie etwa fünf Monate nach Ende des deutschen Krieges anzuliefern hätten. Wir, die beiden Herausgeber, erhielten Royalties und einen angemessenen Vorschuß etwa zur Zeit des deutschen Zusammenbruchs und einen kleinern Teil bei Abschluß dieses tentativen Kontrakts. Der nächste Schritt wäre der langsame Beginn der Übersetzungen bzw. die Vorbesprechung der Essays für Teil 4. Klaus Mann stellt sich etwa 600 Seiten Umfang, zahlreiche Illustrationen, Druck in Stockholm, Verkaufspreis 4.50 Mark, einen Verkauf von 20000 im deutschlesenden Ausland Europas und 200000 in Deutschland/Österreich vor, in einigen Monaten. Auf seinen Wunsch sende ich gleichzeitig eine Kopie seiner Outline an Thomas Mann.

Herzlichst Ihr
H. Kesten

108 Bruno Frank an Landshoff

Beverly Hills, 24. August 1944

Was für Tage, mein Liebster! Jetzt sollte man zusammensein. Daß man's *doch* noch erlebt, wenn auch klapperig und japsend! Meine Empfindungen sind den Deinen sehr ähnlich, nur hab ich mehr Grund zu ihnen. Die zwei gewaltigsten Kriege der Erdgeschichte, und davon habe ich einen mitgemacht – auf der falschen Seite! Vielleicht ist es ein albernes Gefühl – aber ich bin safrangelb vor Neid auf Erika, Klaus, Golo.

Dank für den Brief, der so besonders reizend war. Und einen ganz neuen, wunderbaren Hoffnungsklang hatte. Ja, das Paradies wird *nicht* anfangen, es fängt nie an – aber man wird noch eine Weile in einer Welt zusammen weiter wandeln, die ein *bißchen* anständiger ist.

Gestern abend waren Manns bei uns, und ich habe meine Probleme mit ihnen besprochen. Erst den »Cervantes«-Titel. Th. M. ist ganz *Deiner* Meinung, und also füge ich mich:

Cervantes
Ein Roman

oder

Cervantes
Ein biographischer Roman.

Aber ich glaube, das erste, wie bisher, ist besser. Jedenfalls: nichts »Gewisser«.

Was die Frage angeht, in welchem Buch Th. M.s Einleitung stehen soll, so ist er (und ich) durchaus für den »Cervantes«. Werdet Ihr nicht dies Buch und die »Tochter« ungefähr *gleichzeitig* auf den deutschen Markt bringen? Damit ist auch dieses Problem wohl erledigt. Bitte schreibe mir genau über Eure Pläne, die doch sicher gerade jetzt feste Gestalt annehmen.

Ich bin zu meinem »Chamfort« zurückgegangen, aber einstweilen noch *sehr* andante. Meine Arbeitskraft ist schwer heruntergesetzt, und ich bin noch immer absurd ermüdbar und reizbar. Ein Luftwechsel hätte sich empfohlen (ich war fast 5 Jahre nicht weg von hier); aber alles in erreichbarer Nähe ist überfüllt oder von der Armee requiriert. Dagegen haben wir endlich *beschlossen*, im Oktober nach New York zu kommen, auf 4–6 Wochen. Wir haben sogar schon Quartier. *Erste* Hälfte des Monats wahrscheinlich schon. Ich freue mich drauf, und am allermeisten – wenn ich mich auf Herz und Nieren prüfe – auf Dich. So does Liesl.

Ich hoffe, Du wirst mit uns verkehren, obgleich ich bekanntlich Kommunist bin. Davon läßt sich die FBI nicht abbringen, und das ist gerade in meinem Fall ein so besonders komischer Witz. Es ist jetzt ein volles Jahr, seitdem wir die Prüfung abgelegt haben.

Wie wird sich die Befreiung in Holland abspielen? Ich versuche mir's immer vorzustellen, in Gedanken an Dich. Und meine Hoffnung (und Meinung) ist: ohne viel Kämpfe, »im Zuge der allgemeinen Frontverkürzung«. An dem Tage werde ich eine ganze Flasche Sekt ganz allein trinken, auf Rini, Landauer, Dich, ohne Rücksicht auf mein lädiertes Herz.

Das Beste und Wärmste von Liesl und Deinem

Bruno

109 Arnold Zweig an Landshoff

Haifa, den 5. Dezember 1944

Lieber Dr. Landshoff,
nachdem ich all die Jahre vom Verlag Querido nichts gehört habe und ich auch auf meine Briefe an Sie – seit 1939 mindestens drei – ohne Antwort blieb, muß ich jetzt zur Klärung der Situation einige Fragen an Sie richten, so daß ich in der Lage bin, im neuen Jahre meine Bücher wieder auf den Markt zu bringen.
1). Sind Sie in der Lage, mir bindend zu erklären, daß der Verlag Querido noch besteht und wo?
2). Wird er bereit sein, im kommenden Jahre die längst fälligen Neuauflagen meiner Romane vorzunehmen, falls er seine Tätigkeit noch fortsetzt?
3). Haben Sie von Secker & Warburg während der Kriegszeit Abrechnungen und Zahlungen über den Verkauf meiner Romane erhalten, und wenn ja, über was für Beträge?
4). Haben Sie, der Sie sich in Amerika aufhalten, Ihre Beziehungen zu Querido gelöst, und stimmt es, daß Sie mit Herrn Dr. Bermann den L. B. Fischer Verlag gegründet haben?

Sie wissen ja, daß meine Beziehungen zu Ihnen und dem Hause Querido stets freundschaftlich waren und daß ich mich insbesondere immer fair und freundschaftlich verhielt. Da aber der Satz »charity begins at home« für niemanden so sehr gilt wie für einen emigrierten Schriftsteller, der sich endlich wieder seiner körperlichen Kräfte und Fähigkeiten bedienen kann – als wir uns zuletzt sprachen, stand ich erst am Anfang all der Folgen, die mein Autounfall von 1938 nach sich ziehen sollte –, ist es mir wichtig, das Vergangene klarzustellen, bevor ich neue Beziehungen ausbaue. Sollte dieser Brief aus irgendeinem Grunde ohne Antwort bleiben, so halte ich meine Fragen 1). bis 3). für verneint und mich von allen alten Bindungen für frei. Inzwischen ist es Ihnen hoffentlich einigermaßen ergangen;

in dieser Hoffnung

bin ich mit besten Grüßen
[Arnold Zweig]

Landshoff an Arnold Zweig 110

New York, February 8, 1945

Lieber Herr Zweig,
haben Sie sehr herzlichen Dank für Ihren Brief, über den ich mich um so mehr gefreut habe, da er das erste Lebenszeichen war, das ich von Ihnen seit vielen Jahren erhielt. Ich bedauere sehr aufrichtig, daß unsere Verbindung, die so lange Zeit hindurch so eng gewesen ist, in den letzten Jahren unterbrochen war, und ich will und werde von meiner Seite aus bestimmt alles dazu tun, um sie wieder so eng wie in den alten Tagen zu gestalten.

Vor allem möchte ich Ihnen versichern, daß ich zuversichtlich hoffe, wieder wie in den Jahren seit 1926 Ihr Verleger sein zu dürfen. Es hat mich herzlich gefreut, ein Kapitel des Buches lesen zu können, über das wir schon vor vielen Jahren korrespondiert haben. Sie werden sich vielleicht erinnern, daß Sie mir ein »outline« des »Henker«-Romanes schon nach Amsterdam geschickt hatten. Lassen Sie mir bitte so schnell wie möglich ein Exemplar des Romanes zukommen. Das Buch könnte im Herbst in Stockholm erscheinen. Ich würde Ihnen gerne sogleich bei Vertragsunterzeichnung einen Betrag von $ 500 a conto der üblichen Tantiemen auszahlen. Die Bücher des Querido Verlages werden für die nun endgültig sehr kurze Zeit bis zur Befreiung von Holland in Stockholm bei Bermann-Fischer gedruckt und werden nach dem Kriege wieder das alte, gute Querido-Imprint tragen. Ähnliche Vereinbarungen habe ich in den letzten Wochen und Monaten mit einer Reihe Autoren wie Feuchtwanger, Seghers, Weiskopf, Bruno Frank u. a. gemacht.

Noch in einer anderen Angelegenheit muß ich Sie befragen; ja: da eine sofortige Entscheidung notwendig war, habe ich Ihr Einverständnis gewissermaßen vorausgesetzt. Im Zusammenhang mit dem War Department wird eine Serie von broschierten, auf Holzpapier gedruckten Büchern in Format und Ausstattung der »Penguin«-Bücher hergestellt. Diese Ausgaben sind nicht für den öffentlichen Handel, sondern ausschließlich »to be available to a special class of German speaking persons, now residing in this country, whose reading matter is furnished by the War Department«. Die Bücher tragen auf der Titelseite ein Imprint, das eindeutig die Ausschließlichkeit dieses Gebrauches ankündigt. Die erste Liste von zwanzig Büchern, die in Zusammenarbeit mit dem War Department zusammengestellt wurde, schließt neben Werfels »Musa Dagh«, Thomas Manns »Buddenbrooks«, Leonhard Franks »Räuberbande« usw. auch den »Grischa« ein. Sämtliche in diesem Lande lebenden Autoren haben dieser Ausgabe ihre Zustimmung gegeben. Genau wie bei den »Penguin«-Büchern wird ein Honorar von 1 cent per Exemplar gezahlt. Für die erste Auflage von 10000 Exemplaren werden $ 100, zahlbar sofort, garantiert. Die Umstände verbieten mir, zu sehr in Details zu gehen; Tatsache jedoch ist, daß sich alle Autoren mit der Aufnahme ihrer Bücher zu dieser Serie einverstanden erklärt haben. Die Tatsache, daß diese Ausgabe niemals in den Handel kommen wird und in keiner Weise mit anderen Ausgaben dieses Buches in deutscher Sprache in Konflikt geraten kann, in Verbindung mit meiner Versicherung, daß es sich um ein mit der War Effort in Verbindung stehendes Unternehmen handelt, an dem sich keiner bereichern kann oder wird, schien mir Grund genug, als Ihr alter Verleger dieses Buches meine vorläufige Zustimmung für Sie zu geben, die ich Sie bitte, an mich zu bestätigen.

Sobald ich Antwort auf diesen Brief habe, will ich Ihnen weitere Vorschläge machen. Lassen Sie mich bitte in Ihrem

Brief wissen, wie es Ihnen und den Ihren geht, und schreiben Sie mir bitte über Ihre Pläne; ich werde Ihnen sofort antworten.

Mit herzlichen Grüßen
Ihr Landshoff

Landshoff an Lion Feuchtwanger 111

New York, 17. März 1945

Lieber Herr Dr. Feuchtwanger,
Dank für Ihren Brief vom 28. Februar. Ich scheue mich, stets dasselbe zu schreiben und auf meinen kommenden Besuch zu verweisen, dessen Kommen Sie aus jahrelanger Erfahrung nicht ohne Grund bezweifeln. Trotzdem: Meine Pläne sind unverändert, und ich hoffe noch immer, daß sie sich bald verwirklichen.

Sie fragen nach dem holländischen Verlag. Herr Warendorf und ich haben hier eine Anzahl Bücher in holländischer Sprache (Manuskripte holländischer Autoren) verlegt. Diese Bücher sind hier gedruckt und von hier aus nach Curaçao, Süd-Afrika, England etc. verschickt worden. Neuerdings erwerben wir auch eine kleine Anzahl von Übersetzungsrechten. Diese Übersetzungen sollen jedoch in Holland gedruckt werden und dort erscheinen. Ich stand gerade im Begriff, mich mit Ihnen in Verbindung zu setzen, um Sie zu fragen, ob Sie uns eines Ihrer Bücher für eine holländische Übersetzung überlassen würden. Welches würde nach Ihrer Meinung zweckmäßig zuerst erscheinen? Vielleicht wäre es das beste, den »Jüdischen Krieg«, dessen erste Bände ja bereits erschienen waren, fortzusetzen.

Die Bedingungen, die wir bieten können, sind eine Vorauszahlung von $ 100.– a conto und eine Tantieme von 7 % für die ersten 2000 und 10 % für alle weiteren Exemplare. Lassen Sie mich recht bald wissen, wie Sie über diese Frage denken.

Ich wäre Ihnen sehr dankbar, wenn Sie mich den ersten Teil Ihres großen neuen Romans lesen lassen würden. Wie ich Ihnen verschiedentlich schrieb, würde ich jederzeit gern einen Vertrag machen. Unabhängig davon möchte ich aber das Buch so bald wie möglich kennenlernen.

Herzliche Grüße Ihnen und Ihrer Frau Ihr

F. H. Landshoff

112 Friedrich Sussmann an Landshoff

[Philipsville (Algier)], 16. 4. 45

Mein lieber Dr. Landshoff!
Ich war wirklich froh, endlich von Ihnen mit dem Cable ein Lebenszeichen zu erhalten. Scheinbar haben Sie meine 2 Telegramme nie bekommen? Das eine aus der Schweiz, das andere von hier. Ich sandte sie c/o Weiss. – Inzwischen werden Sie vom Tod unseres lieben Freundes Walter gehört haben. Ein Jammer, daß der Gute die Errettung aus dem Nazilager nicht mehr erlebt hat. Er hat es von uns allen am meisten verdient, dieser beste, feinste und gütigste aller Menschen. Ich war mit Walter seit Kriegsbeginn beinahe tagtäglich zusammen. Wir besprachen jeden Tag die Kriegslage, hofften auf ein baldiges Kriegsende mit der Niederwerfung Nazideutschlands, sahen immer wieder unsere Hoffnungen schwinden, bis Walter eines Tages untertauchte und damit unserem so geselligen Beisammensein ein Ende gesetzt war. Hier begann für ihn bereits die Hungerperiode, da die Verpflegung, wie er mir später erzählte, unzureichend war. (Die Lebensmittelpreise hatten schon damals in Holland eine beträchtliche Höhe erreicht.) Dann hörte ich zu plötzlich, zu meinem Schreck, daß Walter, den ich doch in Sicherheit wähnte, als sogenannter Straffall nach Westerbork gebracht worden sei. Es war ein freudiges und trauriges Wiedersehen, das wir im September 43 in Westerbork »feierten«. Wir hatten inzwischen die ecuadorianische Nationalität erworben, die Walter, wie Sie ja wissen, in Westerbork im November 43 erhielt. Wir waren dadurch und durch unsere späteren Palästinazertifikate wenigstens vor dem Transport nach Polen »gesperrt«. Außerdem besaß Walter noch einen dritten Sperrstempel, den sogenannten »Viererstempel«, den er,

paradox genug, guter wirtschaftlicher Auslandsbeziehungen wegen erhielt, worunter Firmen rangierten, weswegen ihn im Juni 40 die Nazis beinahe verhaftet hätten. Dieser dritte Stempel ist eventuell sein Unglück gewesen, denn diese Kategorie der Wirtschaftsstempel mußte als erster Transport im Januar 44 in das »Vorzugslager« Bergen-Belsen, während wir »Südamerikaner« erst 4 Wochen später an die Reihe kamen. Auch hatten wir noch eine Quarantäne von 4 Wochen, in der wir nicht zu arbeiten brauchten, so daß der arme Walter bereits 8 Wochen in diesem SS-Dreck steckte, bevor wir an die Reihe kamen. Was wir in diesem Bergen-Belsen an Hunger, Schmutz, Demütigungen und Erniedrigungen durch die SS-Bande und später auch durch die sogenannten Kapos (Häftlinge aus dem benachbarten Häftlingslager) durchzumachen hatten, spottet einfach jeder Beschreibung. Daß ein so edler und feingeistiger Mensch wie Walter besonders auch in psychischer Hinsicht daran zerbrechen mußte, war mir, der ich diesen Hunger, Schmutz und elendige Behandlung miterlebte, nur zu verständlich. Und doch hoffte ich stets, daß ein Austausch uns aus dieser Hölle erretten würde. Erst, als Walter an den Austausch nicht mehr glaubte, verfiel er, der monatelang an dem fürchterlichsten Durchfall und dicken Beinen (Wasser) litt, zusehends, bis er am 20. Dezember 44 mittags in meinen Armen entschlief. Sie können sich denken, daß es einer der tragischsten Augenblicke meines Lebens war, einen Menschen, den ich seit 1940 erst so richtig kennen und lieben lernte, in einer so entsetzlichen und hilflosen Lage sterben zu sehen. – Kurz darauf wurde auch ich krank, brach völlig zusammen und sah mich bereits in gleicher Weise wie Walter und die zahlreichen Leidensgenossen enden, als plötzlich, bei mir wirklich in allerletzter Minute, die Rettung durch den Austausch kam. Alles weitere ist Ihnen durch unsere ersten Briefe an Ebel und auch an Sie (haben Sie den Brief inzwischen bekommen?) bekannt.

Die von Ihnen gesandten $ 50.– habe ich vorige Woche bestens dankend erhalten. Die Sendung ging verhältnismäßig rasch. Der Umrechnungskurs ist hier 50 algerische Francs für 1 $. Vielleicht haben Sie eine Vorstellung, wenn ich Ihnen schreibe, daß hier ein Ei 6 Francs kostet. Das sind 12 ct. Es ist zu überlegen, ob Sie ev. einen Weg ausfindig machen können, wodurch ich von den Dollars mehr haben kann! (?) – Ich hoffe, daß Sie mit allen Bekannten, Freunden und Verwandten alles daran setzen, um uns zu einer recht baldigen Immigration zu verhelfen, und bin Ihnen für all Ihre Mühen sehr dankbar. Schreiben Sie mir schnellstens, wie es Ihnen in der Zwischenzeit ergangen ist, und seien Sie herzlichst gegrüßt von Ihrem

Friedrich Sussmann

Lieber Herr Doktor Landshoff,
mein Mann hat Ihnen schon so viel berichtet, daß für mich kaum noch Platz ist. – Ich habe Ihnen von Marseille aus ausführlich geschrieben, zugleich mit Ebel, der meinen Brief erhalten hat. – Wir sind froh, von Ihnen Nachricht zu haben und hoffen, daß es Ihnen gut geht.

Wie oft haben wir mit Walter von Ihnen gesprochen, und wie glücklich waren wir, daß Sie diesen Mist nicht erleiden mußten. –

Herzlichst grüßt Sie, Ihnen noch innigst dankend,

Ihre
Grete Sussmann

Viele herzliche Grüße

Ihr
Peter

113 Landshoff an Lion Feuchtwanger

New York, 22. Mai 1945

Lieber Doktor Feuchtwanger!
Unmittelbar nach dem Eintreffen Ihres Manuskriptes häuften sich die Ereignisse so sehr, daß ich anfangs nicht die Ruhe fand, das Manuskript hintereinander zu lesen. Als ich es dann zur Hand nahm, beendigte ich die Lektüre an einem Sonntag. Lassen Sie mich Ihnen sagen, daß ich persönlich noch nie von einem Buche von Ihnen so stark

gefesselt war. Ich glaube aber auch, daß, abgesehen von meiner persönlichen Reaktion, technisch und in seiner Gestaltung es dem Besten, was Sie je geleistet haben, gleichkommt oder es übertrifft. Ich bin fasziniert von dem Thema und von den Figuren, und ich habe die feste Überzeugung, daß dieses Buch keineswegs nur in diesem Land einen außerordentlichen Erfolg haben wird.

Es ist mein dringender Wunsch, dieses Buch als eines der ersten zu sehen, die wieder unter dem alten Querido-Imprint erscheinen. Ich würde, wie in guten alten Zeiten, schon frühzeitig mit dem Satz beginnen, damit Sie Vorlagen für die verschiedenen Übersetzungen haben und um Ihnen die Garantie eines schnellen Erscheinens zu geben. Gleichzeitig will ich Ihnen gern die bestmöglichen Bedingungen einräumen. So wie die Verhältnisse liegen, ist es außerordentlich schwierig zu sagen, in welcher Form es wünschenswert wäre, das Buch herauszubringen. Das schließt jedoch nicht aus, daß mit dem Satz begonnen werden kann. Die Frage der Ausstattung kann später entschieden werden.

Wenn Sie mir also schreiben, daß Sie prinzipiell mit einem schnellen Beginn der Herstellung des Buches durch den Querido Verlag einverstanden sind, will ich Ihnen gern einen detaillierten Vorschlag machen.

Mit herzlichen Grüßen an Sie und Ihre Frau

Ihr

F. Landshoff

Jetty und Werner Cahn an Landshoff 114

Amsterdam Zuid, 9. Juni 45

Beste Doktor Landshoff,

wij probeeren op verschillende manieren U te bereiken en hopen dat U tenminste een afschrift van dezen brief ontvangt. Door het telegram van Alice hebt U wel intusschen gehoord, dat wij nog in leven en hier in Holland zijn. Na drie jaren illegaliteit en de gebruiklijke belevenissen van den onderduiker, na een verschrikkelijke winter beseffen wij nog altijd niet goed, wat het beteekent weer betrekkelijk vrij te zijn. Onze ouders zijn helaas naar Polen getransporteerd. Het zal U zeer zeker interesseeren, dat Rudi en Wolfgang Hirsch, hun moeder en Mevrouw Landauer door onderduiken gered, dat Sussmann met vrouw en kind in het UNRA-Camp Philippeville (Algiers) zijn. Over Landauer ist tot nu toe geen bericht gekomen. Hij was het laatst in hat Camp Bergen-Belsen (Celle). Hebt U misschien bericht? De heer Querido is in Juli 1943 met vrouw weggevoerd, en wij vreezen, dat hij niet meer in leven is. Maar wij weten hier van deze gebeurtenissen misschien nog minder dan U daarginds.

Tot nu toe is het hier alleen mogelijk te telegrapheeren als men een telegram met betaalde antwoord ontvangen heeft. Zoo hebben wij aan onze familie in USA alleen per gewoone post bericht kunnen geven. Wij hopen, dat U na ontvangst van Alicens telegram een mogelijkheid had ook hun bericht to geven. Philipp Weintraubs adres (Cornell University, Ithaca N. Y.) was U waarschijnlijk bekend. Laat U hen ook weten, dat Jettys zuster Lili en haar man het goed maken?

Dat wij ons na deze jaren niet in blakende welstand maar letterlijk vis-à-vis de rien bevinden hoeven wij wel niet te vertellen. En het zal wel niet makkelijk zijn weer een existentie op te bouwen. Wij rekenen wel zeer wat de toekonst betreft op Uw steun.

Wij weten haast niets van Uw werkzaamheden gedurende de laatste vijf jaren en niets over Uw plannen, maar zijn wel overtuigd dat U ons op de eene of anders manier inschakelen kunt. Wij zullen hat liefst niet weer als bediende zonder vooruitzichten in een bedrijf gaan maar veel liever een zelfstandig zij het nog zoo klein bedrijf opbouwen. Baarbij denken wij wel aan een importzaak zooals Igersheimer had en aan vertegenwoordiging van buitenlandsche uitgeverijen zoowel voor import als rechten, dwz. van engl., amerikaansche, fransche en zwitsersche uitgeverijen (en natuurlijk ook duitsche).

Hebt U de adressen van Feuchtwanger, Bruno Frank, Heinrich Mann, Arnold Zweig, Wilhelm Speyer? Wij willen probeeren ook hun rechten als litterary agency te verkrijgen. Kunt U ons ook de vertegenwoordiging van andere engelsche en amerikaansche autoren bezorgen. Kunnen wij hier in Holland voor U iets doen?

Misschien hebt U ook nog andere ideen of plannen in verbinding met ons. Schrijft U ons wel gauw zoo uitvoering mogelijk?

Wat doet Igersheimer, en wat zijn ziju plannen? Wij willen naturlijk in geen enkel opzicht met hem collideeren. Misschien kunnen wij met hem zamen iets in deze richting beginnen. Geeft U ons ook zijn adres?

En als het gaat, stuurt U ons prospektussen en misschien het eene of andere belangrijke book. Wij zijn vijf lange jare van alles afgesneden geweest en verlangen zeer, weer van deze dingen op de hoogte te komen; en nog meer, weer te kunnen aanpakken.

Jetty werkt op het oogenblik en tijdelijk bij Alice, die Em. Q. Uitg. Mij. weer opbouwt.

Is het juist, dat ook Uw vrouw en Uw kinderen in USA zijn? Schrijft U ons uitvoerig over U en Uw familie? Geeft U de groeten aan alle kennissen?

Wij wachten met verlangen op bericht van U en groeten U zeer

hartelijk
Jetty en Werner C.

Lieber Doktor Landshoff,
wir versuchen auf verschiedene Weisen, Sie zu erreichen, und hoffen, daß Sie jedenfalls eine Kopie dieses Briefes erhalten. Durch das Telegramm von Alice haben Sie wohl inzwischen gehört, daß wir noch leben und hier in Holland sind.

Nach drei Jahren Illegalität und den üblichen Erlebnissen von Untertauchern und einem fürchterlichen Winter begreifen wir immer noch nicht richtig, was es bedeutet, wieder ziemlich frei zu sein. Unsere Eltern sind leider nach Polen deportiert worden. Es wird Sie sehr interessieren, daß Rudi und Wolfgang Hirsch, ihre Mutter und Frau Landauer sich als Untertaucher gerettet haben, daß Sussmann mit Frau und Kind im UNRA-Lager Philipsville (Algier) sind. Über Landauer ist bis jetzt noch keine Nachricht gekommen. Er war zuletzt im Lager Bergen-Belsen (Celle). Haben Sie vielleicht Nachricht? Herr Querido ist im Juli 1943 mit Frau verhaftet worden, und wir fürchten, daß er nicht mehr lebt. Aber wir wissen von diesen Ereignissen hier vielleicht noch weniger als Sie da drüben.

Bis jetzt ist es hier nur möglich zu telegrafieren, wenn man ein Telegramm mit bezahlter Antwort erhalten hat. So haben wir an unsere Familie in den USA nur mit gewöhnlicher Post eine Nachricht geben können. Wir hoffen, daß Sie nach Erhalt von Alicens Telegramm eine Möglichkeit hatten, auch eine Nachricht zu geben. Philipp Weintraubs Adresse (Cornell Universität, Ithaka/N. Y.) ist Ihnen wahrscheinlich bekannt. Lassen Sie ihn wissen, daß es Jettys Schwester Lili und ihrem Mann gut geht.

Daß es uns nach diesen Jahren nicht allzu gut geht, sondern wir buchstäblich vor dem Nichts stehen, brauchen wir Ihnen kaum zu erzählen. Und es wird nicht leicht sein, sich wieder eine Existenz aufzubauen. Wir rechnen aber sehr, was die Zukunft betrifft, auf Ihre Hilfe.

Wir wissen fast nichts von Ihrer Tätigkeit während der letzten 5 Jahre und nichts über Ihre Pläne, sind aber überzeugt, daß Sie uns dabei auf die eine oder andere Weise einbeziehen können. Wir wollen nicht wieder als Angestellte ohne Aussichten in einen Betrieb gehen, sondern viel lieber einen selbständigen Betrieb aufbauen, sei er auch noch so klein. Dabei denken wir an einen Importbetrieb, wie ihn Igersheimer hat, und an eine Vertretung ausländischer Verlage sowohl für den Import von Büchern als auch von Rechten, d. h. englischer, amerikanischer, französischer, Schweizer (und natürlich auch deutscher) Verlage.

Haben Sie die Adressen von Feuchtwanger, Bruno Frank, Heinrich Mann, Arnold Zweig, Wilhelm Speyer? Wir wollen versuchen, auch ihre Rechte als literarische Agenten zu erwerben. Können Sie uns auch die Vertretung von anderen englischen und amerikanischen Autoren besorgen? Können wir hier in Holland für Sie etwas tun?

Vielleicht haben Sie auch noch andere Ideen oder Pläne mit uns. Schreiben Sie uns recht schnell und so ausführlich wie möglich?

Was tut Igersheimer, und was hat er für Pläne? Wir wollen natürlich in keiner Hinsicht mit ihm kollidieren. Vielleicht können wir mit ihm zusammen irgend etwas in dieser Richtung beginnen. Geben Sie uns auch seine Adresse?

Wenn möglich, schicken Sie uns Prospekte und vielleicht das eine oder andere wichtige Buch. Wir sind fünf Jahre von allem abgeschnitten gewesen und wünschen sehr, über diese Dinge wieder Bescheid zu wissen, und noch mehr, wieder anfangen zu können. Jetty arbeitet augenblicklich für einige Zeit bei Alice, die die Em. Qu. Uitg. Mij. wieder aufbaut. Stimmt es, daß Ihre Frau und Ihre Kinder in den USA sind? Schreiben Sie uns ausführlich über sich und Ihre Familie? Grüßen Sie alle Bekannten?

Wir warten sehr auf Nachricht von Ihnen und grüßen Sie sehr

herzlich
Jetty und Werner C.

115 Klaus Mann an Landshoff

Rome, July 28 [1945]

Mon vieux ange,
Your neatly typed little thing (mes félicitations) found me still in the Eternal City. My departure had to be post-

poned, on account of stupid technicalities. In a week or so, however, I expect to leave for terrible old Germany again -- with Berlin as my first goal. Maybe I shall be fortunate enough to find Madame ma Sœur still there -- maybe I won't. I haven't heard from her since she went to the capital -- which may be due to technical conditions (it seems indeed almost impossible to communicate between Germany and the Mediterranean theater), or which may have to do with her (Erika's) peculiar and rather inconvenient animosity to letter-writing.

As for my coming back to the United States -- I don't know! It is true that I am ridiculously old -- yet, not quite old enough for Mother Army (who has not yet reduced the age limit from 40 to 38). But even if and when I get out -- which should be in the not TOO distant future! --, I may try to get myself demobilized over here: partly because I'd like to do some more travelling in European countries, partly because I hate the idea of going through the whole painful demobilization process (with replacement depot, troops transport, separation center, and all) in my present humble status. Much rather I would stay here some more months -- as a correspondent, if possible! -- and then return to the U. S. as a civilian. Of course, the great question is whether I'll manage to get myself a job. I am not without hope, however, -- considering the fact that my recent journalistic work has in general been rather well received and should have helped in building up my reputation as a smart reporter.

So there we are! I suppose our next meeting place will be Paris or Amsterdam or Zürich, rather than New York.

Yes, naturally you ought to do some publishing for the intellectually starving Germans. It would be rather crazy to miss such a chance. Why should you leave the whole field to Opi, Herzfelde etc.? Your idea of collaborating with an English firm sounds reasonable enough. But no matter with whom -- it's your historic duty to spread wisdom and beauty in our depraved, ravaged, disfigured former fatherland!

What else? There is so much to say; but it's hot, and I have so many things to do! Naturally, I'll try to see Rini, and also to locate her brother, as soon as there is a chance. Also, it will be a melancholy sensation to see Cahn-Weintraub again. I wouldn't be surprised if I ran also into Fräulein Berta, our master thief!

Well, it seems I have to start another sheet -- first of all, to point out that the British Labor triumph has had a considerably cheering effect on your old pal's mental constitution --, the first really encouraging event, I feel, since the end of the war in Europe. -- Second, I meant to ask you to send me right away THREE *(3) copies* of »The Turning Point« -- it's kind of silly to travel about in Europe without any copies of *one's more recent* works...

And a third thing -- »Mephisto«! The publishing firm that wants to bring the Italian edition is called OET (which stands for Organizzazione Editoriale Tipografica), and seems to be a rather well-financed, enterprising organization. Contract and cash ($ 300) are ready; the only trouble is that there is no copy of the book! They have tried now to get one from London, but I don't know if that is going to work. I suppose it would not be difficult to get hold of a copy in New York: if nobody you know happens to have one, you may manage to get the book through that book dealer Fischer, Fifth Avenue. So if you want to be sweet and ever so obliging -- why don't you send me one »Mephisto« -- just in case nothing else works out. The speediest way of getting the package across the ocean may be through the New York office of The Stars & Stripes: they must have some kind of courier service taking books, papers etc over the Atlantic to the various European branches. I am sure they would take care of the book, if you have one of your secretaries approach them with female charm. Will you do that for me?

I enclose a line for Christiane.

Assez!

As a always, treuer
K.

(*nearly* 39 – which is *practically* 40: a *little* older than 44...)

Mon vieux ange,
Deine sauber getippte kleine Sache (mes félicitations!) fand mich noch in der Ewigen Stadt. Meine Arbeit mußte auf Grund blödsinniger Formalitäten verschoben werden. Ich rechne jedoch damit, in etwa einer Woche wieder nach dem schrecklichen alten Deutschland aufzubrechen -- mit Berlin als meinem ersten Ziel. Vielleicht habe ich das Glück, Madame ma Sœur noch dort anzutreffen -- vielleicht auch nicht. Ich habe nichts von ihr gehört, seit sie in die Hauptstadt gereist ist -- was auf technische Schwierigkeiten zurückzuführen sein mag (es scheint in der Tat fast unmöglich, eine Verbindung zwischen Deutschland und dem Mittelmeerschauplatz herzustellen) oder aber mit ihrer (Erikas) sonderbaren und ziemlich unbequemen Abneigung gegen das Briefeschreiben zusammenhängen mag.

Was meine Rückkehr in die Vereinigten Staaten betrifft -- ich weiß nicht! Es stimmt, daß ich lächerlich alt bin -- doch immer noch nicht alt genug für Mutter Armee (die die Altersgrenze noch nicht von 40 auf 38 herabgesetzt hat). Aber selbst wenn ich rauskomme -- was in nicht ALLZU ferner Zukunft geschehen sollte! --, werde ich vielleicht versuchen, mich hier drüben demobilisieren zu lassen: teils, weil ich gern noch ein bißchen mehr in europäischen Ländern herumreisen würde, teils, weil mir die Vorstellung verhaßt ist, das ganze unangenehme Demobilisierungsverfahren (mit Ersatzbataillon, Truppentransport, Entlassungslager und allem) in meinem gegenwärtigen bescheidenen Status zu durchlaufen. Viel lieber würde ich noch ein paar Monate hierbleiben -- als Berichterstatter, wenn möglich! -- und dann als Zivilist in die USA zurückkehren. Die große Frage ist natürlich, ob es mir gelingen wird, einen Job zu bekommen. Ich bin jedoch nicht ohne Hoffnung -- in Anbetracht der Tatsache, daß meine letzten journalistischen Arbeiten allgemein recht gut aufgenommen worden sind und dazu beigetragen haben sollten, meinen Ruf als tüchtiger Reporter aufzubauen.

So steht es also! Ich nehme an, unser nächster Treffpunkt wird eher Paris oder Amsterdam oder Zürich sein als New York.

Ja, natürlich solltest Du ein wenig verlegerische Arbeit für die intellektuell ausgehungerten Deutschen leisten! Es wäre ziemlich blöd, eine solche Chance zu verpassen! Warum solltest Du das Feld ganz und gar Opi, Herzfelde etc. überlassen? Deine Idee, mit einer englischen Firma zusammenzuarbeiten, klingt doch sehr vernünftig. Aber gleichgültig, mit wem -- es ist Deine Pflicht, Weisheit und Schönheit in unserem verderbten, verheerten, entstellten ehemaligen Vaterland zu verbreiten!

Was noch? Es ist so viel zu sagen; aber es ist so heiß, und ich habe eine Menge zu tun! Natürlich werde ich versuchen, Rini zu sehen und auch ihren Bruder ausfindig zu machen, sobald sich eine Möglichkeit bietet. Auch wird es ein melancholisches Gefühl sein, Cahn-Weintraub wiederzusehen. Es würde mich nicht überraschen, wenn ich auch Fräulein Berta, unsere Meisterdiebin, zufällig träfe!

Nun, es scheint, ich muß eine neue Seite anfangen -- vor allem, um darauf hinzuweisen, daß der britische Labour-Triumph eine beträchtlich ermunternde Wirkung auf die Geistesverfassung Deines alten Freundes gehabt hat --: das erste wirklich ermutigende Ereignis, meine ich, seit dem Kriegsende in Europa. -- Zweitens wollte ich Dich bitten, mir sofort DREI *(3) Exemplare* von »The Turning Point« zu schicken -- es ist irgendwie absurd, ohne ein einziges Exemplar *seiner neueren* Werke in Europa umherzureisen...

Und noch ein drittes -- »Mephisto«! Der Verlag, der die italienische Ausgabe herausbringen will, heißt OET (was für Organizzazione Editoriale Tipografica steht) und scheint ein ziemlich gut finanziertes, wagemutiges Unternehmen zu sein. Vertrag und Geld ($ 300) liegen bereit: das einzige Problem ist, daß kein Exemplar des Buches vorhanden ist! Sie versuchen nun, eins aus London zu bekommen, aber ich weiß nicht, ob das klappen wird. Meiner Ansicht nach kann es nicht schwierig sein, in New York ein Exemplar aufzutreiben: falls niemand, den Du kennst, eins haben sollte, könntest Du versuchen, das Buch über diesen Buchhändler Fischer, Fifth Avenue, zu bekommen. Wenn Du also nett sein und mich zu großem Dank verpflichten willst -- warum schickst Du mir nicht einen »Mephisto« -- nur für den Fall, daß nichts anderes klappt. Der schnellste Weg, das Paket über den Ozean zu bringen, wäre wahrscheinlich über das New Yorker Büro von »The Stars & Stripes«: sie müssen eine Art Kurierdienst haben, der Bücher, Zeitungen etc. über den Atlantik nach den verschiedenen europäischen Zweigstellen befördert. Ich bin sicher, sie würden das Buch übernehmen, wenn Du eine Deiner Sekretärinnen sich mit weiblichem Charme an sie heranmachen läßt. Willst Du das für mich tun?

Ich lege ein paar Zeilen für Christiane bei.

Assez!

Wie stets, treuer

K.

(*fast* 39 – was *praktisch* 40 ist: ein *wenig* älter als 44...)

116 Landshoff an Klaus Mann

New York, 8. November 1945

Lieber Klaus-Heinrich:

Danke Dir sehr für Deinen Brief vom 30. September, der völlig unbegreiflicherweise erst vorgestern hier eintraf. Was tut nur ein Brief fünf Wochen lang?

Mein Glückwunsch zum discharge kommt also zu spät, vielleicht aber nicht mein Glückwunsch zu Deinem Geburtstag, dessen ich stets mit der gleichen Regelmäßigkeit gedenke, wie Du meinen vergißt.

Noch bevor ich diesen Brief zu Ende diktieren konnte, kam ein neuer Brief von Dir vom 3. November. Daß Erika sich endlich eingefunden hat und in leidlichem Zustand ist, ist ja eine Beruhigung. Übrigens waren Gumpert und ich seit sechs Monaten im hartnäckigen Streit – er der Meinung, daß etwas Fürchterliches passiert sei, ich, daß es sich eher um Schnödigkeit handele. Nach Deinem Brief zu urteilen, war ich dem Ziele näher. Trotzdem bin ich ein wenig enttäuscht, daß Du nicht etwas ausführlicher schreibst. War sie allein oder mit Betty? Wo kam sie her? Wo ging sie hin? Ihre Lecture Tour hat sie abgesagt. Was tut sie also? Alles in allem kann ich nicht verstehen, daß Ihr nun alle seit Monaten in Europa sitzt und so furchtbar wenig von Euch zu erfahren ist. Vor ein paar Tagen saßen Gumpert und Leonhard Frank (der gerade hier ist) abends bei mir, und wir waren uns alle einig, daß es eine rechte Schande ist, wie wenig die Freunde freiwillig hergeben, Du bist noch der beste. Da war noch ein langer Brief von Dir aus München und hier und da ein Interview. Aber eigentlich ist die ganze Ernte sehr dürftig. Darum will ich ja so gern ein Buch von Dir haben. Ein Stück von Dir wäre insofern vielleicht bei Oprecht am besten aufgehoben, als er – Besitzer eines Bühnenvertriebes – für eine schnelle Aufführung besser sorgen könnte als ich. Im übrigen aber möchte ich mich dringend empfohlen halten, zumal ich demnächst (jedoch nicht demsoallernächst, daß es sich nicht lohnt, auf diesen Brief zu antworten) nach Holland gehen werde, wo Alice mich mit dringlichen Briefen zur Rückkehr auffordert. Bei meiner Hollandreise handelt es sich um einen Besuch, und zwar um einen relativ kurzen. Ich werde ihn aber machen (wahrscheinlich Ende Dezember und Januar), und es wäre schön und doch ein wenig melancholisch, wenn wir uns dort treffen könnten.

Rini dürfte im Januar oder Februar mit ihrem amerikanischen Visum so weit sein, daß sie herüberkommen kann. Sie hat die größte Lust, in Amerika zu bleiben.

In England hat »Turning Point« eine zweite Auflage gehabt; aus der Abrechnung bleiben Dir $ 214.63, nach Abzug der 50%.

»Heart of Europe« war eine Katastrophe, insofern als die von uns ursprünglich auf $ 1 500.– bis $ 2000.– beanschlagten Honorare, Editor- und Übersetzungskosten schließlich $ 4000.– ausmachen; eine Summe, die übrigens niemals endgültig wird, da kaum ein Monat vergeht, in dem sich nicht jemand einfindet, der Honorare anfordert. Der deklatanteste Fall war natürlich der von Maeterlinck, der mit $ 1000.– und ungeheuren Anwaltsspesen abgefunden werden mußte, während Ivan Goll und kleinere Götter sich mit weniger begnügen, aber nicht minder dringend sind. Es ist ein scheußliches Abenteuer, dessen Ende nicht abzusehen ist.

Eine französische Ausgabe von »Turning Point« ist gegen den sehr mäßigen Betrag von $ 100.– (Vorauszahlung) an Editions Nagel verkauft. Wenn Du wieder einmal nach Frankreich kommst, besuche sie doch. Übrigens beruht der Verkauf auf einem Irrtum, als Gollancz, ohne überhaupt die Rechte zu haben, ihn gemacht hat, und zwar gerade zu einem Zeitpunkt, wo ich im Begriff stand, Vertrag mit der Editions Sagittaire zu machen, mit der ich in ständiger Verbindung stehe und deren Inhaber Du ja gut kennst.

Deine italienischen Abschlüsse scheinen mir ausgezeichnet. Wie denkst Du über eine deutsche Ausgabe? Würdest Du das Buch selbst auf deutsch schreiben? Antworte nur gleich.

Herzlichst Dein

[Landshoff]

117 Landshoff an Lion Feuchtwanger

New York, 17. November 1945

Lieber Dr. Feuchtwanger:
Wie Sie von meiner Sekretärin hörten, war ich krank. Ich hatte eine sehr lästige Grippe. Dadurch habe ich Ihren Brief vom 31. Oktober noch nicht beantwortet. Es ist aber auch nicht einfach, ihn zu beantworten.

Sie schreiben: »Der Vertrag ist im Allgemeinen in Ordnung. Nicht gefällt mir nur der Paragraph 4. Ich möchte aus der Höhe einer A-conto-Zahlung keinen Punkt machen, immerhin muß ich Ihnen mitteilen, daß Ljus mit mir auf der Basis einer A-conto-Zahlung von dreitausend

Dollar verhandelte, da das Buch ja den Umfang von drei durchschnittlichen Romanen hat.«

Nun weiß ich nicht, ob Sie wirklich aus dem Paragraph 4 keinen Punkt machen wollen, d. h., daß Sie die Vorauszahlung unverändert lassen wollen, oder ob Sie doch einen Punkt machen wollen oder eine Veränderung des Vertrages wünschen. Lassen Sie mich offen sagen, daß das Argument, daß das Buch so groß wie drei Bücher ist, mir nicht einleuchtet. Das Buch kann ganz bestimmt nicht dreimal, ja nicht einmal zweimal den Preis eines Romans von normalem Umfang haben. Romane sind an eine bestimmte Preisgrenze gebunden, und, wenn ich die Kataloge der Schweizer und schwedischen Verlage sehe, scheint es mir, daß bereits mit Romanen von normalem Umfang ein absolutes Maximum erreicht ist. Preise von 15.– bis 17.– Schw. Fr. liegen ja erheblich über dem amerikanischen Preis für einen Roman. Diese Preise sind durch völlig ungesunde Herstellungsbedingungen in Europa verursacht, die sich aber bestimmt nicht schnell verändern werden. Andererseits wird die Kaufkraft in der Schweiz und den paar Ländern, die überhaupt für Zahlungen in Frage kommen, sich nicht erhöhen, sondern verschlechtern. Die Herstellung eines großen Buches zu einem normalen Preis wird also ohnehin ein sehr schwieriges Problem sein.

Zudem kommt die Devisen-Schwierigkeit. Ich verspreche Ihnen in meinem Vertrage Auszahlung in New York. Welche Länder werden aber einen Erlös bringen, der nach New York transferierbar ist? Neben diese Fragezeichen kann ich ein Positives setzen: Der Verlag in Amsterdam hat mir mitgeteilt, daß wir mit der Produktion sofort beginnen können. Das Manuskript ist soeben eingetroffen. Ich werde es dieser Tage lesen und entweder nach Amsterdam schicken oder es selbst mitnehmen.

Ich glaube, ich habe Ihnen noch nicht geschrieben, daß ich in Kürze auf einige Wochen nach Holland gehen werde. Als ich die nötigen Schritte einleitete, war ich so überzeugt von der Erfolglosigkeit meiner Bemühungen, daß ich weder Sie noch irgend jemand anders von meinen Plänen unterrichtete. Indessen habe ich mein re-enter permit und mein holländisches Visum relativ schnell bekommen. Inzwischen habe ich auch die nötigen Impfungen hinter mir und erwäge ernsthaft, Ende Dezember oder Anfang Januar zu gehen. Anstelle der »Spekulation«, die ich Ihnen immer in Aussicht gestellt habe, werde ich bald in der Lage sein, Ihnen einen sehr fundierten Bericht aus Holland zu schicken. Der Zeitpunkt meiner Reise hängt im wesentlichen davon ab, wann ich auf einem holländischen Boot unterkomme, da ich mich nicht mit Beschaffung von Transitvisen, die ich wahrscheinlich doch nicht bekomme, beschäftige.

Lassen Sie mich recht bald wissen, ob ich den Vertrag nur in der Weise ändern soll, daß der Zahlungstermin ins nächste Jahr gelegt wird, oder ob Sie auf eine andere Änderung bestehen.

Herzliche Grüße an Sie und Ihre Frau,

Ihr
F. H. Landshoff

118 Landshoff an Hermann Kesten

Amsterdam, den 15. Februar 1946

Lieber Kesten,
der Gedanke, daß Sie mich verfluchen und sich beklagen, daß Sie mit mir geblieben sind, bedrückt mich. Ich habe Sie nach bestem Wissen stets über alle Phasen unterrichtet, und die Entwicklung ist für mich bestimmt auch nicht angenehm. Im übrigen glaube ich, daß mehr denn je für die paar erscheinenden Bücher das Alleräußerste getan wird.

In den ersten paar Wochen meines Aufenthaltes hier konnte die Frage des Beginns der Produktion des Querido Verlags schneller und leichter gelöst werden, als ich erwartet hatte. Wir haben sogar bereits das Papier bekommen und beginnen unverzüglich mit dem Satz der ersten Bücher, zu denen Ihr Roman gehört. Legen Sie Wert darauf, Korrektur zu lesen? Das wird nur möglich sein, wenn man die Korrekturen per Luftpost schickt, was auch für Sie sehr teuer werden würde. Die Korrektur kann aber hier absolut zuverlässig nach Ihrer Wahl durch CAHN oder HIRSCH gelesen werden, die beide hier im Haus bei einer Encyclopädie, die durch von Eugens Verlag herausgegeben wird, arbeiten. Cahn ist mehr als zuverlässig, er hat auch früher alle Autoren-Korrekturen gelesen.

Wegen des »Copernicus« habe ich bereits vor einiger Zeit erneut nach Stockholm geschrieben, um endlich zu hören, ob er inzwischen gesetzt ist. Falls nicht, habe ich gebeten, ihn unverzüglich hierher zu schicken. Ich lasse ihn dann im Laufe des Winters folgen.

Unsere Papierzuweisung ist nicht groß genug, um zwei so umfangreiche Bücher auf einmal zu drucken. Mit einem Zwischenraum von einigen Monaten ist es aber leichter zu tun. KROONENBURG konnte ich noch nicht sehen, da er bereits am Tage meiner Ankunft mit Diphtherie im Krankenhaus lag. Ich sprach Herrn VAN ALFEN, der durchaus gewillt ist, den Verlag fortzusetzen. Es scheint mir überhaupt kein Zweifel, daß Sie hier in Amsterdam im Zusammenhang mit DE LANGE einen sehr hübschen Nebenverdienst sich erwerben könnten. Sie müßten aber *schnell* kommen. In demselben Holland, in dem es vor dem Kriege so schwer war, auch nur 10 Gulden lockerzubekommen, kriegen Sie im Augenblick mit wesentlich weniger Anstrengung 100 Gulden (auch 1 000 und mehr) los. Dieser Zustand wird kurz dauern, Sie sollten aber unbedingt Vereinbarungen treffen, bevor er verläuft.

Darüber können Sie NICHT korrespondieren, Sie müssen kommen, und zwar *sofort,* d. h., reichen Sie Ihr re-enter permit durch FINKENSTEIN ein und lassen Sie sich Ihr Visum durch de Lange besorgen. Wenn Sie jetzt an Kroonenburg schreiben, erreicht ihn der Brief gerade nach seiner Rückkehr in den Verlag. Ich werde Ihren Brief in meiner Unterhaltung mit ihm entsprechend vorbereiten. Wenn Sie nicht kommen, sind Sie ein Esel, denn, trotz allem, Europa ist unbeschreiblich schön.

Ich bin in La Rochelle angekommen, bin dort eine Stunde spazierengegangen und war bereits völlig fasciniert. Den nächsten Tag kam ich um 7 Uhr morgens in Paris an, es war kalt und unfreundlich. Trotzdem bin ich bis 9 Uhr abends allein durch die Straßen gelaufen und wußte nie, ob ich nach rechts oder nach links gehen sollte. Jeder Platz, jede Gasse, jeder Boulevard schienen gleichermaßen anziehend. Erst nachdem ich all die Jahre in N. Y. gelebt habe, weiß ich, was es bedeutet, wieder hier zu sein. Ich brauche Ihnen nicht zu sagen, daß – natürlich am meisten in Amsterdam – die trüben Eindrücke oft genug vorwiegen. Jeder Schritt erinnert Sie an die Menschen, die nicht mehr da sind, aber gerade diese Dinge haben wir uns ja oft genug in N. Y. vergegenwärtigt.

Die Atmosphäre für die Eröffnung des Verlags ist, beginnend mit dem Ministerium, das das Papier zu bewilligen hatte, über meine holländischen Freunde bis zu den Buchhändlern usw. so freundlich, daß mein Widerstand sich erheblich vermindert hat. Wir beginnen zunächst einmal auf einer kleinen Basis mit einer Produktion von ungefähr 12 Büchern in diesem Jahr (von denen bestimmt zwei gut sind, weil von Kesten). Diese Produktion ist für dieselben Länder bestimmt wie unsere Produktion vor dem Kriegsausbruch. Was mit dem reichsdeutschen und österreichischen Gebiet geschieht, muß man etwas später sehen. Eine gewisse Schwierigkeit ist, daß in Holland selbst absolut unbegrenzte Absatzmöglichkeiten bestehen, wir aber nur 10 % unserer Produktion hier verkaufen dürfen, da die Papierzuweisung unter der Voraussetzung erfolgt, daß 90 % der Bücher exportiert werden. Eine winzige Anzeige im »Nieuwsblad voor den Boekhandel« (jeder Titel hatte eine Zeile Platz), die wir für ein paar Bücher gemacht hatten, die sich kürzlich noch bei einer Druckerei gefunden haben, verkaufte 1 500 Ex. von Baum, »Bali«, ebensoviel von Feuchtwangers »Falschem Nero« und 500 Ex. des unlesbaren Buches von Merz, »Ein Mensch fällt aus Deutschland«, etc. etc. Es ist jedoch ausgeschlossen, a) nachzudrucken, da kein Papier dafür bewilligt wird, wenn es nicht für Export ist, b) zu importieren, da kein Geld für diesen Zweck zur Verfügung gestellt wird. – Genau aus diesem Grunde gehen natürlich die paar Bücher, die noch hier sind, so schnell weg. Neben den Plänen für den alten Verlag besteht ein recht großes Projekt, das sehr interessant ist und das ich gerne mit Ihnen besprochen hätte. Ich werde kaum vor Ende März zurück sein, falls man mich nicht von N. Y. aus zwingt. Auch dann wird noch Zeit sein, darüber zu sprechen. Ihnen rate ich aber

DRINGEND, Schritte für die Reise nach Europa zu machen. Ich werde dieser ersten eine zweite Reise im nächsten Winter folgen lassen. (Übrigens waren die Erfahrungen mit meinem Paß sowohl bei meinem Eintritt in Frankreich wie in Belgien wie in Holland ausgezeichnet. Ich hätte mit keinem anderen Paß besser reisen können.)

Bereiten Sie Ihre Reise vor. Gehen Sie heute noch zu Finkenstein und schreiben Sie an Kroonenburg. In Holland können Sie Geld von uns bekommen und auch von anderen. Sie werden es in diesem Jahr leichter finden als früher, sich das notwendige Reisegeld zu beschaffen.

Übrigens bin ich pessimistisch, was die Zuweisung von Devisen betrifft. Die ganzen Verträge, die holländische Verlage in Devisen machen, sind ungesetzlich und strafbar. Die Holländer können sich noch nicht daran gewöhnen, daß sie keinerlei Versprechen in fremde Valuten machen dürfen, ohne die Regierung zu fragen. Sie machen diese Versprechungen und können sie ausnahmslos nicht halten. Zu irgendeinem Zeitpunkt werden natürlich Devisenzuweisungen für Tantiemen erfolgen, das wird aber unzweifelhaft noch eine Weile dauern.

Schreiben Sie mir, wie es Ihnen und Ihrer Frau geht. Ich gedenke Ihrer oft,

herzlichst Ihr

Landshoff

Da Sie stets Anweisungen wünschen: bitte verbreiten Sie NICHT, daß ich in Zukunft in Europa bleiben will. Ich *will* und *muß unter allen* Umständen meinen Hauptwohnsitz in N. Y. behalten und will auch *unter allen Umständen* eine am. Firma haben. Ich wohne wieder mit Rini in meiner alten Wohnung (bei Rinis Eltern im Hause) und bin sehr glücklich, wieder »zu Hause« zu sein. Rini läßt Sie sehr grüßen. Ich denke, daß ich am 1. April zurück bin.

119 Hermann Kesten an Landshoff

New York, 18. Februar 1946

Lieber Landshoff!
Wie geht es Ihnen und Rini?

Ich habe noch keine Antwort auf meinen Brief. Ich lege einen von mir gezeichneten Vertrag über die deutschen Rechte von »Copernicus und seine Welt« bei, entsprechend unsern mündlichen Abmachungen und ähnlich unserm deutschen Vertrag über die »Zwillinge von Nürnberg«. Falls ich nicht anderes von Ihnen höre, ist der Verlag Querido einverstanden mit dem Vertrag.

Schreiben Sie mir bitte sogleich, ob Sie »Copernicus« und die »Zwillinge von Nürnberg« in Satz gegeben haben. Ich habe diese Bücher nur verkauft, um sie publiziert zu sehn und weitere Einnahmen daraus zu ziehen. Sie wissen ja, daß die Rechte an mich zurückfallen, falls beide Bücher nicht im Jahr 1946 erscheinen sollten.

Bitte haben Sie die Freundlichkeit, Allert de Lange die Fahnen beider Bücher zu geben, da Lange die holländischen Rechte von »Copernicus« gekauft hat und an den holländischen Rechten der »Zwillinge« interessiert sind [ist!]. Falls Sie noch keine Fahnen haben, schreiben Sie mir bitte sogleich, wann Sie Fahnen haben, damit ich eventuell deutsche Manuskripte dem Verlag de Lange schicken kann.

Ich habe nun folgendes Anliegen an Sie. Bitte bestätigen Sie mir schriftlich, daß Sie bereits in New York als Vicepresident des Verlages die Option für mein nächstes Buch (nach dem Roman bei Roy) freigegeben haben. Ein großer amerikanischer Verlag will einen Vertrag über den »Schiller« mit mir machen. Als ich Bermann das mitteilte, erklärte er mir, er könne in Landshoffs Abwesenheit einen »Autor von Landshoff« nicht freilassen und ich müsse die Outline einreichen und die drei Wochen Frist abwarten.

Dann will ich Sie dringend bitten, mir zu helfen, die amerikanische Ausgabe der »Twins« vom L. B. Fischer Verlag freizubekommen. Warendorf oder Bermann mögen Ihnen wohl mitgeteilt haben, daß ich kurz vor dem Abflug Bermanns zu ihm kam, um ihn zu bitten, mir den

Roman freizugeben, da ich es für den Ruin meines Buches und meiner selbst ansehe, wenn das Buch im Mai oder Juni herauskommt, ohne Besprechungen, ohne Propaganda, in einem Verlag, der sein Personal entlassen hat und der eventuell im Juni oder Juli liquidiert.

Obwohl ich nur auf Ihre ausdrückliche Zusage, 8–10000 zu drucken, auf die Hälfte meiner Tantiemen für die vor Publikation verkauften Exemplare verzichtet habe, druckt der Verlag nun nur 4000 Exemplare, hat außerdem heut, Ende Februar, noch kein Papier. Warendorf erklärte mir, die Rezensenten hätten schon Besprechungsexemplare (er meint die Virginia Kirkus und die Buchklubs?) und das Buch werde am Publikationstag an die Presse gehn, das heißt, ich werde kaum Rezensionen erhalten. Die ganze Publikation dient offenbar nur dazu, die Liquidationsbilanz zu verschönern.

Kister war bereit, den Satz und Umschlag zu übernehmen, Vorschuß und Übersetzungskosten annähernd zurückzuzahlen und das Buch zu edieren. Dies nur, weil Bermann erst erklärt hatte, er könne das Buch eventuell nur an Roy abgeben, später sagte er zu Bornstein, der statt meiner zu Bermann ging, da ich vor Aufregung mit hohem Fieber im Bett lag, er könne das Buch nicht freigeben, da 1) die Freigabe die Liquidation verschlechtern würde, 2) der Verlag gar nicht daran denke, zu liquidieren, sondern nur eventuell mit Roy sich zu fusionieren, etc.

Helfen Sie mir, lieber Freund, freizukommen aus diesem Unglück. Sie wissen, daß ich seit 1940 – mit Unterbrechungen – an diesem Buch gearbeitet habe, daß ich Jahre im Elend verbracht habe, nur um diesen Roman in Ruhe zu vollenden, daß ich gar nicht mit dem Buch zu L. B. Fischer wollte, daß Sie mir versprochen haben, alles (ALLES!) für dieses Buch zu tun. Seit 1938 ist es mein erster Roman, ich habe so viel Zeit und Kraft daran gewandt, ihn so oft umgeschrieben, so viel Hoffnungen darauf gesetzt!

Und jetzt soll er als Totgeburt erscheinen, lieblos, achtlos, in eine eventuelle Liquidation hinein...

Wenn Sie ein Gefühl für das Buch, für meine Arbeit, für mich haben, so helfen Sie mir, freizukommen vom L. B.

Fischer Verlag. Sie wissen, daß ich dem Verlag nie ein Buch gegeben hätte, wenn Sie nicht da gewesen wären!

Ich bin ganz verzweifelt, unfähig zu arbeiten, unglücklich...

Bitte, antworten Sie postwendend, und beantworten Sie jede meiner Fragen, und lassen Sie mich nicht im Stich in einer Situation, an der Sie doch mitbeteiligt sind!

Sie haben meinen vorigen Brief nicht beantwortet. Natürlich ist es bequem, Briefe nur zu beantworten, falls das eigene Interesse es fordert. Vergessen Sie für einmal Ihre Bequemlichkeit...

Mit herzlichsten Grüßen an Rini, an alle Freunde und an Sie

Ihr alter und verzweifelter Freund
Hermann Kesten

PS. In der selben Minute, da Bermann sich weigerte, mir die Option zu erlassen, bat er mich, die Arbeit an der »Gogol«-Einleitung zu »verschieben«. Und was geschieht nun mit unserm Vertrag über »Spanish Fire«? Bitte, beantworten Sie mir auch diese Frage!

120 Landshoff an Klaus Mann

Amsterdam, den 20. Februar 1946

Lieber Klaus,
ich danke Dir sehr für Deinen Brief. Erika ist hartnäckig schweigsam, was nach 10 Monaten beinah auffallen muß. Nein, nach der Schweiz kann ich leider nicht so schnell kommen. Alice, die schon seit Wochen recht krank war, ist nun heute an Gallenstein und Blinddarm operiert, und ich muß zunächst, solange sie krank ist, hierbleiben. Meine Rückreise nach Amerika habe ich ohnehin bis Ende April aufgeschoben. Warum Du so gar nicht nach Holland kommen willst, wo es doch nun eigentlich so leicht ist, begreife ich immer noch nicht. Wenn Du von Rom nach Österreich über Paris zu fahren erwägst, scheint es mir nur eine winzige Mühe und ein Unterschied von zwei oder drei Stunden (Flugstunden), nach Amsterdam zu kom-

men. Von dem immer noch sehr interessanten finanziellen Standpunkt aus dürfte es gar nicht schlimm sein, da ich durchaus bereit bin, Dich gleich mit einem Vorschuß zu empfangen.

Der Querido Verlag hat nun also doch wieder angefangen. Wir haben eine Papierzuweisung erhalten und können mit der Produktion sofort beginnen. SEHR gern würde ich den »Turning Point« schleunigst in deutsch erscheinen lassen. Wo aber nehme ich ein deutsches Manuskript her? Auch über andere interessante Verlagsfragen könnten wir lange diskutieren. Nachher schiltst Du mich wieder, daß ich Dich nicht um Rat gefragt habe. Ich möchte Dich um Rat fragen und bin durchaus bereit, Dir dafür das Amstel-Hotel zu bezahlen, das reizender ist als je. Entschließe Dich doch bitte zu einer Woche und lasse es mich schnell wissen. Es ist mir ein Herzensbedürfnis, Dich zu sehen. Auch andere werden sich freuen, vor allem Herr HIRSCH, den ich oft sehe.

Ich scheine für die große Welt nicht geschaffen. Mir gefällt es hier wieder sehr gut. Trotzdem gehe ich natürlich nach N. Y. zurück, und zwar bestimmt nicht später als am 1. Mai, da ich meine citizenship nicht gefährden will.

Nochmals: begreife gut: 1. ich will Dich sehen
2. ich will Dich verlegen
3. ich will mit Dir sprechen.

F.

Landshoff an Hermann Kesten 121

Amsterdam, 28. Februari 1946

Lieber Kesten,
ich beantworte Ihren Brief vom 18. ds. mit einer kleinen Verspätung, da ich auf einen Brief vom Verlag N. Y. wartete, aus dem ich endlich Aufklärung über die Situation erhoffte. Dieser Brief ist jetzt gekommen. – Als ich Ihnen am 15. 2. schrieb, wußte ich nichts von einem bevorstehenden Verkauf der Firma. Wenige Tage nach meinem Brief hörte ich zum ersten Male den Namen von Mr. WYN und von Verhandlungen mit dieser Firma.

Auf die doppelte Gefahr hin, daß ich Ihnen eine Geschichte erzähle, die Sie gar nicht wissen wollen, und daß Sie an meinen Angaben zweifeln, fühle ich mich verpflichtet, Ihnen den genauen Verlauf, soweit er mir bekannt ist, zu berichten. –

Als ich Anfang Januar von New York fortging, ist der Gedanke eines Verkaufs oder der Liquidation der Firma nicht in mir aufgekommen. Auch ist eine solche Möglichkeit überhaupt nicht diskutiert worden, sonst hätte ich mit Ihnen darüber gesprochen. Nachdem die Firma das ganze vorige Jahr einigermaßen gut gearbeitet hatte, war sehr plötzlich und unerwartet in den letzten zwei Monaten, für die wir – entsprechend der Saison – das Hauptgeschäft erwartet hatten, ein sehr scharfer Rückschlag eingetreten. Ich hatte daher frühzeitig Unterhandlungen angebahnt, durch die dem Verlag Anfang 46 sehr erhebliche Mittel zur Verfügung gestellt werden sollten. Diese Verhandlungen standen bei meiner Abreise vor dem Abschluß. Der Mann, der mit uns arbeiten wollte und sich bereits ein Jahr vergeblich darum bemüht hatte, bei uns aufgenommen zu werden, war eben der Herr GOMPERTS, der mich zum Boote brachte. Zum Abschluß dieser Verhandlungen, die mit einer gewissen Umschichtung der Anteile verbunden sein sollten, hatte ich eine Generalvollmacht an WARENDORF ausgestellt. Beginn Februar hörte ich, daß wider Erwarten die Verhandlungen nicht zum Abschluß geführt wurden. Gleichzeitig hörte ich, daß erneute Verhandlungen mit KISTER und BIBERSTEIN – eine Zusammenarbeit, die wir in früheren Jahren schon erwogen hatten – aufgenommen waren. Es war jedoch sehr schwer für mich, von hier aus ein Bild zu bekommen. Wenige Tage später teilte man mir mit, daß diese Verhandlungen praktisch abgeschlossen seien. Ich war daher sehr überrascht, als ich in der zweiten Hälfte Februar zum ersten Male den Namen der Firma CURRENT BOOKS hörte und wenige Tage später erfuhr, daß unsere Firma mit Haut und Haar verkauft sei. Warendorf hatte auf Grund seiner Vollmacht meine resignation als Direktor erklärt und über meine Anteile verfügt. Für meinen Anteil in der Firma, der mich ungefähr siebeneinhalbtausend Dollar in gepumpten und durch

Jahre mühselig abbezahlten (ein paar Beträge habe ich noch nicht zurückgezahlt) Geldern kostete, erhielt ich 175 Dollar.

Übrigens: mißverstehen Sie mich nicht: ich mache Warendorf nicht nur keinen Vorwurf, von meiner Vollmacht einen so in gar keiner Weise besprochenen Gebrauch gemacht zu haben, sondern – aus einer Entfernung von 3 000 Meilen gesehen – habe ich sogar den Eindruck, daß er sehr verständig gehandelt hat. Die Firma mußte entweder groß finanziert oder verkauft werden. Die große Finanzierung, die wir im Zusammenhang mit BONNIER etc. – insbesondere nach dem Kriege – stets für möglich hielten, ist nicht zustande gekommen. Also war der Verkauf in aller Interesse – prinzipiell natürlich auch im Interesse der Autoren, die nunmehr in einem finanzkräftigen Verlag erscheinen.

Ich bin mir völlig klar darüber, daß a priori diese Bemerkung für Sie nicht zutrifft. Sie sind bei L. B. FISCHER erschienen, weil ICH in dieser Firma war. Ich bin nicht mehr in dieser Firma, und Sie fühlen sich betrogen. Das tut mir aufrichtig leid. Trotzdem hoffe ich, daß nicht alles verloren ist.

Wie Sie selbst schreiben, haben Sie einen Roman abgeliefert, an dem Sie 5 Jahre gearbeitet haben. Ich lebe noch in der Hoffnung, daß die Übersetzung, die durch uns in Auftrag gegeben ist, besser ist als die Durchschnittsübersetzung, die von den meisten anderen Verlagen hergestellt worden wäre. Das sollte dem Buch nützen. Auch ist weniger Zeit verlorengegangen, als es Ihnen scheint. Die Ablieferung des Buches hat sich bis in den Hochsommer hingezogen, und ich glaube nicht, daß ein anderer Verlag unter diesen Umständen mit einem sorgfältig übersetzten Buch früher herausgekommen wäre. Es handelt sich also nur darum, daß *jetzt* kein Fehler gemacht wird. Ihr Wunsch, von einem Verlage freizukommen, der, wie Sie am 18. 2. schreiben, »sein Personal entlassen hat und evtl. im Juni oder Juli liquidiert«, ist mir sehr begreiflich. Daß Ihnen Schwierigkeiten in diesem Zeitpunkt gemacht worden sind, tut mir sehr leid. Inzwischen ist ja die Situation aber entscheidend verändert, und es scheint mir sehr möglich, daß der neue Verlag, der sehr erhebliche Mittel in das Unternehmen steckt, für das Buch das Äußerste tun wird.

Falls Sie es nicht bereits getan haben, schreiben Sie mir doch umgehend, ob Sie mit der neuen Verlagsleitung gesprochen haben. Es scheint mir das richtigste zu sein, daß Sie sich – sine ira et studio – den Mann ansehen und nicht eine Trennung forcieren, die Sie in eine unbekannte Umgebung bringt, in der Sie sicher neuer Ärger erwartet.

Ich warte also auf Ihren Brief, um so mehr, als ich wirklich überhaupt kein Urteil über CURRENT BOOKS habe. Ich bitte Sie aber dringend, in Ihrer begreiflichen Aufregung keinen panischen Entschluß zu fassen. Sie wissen, daß es noch nicht zu lange her ist, daß Sie KISTER und BIBERSTEIN mir gegenüber – um ein unfreundliches Wort zu gebrauchen – mehr oder minder als Betrüger hingestellt haben. Sie werden nicht leicht durch jemanden befriedigt sein, und, nachdem ein unglücklicher Zufall Sie zu CURRENT BOOKS gebracht hat, probieren Sie bitte, die Situation objektiv zu beurteilen. Sie haben oft darüber geklagt, bei mir in einem kleinen, armen, schlechten Emigranten-Verlag zu sein. Diese Einwendungen gelten gegen den neuen Inhaber nicht. Oder doch? Ich weiß nicht einmal das. Vielleicht finden Sie ihn nicht ungeeignet.

Warum schreiben Sie mir nicht, welcher Verlag Ihnen einen Vertrag für den »Schiller« bietet und wie der Vertrag aussieht. Vielleicht kann ich Ihnen doch einen Rat geben.

Jedenfalls scheint es mir richtig zu sein, nachdem die Situation sich, seitdem Sie den Brief geschrieben haben, so sehr verändert hat, daß ich Ihren neuen Brief abwarte. Am Tage des Eintreffens Ihres Briefes werde ich Ihnen dann ein Telegramm schicken, einen Brief schreiben und evtl. Briefe an andere abgehen lassen, die Sie für wünschenswert halten. – Im übrigen höre ich durch WARENDORF, daß die Auflage noch nicht bestimmt war. Soweit ich weiß, ist das Papier s. Zt. für 7000 Ex. bestellt.

Sie fragen mich nach dem »Copernicus« und »Die Zwillinge«. »Die Zwillinge« sind bereits bei der Druckerei THIEME, das Papier ist inzwischen geliefert. Es ist das erste und einzige Buch, das der Verlag in Auftrag gegeben hat, und ich lasse die Herstellung so sehr beschleunigen, wie das unter den gegenwärtigen Umständen möglich ist. Ich schätze die Herstellungsdauer auf 4–5 Monate.

Der »Copernicus«-Vertrag, den Sie mir vorschreiben, sieht 1946 als Erscheinungstermin vor. Wie ich Ihnen schon in meinem letzten Brief schrieb, sehe ich nicht, wie beide sehr umfangreichen Bücher noch in diesem Jahr erscheinen können. Ich garantiere Ihnen jedoch ein Erscheinen vor dem 1. April 1947. Wenn Sie darauf Wert legen, tausche ich auch noch den »Copernicus« gegen die »Zwillinge« ein und lasse den »Copernicus« erst erscheinen und »Die Zwillinge« vor dem 1. April 47. Den unterschriebenen Vertrag schicke ich Ihnen, sobald er abgeschrieben ist, d. h. morgen oder übermorgen. Ich werde nur das Publikationsdatum ändern und die Anzahl der Freiexpl. bei den be [?] Auflagen.

Da der Vertrag nicht meinen übrigen Verträgen mit FEUCHTWANGER, SEGHERS, BAUM etc. entspricht, wäre ich Ihnen dankbar, wenn Sie, entgegen Ihrer Gepflogenheit, die Bedingungen NICHT verkünden würden, damit ich keine Schwierigkeiten mit den anderen Autoren bekomme. Auch würde ich einen neuen Vertrag nicht auf dieser Basis schließen, doch darüber können wir noch später sprechen.

KROONENBURG, der seit 2 Tagen wieder in seinem Verlag ist, habe ich gesagt, daß er die Fahnen der »Zwillinge«, sobald ich sie habe, erhalten wird.

Den »Gogol« will ich bestimmt erscheinen lassen. Ich schreibe darüber auch an LINDNER. Die deutsche Ausgabe kann ich in 1947 herausbringen. Vielleicht ist es das beste, daß wir bis zu meiner Rückkehr warten, bevor wir einen Vertrag machen. – Ich bin bestimmt spätestens Ende APRIL in New York. Sobald Sie mir schreiben, wie Sie zu CURRENT BOOKS stehen, will ich gerne an die Leute schreiben und Ihnen Mitteilung von meiner Zusage an Sie über »Spanish Fire« machen. Sie haben recht: ich bin Ihnen persönlich verantwortlich.

Ihre Stellung zu mir war mir schon vor meiner Abreise, z. B. in dem Gespräch, das wir in Gegenwart von BEATE hatten, sehr deutlich geworden. Ihr Brief macht sie mir noch deutlicher: »natürlich ist es bequem, Briefe zu beantworten, falls das eigene Interesse es fordert. Vergessen Sie für einmal Ihre Bequemlichkeit.« Es tut mir leid, daß Sie glauben, daß ich mich in meiner Beziehung zu Ihnen nur von meinen eigenen Interessen leiten lasse.

Herr Dr. Hirsch läßt Sie sehr grüßen. Er fragt nach Ihnen stets mit größtem Interesse. Freilich bedauert er es, daß Sie bisher nur einen Weg fanden, ihn durch Dritte fragen zu lassen, ob er Ihre Manuskripte über die Jahre, in denen alles aus dem Haus bis zum letzten Stück von den Deutschen beschlagnahmt wurde und er jahrelang mit mehreren anderen Menschen in einer winzigen Kabuse lebte, ohne sie in fast drei Jahren auch nur ein einziges Mal für Minuten zu verlassen, bewahren konnte. Es hätte ihn sehr gefreut, wenn Sie Zeit gefunden hätten, ihm auf denselben Wegen, auf denen ihn diese Anfragen erreichten, ein paar Worte geschrieben hätten. Er war während all der Jahre schwer krank und ist auch noch in einem jammervollen Zustand, wenngleich er, wie ich Ihnen, glaube ich, schon in meinem letzten Brief schrieb, nunmehr hier im Hause an einer holl. Encyclopädie, an der er die Illustrationen revidiert, mitarbeitet.

Mit den besten Grüßen auch an Ihre Frau

Ihr
Landshoff

Anlage: Vertrag »Copernicus«. Bitte haben Sie die Liebenswürdigkeit, uns ein Exemplar mit Ihrer Unterschrift versehen zurückzuschicken.

122 Landshoff an Arnold Zweig

Amsterdam, 29. Mai 1946

Lieber Herr Zweig,
ich danke Ihnen sehr herzlich für Ihren Brief. In der Tat hätte ich Ihnen längst schreiben sollen, und ich hätte es bestimmt ohnehin dieser Tage, vor meiner Abreise nach New York, getan. Leider habe ich unseren Briefwechsel vom Ende letzten Jahres nicht bei mir, ich erinnere mich jedoch, Ihnen einigermaßen ausführlich über unsere Ab-

sicht, die Produktion des Querido Verlages wieder zu beginnen, geschrieben zu haben. Gleichzeitig fragte ich Sie – herzlichst und dringendst –, wie in alten Zeiten wieder Ihr Verleger sein zu dürfen.

Sie schrieben mir, daß Ihr Roman »Beil von Wandsbek« bei Ljus herauskommen wird, und teilten mir mit, daß Sie mit einer Umarbeitung des »Alpen«-Buches beschäftigt sind, dessen baldiges Eintreffen Sie mir in Aussicht stellten. Ich warte ungeduldig auf dieses Manuskript, das, wann immer es kommt, sofort in Produktion gehen kann. Auch würde ich mich außerordentlich freuen, wenn das »Palästina«-Buch noch zur Ablieferung gelangt. Lassen Sie mich also wissen, ob Sie das Buch vollenden wollen und wann Sie mit der Vollendung des Buches rechnen.

Die Information, daß die Amerikaner eine zweite Auflage der Kriegsgefangenenausgabe des »Sergeanten« gedruckt haben, scheint mir nicht richtig zu sein. Ich selbst schrieb Ihnen, daß Verhandlungen darüber vor einem Jahr schwebten. Nach dem Ende des Krieges ist jedoch der Plan fallengelassen. Trotzdem werde ich mich selber bei meiner Rückkehr sofort noch einmal in Washington erkundigen. Es scheint mir jedoch ausgeschlossen, daß die offiziöse Stelle, die diesen Druck herausgab, »heimlich« nachgedruckt hat.

Das gesamte Archiv des Querido Verlages ist im Mai 1940 verbrannt, ich kann daher nicht feststellen, wann und in welcher Weise die Harper-Überweisung erfolgte. Wohl aber weiß ich – und ich glaube, daß unser beider Erinnerung darin übereinstimmen wird – daß der Querido Verlag stets alle seine Zahlungen sehr pünktlich weitergeleitet hat. Ich werde mich bei Harper noch einmal erkundigen, an welchem Tage die Überweisung erfolgte, vielleicht kann dann Ihre Sekretärin in Ihrer alten Korrespondenz unter den Abrechnungen von uns die Überweisung verifizieren.

Sie fragen, ob wir in den Jahren des Krieges bis zur deutschen Okkupation Ihre deutschen Auflagen ausverkauft haben. Nein! Holland hatte ja keine *Jahre* vor der Okkupation, sondern weniger als neun Monate. Ich habe von der Buchbinderei eine Aufstellung unserer durch den deutschen Sicherheitsdienst beschlagnahmten Bücher bekommen, es waren mehr als 60000 Exemplare. Darunter: 1800 »Einsetzung«, 1050 »Versunkene Tage«, 250 »Erziehung vor Verdun«. Nach der Befreiung kamen, durch unsere Auslieferungsstelle »versteckt«, noch ein paar tausend Bücher, darunter ein paar hundert von Ihnen, zum Vorschein, die sehr schnell verkauft waren. Es ist nun unsere Absicht, im Laufe des Winters mit Nachdrucken zu beginnen. Ich würde vorschlagen, im Herbst den »Grischa« vorzubereiten. Würden Sie so freundlich sein und mir nach New York, c. o. Querido Inc., 381 Fourth Avenue, schreiben, wie es nun eigentlich mit den neuen Büchern steht?

1.) Wann kommt das »Beil von Wandsbek«? Ich höre durch Heinrich Mann und andere, daß Schwierigkeiten irgendwelcher Art (nicht *finanzielle*) mit Ljus sind. Haben Sie auch etwas davon gemerkt?
2.) Wann können wir mit dem »Alpen«-Buch rechnen?
3.) Wann mit dem »Palästina«-Buch?

Ich beende diesen Brief ein bißchen abrupt, da ich plötzlich höre, daß ich in wenigen Stunden nach New York fliegen muß. Sowie ich Näheres von Ihnen höre, mache ich Ihnen auch einen finanziellen Vorschlag.

Mit herzlichen Grüßen
Ihr
Landshoff

123 Landshoff an Klaus Mann

Amsterdam, 3. Juni 1946

Lieber Klaus,
Dank für Telegramm und Brief. Wir beabsichtigten am 30. Mai zu fliegen, doch mußten in Schiphol wieder umkehren und uns auf das nächste American Oversea Airline Flugzeug (am 6. Juni) vertrösten lassen. Das scheint nun sicher zu sein, so daß Du mich vom 7. Juni an wieder in New York erreichen kannst.

Was du über den Knaben schreibst, klingt interessant, ist aber wenig. Indes: ich hoffe Dich sehr bald zu sehen und dann auch mehr zu hören.

Nach allem, was ich in diesen Monaten gesehen habe, wäre es unsinnig, den »Mephisto« für die widerspenstige Schweiz und einige andere nicht-deutschsprachige Länder nachzudrucken. Sehr wohl aber möchte ich es für Österreich und Deutschland tun. Das wird und soll bald in der einen oder anderen Kombination erfolgen. Auch darüber müssen wir ausführlich sprechen.

Schreibe mir doch gleich, wann ich Dich erwarten kann. Ich glaubte Dich bereits auf dem Wege nach Amerika und hoffe, daß sich Deine Reise nicht zu lange verzögern wird. Sei jedenfalls überzeugt, daß vorläufig nichts versäumt ist. Es *kann* nicht in Dollars oder Gulden gedruckt und in Mark verkauft werden, bevor nicht irgendwelche Vereinbarungen bestehen. Auf diese Weise bekommst Du niemals Tantieme. (Selbst wenn wir auf jede Beteiligung verzichten würden.)

Hier ist der Vertrag für »Turning Point«. Ich habe jemanden gefunden, der eine Rohübersetzung machen könnte, wenngleich ich nach wie vor *sehr* zögernd daran gehe. Gerade dieses persönliche Buch *muß* unendlich verlieren, wenn es nicht Deinen Stil hat. Überlege es Dir also noch ein allerletztes Mal. Wie gesagt: ich habe jemanden, der übrigens auf alle Fälle ein Probekapitel übersetzen wird.

Ich sehe Dich sehr bald.

F.

Klaus Mann an Landshoff 124

Pacific Palisades, 12. September [1946]

GEVATTER,
Freilich hätte ich Dir schon vor geraumer Weile geschrieben, wenn ich mich nicht so darüber gewundert hätte, daß Du nie den Empfang eines recht niedlichen Kunstwerkchens bestätigtest, welches Dir als Hochzeitsgeschenk zugegangen sein *sollte.* Handelte es sich doch um eine Renoir-Reproduktion, recht artig anzusehen, die ich noch am Tage vor meiner Abreise (und Deiner Hochzeit) beim Museum of Modern Art käuflich erwarb. Beiliegende

Quittung beweist die Wahrhaftigkeit meiner Aussage. Da Du des niedlichen Gemäldes wieder nicht Erwähnung tust, nehme ich an, es ist verlorengegangen. Vielleicht reklamierst Du mal.

Und nun lohnt es sich ja überhaupt kaum noch zu schreiben, da ich schon wieder beinah fällig bin. Zwischen dem 25. und 1. gedenke ich die Rückreise anzutreten -- keine unangenehme Aussicht, zumal ich ja für die nächsten drei Monate Lottens Kleinwohnung in der 75th Street beziehen darf.

Übrigens war, und ist, es hier ausgesprochen angenehm -- nur daß mein sex life verkümmert, was mich weniger physisch als *moralisch* bedrückt. Sonst alles sehr nett -- Zauberer milde und abgeklärt, in erfreulichster Form; Mielein süß wie je; E bräunlich-lebhaft, gut erholt, emsig werkelnd (sie spricht *viel* davon, Dir nächstens Eins hinzukritzeln); ich, nicht unamüsant beschäftigt mit der englischen Fassung meines Geisterstückes, die ich nächste Woche abzuschließen hoffe. Dann muß ich wohl ins saure Rom-Buch beißen und mich gleichzeitig den deutschen Übersetzungen zuwenden.

Speaking of German translations: besteht irgendwelche Aussicht, daß der Querido-Vorschuß für den »Turning Point« in nicht zu ferner Zukunft einlaufen wird? Meine Vorrätchen sind so gut wie weggeschrumpft; das Filmgeld, obwohl theoretisch gesichert, praktisch doch noch nicht da. So wäre denn das Sümmlein nicht unwillkommen -- gesetzt, es läßt sich ohne Schwierigkeit arrangieren...

Wie geht's bei Euch? Wann ist das neue edle Mischblut zu erwarten? Nun, ich werde ja sehen.

Gruß von allen. Auf ein Baldiges,

treuer
Klaus Heinrich

Kirschanschöring bei Laufen a. S., 6. November 1946

Lieber Herr Doktor Landshoff,

nachdem ich nun endlich Ihre Adresse aufgetrieben habe, höre ich, daß es im Augenblick ungewiß ist, wo ich Sie erreiche, und ich schicke deshalb einen Durchschlag meines Briefes nach New York, damit er Sie auf jeden Fall erreicht.

Also zuerst. Ich freue mich, daß ich Ihnen schreiben kann, daß Sie die Zeit überstanden haben, daß ich sie überstanden habe, und ebensosehr freue ich mich, daß ich Ihnen schreiben kann, ohne daß ich etwas von Ihnen will. Denn früher war es ja so, daß ich immer, wenn ich zu Ihnen kam, etwas von Ihnen wollte, ich wollte verlegt werden, oder ich wollte Vorschuß haben, und ich war deshalb immer ein wenig bedrückt, denn Sie waren immer so reizend, daß es mir schwer fiel, meine egoistischen Wünsche vorzubringen. Aber diesmal will ich gar nichts, ich will nicht verlegt werden, ich will kein Geld, ich will kein Paket, ich will überhaupt nichts. (Doch, ich muß mich korrigieren, ich will etwas. Wenn Sie nämlich Ruth Hellberg einmal mit einem Paket versorgen könnten. Sie hat so oft darüber geklagt, daß es ihr schwer fällt, Andreas satt zu kriegen – aber ich glaube, Sie werden wohl schon mit ihr in Verbindung stehen. Sie ist jetzt in Stuttgart, Pischekstr. 6.)

Aber trotzdem habe ich natürlich einige Hemmungen, Ihnen zu schreiben. Ich kann mir vorstellen, daß Sie nicht gerade mit den angenehmsten Gefühlen an dieses Land zurückdenken, auch wenn, was ich hoffe, Ihre Verwandten und näheren Freunde der deutschen Barbarei nicht zum Opfer gefallen sind. Auch daß die Deutschen im allgemeinen heute die Folgen dieser Barbarei zu tragen haben, ist wohl für Sie nicht gerade ein Trost, so wenig wie es für mich einer ist, daß ich jedem sagen kann: seht ihr, das kommt davon, ich habe es immer prophezeit. Es war nicht schwer zu prophezeien. Immerhin, die meisten vergessen gern und schnell. Ich kann das nicht. Ich fühle mich noch immer bedrückt durch alles das, was geschehen ist, und jetzt, da ich Ihnen schreibe, besonders. (Wieso, weiß der Teufel, mag wohl daran liegen, daß ich mich Ihnen immer besonders verpflichtet fühlte.)

Entsinnen Sie sich noch an unsere Unterhaltung am 30. Januar 33 mittags im Verlag? Sie entsinnen sich natürlich nicht. Sie sagten damals: Hitler, das bedeutet Krieg. Und ich sagte: Aber ich werde nicht Soldat. (So ungefähr, meine Erinnerung spitzt es natürlich dramatisch zu.) Das ist eingetroffen, beides. Ich bin nicht Soldat geworden (was mich einige Energien gekostet hat, besonders da ich nicht reklamiert wurde – aber das alles wäre eine Geschichte für sich), ich bin einigermaßen stolz darauf, daß ich nie einen Finger für eine Sache gerührt habe, die ich für verbrecherisch, und für Leute, die ich für Wahnsinnige und Mörder hielt (nicht nur die Nazis, auch die deutschen Unteroffiziere waren das in meinen Augen, aber ich bin da wieder mal anderer Ansicht als meine lieben Mitbürger). Aber es gibt hier nur ein paar Intellektuelle, die begreifen, daß man auf so etwas stolz sein kann. Na schön.

Immerhin habe ich in den vergangenen Jahren außerdem noch einiges andere getan, das aber nicht so interessant ist, daß es aufgezählt werden müßte. Höchstens, daß ich von dem Wahnsinn des Stückeschreibens nicht ganz lassen konnte (natürlich wurde mir das einzige gute von den Verflossenen verboten, es soll nächstens in der englischen Zone aufgeführt werden), daß ich außerdem dem anderen Wahnsinn des Geschichtenschreibens verfallen bin (ein Buch soll in einem Hamburger Verlag erscheinen, d.h., wenn es Papier gibt) und daß ich mich schließlich verheiratet habe. Es ist, natürlich, eine ganz literarische Ehe, meine Frau, Luise Rinser, war früher Autorin von Fischer, jetzt ist sie bei Desch in München, und während der letzten Kriegsmonate wanderte sie auf Befehl der Gestapo ins Gefängnis, wegen »Wehrkraftzersetzung«. Wieso man mich nicht dazu eingesperrt hat, ist mir bis heute noch unklar, wahrscheinlich hat die ganze Maschinerie schon nicht mehr funktioniert. Nur die Verhöre funktionierten. Einmal mußten wir beide uns von einem harmlos aussehenden blonden jungen Mann mit treuherzigen blauen Augen acht Stunden lang ausfragen lassen. Seit der Zeit halte ich alle harmlos aussehenden blonden Leute mit treuherzigen blauen Augen für abgefeimte Verbrecher. Es wird wohl noch einige Zeit dauern, bis ich dieses läppische Vorurteil loswerde.

Im übrigen sind natürlich die letzten Jahre in dieser dörflichen Einöde leichter zu überstehen gewesen als in Berlin, wo sich die Leute zuletzt allzu sehr um einen gekümmert haben. Aber der Versuch, ein Privatleben zu führen, ist ja auch schon anderswo und zu anderen Zeiten als Verbrechen bestraft worden. Offenbar ein kontinentaler Rechtsgrundsatz, in England und den USA scheint man heute darüber anderer Ansicht zu sein. (Aber dieses Thema verdiente eine eigene historische Abhandlung; ich bin nämlich, mangels anderer Beschäftigung, im Lauf des letzten Jahrzehnts ein leidlich brauchbarer Historiker geworden.)

So, das wäre alles. Nun seien Sie bitte nett, wie Sie es immer zu mir waren, schreiben Sie mir wieder, wie Sie die Zeit überstanden haben, seien Sie besonders nett und schicken Sie mir nichts, denn ich schreibe Ihnen nur aus alter Anhänglichkeit und weil ich mich all die Jahre hindurch immer gern an Sie erinnert habe. Ich habe lange, sehr lange darauf warten müssen, daß ich Ihnen diesen Brief schreiben konnte, aber schließlich habe ich es nun doch erreicht.

Meinen Glückwunsch zu Ihrer Heirat. Ja, ich will doch etwas von Ihnen: Wenn es wieder möglich ist, Bücher nach Deutschland zu schicken, lassen Sie mir doch bitte ein paar Bücher Ihres Verlages senden. Die draußen erschienene deutsche Literatur ist hier immer noch nicht bekannt. Ich bin deshalb schon bei allen möglichen Stellen herumgelaufen, aber bei der Schnelligkeit des 20. Jahrhunderts werden diese meine Bemühungen wohl noch nicht so bald Erfolg haben.

Alle guten Wünsche und herzliche Grüße

von Ihrem
Klaus Herrmann

126 Landshoff an Lion Feuchtwanger

Amsterdam, 10. März 1947

Lieber Dr. Feuchtwanger,
sehr herzlichen Dank für Ihren Brief vom 3. ds. und für die Geduld, die Sie zeigen. Als ich hier ankam, fand ich die folgende Situation: mein Kompagnon, Herr von Eugen, lag mit einer schweren Gehirnerschütterung im Bett und durfte sich nicht bewegen, kaum sprechen. Mein zweiter Kompagnon, Frau von Eugen (van Nahuys), litt an den Folgen einer schweren Operation und hatte zudem eine ernste Grippe. Ich mußte sofort mehrere Reisen für beide (neben den Reisen, die ich selbst geplant hatte) unternehmen. Zudem war und ist die Situation hier keineswegs einfach. Sie werden gelesen haben, daß der Winter unbeschreiblich kalt ist. Seit dem Tag meiner Ankunft gab es noch nicht einen einzigen Tautag. Das hat nicht nur unangenehme Konsequenzen im Hause eines jeden (insofern, als die Kohlenvorräte minim sind, die Wasserleitung teils abgestellt, teils eingefroren ist usw.), sondern auch in der Produktion. Die ungeheuerlichen Schwierigkeiten, die in den ausgeplünderten Druckereien und Bindereien herrschen, sind nun noch durch die Kohlensituation hoffnungslos vergrößert. Jeden Tag denkt man natürlich, daß endlich die ersehnte Veränderung eintreten wird, aber heute, am 10. März, gab es wieder Schnee. Immerhin sollte man meinen, daß vor Ende des Monats die Änderung eintreten *muß*, durch die dann auch die Anfuhr von Kohlen und Material und somit auch die Produktion wieder erleichtert wird.

Zunächst beantworte ich Ihre beiden Fragen. Es scheint mir auch richtig, daß Sie einem Berliner Verlag in der russischen Zone eine *kurzfristige* Lizenz (vielleicht für 2 Jahre) für eines Ihrer Bücher geben. – Mit der Wahl »Unholdes Frankreich« bin ich selbstverständlich einverstanden. – Wenn Sie eine holländische Ausgabe von »Simone« sofort verkaufen können, so möchte ich Ihnen auch dazu raten. Während ich im deutschen Verlag, als »Exportunternehmen«, über genügend Papier verfüge, verfügen die holländischen Verlage über völlig unzureichende Mengen. Im

Jahre 1946 war die Quote 40% des Verbrauchs in 1939 (1939 war ein schlechtes Jahr, der Verbrauch war also relativ klein). Im Jahre 1947 ist der Verbrauch von 1946 noch einmal um 75% beschnitten, so daß für dieses Jahr nur 10% des Papieres von 1939 zur Verfügung steht. Natürlich wird von den Verlegern bei der Regierung alles Mögliche versucht, um zum mindesten eine gewisse Erleichterung in diesem Jahr noch durchzusetzen. Vorläufig ist jedoch alles negativ verlaufen. Unter diesen Umständen *kann* der holländische Verlag an eine holländische Ausgabe von »Simone« im Augenblick gar nicht herangehen.

Mein Besuch in der Schweiz war recht interessant. Ich habe so ziemlich mit allen Verlegern gesprochen und einen recht genauen Eindruck über die Situation bekommen. Die Überproduktion der schweizerischen Verlage ist unvorstellbar groß. In der vagen Hoffnung, nach Deutschland und Österreich liefern zu können, ist sinnlos produziert, Millionen von Franken sind in unabsehbar großen Auflagen festgelegt, die man nun verzweifelt versucht zu »exportieren«. Die Unterhandlungen mit den verschiedenen deutschen Zonen haben bisher zu überhaupt nichts geführt. Mit Österreich ist ein kleiner, sehr unvorteilhafter Büchertausch vorgenommen, der jedoch praktisch völlig uninteressant ist, da es sich um sehr kleine Quantitäten des einzelnen Buches handelt. Natürlich kann man soviel Lizenzen, wie man will, nach Deutschland und Österreich vergeben, und eine ganze Menge Menschen tun es auch. Das scheint mir jedoch prinzipiell falsch. Je weniger es getan wird, um so stärker ist der Druck, um eine allgemeine Regelung zu erzwingen. Nach meiner Reise nach der Schweiz habe ich den Eindruck bekommen, daß unsere Situation vielleicht noch die beste ist. Wir haben zum mindesten die volle Unterstützung der holländischen Regierung und haben die Sicherheit, daß wir, als praktisch [einer] der einzigen holländischen Verleger, die in umfangreicherem Maße Bücher in deutscher Sprache veröffentlichen, bei den Handelsverträgen mit Österreich und Deutschland berücksichtigt werden. Auf diese Weise wird wahrscheinlich binnen absehbarer Zeit eine Lieferung auf dem Clearingwege möglich sein.

Ich tue daher alles Mögliche, um die Produktion hier zu beschleunigen. Nach den Schwierigkeiten der letzten Monate wird mir das bestimmt innerhalb der nächsten Wochen gelingen. Der Aufenthalt in der Produktion war mehr als ärgerlich. Der Druck Ihres Buches ist erst jetzt begonnen. Der Satz des zweiten Bandes wird erst im nächsten Monat beginnen können. Der erste Band wird am 1. Mai ausgeliefert werden, der zweite Band im September. Glauben Sie mir, daß niemand mit diesen Verzögerungen weniger gedient ist als mir. Glauben Sie mir aber auch, daß ich mit Hilfe aller nur denkbaren Instanzen in der Lage bin, in Zukunft schneller zu produzieren. Das Papier (das für die meisten Menschen die größte Schwierigkeit bedeutet) liegt bei mir seit einem Jahr bereit.

Cahn-Bieker habe ich bisher nur ein paar Mal telefonisch gesprochen. Sie können daraus ersehen, daß ich wirklich seit meiner Ankunft bis über die Ohren in Arbeit saß. Übrigens sprach ich ihn gerade gestern wieder, und wir stellten fest, daß es mit unserem Treffen vorläufig nichts wird. Heute abend muß ich auf 4 Tage nach London gehen (Sonnabend früh bin ich wieder zurück). Donnerstag fährt er auf einen Monat zu seinem Bruder nach Nizza. Ich werde ihn jedoch anrufen und ihm sagen, daß Sie sich nach ihm erkundigt haben.

Wann erscheint die amerikanische Ausgabe von »Waffen für Amerika«? Ich bin neugierig, ob meine feste Überzeugung, daß dieses Buch Book-of-the-Month-Club werden muß, sich verwirklichen wird. Was ist übrigens der Preis der amerikanischen Ausgabe?

Was sind Ihre Pläne? Denken Sie daran, einmal nach dem Osten zu fahren? Wie geht es Ihnen? Wie Marta?

Sehr herzlich
stets Ihr
F. H. Landshoff

Amsterdam, 28. März/10. April 1947

Lieber Kesten,
manchmal empfiehlt es sich doch, Briefe zögernd zu beantworten (was im Augenblick eigentlich ganz gegen mein Prinzip ist, da ich so abscheulich viel zu tun habe, daß ich zur Überraschung meiner Freunde und Feinde Briefe postwendend beantworte, da sie sonst gar keine Aussicht auf Erledigung haben).

Ihr letzter Brief war indes so scheußlich, daß ich erst über eine Antwort brütete und dann sowohl Ihren Brief wie meine Antwort verdrängte. Soeben trifft nun Ihr Brief vom 22. ds. ein, der vertraut und melancholisch klingt. Sie haben es leicht, aus Ihrem wohlgeheizten Zimmer über Wetterberichte zu höhnen. Inzwischen ist nun auch diese Frage nicht mehr akut.

Seit 14 Tagen ist mein Schreibtisch geschmückt mit drei gebundenen Exemplaren der »Zwillinge von Nürnberg«. Diese sind die ersten Muster, denen die Auflage nun unfehlbar auf dem Fuße folgt. Im April wird das Buch bestimmt erscheinen. Auf einen bestimmten Tag hat sich die Binderei nicht festlegen wollen. Gleichzeitig mit Ihrem Buch erscheinen: Anna Seghers, Annette Kolb und Schwarzschild. Feuchtwanger, der gleichzeitig mit Ihnen in die Produktion ging, wird nun noch einen Monat später fertig.

In Ihrem letzten Brief kündigten Sie mir an, daß ich die Rechte des »Copernicus« verloren hätte. Ich hatte das Buch jedoch schon in der Druckerei. Ihr heutiger Brief zeigt mir, daß Sie Ihre eigene Drohung nicht zu ernst genommen haben. Die Korrekturen des Buches werden im Mai an Sie gesandt werden.

Inzwischen werden die Bücher in dem schäbigen Teil der Welt, der für den Verkauf deutscher Bücher geblieben ist, angeboten. Bis zum Erscheinen werden von Ihrem Buch, wenn es gut geht, etwa 1 000 Ex. verkauft sein.

Allen vernünftigen Autoren rate ich ab, gerade jetzt die deutschen Rechte ihrer Bücher rechts und links zu vergeben. Es handelt sich voraussichtlich nur um eine im Verhältnis zu der bisherigen Wartezeit sehr kurze Spanne, bis ein Beginn mit einem Verkauf nach Österreich und Teilen von Deutschland gemacht werden kann. Erst dann – meiner Meinung nach im Laufe des Jahres – wird man übersehen können, ob sich Produktionsmöglichkeiten in Deutschland und Österreich ergeben.

10. April 1947

Nur bei 2 Autoren wage ich keinen Rat zu geben: Annette Kolb, die über 80 ist und also schleunigst mitnehmen muß, was noch mitzunehmen ist, und Ihnen. Wenn Sie nach der Schweiz verkaufen wollen, tun Sie es. Sie wissen, daß ich wirklich von Herzen gern Ihr Verleger bin. Ich weiß aber auch, daß Sie mich für einen uninteressierten und nachlässigen Verleger halten. Ich will Ihnen keine Chance verderben.

Der Brief ist ein paar Tage liegengeblieben, weil ich inzwischen wieder ein paar Tage verreisen mußte. Auf der Reise habe ich die »Zwillinge« noch einmal ganz gelesen. Es gibt bestimmt keinen zweiten, der solch ein Buch in deutscher Sprache augenblicklich schreiben kann. Es ist ein erstaunliches Buch, das bestimmt auch bei jeder neuen Lektüre neue Reize hat. Der literarische Widerhall der deutschen Ausgabe müßte ungeheuer sein. Er muß sich *noch* auf die schwachsinnige Schweizer Presse beschränken und wird daher völlig uninteressant sein. Glauben Sie mir: beinahe bedauere ich, daß das Buch jetzt herauskommt. Ein Jahr später wäre eine bessere Zeit. Der sture Kreis, in den es jetzt kommt, ist uninteressiert und uninteressant.

Übrigens sind ein paar Druckfehler (es schienen mir *nicht* zu viele) stehen geblieben. Unbegreiflicherweise ist * »Gendarm« mit »nsd« geschrieben. Gott weiß, wie dieser Unfug herein- oder nicht beizeiten herausgekommen ist.

Der »Copernicus« liegt bei der Druckerei Holdert. Ich schreibe Ihnen den Namen nur, um Ihnen ein sicheres Gefühl zu geben. Ich beschwöre die Leute, die Korrekturen schnell zu liefern. An einem pünktlichen Erscheinen des Buches im Herbst ist nicht zu zweifeln.

Jeder in New York ist natürlich böse mit mir. Keiner realisiert, unter welchen Umständen man hier arbeitet. Glauben Sie mir: ich habe seit den allerersten Queridozeiten im Jahre 1933 nicht so viel und regelmäßig gearbeitet wie jetzt. Ich tue wirklich mein Möglichstes. Seien Sie mir also nicht zu gram.

Herzlichst

Ihr

Landshoff

* ein paar Mal (*nicht* immer)

Das Baby ist sehr reizend.

Rini ist *völlig* erfüllt von dem Kind, interessiert sich für *nichts* anderes mehr.

Lion Feuchtwanger an Landshoff 128

New York City, 16. Mai 1947

Lieber Doktor Landshoff,

Ich möchte Ihnen zunächst über das Schicksal von »Waffen für Amerika« in Amerika berichten. Die Filmrechte sind von der ENTERPRISE Company gekauft worden, inszeniert wird der Film von Lewis Milestone. Die Ausgabe von Viking Press erscheint am 15. September in einem Band zum Preise von $ 3.50. Der Titel wird sein »Proud Destiny«. Die LITERARY GUILD hat das Buch für ihre Oktober-Selektion erworben und eine Erstauflage von 600000 Exemplaren garantiert.

Leider mußte ich, um die Ausgabe der Literary Guild zu ermöglichen, in einige Kürzungen willigen, und da auch die Übersetzung besser sein könnte, als sie ist, ist es mir doppelt wichtig, daß die deutsche Ausgabe bald vorliegt. Ich möchte nicht Gefahr laufen, daß, wie im Falle »Simone«, Übersetzungen in andere Sprachen aus dem Englischen vorgenommen werden statt aus dem deutschen Original.

Ich begreife durchaus Ihre Schwierigkeiten; immerhin, hoffe ich, werden Sie mir unverbindliche Angaben darüber machen können,

1) wann nun der Erste Band wirklich erscheint, und
2) wann ich mit den Korrekturen des Zweiten Bandes und mit dem Erscheinen des Zweiten Bandes rechnen kann.

Ich bin um den 10. Juni zurück in Pacific Palisades. Horch hat Sie in meinem Auftrag gebeten, Advance Copies der deutschen Ausgabe an bestimmte Adressen zu senden, die sie an die Verleger der fremdsprachigen Ausgaben weiterleiten werden. Ich nehme an, daß das keine weiteren Schwierigkeiten macht.

Senden Sie mir, bitte, falls gebundene Exemplare nicht in der ersten Juni-Woche sollten abgehen können, noch drei oder vier Advance Copies mit gewöhnlicher Post an meine californische Adresse.

Falls Sie mir noch nach New York schreiben wollen, so werde ich, wie gesagt, noch bis zum 10. Juni hier bleiben. Schreiben Sie mir, bitte, in diesem Fall an das Hotel Sherry Netherland, Fifth Avenue and 59th Street, New York City.

Herzliche Grüße

Ihr
[Lion Feuchtwanger]

129 Landshoff an Lion Feuchtwanger

Amsterdam, 25. Juli 1947

Lieber Herr Dr. Feuchtwanger,
Ich bin glücklich, nun endlich telegrafieren zu können, daß gebundene Exemplare Ihres Buches an Sie unterwegs sind. Endlich ist also die deutsche Ausgabe des ersten Bandes fertig geworden. In der Tat waren die Produktionsschwierigkeiten ungeheuer groß. Sie werden jedoch sehen, daß das Buch genau so gut aussieht wie Ihre bei Querido erschienenen Bücher vor dem Kriege. Sie können auch mit Sicherheit damit rechnen, daß die Anfangsschwierigkeiten nun überwunden sind und die Produktion in Zukunft glattlaufen wird.

Ich kann Ihnen vertraulich mitteilen, daß wir gerade dieser Tage mit einem der größten Drucker ein Abkommen getroffen haben, das unsere Produktionsmöglichkeiten auf einen Schlag auf eine ganz neue Basis stellt. Auch einen zweiten Erfolg hatten wir in den letzten Wochen zu buchen: bereits in diesem Herbst werden wir wahrscheinlich in der Lage sein, nach Österreich über ein holländischesösterreichisches clearing zu liefern. Ein Vertreter von uns geht nächste Woche nach Österreich. Ich selbst werde, sobald ich von Washington meine Genehmigung erhalten habe, auch für einige Tage dorthin gehen.

Wie ich Ihnen schon in einem meiner letzten Briefe schrieb, werde ich am 3. September in New York sein und Sie dann bestimmt im Laufe des Septembers besuchen.

Es liegt mir ungeheuer daran, Sie zu überzeugen, daß Sie ebenso wie vor dem Kriege auch jetzt wieder in guten Händen sind. Sie schreiben in Ihrem letzten Brief: hätten Sie gewußt, wie lange alles in Holland dauert, hätten Sie Ihre Bücher doch in die Schweiz gegeben. Ich weiß, wie geduldig Sie gewesen sind, und ich begreife, daß Sie schließlich ungeduldig werden. Außerdem weiß ich auch aus Ihrem freundlichen Verhalten uns und mir gegenüber, daß Sie nicht vergessen haben, daß im Jahre 1933 es kein Schweizer Verleger, sondern Querido war, der die Produktion der Emigration schnell aufnahm. Wenn vielleicht wirklich nach dem Kriege das jahrelang besetzte Holland langsamer geliefert hat als die Schweiz, so hoffe ich, daß dieser kleine Nachteil reichlich aufgehoben werden wird durch schnellere Lieferungsmöglichkeiten nach Österreich und, wie wir hoffen, auch in absehbarer Zeit nach Deutschland.

Über alle diese Fragen hoffe ich jedoch sehr bald persönlich mit Ihnen sprechen zu können. Ich diktiere diesen Brief, unmittelbar bevor ich auf einen 14tägigen Urlaub gehe. Ich bitte Sie daher zu entschuldigen, wenn meiner holländischen Sekretärin hier und da ein kleiner Fehler unterläuft. Am 10. August bin ich wieder in Amsterdam. In der Zwischenzeit wird die Post hier sorgfältig und schnell behandelt.

Mit den besten Grüßen auch an Ihre Frau

Ihr
i. A.
I. Chonheim
F. H. Landshoff

Die gröbsten Schnitzer korrigiert.

Gruß
Klaus
Mann

130 Landshoff an Lion Feuchtwanger

New York, 29. September 1947

Lieber Dr. Feuchtwanger:
Heute wollte ich nach Kalifornien fliegen, wo ich nicht nur bei Ihnen, sondern bei Thomas Mann (wo ich wohnen sollte), bei Heinrich Mann, Vicki Baum und bei meiner Tochter in San Francisco, die seit einiger Zeit mit einem mir Unbekannten verheiratet ist und ein Kind erwartet, angemeldet war.

Gestern erhielt ich die Nachricht, daß im Ministerium im Haag in der zweiten Hälfte dieser Woche Unterhandlungen sind, bei denen unser Verlag gehört werden soll. Wir haben uns seit mehr als einem Jahr unterbrechungslos bemüht, in die Handelsverträge mit Österreich und Deutschland die Aufnahme von Bücherlieferungen zu erwirken. Von den Besprechungen in dieser und der kommenden Woche kann es abhängen, ob wir noch in diesem Winter Bücher auf dem Clearing-Wege nach Österreich und Deutschland liefern können. Ich schrieb Ihnen über diese Fragen ja schon in den letzten Monaten verschiedentlich. Manches Mal erschienen die Aussichten günstiger, manches Mal ungünstiger. Ich habe nicht den Mut, diese wichtigen Verhandlungen im Ministerium, auf die ich Monate gewartet habe, jemand anderem zu überlassen. Ich glaube, es dem Verlag und den Autoren schuldig zu sein, persönlich zum mindesten den Versuch zu machen, das Äußerste zu erreichen. Sie können sich vorstellen, was es für mich heißt, nachdem ich schon bis New York gekommen bin, wieder umzukehren, ohne Sie ausführlich gesprochen und meine anderen Verabredungen gehalten zu haben. Ich habe bis heute früh gezögert, ob ich im Haag oder in Kalifornien absagen soll. Ich habe mich schließlich dazu entschlossen, zurückzufliegen aus der Erwägung heraus, daß diese Verhandlungen ja gerade im Interesse der Autoren, die ich besuchen will, liegen. Es ist meine feste Absicht, so schnell wie möglich zurückzukehren. Jedenfalls werde ich Ihnen noch in dieser Woche – sofort nach meiner Rückkehr – ein Telegramm über den zweiten Band schicken und Ihnen in der nächsten Woche sehr ausführlich sowohl über die Unterhandlungen als auch über meine Rückkehr nach USA schreiben.

Ich diktiere diese Zeilen in der allergrößten Eile, da meine völlig unbeabsichtigte und überstürzte Abreise eine große Menge von Arbeit und Dispositionen mit sich bringt. Ich grüße Sie und Ihre Frau sehr herzlich und hoffe, daß ich Sie trotz allem sehr bald sehen werde.

Sehr herzlichst

Ihr Landshoff

Landshoff an Heinrich Mann 131

Amsterdam, 8. Januar 1948

Lieber Herr Mann,

ich danke Ihnen sehr für Ihren Brief. Durch ein Zusammentreffen sehr unglücklicher Umstände mußte ich meine zweimal geplante Reise nach Californien aufgeben. Ich habe zuversichtlich gehofft, daß wir in einer Unterhaltung zu einem befriedigenden Übereinkommen, sowohl für die neuen als für die alten Bücher, kommen würden. Nachdem mein Besuch sich nicht realisiert hat, hätte ich sicherlich unsere Korrespondenz gleich wieder aufnehmen sollen. Indes hoffte ich von Tag zu Tag und von Woche zu Woche darauf, daß die Verhandlungen, die wir unterbrechungslos mit den ungezählten Instanzen in Deutschland und Österreich führen, ein Resultat haben würden, das uns positive Vorschläge ermöglicht. Diese Verhandlungen wurden teils von mir hier geführt, teils in Deutschland und Österreich, wohin mehrere Reisen von Mitgliedern unseres Verlages gemacht wurden. Ich selbst werde nächste Woche noch einmal für 10 Tage nach Wiesbaden und Berlin gehen und versuchen, die Verhandlungen zu beschleunigen. Solange uns ausschließlich ein Gebiet offensteht, das nur einen Bruchteil des ohnehin so begrenzt gewesenen Marktes der Jahre 1933 bis 1939 umfaßt (die Tschechoslowakei sperrt sich völlig gegen deutsche Bücher, auch andere Länder wie Rumänien, Jugoslavien und Polen scheiden als Käufer aus), können wir keinen Vorschlag machen, der Sie nach der langen Wartezeit wirklich befriedigen würde. Gerade weil ich mir Ihre Lage stets vergegenwärtigte, zögerte ich, Ihnen ein Angebot zu machen, von dem ich annehmen mußte, daß es Ihren Erwartungen nicht entspricht. Als Ihr Brief vom 27. eintraf, hatte ich gerade einen Brief an Sie diktiert, in dem ich Ihnen – solange die augenblickliche Unsicherheit dauert – ein vorläufiges Angebot einer Zahlung von $ 100.– monatlich machte. Gleichzeitig bat ich Sie um die Übersendung des neuen Romans, den wir selbstverständlich sehr gerne sogleich herausgebracht hätten. Auch die Herausgabe des »Untertan«, für den wir nach dem Kriege an Sie eine Garantie von $ 400.– zahlten, planen wir für die allernächste Zeit. Darüber hinaus würden wir, sobald die Grenzen nach Deutschland und Österreich sich auch nur ein wenig öffnen, die Gesamtausgabe, über die wir ja auch schon früher mit Ihnen korrespondierten, in Angriff nehmen und dann auch entsprechende Vereinbarungen treffen. Ihr Brief vom 27. geht nun von einer Monatszahlung von $ 400.– aus. Wenngleich es mir deutlich ist, daß bei den heutigen Verhältnissen ein solcher Betrag gewiß nicht hoch ist, fürchte ich doch, unter den augenblicklichen Umständen eine höhere Garantie bei meinen Partnern nicht durchsetzen zu können. Der deutsche Verlag stellt ohnehin eine sehr schwere finanzielle Belastung dar, und ich würde seine Existenz gefährden, wenn ich, meiner eigenen Neigung nachgebend, diese Belastung allzusehr vergrößern würde.

Darf ich zusammenfassend noch einmal betonen, daß wir nach wie vor das größte Interesse daran haben, Ihr Gesamtwerk herauszubringen. In jedem Falle würden wir sofort ein neues Buch von Ihnen erscheinen lassen. Für das laufende Jahr könnten wir jedoch keine höhere Verpflichtung eingehen als eine a-conto-Zahlung von $ 100.– monatlich.

Ich hoffe, bald von Ihnen zu hören. Herzlich grüßt Sie

Ihr sehr ergebener
Landshoff

Landshoff an Hermann Kesten 132

Amsterdam, 14. Januar 1948

Lieber Kesten,
Endlich kann ich Ihnen berichten, daß die Druckerei mir die ersten paar Seiten geschickt hat. Anfang Februar kann ich Ihnen also eine größere Korrektursendung zukommen lassen. Ende Februar ist das Buch ausgesetzt. Gleichzeitig kümmere ich mich um die Illustrationen auf Grund Ihrer Liste.

Es tut mir sehr leid, daß Sie meinen »Rat« übelgenommen haben. In der Tat habe ich keine Lektorate an Colleges zu vergeben. Erinnern Sie sich daran, daß Sie in den besten Berliner Zeiten neben den Tantiemen aus Ihren Büchern, die zu 90% ihren Absatz in Deutschland fanden, ein nicht unerhebliches Einkommen aus Mitarbeit an Zeitungen und vom Lektorat Kiepenheuer hatten? All diese Einnahmen zusammen ergaben noch kein königliches Einkommen. Nachdem

a: 90% des Absatzgebietes,
b: Ihre Mitarbeit an Zeitungen,
c: Ihr Lektoratsgehalt

weggefallen sind, ist es nur zu klar, daß (wenn nicht Glücksfälle wie große amerikanische Erfolge zu Hilfe kommen) Sie sich in den scheußlichsten Schwierigkeiten befinden müssen. Natürlich würde ich mich freuen, wenn ich diese Schwierigkeiten durch eine Rentenzahlung von einigen hundert Dollars pro Monat auflösen könnte. Wie soll es aber möglich sein, solange wir auf einem Absatzgebiet beschränkt sind, das nur ein Bruchteil des Bruchteils ist, das uns in den Jahren 1933–1939 zur Verfügung stand? Von den »Zwillingen« sind ungefähr 1 000 Exemplare verkauft. Sie müssen nicht denken, daß das schlecht ist. Ich habe mich bei schwedischen und Schweizer Verlagen erkundigt, was sie augenblicklich von wichtigen gut besprochenen Neuerscheinungen verkaufen; es ist immer ungefähr die gleiche Anzahl – abgesehen von ein paar »Bestsellern«. Ich brauche Ihnen nicht zu versichern, daß mit dem Absatz von 1 000 Exemplaren die reinen Herstellungskosten nicht zur Hälfte gedeckt sind. Lassen Sie den Absatz zu 2000 Exemplaren gehen – auch dann ist das Ergebnis für Verleger und Autor noch nicht all zu ermutigend.

Wie steht es mit Ihrer Naturalisation? Sobald Sie sich frei bewegen können, wird sich Ihre Lage natürlich bereits verbessern. Ich habe es an Klausens Aufenthalt in Europa wieder gesehen. Er und wir waren in der Lage, infolge seiner Anwesenheit Abschlüsse für Übersetzungen und Vorträge zu machen.

Wie weit sind Sie mit Ihrem Roman? Wie weit mit dem Schiller? Ich glaube, daß die Schiller-Biographie in Europa überall gut und schnell verkauft werden kann, aber alles würde natürlich viel einfacher sein, wenn Sie hier oder in der Schweiz wären.

Wahrscheinlich gehe ich nächsten Dienstag für 1 Woche nach Deutschland. Von Eugen war vor einigen Wochen dort; er hat mit Gott und der Welt (oder besser mit Rowohlt und Fräulein Ehlers) verhandelt und mit Hilfe aller möglichen offiziellen Instanzen versucht, etwas zu erreichen. Er verspricht sich etwas davon, daß ich ihn auf seiner nächsten Reise begleite.

Lassen Sie bald wieder von sich hören.

Herzlichst Ihr
F. H. Landshoff

133 Landshoff an Lion Feuchtwanger

Amsterdam, 21. Februar 1948

Lieber Dr. Feuchtwanger,
Es liegt kein Brief und keine »Reklamation« von Ihnen vor. Trotzdem oder gerade deshalb habe ich das dringende Bedürfnis, Ihnen die Situation hier und die Schwierigkeiten, mit denen wir noch stets und in beinahe unverändertem Maße zu kämpfen haben, auseinanderzusetzen. Ich habe Ihnen oft ausführlichen Bericht in Aussicht gestellt und es dann immer wieder aufgeschoben. Stets mußte ich glauben, daß die seit Jahr und Tag geführten Verhandlungen, in deren Verlauf mein Sozius während der letzten Jahre viermal viele Wochen in Deutschland zubrachte und wegen derer mehrere unserer Leute verschiedene Male in

Österreich waren und ich auch fast den ganzen letzten Monat in Deutschland weilte, zu einem berichtenswerten Resultat führen würden. Oft genug waren uns Zusagen gemacht, die später zurückgenommen wurden.

Vor einigen Tagen ist nun das erste greifbare Resultat erreicht, und wenn es auch winzig klein ist, will ich Ihnen doch sofort darüber schreiben. Unser Verlag ist der erste in deutscher Sprache außerhalb Deutschlands produzierende Verlag, der einen in allen Details ausgearbeiteten Kompensationsvertrag (Tausch von Büchern gegen Bücher) mit Deutschland geschlossen hat. Mit der Zustimmung von allen holländischen, amerikanischen, englischen, französischen und deutschen Behörden werden mit zwischen Amsterdam und Frankfurt verkehrenden Frachtautos Bücher ausgetauscht werden.

Bei der ersten »Mustertransaktion« handelt es sich nur um 100 Exemplare jedes unserer Bücher. (Von deutscher Seite werden bestimmte wissenschaftliche Bücher geliefert; die letzte Hauptschwierigkeit bestand darin, in Deutschland herumzufahren und der Bücher bei den deutschen Verlagen habhaft zu werden.) Übrigens geschieht der Austausch auf der Basis, daß Deutschland 100% Bücher liefert und nur 70% Bücher erhält, während Holland 30% Papier beiliefert.

Sobald diese erste Transaktion durchgeführt ist, ist vorgesehen, daß der gleiche Vertrag beliebig oft und auch auf größerer Basis wiederholt werden soll. Natürlich ist es ein sehr bescheidenes Anfangsresultat. Andererseits können Sie sich kaum vorstellen, was für Mühe und Arbeit in diesem Beginn steckt. Tatsächlich ist es auch das erste Mal, daß auf dem Gebiet von Büchern so etwas erreicht ist. Mit der Schweiz war zwar »im Prinzip« ein Abkommen getroffen. Zu einer wirklichen Transaktion ist es jedoch nie gekommen. Im übrigen haben wir auch mit der russischen Zone die gleichen Verhandlungen laufen. Zudem habe ich dort (u.a. mit dem Aufbau-Verlag) sehr eingehend die Möglichkeit gemeinsamen Druckes erwogen. Ich werde voraussichtlich den größten Teil des April wieder in Berlin sein und hoffe dann bereits die ersten Bücher in Deutschland drucken zu können – und zwar auf folgender Basis:

Wir drucken z. B. gemeinsam mit dem Aufbau-Verlag eine Auflage von 10000 Ex., von denen 7000 in Deutschland bleiben und 3000 nach Holland für die Auslieferung in der ganzen Welt geliefert werden. Diese Exemplare erhalten wir unberechnet, wodurch wir in die Lage versetzt werden, nicht nur für die außerhalb Deutschlands erscheinende Auflage ein normales Honorar, sondern auch für die in Deutschland verbleibende Auflage ein gewisses Honorar zu zahlen. Ähnliche Unterhandlungen haben wir in Österreich. Durch diese Verteilung der Produktion wird das Folgende erreicht:

a) eine Vergrößerung der Auflage;
b) eine, wenn auch bescheidene Honorierung in Valuta der in Deutschland und Österreich in Zusammenarbeit mit uns erscheinenden Bücher;
c) eine ganz erhebliche Erweiterung unserer Produktionskapazität.

Gerade an der haperte es, wie Sie wissen, sehr arg. Es ist eine Schande, daß nun fast schon ein Jahr an dem zweiten Bande herumgedoktert wird und er erst jetzt endlich ausgedruckt ist. Dabei können Sie versichert sein – und Cahn wird es Ihnen bestätigen –, daß bei uns in der Produktion nichts auch nur einen Tag liegengeblieben ist. Verzögerungen von einem halben und einem ganzen Jahr bei an Termin gebundenen Büchern sind in den meisten europäischen Ländern an der Tagesordnung.

Ich weiß, wie berechtigt alle Reklamationen sind, und doch weiß ich auch, daß ich niemals so viel Mühe und Sorgfalt auf den Verlag verwandt habe wie gerade im letzten Jahr. Ich zweifle jedoch wirklich nicht daran – und wäre glücklich, wenn ich Sie davon überzeugen könnte –, daß nun wirklich und endgültig die ärgste Zeit hinter uns liegt und die erreichten Vereinbarungen mit den deutschen, österreichischen und Besatzungsbehörden die Grundlage für eine »Normalisierung« darstellen. Ich bitte Sie also inständig ein letztes Mal um ein wenig Geduld und Vertrauen. Das kleine Resultat, das wir erreicht haben, zeigt Ihnen zumindest, daß wir nicht untätig geblieben sind.

Im übrigen werde ich unmittelbar nach Erscheinen des 2. Bandes »Waffen für Amerika« in größerem Maße propagieren und anzeigen. Es schien mir richtiger, bis zum Erscheinen des 2. Bandes zu warten – ebenso, wie es mir lieber ist, wenn die großen Besprechungen erst dann herauskommen. Vom ersten Bande sind augenblicklich ungefähr 1700 Ex. verkauft. Sobald der 2. Band heraus ist, wird hoffentlich die 1. Auflage schnell ihrem Ende entgegengehen. Der 2. Druck muß dann in einem Bande erfolgen.

Ich hoffe recht bald von Ihnen wieder einmal ausführlicher zu hören. Schreiben Sie mir doch bitte etwas über Ihre Arbeitspläne. Auch wüßte ich gern, ob Sie wirklich, wie ich wieder und wieder – zuletzt auch beim Aufbau-Verlag – hörte, im Laufe dieses Jahres nach Deutschland reisen wollen.

Sie und Frau Marta grüßt herzlichst

Ihr

Landshoff

Hermann Kesten an Landshoff 134

New York, 25. März 1948

Lieber Landshoff!

Besten Dank für Ihren ausführlichen Brief vom 10. März 1948. Da Sie mir nun für den »Copernicus« keinen Termin mehr nennen, für den Satz, kann ich Sie freilich nicht mehr daran erinnern, nach einiger Zeit, daß eine neue Frist umsonst abgelaufen ist. Was drucken denn diese holländischen Drucker so eifrig, daß sie in Jahr und Tag nichts drucken können? Sonderbare Drucker!

Ich habe mir das mit Ro-Ro-Ro hin und her überlegt; vielleicht ist solch ein Vorabdruck doch nützlich. Bieten Sie also immerhin die »Zwillinge von Nürnberg« ihm an! Wir haben ja immer die große Chance, daß er das Buch gar nicht will, für seinen Zeitungsdruck.

Ich bin recht betrübt, daß ich weder das Geld noch die Papiere habe, um nach Europa zu reisen, alles zieht sich ewig hin. Inzwischen, geschwinder als ich gedacht, sind wir mitten im aufgeregtesten Vorkrieg, in einer drückenden Atmosphäre, hier noch trüber vielleicht durch das

Wahlfieber. Ich freue mich, daß Sie wenigstens alle gute Papiere haben.

In der Zeitung las ich, daß sowohl Thomas Mann wie sein Verleger Knopf beim Skilaufen sich den Arm gebrochen haben, wie betrüblich, und was für verwegene Greise!

Ich habe das Stillsitzen sehr satt und merke es bei meinem Schiller. Ich bilde mir ein, im Umherziehen würde ich schneller mit allen deutschen Klassikern fertig werden. Übrigens macht mir das Buch vielen Spaß. Es ist so ausruhend, über vergangene Tragödien und Katastrophen zu schreiben und zu lesen.

Wie geht es Rini und Ihrem Kind und Ihrer Gesundheit?

Wann bekomme ich nun die Korrekturen des »Copernicus«?

Mit freundlichsten Grüßen an Sie alle

Ihr
[Hermann Kesten]

PS. Irgendwelche Verwandten von Joseph Roth, beraten von Frau Karoline Birmann, wollen versuchen, gerichtliche Schritte wegen der Rechte von Joseph Roth zu unternehmen. Es ist ja ein Jammer, daß sein Werk sozusagen brachliegt. Möchten Sie den Plan aufnehmen, die gesammelten Werke von Joseph Roth nach und nach herauszubringen? Für welche Bücher von Roth haben Sie die Rechte durch Verträge mit Querido? Man sollte für sein Werk, wenn möglich, etwas tun. Es betrübt mich, daß er infolge Mangels einer rührigen Witwe und infolge der Nicht-Existenz eines laufenden Verlagsvertrags so rascher verschwinden soll, als es der Lebensfähigkeit seines Werks entspricht.

Arnold Zweig fragte mich kürzlich auch nach Werner Hegemann. Man könnte ihn, man sollte ihn jetzt wieder in Deutschland und Österreich drucken. Sind Sie nicht mehr daran interessiert? Bitte antworten Sie mir wegen Roth. Falls Sie was planen, würde ich Ihnen gern dabei, soweit nötig, behilflich sein, mit Rat, Anmerkungen, Edition etc.

Amsterdam, den 16. August 1948

Lieber Doktor Feuchtwanger,
Es scheint mir an der Zeit, mich wieder einmal zu melden. Die letzten Wochen und Monate waren einigermaßen bewegt. Wir haben in zeitraubenden Verhandlungen gestanden, die schließlich dazu führten, daß der Bermann-Fischer Verlag seinen Wohnsitz von Stockholm nach Amsterdam verlegte und sich mit unserem Verlage vereinigt hat. Obgleich also in Zukunft die beiden Verlage eine Firma sind, werden beide Imprints erhaltenbleiben. Die bisher im Bermann-Fischer Verlag erschienenen Autoren werden weiterhin unter diesem Imprint, allerdings in Amsterdam, erscheinen, während Ihre und die übrigen unter Querido herauskommenden Bücher auch in Zukunft diesen Verlagsnamen führen werden. Obgleich die Verhandlungen schon monatelang geführt werden, ist die Übersiedlung erst in diesen Tagen eine Tatsache geworden. Auch sind erst dieser Tage die letzten Genehmigungen erteilt worden.

Der Zusammenschluß der beiden Firmen hat zur Folge, daß wir nunmehr auch in Österreich eine eigene Firma haben und auch in Frankfurt und Berlin durch uns nahestehende Firmen vertreten sind. Ich hoffe zuversichtlich, daß diese Ausbreitung sich für unsere Autoren vorteilhaft auswirken wird. Zunächst wird es uns gelingen, im Laufe dieses Winters in bescheidenem Umfang nach Österreich zu liefern.

Dürfte ich Sie bitten, mir so schnell wie möglich Rezensionen und amerikanische Prospekte über »Waffen für Amerika« zu schicken? Ich möchte einen größeren Sonderprospekt für das Buch machen. Im September erscheinen Anzeigen in der Schweizer Presse. Ich hoffe, daß das Buch im kommenden Herbst und Winter einen größeren Absatz haben wird.

Wie weit ist Ihr »Goya«-Roman fortgeschritten? In den letzten Monaten sind die Herstellungsbedingungen hier endlich wieder normal geworden. Ich würde gerne, sobald wie möglich, mit der Herstellung des neuen Romans beginnen. Sie könnten dieses Mal dann auch fest damit rechnen, die deutsche Ausgabe schnell als Unterlage für alle Übersetzungen zur Verfügung zu haben.

Ist das Stück »The Devil in Boston« bereits abgeschlossen? Durch die Verbindung mit dem Bermann-Fischer Verlage haben wir auch einen Bühnenvertrieb, der sowohl außerhalb Deutschlands als auch in Österreich und Deutschland arbeitet. Haben Sie irgendwelche Vereinbarungen für Ihre Stücke, oder wären Sie bereit, mit uns zu arbeiten?

Mit herzlichen Grüßen, auch an Ihre Gattin,

Ihr
Landshoff

136 Landshoff an Lion Feuchtwanger

Amsterdam, den 12. Februar 1949

Lieber Doktor Feuchtwanger,
Wie ich Ihnen schon aus New York schrieb, hat sich meine Rückkehr leider sehr verzögert, insbesondere durch die komplizierten und zeitraubenden Verhandlungen mit Washington. Nach meiner Rückreise fand ich natürlich außerordentlich viel Arbeit vor; sie zu bewältigen, dauert wiederum länger als vorgesehen, da eine Grippeepidemie einen sehr hohen Prozentsatz der Bevölkerung getroffen hat und alle Verabredungen zwei- und dreimal gemacht werden müssen, bevor sie endlich zustande kommen.

Unmittelbar nach meiner Rückkehr aus Californien hatte ich die Manuskripte und Papiere, die sich in Amerika angesammelt hatten, per Seepost nach Amsterdam geschickt. Leider sind sie noch immer nicht angekommen. Ich muß daher die Bestätigung unseres Gespräches auf mein Gedächtnis basieren.

In erster Linie möchte ich Ihnen sagen, daß wir uns – ich darf wohl sagen natürlich – positiv entschieden haben. Sie wissen, wie außerordentlich mir daran gelegen ist, die nun schon Jahrzehnte alte freundschaftlich-verlegerische Verbindung wieder enger zu gestalten. Es bereitet mir auch eine große Befriedigung, daß nach den Jahren der Unsicherheit unser Verlag jetzt sowohl hier wie in Österreich und Deutschland über Organisationen verfügt, die dem Autor die Gewähr geben, gut aufgehoben zu sein.

Leider sind die Verhandlungen in Washington noch immer nicht zu einem Abschluß gekommen. Sie werden sich erinnern, daß es sich um den Druck von deutschen Büchern in Amerika handelt, wobei die Herstellungskosten und das Honorar durch die amerikanische Regierung von Mark in Dollars konvertiert werden sollen. Es unterliegt kaum einem Zweifel, daß wir mit dem einen oder anderen Buch zu einem positiven Resultat gelangen werden – z. B. mit den Memoiren von Eisenhower. Hier liegt ein dringendes amerikanisches Interesse vor, dieses Buch in großer Auflage in deutscher Sprache in Deutschland verbreitet zu sehen. Wieweit es aber gelingen wird, nichtamerikanische und noch nicht naturalisierte Autoren in das Projekt einzuschalten, ist eine heikle Frage, die ich mit großer Dringlichkeit und – wie ich hoffe – mit einigem Takt behandle. Wie Sie wissen, hatte ich gerade für diese Serie den Nachdruck von »Waffen für Amerika« geplant. Da wir noch eine große Anzahl Exemplare der beiden Bände haben (noch mehr als 3000 Ex., nein! genaue Anzahl finden Sie in der Mitte dieser Seite!, von jedem Band), werden Sie gewiß nicht wollen, daß wir das Buch nachdrucken, solange reichliche Vorräte vorhanden sind. Die einbändige Ausgabe bleibt also auf dem Programm für die allernächste Zukunft und wird selbstverständlich sofort in Angriff genommen, wenn sich die Washington-Pläne realisieren.

Im übrigen bleibt es dabei, daß wir noch in diesem Jahre bestimmt *ein* älteres Buch von Ihnen nachdrucken. Wir nahmen »Exil« in Aussicht; ich überlasse Ihnen aber die endgültige Entscheidung.

Es wird Sie sicher interessieren zu hören, welche Ihrer Bücher im Augenblick bei uns lieferbar sind. Gerade gestern habe ich die Vorratsliste per 31. Dezember vorgelegt bekommen:

Waffen für Amerika I . . .	2825	Ex.
Waffen für Amerika II . .	3510	”
Der falsche Nero	274	”

Jud Süß	186 Ex.	(Forum)
Der Tag wird kommen . .	697 "	
Erfolg	39 "	
Stücke in Prosa	49 "	

Wenn es Ihnen recht ist, schicke ich Ihnen nun also den Vertrag für den »Goya«. Dabei betone ich ausdrücklich, daß wir *unverzüglich* mit dem Satz beginnen und Ihnen die gewünschte Anzahl Korrektur-Exemplare für Übersetzungszwecke zur Verfügung stellen. Wenn wir an dem Erlös der Übersetzungen nicht beteiligt sind, darf ich wohl voraussetzen, daß wir Sie mit den Originalkosten der Abzüge, die uns die Druckerei berechnet, belasten. Die Liefertermine sind nunmehr wieder wie in den guten alten Zeiten. Sobald der erste Teil des Manuskripts hier eintrifft, kann also – ohne jede Wartezeit – der Satz in Angriff genommen werden. Wenn ich mich gut erinnere, hatten wir einen Vorschuß von $ 1 500.– in Aussicht genommen, von denen ein Drittel bei Unterzeichnung des Vertrags gezahlt werden soll. Wann wünschen Sie die Bezahlung des Restbetrages? Als letzten Termin für die Ablieferung des Manuskripts hatten wir wohl den 31. Dezember 1949 in Aussicht genommen. Bestehen irgendwelche Bedenken – mit Rücksicht auf amerikanische Buch-Clubs, Abdrucke etc. –, daß wir die deutsche Ausgabe dann so schnell wie möglich erscheinen lassen?

Ich lege Wert darauf, festzustellen, daß es natürlich – abgesehen von dem Neudruck eines der alten Romane sowie der einbändigen Ausgabe von »Waffen für Amerika« und dem neuen Roman – unser Ziel bleibt, die wichtigsten Ihrer Bücher in absehbarer Zeit wieder nachgedruckt zu sehen. Die Zusammenarbeit mit unserer Wiener und der deutschen Firma wird die Durchführung dieses Plans erleichtern.

Wir sind, glaube ich, die einzige Verlagsfirma, die im letzten Jahr nicht nur gewisse theoretische Rechte in Handelsverträgen durchgesetzt hat, sondern die auch praktisch zu einigen kleinen Resultaten gekommen ist. Wir haben ein »Privat-clearing« mit unserer Wiener Firma. Die Firma druckt für uns, und wir bezahlen mit Büchern aus unserem Vorrat. Auch mit Deutschland ist – wenngleich in kleinerem Umfange – Ähnliches mehrmals durchgeführt. Gerade dieser Tage erhalten wir wieder eine kleine Quote zugewiesen. Auf diese Weise haben wir von Neuerscheinungen letzthin stets immerhin kleine Quantitäten nach Deutschland und Österreich liefern können, deren Erlös dem Autor in Dollars ausbezahlt werden kann.

Die Erzählungen, die Sie mir auf die Reise mitgegeben haben, habe ich mit großem Interesse gelesen. Ein erheblicher Teil von ihnen war mir ja von früher her bekannt. Am stärksten hat mich der »Odysseus« beeindruckt. Wollen Sie übrigens, daß ich diese Erzählung in einer der literarischen Magazine Hollands versuche erscheinen zu lassen? Ein Vermögen werden Sie damit nicht verdienen, aber es wäre vielleicht ganz gut, Ihren Namen wieder einmal in einer holländischen Zeitschrift zu sehen.

Rini und ich sprechen noch oft von dem schönen Tag, den wir bei Ihnen und Marta verbracht haben. Auch gedenken wir des schmackhaften Mahles und lachen über Rinis Fauxpas.

Grüßen Sie Frau Marta und Fräulein Waldo sehr herzlich und lassen Sie, bitte, recht bald von sich hören. Ich möchte den Vertrag so schnell wie möglich unter Dach und Fach haben und mit dem Satz des ersten Teiles, der ja wohl nun schon satzfähig sein wird, beginnen.

Stets Ihr
Landshoff

PS. Es wird Sie vielleicht interessieren, den einen Satz der »Bill«, der sich auf Bücher bezieht und aus dem wir also unsere »Ansprüche« in Washington herleiten müssen, kennenzulernen:
»In view of current conditions in Europe, it is believed to be particulary desirable at this time, in furtherance of the purposes of the Act, to obtain the widest possible circulation in Europe *of American informational media* conveying a true understanding of American institutions and policy among the nations.«

137 Landshoff an Klaus Mann

Amsterdam, den 26. April 1949

Lieber Klaus Heinrich,
dieses ist ein gemeinsamer Brief von Hirsch und mir, in dem wir versuchen, alle geschäftlichen Fragen, die Du in Deinen verschiedenen Briefen gestellt hast, zu klären.

1. Der »Turning Point« kommt dieser Tage von Cahn zurück. Die Arbeit an dem Manuskript hast Du unterschätzt. Ich glaube aber, daß sie der Mühe wert gewesen ist.

2. Das Manuskript der Anthologie habe ich nach Frankfurt mitgenommen. Deine Vorschläge werden berücksichtigt. Ich fahre um den 10. Mai herum wieder nach Frankfurt und werde dann Suhrkamp, der bei meinem letzten Besuch in Berlin war, sprechen. Mit ihm zusammen werde ich die Pläne für die Publikation des Buches machen.

3. Wegen der italienischen Ausgabe ist an Bompiani geschrieben. Ich habe ihm das Manuskript jedoch nicht geschickt, da es mir richtiger scheint, es auf Aufforderung zu senden. Solltest Du meine Ansicht nicht teilen, so kann ich es selbstverständlich sofort abschicken. Ich glaube jedoch wirklich, daß es besser ist zu warten.

4. Der Waschzettel für den »Turning Point« ist ausgezeichnet; die Nachbemerkung wohl nötig.

5. Den Aufsatz über Cocteau gibt Hirsch an »Vrij Nederland« weiter.

6. Du hast wahrscheinlich gesehen, daß die 20000 Franken von Flinker kamen. Flinker ist unser französischer Agent, über dessen Zahlungen wir mit der Nederlandschen Bank verrechnen müssen. Die einzige Möglichkeit ist also, daß Du – sobald Du die erste Rate auf Grund des Vertrages erhältst – den Betrag an ihn zurückzahlst. Im übrigen bin ich über die Geldlage nicht weniger beunruhigt als Du. Ich bin – Du weißt es selbst – durch Deine Briefe im Januar beunruhigt –, weit über die Grenze des eigentlich Möglichen gegangen. Wir beide müssen realisieren, daß ich darüber hinaus bei dem allerbesten Willen, an dem Du sicherlich nicht zweifelst, nichts tun kann.

7. Du verlangst mit vollem Recht eine klare Entscheidung über die Nachdrucke älterer Bücher. Amsterdam kann – aus den Gründen, über die ich Dir schrieb – solche Verpflichtungen nicht eingehen. Nur Wien oder Frankfurt können es tun, und in beiden Städten ist vorerst mit Valuta nicht zu rechnen. Es ist allerdings meine Meinung, daß in Kürze Regelungen getroffen werden, die Tantieme-Überweisungen möglich machen. Für Wien und Frankfurt kann ich jedoch keine Entscheidungen treffen ohne Zustimmung der Leute, die den Vertrag letzterdings ausführen sollen. Über Nacht ist die Situation in Österreich und Deutschland arg verändert. Andererseits hat kein Autor, der vor diesen Veränderungen erschienen ist, einen materiellen Vorteil von den Ausgaben gehabt. Ich wage nicht, Dich zu binden, wenn ich nicht mit voller Sicherheit sagen kann, daß ich Deine Forderungen für Nachdrucke erfülle. Ich habe mich – durch eine zu günstige Beurteilung der Lage und durch den aufrichtigen Wunsch, meinen Freunden zu helfen – in eine Position hineinmanövriert, die mich mehr belastet, als Du ahnst. Ich will unter keinen Umständen, daß Du irgendeine Rücksicht auf mich nimmst. Ich glaube wenigstens sagen zu können, daß kein anderer Verleger Dir bessere Bedingungen gemacht hätte, als die zwischen uns abgeschlossenen Verträge. Vielleicht ist es wirklich klüger, wenn Du über die älteren Bücher bei *verschiedenen* Verlagen disponierst. Die Leistungsfähigkeit eines Verlages ist in Deutschland und Österreich immer noch sehr klein. Die Herstellung eines Buches in Deutschland dauert noch immer bis zu einem Jahr. Wenn Du nach Österreich gehst, sollst Du Dich frei fühlen zu tun, was Dir »am Platze« richtig erscheint. Wenn Du mir rechtzeitig vorher schreibst, werde ich versuchen, zu gleicher Zeit dort zu sein, und wir können dann gemeinsam sehen, was für Dich am zweckmäßigsten ist.

8. Die E. C. A.-Angelegenheit verläuft ebenfalls so enttäuschend, daß ich nicht einmal weiß, ob sie überhaupt realisierbar ist. Wie Du weißt, müssen diese Bücher in großen Auflagen gedruckt werden. Es ist jedoch ganz ausgeschlossen, das Minimum von 20 oder 25000 Exemplaren zu erreichen. Die Firma, die uns diese Aufträge gegeben

hatte und die – seit fünfzig Jahren bestehend – eine der größten und wichtigsten Kommissionäre in Deutschland vor und nach dem Kriege war resp. ist, ist, wie ungezählte andere, in Schwierigkeiten gekommen. Andere Firmen denken nicht daran, nennenswerte Mengen zu bestellen. Dieser Firma können wir unter den gegebenen Umständen einen solchen Kredit überhaupt nicht geben. Der Auftrag ist also gegenstandslos geworden, und ich sehe nicht, wie ich ihn ersetzen soll. Unter diesen Umständen ist es selbst fraglich, ob und wie wir das Eisenhower-Buch machen werden. Außerhalb Deutschlands sind ungefähr 600 Exemplare bestellt! – dabei ist das Buch überall teils schriftlich, teils durch Reisende (Schweiz und Holland) angeboten.

9. Buber hat bereits vor längerer Zeit die »Symphonie Pathétique« erhalten.

Das alles klingt nicht schön. Nur zu oft habe ich mich von dem Wunsch, alles schön klingen zu lassen, leiten lassen. Ich kann es wirklich nicht mehr; ich bin mehr als einmal persönlich dafür eingesprungen, zu helfen und Enttäuschungen zu vermeiden. Nun ist jedoch meine eigene Enttäuschung sehr groß und meine persönlichen Möglichkeiten erschöpft. Sei unverzagt – bekanntlich regelt sich immer alles irgendwie.

Schreibe, wie sich Deine Pläne entwickeln.

Dein
FrL

138 Landshoff an Hermann Kesten

Amsterdam, September 1949

Sehr geehrter Herr Kesten,
dürfen wir die ergebene Bitte an Sie richten, an einem Gedenkband für Klaus Mann teilzunehmen, der von einigen Freunden geplant ist und vom Verlag im Laufe des Winter 1949/50 veröffentlicht werden soll.

In seinem kurzen Leben hat Klaus Mann in rastlosem Fleiß ein ungewöhnlich umfangreiches Werk geschaffen. Allein mit seinen in den Zeitungen und Zeitschriften vieler Länder veröffentlichten Essays wären Bände zu füllen. In stetiger Folge entstanden Romane, Novellen, Theaterstücke und die umfangreiche, in englischer Sprache geschriebene Autobiographie »The Turning Point«. – Sein waches, allumfassendes Interesse an den literarischen Leistungen anderer und die kluge Ausgewogenheit und konstruktive Gerechtigkeit seiner Kritik hat unter seinen Zeitgenossen manchem geholfen und wohlgetan.

Klaus Mann hatte viele Freunde, und wer ihm begegnete, kannte den Reiz seiner menschlich reinen, künstlerisch und politisch bemühten und unbeirrbar integren Persönlichkeit.

An diese Freunde richten wir unsere Bitte. Sie kommt uns von Herzen, und wir möchten, daß ein jeder Beitrag zu diesem Bande dem Verfasser vom Herzen komme. – Je ausführlicher der Beitrag, desto besser. Aber auch das kürzeste Gedenkwort wird uns willkommen sein, solange es eine Seite von Klaus Manns Leben oder Werk im Blicke des Verfassers spiegelt.

Würden Sie, bitte, die Freundlichkeit haben, uns wissen zu lassen, ob wir auf Sie zählen dürfen und welchen Umfang Ihr Beitrag haben wird. Auch zu welchem Zeitpunkt er zu erwarten ist, wäre uns wichtig zu vernehmen. Wir beabsichtigen, den Band Anfang Dezember in Satz und Druck zu geben.

Mit ergebenster Begrüßung

Ihr

F. H. Landshoff

Landshoff an Lion Feuchtwanger 139

Amsterdam, 30. Mai 1950

Lieber Herr Doktor Feuchtwanger,
ich schreibe Ihnen mit betrübtem Herzen. Sie wissen, daß ich mehr als vier Monate sehr schwer krank war. Monatelang durfte ich nicht einmal persönlich an mich gerichtete Briefe (z. B. von meinen Kindern) erhalten. Nun bin ich wieder seit kurzem völlig hergestellt und bei bester Gesundheit. Lassen Sie mich Ihnen sagen, wie aufrichtig ich

es bedaure, daß in diesem Winter nun unsere langjährige verlegerische Verbindung unterbrochen ist. Unsere zukünftige Zusammenarbeit war von mir im Herbst so weitgehend vorbereitet! Daß Sie nicht noch länger warten und daß die inzwischen geführte Korrespondenz Sie unmöglich zu längerem Warten animieren konnte, ist mir nur allzu begreiflich. Ich hatte mir nicht vorstellen können, daß ich plötzlich auf so lange Zeit durch Krankheit ausgeschaltet sein würde. Die Vorbereitungen für das Erscheinen Ihrer Bücher bei uns und bei der Büchergilde waren durch mich getroffen, und in törichter Phantasielosigkeit hatte ich niemanden anders so eingehend unterrichtet, daß er ohne weiters die Unterhandlungen fortsetzen konnte. Es schmerzt mich aufrichtig, nun davon die Konsequenzen tragen zu müssen. Wie gerne hätte ich den »Goya« gebracht. Und wie gerne wieder die Bücher, mit denen meine verlegerische Laufbahn von Beginn an verbunden war. Wenn der Schaden im Augenblick auch irreparabel scheint, so kann ich die Hoffnung nicht aufgeben, daß sich zu einem späteren Zeitpunkt doch wieder ein Anknüpfungspunkt ergeben wird. Lassen Sie mich Ihnen nochmals versichern, wie sehr ich es bedauern würde, wenn Ihr geduldiges Warten Ihnen Nachteile gebracht haben sollte. Im übrigen bleibt mir nichts anderes, als zu hoffen, daß wenigstens unsere persönliche Verbindung nicht ganz unterbrochen sein wird.

Mit sehr herzlichen Grüßen an Sie und Frau Marta

stets Ihr
F. H. Landshoff

PS. Inliegend eine kleine Abrechnung. Den Betrag weisen wir durch unsere Bank an Sie an.

140 Landshoff an Johannes R. Becher

28. August 1951

Sehr verehrter Herr Becher,
Vor einigen Tagen besuchte ich Herrn Leonhard Frank. Ich schreibe Ihnen heute nicht in meiner Eigenschaft als lang-

jähriger Verleger von Leonhard Frank, sondern ausschließlich als aufrichtiger Verehrer seines Werkes, das, wie mir scheint, in der Nachkriegszeit noch nicht wieder den Platz in Deutschland einnimmt, den es bestimmt verdient. Insbesondere scheint es mir auch sehr unglücklich, daß das Werk Franks in der Ostzone völlig fehlt. Ich frage mich, ob es denn nicht möglich wäre, daß die Gesamtausgabe, die augenblicklich in der Westzone vorbereitet wird, gleichzeitig in einem Verlage der Ostzone erscheint. Es wäre nur zu untersuchen, ob es zweckmäßiger wäre, die Ausgabe in der Ostzone zu drucken und dem Westverlag Rohbogen zu liefern, oder umgekehrt, im Westen zu drukken und Rohbogen nach der Ostzone zu liefern. Auf jeden Fall erscheint mit das Franksche Werk wie kein zweites geeignet zu solcher Zusammenarbeit.

Im nächsten Jahr ist der 70. Geburtstag Leonhard Franks. Ich glaube, zu diesem Zeitpunkt sollte das deutsche Publikum – gleichgültig, ob es in der Ost- oder Westzone lebt – die Möglichkeit haben, die wesentlichsten Werke von Frank zu lesen.

Ich wäre Ihnen außerordentlich dankbar, wenn Sie mich wissen lassen würden, wie Sie über diese Frage denken und welche Möglichkeiten Sie sehen. Ich werde Leonhard Frank Mitte September wiedersehen und würde mich außerordentlich freuen, wenn ich ihm dann bereits etwas über das Resultat unserer Korrespondenz mitteilen könnte.

Mit den besten Grüßen

Ihr
F. H. Landshoff

Johannes R. Becher an Landshoff 141

Berlin, den 4. September 51

Sehr verehrter Herr Landshoff!
Ihr Brief vom 28. August hat mich außerordentlich gefreut. Schon des öfteren haben wir hier in kleinerem Kreise darüber gesprochen, daß es ein wirkliches Verhängnis ist, daß aufgrund der unseligen Entwicklung unserer

politischen Situation die Werke bedeutender literarischer Persönlichkeiten nicht zu der Auswirkung gelangen, die im Interesse aller deutschen Menschen wünschenswert, wenn nicht lebensnotwendig wäre. Dazu gehört auch das Werk des von mir hochverehrten Leonhard Frank. Ich habe Ihren Brief sofort an den Leiter des Aufbau-Verlages, Herrn Erich Wendt, weitergegeben, und Sie werden von ihm in Kürze eine Antwort erhalten. Was mich anbetrifft, so können Sie in dieser Angelegenheit auf meine uneingeschränkte Unterstützung rechnen, und ich bitte Sie das auch Frank wissen zu lassen. Aber ich bin nicht allmächtig, wie die Sage geht, und kann nur nach bestem Vermögen unser gemeinsames Anliegen unterstützen.

Mit hochachtungsvollem Gruß
Ihr
Joh. R. Becher

142 Landshoff an Hermann Kesten

Köln, den 4. 7. 1952

Lieber Kesten!
Dank für Ihren Brief vom 24. Juni. Ich war keineswegs verstummt, sondern hatte Ihnen den Brief nach Paris geschickt, der das letzte Wort in unserer Korrespondenz darstellte, bis Sie mich mit Ihrem Brief vom 24. 6. erfreuten.

Zunächst die angenehme Mitteilung, daß nun endlich die Genehmigung für die Zahlung eingetroffen ist. Bitte schreiben Sie mir den Namen des Kontos, für den das Geld nach New York überwiesen werden soll. Die Überweisung erfolgt dann sofort.

Ich wünsche Ihnen von Herzen, daß Sie den »Casanova« nun endlich zum Abschluß bringen, und zwar nicht »in drei Monaten«, sondern schneller.

Ich habe den Eindruck, daß das Buch von Klaus Mann – entgegen den Erwartungen von Bermann und Hirsch (die das Erscheinen in der Erwartung, nur 1 000 Exemplare zu verkaufen, lange genug verzögert haben), recht gut geht. Nächste Woche werde ich in Frankfurt sein und Näheres darüber hören.

Die Fragen, die ich mit Ihnen besprechen will, schriftlich zu behandeln, erscheint mir außerordentlich mühselig. Wahrscheinlich werden Sie doch kaum länger als bis Ende August in Südfrankreich bleiben. Danach könnten wir uns ja sofort in der Schweiz treffen – ganz abgesehen davon, daß ich mit Ihrem Besuch im September ohnehin rechne. Bis dahin werden sich ja auch ein paar noch stets schwebende Verhandlungen entschieden haben. Die Ford-Zeitschrift scheinen wir nicht zu erhalten. Es hätte mich ohnehin *nur* wegen meines Passes interessiert, und dann wäre es mir wie Herrn Grünlich gegangen. (Du dumme Gans, ich habe Dich nur deines Geldes wegen geheiratet. Es war aber viel zu wenig.) Wahrscheinlich wäre der Faden dieser Verbindung doch zu dünn gewesen, um ihn mit der Zentnerlast eines Passes zu beschweren. Im übrigen wäre es, wie Sie mir mit Recht vorausgesagt haben, eine persönlich unerquickliche Verbindung gewesen, die nur ein bißchen Ehre, viel Ärger und überhaupt kein Geld gebracht hätte.

Meine Paßfrage ist zu ekelhaft, um sie zu diskutieren. Ein freundlicher Brief der Ford Foundation an Miss Shipley persönlich (damals war die negative Entscheidung noch nicht gefallen) hat mir einen Stempel eingebracht, der mich für ganze 14 Tage (beginnend am 13. Juni und endend am 28. Juni) berechtigte, für Geschäfte nach Holland zu gehen. So ist es also wieder aus, ohne daß irgendwelche Aussicht besteht, diesen Zustand beendet zu sehen, es sei denn, daß eine in der Tat recht ernsthafte Verhandlung sich in den nächsten Wochen realisiert; dann müßte ich allerdings für ein paar Wochen nach New York.

Beate, David und das Kind kommen am 16. August nach Europa, werden das Kind in Bentfeld aussetzen und sich dann auf eine Autotour durch Europa begeben – wie es guten Amerikanern geziemt.

Schreiben Sie mir einmal. Herzlichst

Ihr

F. H. L.

Eben schreibt mir Polgar, daß Bornstein gestorben ist. Das ist ja schrecklich! Wann starb er und woran? Wir sind nun bald wie in der »Reise nach Jerusalem« die letzten!

143 Landshoff an Hermann Kesten

Amsterdam, den 11. Dezember 1953

Lieber Kesten!
Vielen Dank für Ihren Brief, den ich in doppelter Ausfertigung erhielt. Ich freue mich, daß es mit dem »Copernicus« nun soweit ist und daß Sie zudem ein neues Buch mit Desch abgeschlossen haben. Hoffentlich wird »Der Sohn des Glücks« sich unter der Sonne Roms schnell entwikkeln.

Wollen Sie den ganzen Winter in Roma bleiben?

Meine New Yorker Reise war sehr kurz, zu kurz. Abrams hatte mich kommen lassen, und ich habe kaum jemanden anders als ihn gesehen.

Eva sah ich nur sehr kurz, da sie gerade zu Angelika fuhr. Beate ist in einer neuen Wohnung im Village. Sie erwartet im Frühjahr ein Kind, und Angelika folgt ihr ein paar Monate später. Die Administration der Familie wird immer komplizierter.

Gumpert sah ich einmal. Er ist jetzt in Mexico. Ich fand ihn übrigens besser aussehen als im Sommer.

An Blanvalet habe ich erneut wegen der »Glücklichen Menschen« geschrieben.

Mit meiner Reise war ich recht zufrieden. Abrams bot mir an, ein »Officer« der New Yorker Firma zu werden (ohne zu wissen, daß er damit Galefs und mein Leben wahrscheinlich erheblich erleichtert). Außerdem muß ich für ihn und mit ihm die Amsterdamer Firma gründen, mit der dieser Briefbogen Sie bekannt macht. Also bin ich mal wieder ein Verleger, und zwar auf dem Gebiete, auf dem ich 1924 bei Seemann (oder eigentlich in 1923 bei der Frankfurter Verlagsanstalt) begonnen habe.

Bei meiner Rückkehr fand ich Ihr Buch vor, das sich recht schön präsentiert. Sehr herzlichen Dank.

Herzlichst
Ihr
F. H. Landshoff

ANHANG

Abkürzungen und Siglen

Im Anhang werden folgende Abkürzungen und Siglen verwendet:

AZA	Arnold-Zweig-Archiv
B	Brief
Berlin	Literaturarchive der Akademie der Künste, Berlin
BK	Briefkopie
Briefe	Klaus Mann, Briefe. Hrsg. von Friedrich Albrecht. Berlin und Weimar 1988
DB	Deutsche Bücherei Leipzig
Erika Mann	Erika Mann, Briefe und Antworten. Hrsg. von Anna Zanco Prestel. Band 1: 1922–1950; Band 2: 1951–1969. München 1985.
Feuchtwanger / Zweig	Lion Feuchtwanger / Arnold Zweig, Briefwechsel 1933–1958. Hrsg. von Harold von Hofe. Band 1: 1933–1948; Band 2: 1948–1958. Berlin und Weimar 1984
Hermsdorf	Klaus Hermsdorf / Hugo Fetting / Silvia Schlenstedt, Exil in den Niederlanden und in Spanien. Leipzig 1981
HK	Bestand Hermann Kesten in der Stadtbibliothek München
HMA	Heinrich-Mann-Archiv
Hs / hs	Handschriftlich
JRB	Johannes-R.-Becher-Archiv
Kesten	Deutsche Literatur im Exil. Briefe europäischer Autoren 1933–1949. München – Wien – Basel 1964
Kießling	Wolfgang Kießling, Exil in Lateinamerika. Leipzig 1980
Klaus Mann	Klaus Mann, Briefe und Antworten. Hrsg. von Martin Gregor Dellin. Band 1: 1922–1937; Band 2: 1937–1949. München 1975
KMA	Klaus-Mann-Archiv in der Stadtbibliothek München
L	Bestand Landshoff, im Besitz der Erben
Los Angeles	Feuchtwanger Institute for Exile Studies, Los Angeles
Marbach	Deutsches Literaturarchiv (Schiller-Nationalmuseum) Marbach, Handschriftenabteilung

Ms / ms	Maschinenschriftlich
München	Stadtbibliothek München
New York	Leo-Baeck-Institut, New York
Roth	Joseph Roth, Briefe 1911–1939. Hrsg. und eingeleitet von Hermann Kesten. Köln – Berlin (1970)
Tagebücher 1	Klaus Mann, Tagebücher 1933 bis 1934. Hrsg. von Joachim Heimannsberg, Peter Laemmle und Wilfried F. Schoeller. München 1989
Winkler	Andreas Winkler, Hermann Kesten im Exil (1933–1940). Sein politisches und künstlerisches Selbstverständnis und seine Tätigkeit als Lektor in der deutschen Abteilung des Allert de Lange Verlages. Hamburg 1977

Anmerkungen zu den Briefen

1

Sommer 1922 (?); hs B; München, HK.

193 *Manuskript der »Effi«* – Landshoff promovierte 1926 in Frankfurt am Main. In der seiner Dissertation »Theodor Fontanes ›Effi Briest‹ und die Kunstform eines Romans« vorangestellten Vita (Stadt- und Universitätsbibliothek Frankfurt am Main) schreibt er: »In Frankfurt hörte ich Vorlesungen u. a. bei den Herrn Professoren und Dozenten: [–] Franz Schultz, Cornelius, Naumann, Sommerfeld, Spamer, Vietor. [–] Ferner war ich Mitglied der Seminare von Herrn Professor Schultz und Herrn Professor Naumann. [–] Zu besonderem Danke bin ich Herrn Professor Schultz verpflichtet, der mir jederzeit bei meiner Arbeit mit seinem Rat zur Verfügung stand. Nicht nur manchen wichtigen Literaturhinweis, sondern auch Gesichtspunkte für die Betrachtungsweise wesentlichster Probleme verdanke ich ihm. [–] Durch das Entgegenkommen des Herrn Professor Pniower vom Märkischen Museum in Berlin und besonders des Herrn Professor Fritz Berend, Archivar der Staatlichen Akademie der Wissenschaften, war mir das Manuskript der ›Effi Briest‹ einige Zeit hindurch zugänglich.«

Professor – Fritz Berend.

Schultz – Professor Franz Schultz.

194 *»armer Heinrich«* – Hartmann von Aues Verserzählung.

Spann – Othmar Spann, »Die Haupttheorien der Volkswirtschaftslehre auf dogmengeschichtlicher Grundlage«. Mit einem Anhang: Wie studiert man Volkswirtschaftslehre. Leipzig 1922 (Quelle & Meyer, Wissenschaft und Bildung Nr. 95).

an Ihrer D. D. schreiben – Hermann Kesten beabsichtigte, über Heinrich Mann zu promovieren. Ihm wurde zusammen mit Landshoff am 5. Mai 1982 der Doktor der Philosophie ehrenhalber durch den Fachbereich Germanistik der Freien Universität Berlin verliehen.

2

14. Februar 1927; ms B, Querformat; München, HK.

195 *Ihre beiden Manuskripte* – »Maud liebt beide«, Komödie; »Admet«, Tragikomödie; beide erschienen 1928.

3

19. März 1927; ms/hs B; München, HK.

196 *hier aufgeführt werden* – »Maud liebt beide« kam in Kassel heraus, »Admet« in einer Matinee in Berlin.

4

18. Februar 1928; ms K; München, HK.

Joseph – Kestens erster Roman »Josef sucht die Freiheit«. Der Roman war 1927 fertig. Reklame- und Verkaufserwägungen führten zur Auslieferung 1928: »Ich warne Sie sehr davor, darauf zu dringen, daß der Roman noch vor Weihnachten erscheinen soll. Sie wissen erfahrungsgemäß, daß vor Weihnachten eine solche Fülle von Büchern herauskommt, daß Ihr Roman bestimmt nicht den nötigen Widerhall sofort finden würde. Seien Sie versichert, daß ein Erscheinen im Februar, das ich Ihnen gern auf jede Weise garantieren werde, eine ganz andere Möglichkeit unter den jetzt gegebenen Verhältnissen bedeutet.« (Landshoff an Kesten, 20. September 1927; ms B; München, HK.)

5

12. März 1928; ms/hs B; München, HK.

197 *Ihre Einstellung* – Kesten stimmte den Bedingungen zu. Er begann seine Lektoratstätigkeit im Kiepenheuer Verlag am 1. September 1928.

unsere Pläne – Erweiterung des Verlages; Richard Einstein beteiligte sich mit 100000,– RM und trat in die Geschäftsleitung ein.

6

7. Juni 1928; ms/hs B, Querformat; München, HK.

198 *Ihr Roman* – Vermutlich ist der Roman »Ein ausschweifender Mensch: Das Leben eines Tölpels« gemeint. Er erschien 1929.

Anzeige – Werbung für Kestens Roman »Josef sucht die

Freiheit«. Unter der Überschrift »Ein großer künstlerischer Erfolg« wurde aus lobenden Pressestimmen zitiert (»Die Weltbühne«, Jg. 24, Nr. 25, 19. Juni 1928, 2. Umschlagseite).
gestern – 10. Juni 1928; der Brief ist offensichtlich erst am 11. Juni abgeschickt worden. Vgl. die folgende Anm.
Illustrierte – Die »Berliner Illustrierte Zeitung« stellte für die fünf besten deutschen Kurzgeschichten 15 000,– RM zur Verfügung. Das Preisausschreiben wurde am 10. Juni 1928 (Nr. 24, S. 1017) veröffentlicht.

7

22. Dezember 1928; ms B; München, HK.
daß Sie zu den Kleistpreiserwähnten gehören – Der Kleistpreis, 1911 anläßlich des 100. Todestages von Heinrich von Kleist durch Fritz Engel gestiftet, wurde von 1912 bis 1932 alljährlich im November durch einen jedes Jahr neu bestimmten Vertrauensmann des Kunstrates bzw. des Vorstandes der Kleist-Stiftung an »aufstrebende, unbemittelte Dichter deutscher Sprache« verliehen. 1928 war Hans Henny Jahnn, Preisträger von 1920 für sein Drama »Pastor Ephraim Magnus«, Vertrauensmann. Er erkannte den Kleistpreis Anna Seghers für »Grubetsch« und »Aufstand der Fischer von St. Barbara« zu. In seiner »Rechenschaft Kleistpreis 1928« (in: »Der Kreis«, Hamburg, Jg. 6, Heft 3, März 1929, S. 137–141; vgl. auch: Der Kleist-Preis 1912–1932. Eine Dokumentation. Hrsg. von Helmut Sembdner. Berlin 1968) gab er einen Überblick über das Niveau und die Tendenzen der eingesandten 800 Manuskripte.
Lampel – Jahnn erwähnte Peter Martin Lampels »Revolte im Erziehungshaus. Schauspiel der Gegenwart in 3 Akten« (Kiepenheuer 1929) sowie »Giftgas über Berlin«, das für den Film »Giftgas« (Drehbuch N. Sarchi) als Vorlage diente.
Boris Silber – Erwähnt wurde »Koljas Flügel«.
199 *»Babel«* – Kestens Drama »Babel oder Der Weg zur Macht« (1929).

8

3. Juni 1933; hs B; Berlin, AZA; Erstdruck: Hermsdorf, S. 157.
dieses Buch – »Bilanz der deutschen Judenheit 1933«.

vagere andere Kombinationen – Landshoff spielt auf die vielen Versuche an, Verlage außerhalb Deutschlands zu finden, die deutschsprachige Abteilungen angliedern, wie es in Amsterdam Allert de Lange und Querido ermöglichten. In Paris bemühte sich z. B. Antonina Vallentin-Luchaire vergeblich, Gaston Gallimard für solch ein Projekt zu gewinnen, (vgl. Anm. 3 zu S. 200). Insgesamt wurden mehr als 800 Exilverlage in 36 Ländern der Welt gegründet, von denen sich jedoch nur wenige (6 brachten mehr als 50 Bücher heraus, darunter der Querido Verlag, der Verlag Allert de Lange und der von Willi Münzenberg geleitete Verlag Editions du Carrefour, 54 mehr als 10 Bücher und über 400 lediglich ein Buch) behaupten konnten. Landshoffs erste Besuchsreise zu Exilautoren im Mai/Juni 1933 löste unter diesen lebhafte Reaktionen aus. Joseph Roth schrieb z. B. an Stefan Zweig (22. Mai 1933): »Sehr verehrter und lieber Freund, [–] in drei bis vier Tagen kommt Dr. Landshoff zu Ihnen. [–] Er bringt Ihnen, wie schon so viele, ein neues Verlagsprojekt. [–] Von allen, die ich bis jetzt gehört habe, ist es das einzig würdige und zuverlässige. – Kommt es endgültig zustande – man soll nichts beschwören, weil Dr. L. gestern nach Berlin für 2 Tage zurückgegangen ist, und das heißt: in die Gefahr –, so schreibe ich in 3 Monaten, zum ersten Mal in meinem Leben, den nächsten Roman. Glänzender Stoff, fern von Dtschld., aber mit deutlicher Beziehung dazu, spielt im östlichen Grenzland.« (Roth, S. 265.) Ähnlich äußerte sich Klaus Mann gegenüber Thomas Mann (5. Juni 1933): »Gestern war der nette Herr Landshoff aus Amsterdam hier – es ist der, der früher Kiepenheuer leitete –; und nun will er beim Querido Verlag in der Keizersgracht eine große Sache aufziehen, es sieht wirklich ganz gut aus, und mir scheint, für den ›Joseph‹ würden sie sich alle Beine ausreißen und sehr, sehr viel Gulden schicken.« (Klaus Mann 1, S. 99f.)
Feuchtwanger – Gemeint sind die Verträge zu »Der jüdische Krieg« und »Die Geschwister Oppenheim« (später: »Die Geschwister Oppermann«).
Roth – Gemeint ist der Vertrag zu Joseph Roths »Tarabas, ein Gast auf dieser Erde«.
Ihre Gattin – Beatrice Zweig.

9

6. Juli 1933; ms B; Berlin, AZA.

200 *anständiges Angebot* – Landshoff hatte seinem ehemaligen Partner Kiepenheuer angeboten, die Bestände von Werken Arnold Zweigs für 6000,– RM zu übernehmen.

an anderer Stelle herausgekommen wäre – Klaus Manns Pläne zur Gründung einer Exilzeitschrift reichen bis in den Mai 1933 zurück. Erste Gespräche führte er mit Annemarie Schwarzenbach und Claude Bourdet in Zürich. Erste Briefe an Autoren mit der Bitte um Mitarbeit und Manuskripte (z. B. an Selden Rodman) wurden geschrieben (vgl. Tagebücher 1, S. 133). Aber auch Paris und in Amsterdam Allert de Lange faßte er ins Auge. An Stefan Zweig, der vor zu vielen Einzelgründungen warnte, schrieb er am 23. Juni 1933: »Natürlich ist die Zersplitterung eine arge Gefahr. Andererseits bin ich davon überzeugt, daß noch nicht die Hälfte von dem zu Stande kommt, was geplant wird. Eine literarische Zeitschrift – etwa im ›Rundschau‹-Stil –, wie sie mir vorschwebt, wird meines Wissens nicht einmal geplant. Alles andere ist mehr oder minder rein politisch – schließlich auch das ›Neue Tage-Buch‹, das wohl schon nächste Woche mit einer überraschend hohen Auflage erscheint. Was Münzenberg hier in Paris macht [vermutlich »Der Gegenangriff. Antifaschistische Zeitschrift«], hat höchstens den Wert von Werbeplakaten. – Die Verleger freilich tuen alle, als ob sie tuen wollten. Hier in Paris aber ist, glaube ich, nichts von dem seriös. An Grasset glaubt kein Mensch; auch Fayard, Plon usw. werden im Zweifelsfall gar nichts machen; bleibt Gallimard. Das könnte ja wohl nun das Gewichtigste sein – wenn es nur überhaupt zu Stande käme. Aber Madame Luchaire erzählt mir ein Mal übers andre, daß Gallimard seinen ganzen Plan davon abhängig macht, ob er Sie, meinen Vater und den Jakob Wassermann bekommt. Was die Fischer-Autoren angeht, so denkt Bermann zunächst gar nicht daran, sie freiwillig herzugeben; and how about you? – Am solidesten scheint mir noch mein Querido; denn der andere in Amsterdam, Herr de Lange, bleibt doch stets ein wenig unverbindlich. Querido wird auch als einziger von Bermann ernst genommen...« (Klaus Mann 1, S. 105.)

Offenstadt – Arnold Zweigs Sekretärin Lily Offenstadt, später: Leuchter-Offenstadt.

10

6. Juli 1933; ms Bk; Berlin, AZA.

201 *die Sache in Ordnung kommt* – Landshoff reagierte als ehemaliger Mitinhaber des Kiepenheuer Verlags auf eine Forderung Kestens als ehemaliger Autor. In einem Brief Landshoffs an Kiepenheuer (13. Juli 1933; ms Bk; Berlin, AZA) heißt es: »Mit Kesten, der zum Besuch seines Verlegers [Allert de Lange] hier war, sprach ich sehr eindringlich. Insbesondere habe ich auch die von Ihnen gelegentlich angeschnittene Frage geklärt, da es ein Irrtum ist, anzunehmen, wir hätten noch eine Verpflichtung bis zum Ende des Jahres auf Zahlung von Rente [die monatlichen Zahlungen] gehabt. Kesten versprach mir fest, Ihnen einen verständigen Vorschlag zu machen.«

Novellen – »Die Novellen um Claudia« (später: »Novellen um Claudia«), Erstausgabe: Leipzig 1912.

11

11. Juli 1933; ms B; Berlin AZA.

202 *Zustimmung* – Arnold Zweig erklärte seine Bereitschaft zur Mitarbeit. Von ihm erschienen in der »Sammlung« die Beiträge »Halbjuden« (Februar 1934), »Lion Feuchtwanger zum 50.« (Juli 1934), und »Der Krieg und die Schriftsteller« (August 1934).

Neufassung des Vertrages – Zweig hatte besonders die Paragraphen 4 und 6 des Vertragsentwurfs zu »Bilanz der deutschen Judenheit 1933« und »Erziehung vor Verdun« kritisiert. Er forderte (an Landshoff, 21. Juni 1933; ms Bk; Berlin, AZA; Hermsdorf, S. 158): »... die Tantiemensätze haben Sie willkürlich heruntergeschraubt; ich kann darauf nicht eingehen und fange deshalb damit an, daß in § 6 bei ›Bilanz der deutschen Judenheit‹ eine Tantieme von 10% vom gebundenen Exemplar, gestaffelt nach der Höhe des Ladenpreises... eingesetzt werden soll... – Bei 4 muß sich der Verlag verpflichten, die früheren Werke von Kiepenheuer zu erwerben...« Vgl. Abb. S. 98f.

Brief an Kiepenheuer – 11. Juli 1933; ms Bk; Berlin, AZA:
Lieber Herr Kiepenheuer,
Sie wissen selbst, daß unser Briefwechsel jetzt um eine der wichtigsten Positionen geht, die mir noch geblieben sind. Die Vorräte der drei Romane [»Der Streit um den Sergeanten Grischa«, »Junge Frau von 1914«, »De Vriendt kehrt

heim«] kann ich unmöglich getrennt von den Verlagsrechten verkaufen, denn diese Verlagsrechte werden ganz entwertet, wenn die Bücher, die ihre Realisation sind, auf den Markt kommen, ich weiß nicht wo, unter was für Umständen und von wem verwaltet. Sie müssen mir also zunächst einmal genauere Angaben machen. Ich verhehle Ihnen aber nicht, daß die Schwierigkeiten unserer Auseinanderrechnung durch diesen Verkauf vergrößert werden, und ich sehe nicht ein, warum ein Großbuchhändler davon profitieren soll, daß ich meine Honoraransprüche herabsetze. An den Vorräten des »De Vriendt« haftet, wie Sie wissen, noch eine Vorauszahlung, die nach Abzug bereits vorhandener Tantiemen ca. RM 1 500,– beträgt. Wie sollen diese Beträge abgedeckt werden, wenn nicht gleichzeitig mit der Übergabe der Vorräte? Und welche Garantien geben Sie mir, daß der Neuerwerber meiner Bücher das Honorar auch an mich abführt, das von Fall zu Fall fällig wird? Sie sehen, lieber Herr Kiepenheuer, ein Abschluß mit Querido ist das einzige, worein ich aus Gründen der Selbsterhaltung willigen kann, zumal auch Ihre Interessen bei diesem En-bloc-Verkauf, wie mir scheint, nicht zu kurz kommen.

Mit besten Grüßen Ihr

[Arnold Zweig]

Buch – »Bilanz der deutschen Judenheit 1933«.
Huebsch – Ben W. Huebsch, der 1925 seinen eigenen Verlag (gegründet 1900) in den Verlag The Viking Press, Yew York, einbrachte, war bereits vor dieser Zeit der amerikanischen Verleger vieler deutscher Autoren, so z. B. von Lion Feuchtwanger, Joseph Roth, Franz Werfel, Arnold Zweig. Nach der Emigration dieser Autoren setzte er die Zusammenarbeit mit ihnen besonders intensiv fort und bemühte sich um die Verbreitung ihrer Werke in englischer Sprache.

12

24. Juli 1933; ms B; Berlin, AZA.
203 *Ihre Familie* – Vgl. Brief 14, S. 205f.
204 *»Der Monat«* – Illustrierte Zeitschrift, Prag, geleitet von B. Kilian. In Heft 10, Jg. 1/1933–34, wurde das Kapitel »Ein Abschied« aus dem als Band 1 des Zyklus »Der große

Krieg der weißen Männer« konzipierten Roman »Die Zeit ist reif« (Erstauflage: um 1959) vorabgedruckt.

A. v. Nahuys – Alice van Nahuys war lt. Protokoll der »Außerordentlichen allgemeinen Teilhabersitzung« (Abb. S. 43 f.; Übersetzung: Stefan Landshoff) auch Directrice (Direktorin) des deutschen Verlages. Ende Februar 1937 schied sie aus dem deutschen Querido Verlag aus. Vgl. dazu: Brief 58, besonders S. 276. Emanuel Querido blieb bis zu seinem erzwungenen Ausscheiden nach der Besetzung Hollands durch Nazi-Deutschland Direktor beider Verlage. Vgl. dazu die Abb. S. 137–141. Der deutsche Verlag wurde unter dem Namen »Querido Verlag« am 14. Juli 1933 als Handelsgesellschaft in das Amsterdamer Handelsregister eingetragen. 50% der Anteile gehörten der Em. Querido's Uitgevers Mij. N. V., die anderen lauteten auf den Namen von Fritz H. Landshoff.

13

24. Juli 1933; ms B; New York.

an de Lange weggegeben – Die nicht feste Bindung an einen Verlag war Ausdruck der für die Exilverlage und -autoren veränderten Bedingungen und charakterisierte die Verlagsarbeit im Exil insgesamt; sie war in Roths speziellem Fall seiner besonders komplizierten finanziellen Situation geschuldet. Hinzu kam in bezug auf Allert de Lange, daß Roth mit Walter Landauer befreundet war und Gerard de Lange gute Vertragsbedingungen gewährte. Für die Nachauflage des »Hiob. Roman eines einfachen Mannes« (Erstauflage 1930) z. B. erhielt Roth lt. Vertrag mit de Lange vom 3. August 1933 eine Tantieme von 15 Pf für jedes verkaufte Exemplar sowie 1000,– RM Vorschuß. (Diese Situation änderte sich mit dem Tode Gerard de Langes 1935 entscheidend zuungunsten Roths.) Außer dieser Nachauflage, die zu den ersten 5 Büchern des Verlages Allert de Lange im Herbst 1933 gehörte, erschienen dort noch 4 Erstauflagen, darunter »Der Antichrist«, 1934, sowie postum 1939 »Die Legende vom Heiligen Trinker«, Querido verlegte 3 Erstauflagen (vgl. Bibliographie), darunter den 1940 postum erschienenen Novellenband »Leviathan«, dessen Titelnovelle in der »Pariser Tageszeitung« (23./24. Oktober–3. November 1938) vorabgedruckt wurde, der Verlag De Gemeenschap (Bilthoven) 2 Erstauflagen (»Die Kapuzinergruft« und »Die Geschichte von der 1002. Nacht«). Auf die Zweifel Roths, welchem Verlag er sein nächstes Buch geben solle, antwortete Landshoff am 25. Mai 1934 (ms B; New York): »Die Frage, ob Sie von de L. fortgehen oder nicht, scheint doch im Augenblick nicht zu lösen zu sein. Die Tatsache, daß Landauer mehr als eine Woche nach seiner Ankunft hier von de Lange noch nicht einmal ein einziges Mal empfangen worden ist – obgleich man jeden Tag de Lange in den Lokalen herumsitzen sehen kann –, zeigt den Stand des Interesses für den deutschen Verlag. Trotzdem verstehe ich es natürlich durchaus, daß Sie vorläufig eine Entscheidung noch nicht fällen. [–] Für den Novellenband [Der Korallenhändler = Leviathan] würden wir ebenfalls hfl 600,– zahlen.«

Kapitel für die Zeitschrift – »Die Sammlung« druckte das Kapitel »Tarabas« im Septemberheft 1933 vorab.

Zweig – Stefan Zweig.

14

31. Juli 1933; ms Bk; Berlin, AZA; Erstdruck: Hermsdorf, S. 159 (gek.). Die Vollständigkeit der Briefkopien ist nicht immer gegeben, weil Arnold Zweig häufig die leeren Rückseiten der an ihn adressierten Briefe für die Kopie seiner Antwort verwendete und keine neue Seite anfügte, wenn der Platz nicht ganz ausreichte.

205 *Bruder* – Hans Rudolf Zweig.

Kinder – Adam und Michael Zweig.

Amsterdamer »Freie Presse« – Linksstehendes »Wochenblatt für geistige und politische Freiheit« (Juli 1933 – Januar 1934 im Amsterdamer Verlag De Arbeiderspers).

15

17. August 1933; ms Bk; Berlin AZA.

206 *Berner Gutachten* – Vgl. Anm. 7 zu S. 207.

mehrfach genannte Höhe – 6000,– RM (vgl. Anm. 2 zu S. 200).

207 *Ihre Produktion aufgenommen* – Nach der Liquidation der Gustav Kiepenheuer GmbH gründete Kiepenheuer die Gustav Kiepenheuer AG.

Schilling – Heinar Schilling, »Weltgeschichte. Ereignisse und Daten von der Eiszeit bis heute«.

Noa – Noa Kiepenheuer.

16

23. August 1933; ms Bk; Berlin, AZA

Vag – Verlagsauslieferungs-GmbH, Leipzig.
bekannte Weisung – Am 16. Mai 1933 veröffentlichte das »Börsenblatt für den Deutschen Buchhandel« [im folgenden »Börsenblatt«] ein »Schwarze Liste«, in der die Namen von verfemten Autoren, ihre Veröffentlichungen sowie die Titel einiger Anthologien enthalten waren. Durch ein Kreuz waren 12 »Hauptschädlinge« gekennzeichnet, deren gesamtes Schaffen als verbotene Literatur galt: Lion Feuchtwanger, Ernst Glaeser, Arthur Holitscher, Alfred Kerr, Egon Erwin Kisch, Emil Ludwig, Heinrich Mann, Ernst Ottwalt, Theodor Plivier, Erich Maria Remarque, Kurt Tucholsky und Arnold Zweig. In der Folgezeit wurden im »Börsenblatt« regelmäßig solche Listen veröffentlicht. Begonnen hatte diese »Weisung« de facto mit der Bücherverbrennung am 10. Mai 1933 auf dem Opernplatz in Berlin.
Büro de l'Union... – Büro des Internationalen Verbandes zum Schutze von Werken der Literatur und Kunst.
Si l'accomplissement... – Wenn die Erfüllung des Verlagsvertrages unmöglich geworden ist, kann der Autor von dem Vertrag Abstand nehmen und sein Werk durch einen anderen Verleger herausgeben lassen, ohne dem ersten, mit dem der Vertrag gelöst ist, Schadenersatz zahlen zu müssen. Mit der Annulierung des Vertrages entfällt auch das Recht des ersten Verlegers auf Option der zukünftigen Werke.
Auf dieses Gutachten stützt sich Landshoff auch in seiner Antwort an den Paul Zsolnay Verlag Wien, der aus einem alten Vertrag mit Heinrich Mann Geldforderungen erhob (vgl. Abb. S. 81). Landshoff argumentiert: »Ihre Ausführungen über die Volksausgabe ›Die kleine Stadt‹ sind uns nicht recht verständlich. Nach Ihrem eigenen Brief scheint es doch so zu liegen, daß nicht Herr Mann Ihnen 4000 Mark schuldet, sondern umgekehrt Sie ihm die Herausgabe einer Volksausgabe dieses Buches. ... [–] Die von uns angeschnittene Frage des neuen Romans [›Die Jugend des Königs Henri Quatre‹] scheint uns jedoch von diesem Fragenkomplex unabhängig. Wenn Sie wegen der ›geänderten Verhältnisse‹ keine Volksausgabe des Romans ›Die kleine Stadt‹ herausbringen können, so werden Sie doch auch den neuen Roman von Herrn Mann nicht erscheinen

lassen. Insofern bedeutet die Freigabe der Option für Sie keinerlei Opfer. Es handelt sich also um eine rein formale Bestätigung...« (18. Mai 1934; ms Bk; Berlin HMA.)

17

7. September 1933; ms/hs B; Expreßbrief; München, KMA; Randbemerkung (hs) Landshoffs zum ersten Absatz: Bericht eines Crétins.

209 *Manuskript Toller mit Bild* – Die Autobiographie »Eine Jugend in Deutschland«; das Steckbrieffoto Tollers verwendete Landshoff für den Schutzumschlag (linke Klappe) der Erstauflage 1933.

270 Abonnenten – Dies dürfte die reale Zahl gewesen sein.

Oprecht & Helbling – Hier die Zürcher Buchhandlung Dr. Oprecht & Helbling.

Deine eigenen Sachen – »Das Schweigen Stefan Georges« sowie »René Crevel: ›Les Pieds dans le plat‹« (Rez.) erschienen im Oktoberheft 1933 der »Sammlung«.

Uhde – Wilhelm Uhde, »Pariser Malerei« (Oktober 1933).

210 *Manuskript Herzog* – Julian Sorel (d. i. Wilhelm Herzog), »Hölderlin und diese Deutschen« (Dezember 1933).

Laslo – im Original (hs) schwer lesbar; nicht ermittelt.

18

12. September 1933; hs B; München, KMA.

Kayser – Rudolf Kayser.

Eclat – Gemeint sind die schriftlichen, noch nicht veröffentlichten Erklärungen von Alfred Döblin, Thomas Mann und René Schickele, in denen sie sich von der Tendenz der Zeitschrift distanzierten.

in Zandvoort aufgeworfene Fragen – Am 20. August 1933 (Klaus Mann 1, S. 122) hatte Klaus Mann aus dem Grand Hotel Zandvoort an seinen Vater geschrieben: »Herr Zauberer, lieb und wert – [–] seitdem unser Prospekt heraus ist – ich habe ihn ja Mutter Mielein geschickt –, sind wir, der Landshoff und ich, oft ein wenig unruhig, weil doch unsere erste Nummer nicht gerade zahm geraten ist – schon durch Onkel Heinrichs Verdienst –, und nun stehst Du auf der Liste. Da möchte es wohl passieren, daß sich in unserer Presse ein kleines Wehgeschrei erhebt...«

Erklärung Deines Vaters – Thomas Mann an Klaus Mann (13. September 1933): »Lieber Aissi, [–] ich habe Bermann, der offenbar in tausend Nöten schwebt, bestätigen müssen, ›daß Charakter erster Nummer Sammlung ihrem ursprünglichen Programm nicht entspricht‹«. Thomas Mann polemisiert dann gegen die Aufnahme von Heinrich Manns Aufsatz »Sittliche Erziehung« gerade in die erste Nummer und fährt fort: »Schickele ist telegrafisch im Abrücken sehr weit gegangen, um sein Buch [›Die Witwe Boska‹] und einen möglichen Vorabdruck in der Vossischen Zeitung zu retten. ... [–] Auch ich kam sofort in eine böse Lage. Der Fischer-Verlag war in Verzweiflung. ... Der alte Saenger wurde nur wegen dieser Sache nach Sanary entsandt. Alles, was er erreichte, war ein Telegramm des Inhalts: ›Muß mir das Recht vorbehalten, literarischer Zeitschrift europäischen Charakters, die erste Namen der Welt zu ihren Mitarbeitern zählt, auch meine gelegentliche Mitarbeit in Aussicht [zu] stellen, was selbstverständlich keine Identifizierung mit jedem einzelnen Beitrag bedeuten kann.‹ Das war mager, so sauer es mir geworden war. Gestern kam ein weiteres Telegramm von Saenger, dringend, das ›aus guten Gründen‹ nach der Bestätigung verlangte, ich sei über die ›Tendenzen‹ der Sammlung unrichtig informiert gewesen. Wir fuhren zu Schickele, um mit ihm zu beraten, wie er es mit mir getan hatte. Es war sehr schwer. Ich hatte schon aufgesetzt: ›Kann ehrenhalber über Erklärung von neulich nicht hinausgehen‹, habe mich dann aber zu der Feststellung von oben verstanden...« (Klaus Mann 1, S. 132f.)

211 *Tantieme-Diebstahl* – Dem S. Fischer Verlag wurde untersagt, an Thomas Mann vertraglich fällige Zahlungen nach Erscheinen des ersten Bandes seines Joseph-Romans, »Die Geschichten Jaakobs« zu überweisen. Das Verbot wurde im Dezember 1933 aufgehoben.

Sanary – In Sanary-sur-Mer, einem Fischerdorf im französischen Department Var an der Côte d'Azur, hielten sich zu diesem Zeitpunkt viele Exulanten auf bzw. trafen sich dort, so Bert Brecht, Lion Feuchtwanger, Wilhelm Herzog, Hermann Kesten, Ludwig Marcuse, Ernst Toller, Antonina Vallentin und Arnold Zweig.

Visumverweigerung – Alfred Döblins Sohn Peter wartete in Berlin auf das Ausreisevisum.

Anfang – Am 10. Oktober 1933 veröffentlichte das »Börsenblatt« eine Mitteilung der »Reichsstelle zur Förderung des deutschen Schrifttums« unter der Überschrift »Literarische Emigrantenzeitschriften«, in der es zur »Sammlung« heißt: »Wir sehen uns genötigt, festzustellen, daß der *deutsche Verlag* S. Fischer von folgenden der hier als Mitarbeiter der ›Sammlung‹ angeführten Autoren *Neuerscheinungen* angezeigt hat: Von dem Ausländer *André Maurois,* von *René Schickele* und von *Thomas Mann.* ... Es müßte für den deutschen *Buchhändler* eine *Selbstverständlichkeit* sein, daß er keine Bücher verbreitet von Autoren, die im Ausland geistige Kriegshetze gegen Deutschland betreiben.«

Dieser öffentliche Angriff veranlaßte den S. Fischer Verlag, die im September eingeholten Dementis publik zu machen. In einem hektographierten Rundbrief vom 12. Oktober 1933 wurde mitgeteilt, es sei gelungen, »an Hand von Material« der »Reichsstelle« zu beweisen, daß die Voraussetzungen für den Angriff im »Börsenblatt« nicht bestünden. Am 14. Oktober veröffentlichte das »Börsenblatt« die Erklärungen von Alfred Döblin, Thomas Mann und René Schickele mit einem Kommentar der »Reichsstelle«. Obwohl Thomas Mann interessiert das Erscheinen und den Inhalt der einzelnen Hefte der »Sammlung« verfolgte (vgl. Thomas Mann, Tagebücher 1933–1934. Hrsg. von Peter de Mendelssohn. Frankfurt am Main 1977, Eintragungen z.B. vom 6. November 1933, 13. April 1934, 5. März 1935, 16. Juli 1935), blieb er wie René Schickele bei seiner Entscheidung und stellte der »Sammlung« keinen Beitrag zur Verfügung.

19

15. September 1933; ms B; Marbach.

212 *Schicksal Ihres Sohnes* – Peter Döblin gelang im September die Flucht in die Tschechoslowakei.

213 *kleine Broschüre* – Nicht erschienen.

Aufsatz von Ihnen – »Jüdische Massensiedlungen und Volksminoritäten« (September 1933).

Essaybuch – »Der Haß«.

20

26. September 1933; ms B; München HK; Erstdruck: Winkler, S. 185 (gek.).

214 *Frau van Praag* – Hilda van Praag-Sanders, seit Gründung der deutschsprachigen Abteilung des Verlages Allert de Lange deren Leiterin, war am 31. August 1933 aus dem Verlag ausgeschieden.

einer von Ihnen – Kesten und Walter Landauer. Seit Ende Mai 1933 fungierte Kesten von Paris aus als literarischer Leiter der deutschsprachigen Abteilung des Verlages Allert de Lange, Landauer war als Mitarbeiter des Verlages verantwortlich für den Verkauf von Übersetzungsrechten sowie den Vertrieb in Österreich und übernahm ab 1. September 1933 die Leitung der deutschsprachigen Abteilung. Er übersiedelte erst im Mai 1934 endgültig nach Amsterdam. Ausführlich dazu: Kerstin Sorgatz, Verlagsarbeit im Exil. Untersuchungen zur Geschichte der deutschen Abteilung des Amsterdamer Allert-de-Lange-Verlages 1933–1940. Diss A. Berlin 1989.

Onkel Schäfer – Gemeint ist Hans Sochaczewer. Das geht aus einem Brief Landshoffs an Klaus Mann vom gleichen Tage (26. September 1933; ms/hs B; München, KMA) hervor: »Alles in allem wirst Du immer noch die freundlichen Urteile [über ›Die Sammlung‹] zu hören bekommen. Bei mir kennt man überhaupt keine Scham, und der Unflat ergießt sich munter. Zwei Ausnahmen ...: meine beiden reaktionären Freunde ... Lernet-Holenia und Sochaczewer ...«

Von Sochaczewer druckte »Die Sammlung« den Kulturbericht »Kopenhagen« (August 1934), die Novelle »Die Botschaft der Ermüdeten« (Dezember 1934) sowie »Der Abend mit den Feuerkugeln« (Mai 1935), Prosa.

215 *polnische Übersetzung* – Der wahrscheinlich unrechtmäßige Abdruck des 1932 bei der Kiepenheuer erschienenen Romanes »Der Scharlatan« ist gemeint.

Roman – »Der Gerechte«, 1934 (April) bei Allert de Lange.

südliche Sonne – Sanary-sur-Mer.

»Fall Hauser« – Landshoff spielt darauf an, daß 1933 im S. Fischer Verlag Heinrich Hausers »Ich lerne fliegen« erschienen war und der Autor dieses Buch mit dessen Zustimmung Hermann Göring gewidmet hatte.

21

29. September 1933; ms/hs B; München, KMA; Randnotiz (hs) Landshoffs zum zweiten Absatz: Erika hat sie gelesen (Herzog hat sie ihr gegeben) – sie war entsetzt.

die letzten Naziscenen Deines Onkels – Gemeint sind die »Szenen aus dem Nazileben« in Heinrich Manns Essayband »Der Haß«. Einer Tagebuchnotiz Klaus Manns vom 17. Juli 1933 (Tagebücher 1, S. 157) ist zu entnehmen, daß

er bereits einige der insgesamt sechs »Szenen« gelesen hatte und mit Landshoff einer Meinung war: » ... leider kann uns das von Onkel Heinrich beiden *gar* nicht gefallen.«
Alle Szenen, auch die in diesem Brief kritisierte »Man muß sich zu helfen wissen«, wurden veröffentlicht.
Deinen Vater ernstlich schädigen – Thomas Mann wurde noch in Deutschland verlegt: Am 10. Oktober 1933 erschienen im S. Fischer Verlag »Die Geschichten Jaakobs«. Vgl. Anm. 1 zu S. 211.
mit Döblin reden – Döblin blieb trotz öffentlichen Abrükkens von der Tendenz der »Sammlung« Buchautor bei Landshoff und erhielt aufgrund seiner Verträge wie alle anderen Autoren monatliche »Rentenzahlungen«. Darüber hinaus stellte er der Zeitschrift auch weiterhin Beiträge zur Verfügung: die Rezension »Jakob Wassermanns letztes Buch« (Juni 1934) sowie einen Glückwunschbrief an Feuchtwanger (Juli 1934).
Brief von Brod – Er enthielt aus Franz Kafkas Roman »Der Prozeß« das unvollendete Kapitel »Fahrt zur Mutter«, das im Oktoberheft 1933 gedruckt wurde.

22

13. Oktober 1933; ms Bk; Berlin, AZA.

23

25. Oktober 1933; ms Bk; Berlin, AZA.
217 *Novellenband* – »Spielzeug der Zeit«.
Schlesische Novelle – Titel in späteren Novellensammlungen: »Der Schutzgeist«.
Verhalten der Herren Kollegen – Alfred Döblins, Thomas Manns und Renè Schickeles öffentliches Abrücken von der »Sammlung«.
mein Namensvetter – Stefan Zweig, zu diesem Zeitpunkt noch Autor des Insel-Verlages, hatte auf Veranlassung seines Verlages schriftlich erklärt, daß er nicht an der Zeitschrift mitarbeiten werde: »Nachdem ich nunmehr die erste Nummer der Zeitschrift ›Die Sammlung‹ gesehen habe, mußte ich zu meiner größten Überraschung feststellen, daß es sich nicht um ein rein literarisches, sondern um ein zum größten Teil politisches Blatt handelt... Ich habe bereits an den Herausgeber der ›Sammlung‹ ge-

schrieben, daß ich unter diesen Umständen an der Zeitschrift keinesfalls mitarbeiten würde...« Der an den Insel-Verlag adressierte Brief wurde ohne Wissen und ohne Zustimmung Zweigs vom Verlag an das »Börsenblatt« weitergeleitet und dort am 14. Oktober 1933 im nichtredaktionellen Teil veröffentlicht. Stefan Zweig zog daraus seine Konsequenzen und brach noch 1933 seine Beziehungen zum Insel-Verlag ab, hielt sich aber an seine Entscheidung, der Zeitschrift keinen Beitrag zur Verfügung zu stellen.

Geistesführer von Salzburg – Gemeint ist Stefan Zweig, der 1919-1934 meist in Salzburg lebte.

»Umkehr« – »Die Umkehr. Schauspiel in 5 Akten« (Erstausgabe: »Die Umkehr der Abtrünnigen«, Kiepenheuer 1927).

»Sendung Semaels« – »Die Sendung Semaels. Jüdische Tragödie in 5 Aufzügen« (Erstausgabe u. d. T.: »Ritualmord in Ungarn«), 1930 als unverkäufliches Manuskript vom Kiepenheuer Verlag, Abt. Bühnenvertrieb, vervielfältigt.

24

26. Oktober 1933; ms B; Berlin, AZA.

219 *Börsenverein* – Dem »Börsenverein der Deutschen Buchhändler«, gegründet 1825, gehörten auch mit dem deutschen Buchhandel verkehrende ausländische Firmen an, 1928 z.B. 332 in Österreich, 168 in der Schweiz. Die Verbindung zu diesen beiden Ländern war von jeher sehr eng. Zu Beginn der dreißiger Jahre verkauften österreichische Buchhändler 70-75 % der österreichischen Buchproduktion nach Deutschland. Hinzu kam, daß in deutschen Verlagen etwa 90 % der Werke österreichischer Autoren erschienen. (Vgl. Österreichische Exilliteratur in den Niederlanden 1933-1940. Hrsg. von Hannes Würzner und Hans Hoogeveen. Amsterdam 1986.) Nach 1933 wirkte sich die Verflechtung von deutschem und österreichischem Buchhandel bzw. Verlagswesen (1935 waren mehr als 500 Firmen in 73 Orten Österreichs dem deutschen Buchhandel unmitttelbar angeschlossen; vgl. Sorgatz, Verlagsarbeit im Exil, S. 85) auf Entscheidungen von Verlagen und vom Buchhandel oftmals im Sinne einer Art »Selbstzensur« aus.

25

Anfang November 1933 (?); hs B; München, KMA.

220 *vertraglich attestiert* – Der Vertrag, geschlossen am 16. Juni 1933, sicherte Klaus Mann redaktionelle Unabhängigkeit zu.

Rodman – Selden Rodman war bereits im Mai 1933 von Klaus Mann um Mitarbeit gebeten worden (vgl. Anm. 3 zu S. 200). Ein Beitrag von ihm wurde nicht veröffentlicht.

Wittenberg – Rudolf Wittenberg, »Der Nagel. Nach einem mündlichen Bericht« (Januar 1934), Prosa.

Simon – Nicht erschienen.

Hirschfeld – Magnus Hirschfeld, »Das Erbgericht. Betrachtungen zum deutschen Sterilisationsgesetz« (Februar 1934).

seitenlange Herzöge – Vgl. Anm. 1 zu S. 210.

Berendsohn – Walter A. Berendsohn, »Deutsche Humanität« (Februar 1934).

Wolfg – Wolfgang Hellmert, »Zwei Photographien« (Januar1934), Prosa.

Graf – Oskar Maria Graf, »Drei Gedichte« (Februar 1934).

26

November (?) 1933; hs B; München, KMA.

221 *Du fragst... nach Horst* – Am 28. Juli 1933 hatte Klaus Mann den Vertrag zu einem biographischen Essay über Horst Wessel unterschrieben und bereits Geld erhalten (Tagebücher 1, S. 160). Landshoff lehnte schließlich das Manuskript ab. Weitere Versuche Klaus Manns, es in einem anderen Exilverlag (Editions du Carrefour) bzw. in veränderter Form in der Exilzeitschrift »Das Wort« zu publizieren (vgl. Klaus Mann an Willi Bredel, 27. März 1937; Briefe, S. 275), scheiterten. Es blieb unveröffentlicht (München, KMA).

27

7. Dezember 1933; ms/hs B; München, KMA. Die Vollständigkeit des Briefes ist nicht gesichert.

222 *Abschlüsse* – Gemeint sind Bruno Franks »Cervantes. Ein Roman« sowie Graf Carlo Sforzas »Seele und Schicksal Italiens«.

aller-, allerspätestens im März – Randnotiz (hs): nein: Februar – im März geht's ja schon los (s. »Beibrief«). Diese Randbemerkung bezieht sich vermutlich auf die in Brief 25 (vgl. S. 220f.) vorgeschlagene Erweiterung der Zeitschrift, die erst im Juni 1935 zustande kam.

eignet sich Stefan Zweig – Zweig arbeitete zu jener Zeit an der künstlerischen Monographie »Triumph und Tragik des Erasmus von Rotterdam«. Die Bitte Klaus Manns (an Stefan Zweig, 12. Dezember 1933) lehnte er unter anderem mit der Begründung ab: »Über Holland bin ich leider völlig incompetent, ich war in meinem ganzen Leben *drei* Tage dort!« (An Klaus Mann, 13. Dezember 1933; Klaus Mann 1, S. 158.)

Aufsätze von Lion – Regler – Ehrenburg – Ferdinand Lion, »Altes Europa – Neues Deutschland« (November 1933); Gustav Regler (unter dem Pseudonym Thomas Michel), »Das Konkordat« (Oktober 1933) sowie »Die Saar« (Dezember 1933); Ilja Ehrenburg, »Der Weg André Gides« (Dezember 1933).

Protestantismus-Aufsatz – Nicht erschienen.

Hirschfeld-Sache – Vgl. Brief 25, S.220f.

Zahl der Leser – »Der Abonnementsrückgang beim Halbjahreswechsel ist erschreckend; die Abrechnungen über den Straßenverkauf geradezu entsetzlich. Die neuen Abrechnungen aus Strasbourg und Paris z.B. haben neuerlich gezeigt, daß wir für jedes Heft, abgesehen davon, daß wir nach beiden Städten zusammen etwa 500 Exemplare schicken, nicht nur keinen Pfennig bekommen, sondern für alle möglichen Frachtspesen usw. jeweils einen nicht unerheblichen Beitrag noch bar auszahlen müssen.« (Landshoff an Klaus Mann, 7. März 1934; ms B; München, KMA.)

224 *Rodman* – Vgl. Anm. 2 zu S. 220.

Hellmert und Wittenberg – Vgl. Anm. 3 u. 8 zu S. 220.

Asch-Seiten – Nathan Asch, »Sammy« (Januar 1934), Erzählung.

Es enthält – Die von Landshoff aufgeführten Autoren für Heft 5 (Januar 1934) hat Klaus Mann auf dem Original handschriftlich um zwei Namen ergänzt: Beidler, Mortimer.

Weintraubsche – Jetty Weintraub.

Antonina – Antonina Vallentin-Luchaire.

St. – Stephansky. Nicht ermittelt.

Z. – Zürich.

Wessel ... verarzten – Gemeint ist die abschließende Diskussion über das Horst-Wessel-Manuskript (vgl. Anm. 1 zu S. 221).

225 *Jakob der 60jährige* – Jakob Wassermann hatte seinen Besuch für Mitte Dezember 1933 angekündigt (vgl. Anm. 3 zu S. 225).

28

Mitte Dezember 1933; München, KMA.

Eintritt deines Vaters in die »Kammer« – Thomas Mann wurde – entgegen den Befürchtungen Klaus Manns und Landhoffs – nicht Mitglied der Reichsschrifttumskammer. In einem Brief an Julius Meier-Graefe (23. Dezember 1933; Thomas Mann, Briefe 1889-1936. Hrsg. von Erika Mann. Berlin und Weimar 1965, S. 376 f.) heißt es:»... ich hielt die Sache mit der Berliner Zwangsorganisation für erledigt, nachdem ich an Blunck geschrieben hatte, ich nähme an, daß man mich nach wie vor zum deutschen Schrifttum rechne, und weiterer Formalitäten bedürfe es wohl nicht. Bermann, nach einem Telephonat mit dem Propagandaministerium, schrieb mir darauf, das genüge. Gestern aber kamen nun doch vom ›Reichsverbande‹ die ominösen Formulare mit dem Bedeuten, sie müßten unbedingt unterschrieben sein. Das tue ich nicht, und wenn Bermann, den es sehr angeht, nicht noch einen Ausweg findet, so ist mein Ausscheiden besiegelt.« In einem Brief an A. M. Frey (31. Dezember 1933/1. Januar 1934; Thomas Mann, Briefe 1889-1936, S. 379 f.) bekräftigt Thomas Mann: »Ich werde die Eintrittsformulare der Berliner Zwangsorganisation auf keinen Fall unterzeichnen. ... Ich lasse mich, wie gesagt, auf keinen Fall dazu herbei.«

Sein Roman – »Joseph Kerkhovens dritte Existenz«. Wassermann erhielt während seines Aufenthaltes in Holland Mitte Dezember die Nachricht, daß der S. Fischer Verlag seine Zusage, den Roman in Deutschland herauszubringen, zurückzieht. Daraufhin übergab Wassermann das Manuskript am 18. Dezember an Landshoff. Marta Karlweis, Wassermanns zweite Frau, war zu diesem Zeitpunkt nicht in Holland. Vgl. dazu S. 101.

5. Heft – »Die Sammlung«, Januar 1934.

Hohenlohe – Max Carl Prinz zu Hohenlohe-Laufenburg, »Der Vater« (Februar 1934), Prosa.

Kesten – »Der Preis der Freiheit. Zur Lage der deutschen Literatur« (Januar 1934).

Engländer – Offensichtlich der Beitrag über englische Literatur (vgl. Brief 27, S. 224). Von Rodman erschien kein Beitrag, wohl aber von Raymond Mortimer (»Notizen über englische Romanciers«; Mai 1934). Landhoffs Einwände schlagen sich in der redaktionellen Vorbemerkung zu diesem Beitrag nieder: »Raymond Mortimer, berühmter Kritiker der Londoner Avantgarde, gibt in diesen Notizen respektlosere Urteile über einige seiner großen Landsleute, als die Redaktion dieser Blätter sie sich anmaßen würde.«

29

26. Februar 1934; ms/hs B; München, HK; Kesten, S. 70 f.

was Sie über den Döblin schreiben – Gemeint ist Döblins »Babylonische Wandrung oder Hochmut kommt vor dem Fall«. »Die Sammlung« brachte im Augustheft 1934 eine Rezension von Kesten.

letzte Nummer – In Nr. 8 (23. Februar 1934) der von Karl Rauch herausgegebenen Zeitschrift »Die literarische Welt. Neue Folge« erschien der kommentierte Abdruck unter der Überschrift »Niedriger hängen«.

Liepmann – Heinz Liepmanns Buch »Das Vaterland – Ein Tatsachenroman aus dem heutigen Deutschland« war im Dezember 1933 in deutscher Sprache im Amsterdamer Verlag P. N. van Kampen & Zoon erschienen. Als Liepmann im Februar 1934 nach Amsterdam kam, um mit dem Verlag De Arbeiderspers über eine niederländische Ausgabe (»Het vaderland«, 1934) zu verhandeln, wurde er unter der Anschuldigung verhaftet, er habe im Roman »das Staatsoberhaupt einer befreundeten Macht beleidigt«. Das »Staatsoberhaupt« war Generalfeldmarschall von Hindenburg. Liepmann wurde von einem Amsterdamer Gericht zu einer einmonatigen Gefängnisstrafe verurteilt und danach über die belgische Grenze abgeschoben. Das Buch wurde vorerst beschlagnahmt. In der niederländischen Ausgabe fehlte dann die den »Fall Liepmann« auslösende Stelle. Vgl. hierzu: Hermsdorf, S. 41–44.

227 *Buch* – Vermutlich die von Hermann Kesten herausgegebene Anthologie »Novellen deutscher Dichter der Gegenwart«, da der Roman »Der Gerechte« erst im April 1934 erschienen ist.

30

28. Februar 1934; ms/hs B; München, KMA.

Aufsatz von Scholte – »Bühne in Holland« erschien in der »Hollandnummer« (April 1934).

Freilassung von Dimitroff – Georgi Dimitroff, am 9. März 1933 in Berlin verhaftet und im Leipziger Reichstagsbrandprozeß provokatorisch angeklagt, mußte am 27. Februar 1934 freigelassen werden.

31

6. März 1934; ms/hs Bk; München, KMA.

228 *das Deutsch der Sforza-Übersetzung* – Der Übersetzer des Beitrages (»Die Ausländer und die italienische Seele«) wird in der Zeitschrift nicht genannt, in der Buchpublikation (»Seele und Schicksal Italiens«) ist es Adolf Saager.

Leitartikel über die Stellung der deutschen Emigration – Anstelle eines Leitartikels zu diesem Thema von einem der im Brief vorgeschlagenen Autoren stand an der Spitze des Heftes 9 (Mai 1934) Kestens Beitrag »Die deutsche Literatur«, von Landshoff angeregt: »Mit Kesten verabredete ich – Dein Einverständnis voraussetzend – einen Parallel-Aufsatz zum ›Preis der Freiheit‹ [Januar 1934] etwa unter dem Titel ›Der Lohn der Tyrannei‹. Er soll sich mit den ja unglaublich ›abwirtschaftenden‹ resp. gar nicht ›herankommenden‹ Autoren, die sich mehr oder minder schnell gleichschalteten oder für die Gleichschaltung in Anspruch genommen wurden und die alle, auch drüben, keinen Erfolg haben, beschäftigen.« (An Klaus Mann, 7. März 1934; ms B; München, KMA.)

229 *Koplowitz* – Oskar Koplowitz, später: Oskar Seidlin, Jugendfreund Klaus Manns.

32

11. April 1934; ms/hs B; Berlin, AZA; Erstdruck: Hermsdorf, S. 160 f. (gek.).

Buch – »Bilanz der deutschen Judenheit 1933«.

Aprilrate – Die monatliche »Rentenzahlung«. Vgl. Abb. S. 86.

Roman – »Erziehung vor Verdun«. Vgl. auch Abb. S. 98.

230 *Feuchtwanger oder Heinrich Mann* – Gemeint sind die beiden Erstauflagen »Die Geschwister Oppenheim«, »Der Haß«.

lt. der Verordnung – Auf Antrag des Justiz- und Polizeidepartments der Schweiz vom 20. März 1934 wurden am 26. März 1934 vom Schweizer Bundesrat »Maßnahmen gegen die Presse« festgelegt. Beschlossen wurde, daß »bei besonders schweren Ausschreitungen einzelner Presseorgane, wodurch die guten Beziehungen der Schweiz zu andern Staaten gefährdet werden, eine Verwarnung und bei ihrer Nichtbefolgung ein Verbot des Erscheinens auf bestimmte Zeit ausgesprochen wird«. Der Bundesrat ermächtigte dazu, »Druckschriften (mit Ausnahme von Zeitungen), ..., die geeignet sind, die guten Beziehungen der Schweiz zu andern Staaten zu gefährden, ... vom Vertrieb auszuschließen, vorläufig zu beschlagnahmen und der Bundesanwaltschaft einzusenden.« Die Sätze stehen in einem Protokoll, das anläßlich einer Beratung des Justiz- und Polizeidepartments der Schweiz am 26. März 1934 angefertigt wurde. Das Protokoll ist unter der Nr. 561 registriert und liegt im Schweizer Bundesarchiv.

33

6. November 1934; hs B; München, KMA.

231 *Fricks Erlaß* – Die erste Ausbürgerungsliste, eine Bekanntmachung vom 23. August 1933 , unterzeichnet vom Reichsminister des Innern Wilhelm Frick, wurde am 25. August 1933 im »Deutschen Reichsanzeiger und Preußischen Staatsanzeiger«, Berlin, veröffentlicht. Sie enthielt unter anderen die Namen von Lion Feuchtwanger, Alfred Kerr, Heinrich Mann, Wilhelm Pieck, Ernst Toller, Kurt Tucholsky. Die letzte Ausbürgerungsliste, Nr. 359, erschien am 7. April 1945 im »Deutschen Reichsanzeiger«. Auf der Grundlage des »Gesetzes über den Widerruf von Einbürgerungen und die Aberkennung der deutschen Staatsangehörigkeit« vom 14. Juli 1933 wurden insgesamt 39006 Personen ausgebürgert.

232 *Kerr* – Alfred Kerrs Manuskript »Walter Rathenau. Erinnerungen eines Freundes« (1935 bei Querido).

Z. – Zürich.

Wil – Wilfried Israel.

34

9. November 1934; ms B; Berlin, AZA;

das fehlende Siebentel – Von »Erziehung vor Verdun«.

Vorabdruck – Die »Neuen Deutschen Blätter« (Redaktion:

Oskar Maria Graf, Wieland Herzfelde, Jan Petersen, Anna Seghers), Prag, hatten im Sonderheft »Der letzte und der nächste Krieg« (Jg. 1, Heft 11, August 1934) das 4. Kapitel des I. Buches vorabgedruckt. Ein weiterer Vorabdruck ist noch nachgewiesen: »Signale« (»Die neue Weltbühne«, Prag, Heft 23/1935, S. 711–714).

233 *deutsche Ausgabe... zu verzögern* – Sowohl die englische (bei Secker & Warburg) wie die amerikanische Ausgabe (bei The Viking Press) erschienen 1936.

volle Bewegungsfreiheit – Landshoff erkrankte im Jui 1934 an einer Rippenfell- und Lungenentzündung; dem langen Krankenhausaufenthalt schloß sich eine Kur in Davos an (13. Oktober – Ende Dezember 1934).

35

4. Dezember 1934; hs B; München, KMA.

234 *Coudenhove-Verleger* – Klaus Mann rezensierte für »Die Sammlung« (April 1935) Graf Richard Nikolaus Coudenhove-Kalergis Schrift »Europa erwacht!« (Paneuropa-Verlag Zürich – Wien 1934). Ein Abdruck aus dieser Schrift ist in der Zeitschrift nicht erschienen.

Eris Ankunft – Aus Briefen Erika Manns geht hervor, daß sie Landshoff am 1./2. Dezember 1934, kurz vor dem Gastspiel in St. Gallen, in Davos besucht hat.

Thunnächte – Thun: Kodewort für Droge (ebenso wie Fisch, Fischlein, Broschüre, Handzettel, Lektüre u. a.).

Vor St. Gallen graute ihr – Erika Manns »Pfeffermühle« gastierte vom 3. bis 6. Dezember 1934 in St. Gallen. Die Befürchtungen resultierten daraus, daß es im November 1934 in Zürich während einer Vorstellung zu gewalttätigen Auseinandersetzungen mit Schweizer Faschisten (»Frontisten«) gekommen war. Vgl. Erika Mann 1, S. 57–59.

Weihnachtsgans in Küsnacht – Landshoff traf erst am 31. Dezember bei Familie Thomas Mann ein und fuhr am 1. Januar 1935 mit Klaus Mann zusammen nach Amsterdam.

N. Z. Z. – »Neue Zürcher Zeitung«.

235 *deutscher Verleger* – Gottfried Bermann-Fischer.

Schweizer Ossietzky-Aufruf – Am 28. November 1934 veröffentlichte die Schweizer Presse einen Aufruf »Für Carl von Ossietzky«. Den Aufruf, der die Freilassung Ossietzkys forderte und die Nobelpreis-Kandidatur befürwortete, unterzeichneten 70 Persönlichkeiten des Schweizer Geisteslebens. Vgl. Anm. 1 zu S. 272.

36

Februar 1935; hs B; München, KMA.

das schwarz-weiß-rote Heftchen – »Die Sammlung«, Jg. 2, Heft 6, Februar 1935.

Humm – Rudolf Jakob Humms Aufsatz über Tendenzen zum Faschismus in der Schweiz (»Fronten, Freisinn, Faschismus«).

Aufsatz des seligen Großmann – Unter Chiffre (***) war im April 1934 Stefan Großmanns Aufsatz »Unabhängiges Österreich« über den österreichischen Arbeiteraufstand von 1934 erschienen; er führte zum Verbot der Zeitschrift in Österreich. Großmann, Theaterkritiker der »Vossischen Zeitung«, mit Leopold Schwarzschild Mitgründer der Berliner Wochenzeitung »Montag Morgen« (1923) sowie des Wochenblatts »Das Tage-Buch«, war am 3. Januar 1935 in Wien gestorben.

Marie – Annemarie Schwarzenbach.

Züricherin – »Neue Zürcher Zeitung«.

Heym – Stefan Heyms Gedicht »Leben, Leid und Tod des Hitlerspießers«.

236 *Anders* – »Der Hungermarsch«, Novelle von Günther Stern unter dem Pseudonym Günter Anders.

L. – Walter Landauer (?).

Frau Hirsch – Mutter von Rudolf und Wolfgang Hirsch; betrieb die Pension Hirsch in der Jan Willem Brouwer Straat 21 in Amsterdam.

37

6. März 1935; ms/hs B; Berlin, HMA.

Im Original von Heinrich Mann unterstrichen: *gleichzeitig; einheitlich; in der Korrektur.*

Herr Knopf – Alfred A. Knopf.

Ihr Buch – »Die Jugend des Königs Henri Quatre«.

237 *Abkommen mit Secker* – »King Wren. The Youth of Henry IV« erschien 1937 bei Secker & Warburg, London.

Alexander – Vermutlich ist der Literaturagent Elias Alexander gemeint.

238 *Freundliche Zusage* – Anläßlich des 60. Geburtstages von Thomas Mann erschien in der »Sammlung« (Juni 1935) Heinrich Manns Beitrag »Der Sechzigjährige«.

2. Juli 1935; ms B; Berlin, AZA; Erstdruck: Hermsdorf, S. 164f. (Ausz.).

Abzüge Ihres Buches – »Erziehung vor Verdun«.

Korrekturen Feuchtwanger – Feuchtwanger hatte sich bereit erklärt, die Korrektur von »Erziehung vor Verdun« zu lesen. Vgl. dazu: Feuchtwanger/Zweig 1, besonders S. 79 bis 90.

239 *Bruder* – Hans Rudolf Zweig.

was Feuchtwanger Ihnen geschrieben hat – »Was Landshoff sonst über den Absatzmarkt der deutschen Bücher erzählte, war nicht gerade erfreulich. Die Bücher, bei denen der Verlag nicht draufgezahlt hat, sind sehr wenige, und sie können gerade die Verluste ausgleichen, die Querido an der Mehrzahl seiner Bücher gehabt hat. ... Was Landshoff sagte, klang sehr überzeugend.« (Feuchtwanger an Zweig, 12. Juni 1935; Feuchtwanger/Zweig 1, S. 81 f.)

240 *Manuskript von Dr. Günther Stern* – Ein Kapitel der Novelle »Der Hungermarsch« war unter dem Pseudonym Günther Anders erschienen (Februar 1935). Vgl. Anm. 1 zu S. 236.

Frage »billiger« Verlagsausgaben – »Wenn Sie übrigens gelegentlich schreiben, daß unsere Bücher zu teuer sind und dadurch der Absatz gehindert wird, so bitte ich Sie zu bedenken, daß *nur* diese teuren Preise den Autoren und dem Verlag die Existenzmöglichkeit geben. Nehmen Sie an, wir würden ›billige‹ Bücher machen, so würden die Honorare entsprechend heruntergehen, die Auflagen jedoch zweifellos nur sehr begrenzt steigen. Die Auflagenerhöhung würde nicht annähernd ein Äquivalent für die Preissenkung bieten. Wir haben diese Dinge sehr genau berechnet und durchdacht und können mit größter Sicherheit sagen, daß jede andere Preisfestsetzung für Autoren und Verlag ruinös wäre.« (Landshoff an Zweig, 26. Juni 1935; ms B; Berlin, AZA.)

»Bilanz« ... nicht übersetzt – Beim Verlag Miles, London, erschien 1937 eine englische Ausgabe, übersetzt von Eden und Cedar Paul: »Insulted and exiled: the truth about the German Jews«.

39

19. August 1935; ms B; Berlin, HMA.

diese Entscheidung – Klaus Mann hatte in diesem Zusammenhang an Lion Feuchtwanger geschrieben (19. August 1935; Klaus Mann 1, S. 227 f.): »Ich darf annehmen, daß Sie vom Schicksal der Zeitschrift inzwischen schon von dritter Seite gehört haben. Wir hatten uns lange gewehrt. Nicht so sehr meinetwegen, als um der Sache willen – die schließlich die Sache der literarischen deutschen Emigration ist –, wollte ich das Fiasko, das der ›Sammlung‹ drohte und das immer näher kam, einfach nicht zulassen. Der Verlag als solcher hatte sich an der Zeitschrift ja schon seit längerem desinteressiert – wie ich Ihnen in Sanary wohl erzählt habe. Landshoff und ich waren es, die unter allen Umständen durchhalten wollten. Ich habe seit Monaten meine Arbeit für die Zeitschrift ohne jede Bezahlung getan. Landshoff seinerseits hat seit langer Zeit einen erheblichen Teil seiner Einnahmen – die, wie Sie sich vorstellen mögen, keineswegs enorm sind – für ein Defizit geopfert, das immer beträchtlicher wurde und für das der Verlag nicht mehr aufkommen wollte. Dabei durften die Bedürftigen unter unseren Mitarbeitern den schlechten finanziellen Zustand der Zeitschrift möglichst nicht zu fühlen bekommen: sie wurden weiter regelmäßig und pünktlich honoriert. [–] Schließlich setzten wir unsere letzte Hoffnung auf die Erweiterung des Blattes. Dies war natürlich noch einmal mit erheblichen Unkosten verbunden. Es wurden 30000 neue Prospekte gedruckt und sorgfältig verschickt; es wurden Anzeigen aufgegeben... Das Ergebnis war niederschmetternd. Auf dem Verlag sagt man mir, daß insgesamt – 25 neue Abonnenten hinzukamen.«

241 *»Henri«* – »Die Jugend des Königs Henri Quatre«.

40

19. September 1935; ms B; Berlin, AZA; Erstdruck: Hermsdorf, S. 167 f. (Ausz.).

Ausstattung des Buches – Arnold Zweig an Landshoff (12. September 1935): »... seit Freitag habe ich nun die ersten Exemplare von ›Erziehung vor Verdun‹ in den Händen und im Haus und darf Ihre Freude und Ihre Glückwünsche ebenso herzlich erwidern. Sie und alle Ihre Mitarbeiter haben erreicht, was nur durch echte Kameradschaft zu erreichen ist: ein vollkommenes Buch, ohne Druckfehler, ohne eine einzige Abweichung von all dem, was wir Ihnen so oft und manchmal so ungeduldig geschrieben haben, und diese Leistung, ergänzt durch die schönste buchtechnische Bewältigung. Ich darf vielleicht den einzigsten Einwand vorbringen, den ich habe: lieber wäre mir gewesen, wenn, wie bei ›Grischa‹, die neuen Kapitelanfänge grundsätzlich auf der gleichen Seite begonnen hätten, wo die alten enden. Davon abgesehen, bin ich diese ganze Woche sehr glücklich gewesen und mit neuem Auftrieb am Werk zu neuen Taten.« (Hermsdorf, S. 165 f.)

Über die Arbeit deutscher Graphiker im holländischen Exil liegen neuere Forschungsergebnisse vor. Kurt Löb, holländischer Graphiker, arbeitet an einer Dissertation zu diesem Thema, speziell zum Wirken von Henri Friedländer, Stefan Schlesinger und Paul L. Urban. Friedländer und Urban erhielten auch von Landshoff Aufträge. So gestaltete Urban z. B. Döblins »Babylonische Wandrung«, Friedlaender 51 Titel für den Querido Verlag, darunter Heinrich Manns Essayband »Der Haß«, Albert Einsteins »Mein Weltbild« und Arnold Zweigs »Bilanz der deutschen Judenheit 1933«. Kurt Löb verdanken wir unter anderem den Hinweis, daß Friedlaender Holland nicht 1940 verließ (vgl. S. 91), sondern untertauchte, 1945–1950 in Holland erneut öffentlich wirksam wurde und erst 1950 nach Israel ging. Vgl. Kurt Löb, Drei deutschsprachige Gestalter als Emigranten in Holland. In: Philobiblion. Eine Vierteljahrsschrift für Buch- und Graphiksammler (Stuttgart), Jg. 33, Heft 3, September 1989, S. 177–207, besonders S. 177–189. In Heft 3 / 1990 dieser Zeitschrift ist sein Beitrag »Die Buchgestaltung Henri Friedlaenders für die Amsterdamer Exilverlage Querido und Allert de Lange 1930–1940. Ein bibliographischer Ansatz« erschienen, dem die Titelanzahl entnommen wurde. Kurt Löbs umfangreiche Kenntnisse kamen auch dem Register zugute.

Ihre neuen Dispositionen – Arnold Zweig hatte vorgeschlagen, den Vertrag über »Christoph Kroysings Jugendgeschichte« zu »kassieren« (an Landshoff, 12. September 1935).

in der ... Prozentfrage – Gefordert wurde von Zweig eine »Staffelung« der Bezüge »vom Beginn des 4. Tausend an ... auf 17,5 %« (an Landshoff, 12. September 1935).

242 *Emil Ludwig* – Gemeint ist der Vertrag zu »Der Mord in Davos«.

243 *Družstevní práce* – Die tschechische Ausgabe von »Erziehung vor Verdun« erschien 1936.

Roman von Heinrich Mann – Arnold Zweig rezensierte Heinrich Manns »Die Jugend des Königs Henri Quatre« unter der Überschrift »Heinrich Manns Meisterwerk« in: »Die neue Weltbühne«, Prag – Zürich – Paris, Jg. 31 (1935), Heft 40, S. 1248–1252.

244 *In regard to* ... – In Hinblick auf Arnold Zweigs Stück »Die Sendung Semaels« haben wir heute einen Brief von Charles K. Freeman aus Chikago erhalten, in dem er uns wie folgt schreibt: »Ich persönlich bin durchaus interessiert, von Zweigs Stück eine Produktion herauskommen zu sehen, aber hier in Chikago gibt es zur gegenwärtigen Zeit eine scharfe Opposition der einflußreichen Juden, die finden, daß der Gegenstand des Ritualmordes zu kontrovers ist, um gerade jetzt diskutiert zu werden. Wenn sich etwas entwickelt, schreibe ich Ihnen.« Wenn wir ferner irgend etwas von Mr. Freeman hören, lassen wir es Sie wissen. Wir werden natürlich in Kontakt mit ihm bleiben.

Goldstein – Franz Goldstein hatte die »Wirtschaftskorrespondenz für Polen« (Katowice 1924–1939) gegründet und war Herausgeber der Beilage »Buch- und Kunstrevue«, in der Rezensionen auch von Querido-Büchern erschienen.

Klaus Mann wurde von ihm besonders gefördert.

41

20. September 1935; ms/hs B; München, KMA.

245 *»Tschaikowsky«* – Klaus Manns »Symphonie Pathétique. Ein Tschaikowsky-Roman«, in den Briefen meist »Tschaikowsky« bzw. »Tschai« genannt.

Zeitschrift mit Herzfelde – Die »Neuen Deutschen Blätter«, deren Redakteur Wieland Herzfelde war (vgl. Anm. 5 zu S. 232) stellten wie »Die Sammlung« zum September 1935 ihr Erscheinen ein (erste Nummer: 20. September 1933). Das Projekt einer gemeinsamen Zeitschrift wurde nicht verwirklicht.

246 *bei Hirsch* – In der Pension Hirsch (vgl. Anm. 2 zu S. 236).

Toni – Toni Altmann, ein Freund Brian Howards.

Mops – Elisabeth Dorothea Sternheim (Mopsa), Tochter aus Carl Sternheims zweiter Ehe (1907–1927) mit Thea (Bauer) Loewenstein. Mutter und Tochter lebten seit 1933 in Paris.

247 *die Rote* – Eine Freundin Walter Landauers (?).

konzipierter Roman – »Vielleicht ist mir ein neuer Roman eingefallen. Die zwei Schwestern. Ricki in der Mitte.« (Tagebücher 1934–1935, S. 130.)

42

19. November 1935; ms B; Berlin, HMA.

Im Original von Heinrich Mann unterstrichen: *Wassermann; gleichen Preis; fl. 3.90; erheblich niedrigeren; nur wenig über 1 000 Exemplare Vorbestellungen; jetzt den Preis herabzusetzen.*

Ihr Buch – »Die Jugend des Königs Henri Quatre«.

248 *neuer Vertrag* – Zu »Die Vollendung des Königs Henri Quatre«.

Summe von 2 500,– – Randnotiz (hs) Heinrich Manns: 3 600.

249 *Titelfrage* – Randnotiz (hs) Heinrich Manns: Es kommt der Tag.

43

28. November 1935; ms/hs B; München, KMA.

250 *Rotterdamsche* – »Nieuwe Rotterdamsche Courant«.

Angelegenheit Kesser – In der »Neuen Zürcher Zeitung« war am 23. November 1935 eine bösartige Kritik von Armin Kesser über Heinrich Manns Roman »Die Jugend des Königs Henri Quatre« erschienen. Klaus Mann und Armin Kesser kannten sich von der Odenwaldschule (1922/23).

Ablehnung der Zeitromane – Bernard von Brentanos »Theodor Chindler« und Ernst Glaesers »Der letzte Zivilist«.

Novellen von B. – Bernard von Brentanos »Berliner Novellen«, 1934 im Verlag Oprecht & Helbling erschienen; sie wurden von Georg Zelter (unter G. Z.) in der »Sammlung« (Februar 1934) rezensiert.

die K. ... in den Himmel hob – Unter dem Namen Armin Kesser bzw. unter K. ist in der »Sammlung« kein Beitrag erschienen.

Kleist-Vorschlag – Klaus Mann wollte einen Kleist-Roman schreiben. Das geht aus einer Tagebuchnotiz vom 26. November 1935 hervor.

Kestenscher Vorschlag – Kesten lieferte in einem Brief an Klaus Mann (5. November 1935; Klaus Mann 1, S. 238 f.) die Idee zum »Mephisto«-Roman: »Nun zum unbescheidenen Teil meines Briefes, für den ich mich gleich im voraus entschuldigen will. Da mir aber Landshoff sagte, Sie suchten nach einem neuen Stoff für Ihren neuen Roman, und da ich selbst für mich, für meinen neuen Roman, hin und her überlege, so überlegte ich mir – für mich – dieses und jenes und kam an eine Sache, von der ich glaube, daß ich sie sehr schlecht und Sie sie sehr gut machen könnten. Um es kurz zu machen, meine ich, Sie sollten den Roman eines homosexuellen Karrieristen im dritten Reich schreiben, und zwar schwebte mir die Figur des von Ihnen künstlerisch (wie man mir sagt) schon bedachten Herrn Staatstheaterintendanten Gründgens vor. (Titel: ›Der Intendant‹.) Dabei denke ich nicht daran, daß Sie eine hochpolitische Satire schrieben, sondern – fast – einen unpolitischen Roman, Vorbild der ewige ›Bel-Ami‹ von Maupassant, der schon Ihrem Onkel das köstliche ›Schlaraffenland‹ entdecken half. Also keine Hitler und Göring und Goebbels als Romanfiguren, kein Agitprop, keine kommunistischen ›Wühlmäuse‹, keine Münzenbergiaden, aber doch – etwa – auch die Ermordung dieses Berliner Schauspielers, dessen Name mir jetzt gerade nicht einfällt. Das Ganze im ironischen Spiegel einer großen versteckten, freilich spürbaren Leidenschaft. Keine politischen Darstellungen. Gesellschaftssatire. Satire auf gewisse homosexuelle Figuren. Satire auf den Streber, auf – vielleicht – viele Arten Streber. Im Ganzen: der Hauptstadt erzählt, wie man Intendant wird.«

Der Berliner Schauspieler ist Hans Otto.

A. – Amsterdam.

44

12. Dezember 1935; ms/hs B; Berlin, HMA.

Im Original sind von Heinrich Mann folgende Passagen unterstrichen: *Keinesfalls . . . überschreitet.; Bemühungen bereits . . . führen werden.*

251 *Vertrag* – Zu »Die Vollendung des Königs Henri Quatre«.

252 *Verlag* JOSEPH – »Was ich über Secker höre, klingt nicht sehr beruhigend. Andernteils hat Michael Joseph, der weitaus fähigste Mann aus dem Stab von Curtis Brown, einen Verlag aufgemacht, der, wie mir Huebsch mitteilt, finanziell sehr potent sein soll. Auch Gollancz ist an dieser Neugründung beteiligt.« (Feuchtwanger an Arnold Zweig, 28. Oktober 1935; Feuchtwanger/Zweig 1, S. 100.)

Die von Norman Collins, Victor Gollancz und Michael Joseph geführte »offene Handelsgesellschaft« (Messrs Michael Joseph Ltd.) wurde 1938 aufgelöst.

45

16. Januar 1936; ms B; Berlin, HMA.

Ich schicke – Landshoff hatte seinem Brief vom 12. Dezember 1935 einen Vertragsentwurf beigelegt, der von Heinrich Mann nicht akzeptiert worden war. In den neuen Vertrag waren alle entscheidenden Änderungswünsche eingearbeitet worden. Streitpunkt blieb jedoch § V. Heinrich Mann forderte zusätzlich, daß im Falle einer Guldenabwertung die Garantiesumme von hfl 3 600.– »vollwertig« an ihn gezahlt werde. Die folgenden Ausführungen Landshoffs im Brief legen die Gründe für den Standpunkt des Verlages dar.

Guldenabwertung – Gegenüber der Reichsmark entwerteten sich mit Ausnahme der belgischen Währung alle Währungen. Man erhielt

	1936	1937	1938	1939
für 100 Belgas	42,03	42,04	42,10	42,04
für 100 frz. Francs	15,21	10.08	7,17	6,26
für 100 holl. Gulden	160,26	137,09	137,02	132,95
für 100 schw. Franken	75,06	57,13	56,99	56,18

Reichsmark. Der holländische Gulden und der Schweizer Franken blieben dann ab 1937 relativ stabil. Wer also in Frankreich lebte und in holländischen Gulden bezahlt wurde, kam in den Genuß einer Aufwertung etwaiger Guldenguthaben gegenüber dem französischen Franc.

254 *Essaybuch* – »Es kommt der Tag«.

255 *»Hitler«-Buch* – Rudolf Olden, »Hitler«.

46

26. Januar 1936; T (Entwurf); München, KMA; Erstdruck: Klaus Mann 1, S. 243.

Korrodis verhängnisvoller Artikel – »Deutsche Literatur im Emigrantenspiegel«, veröffentlicht am 26. Januar 1936 in der »Neuen Zürcher Zeitung«. Eduard Korrodi stempelte darin die Exilliteratur als vorwiegend »jüdisch« und »minderwertig« ab und wollte Thomas Mann nicht dazugehörig wissen. Thomas Mann entschloß sich, in einem offenen Brief »An Eduard Korrodi«, veröffentlicht in der »Neuen Zürcher Zeitung« am 3. Februar 1936, unmißverständlich zu antworten (Thomas Mann, Briefe 1889–1936, S. 450–455). In einem Brief an Hermann Hesse (9. Februar 1936; Thomas Mann, Briefe 1889–1936, S. 455)

erläutert er seinen Entschluß: »Ich mußte einmal mit klaren Worten Farbe bekennen: um der Welt willen, in der vielfach recht zweideutig-halb-und-halbe Vorstellungen von meinem Verhältnis zum Dritten Reiche herrschen, und auch um meinetwillen; denn schon lange war mir dergleichen seelisch nötig. Nach Korrodi's häßlichem Verhalten nun gar gegen die Emigration unter Verwendung meines Namens war ich dieser eine Genugtuung, ein Bekenntnis zu ihr schuldig. ... ich meine doch, im rechten Augenblick das Rechte getan zu haben...«
Die kontrovers, z. T. öffentlich geführte Diskussion über die Stellung Thomas Manns zur deutschen Exilliteratur bis hin zum offenen Brief Thomas Manns an Eduard Korrodi ist ausführlich dargestellt unter anderem von Martin Gregor-Dellin (in: Klaus Mann 1, S. 384–386).

47

22. April 1936; ms B; Berlin, HMA; Erstdruck: Hermsdorf, S. 116.
Abrechnung – Vgl. Abb. S. 87–89.
Verkauf ... schwieriger – In einem Brief an Arnold Zweig (12. November 1936; ms B; Berlin, AZA) bemerkt Landshoff dazu: »... die Häufung unglücklicher Umstände – ständige Einengung des Absatzgebietes, immer neue Verschärfungen der Devisenbestimmungen, die Lieferungen von Büchern nach einzelnen Ländern wie Ungarn, Italien, Rumänien, Jugoslavien usw. fast unmöglich machen, das Verbot von Büchern, der immer deutlicher werdende Widerstand eines wichtigen Teils des Buchhandels und Publikums (von der Presse, die fast ausnahmslos widerspenstig ist, abgesehen) macht die Arbeit in dem letzten Jahr, besonders aber in den letzten Wochen und Monaten, so schwer und kostspielig, daß nicht nur eine große Energie, sondern insbesondere auch ein großer Opferwille meiner holländischen Freunde erforderlich war und ist, um unter solchen Umständen unverändert weiterzuarbeiten.« Vgl. dazu auch Brief 54, S. 268–270.
Buch von Ihnen – Der Essayband »Es kommt der Tag. Deutsches Lesebuch« erschien 1936 im Europa-Verlag Zürich, obwohl Heinrich Mann den Vertrag zuerst mit dem Querido Verlag abgeschlossen hatte.
256 *Angelegenheit mit Oprecht* – Gemeint sind Landhoffs Verhandlungen mit Emil Oprecht (Europa-Verlag) wegen der Übernahme von »Es kommt der Tag«.

48

18. Juni 1936; ms B; München, KMA.

257 *Bagage verlustig* – Ende Mai bis ca. 10. Juni verbrachte Landshoff seinen Urlaub zusammen mit Klaus und Erika Mann sowie Annemarie Schwarzenbach in Spanien.

49

20. Juni 1936; ms/hs B; München, KMA.

258 *große Ankündigung* – Vorankündigungen erschienen in der »Pariser Tageszeitung« am 17., 18., 19., 20. und 22. Juni 1936; der im Brief zitierte Text erschien am 19. und 20. Juni. Die französische Tagesangabe »Vendredi« (Freitag) ist richtig.

Umwandlung der Zeitung – »Pariser Tageblatt« in »Pariser Tageszeitung« am 12. Juni 1936. Das »Pariser Tageblatt« wurde im Dezember 1933 von Wladimir Poljakow (damalige Schreibung meist Poljakoff) gegründet, Chefredakteur wurde Georg Bernhard. Mit Wissen Bernhards wurde Poljakow in einer »Erklärung« der Redakteure am 11. Juni 1936 im »Pariser Tageblatt« beschuldigt, die Zeitung insgeheim an Propagandastellen des Dritten Reiches verkaufen zu wollen, Verrat begangen zu haben. Poljakow konnte zwar am 12. Juni noch eine Ausgabe des »Pariser Tageblattes« erscheinen lassen und in seiner Erklärung feststellen: »Die Behauptungen sind von Anfang bis zu Ende vollkommen unwahr und entbehren jeglicher Grundlage.«, der größte Teil der Auflage wurde jedoch von der Redaktion vernichtet. Am 14. Juni gab es noch eine Seite »Pariser Tageblatt«, ab 15. Juni dann nur noch die »Pariser Tageszeitung«. Am Ende einer langen Kette von Verhandlungen vor den verschiedensten Gremien der deutschen Emigration und anderen Institutionen wurde Poljakow von einem französischen Appellationsgericht rehabilitiert, das Verhalten Bernhards und seiner Redakteure verurteilt. Das Gericht verfügte, daß die »Pariser Tageszeitung« das Urteil in vollem Wortlaut zu veröffentlichen habe. Zu diesem Zeitpunkt (18. Juli 1938) war Bernhard bereits aus der Redaktion ausgeschieden und die ohne hin nicht einheitliche antifaschistische deutsche Emigration weiter auseinandergefallen. Vgl. dazu ausführlich: Hans-Albert Walter, Deutsche Exilliteratur 1933–1950. Band 7: Exilpresse I. Sammlung Luchterhand, Februar

1974, S. 377 f. (Anm. 62, Kapitel III: Das neue Tage-Buch); Gerda Raßler, Pariser Tageblatt/Pariser Tageszeitung. Eine Auswahlbibliographie 1933–1940. Berlin und Weimar 1989, Vorwort.

259 *Morus* – Richard Lewinsohn.

Fremdenpaß – Gemeint ist der »Gunstpaß« (vgl. Abb. S. 147–149).

Frau K. – Blanche Knopf.

50

24. Juni 1936; ms B; München, KMA.

260 *Erklärung in der »Pariser Tageszeitung«* – »Klaus Mann, der Verfasser unseres neuen Romans ›Mephisto‹, bittet um Abdruck folgenden Telegramms: ›Mein Roman ist kein Schlüsselroman. Held des Romans erfundene Figur ohne Zusammenhang mit bestimmter Person. Klaus Mann.‹ [–] Dem Dichter lag nicht daran, die Geschichte eines bestimmten Menschen zu erzählen, ihm lag daran, einen Typus darzustellen und mit ihm die verschiedenen Milieus, die soziologischen und geistigen Voraussetzungen, die seinen Aufstieg erst möglich machten. Eine mechanische Schilderung der Wirklichkeit, eine bloße Kopie von tatsächlichen Begebenheiten ist nicht Gegenstand des Romans. Wohl aber die dichterische Erfassung eines Zustandes, die eindringende Gesellschaftsschilderung mit den Mitteln der Dichtung. Deshalb fließen in dem ›Mephisto‹ vielerlei Züge zusammen. Seine Figur ist nicht nur polemisch konzipiert, sondern auch ethisch geformt. Mit um so größerer Spannung werden unsere Leser dem Dichter folgen.« (Nr. 12, Dienstag, 23. Juni 1936, S. 1.) Vgl. Anm. 1 zu S. 263.

Notiz vom Freitag – Gemeint ist die von Landshoff kritisierte Ankündigung am 19. Juni 1936.

unautorisierter Abdruck – Die ersten drei Vorabdrucke tragen den Vermerk »Mephisto. Roman von Klaus Mann. Nachdruck verboten. Copyright 1936. Querido Verlag Amsterdam«; der Urhebervermerk von der 3. Fortsetzung an lautet: »Copyright 1936 Klaus Mann Amsterdam«. Der Vorabdruck wurde nicht unterbrochen (vgl. Anm. 1 zu S. 265).

51

26. Juni 1936; ms/hs B; München KMA.

261 *Caro* – Dr. Kurt Caro war zu diesem Zeitpunkt stellvertretender Chefredakteur der »Pariser Tageszeitung«.

Beschleunigung der Übertragung – Hermon Ould war bereits 1935 mit der Übersetzung von »Symphonie Pathétique« ins Englische beauftragt worden. In einem englischsprachigen Brief Oulds an den Querido Verlag (16. November 1935; ms B; München, KMA) heißt es unter anderem: »Als ich das erste Mal an Herrn Mann schrieb, hatte ich nicht viel von seinem Buch gelesen; inzwischen habe ich es gelesen, und obwohl ich es bewundere und interessant finde, muß ich gestehen, daß ich einige Zweifel habe hinsichtlich der Möglichkeit, es zu plazieren. Der Nachdruck, den Herr Mann auf Tschaikowskys homosexuelle Tendenzen legt, könnte englische Verleger gegen das Buch einnehmen.« Die Übersetzung erschien im Frühjahr 1938 bei Gollancz (London).

262 *Michel* – Der Pariser Verlag Albin Michel lehnte ab, »Symphonie Pathétique« zu verlegen. Das Zitat lautet: » Symphonie ist ein Werk von wirklichem Wert, aber sicher interessiert es nur Musiker und Literaten, d. h. ein zu spezielles Publikum, als daß ich mich mit einer Publikation belasten möchte. Ich werde Ihnen also dieses Buch durch meinen Kurier zurücksenden.«

Schlüterin – Frau von Herbert Schlüter.

Henri – H. Manns »Die Jugend des Königs Henri Quatre«.

263 *Anlagen* – Der Brief an die »Pariser Tageszeitung« (26. Juni 1936; ms Bk; München, KMA) lautet:

Sehr geehrte Herren!

Wir erhielten Ihren Brief vom 25. Juni, zu dem folgendes zu bemerken ist:

a) Sie haben versäumt, über die »Erklärung« von Herrn Klaus Mann das Wort BERICHTIGUNG zu setzen, wie es unser Brief vom 22. ds. verlangt.

b) Sie haben versäumt, der Erklärung eine Notiz folgen zu lassen, aus der hervorgeht, daß Ihre verhängnisvolle Vorankündigung, gelinde gesagt, auf einem »Irrtum« beruht.

c) Sie haben den Wortlaut des Telegramms von Herrn KLAUS MANN willkürlich geändert und sich damit u. E. eines Vergehens gegen das Pressegesetz, das Sie zum wörtlichen Abdruck von Berichtigungen zwingt, schuldig gemacht.

d) Sie haben uns zwar einen Scheck über frcs 1000.– gesandt, jedoch bis zum heutigen Tage die vor dem Abdruck als unerläßliche Voraussetzung des Abdruckbeginns gestellten materiellen Forderungen nicht erfüllt.

Wir machen Sie nochmals darauf aufmerksam, daß lt. unserem Brief vom 18. ds. *vor Beginn* des Abdrucks

1. der Betrag von hfl 125.– in *bar* und
2. Ihr Wechsel über fl 125.– per 1. 8. 36

in unseren Händen sein mußte. Es fehlt also noch immer ein Betrag von hfl 25.– in bar und Ihr Wechsel per 1. 8. cr. über fl 125.–.

Trotz des unermeßlichen Schadens, den Sie dem Autor und dem Verlag durch Ihre leichtfertige Vorankündigung, die durch die unzureichende Berichtigung nur zum geringsten Teil wettgemacht ist, zugefügt haben, wollen wir von unserem Recht, den weiteren Abdruck zu inhibieren, keinen Gebrauch machen und damit für Ihre Situation mehr Verständnis zeigen, als Sie es für die des Autors und unsere getan haben.

Selbstverständliche Voraussetzung für die weitere Lieferung von Manuskript ist die Regelung der materiellen Frage. Sie können mit weiterem Manuskript natürlich erst rechnen, sobald das vor dem Abdruck des Romans vereinbarte Honorar ordnungsgemäß in unseren Händen ist.

Hochachtungsvoll

[Landshoff]
Querido Verlag N. V.

PS. Soeben trifft Ihr Schreiben vom 25. ds. mit Wechsel über frcs 1000.– ein. Es stehen also nach wie vor *fl 25.– in bar* und fl 25.– in Wechsel per 1. August 36 aus. Das Abdrucksrecht kann gemäß unserer Korrespondenz erst nach Eintreffen dieser Summe als erworben gelten.

D. U.

52

4. Juli 1936; hs B; München, KMA.

aufgewandt – Landshoff hat das Wort mit einem Fragezeichen versehen, »wendet?« darübergeschrieben und am Rand ein »so!« vermerkt.

Laren – In Laren wohnten Emanuel Querido, seine Frau und Alice van Nahuys.

völlige Absencen – Carl Sternheim war seit 1929 nervenkrank.

264 *Schwarzschilds Aufsatz* – »Der Fall ›Pariser Tageblatt‹«, eine erste redaktionelle Information, 4. Juli 1936, Heft 27 des »Neuen Tage-Buches« (S. 631 f.).
neues Pariser Blättchen – »Pariser Tageszeitung«.
12. *Fortsetzung* – Vorabdruck von »Mephisto« in der »Pariser Tageszeitung«, erschien in Nr. 22, 3. Juli 1936, und führte bereits in das Kapitel II.
Kürze – Der Vorabdruck und die Buchausgabe sind weitgehend identisch, größere Kürzungen bzw. Veränderungen wurden nicht vorgenommen.
Turnstunde – Gemeint ist Kapitel II, »Tanzstunde« (so im Vorabdruck *und* im Buch).
Akademie-Sache – 1936 rief Hubertus Prinz zu Löwenstein die Hilfsorganisation »American Guild for German Cultural Freedom« ins Leben; im April 1937 wurde ihr die »Deutsche Akademie« (German Academie) in New York angeschlossen. Anläßlich der Gründung der »Deutschen Akademie« hielt Thomas Mann auf einem Dinner der »American Guild« eine Rede.

53

Oktober 1936; hs B; München, KMA.

265 *die mir neuen Schluß-Kapitel* – Die 93. und letzte Fortsetzung des »Mephisto« erschien am 22. September 1936 in Nr. 103 der »Pariser Tageszeitung«, die Buchausgabe im Oktober 1936. Das Manuskript ist offensichtlich in die Druckerei gegangen, ohne daß Landshoff die letzten Teile gelesen hatte. Dies ist nicht ungewöhnlich; es entspricht durchaus der damals üblichen Arbeitsweise in Verlagen.
HK – gemeint ist »Hamburger Künstlertheater«, die Überschrift von Kapitel I.
266 *die Jüngsten* – Elisabeth und Michael Mann, Klaus Manns jüngste Geschwister.

54

6. November 1936; ms/hs B; München, KMA.

Die Sache selbst – Vgl. das Zusatzschreiben dieses Briefes.
267 *Staub* – Herr Staub in Edward's Herrengeschäft in Amsterdam (Ecke Herengracht).
frühweihnachtliche Überweisung – In einem Brief an seine Mutter (7. Dezember 1936; Klaus Mann 1, S. 276) bittet Klaus Mann um das Geld zum Begleichen seiner Schulden bei Edward's.

268 *Gewissenskampf* – Randnotiz (hs) Landshoffs: habe es *nicht* getan.

Wiegenfest – 18. November.

Buch der Keun – Gemeint ist der Roman »Nach Mitternacht«, für den Irmgard Keun einen Vertrag mit de Lange hatte. Philip van Alfen, der Nachfolger von Gerard de Lange, lehnte die Veröffentlichung aus politischen Erwägungen ab. Landshoff konnte im Dezember das Manuskript übernehmen, das Buch erschien 1937. Vgl. dazu: Sorgatz, Verlagsarbeit im Exil, S. 150–152. Frau Sorgatz verdanken wir auch andere wertvolle Hinweise.

270 *mein Schwiegervater* – Dr. Ernst Salomon.

meine Familie – Eva Landshoff, geb. Salomon, Landshoffs erste Frau, sowie seine Töchter aus erster Ehe, Angelica und Beate.

zu Eurer Orientierung – Gemeint sind Erika und Klaus Mann.

55

25. November 1936; ms/hs B; München, KMA.

271 *Stez* – Stefan Zweig.

Dear Dr. Landshoff... – Lieber Dr. Landshoff, ich habe einen glänzenden Bericht über »Mephisto« erhalten, und ich denke, es gibt kaum Zweifel darüber, daß ich eine Option darauf werde nehmen wollen. Sie erinnern sich gewiß, daß der Vertrag zur »Symphonie Pathétique« mir die Option auf zwei weitere Romane von Klaus Mann einräumt. Natürlich muß ich meine Entscheidung erst treffen, wenn eine angemessene Zeit nach der Veröffentlichung von »Symphonie Pathétique« vergangen ist – aber, wie gesagt, ich habe kaum Zweifel, daß ich das Buch werde machen wollen. Ihr ergebener... Vgl. Brief 56, S. 273.

272 *Nobelpreis* – Der Nobelpreis 1936 wurde Carl von Ossietzky zugesprochen. Ossietzky konnte ihn nicht persönlich entgegennehmen, da man ihm die Ausreise aus Deutschland verweigerte.

nach Küsnacht – Zu Familie Thomas Mann.

56

9. Dezember 1936; ms/hs B; München, KMA.

273 *Deine Aktivität* – Gemeint sind Bemühungen, Landshoff beim Aufbau einer neuen Existenz zu helfen, falls Queri-

dos Entscheidung anders ausgefallen wäre. In diesen Zusammenhang gehört auch der erwähnte Briefwechsel mit Heinrich Günther Koppell, mit dem es zu einem späteren Zeitpunkt ja zu einer Zusammenarbeit kam.
Blanche – Blanche Knopf.
Presse über den »Mephisto« – Bereits am 20. November 1936 (ms/hs B; München, KMA) hatte Landshoff an Klaus Mann geschrieben: »Über den ›Mephisto‹ ist nach wie vor fast nichts erschienen. Die privaten Autoren-Äußerungen sind geteilt: Zarek war der erste, der einen Hymnus schickte. Ich schlug ihm vor, ihn in der Presse ausführlicher zu wiederholen. Auch Speyer kündigte einen langen Brief über das Buch an.«
Als einzige größere Besprechung war bis zu diesem Zeitpunkt nur Klaus Manns »Selbstanzeige« erschienen (»Das Wort«, Moskau, Jg. 1, Heft 3, September 1936).
Kring – Amsterdamer Künstlersozietät.
274 *größere Tournée* – Klaus Mann hielt sich von Mitte September 1937 bis Ende Januar 1938 zu einer Vortragsreise in den USA auf.
Bruno – Bruno Frank.
»Weib auf den Tieren« – Bruno Franks Drama »Das Weib auf dem Tiere« (1921); seine Komödie »Sturm im Wasserglas« (1930) wurde 1936/37 in London unter der Regie von Victor Savilles verfilmt.
Roman – Bruno Franks »Der Reisepaß«.
Eris Premiere – Die Premiere der »Pfeffermühle« in New York fand am 5. Januar 1937 statt.

57

15. Juli 1937; ms B; New York.
275 *Filmfrage* – Vermutlich handelt es sich um Bemühungen, eine Filmgesellschaft für die Verfilmung von »Tarabas, ein Gast auf dieser Erde« zu gewinnen. Roths »Hiob« war, einer Notiz im »Neuen Tage-Buch« vom 11. Januar 1936 nach, von der Fox-Filmgesellschaft erworben worden.
französische Übersetzung Ihres Buches – »Das falsche Gewicht. Die Geschichte eines Eichmeisters«.
Schriftstellerkongreß – Internationaler Schriftstellerkongreß zur Verteidigung der Kultur, 2.–17. Juli 1937, Valencia – Madrid – Barcelona – Paris.

58

August 1937; hs B; München, KMA.

Novelle – »Vergittertes Fenster. Novelle um den Tod des Königs Ludwig II. von Bayern«, in den Briefen meist »Ludwig« genannt.

276 *genau wie Glaeser* – Gemeint sind die Vertragsbedingungen zu Ernst Glaesers Novelle »Das Unvergängliche«.

Titel nicht sehr geglückt – Der ursprüngliche Titel lautete »Der schwarze Schwan – Novelle um den König Ludwig II. von Bayern«.

Eri-Sache – Gemeint sind vermutlich die Vertragsbedingungen und der Vertragsabschluß zu Erika Manns »Zehn Millionen Kinder«.

v. Eugen – Fred (Fredereck) von Eugen war als Verkaufsleiter im holländischen Verlag bis zum Krieg tätig.

Eva und die Kinder – Eva Landshoff und die Töchter Angelica und Beate.

277 *Rini-Kind* – Sara Catharina Otte, später: Landshoff.

A. Z. – Arnold Zweig traf am 29. August 1937 ein. Er arbeitete in Amsterdam mehrere Wochen an »Einsetzung eines Königs«.

59

8. Oktober 1937; ms/hs B; München, KMA.

278 *tschechische Ausgabe* – »Mefisto« (Praha 1937).

Deine Brod-Kritik – »Ecce homo«, Rez. zu Max Brods »Franz Kafka. Eine Biographie« (Mercy, Prag 1937), erschien im »Neuen Tage-Buch« am 30. September 1937 (Jg. 6, Nr. 18).

nicht ausgebürgert – Landshoffs Name stand dann als 20. von 28 auf der Ausbürgerungsliste Nr. 34 (8. März 1938), veröffentlicht im »Deutschen Reichsanzeiger« vom 9. März 1938.

279 *Roman* – »Der Vulkan« (?).

vor Feuchtwanger – Feuchtwangers »Exil«, ein »Emigrantenroman« wie Klaus Manns »Vulkan«, erschien erst 1940.

60

30. November 1937; ms/hs B; München, KMA.

Dein 75. – Klaus Manns 31. Geburtstag am 18. November.

mein 125. – Landshoffs 36. Geburtstag am 29. Juli.

Büchlein – »Vergittertes Fenster«.

Amerika-Aufsatz – »Notizen von einer Vortragsreise« (»Neues Tage-Buch«, Jg. 5, Nr. 48, 27. November 1937).

Paderewsky-Film – »Mondscheinsonate«, Textbuch Hans Rameau, gedreht von Lothar Mendes in London. Der damals siebenundsiebzigjährige Ignacy Jan Paderewsky wirkte darin als Hauptdarsteller mit und spielte unter anderem aus Beethovens »Mondscheinsonate« das Andante.

280 *Modeste* – Modest Iljitsch Tschaikowsky hatte mit einem Buch über seinen Bruder Peter (»Das Leben des Peter Iljitsch Tschaikowsky«, 2 Bände, 1900–1902) eine der »Quellen« geliefert; die deutsche Übersetzung von P. Juon war 1904 erschienen.

Geschichte mit der M G M – Am 21. Mai 1937 hatte Landshoff an Arnold Zweig (ms B; Berlin, AZA) geschrieben: »Heute schreibe ich Ihnen in erster Linie aus folgendem Grunde: Sie sind der erste, dem ich – übrigens STRENG VERTRAULICH – das Resultat umfangreicher Verhandlungen, die ich in letzter Zeit geführt habe, und die, wie ich glaube, für unsere Autoren von ausschlaggebender Bedeutung sind, mitteile. [–] Wir haben soeben als einziger in deutscher Sprache veröffentlichender Verlag ein zunächst auf zwei Jahre gehendes Abkommen mit der METRO-GOLDWYN-MAYER geschlossen, das einen lebhaften Austausch zwischen unserem Verlag und dieser Firma vorsieht. ... [–] ... möchte ich Sie bitten, uns bis zum 1. Januar 1938 die FILMRECHTE an Ihren alten Werken (die nicht bei uns erschienen sind) als Agenten zu überlassen. ... wobei wir eine Provision von 15 % für uns in Anrechnung bringen würden. [–] Ebenso bitte ich Sie, uns für die in unserem Verlag erschienenen Werke die Filmrechte zu den gleichen Bedingungen zu überlassen.«

Die M G M war ein von Samuel Goldwyn, Louis B. Mayer und M. Loew, der sich später von der M G M trennte und die Loew-Lewin-Produktion gründete, geleitetes Hollywood-Unternehmen.

We have... – Wir haben keine Aufzeichnung darüber, das Manuskript »Tschaikowsky« erhalten zu haben. Mit vielen Grüßen – Knopf.

Knopf – Edwin Knopf, Filmproduzent aus Hollywood.

61

21. Januar 1938; ms/hs B; München, KMA.

282 *Modeste* – Vgl. Anm. 1 zu S. 280.

Langweiler aus Deutschland – Max Steinitzer, »Tschaikowsky«. Leipzig (1925).

62

11. April 1938; ms B; Berlin, AZA; Erstdruck: Hermsdorf, S. 175 f. (Ausz.).

284 *»Esmond«* – Erscheint unter dem Titel »Versunkene Tage« (später: »Verklungene Tage«).

Pales – Pales Press Company Limited. Palestine's Newsagent, Booksellers and Stationers, Vertriebsorganisation. Um Devisenbeschränkungen zu unterlaufen, versuchte Landshoff, fällige Abrechnungen aufgrund von verkauften Büchern über die Vertriebsorganisation direkt an in dem jeweiligen Land ansässige Autoren zu überweisen, so auch über Pales.

285 *vortreffliche Auslieferung* – Gemeint ist die Buchhandlung Joseph Kende in Wien.

in Wien ihr Heil suchten – Landshoff spielt damit unter anderem auf Gottfried Bermann-Fischer an, der nach seiner Flucht aus Deutschland 1936 in Wien einen Verlag gegründet hatte.

286 *Zweigniederlassung in New York* – Vgl. Anm. 2 zu S. 293.

Metro – Metro-Goldwyn-Mayer.

Word has... – Mich erreichte die Nachricht, daß Arnold Zweig an einem Roman mit dem Titel »Die Ausreise« (Emigration) arbeitet, dessen Abschluß wahrscheinlich noch eine Weile auf sich warten lassen wird. Ungefähr hundert Seiten des Buches hat er bereits geschrieben, und es handelt von den Erlebnissen eines deutschen jüdischen Kunsthändlers und seiner beiden kleinen Söhne, die in den Bergen der Tschechoslowakei gemeinsam einen angenehmen Urlaub verbringen. Gemäß unserer neuen Vereinbarung, nach der alle Auslandssachen in Ihrer Hand liegen sollen, leite ich diese Information an Sie weiter. Sobald jemand das Buch gelesen hat, wäre ich Ihnen für eine Kopie der Synopsis dankbar. (Übersetzung: Sigrid Klotz.) Der Buchplan wurde damals nicht ausgeführt, 1947 noch einmal aufgegriffen (»Carl Steinitz unterwegs« bzw. »Rechts oder Links«) und erneut nicht verwirklicht.

Longmans, Green – Bei Longmans, Green & Co. (New York – Toronto) erschien 1939 »The Living Thoughts of Spinoza. Presented by Arnold Zweig« in der von Alfred O. Mendel herausgegebenen Serie (The Living Thoughts Library. First Edition).

63

3. Mai 1938; ms B; Berlin, AZA.

287 *Fuß zu fassen versucht* – Während einer Vortragstournee (Februar–Juli 1938) erfolgte am 5. Mai die offizielle Einwanderung über Kanada. Wenig später nahm Thomas Mann eine Professur in Princeton an.

288 *»Pont und Anna«* – Die Novelle ist nicht in englischer Sprache erschienen, ein Film wurde damals nicht gedreht.

289 *Kwuzah* – Kewuza ist die auf völlig kollektivistischen Grundlagen aufgebaute landwirtschaftliche Siedlungsform der palästinensischen Arbeiter (gemeinsames Eigentum, gemeinsame Kasse, gemeinsame Kindererziehung usw.). Die Kwuzah ist eine dieser landwirtschaftlichen Siedlungsformen. Ihre Besonderheit besteht darin, daß sie eine kleinere genossenschaftliche Form und das Land vorwiegend jüdischer Gemeindebesitz ist, der in Erbpacht oder Erbbaurecht an mittellose jüdische selbstarbeitende Menschen vergeben wird; zusammengefaßt sind alle Kwuzah im Verband der Kwuzor.

Douaumont – Hart umkämpftes französisches Panzerfort im ersten Weltkrieg, 7 km nordöstlich von Verdun.

290 *High Commissioner* – Palästina, 1917/18 von England erobert, stand bis 1920 unter englischer Militärverwaltung, erhielt 1920 eine Zivilverwaltung unter einem englischen Oberkommissar. Das Mandat Großbritanniens wurde 1922 vom Völkerbund gebilligt und trat 1923 in Kraft. Der britische High Commissioner, zu diesem Zeitpunkt Sir Harold MacMichael, war Oberbefehlshaber, oberster Verwaltungsbeamter und Präsident des Mandatsgebietes Palästina.

64

18. Mai 1938; ms B; Berlin, AZA; Erstdruck: Hermsdorf, S. 176 f. (Ausz.).

pardon – Von dem handschriftlich eingefügten Wort »Herr« zeigt ein Pfeil auf diesen maschinenschriftlichen Zusatz.

291 *in einem der größten ... Verlage* – Longmans, Green & Co., vorher Longmans & Co., gegründet in der ersten Hälfte des 19. Jahrhunderts. Vgl. Anm. 4 zu S. 286.

292 *weitere Verhandlungen* – Sie schlugen fehl.

Wanger Press – »Bilanz der deutschen Judenheit 1933« erschien nicht in Amerika.

65

13. Juni 1938; ms B; München, HK.

Tollers – Christiane und Ernst Toller.

66

22. Juni 1938; ms B; Berlin, AZA; Erstdruck: Hermsdorf, S. 177–179.

293 *Notiz* – Vgl. Abb. S. 126 f.

amerikanische Firma – Gemeint ist die Alliance Book Corporation (im folgenden: ABC), die in Zusammenarbeit mit den größten »deutschen Auslandsverlagen« die wichtigsten Neuerscheinungen auf belletristischem Gebiet in Amerika herausbringen sollte. Ausführlich dazu: Sorgatz, Verlagsarbeit im Exil, S. 79 f. sowie Anm. Nr. 268 ff.

294 *»Versunkene Tage«* – Die Ausgabe kam nicht zustande.

besondere Honorarbedingungen – Landshoffs Forderungen stießen nicht auf Entgegenkommen. Vgl. Brief 67, S. 297, sowie Abb. S. 126 f.

295 *gemeinsame Produktion* – Gemeint ist die »Forum«-Bücherei. Vgl. Abb. S. 131–133.

Albatross-Bücherei – »The Albatross Modern Continental Library«, eine Taschenbuch-Serie, die angelsächsische Autoren ausschließlich auf dem außerenglischen und außeramerikanischen Markt verbreitete, gegründet in den zwanziger Jahren von dem englischen Verleger John Holroyd-Reece, mit Niederlassungen in Hamburg, Paris, Bologna, Leipzig. Holroyd-Reece stand zugleich der Albatross Press, einem englischen Nachdruckverlag, vor. Roth z. B. verhandelte mit ihm (Roth, S. 589).

Frage unseres Vertrages – Der Vertrag vom 27. September 1937 sah die Veröffentlichung von »Esmond« (»Versunkene Tage«, später: »Verklungene Tage«) für 1938 und des »Palästina«-Buches für 1939 vor.

Pal. £ – Palästinapfund (£P); 1 £P = 1000 Mils; 1 £P = 1 engl. £.

67

18. Juli 1938; ms B; Berlin, AZA; Erstdruck: Hermsdorf, S. 179 f. (Ausz.).

296 *Ihr letztes Buch* – »Einsetzung eines Königs«.

297 *größeres Entgegenkommen* – Arnold Zweig hatte wie Heinrich Mann (vgl. Abb. S. 126 f.) kein Verständnis für den Vorschlag Landshoffs, sich mit einer Tantieme von 5 % vom Ladenpreis des gebundenen Exemplars der in Amerika erscheinenden Nachdruckserie zu begnügen.
Autoren, die – Dem Wort »die« hat Landshoff die Bleistiftnotiz »Akkusativ!!« hinzugefügt.

298 *wie der »Grischa«* – Der amerikanische Film »Sergant Grischa« (Regie Herbert Brenon) wurde 1930 in New York uraufgeführt.

299 *unter solchen Umständen* – Bereits in den ersten Jahren des Mandats (vgl. Anm. 1 zu S. 290) kam es zu Konflikten zwischen Juden und Arabern, weil unter anderem eine der arabischen Forderungen, die Einwanderung von Juden zu verbieten, abgelehnt wurde. Diese Konflikte verschärften sich nach 1933, besonders aber zwischen 1936/39, weil aufgrund der Rassenpolitik Nazi-Deutschlands die Anzahl der jüdischen Einwanderer sprunghaft anstieg. Vgl. dazu auch Arnold Zweigs Auseinandersetzung mit der Palästina-Frage in seinen Werken, z. B. in »De Vriendt kehrt heim«.

68

26. August 1938; ms/hs B; München, KMA.

300 *Roman* – »Der Vulkan«.
Tauchnitz – Taschenbuch-Serie, in der englische und amerikanische Autoren in Originalsprache verlegt wurden. Christian Bernhard Tauchnitz gab 1841 den ersten Band der »Collection of British Authors« (später: Collection of British and American Authors«) in seinem 1837 in Leipzig gegründeten Verlag heraus.
Albatross – Vgl. Anm. 2 zu S. 295.

301 *im Frühjahr drei Bände* – Erschienen ist nur die Heine-Anthologie (vgl. Abb. S. 131–133).
Schweizer Vereinssortiment – Es befand sich in Olten und fungierte als eine der Auslieferungsstellen des Verlages.

69

31. Oktober 1938; ms B; München, HK; Erstdruck: Kesten, S. 83 (gek.; Textabweichungen vom Original); unleserlich gemachte Passagen.

302 *»Donauboot«* – Der Buchplan wurde nicht verwirklicht. Kesten erwähnt das Projekt in einem Brief an Landauer (11. August 1938; Kesten, S. 80) als »51 Juden auf der Donau«.

»Kinder von Gernika« – Der Roman »Die Kinder von Gernika« erschien im November 1938 bei Allert de Lange.

»König Philipp der Zweite« – Der Roman war 1937 bei Allert de Lange erschienen.

Mährisch-Ostrau – Allert de Lange wie auch der Querido Verlag ließen Bücher bei Julius Kittls Nachfolger Keller & Co. in Mährisch-Ostrau drucken.

70

25. November 1938; ms B; München, HK; unleserlich gemachte Passagen.

303 *Lieber Herr Kesten* – »Herr« durchgestrichen, hs Bemerkung Landshoffs dazu: zuviel der Ehre.

Roman – Vermutlich ist damit das »Donauboot« gemeint (vgl. Anm. 1 zu S. 302).

71

7. Dezember 1938; ms/hs B; München, HK.

Widmungsexemplar – »Die Kinder von Gernika« (vgl. Anm. 2 zu S. 302).

304 *Wir* – Die Verlage Bermann-Fischer, Allert de Lange, Querido übergaben der ABC zum 15. Oktober 1938 die Option auf die amerikanischen Rechte derjenigen ihrer Bücher, über die sie verfügen konnten, auf die Dauer von zwei Jahren. Landshoff wurde Bevollmächtigter bzw. Vertrauensmann der drei Verlage. Sein Vertrag galt jedoch, falls nicht bis zum 20. August 1939 eine neue Vereinbarung geschlossen werde, nur für ein Jahr. Vgl. Anm. 2 zu S. 293.

Septembertage – Gemeint ist die Konferenz von München, die mit dem Münchner Abkommen vom 29. September 1938 endete, das das faschistische Deutschland ermächtigte, die tschechoslowakischen Grenzgebiete zu annektieren.

72

23. Dezember 1938; ms B; München, HK.

305 *Ihr Buch* – »The Children of Guernika«, Alliance Book Corporation, Longmans, Green & Co., Inc., 10. April 1939. Die ABC hatte die amerikanischen Rechte von Routledge, der außerdem die englischen und amerikanischen Rechte für »König Philipp den Zweiten« 1938 erworben hatte (»Neues Tage-Buch«, 12. November 1938).

Steuerangelegenheit – »Bitte sorgen Sie, wenn möglich, dafür, daß ich nicht zweimal Steuern zahlen muß, 10% in Amerika und 22% in England. Am besten, wenn es möglich wäre, nur die 10% für Amerika zu zahlen, etwa wenn Sie an Routledge nur seinen Anteil auszahlten!« (Kesten an Landshoff, 13. Dezember 1938; ms B; München, HK.).

Plan... ist gescheitert – Der Zweijahresvertrag mit der MGM (vgl. Anm. 2 zu S. 280) war abgelaufen und wurde nicht erneuert.

73

15. Mai 1939; ms B; München, HK.

306 *Erscheinen Ihres Buches* – »The Children of Guernika« (vgl. Anm. 1 zu S. 305).

»Philipp« – »I, the King« erschien 1940 bei der ABC.

74

6. Juni 1939; hs B; München, KMA.

Wochen seit der Abreise – Landshoff hatte Amsterdam Mitte April 1939 verlassen, um als Bevollmächtigter der drei Verlage (Bermann-Fischer, de Lange, Querido) mit der ABC zu verhandeln und die Verlängerung seines Vertrages vorzubereiten (vgl. Anm. 1 zu S. 304). In New York erkrankte er schwer. Geplant war, am 24. Mai mit Ernst Toller gemeinsam die Rückreise anzutreten. Tollers Selbstmord (22. Mai 1939) traf ihn tief, sein psychischer und physischer Gesundheitszustand verschlechterte sich. Klaus Mann berichtet an Landauer (23. Mai 1939; Klaus Mann 2, S. 68): »Mindestens ebenso furchtbar wie das Ereignis selber ist seine Rückwirkung auf Landshoff. Im Augenblick ist er so, daß man wirklich zweifeln muß, ob er ›durchkommt‹. Ich hoffe zu Gott, er wird es schaffen – und in irgendeiner Ecke meines Herzens habe ich auch Zutrauen zu seiner Vitalität und zu seinem ›Lebenswillen‹...

[–] Vorausgegangen war die grausam schnelle und in ihrer Schwierigkeit von ihm natürlich wieder einmal kindisch unterschätzte ›Kur‹; dazu die Mißlichkeiten im Verlag – und nun dieser Schock. – Wir erfuhren es am späten Nachmittag und wollten es ihm noch bis zum nächsten Morgen verheimlichen. Ausgerechnet Arnold Zweig, mit einer Taktlosigkeit, die an Niedertracht grenzt, mußte es ihm dann übers Telephon zu-quäken...« Vgl. S. 118.

307 *Fahrt allein* – Landshoff trat am 6. Juni 1939 mit Thomas, Katia und Erika Mann, die sich in New York sehr um ihn gekümmert hatten, auf der »Île de France« die Reise nach Amsterdam an.

keinen Bericht – Die Eltern Katia Manns (Pringsheims) lebten noch in München und warteten auf die Auswanderungsgenehmigung in die Schweiz. Sie befürchteten, ein Aufenthalt Thomas Manns in Zürich könnte sie gefährden. Um Zeit zu gewinnen, landeten Manns in Le Havre (13. Juni) und fuhren über Paris nach Noordwijk, wo sie sich mehrere Wochen aufhielten. Landshoff kam nur zu Kurzbesuchen nach Noordwijk.

Falls Du – Die durch Fragezeichen gekennzeichneten Textstellen konnten nicht entziffert werden.

75

24. August 1939; ms Bk; Berlin, AZA.

308 *vor dem Unfall* – In der ersten Novemberhälfte wurde Arnold Zweig bei einem Autounfall zwischen Tel-Aviv und Jerusalem schwer verletzt.

»Beil von Wandsbek« – Über den Plan zu diesem Roman und die Fabel hatte Arnold Zweig an Landshoff bereits geschrieben (8. August 1939).

309 *Es ist mir schmerzlich* – »Versunkene Tage« (1938) erschien als letztes Buch Arnold Zweigs im Querido Verlag.

»Grischa«-Neudruck – Der Neudruck für die »Forum«-Bücherei kam nicht mehr zustande.

Vorwürfe entkräftigt – Zweig hatte kritisiert, daß in der ersten Serie nur wenige Autoren des Querido Verlages vertreten waren.

russischer Gegenschachzug – Gemeint ist der Pakt, den die UdSSR am 23. August 1939 mit dem faschistischen Deutschland geschlossen hatte.

310 *Königin Wilhelmina* – Königin der Niederlande.

76

10. September 1939; ms Bk; Berlin, AZA. Übersetzung: Klaus Schirrmeister.

313 *»Der Abstieg«* – Das Projekt wurde von Landshoff verworfen (vgl. z. B. Brief 77, S. 316).

314 *ihrer Schwester* – Lily Leuchter-Offenstadt.

77

24. Oktober 1939; ms B; Berlin, AZA.

315 *Verrechnungen mit Ungarn* – Der Querido Verlag und der Verlag Allert de Lange ließen in Ungarn drucken, so z. B. Brentanos »Die ewigen Gefühle« (Hungaria Druckerei AG Budapest).

78

24. Oktober 1939; ms/hs B; München, KMA.

317 *hiesiger Verlag* – Vermutlich De Arbeiderspers (vgl. die nächste Anm.).

»Manja« – Der Roman von Anna Reiner, übersetzt von E. Voogel, erschien 1939 im Verlag De Arbeiderspers in der Reihe »Arbo-roman-service«.

dieser Augenblick – Beginn des zweiten Weltkrieges am 1. September 1939.

Rauschning – Hermann Rauschnings »Die Revolution des Nihilismus. Kulisse und Wirklichkeit im Dritten Reich« (Europa-Verlag Zürich–New York 1938) erschien 1939 bei der ABC unter dem Titel »Revolution of nihilism. Warning to the West«.

Souvarine – Boris Souvarines Buch »Stalin. A critical survey of bolschevism« erschien 1939 bei der ABC.

79

15. November 1939; ms B; Berlin, AZA.

»Palästina«-Buch – Vgl. Anm. 2 zu S. 295 sowie zu S. 324.

Salamander-Serie – Taschenbuch-Serie der Em. Querido's Uitg.-Mij N. V., in der z. B. Thomas Manns »Felix Krull« 1938 erschien (vgl. Abb. S. 40).

320 *Redaktion ... übernommen* – Redakteur der ersten beiden Jahrgänge der Zweimonatsschrift »Maß und Wert« (November/Dezember 1937 bis September/Oktober/November 1940), in Zürich von Thomas Mann und Konrad

Falke herausgegeben, war Ferdinand Lion. Golo Mann und Emil Oprecht übernahmen die Redaktion des Jahrgangs 3.

80

15. November 1939; ms/hs B; München, HK.

teilen Sie Annette Kolb mit – Im Februar 1937 hatte Thomas Mann zur Gründung einer Hilfsorganisation für emigrierte Schriftsteller aufgerufen. Den Aufruf unterschrieben 29 Schriftsteller, Künstler und Wissenschaftler, darunter W. H. Auden, Menno ter Braak, Lion Feuchtwanger, Bruno Frank, H. G. Wells und Stefan Zweig. Im Auftrag dieser Organisation, die Thomas-Mann-Fonds genannt wurde, schickten Landauer (z. B. am 4. November 1939 an Franz Blei 2000.– ffrcs) und Landshoff Unterstützungsgelder an Autoren (vgl. Brief 81, S. 321).

Fragen klären – Sie betrafen die Zusammenarbeit mit den drei Verlagen und Landshoff eigene Stellung (vgl. Anm. 1 zu S. 304).

Buch – »Copernicus und seine Welt«

Flüchtlingsroman – Vgl. Anm. 1 zu S. 302.

321 *schwedischer Verleger* – Tiden's Förlag, Stockholm.

81

21. November 1939; ms/hs B; München, HK; Erstdruck: Kesten, S. 122 f.

Geldsendung – Gemeint sind die Unterstützungsgelder des Thomas-Mann-Fonds (vgl. Anm. 2 zu S. 320).

82

29. November 1939; ms Bk; Berlin, AZA.

322 *»Insulted and Exiled«* – Englische Ausgabe von »Bilanz der deutschen Judenheit« (vgl. Anm. 3 zu S. 240).

83

16. Februar 1940; ms B; München, HK.

324 *Abschluß mit Routledge* – Routledge hatte die englischen und amerikanischen Rechte 1938 erworben (vgl. Anm. 1 zu S. 305).

84

14. Mai 1940; ms Bk; Berlin, AZA.

325 *Vertrag erfüllen* – Der Vertrag, das »Palästina«-Buch betreffend, wurde nicht erfüllt.

326 *Michis Ausbildung* – Arnold Zweigs Sohn Michael wurde Pilot.

85

Oktober (?) 1940; hs B; München, HK.

327 *Walter* – Walter Landauer.
Ihre Frau – Toni Kesten.
Ihre Schwestern – Gina Strauß, Karoline Haznan.
Ihre arme Mutter – Ida Kesten.
Queri – Emanuel Querido.

86

12. November 1940; hs B; München, HK.

329 *Kinder* – Angelica und Beate Landshoff.
Gina – Kestens Schwester, Gina Strauß.
Ihr Buch – »König Philipp der Zweite«.

330 *Querido Verlag... nach Batavia* – Die fiktive Verlegung des Verlages ermöglichte Landshoff zwar nicht, die Produktion aus eigener Kraft aufrechtzuerhalten, sie bot ihm aber mehrere wichtige Vorteile. Da er nun als Verleger allein fungierte, konnte er die Produktion durch andere Verlage weiterführen lassen und 1946 wieder unter Querido Verlag N. V. Amsterdam firmieren. Die in den Erinnerungen erwähnten Bücher (vgl. S. 144) sind in anderen Verlagen erschienen, z. B. »Transit« von Anna Seghers 1944 englisch bei Little, Brown and Co., Vicki Baums »Marion lebt« 1942 im Bermann-Fischer Verlag A. B. Stockholm, Remarques Roman »Liebe deinen Nächsten« auch bei Bermann-Fischer. Einzelne Exemplare dieser Bücher wurden offensichtlich mit einer Titelei, die den Aufdruck »Querido Verlag Batavia« trägt, hergestellt. Eine Xerokopie des Romans von Remarque mit diesem Eindruck befindet sich in der Deutschen Bücherei Leipzig.

87

6. Dezember 1940; ms B; München, HK.

331 *Buch von van Kleffens* – »Rape of the Netherlands« erschien

1940 bei Hodder & Stoughton. Eine deutsche Ausgabe konnte nicht nachgewiesen werden.

88

21. Dezember 1940; ms Bk; L.

333 *Mitteilung* – Gemeint ist die Mitteilung über die fiktive Verlegung des Querido Verlages nach Batavia (vgl. Abb. S. 145 sowie Anm. 1 zu S. 330).

89

Anfang 1941 (?); ms B; L.

334 *Zulusee* – Sulu-See, Randmeer des Stillen Ozeans, zwischen den Philippinen, den Suluinseln, Kalimantan und Sulawesi.

kleines Römänchen – »Die große Pause«, Bermann-Fischer Verlag A. B. Stockholm 1941.

endloser Roman – »Marion lebt«, Bermann-Fischer Verlag A. B. Stockholm.

90

17. Februar 1941; ms Bk; Los Angeles.

335 *deutscher Buchklub in Buenos Aires* – Vermutlich ist der vom Verlag Estrella herausgegebene Buchklub gemeint. Vgl. Anm. 1 zu S. 336.

autobiographische Skizze – »Unholdes Frankreich« (»Der Teufel in Frankreich«). Feuchtwanger war vom 21. Mai bis 21. Juli 1941 in den Lagern Les Milles und Saint Nicolas interniert; ihm gelang die Flucht.

91

1. März 1941; ms B; Los Angeles.

336 *Wiederaufnahme der Produktion* – Die Pläne, deutsche Bücher in New York und Buenos Aires zu drucken und zu vertreiben, scheiterten: »An den Verlag Estrella habe ich mehrere Briefe geschrieben, die unbeantwortet geblieben sind. Nach allen Informationen, die ich aus Buenos Aires bekam, stößt dieses augenscheinlich sehr dilletantisch betriebene Unternehmen bereits im Anfang auf größte Schwierigkeiten. Dagegen bin ich mit Barna in ständiger Verbindung; er wird auf jeden Fall, wie er es ja schon in den letzten fünf Jahren getan hat, auch weiterhin den Ver-

kauf unserer Bücher betreiben.« (Landshoff an Feuchtwanger, 22. Mai 1941; ms B; Los Angeles); »Barna schreibt mir immer wieder, daß er von dem Druck von Büchern deutscher Autoren absieht. Estrella antwortet auf die längsten und liebenswürdigsten Briefe, in denen ich ihm zu von ihm selbst vorzuschlagenden Bedingungen die Übernahme Ihres Buches für Südamerika innerhalb seines Buch-Klubs vorschlage, überhaupt nicht. (Selbstverständlich würde es sich nur um einen Teil meiner Auflage handeln.) Dagegen schreibt uns Herr Aleman vom ›Argentinischen Tageblatt‹, daß Estrella völlig unseriös, dilletantisch und in seinen Bemühungen ohne die mindeste Aussicht ist.« (Landshoff an Feuchtwanger, 12. Juni 1941; ms B; Los Angeles).
Die Fortsetzung der Produktion gelang in kleinem Maße dadurch, daß Bermann-Fischer einen Teil der Querido-Autoren in seinen Stockholmer Verlag übernahm. Dort erschienen Nachauflagen z. B. von Wassermann (»Tagebuch im Winkel«), Joseph Roth (»Das falsche Gewicht«) und Erstauflagen von Vicki Baum (»Kautschuk«) und Feuchtwanger (»Der Tag wird kommen«). Vgl. auch Anm. 1 zu S. 300.
Ihren Spuren folgen – Über Mexiko in die USA einzuwandern (vgl. Brief 90, S. 335).
Barna – Gemeint ist die Libreria Alejandro e Hijo, Buenos Aires, die größte antifaschistische Buchhandlung Südamerikas, die neben dem Versand für das In- und Ausland eigene Kataloge herausgab (vgl. Anm. 1 zu S. 336).
Ihr Manuskript – »Unholdes Frankreich«.

92

1. März 1941; ms Bk; L.

337 *Hollywood* – Beverly Hills, Santa Monica und Pasific Palisades gehören ebenso zu Los Angeles, wie Hollywood. Viele der Exulanten, die nach Frankreich geflüchtet waren, lebten nun hier, z. B. Bruno Frank, Heinrich und Thomas Mann, Ludwig Marcuse, Wilhelm Speyer, Bruno Walter. Vicki Baum war zur Verfilmung ihres Romans »Menschen im Hotel« 1931 nach Hollywood gereist und nicht mehr nach Deutschland zurückgekehrt. Nach dem Besuch Landshoffs, der zu Gesprächen mit seinen Autoren nach Hollywood gekommen war (Mitte März bis Anfang April 1941), schrieb Vicki Baum an ihn

(3. April 1941; ms B; L): »Lieber, wenn Sie mein Verleger sein wollen und irgendeinen Vorteil darin sehen, weiterhin diese Übersetzungsrechte zu verhandeln, dann, bitte, tun Sie, was Sie für vernünftig halten.« Landshoff antwortete am 5. April 1941 (ms Bk; L.): »Um Ihre Frage klar zu beantworten, sei sogleich eindeutig gesagt: ich will Ihr Verleger sein und sehe sogar ›irgendeinen Vorteil darin‹!«

93

25. April 1941; ms B; L.

338 *mein dicker Roman* – »Marion lebt« (vgl. Anm. 1 zu S. 330).
Übersetzung – Fritz und Lie Zielesch übersetzten den Roman aus dem Englischen.
Belege eingefunden – Im Januar 1940 mißglückte eine Überweisung aus Holland (Landshoff an Vicki Baum, 3. April 1941; ms Bk; L.).
Collection Menschen – Die Summe, die noch ausstand, betrug »mehr als tausend Dollars« (Landshoff an Vicki Baum, 3. April 1941).

94

2. Juli 1941; ms B; Los Angeles.

339 *Ihr Manuskript* – »Unholdes Frankreich«.
Roman – »Der Tag wird kommen«.
Barna – Vgl. Anm. 3 zu S. 336.
Estrella – Editorial Estrella wurde von Hardi Swarsensky und Günter Friedländer gegründet; nur wenige Bücher erschienen dort, z. B. Franz Werfels »Eine blaßblaue Frauenschrift«. Es kam zu keiner Zusammenarbeit (vgl. Anm. 1 zu S. 336).

95

3. Juli 1941; ms B; Los Angeles.

340 *meine Frau* – Rini Otte, später: Landshoff.
Außenstände – »Landshoff kann an die in Amerika deponierten Gelder des Querido Verlages nicht heran infolge der Blockierungsvorschrift, und darunter haben wir alle zu leiden.« (Feuchtwanger an Arnold Zweig, 16. September 1941; Feuchtwanger/Zweig 1, S. 244).
Ähnlich erging es Landshoff mit den Beständen: »Grotesker Weise ist es mir bisher nicht gelungen, das Verfügungsrecht über mein eigenes Lager zu erhalten, da trotz der

rechtsgültigen durch die holländische Regierung verfügten Sitzverlegung meiner Firma nach Batavia meine frühere hiesige Vertretung sich bisher geweigert hat, die Rechtslage anzuerkennen. Ich genieße die volle Unterstützung der holländischen Behörden hier und in London, es ist nur eine Frage von kurzer Zeit, bis diese Schikane beseitigt ist.« (Landshoff an Feuchtwanger, 22. Mai 1941; ms B; Los Angeles.) Am 25. Juli 1941 schreibt er an Feuchtwanger (ms B; Los Angeles): »Sie werden sich mit Recht wundern, daß ich Ihnen noch nicht Exemplare Ihrer Bücher geschickt habe. Bis zum heutigen Tag ist es mir indessen nicht gelungen – obgleich ich sämtliche Dokumente der holländischen Regierung, auch der hiesigen Behörden besitze –, die Auslieferung des Querido-Lagers an mich zu erzwingen... Für mich bedeutet diese Zurückhaltung meines Lagers und meiner Außenstände eine unausdenkbare Schädigung.«

341 *Emergency Committee* – Das Emergency Rescue Committee, gegründet von amerikanischen Autoren, stellte sich die Aufgabe, »hervorragende Europäer« vor der Verfolgung durch Nazi-Deutschland zu retten; Leiter war Dr. Frank Kingdon. Das Komitee beantragte Not-Visa, verfügte aber über keine Geldmittel. Finanzielle Unterstützung wurde mit Hilfe von Spenden organisiert. Vgl. dazu vor allem: Kesten, S. 140 f.

Raiser – Jemand, der Geld auftreibt.

96

16. Juli 1941; ms B; Berlin, HMA.

342 *deutsche Ausgabe des Tagebuches* – Nicht erschienen. Heinrich Mann hatte seine Tagebuchaufzeichnungen aus den ersten Monaten des Krieges (vom 9. September bis Ende Dezember 1939) sowie, als »Erster Teil« vorangestellt, einen »Rückblick vom Jahre 1941 auf das Jahr 1939« zur Publikation angeboten. Das Buch erschien auch nicht im Verlag El Libro Libre, in dessen Gründungsaufruf es angekündigt worden war (Heinrich Mann, »Französisches Tagebuch«, in späteren Prospekten: Heinrich Mann, »Kriegs-Tagebuch 1939–1940«). Vermutlich hatte Landshoff das Manuskript in Mexiko angeboten.

MacLeish – Archibald MacLeish, 1939–1949 Direktor der Library of Congress, der Kongreßbibliothek, dem offiziellen Buchdepot der USA, war zu diesem Zeitpunkt auch stellvertretender Direktor des Office of War Information (OWI, Amt für Kriegsinformation).

97

30. September 1941; ms B; Los Angeles.

343 *Ihr Brief vom 23. September* – Feuchtwanger hatte geschrieben: »Mir scheint, daß Sie, um das Prestige des Querido Verlags aufrechtzuerhalten, unter allen Umständen, auch mit finanziellen Opfern, neben den Büchern, die Sie in Schweden drucken lassen, in Amerika deutsche Bücher ausgesprochen Anti-Nazi-Inhalts herausbringen müßten, zum Beispiel Heinrich Manns Buch oder eines von Brecht. Wenn nicht, setzen Sie sich dem Verdacht aus, ähnlich wie Bermann-Fischer zu kompromisseln. Mir brauchen Sie nicht zu sagen, wie lächerlich eine solche Verdächtigung wäre ...« (Ms Bk; Los Angeles).

344 *Hemingway* – »Wem die Stunde schlägt«.

345 *der dritte Band des »Joseph«* – »Der Tag wird kommen« erschien 1945 bei Bermann-Fischer A. B. Stockholm.

»Unholdes Frankreich« – Die autobiographische Skizze, von Feuchtwanger zurückgefordert, erschien mit einem Vorwort von Ludwig Renn am 25. Oktober 1942 im Verlag El Libro Libre (vgl. Anm. 1 zu S. 347). Der New-Yorker Verlag The Viking Press brachte sie bereits 1941 unter dem Titel »The Devil in France« heraus.

98

19. Mai 1942; ms Bk; Los Angeles.

südamerikanische Verlage – Neben sogenannten Ein-Mann-Verlagen gab es z. B. in Argentinien mit Editorial Estrella und Editorial Cosmopolita (Freier Deutscher Buchverlag, gegründet und geleitet von James Friedmann) zwei Unternehmen, die bis 1946 in kleinem Umfange deutsche Bücher verlegten und vertrieben. Zu nennen ist noch der Transmare-Verlag in Buenos Aires (im Besitz der Familie Aleman). Vgl. Anm. 1 zu S. 336 sowie: Kießling, besonders S. 383 ff.

99

10. April 1943; hs B; L.

347 *Mexiko habe ich die Erlaubnis zum Druck gegeben* – Als deutsche Erstausgabe erschien Bruno Franks Roman »Die

Tochter« am 10. Mai 1943 bei El Libro Libre, Mexiko. Gegründet am 9. Mai 1942, brachte der Verlag ca. 20 deutsche und 6 spanische Bücher in 4 Jahren heraus. Ludwig Renn, André Simone, Anna Seghers, Bodo Uhse, Egon Erwin Kisch, später noch Leo Katz bildeten die »Verlagsleitung«, Walter Janka wurde Geschäftsführer, Dr. Paul Mayer leitete ab 1944 das Lektorat. Ausführlich hierzu: Kießling.

Manuskript in Stockholm – »Die Tochter« erschien erst 1945 bei Bermann-Fischer A. B. Stockholm.

eine Novelle – »Honor thy Father and thy Mother«. Der Sammelband »The ten Commandments. Ten Short Stories of Hitler's War against the Moral Code« kam 1943 heraus.

»Moses« – Aus der als »essayistische Einleitung« vereinbarten Erzählung wurde die Novelle »Das Gesetz«.

348 *Citizenship-Prüfung* – Wer amerikanischer Staatsbürger werden wollte, mußte eine Absichtserklärung und einen umfangreichen Fragebogen abgeben sowie zwei amerikanische Bürgen benennen, die bereit waren, moralische und finanzielle Bürgschaft zu leisten. Danach mußte er sich vor einem Ausschuß einer Prüfung in amerikanischer Geschichte, Verfassung und Politik unterziehen, deren Bestehen dazu berechtigte, die »Einbürgerungspapiere« zu erhalten.

100

18. September 1943; ms Bk; L.

349 *Herstellung der Anthology* – »Heart of Europe«. Vgl. Abb. S. 159.

Deine Erzählung – »Suitcase«.

Einziehung von Klaus – 4. Januar 1943.

350 *deutsche Ausgabe des Romans* – »Die Tochter« (vgl. Anm. 1 und 2 zu S. 347).

101

23. November 1943; hs B; L.

351 *Ljus Förlag* – Im Stockholmer Ljus Förlag, dessen Direktor zu diesem Zeitpunkt Sven Erik Berg war, gründete Max Tau 1944 eine eigene Abteilung unter dem Namen Neuer Verlag Stockholm, in dem z. B. Arnold Zweigs »Das Beil von Wandsbek« herauskam. Der Verlag wurde 1948 an die Frankfurter Hefte (später: Frankfurter Verlagsanstalt) verkauft.

352 *sechs- oder siebenbändige Ausgabe* – Eine Stockholmer Ausgabe kam nicht zustande. Der »Cervantes«, erstmals 1933

im Querido Verlag erschienen, wurde 1944 vom Bermann-Fischer Verlag A. B. Stockholm übernommen.
Erzählung aus der Zeit der Restauration – »Chamfort«. Das Projekt wurde nicht verwirklicht, erschien 1945 als Fragment unter dem Titel »Chamfort erzählt seinen Tod«.
353 *Mutter* – Lina Frank.
einer meiner Brüder – Helmut Frank.
ostwärts – Nach New York.

102

16. Dezember 1943; hs B; L.
Fritzi – Fritzi Massary, die Mutter von Liesl Frank.
Pappdeckel-Eden – Hollywood.

103

20. Dezember 1943; ms B; Marbach.
354 *keine Möglichkeit für eine Publikation* – Döblin hatte »Karl und Rosa«, geplant als Band 4 von »November 1918«, dem Verlag übergeben. Band 1, »Bürger und Soldaten 1918«, war 1939 als Gemeinschaftsproduktion von Querido und Bermann-Fischer herausgekommen. »Karl und Rosa« erschien 1950, nicht als Band 4 gekennzeichnet, erstmals im Karl Alber Verlag Freiburg / München.
355 *Peter* – Peter Döblin.
für Ihren Beitrag – »Chief«.

104

31. Dezember 1943; ms Bk; L.
neues Buch – Das »Chamfort«-Projekt; vgl. Anm. 2 zu S. 352.
356 *Ausgabe Deiner Bücher* – Vgl. Anm. 1 zu S. 352.

105

31. März 1944; ms B; Los Angeles.
1926 – 1927 [!] Vgl. Abb. S. 15.
358 *Hamilton* – Hamish Hamilton (Imago Publishing Company), London, brachte 1945 die deutsche Erstausgabe von Feuchtwangers »Die Brüder Lautensack«; die englische Übersetzung (»The Brothers Lautensack«) war bei Hamilton 1943 erschienen, die amerikanische Ausgabe

(»Double Double Toil and Trouble«) 1943 bei The Viking Press.
Der vierte Band des »Joseph« – Vermutlich ist »Waffen für Amerika« (»Die Füchse im Weinberg«) gemeint, der nicht als Band 4 des »Joseph« gekennzeichnet wurde.

106

11. Juni 1944; ms Bk; L.

359 *Brunos Zustand* – Bruno Frank hatte einen schweren Herzanfall erlitten.

361 *Brunos Geburtstag* – 13. Juni.

107

21. Juli 1944; ms B; München, HK.

Amerikanische Anthologie – Sie kam nicht zustande.

108

24. August 1944; hs B; L.

363 *Manns* – Katia und Thomas Mann.
Th. M. s Einleitung – Sie blieb unveröffentlicht, da die Gesamtausgabe der Werke B. Franks nicht zustande kam.
»Chamfort« – Vgl. Anm. 2 zu S. 352.
bekanntlich Kommunist – Diese Verdächtigung wurde im Zusammenhang mit dem Antrag auf »citizenship« erhoben.
Prüfung – Vgl. Anm. 1 zu S. 348.

109

5. Dezember 1944; ms Bk; Berlin, AZA.

110

8. Februar 1945; ms B; Berlin, AZA.

1926 – 1927 [!] Vgl. Abb. S. 15.

365 *Henker-Roman* – »Das Beil von Wandsbek«, veröffentlicht 1943 in Hebräisch, erschien 1947 unter dem Titel »Das Beil von Wandsbek. 1938–1943« im Neuen Verlag Stockholm. Vgl. Anm. 1 zu S. 351.

366 *to be... War Department* – Zur Verfügung für eine besondere Gruppe deutschsprechender Personen, die sich jetzt

hier in diesem Lande befinden und denen Lesestoff vom Kriegsministerium gestellt wird.

erste Liste – In der Bücherreihe »Neue Welt« (New York) erschien 1945 als Nr. 19 von 24 Titeln »Der Streit um den Sergeanten Grischa«.

111

17. März 1945; ms B; Los Angeles.

367 *holländischer Verlag* – Landshoff hatte 1942 mit M. E. H. Warendorf in New York die Querido Incorporated gegründet. Vgl. S. 161 f.

großer neuer Roman – »Waffen für Amerika« (»Die Füchse im Weinberg«).

112

16. Mai 1945; hs B; L.

368 *Walter* – Walter Landauer.

370 *Peter* – Peter Sussmann.

113

22. Mai 1945; ms B; Los Angeles.

Ihr Manuskript – Der erste Teil von »Waffen für Amerika« (»Die Füchse im Weinberg«).

114

9. Juli 1945; ms Bk (?); L; Übersetzung: Fritz H. Landshoff.

373 *ihre Mutter* – Vgl. Anm. 2 zu S. 236.

Frau Landauer – Mutter von Walter Landauer.

nicht mehr lebt – Querido ist nicht in Auschwitz (vgl. S. 164), sondern in Sobibor umgekommen.

374 *Ihre Frau und Ihre Kinder* – Eva Landshoff und die Töchter Angelica und Beate.

warten sehr auf Nachricht – Landshoff hatte bereits am 20. Juni 1945 an Cahns geschrieben (ms Bk; L.; Übersetzung aus dem Englischen: Sigrid Klotz):

Liebe Jetty, lieber Werner!

Vor wenigen Minuten erhielt ich Eure Adresse durch Euren Bruder. Ich kann Euch gar nicht sagen, wie glücklich ich bin, zu erfahren, daß es Euch gelungen ist, all das Elend der letzten Jahre zu überleben. Die Deportation Eurer Eltern muß ein furchtbarer Schock für Euch gewesen

sein. Die Tatsache, daß Ihr beide und die Familie Eurer Schwester in Holland unversehrt seid, klingt wie ein Wunder. Ich warte ungeduldig auf Nachricht von Euch. Bitte schickt mir eine genaue Liste von allem, was Ihr braucht. Habt Ihr Euch schon so weit erholt, daß Ihr irgendwelche Pläne habt? Darüber möchte ich alles wissen. Berichtet mir auch alles über unsere gemeinsamen Freunde. Die einzige Nachricht – gute Nachricht –, die ich bis jetzt direkt aus Holland bekam, war ein Telegramm von Rini. Indirekte Nachrichten habe ich über Herrn und Frau Querido. Man sagte mir, daß sie 1943 deportiert wurden. Wißt Ihr irgendetwas von ihm? Herr Warendorf und ich haben versucht, Nachricht von Alice zu bekommen – ohne Erfolg bis jetzt. Wißt Ihr etwas über die Jungen aus dem Büro? Oder über Hirschs! Fritz Heymann, Staub und all die anderen? Alles, was Ihr mir berichten könnt, ist von größtem Interesse für mich.
Ihr wißt vielleicht, daß Sussmann und seine Familie im Februar 1945 von Bergen-Belsen nach Nordafrika ausgetauscht wurden. Dort erholen sie sich nun langsam in dem UNRA-Lager. Ich stehe mit ihm in engem Kontakt. Durch ihn hörte ich, daß Landauer, der zugleich mit Sussmann ausgetauscht werden sollte, im Dezember 1944 in Bergen-Belsen an Hunger gestorben ist.
Ich schreibe Euch sehr bald wieder. Meine allerbesten Grüße

Euer
F. H. Landshoff

115

28. Juli 1945; ms B; München, KMA; Erstdruck: Briefe, S. 500–504 (Übersetzung: Klaus Schirrmeister).

377 *Opi* – Emil Oprecht.
Berta – Berta Belgart, Haushälterin in der Pension Hirsch.
378 *»Mephisto«* – Eine italienische Ausgabe kam zu diesem Zeitpunkt nicht zustande.
Christiane – Christiane Toller.

116

8. November 1945; ms B; München, KMA.

Glückwunsch zum discharge – Klaus Mann war am 28. September 1945 aus der US-Army entlassen worden.
Daß Erika sich endlich eingefunden hat – Seit Sommer 1945

hielt sich Erika Mann in Europa auf: Als Berichterstatterin für das Magazin »Pro Evening Standard London« nahm sie einige Zeit am Nürnberger Prozeß gegen die Hauptkriegsverbrecher (14. November 1945 – 1. Oktober 1946) teil und war danach als Korrespondentin der »New York Herald Tribune« in Polen, der Tschechoslowakei und Jugoslawien tätig.

379 *Brief... aus München* – Als Armeeangehöriger kam Klaus Mann nach München und hatte seinen Eltern über seine Erlebnisse und Begegnungen in der Geburtsstadt berichtet.

380 *Maeterlinck* – In der Anthologie »Heart of Europe« ist ein Beitrag (»Notes«) des belgischen Schriftstellers Maurice Maeterlinck enthalten. Maeterlinck und sein literarischer Agent Colin bestritten, der Veröffentlichung zugestimmt zu haben. In einem Brief Landshoffs an Klaus Mann (23. Februar 1945; ms; englisch; München, KMA) heißt es: »... bitte mach ein kleines niedliches Statment über die Fakten (daß Du das Buch von Colin bekommen hast, daß Du mit ihm darüber diskutiert hast, daß Du schließlich glaubtest, das Geschäft abgeschlossen zu haben, und es nicht vollständig zu Ende geführt hattest, daß Du uns informiertest, es sei abgeschlossen – dies ist wichtig..., daß Du einen Entschuldigungsbrief an Maeterlinck geschrieben hast – tatest Du es? Ich weiß es nicht; offenbar tatest Du es, weil sie sich darauf beziehen, Du habest Dich für schuldig erklärt –, und vergiß nicht zu erwähnen, daß Du in der Mitte der ganzen Sache eingezogen wurdest etc. etc.«

Deine italienischen Abschlüsse – Gemeint sind vermutlich die zu »Mephisto« und »The Turning Point«, deren Realisierung nicht zustande kam.

deutsche Ausgabe – »Der Wendepunkt. Ein Lebensbericht«, erschienen im S. Fischer Verlag 1952 in der von Klaus Mann hergestellten Fassung, die im April 1949 abgeschlossen wurde und keine »Übersetzung aus dem Amerikanischen« ist.

117

17. November 1945; ms B; Los Angeles.

Ljus – Gemeint ist der dem Ljus Förlag angegliederte Neue Verlag Stockholm.

381 *das Buch* – »Waffen für Amerika« (»Die Füchse im Weinberg«).

re-enter-permit – Wiedereinreiseerlaubnis; Landshoff war zu diesem Zeitpunkt noch immer staatenlos (vgl. Anm. 2 zu S. 389).

118

15. Februar 1946; ms/hs B; München, HK.

382 *mit mir geblieben* – Autor des Verlages L. B. Fischer.

Ihr Roman – »Die Zwillinge von Nürnberg«; erschien erst 1947.

383 *von Eugens Verlag* – Seit 1945 arbeitete die Em. Querido's Uitgevers Maatschappij unter der Leitung von Frederik (Fred) von Eugen.

nach Stockholm geschrieben – Aufgrund der Zusammenarbeit mit Bermann-Fischer wurde in schwedischen Drukkereien gesetzt.

den Verlag fortzusetzen – Nach dem Tode Gerard de Langes im Jahr 1935 ging die Verlagsleitung an Philip van Alfen über. Der Verlag begann 1946 wieder mit der Produktion; eine deutsche Abteilung wurde nicht mehr angeschlossen.

Wenn Sie jetzt an Kroonenburg schreiben – Der Holländer A. P. J. Kroonenburg war seit 1934 Prokurist und Geschäftsführer des Verlages Allert de Lange.

384 *recht großes Projekt* – Gemeint ist die Fusion mit Bonnier und Bermann-Fischer, die in dieser Form nicht zustande kam (vgl. Brief 121, S. 389 f.).

119

18. Februar 1946; ms Bk; München, HK.

386 *deutsche Rechte* – »Copernicus and his World« war, übersetzt von E. B. Ashton und Norbert Gutermann, illustriert von Hugo Steiner-Prag, 1945 bei Roy Publisher, New York, erschienen.

Vice-President des Verlages – L. B. Fischer.

amerikanische Ausgabe der »Twins« – Vgl. Brief 121, S. 389 f.

388 *Vertrag über »Spanish Fire«* – Er wurde vom Verlag A. A. Wyn, New York, übernommen. »Spanish Fire«, die 1938 bei Hutchinson erschienene englische Ausgabe von »Ferdinand und Isabella«, kam 1946 unter dem Titel »Ferdinand and Isabella. A Novel« by Wyn heraus.

120

20. Februar 1946; ms B; München, KMA.

389 *»Turning Point« ... in deutsch* – Vgl. Anm. 5 zu S. 380.

citizenship – Landshoff wurde am 23. Dezember 1946 amerikanischer Staatsbürger.

121

28. Februar 1946; ms B; München, HK.

Verlag N. Y. – Gemeint ist der L. B. Fischer Verlag.

390 *Current Books* – In einem Brief M. E. H. Warendorfs an Hermann Kesten (21. Februar 1946; ms, englisch; München, HK) heißt es: »Ich muß Ihnen mitteilen, daß ich vorgestern im Namen von Herrn Fischer, Herrn Landshoff und mir selbst Verhandlungen abgeschlossen habe über den Verkauf unserer Anteile an der L. B. Fischer Publishing Corporation an Herrn A. A. Wyn von Current Books Inc., 67 West 44th Street, New York N. Y. Das bedeutet, daß wir als Vorstandsmitglieder und Direktoren aus der Firma ausgeschieden sind, aber Herr Wyn wird die Verlagsgesellschaft so weiterführen wie bisher. Ich bin überzeugt, daß sich Herr Wyn oder sein Büro in Bälde mit Ihnen in Verbindung setzen werden.«

122

29. Mai 1946; ms B; Berlin, AZA.

395 *Umarbeitung des »Alpen«-Buches* – »Die Alpen oder Europa« (erste Fassung Oktober 1939 – Dezember 1940) wurden bis 1947 mehrfach umgearbeitet; der nun vorgesehene Titel lautete »Dialektik der Alpen: Fortschritt und Hemmnis«. Eine Publikation kam auch jetzt nicht zustande.

»Palästina«-Buch – Es wurde nicht veröffentlicht.

Kriegsgefangenenausgabe – Die Bücherreihe »Neue Welt« (vgl. Anm. 2 zu S. 366); eine zweite Ausgabe kam nicht heraus.

Ihre Sekretärin – Dr. Lea Rosenfeld.

396 *unsere Auslieferungsstelle* – Gemeint ist die Zentralauslieferung bei Allert de Lange.

123

3. Juni 1946; ms Bk; L.

397 *Vertrag für »Turning Point«* – Vgl. Anm. 5 zu S. 380.

124

12. September 1946; ms B; L; Erstdruck: Briefe, S. 524 f. (Übersetzung: Klaus Schirrmeister).

Hochzeitsgeschenk – Die standesamtliche Trauung mit Rini Otte wurde am 25. Juli 1946 in New York vollzogen.

398 *Lottens Kleinwohnung* – Lotte Walters Wohnung in New York.

E – Erika Mann.

englische Fassung meines Geisterstückes – »Der siebente Engel«, Drama, Zürich 1946; die englische Fassung »The seventh angel« blieb unveröffentlicht.

Rom-Buch – Klaus Mann hatte mit einem Verlag in Philadelphia einen Vertrag über dieses Projekt abgeschlossen. Der Plan scheiterte, weil der Verlag nur einmal Vorschuß gezahlt hatte.

Speaking of German translations – Um von den deutschen Übersetzungen zu sprechen.

Neben der Arbeit an seiner Autobiographie »The Turning Point« übersetzte Klaus Mann sein Buch »André Gide and the Crisis of Modern Thought« (1943 New York); es erschien 1948 in Zürich (»André Gide. Die Geschichte eines Europäers«).

das neue edle Mischblut – Karen Landshoff, geboren am 9. Dezember 1946.

125

6. November 1946; ms B; L.

399 *Andreas* – Andreas Landshoff, Sohn von Ruth Hellberg und F. H. Landshoff.

126

10. März 1947; ms B; Los Angeles.

402 *Berliner Verlag* – Im Aufbau-Verlag Berlin kam 1947 »Der falsche Nero« heraus.

»Simone« – Gemeinsam mit Bert Brecht hatte Feuchtwanger das Drama »Die Gesichte der Simone Machard« verfaßt (1941/43; veröffentlicht erst 1956 unter Brechts Namen). Feuchtwangers Roman »Simone« erschien zuerst

als amerikanische Ausgabe 1943 bei The Viking Press, deutsch 1944 im Neuen Verlag Stockholm.

403 *Druck Ihres Buches* – »Waffen für Amerika« (»Die Füchse im Weinberg«).

127

28. März / 10. April 1947; ms / hs B; München, HK.

405 *Gleichzeitig ... erscheinen* – Vgl. Bibliographie.

407 *Baby* – Karen Landshoff.

128

16. Mai 1947; ms Bk; Los Angeles.

»Literary Guild« – Die »Literary Guild«, einer der zwei großen Buchklubs der USA, brachte die englische Übersetzung als »Buch des Monats Oktober« in einer Auflage von 650000 Exemplaren. Vgl. Feuchtwanger / Zweig 1, S. 442–446.

im Falle »Simone« – Vgl. Anm. 2 zu S. 402.

129

25. Juli 1947; ms Bk; Los Angeles.

408 *deutsche Ausgabe des ersten Bandes* – »Waffen für Amerika« (»Die Füchse im Weinberg«).

130

29. September 1947; ms B; Los Angeles.

410 *meine Tochter* – Angelica Landshoff, verheiratete Thacker.

mir bisher Unbekannter – Thacker.

ein Kind erwartet – Peter Royd Thacker.

ein Telegramm über den zweiten Band – »Waffen für Amerika« (»Die Füchse im Weinberg«).

131

8. Januar 1948; ms B; Berlin, HMA.

Hs. Notizen Heinrich Manns auf dem Kopfbogen der ersten Seite: MS bitte an Zsolnay, engl. Ausgabe; Henry IV an Brantl. Hs. Entwurf (?) einer Antwort Heinrich Manns an Landshoff auf Blatt 2 dieses Briefes, der auf Landshoffs Angebote eingeht:

412 Lieber Doctor Landshoff,
nach schwieriger Überlegung danke ich Ihnen jedenfalls

für Ihre wohlgemeinten Vorschläge. Darf ich mir die Annahme noch kurze Zeit vorbehalten? Ich muß entscheidende Entschlüsse fassen; auch über einzelne Bücher verfüge ich nur mit Rücksicht auf eine künftige Gesamtausgabe, über die wir vorläufig nichts wissen können.
Erwähnt sei noch, daß Calmann-Lévy* seinen Vertrag vom 1. Nov. 46 bis 1. Nov. 48 noch erfüllen kann. Dann fallen die Rechte an mich zurück. Der Vorschuß wäre nicht rückzahlbar, aber es ist keiner gezahlt. Ebensowenig von dem Amsterdamer Verlag, der den »Untertan« bringen sollte.
Mit herzlichen Grüßen bin ich Ihnen ergeben
29. Jan. 1948 [Heinrich Mann]

* hat gezahlt

132

14. Januar 1948; ms B; München, HK.

413 *das Buch* – »Copernicus und seine Welt«.
keine Lektorate an Colleges – Landshoff spielt darauf an, daß Kesten 1928 auf seine Veranlassung als Lektor zu Kiepenheuer gekommen war.
414 *Naturalisation* – Einbürgerung in die USA.
Roman – »Die fremden Götter«, Frankfurt 1949.
Schiller – Gemeint ist vermutlich der Beitrag für den geplanten Essayband »Gestalten und Schatten«.

133

21. Februar 1948; ms B; Los Angeles.

mein Sozius – Fred von Eugen.
417 *nach Deutschland reisen* – Feuchtwangers Reisepläne scheiterten zu diesem Zeitpunkt immer wieder daran, daß er noch nicht amerikanischer Staatsbürger, also noch staatenlos war. Er konnte nicht ausreisen, weil er Gefahr gelaufen wäre, nicht wieder einreisen zu dürfen.

134

25. März 1948; ms B; München, HK.

Ro-Ro-Ro – Am 6. Februar 1948 hatte Landshoff an Kesten geschrieben (ms B; München, HK): »... ist es natürlich stets möglich, Abdrucke in deutschen Zeitungen oder Lizenz-Ausgaben an deutsche Verleger zu verkaufen. Ich sprach zum Beispiel auch mit Rowohlt über den Abdruck eines Ihrer Romane in seiner Ro-Ro-Ro-Reihe. Diese Romane erscheinen je nach Umfang für RM 0,50, RM 1,–, RM 1,50 in einer Auflage von 100000 Exemplaren und sind stets in einem Tag vergriffen. Das Honorar ist je nach Umfang RM 16000,–, 20000,–, 24000,–. Sind Sie an solchen Abdrucken interessiert? Immerhin werden die Bücher auf diese Weise gelesen.«

418 *gesammelte Werke von Roth* – Erst 1956 erschienen bei Kiepenheuer & Witsch Köln–Berlin »Werke in drei Bänden«, herausgegeben von Hermann Kesten. Zur Frage der Rechte vgl. Anm. 3 zu S. 104.

135

16. August 1948; ms B; Los Angeles.

419 *der Bermann-Fischer Verlag ... sich mit unserem Verlage vereinigt hat* – Vgl. Abb. S. 166. Hermann Kesten kommentiert in einem Brief an Landshoff (2. November 1948; ms Bk; München, HK): »Dank auch für die Zusendung Ihrer Fusionsankündigung. Man meint einen Wahlaufruf der bayrischen Monarchistenpartei zu lesen: ... ›Anschluß ... Traditionen ... Kontinuität ... die Erbschaft, die verpflichtet...‹ – Und von fünfzehn Zeilen einer Fusionsanzeige gleich zwei Zeilen voll mit ›Schwierigkeiten‹ finde ich ›ungeachtet der immer noch bestehenden Schwierigkeiten‹ zu aufrichtig!«

Verhandlungen schon monatelang geführt – Bereits am 28. April 1948 schreibt Gottfried Bermann-Fischer an Thomas Mann: »... die während unseres gemeinsamen Aufenthaltes in Amsterdam kurz erwähnten Pläne eines Zusammengehens mit dem Querido Verlag sind jetzt in die Tat umgesetzt worden. Ich habe mich während meines Aufenthaltes in Stockholm entschlossen, den Verlag nach Amsterdam zu verlegen. [–] ... Der Verlag wird unverändert in Amsterdam weitergeführt. Die Firma Querido Verlag wird innerhalb des Bermann-Fischer Verlages ihre Produktion weiterführen. Fritz Landshoff tritt in die Leitung des Bermann-Fischer Verlages ein.«

In einem Brieffragment (hs; München, KMA) Landshoffs an Klaus Mann wird die schwierige Lage deutlich, in der sich der Querido Verlag schon länger befand: »Überhaupt ist die Lage *sehr* unerfreulich. Ich habe mein Gehalt auf ein Minimum reduziert –; der Absatz außerhalb Deutsch-

lands ist praktisch nihil – und aus all den schönen Deutschland-Träumen ist bisher nichts geworden. In Frankfurt mußte ich mich davon überzeugen, daß fast alle Verleger in größten Schwierigkeiten sind. 1 000 Expl. ist ein schöner Vorverkauf! (Vom Zauberer waren es 2 000!) Die Inflation ist vorüber und die Deflation erschreckend. Unser Umsatz hier ist auf einen Bruchteil des letzten Herbstes zusammengeschmolzen. Die Kosten des komplizierten Vertriebes mit allen Im- und Exportlizenzen sind so hoch monatlich wie der Umsatz. Ich muß das Office hier auf ein Minimum reduzieren. Die letzten Monate haben uns ein Vermögen gekostet. Ich habe – nicht aus bösem Willen – viel zu viel versprochen und – gehalten. Meine eigene Lage ist abscheulich. Hauspläne natürlich aufgegeben. Meine Verstimmung bei Deinem Besuch stand in Verband mit diesen Unerquicklichkeiten, die ich Dir eigentlich vorenthalten wollte. Gerade das ist mein Fehler. Ich versuche alles so günstig wie möglich darzustellen. Ich kann es nicht mehr. ... NIE habe ich gedacht, daß mich materielle Sorgen wirklich bekümmern können. Sie TUN es. Der Verlag wird in kürzester Zeit *konzentriert* sein – die vielen Kontore müssen zu winzigen Vertretungen werden. Der Verlag ist *absolut* »safe«. Aber: die »Scherze«, die ihn nett machten, müssen aufhören. Ich habe *nicht* bei meinen Freunden, sondern bei mir den Anfang gemacht. Ich *kann* nicht 15 000 hfl in ein Buch investieren, wenn es nur 5 000 aufwiegen kann.«
in Österreich eine eigene Firma – Die Bermann-Fischer Verlag GmbH Wien, gegründet im April 1936 in Wien, 1938 unter Treuhandschaft gestellt, arbeitete nun wieder selbständig. Auf die durch die Zusammenlegung der Verlage veränderte Situation geht Landshoff in einem undatierten Brief von 1948 (hs; München, KMA) an Klaus Mann ein: »Du weißt, daß ich an sich ein schlechter Briefschreiber bin. Dazu kommt, daß ständige Reisen und eine Sturzflut von mit der Zusammenlegung der Verlage in Verbindung stehenden Arbeiten mich rettungslos absorbierten. Ich bin natürlich sehr betrübt, daß der ›Turning Point‹ nicht in diesem Herbst erscheinen wird –; sei jedoch *sicher*, daß – wann immer das Manuskript fertig ist – ich *sofort* an seine Herstellung gehen will und werde. Vielleicht wird die Verzögerung in der Ablieferung es möglich machen, daß wir das Buch in Wien auf gutem holländischem Papier drukken und auf diese Weise eine größere Verbreitung durch

eine österreichische und eine holländische Auflage herausbringen. Das gleiche planen wir mit Leonh. Franks ›Jünger Jesu‹ und einer ganzen Reihe von Büchern, die im Laufe des Herbstes zur Auslieferung kommen. Doch über all diese geschäftlichen Dinge schreibe ich Dir bald – oder besser: Du erhältst darüber ein sauber ›Getipptes‹. Ich wiederhole, daß ich den ›Turning Point‹ *vor* der Anthologie haben möchte – wenngleich auch die Anthologie nun in absehbarer Zeit folgen sollte.« – Vgl. Anm. 5 zu S. 380 sowie Anm. 1 zu S. 424.

»The Devil in Boston« – Die Uraufführung in New York fand erst 1952 statt.

136

12. Februar 1949; ms B; Los Angeles.

420 *positiv entschieden* – Gemeint ist die Zusage zur Publikation des neuen Romans, »Goya« (vgl. Anm. 1 zu S. 428).

421 *Memoiren von Eisenhower* – Dwight D[avid] Eisenhower, »Kreuzzug in Europa« (»Crusade in Europe«, 1948). Deutsch von Werner Preusser. Der Band erschien 1949 im Gemeinschaftsunternehmen unter dem Imprint des Bermann-Fischer Verlages Amsterdam.

423 *in view of...* – In Anbetracht der gegenwärtigen Lage in Europa wird es zur Förderung der Ziele des Gesetzes zum augenblicklichen Zeitpunkt als besonders wünschenswert erachtet, in Europa die weitestmögliche Verbreitung *von amerikanischen Informationsmitteln* zu erreichen, die echtes Verständnis für die amerikanischen Institutionen und die amerikanische Politik unter den Nationen erwecken.

137

26. April 1949; ms B; München, KMA.

Mit Unterstreichungen und hs. Kommentaren bzw. Bemerkungen von Klaus Mann (vgl. dazu: Klaus Mann 2, S. 457).

424 *Anthologie* – Geplant war eine Anthologie aus der Produktion des Querido Verlages; Klaus Mann wollte der Auswahl ein Vorwort voranstellen. Die Anthologie wurde nicht veröffentlicht. Klaus Manns Vorwort erschien später unter der Überschrift »Deutsche Stimmen – Ein Vorwort« in dem Band »Heute und Morgen. Schriften zur Zeit« (hrsg. von Martin Gregor-Dellin, München 1969), S. 300–316.

Aufsatz über Cocteau – »Jean Cocteau und Amerika«, veröffentlicht erst in »Prüfungen. Schriften zur Literatur« (hrsg. von Martin Gregor-Dellin, München 1968).

426 *Eisenhowerbuch* – Vgl. Anm. 1 zu S. 421.

138

September 1949; ms B (Rundbrief); München, HK.

Gedenkband – »Klaus Mann zum Gedächtnis«, mit einem Vorwort von Thomas Mann, erschien 1950. Es war das letzte Buch des Querido Verlages im Gemeinschaftsunternehmen.

139

30. Mai 1950; ms B; Los Angeles.

428 *das Erscheinen Ihrer Bücher* – Am 8. April 1949 hatte Landshoff an Feuchtwanger geschrieben (ms B; Los Angeles): »Wir sind darin einig, daß eine Gesamtausgabe in absehbarer Zeit erscheinen soll. ... [–] Ich bin durchaus damit einverstanden, den Vertrag über den ›Goya‹ mit einem Vertrag über den Neudruck des ›Josephus‹ und der ›Häßlichen Herzogin‹ zu verbinden. [–] Solange wir unter so ungewöhnlichen und so ungewöhnlich kostspieligen Umständen arbeiten wie augenblicklich, können wir unmöglich die gleichen Tantiemen zahlen, die ein unter normalen Verhältnissen arbeitender amerikanischer Verlag zahlt. Ich schlage also eine kleine Korrektur vor, und zwar 20% anstelle 22%. Eine Garantie für den Nachdruck des ›Josephus‹ zu bezahlen ist wirklich nicht möglich. ... [–] Über die Vorauszahlung beim ›Goya‹ sind wir einig. Auch darüber, daß wir bis längstens 1. Juni 1951 ein weiteres Buch von Ihnen nachdrucken. [–] ... Sobald ich eine Antwort von Ihnen erhalte, kann ich den Vertrag vorbereiten. Ich freue mich auf die Ankunft des ›Goya‹-Manuskriptes.« In einem undatierten Brief von Landshoff an Feuchtwanger (vermutlich August 1949) werden »Satzproben« für den »Goya« angekündigt, der »schnellstens gesetzt werden wird«. »Goya« erschien 1951 im Neuen Verlag Stockholm.

140

28. August 1951; ms Bk; L.

429 *daß das Werk in der Ostzone völlig fehlt* – Im Aufbau-Verlag Berlin erschienen 1952 »Das Ochsenfurter Männerquar-

tett« und »Die Räuberbande«, 1957 erstmals »Gesammelte Werke«.

141

4. September 1951; ms B; L.

142

4. Juli 1952; ms/hs B; München, HK.

430 *»Casanova«* – Die Biographie erschien 1952 (München).
Buch von Klaus – Gemeint ist die Autobiographie »Der Wendepunkt«. Als das Buch erschien, nahm Landshoff bereits an der Geschäftsführung von Kiepenheuer & Witsch teil; er war am 31. Dezember 1951 »aus der Geschäftsführung des Bermann-Fischer/Querido Verlages N. V., Amsterdam, ausgeschieden«. Weiter heißt es in dem Circular: »Die Geschäftsführung unseres Amsterdamer Hauses, das in Zukunft als S. Fischer Verlag N. V. firmiert, wurde Dr. Rudolf Hirsch übertragen.« (Gottfried Bermann-Fischer, Bedroht – bewahrt. Weg eines Verlegers. Frankfurt am Main 1967, S. 653).
431 *recht ernsthafte Verhandlung* – Vgl. Anm. 2 zu S. 432.
Beate, David und das Kind – Beate Landshoff, verh. Emery; David Emery, ihr Ehemann.

143

11. Dezember 1953; ms B; München, HK.

432 *ein neues Buch mit Desch* – Gemeint ist der Roman »Ein Sohn des Glücks«, der 1955 bei Desch (München) erschien.
Abrams bot mir an – »Die Formalitäten mit Abrams sind längst erledigt. Eine der wichtigsten Konsequenzen für mich ist, daß das State Department von dieser Änderung meines Status Kenntnis genommen hat und meine Paß-Angelegenheiten geregelt sind. Zumindest so lange der Honeymoon mit Abrams dauert. Ich bin bereits mitten in der Produktion (und dem damit verbundenen Ärger) der Kunstbücher, die ich hier in Holland für sieben Europäische Verleger gemeinsam herstelle...« (Landshoff an Kesten, 11. Januar 1954; ms B; München, HK.)
Angelika – Angelica Landshoff, geb. Thacker; 1954 (25. Juni) wurde ihre Tochter Barbara geboren.
Amsterdamer Firma – Harry N. Abrams N. V. Publishers of Fine Art Books. 11 Leidsegracht, Amsterdam (Holland).

Also bin ich mal wieder ein Verleger – »Heute bin ich von Frankfurt zurückgekommen, wo ich mir die Messe ansehen mußte. Sehr viel Interessantes war nicht zu sehen, obgleich 40000 Bücher ausgestellt waren, die selbst die Aufnahmefähigkeit des kräftigsten Menschen erschöpfen mußten. Es ist auffallend, wie wenig Bemerkenswertes auf literarischem Gebiet erscheint. Wenn ich an die ›guten alten Zeiten‹ denke, so scheint es mir, daß in unserem Kiepenheuer Verlag, von andern zu schweigen, vor 20 Jahren mehr Interessantes herauskam als bei all den Monsterunternehmen zusammen. Vielleicht ist jedoch dieser Eindruck durch mein Alter hervorgerufen, in dem man ja wohl immer dem Glanz der vergangenen Tage nachtrauert.« (Landshoff an Kesten, 27. September 1954; ms B; München, HK.)

Bibliographie

Querido Verlag (N. V.) Amsterdam

1933

Döblin, Alfred: Jüdische Erneuerung. – 98 S.

Feuchtwanger, Lion: Die Geschwister Oppenheim. Roman. – 434 S. (Gesammelte Werke, Band 5 [7!])

Feuchtwanger, Lion: Der jüdische Krieg. Roman. – Neue Ausgabe. – 463 S. (Gesammelte Werke, Band 3)

Mann, Heinrich: Der Haß. Deutsche Zeitgeschichte. – 235 S.

Regler, Gustav: Der verlorene Sohn. Roman. – 419 S.

Seghers, Anna: Der Kopflohn. Roman aus einem deutschen Dorf im Spätsommer 1932. – 265 S.

Toller, Ernst: Eine Jugend in Deutschland. – 1 Titelbild, XV, 287 S.

Zweig, Arnold: Spielzeug der Zeit. Erzählungen. – 259 S.

1934

Bauer, Ludwig: Leopold der Ungeliebte. König der Belgier und des Geldes. – 361 S.

Döblin, Alfred: Babylonische Wandrung oder Hochmut kommt vor dem Fall. Roman. – 694 S.

Einstein, Albert: Mein Weltbild. – 269 S.

Feuchtwanger, Lion: Erfolg. 3 Jahre Geschichte einer Provinz. Roman. – 845 S. (Gesammelte Werke, Band 6)

Frank, Bruno: Cervantes. Ein Roman. – 367 S.

Ludwig, Emil: Führer Europas. Nach der Natur gezeichnet. – Mit einer gedruckten Widmung an Ludwig Bauer. – Mehrere Tafeln, 324 S.

Mann, Klaus: Flucht in den Norden. Roman. – Mit einer gedruckten Widmung an Wolfgang Hellmert. – 319 S.

Marcu, Valeriu: Die Vertreibung der Juden aus Spanien. – 215 S.

Roth, Joseph: Tarabas. Ein Gast auf dieser Erde. Roman. – 287 S.

Schwarzschild, Leopold: Das Ende der Illusionen. – 273 S.

Sforza, Carlo: Seele und Schicksal Italiens. – Eingeleitet und übersetzt von Adolf Saager. – 194 S.

Wassermann, Jakob: Joseph Kerkhovens dritte Existenz. Roman. – 643 S.

Zweig, Arnold: Bilanz der deutschen Judenheit 1933. Ein Versuch. – 318 S.

1935

Baum, Vicki: Das große Einmaleins. Roman. – 336 S.

Döblin, Alfred: Flucht und Sammlung des Judenvolks. Aufsätze und Erzählungen. – 232 S.

Döblin, Alfred: Pardon wird nicht gegeben. Roman. – 454 S.

Doolaard, Adriaan den: Orient-Expreß. Roman. – Übertragen aus dem Holländischen von Elisabeth und Felix Augustin. – 359 S.

Feuchtwanger, Lion: Die häßliche Herzogin Margarete Maultasch. Roman. – 310 S. (Gesammelte Werke, Band 1)

Feuchtwanger, Lion: Die Söhne. Roman. – 542 S. (Gesammelte Werke, Band 4)

Graf, Oskar Maria: Der harte Handel. Ein bayrischer Bauernroman. – 222 S.

Heine, Th[omas] Th[eodor]: Die Märchen. – Mit 50 Illustrationen des Verfassers. – 64 S.

Jacob, Heinrich Ed[uard]: Der Grinzinger Taugenichts. Roman. – 224 S.

Karlweis, Marta: Jakob Wassermann. Bild, Kampf und Werk. – Mit einem Geleitwort von Thomas Mann. – 472 S.

Kerr, Alfred: Walther Rathenau. Erinnerungen eines Freundes. – Mit einer gedruckten Widmung an Rudolf K. Kommer. – 208 S.

Kersten, Kurt: Peter der Große. Vom Wesen und von den Ursachen historischer Größe. – Mehrere Tafeln, 400 S.

Ludwig, Emil: Gespräche mit Masaryk. Denker und Staatsmann. Mit einem Lebensbild. – 349 S.

Ludwig, Emil: Hindenburg und Die Sage von der Deutschen Republik. – 378 S.

Ludwig, Emil: Der Nil. Lebenslauf eines Stromes. Band 1: Von der Quelle bis nach Ägypten. – Mit einer gedruckten Widmung an Elga Ludwig. – 29 Abbildungen, 5 Karten, 352 S.

Mann, Heinrich: Die Jugend des Königs Henri Quatre. Roman. – 624 S.

Mann, Klaus: Symphonie Pathétique. Ein Tschaikowsky-Roman. – Mit einer gedruckten Widmung an Erika Mann. – 368 S.

Marcuse, Ludwig: Ignatius von Loyola. – 1 Titelbild, 7 Abbildungen, 379 S.

Neumann, Robert: Struensee. Doktor, Diktator, Favorit und armer Sünder. Roman. – 401 S.

Olden, Rudolf: Hitler. – 14 Abbildungen, 364 S.

Speyer, Wilhelm: Der Hof der schönen Mädchen. Roman aus dem Jahre 1805. – 374 S.

Toller, Ernst: Briefe aus dem Gefängnis. – 262 S.

Wassermann, Jakob: Melusine. Roman. – 229 S.

Wassermann, Jakob: Tagebuch aus dem Winkel. Erzählungen und Aufsätze aus dem Nachlaß. – 201 S.

Wolf, Victoria: Gast in der Heimat. Roman. – 313 S.

Zweig, Arnold: Erziehung vor Verdun. Roman. – 627 S.

1936

Baum, Vicki: Der Eingang zur Bühne. Roman. – 273 S. [Das gute billige Buch. In dieser nur 1936 verlegten Serie erschienen neben dieser Querido-Erstauflage (Ullstein 1929) fünf Querido-Nachauflagen: Feuchtwanger, Lion: Die Geschwister Oppenheim. Roman; Frank, Bruno: Cervantes. Roman; Frank, Leonhard: Das Ochsenfurter Männerquartett. Roman; Roth, Joseph: Tarabas, ein Gast auf dieser Erde. Roman; Toller, Ernst: Eine Jugend in Deutschland.]

Baum, Vicki: Die Karriere der Doris Hart. Roman. – 376 S.

Feuchtwanger, Lion: Der falsche Nero. Roman. – 422 S. (Gesammelte Werke, Band 9)

Feuchtwanger, Lion: Stücke in Prosa. – 432 S. (Gesammelte Werke, Band 11)

Frank, Leonhard: Der Bürger. Roman. Die Ursache. Erzählung. – 525 S. (Gesammelte Werke in Einzelbänden, [Band 3])

Frank, Leonhard: Karl und Anna. Erzählung. Bruder und Schwester. Roman. – 324 S. (Gesammelte Werke in Einzelbänden, [Band 4])

Frank, Leonhard: Der Mensch ist gut. Novellen. – 396 S. (Gesammelte Werke in Einzelbänden, [Band 5])

Frank, Leonhard: Das Ochsenfurter Männerquartett. Roman. Von drei Millionen drei. Roman. – 444 S. (Gesammelte Werke in Einzelbänden, [Band 2])

Frank, Leonhard: Die Räuberbande. Roman. – 336 S. (Gesammelte Werke in Einzelbänden, [Band 1])

Frank, Leonhard: Traumgefährten. Roman. – Mit einem Nachwort von Alfred Polgar. – 291 S.

Glaeser, Ernst: Das Unvergängliche. Erzählungen. – 120 S.

Lewis, Sinclair: Das ist bei uns nicht möglich (It can't happen here). Roman. – Übersetzung von Hans Meisel. – 468 S.

Ludwig, Emil: Der Mord in Davos. – 111 S.

Mann, Klaus: Mephisto. Roman einer Karriere. – 399 S.

Merz, Konrad: Ein Mensch fällt aus Deutschland. – 208 S.
Priester, Hans E.: Das deutsche Wirtschaftswunder. – 360 S.
Regler, Gustav: Die Saat. Roman aus den deutschen Bauernkriegen. – 380 S.
Speyer, Wilhelm: Zweite Liebe. Roman. – 332 S.
Sternheim, Carl: Vorkriegseuropa im Gleichnis meines Lebens. – 222 S.
Weiß, Ernst: Der arme Verschwender. Roman. – Mit einer gedruckten Widmung an Stefan Zweig. – 506 S.
Zarek, Otto: Moses Mendelssohn. Ein jüdisches Schicksal in Deutschland. – 1 Titelbild, 389 S.

1937

Baum, Vicki: Der große Ausverkauf. Roman. – 253 S.
Baum, Vicki: Liebe und Tod auf Bali. Roman. – 532 S.
Brentano, Bernard von: Prozeß ohne Richter. Roman. – 201 S.
Döblin, Alfred: Die Fahrt ins Land ohne Tod. Roman. – 357 S. (Das Land ohne Tod, Band 1)
Feuchtwanger, Lion: Moskau 1937. Ein Reisebericht für meine Freunde. – 153 S.
Frank, Bruno: Aus vielen Jahren. – 399 S.
Frank, Bruno: Der Reisepaß. Roman. – 363 S.
Heiden, Konrad: Europäisches Schicksal. – 247 S.
Heymann, Fritz: Der Chevalier von Geldern. Eine Chronik vom Abenteuer der Juden. – 480 S.
Jacob, Heinrich Ed[uard]: Johann Strauß und das neunzehnte Jahrhundert. Die Geschichte einer musikalischen Weltherrschaft ⟨1819–1917⟩. – Zahlreiche Abbildungen, Notenbeispiele, 438 S.
Keun, Irmgard: Nach Mitternacht. Roman. – 235 S.
Ludwig, Emil: Cleopatra. Geschichte einer Königin. – 304 S.
Mann, Klaus: Vergittertes Fenster. Novelle um den Tod des Königs Ludwig II. von Bayern. – 112 S.
Mann, Thomas: Bekenntnisse des Hochstaplers Felix Krull. – 177 S.
Roth, Joseph: Das falsche Gewicht. Die Geschichte eines Eichmeisters. – 198 S.
Seghers, Anna: Die Rettung. Roman. – 511 S.
Zweig, Arnold: Einsetzung eines Königs. Roman. – Mit einer gedruckten Widmung an Sigmund Freud. – 574 S.

1938

Cain, James M [allahan]: Serenade in Mexiko. – Aus dem Amerikanischen übersetzt von Ernst Weiß. – 277 S.

Döblin, Alfred: Der blaue Tiger. Roman. – 559 S. (Das Land ohne Tod, Band 2)

Kaiser, Georg: Der Gärtner von Toulouse. Schauspiel in 5 Akten. – 77 S.

Keun, Irmgard: D-Zug dritter Klasse. Roman. – 185 S.

Keun, Irmgard: Kinder aller Länder. Roman. – 229 S.

Ludwig, Emil: Quartett. Ein unzeitgemäßer Roman. – 393 S.

Ludwig, Emil: Roosevelt. Studie über Glück und Macht. – 1 Foto, 309 S.

Mann, Erika: Zehn Millionen Kinder. Die Erziehung der Jugend im Dritten Reich. – Mit einem Geleitwort von Thomas Mann. – 215 S.

Mann, Heinrich: Die Vollendung des Königs Henri Quatre. Roman. – 823 S.

Reiner, Anna: Manja. Ein Roman um fünf Kinder. – 514 S.

Remarque, Erich Maria: Drei Kameraden. Roman. – 465 S.

Roberts, Stephen H.: Das Haus, das Hitler baute (The House that Hitler built). – Nach der 9., revidierten und erweiterten Auflage übersetzt von Fritz Heymann. – 505 S.

Stimmen der Völker. Die schönsten Gedichte aller Zeiten und Länder. Herausgegeben von Alfred Wolfenstein. – 472 S.

Zweig, Arnold: Versunkene Tage. Roman aus dem Jahre 1908. – Mit gedruckter Widmung an Marta und Lion Feuchtwanger. – 222 S.

1939

Baum, Vicki: Hotel Shanghai. – Mit einer gedruckten Widmung an Peter van Anrooy. – 691 S.

Cohn, Emil Bernhard: David Wolffsohn, Herzls Nachfolger. – Mit einem Vorwort von Jacobus Kann. – 1 Titelbild, 332 S.

Feuchtwanger, Lion: Jud Süß. Roman. – 503 S. (Gesammelte Werke, Band 2)

Mann, Klaus: Der Vulkan. Roman unter Emigranten. – 721 S.

Speyer, Wilhelm: Die Stunde des Tigers. Eine Pfadfinder-Geschichte. – 248 S.

Querido-Verlag N. V. Amsterdam; Allert de Lange Amsterdam

1939

Brentano, Bernhard von: Die ewigen Gefühle. Roman. – 339 S.

Bermann-Fischer Verlag, Stockholm;
Querido Verlag N. V. Amsterdam

1939

Döblin, Alfred: Bürger und Soldaten 1918. Roman. – 436 S.

Forum-Verlag

1939

Die »Forum«-Bücher wurden gemeinschaftlich herausgegeben von den Verlagen Bermann-Fischer, Stockholm; Allert de Lange, Amsterdam; Querido N. V., Amsterdam.
Baum, Vicki: stud. chem. Helene Willfüer. Roman. – 260 S.
Briefe deutscher Musiker. Herausgegeben von Alfred Einstein. – 330 S.
Die schönsten Erzählungen deutscher Romantiker. – 366 S.
Feuchtwanger, Lion: Jud Süß. Roman. – 503 S.
Frank, Leonhard: Die Räuberbande. Roman. – 356 S.
Heine, Heinrich: Meisterwerke in Vers und Prosa. Herausgegeben von Hermann Kesten. – 413 S.
Kolb, Annette: Das Exemplar. Roman. – 300 S.
Deutsches Lesebuch. Herausgegeben von Hugo von Hofmannsthal. – 405 S.
Ludwig, Emil: Napoleon. – 450 S.
Mann, Heinrich: Die kleine Stadt. Ein Roman. – 392 S.
Mann, Thomas: Die schönsten Erzählungen. – 380 S.
Neumann, Alfred: Der Patriot. Roman. – 212 S.
Roth, Joseph: Radetzkymarsch. Roman. – 416 S.
Schnitzler, Arthur: Flucht in die Finsternis und andere Erzählungen. – 349 S.
Wassermann, Jakob: Caspar Hauser oder Die Trägheit des Herzens. Roman. – 442 S.
Werfel, Franz: Die vierzig Tage des Musa Dagh. Roman. – 2 Bände, 489 S., 517 S.

Zweig, Stefan: Maria Stuart. – 398 S.
Zweig, Stefan: Marie Antoinette. – 476 S.

Querido Verlag (N. V.) Amsterdam

1940

Feuchtwanger, Lion: Exil. Roman. – 988 S. (Gesammelte Werke, Band 8 [Der Wartesaal. Teil 3])
Frank, Bruno: Sechzehntausend Francs. – 93 S.
Frey, A[lexander] M[oritz]: Der Mensch. – 235 S.
Kaiser, Georg: Villa Aurea. Roman. – 235 S.
Roth, Joseph: Der Leviathan. – 71 S.

Querido Verlag N. V. Batavia

1941

Remarque, Erich Maria: Liebe deinen Nächsten. Roman. – 483 S. [nach Art eines Blockbandes]

L(andshoff) B(ermann) Fischer Publishing Corporation, New York

1942

American Harvest. Twenty years of creative writing in the United States. Edited by Alan Tate and John Peale Bishop. – 544 S.
Brooks, Howard L.: Prisoners of Hope. – Designed by Stefan Salter. – 330 S.
Dearest Mother. Letters of famous sons to their mothers. Selected and edited by Paul Elbogen. – With an introduction by Hendrik Willem van Loon. – 8 Illustrationen, 356 S.
Huie, William Bradford: The Fight for Air Power. – Designed by Stefan Salter. – 20 Illustrationen, 332 S.
Huie, William Bradford: Mud on the Stars. A novel. – 350 S.
Newman, Joseph: Goodbye Japan. – Designed by George Salter. – 300 S.
Schwarzschild, Leopold: World in Trance. From Versailles to Pearl Harbor. – Translated by Norbert Guterman. – 445 S.

Wallace, Henry A[gard]: The Price of Free World Victory. – With some comments by Raymond Clapper, Major G. F. Eliot, Dr. Francis E. McMahon, Raymond Gram Swing, Dorothy Thompson. Designed by Stefan Salter. – 31 S.

Verdi. The man in his letters. Edited and selected by Franz Werfel and Paul Stefan. – With a preface by Franz Werfel. Translated by Edward Downes. – 13 Abbildungen, 450 S.

Zoff, Otto: The Huguenots. Fighters for God and human freedom. – Translated by Jo Mayo and E. B. Ashton. – 9 Illustrationen, 352 S.

1943

Heart of Europe. An Anthology of creative writing in Europe 1920–1940. Edited by Klaus Mann and Hermann Kesten. – With an introduction by Dorothy Canfield Fisher and a preface by Klaus Mann. Umschlag- u. Einband: Georg Salter. – 970 S.

Heine, Heinrich: Works of Prosa. Edited by Hermann Kesten. – With a preface by Louis Untermeyer. In a new translation by F. D. Ashton [d. i. Fritz Astikenatz]. – 346 S.

1944

Cross Section. A Collection of New American Writing. Edited by Edwin Seaver. – 559 S.

Heine, Heinrich: Germany, a winter's tale. 1844. – English version by Hermann Salinger. Introduction by Hermann Kesten. – XIX, 156 S.

Maaß, Joachim: The Magic Year. A Novel. – Translated by Erika Mayer. Umschlagentwurf von Brigitte B[ermann] Fischer. – XII, 316 S.

Mann, Klaus: The Turning Point. Thirty-five Years in this Century. – XVIII, 366 S.

1945

Cross Section 1945. A Collection of New American Writing. Edited by Edwin Seaver. – 334 S.

Querido Verlag N. V. Amsterdam

1946

Seghers, Anna: Das siebte Kreuz. Roman aus Hitlerdeutschland. – Umschlagentwurf von Susanne Heynemann. – 416 S.

1947

Baum, Vicki: Schicksalsflug (Beyond this journey). Roman. – Aus dem Englischen übersetzt von Grete Dupont. Einband- und Umschlagentwurf von Susanne Heynemann. – 296 S.

Baum, Vicki: Hier stand ein Hotel (Berlin Hotel). – Übersetzt von Grete Dupont. – 282 S.

Feuchtwanger, Lion: Die Füchse im Weinberg. Roman. Erster Band. [s. Feuchtwanger, Lion: Waffen für Amerika]

Feuchtwanger, Lion: Waffen für Amerika. Erster Band. – 461 S. [Bei einem Teil der Auflage wurde der Titel verändert in: Die Füchse im Weinberg]

Horkheimer, Max, u. Theodor W[iesengrund] Adorno: Dialektik der Aufklärung. Philosophische Fragmente. – 311 S.

Keilson, Hans: Komödie in Moll. Erzählung. – 119 S.

Kesten, Hermann: Die Zwillinge von Nürnberg. Roman. – Einband- u. Umschlagentwurf von Susanne Heynemann. – 539 S.

Kolb, Annette: König Ludwig II. von Bayern und Richard Wagner. – Einband- und Umschlagentwurf von Susanne Heynemann. – 1 Titelbild, 107 S.

Schwarzschild, Leopold: Von Krieg zu Krieg (World in Trance). – Einband- und Umschlagentwurf von Susanne Heynemann. – 492 S.

1948

Feuchtwanger, Lion: Die Füchse im Weinberg. Roman. Zweiter Band [s. Feuchtwanger, Lion: Waffen für Amerika]

Feuchtwanger, Lion: Waffen für Amerika. Zweiter Band. – 415 S. [Bei einem Teil der Auflage wurde der Titel verändert in: Die Füchse im Weinberg]

Frank, Leonhard: Mathilde. Roman. – 446 S.

Gumpert, Martin: Der Geburtstag. Roman. – 178 S.

Kesten, Hermann: Copernicus und seine Welt. Biographie. – Einbandentwurf von Rudolf Müller-Hofmann. – Mehrere Tafeln, 511 S.

Neumann, Robert: Kinder von Wien (Children of Vienna). Roman. – Aus dem englischen Original übertragen von Franziska Becker. Einband- und Umschlagentwurf von Susanne Heynemann. – 201 S.

Polgar, Alfred: Anderseits. Erzählungen und Erwägungen. – Einband- und Umschlagentwurf von Susanne Heynemann. – 235 S.

Querido Verlag N. V. Amsterdam
im Gemeinschaftsunternehmen
Bermann-Fischer/Querido Verlag N. V.

1949

Baum, Vicki: Clarinda. Roman. – Umschlagentwurf von Susanne Heynemann. – 434 S.

Beard, Charles A[ustin] u. Mary R[itter]: Geschichte der Vereinigten Staaten von Amerika (Basic History of the United States). – Aus dem Amerikanischen übertragen von A[lice] Meyer. – Kartenskizzen, 1 Karte, 472 S.

Frank, Leonhard: Die Jünger Jesu. Roman. – Einband- und Umschlagentwurf von Fritz Neugebauer. – 301 S.

Kesten, Hermann: Die fremden Götter. Roman. – Einbandentwurf von Rudolf Müller-Hofmann. – 291 S.

Mann, Heinrich: Der Atem. Roman. – Einband- und Umschlagentwurf von Susanne Heynemann. – 354 S.

Rolland, Romain: Aus meinem Leben. Erinnerungen an Kindheit und Jugend. (Souvenirs d'enfance). – Aus dem Französischen übertragen von Ré Soupault. – 394 S.

1950

Klaus Mann zum Gedächtnis. 34 Beiträge. – Mit einem Vorwort von Thomas Mann. – 1 Titelbild, 201 S.

Danksagung

Für tatkräftige und unentbehrliche Hilfe habe ich in erster Linie dem Aufbau-Verlag Berlin und Weimar und besonders Herrn Dr. Gotthard Erler zu danken, der nicht nur das Buch in Auftrag gegeben hat, sondern mir gleichzeitig eine dreiseitige Disposition für die Arbeit vorschlug. Ohne die Mitarbeit, insbesondere die für dieses Buch entscheidende Materialbeschaffung in Archiven und Bibliotheken der DDR und der BRD von Isolde Schlösser, die mich auf den Reisen in die DDR begleitete und unzählige Stunden ihrer Zeit für das Zustandekommen des Buches zur Verfügung stellte, wäre es unmöglich gewesen, das Manuskript herzustellen.

Für Anregungen verschiedenster Art danke ich Herrn Professor Hans Albert Walter, dessen gründliches, bereits in den fünfziger Jahren begonnenes vortreffliches Exilstudium ich mit Bewunderung verfolge, und Herrn Professor Klaus Hermsdorf, dessen Studie über das Exil in Holland ich so viel verdanke. Hermann Kesten, dessen Freundschaft und Rat mich durch mein ganzes Leben begleitet haben, spreche ich meinen besonderen Dank aus.

Zu danken ist ferner der Akademie der Künste der DDR und speziell Frau Ilse Lange und Frau Dr. Sigrid Anger; der Deutschen Bücherei in Leipzig, besonders Herrn Horst Halfmann (†) und Herrn Dr. Lohse; dem Klaus-Mann-Archiv in München und nicht zuletzt dem Deutschen Literaturarchiv in Marbach am Neckar, vor allem Herrn Friedrich Pfäfflin.

Dezember 1987 F. H. L.

Editorische Notiz

Fritz H. Landshoff konnte die Arbeit an seinen Erinnerungen nicht mehr vollenden. Er wollte vor allem das Kapitel »Autoren und Verleger« noch einmal gründlich überarbeiten. Kurz vor seinem Tode besprach er mit seinem Enkel Stefan Landshoff Veränderungen in diesem Kapitel und an anderen Stellen. Einige Korrekturen nahm er selbst noch vor, andere führte Stefan Landshoff auf der Grundlage schriftlicher Notizen aus. Obwohl Landshoff während der Arbeit an seinem Text Daten, Fakten und Sachverhalte unermüdlich verifizierte, sind im Manuskript nachweislich noch Irrtümer enthalten. Wo es uns selbst oder mit Hilfe anderer möglich war, erfolgen in den Anmerkungen bzw. im Register Berichtigungen. Während der intensiven Beschäftigung mit der Zeit des Exils, angeregt auch durch die Arbeit an diesem Buch, schrieb Landshoff das Vorwort zum fotomechanischen Nachdruck der Zeitschrift »Die Sammlung« (Rogner und Bernhard bei Zweitausendundeins, 1986). Es ergänzt das Kapitel »Die Sammlung«.

Den Wunsch, die Erinnerungen durch Teile des Briefwechsels mit seinen Autoren zu ergänzen, hatte Landshoff schon immer. Allerdings verfügte er selbst nur über wenig Belege. Es ist besonders dem Engagement von Frau Isolde Schlösser zu danken, daß im Laufe der Arbeit noch weiteres Material für die Briefauswahl erschlossen und genutzt werden konnte, insbesondere aus der Münchner Stadtbibliothek (Klaus-Mann-Archiv und Bestand Kesten) sowie vom Leo-Baeck-Institut, New York, und Feuchtwanger Institute for Exile Studies, Los Angeles. Die Briefauswahl in der jetzigen Form geht daher weit über Landshoffs erste Überlegungen hinaus, sowohl was die Zahl der Briefpartner als auch die Art der Anordnung betrifft. Der chronologisch geordnete Briefteil mit seinen 143 Briefen bietet einen ebenso detaillierten wie umfassenden Überblick über die Situation des Verlegers und seiner Autoren (Briefe von 8 Autoren an Landshoff, Briefe Landshoffs an 12 Autoren) in jenen Jahren.

Der Verlag dankt an dieser Stelle allen Personen und Institutionen, die durch Hilfe bei der Beschaffung und durch freundliche Genehmigung den Abdruck der Briefe sowie die Veröffentlichung der Abbildungen und Fotos ermöglicht haben; er bittet gleichzeitig um klärende Hinweise, wo es uns nicht gelungen ist, die Rechtsnachfolger zu ermitteln. Wir danken der Akademie der Künste, Berlin, Arnold-Zweig-Archiv, Heinrich-Mann-Archiv,

Johannes-R.-Becher-Archiv, Jetty Cahn-Weintraub, dem Deutschen Literaturarchiv (Schiller-Nationalmuseum) Marbach, Handschriftenabteilung, der Deutschen Bücherei Leipzig, Exilabteilung, dem Em. Querdio's Uitvergeverij B. V. Amsterdam, den Erben von Vicki Baum, Bruno und Liesl Frank, Alice von Eugen-Nahuys, Walter Landauer, Fritz H. Landshoff, Friedrich Sussmann, dem Feuchtwanger Institute for Exiles Studies, Los Angeles, Ralf Klingsieck, Werner Kohlert, dem Leo-Baeck-Institut, New York, dem Rijksinstitut voor Oorlogsdokumentatie, Amsterdam, der Stadtbibliothek München, Klaus-Mann-Archiv, Bestand Kesten, München, und besonders Herrn Stefan Landshoff und Frau Isolde Schlösser.

Die Inhaber der Briefrechte bzw. die Besitzer sind im Kopfteil der Anmerkungen zum jeweiligen Brief ausgewiesen.

Abgedruckt werden nur vollständige Briefe. Rechtschreibung und Interpunktion folgen weitgehend den heute geltenden Regeln. Stillschweigend korrigiert wurden offensichtliche Schreib- und Tippfehler sowie fehlerhaft geschriebene Namen. Beibehalten wurden Lautstand und Eigenheiten in der Schreibweise und die vom Briefschreiber verwendeten Abkürzungen. Die Abkürzungen der Währungsangaben wurden nach Duden vereinheitlicht. Die Datumangabe folgt der Vorlage. Erschlossene Datierungen sind in eckige Klammern gesetzt; verkürzte Monatsangaben werden ausgeschrieben.

Kursiv gestellte Seitenzahlen im Register beziehen sich auf Erwähnungen in den Anmerkungen.

Die Bibliographie basiert für die Zeit von 1933 bis 1945 auf der Titelaufnahme der Deutschen Bücherei Leipzig, für die Zeit von 1946 bis 1950 auf der Bibliographie des S. Fischer Verlages; Vollständigkeit kann nicht garantiert werden.

Register

Personen

Verlage

Verzeichnis und Nachweis der Abbildungen und Fotos

Arnold-Zweig-Archiv, Berlin:
S. 86f.; S. 98f.; S. 145 sowie S. 166 (Mitteilung an die Autoren).

»Börsenblatt für den deutschen Buchhandel«:
S. 13 (Nr. 219, 20. September 1926, S. 8325).

Deutsche Bücherei Leipzig, Exilabteilung:
S. 40 (Titelseite, Format 12 × 19, Broschur); S. 41 (Titelseite, Format 12,5 × 18,5); S. 48 (hintere Klappe des Schutzumschlags zu Heinrich Manns »Der Haß«, 1. Aufl. 1933, Format 11 × 19); S. 49 (2. Umschlagseite, Jg. 1, Heft 3, November 1933, Format 16 × 24,5); S. 58 (Rückseite des Schutzumschlags zu Alfred Döblins »Jüdische Erneuerung«, 1. Aufl. 1933, Format 11,5 × 18); S. 65 (»Die Sammlung«, Jg. 1, Heft 3, November 1933, S. 1); S. 96f. (Format 9,3 × 14,7); S. 106f. (hintere Klappe sowie Rückseite des Schutzumschlags zu Emil Ludwigs »Der Mord in Davos«, Format 13 × 20); S. 122 (Rückseite des Schutzumschlags zu Klaus Manns »Mephisto. Roman einer Karriere«, Format 11 × 19); S. 131–133 (Titelei der »Forum«-Bücher, Format 11 × 18,5, Broschur); S. 159 (Titelseite, Format 14,5 × 21,5); S. 160 (Titelseite der englischen Erstausgabe, Format 15,5 × 22,5).

Em. Querido's Uitgeverij B. V., Amsterdam:
S. 43; S. 137f. (Protokoll über das Ausscheiden Emanuel Queridos aus dem Verlag); S. 185.

Feuchtwanger Institute for Exile Studies, Los Angeles:
S. 155f. (Juni 1941, kurz vor der Niederlassung der L. B. Fischer Publishing Corporation in New York).

Frau Prof. Krause:
S. 176.

Heinrich-Mann-Archiv, Berlin:
S. 55; S. 56 (mit handschriftlichen Notizen Heinrich Manns); S. 57 (S. 1 des Vertrages zum Essayband »Der Haß«); S. 81; S. 87–89 (Anlagen zum Brief Landshoffs an Heinrich Mann, 14. Januar 1936); S. 126f. (Information zur Zusammenarbeit mit der

ABC sowie zu geplanten »Forum«-Büchern, Unterstreichungen und Randbemerkungen von Heinrich Mann); S. 157.

Ingeborg von Eugen:
S. 188.

Jetty Cahn-Weintraub:
S. 186f.

Klaus-Mann-Archiv, München:
S. 68f. (Notizen Landshoffs zur »Sammlung«, Jg. 2, Heft 10, Juni 1935, einem Brief beigelegt an Klaus Mann); S. 150f. (Landshoff an Klaus Mann, Ende September 1940, mit einem Gruß Erika Manns an ihren Bruder); S. 175; S. 177–183; S. 190.

Landshoff (Erben):
S. 15; S. 147–149 (Gunstpaß Landshoffs); S. 184.

Leo-Baeck-Institut, New York:
S. 189.

Paul Zsolnay Verlag:
S. 81.

Ralf Klingsieck:
Unpaginierte Seite vor Seite 9.

Rijksinstituut voor Oorlogsdocumentie, Amsterdam:
S. 139; S. 141 (Mitteilung über den Rücktritt Emanuel Queridos, den Verkauf seiner Anteile an Tom van Blaaderen, die Übernahme der Direktion durch A. B. van Holkema und die Bitte um Zustimmung); S. 142; S. 143.

Werner Kohlert:
Frontispiz und Schutzumschlag.

Inhalt

Fritz H. Landshoff
Amsterdam, Keizersgracht 333, Querido Verlag

Briefe von und an Fritz H. Landshoff

Anhang